Die Bonus-Seite

Ihr Vorteil als Käufer dieses Buches

Auf der Bonus-Webseite zu diesem Buch finden Sie zusätzliche Informationen und Services. Dazu gehört auch ein kostenloser **Testzugang** zur Online-Fassung Ihres Buches. Und der besondere Vorteil: Wenn Sie Ihr **Online-Buch** auch weiterhin nutzen wollen, erhalten Sie den vollen Zugang zum **Vorzugspreis**.

So nutzen Sie Ihren Vorteil

Halten Sie den unten abgedruckten Zugangscode bereit und gehen Sie auf **www.galileocomputing.de**. Dort finden Sie den Kasten **Die Bonus-Seite für Buchkäufer**. Klicken Sie auf **Zur Bonus-Seite / Buch registrieren**, und geben Sie Ihren **Zugangscode** ein. Schon stehen Ihnen die Bonus-Angebote zur Verfügung.

Ihr persönlicher **Zugangscode** rjxf-q4ps-y6ig-3uzn

Axel Schemberg, Martin Linten, Kai Surendorf

PC-Netzwerke

Galileo Press

Liebe Leserin, lieber Leser,

mit diesem Buch halten Sie ein seit vielen Jahren bewährtes Standard-Werk in allen Fragen der PC-Vernetzung in den Händen. Die vielen positiven Rückmeldungen zeigen mir, dass alle bisherigen vier Auflagen zufriedene Leser gefunden haben.

Den beiden Autoren und Netzwerk-Experten Axel Schemberg und Martin Linten ist es gelungen, Theorie und Praxis optimal miteinander zu verbinden. Sie beraten Sie kompetent von A bis Z bei der Einrichtung Ihres Netzwerkes. Von der Auswahl der richtigen Komponenten wie Kabel, Netzwerkkarten, Switches oder Router, der Bestimmung der besten Netzwerk-Architektur, der Einrichtung des Betriebssystems bis hin zu Fragen der Sicherheit. In dieser fünften Auflage wurden außerdem umfangreiche Ergänzungen zur Vernetzung von Macs aufgenommen, die vom Mac-Experten Kai Surendorf verfasst wurden. Natürlich wird in dieser Auflage auch das neue Windows 7 berücksichtigt. Darüber hinaus erhalten Sie alle Informationen, die Sie benötigen, um Ihr Netzwerk auch in der Theorie zu verstehen. So wissen Sie von Anfang an, wie alles funktioniert und zusammenhängt und haben im Bedarfsfall schnell den Fehler gefunden. Immer haben in diesem Buch auch die jeweils neuesten Technologien direkt Eingang gefunden. Selbstverständlich unterstützt es Sie daher auch bei der Nutzung von Sprachtelefonie über das Internet oder bei der Einrichtung eines drahtlosen Netzwerkes in der Wohnung.

Dieses Buch versteht sich als »Komplett-Paket«. Die Autoren stellen Ihnen nur Lösungen vor, die sie selbst getestet haben. Wie wäre es mit der Linux-Router-Lösung Fli4L oder einem vorkonfigurierten Netzwerkserver, den Sie auf der DVD finden? Ob Sie ein professionelles Netzwerk zu Hause, im Büro oder für eine LAN-Party nutzen möchten: Ich bin mir sicher, dass Sie in diesem Buch die für Sie passende professionelle Lösung finden werden.

Dieses Buch wurde mit großer Sorgfalt lektoriert und produziert. Sollten Sie dennoch Fehler finden oder inhaltliche Anregungen haben, scheuen Sie sich nicht, mit uns Kontakt aufzunehmen. Ihre Fragen und Änderungswünsche sind uns jederzeit willkommen. Viel Vergnügen beim Lesen! Wir freuen uns auf den Dialog mit Ihnen.

Ihr Stephan Mattescheck
Lektorat Galileo Computing

stephan.matteschec k@galileo-press.de
www.galileocomputing.de
Galileo Press · Rheinwerkallee 4 · 53227 Bonn

Auf einen Blick

TEIL I Grundwissen Netzwerke 39

TEIL II Lokale Netze 49

TEIL III Weitverkehrsnetze 91

TEIL IV Höhere Protokollschichten 105

TEIL V Praxiswissen 147

TEIL VI Anhang 607

Der Name Galileo Press geht auf den italienischen Mathematiker und Philosophen Galileo Galilei (1564–1642) zurück. Er gilt als Gründungsfigur der neuzeitlichen Wissenschaft und wurde berühmt als Verfechter des modernen, heliozentrischen Weltbilds. Legendär ist sein Ausspruch *Eppur si muove* (Und sie bewegt sich doch). Das Emblem von Galileo Press ist der Jupiter, umkreist von den vier Galileischen Monden. Galilei entdeckte die nach ihm benannten Monde 1610.

Gerne stehen wir Ihnen mit Rat und Tat zur Seite:
stephan.mattescheck@galileo-press.de bei Fragen und Anmerkungen zum Inhalt des Buches
service@galileo-press.de für versandkostenfreie Bestellungen und Reklamationen
britta.behrens@galileo-press.de für Rezensions- und Schulungsexemplare

Lektorat Stephan Mattescheck, Anne Scheibe
Korrektorat Angelika Glock, Wuppertal
Cover Barbara Thoben, Köln
Titelbild Barbara Thoben, Köln
Typografie und Layout Vera Brauner
Herstellung Lissy Hamann
Satz Typographie & Computer, Krefeld
Druck und Bindung Bercker Graphischer Betrieb, Kevelaer

Dieses Buch wurde gesetzt aus der Linotype Syntax Serif (9,25/13,25 pt) in FrameMaker.
Gedruckt wurde es auf chlorfrei gebleichtem Offsetpapier.

Bibliografische Information der Deutschen Bibliothek
Die Deutsche Bibliothek verzeichnet diese Publikation in der Deutschen Nationalbibliografie; detaillierte bibliografische Daten sind im Internet über http://dnb.d-nb.de abrufbar.

ISBN 978-3-8362-1105-5

5., aktualisierte und vollständig überarbeitete Auflage 2010, 1. Nachdruck 2011

Inhalt

Vorwort 21

1 Einleitung 23

1.1 Aufbau des Buches 23
1.2 Verwendete Formatierungen und Auszeichnungen 24
1.3 Die DVD zum Buch 26

2 Schnelleinstieg: Für Praktiker 29

2.1 Planung: Welche Komponenten benötigen Sie? 29
2.1.1 Kabel – wenn ja, welches? 30
2.1.2 Beispiel – Familie Müller 32
2.2 Einkaufen 34
2.2.1 Multifunktionsgeräte 35
2.3 Hardware ein- und aufbauen 35
2.3.1 Netzwerkkarten 36
2.3.2 LAN-Verschaltung 37
2.4 IP konfigurieren 38
2.5 Funktionstest 38

TEIL I Grundwissen Netzwerke

3 Grundlagen der Kommunikation 41

3.1 Kommunikation im Alltag 41
3.2 Kommunikation zwischen Computern 42
3.3 Was ist nun ein Netzwerk? 43

4 Netzwerktopologien 45

4.1 Bustopologie 45
4.2 Ringtopologie 46
4.3 Sterntopologie 46

TEIL II Lokale Netze

5 Kommunikationsmodelle ... 51

5.1 DoD-Modell ... 52
5.2 ISO-/OSI-Modell ... 53
5.3 Ablauf der Kommunikation ... 54

6 Ethernet ... 59

6.1 Ursprung ... 59
6.2 Fast-Ethernet ... 62
6.3 Gigabit-Ethernet ... 63
6.4 10-Gigabit-Ethernet ... 64
6.4.1 IEEE 802.3ae – 10GBase ... 64
6.4.2 IEEE 802.3an – 10GBase-T ... 65
6.5 IEEE 802.3ba – 40- und 100-Gigabit-Ethernet ... 65
6.6 Hub ... 65
6.7 Switch ... 66
6.7.1 Broadcast ... 67
6.7.2 Multicast ... 68
6.8 Ausblick ... 69

7 Wireless LAN ... 71

7.1 IEEE 802.11 ... 72
7.2 IEEE 802.11b ... 76
7.3 IEEE 802.11a/h ... 76
7.4 IEEE 802.11g ... 77
7.4.1 Kanalwahl ... 77
7.4.2 Sendeleistung ... 79
7.5 IEEE 802.11n ... 80
7.6 IEEE 802.11e ... 81
7.7 WiMAX ... 81
7.8 Wi-Fi Alliance ... 82
7.9 Beschleunigertechniken ... 82
7.9.1 Channel bonding ... 83
7.9.2 Frame bursting ... 83
7.9.3 Frame Aggregation ... 83
7.9.4 Sendeleistung ... 83
7.9.5 Antennenausrichtung ... 83
7.9.6 Multiple In Multiple Out ... 84

7.10 Sicherheit von WLANs ... 84
7.11 Hot Spot ... 85
7.12 Ausblick ... 85

8 Netzwerk ohne neue Kabel ... 87

8.1 Daten über Stromkabel ... 87
8.2 Powerline Telecommunication ... 89
8.3 Sicherheit ... 90

TEIL III Weitverkehrsnetze

9 Kabelinternetzugang ... 93

9.1 Aufbau ... 94
9.2 Marktsituation ... 94

10 DSL ... 97

10.1 ADSL ... 99
10.2 SDSL ... 102
10.3 VDSL ... 102
10.4 VDSL2 ... 103
10.5 Ausblick ... 104

TEIL IV Höhere Protokollschichten

11 Das Internetprotokoll ... 107

11.1 Routing ... 111
11.2 Private IP-Adressen ... 114
11.3 NAT, Network Address Translation ... 115
11.4 IP-Version 6 ... 116

12 Address Resolution Protocol ... 119

13 Internet Control Message Protocol ... 121

14 Transmission Control Protocol ... 123

15 User Datagram Service ... 125

16 DHCP ... 127

16.1 Die einzelnen Pakete ... 128
16.1.1 DISCOVER ... 129
16.1.2 OFFER ... 129
16.1.3 REQUEST ... 129
16.1.4 ACKNOWLEDGE ... 129
16.2 Der DHCP-Ablauf ... 130
16.2.1 Initialisierung ... 131
16.2.2 Bindung ... 131
16.2.3 Erneuerung ... 132

17 Namensauflösung ... 133

17.1 Die hosts-Datei ... 133
17.2 WINS ... 134
17.3 DNS ... 134

18 Simple Network Management Protocol ... 137

19 Zeroconf ... 139

19.1 Windows ... 139
19.2 Mac OS X ... 141
19.3 Avahi unter Linux ... 142

20 Universal Plug and Play ... 145

TEIL V Praxiswissen

21 Netzwerkkabel ... 149

21.1 Kategorien ... 150
21.2 Linkklassen ... 150
21.3 Schirmung ... 151
21.4 Netzwerkstecker anbringen ... 152
21.5 Kabeltest ... 156
21.6 Patchpanel und Netzwerkdosen anschließen ... 157
21.7 Belegung von ISDN ... 159
21.8 Cross-Kabel ... 160

22 Netzwerkkarten 161

22.1 Kaufhilfe für kabelgebundene Netzwerkkarten 161
22.1.1 Gigabit 162
22.1.2 Fazit 162
22.2 PCI- und PCIe-Netzwerkkarten 163
22.2.1 PCI-Express-Netzwerkkarten 163
22.2.2 WLAN-Netzwerkkarten 165
22.3 Netzwerkkarte einbauen 166
22.4 PCMCIA-/Cardbus-Netzwerkkarten 168
22.4.1 LAN-Karten 169
22.4.2 WLAN-Karten 170
22.5 USB-Adapter 171
22.5.1 USB-Varianten 172
22.5.2 LAN-Adapter 172
22.5.3 WLAN-Adapter 172
22.6 Sonderfunktionen 174
22.6.1 Half-/Fullduplex 175
22.6.2 Autonegotiation 175
22.6.3 Autosensing 175
22.6.4 Trunking 175
22.6.5 Wake-on-LAN 176

23 Switches 177

23.1 Marktübersicht 177
23.1.1 Einsteiger: Mini-Switches 178
23.1.2 Workgroup-Switches 179
23.1.3 Modulare Switches 182
23.1.4 Fachbegriffe für den Switch-Kauf 183
23.1.5 Fazit 185
23.2 Switches im Netzwerk integrieren 185
23.2.1 Uplink 185
23.2.2 Auto-MDI/MDX 186

24 Windows einrichten 187

24.1 Windows 7 187
24.1.1 Versionen 187
24.1.2 Besondere Netzwerkfunktionen 188
24.1.3 IP-Konfiguration 189

24.1.4 Windows 7 Firewall ... 190
24.1.5 Homegroup ... 192
24.1.6 Easy Connect – Windows-Remoteunterstützung ... 193
24.1.7 Kleine Änderungen ... 197
24.2 Windows Vista ... 197
24.2.1 Besondere Netzwerkfunktionen ... 198
24.2.2 IP-Einstellungen ... 200
24.2.3 Erweiterte Netzwerkeinstellungen ... 205
24.2.4 Firewall und Defender ... 206
24.2.5 Netzwerk- und Freigabecenter ... 208
24.2.6 Jugendschutz ... 211
24.3 Windows XP ... 213
24.3.1 Hardware-Erkennung ... 213
24.3.2 IP-Einstellungen ... 214
24.3.3 Firewall ... 218
24.4 Windows in verschiedenen Netzwerken ... 222
24.5 Drucker- und Dateifreigaben ... 223
24.5.1 Computername und Arbeitsgruppe ... 223
24.5.2 Vista und Windows 7 ... 224
24.5.3 Windows XP ... 228
24.5.4 Druckerfreigabe ... 233
24.5.5 Freigabeprobleme ... 233

25 Linux einrichten ... 235

25.1 Dokumentation ... 236
25.2 Administration ... 237
25.3 Netzwerkkarte unter SUSE einrichten ... 239
25.4 SUSE-Firewall ... 243
25.5 WLAN unter Linux ... 245
25.6 WLAN unter SUSE einrichten ... 246

26 Mac OS X einrichten ... 249

26.1 Netzwerkumgebungen ... 249
26.2 Schnittstellen verwalten ... 251
26.3 Schnittstellen konfigurieren ... 252
26.3.1 Einfache Konfiguration ... 252
26.3.2 Details konfigurieren ... 253
26.4 AirPort-Karte konfigurieren ... 254
26.5 Die Firewalls von Mac OS X ... 258
26.6 networksetup am Terminal ... 262

26.7 Samba unter Mac OS X konfigurieren ... 263
26.7.1 Ordner freigeben ... 263
26.7.2 Samba starten ... 264
26.7.3 Windows Vista konfigurieren ... 266
26.7.4 Windows 7 konfigurieren ... 266

27 Troubleshooting ... 269

27.1 Problemursachen finden ... 270
27.2 Fehlersuche Schritt für Schritt ... 272
27.2.1 Kabel ... 273
27.2.2 Netzwerkkarten-Treiber ... 274
27.2.3 IP-Konfiguration ... 274
27.3 Checkliste ... 275
27.4 Bordmittel von Windows ... 277
27.4.1 Konfiguration auslesen ... 278
27.4.2 MAC-Adressen zu IP ... 278
27.4.3 DHCP erneuern ... 279
27.4.4 ping ... 279
27.4.5 traceroute ... 280
27.4.6 Wegewahl ... 281
27.4.7 TCP/UDP-Verbindungen ... 282
27.4.8 NetBIOS ... 283
27.4.9 XP Performancemonitor ... 284
27.4.10 Vista Network Diagnostics Framework ... 285
27.5 Bordmittel von Linux ... 287
27.5.1 Ethernet-Konfiguration: ethtool ... 287
27.5.2 IP-Konfiguration: ifconfig ... 288
27.5.3 ping ... 290
27.5.4 bing ... 292
27.5.5 MAC-Adressen und IP-Adressen: arp ... 293
27.5.6 Wegewahl: traceroute ... 294
27.5.7 Wegewahl: route ... 294
27.5.8 MTU: tracepath ... 295
27.5.9 TCP/UDP-Verbindungen ... 296
27.5.10 Portscanner: nmap ... 297
27.6 Bordmittel Apple Mac ... 298

28 Zusatzprogramme ... 301

28.1 Wireshark ... 301
28.2 Zusatzprogramme für Windows ... 305

28.2.1 CurrPorts ... 305
28.2.2 inSSIDer ... 306
28.2.3 tftpd32 ... 306
28.2.4 SlimFTPd ... 307
28.2.5 FileZilla ... 307
28.3 Zusatzprogramme für Linux ... 308
28.3.1 Performanceüberblick mit xosview ... 308
28.3.2 Pakete mitschneiden mit iptraf ... 308

29 Netzwerkgeschwindigkeit ermitteln ... 311

29.1 Performancemessung mit NetIO ... 311
29.1.1 Windows ... 311
29.1.2 Linux ... 313
29.2 Performancemessung mit iperf ... 313
29.2.1 Windows ... 314
29.2.2 Linux ... 314
29.3 Netzwerkgeschwindigkeit mit FTP ... 314
29.4 Intel NAS Performance Toolkit ... 316
29.5 Ergebnisse Performancemessung ... 318

30 Fernadministration und Zusammenarbeit ... 321

30.1 Telnet ... 322
30.2 Secure Shell SSH ... 324
30.2.1 Passwortgeschützte Verbindung mit Serverschlüssel ... 324
30.2.2 Passphrasegestützte Verbindung mit Client-Schlüssel ... 325
30.2.3 SSH Single Sign-on ... 326
30.2.4 Erweiterte Konfiguration des Servers ... 328
30.2.5 SSH unter Mac OS X nutzen ... 329
30.3 X11, das grafische System unter Linux ... 330
30.3.1 X11-Client ... 331
30.3.2 X11-Server ... 331
30.3.3 Getunneltes X11 ... 333
30.3.4 Xming, X11 für Windows ... 334
30.3.5 X11 für Mac OS X ... 334
30.4 TeamViewer ... 335
30.5 Zusammenarbeit im Internet – Collaboration ... 337
30.5.1 Mikogo ... 338
30.5.2 Webmeeting mit Spreed.com ... 340
30.6 Virtual Network Computing – VNC ... 341

30.6.1 VNC-Client und VNC-Server ... 341
30.6.2 Getunneltes VNC ... 343
30.6.3 Screen-Sharing unter Mac OS X ... 345
30.7 Remotedesktop ... 347
30.7.1 RDP für Linux ... 350
30.7.2 Microsoft Remote Desktop Connection Client für Mac OS X ... 350
30.8 Remoteunterstützung ... 351

31 Sicherheit im LAN und im Internet ... 355

31.1 Mögliche Sicherheitsprobleme ... 356
31.1.1 Authentifizierung und Autorisierung ... 357
31.1.2 Datenintegrität ... 357
31.1.3 Schadprogramme ... 358
31.1.4 Sicherheitslücken ... 358
31.1.5 Exploit ... 358
31.1.6 Fallbeispiele ... 359
31.1.7 Der Hacker-Paragraf ... 361
31.2 Angriffsarten: Übersicht ... 361
31.3 ARP-Missbrauch ... 362
31.4 Sicherheitslösungen im Überblick ... 365
31.4.1 Firewall ... 366
31.4.2 Virenscanner ... 368
31.4.3 Network Intrusion Detection System ... 369
31.4.4 Unsichere Passwörter ... 370

32 Programme zur Netzwerksicherheit ... 371

32.1 Firewalls für Windows ... 371
32.1.1 Firewall-Leistungen ... 372
32.1.2 Quellen im Web ... 373
32.2 IPtables, Firewall für Linux ... 373
32.3 Firewalls testen ... 373

33 WLAN und Sicherheit ... 375

33.1 Sicherheitsverfahren ... 376
33.1.1 WEP ... 376
33.1.2 WPA ... 377
33.1.3 WPA2 ... 377

33.1.4 Access List 378
33.1.5 VPN 378
33.1.6 WLAN-Fachchinesisch 379
33.1.7 Aspekte 380
33.2 WPA in der Praxis 381
33.3 Wi-Fi Protected Setup 383
33.4 WLAN-Sicherheit analysieren 384
33.4.1 Aircrack 384
33.4.2 Weitere Tools 386

34 Verschlüsselung 387

34.1 Symmetrische Verschlüsselung 387
34.2 Asymmetrische Verschlüsselung 388
34.3 Hybride Verschlüsselung 388
34.4 Signaturen 389
34.5 (Un-)Sicherheitsfaktoren der Verschlüsselung 389
34.6 Der GNU Privacy Guard (GnuPG) 390
34.6.1 Schlüsselgenerierung 390
34.6.2 Export 392
34.6.3 Import 392
34.6.4 Überprüfung 392
34.6.5 Signierung 393
34.6.6 Verschlüsselung 393
34.6.7 Entschlüsselung 394
34.6.8 Vertrauen 394
34.6.9 Keyserver 395
34.6.10 Keysigning parties 396
34.6.11 Verschlüsselte Kommunikation mit Servern 396
34.6.12 KGpg 397
34.7 E-Mails mit GnuPG und Enigmail verschlüsseln 397
34.7.1 Installation 398
34.7.2 Konfiguration 399
34.7.3 PGP/Mime 401
34.8 GnuPG und Mac OS X 401
34.9 Virtual Private Network 404
34.9.1 PPTP 405
34.9.2 L2TP 405
34.9.3 IPSec 405
34.9.4 End-to-Site-VPN 406
34.9.5 Site-to-Site-VPN 409

34.9.6 VPN zwischen Netzwerken 410
34.9.7 Hamachi – one click VPN 411

35 Internetzugang 413

35.1 Hardware-Router 414
35.1.1 Router für die Internetanbindung 415
35.1.2 Kriterien für den Routerkauf 416
35.1.3 Stand der Dinge 417
35.1.4 Ersatzzugang 418
35.1.5 Alternative Firmware 419
35.1.6 Apple AirPort 420
35.1.7 Router aufbauen 421
35.2 Der Software-Router FLI4L 422
35.2.1 Kostenvergleich 423
35.2.2 Hardware 423
35.2.3 FLI4L beschaffen 423
35.2.4 FLI4L entpacken 424
35.2.5 FLI4L konfigurieren 425
35.2.6 Diskette bauen 431
35.2.7 PCs im Netzwerk mit FLI4L einrichten 432
35.2.8 Administration des Routers 432
35.2.9 FLI4L auf der Festplatte 434
35.3 FLI4L und OpenVPN 435
35.3.1 FLI4L als OpenVPN-Server 436
35.3.2 OpenVPN-Client 437
35.3.3 Kontrolle der OpenVPN-Verbindung 438
35.4 ProXY 441

36 DynDNS-Dienste 443

36.1 Anbieter 443
36.2 Aktualisierung 444
36.2.1 Router 445
36.2.2 Software 445
36.2.3 DynDNS Updater für Mac OS X 446

37 Netzwerkspeicher 447

37.1 Windows Home Server 448
37.1.1 WHS Connector 449
37.1.2 WHS Client Backup 449

37.1.3 Licht und Schatten von WHS ... 450
37.2 FreeNAS, Openfiler & Co. ... 451
37.3 Router mit externer USB-Platte ... 451
37.3.1 DSL-Router ... 452
37.3.2 File-Sharing mit Apples AirPort ... 453
37.4 Hardware-NAS ... 454
37.4.1 Anzahl der Festplatten ... 454
37.4.2 Fallstricke bei der Auswahl ... 455
37.4.3 Einbindung ins Netzwerk ... 457

38 Virtualisierung ... 459

38.1 Hardware-Voraussetzungen ... 460
38.2 VMware Server ... 462
38.2.1 Download und Lizenzerwerb ... 462
38.2.2 Installation ... 462
38.2.3 Tuning ... 464
38.2.4 Erste Schritte mit dem VMware Server ... 464
38.2.5 Virtuelle Netzwerke ... 466

39 Virtuelle Appliances ... 467

39.1 IP-Adressen der virtuellen Maschinen ... 467
39.2 Openfiler Appliance als Datenspeicher ... 468
39.2.1 Einbinden der virtuellen Maschine ... 469
39.2.2 Konfiguration ... 470
39.2.3 Netzwerk-Setup ... 471
39.2.4 System-Update ... 472
39.2.5 LDAP-Benutzerverwaltung ... 472
39.2.6 Speicherplatzverwaltung ... 473
39.2.7 Netzwerkfreigaben ... 477
39.2.8 NFS-Freigaben für Linux ... 479
39.2.9 Der Netzwerk-Datastore für VMware ... 480
39.3 Squid ProXY Appliance ... 481
39.3.1 Einbinden der virtuellen Maschine ... 482
39.3.2 Netzwerk-Setup ... 483
39.3.3 Den Squid ProXY verwenden ... 484
39.3.4 ProXY unter Mac OS X konfigurieren ... 486
39.3.5 Blacklists ... 487
39.3.6 Der Virenscanner ClamAV ... 487

39.4 Personal Backup Appliance 488
39.4.1 Einbinden der virtuellen Maschine 489
39.4.2 Backup 490
39.4.3 Restore 491
39.4.4 Verwalten der Backups 491
39.5 Trixbox Asterisk Appliance 492
39.5.1 FreePBX nutzen 493
39.5.2 Telefone konfigurieren 494
39.5.3 SIP-Provider konfigurieren 496

40 siegfried3 – ein vielseitiger Server 499

40.1 Motivation – oder: Warum ausgerechnet Linux? 499
40.2 Aufgaben Ihres Netzwerkservers 501
40.3 Einbinden der virtuellen Maschine 502
40.4 Webmin 502
40.5 DHCP-Server 503
40.6 Samba als Fileserver 509
40.6.1 Linux als Server 509
40.6.2 Windows als Client 516
40.6.3 Linux als Client 517
40.6.4 Windows und Mac OS X als Server 521
40.7 Drucken im Netzwerk 522
40.7.1 Drucker am Server einrichten 523
40.7.2 PDF-Drucker 524
40.7.3 Netzwerkdrucker am Client einrichten 525
40.8 Mailserver 527
40.8.1 Mails mit Postfix verschicken 527
40.8.2 Mails mit Postfix empfangen 529
40.8.3 Mails mit Postfix über einen Provider verschicken 532
40.8.4 Postfächer aus dem Internet holen 533
40.8.5 Regelmäßiges Abholen der Post 535
40.8.6 IMAP-Server für Clients im LAN vorbereiten 537
40.8.7 IMAP-Clients im LAN an den Server anbinden 538
40.8.8 Shared Folders 540
40.9 PHProjekt Groupware Server 541
40.9.1 Installation 542
40.9.2 Konfiguration 542
40.9.3 PHProjekt benutzen 544

40.10 MLDonkey: Tauschbörsentalente ... 545
40.10.1 MLDonkey einrichten ... 545
40.11 Time-Server ... 548
40.11.1 Zeit-Service aufsetzen ... 548
40.11.2 Clients an den Zeit-Server anbinden ... 550
40.11.3 Andere Zeitdienste als NTP ... 551
40.11.4 Systemzeit virtueller Maschinen ... 552

41 Netzwerk-Backup ... 553

41.1 Wozu Backup? ... 553
41.2 Backup ... 554
41.3 Restore ... 555
41.4 Disaster Recovery ... 555
41.5 Areca Backup ... 555
41.5.1 Sicherungsdefinitionen ... 556
41.5.2 Inkrementelle Sicherung ... 557
41.5.3 Differenzielle Sicherung ... 557
41.5.4 Backup-Verknüpfungen ... 558
41.5.5 Restore ... 558
41.5.6 Archive löschen und zusammenfügen ... 558
41.6 Windows-Bordmittel ... 559
41.6.1 Robocopy ... 559
41.6.2 SyncToy 2.0 ... 560
41.6.3 Offlinedateien ... 561
41.7 Mac OS X mit Time Machine im Netzwerk sichern ... 562

42 Streaming Media ... 565

42.1 Protokolle und Codecs ... 566
42.1.1 Audio-Codecs ... 566
42.1.2 Video-Codecs ... 567
42.1.3 Streaming-Dienste ... 568
42.2 Streaming-Hardware ... 569
42.2.1 Foto ... 569
42.2.2 Musik ... 570
42.2.3 Video ... 571
42.3 Video-Streaming mit dem Video-LAN-Client ... 572
42.3.1 Funktionen ... 572

42.3.2 Voraussetzungen ... 572
42.3.3 Bedienung ... 574

43 Voice over IP ... 577

43.1 Grundlagen zu VoIP ... 579
43.1.1 Protokolle ... 579
43.1.2 ENUM ... 582
43.1.3 Audio-Codecs ... 583
43.1.4 Voraussetzungen für VoIP im Netzwerk ... 585
43.2 Skype: Einfacher geht es nicht ... 591
43.2.1 Installation und Konfiguration ... 592
43.2.2 Skype benutzen ... 592
43.2.3 Technik ... 594
43.3 SIP-Provider im Internet ... 595
43.4 Softphone: PhonerLite ... 597
43.4.1 Konfiguration ... 598
43.4.2 Einsatz ... 598
43.5 Fritz!Box Fon ... 600
43.6 VoIP-Hardware ... 602
43.6.1 IP-Telefon ... 603
43.6.2 TK-Anlagen ... 604
43.6.3 Headsets ... 604

TEIL VI Anhang

A Linux-Werkzeuge ... 609

A.1 Vorbemerkung ... 609
A.2 Grundbefehle ... 611
A.2.1 Bewegen im Dateisystem ... 611
A.2.2 Datenströme ... 615
A.2.3 Prozesse und Dateisystem ... 616
A.2.4 Netzwerkbefehle ... 617
A.3 Der Editor vi ... 619
A.3.1 Arbeiten mit dem vi ... 619
A.4 Shell-Scripte ... 622

B ASCII-Tabelle 625

C Glossar 627

Index 647

Vorwort

Wir freuen uns, Ihnen die fünfte Auflage unseres Buches anbieten zu können!

Wie schon in den vorangegangenen liegt auch bei dieser Auflage der Schwerpunkt auf der Praxis. Zu den zahlreichen etablierten Themen haben wir Mac OS X neu aufgenommen. Außerdem haben wir verstärkt das Thema Netzwerkspeicher betrachtet und bieten wie gewohnt praxisgerechte, konkrete Lösungen.

Wir behandeln intensiv das brandneue Windows 7, Multimedia im Netzwerk und die kommende Generation drahtloser Netzwerke.

Damit Sie Netzwerkfunktionen bequem ausprobieren können, liegt dem Buch wieder ein Linux-Server mit dem Namen siegfried bei. In dieser Auflage ist siegfried erstmalig eine virtuelle Maschine. Damit können Sie die Themen noch einfacher zu Hause nachvollziehen. Starten Sie siegfried zusammen mit den anderen virtuellen Maschinen einfach von der Buch-DVD auf Ihrem PC, ohne dass eine Veränderung Ihres Systems oder eigene Hardware erforderlich ist.

Wir sind uns sicher, dass uns mit dieser Auflage die Verknüpfung von Information, Dokumentation und Software aus einer Hand erneut geglückt ist. So wünschen wir Ihnen gutes Gelingen und viel Freude mit diesem Buch!

Erst nachdem wir ein Buch geschrieben hatten, konnten wir nachvollziehen, dass sich üblicherweise Autoren bei Ihren Familien bedanken.

An euch, die ihr Rücksicht genommen und uns äußerst geduldig ertragen habt:

Vielen Dank!

Axel Schemberg, **Martin Linten** und **Kai Surendorf**
Düsseldorf und Berlin

Wie sollten Sie mit diesem Buch arbeiten? Ich möchte Ihnen hier das Konzept dieses Buches vorstellen und die verwendeten Auszeichnungen von Text erklären, sodass Sie sich besser zurechtfinden.

1 Einleitung

Dieses Buch ist darauf ausgelegt, Ihnen sowohl die notwendigen theoretischen Grundlagen zu vermitteln als auch viele praktische Anwendungen zu schildern. Diese können Sie dann in Ihrem Netzwerk anhand der Schritt-für-Schritt Beschreibungen umsetzen.

1.1 Aufbau des Buches

Dieses Buch besteht aus sechs Teilen:

- Grundwissen Netzwerke, Kapitel 3 bis 4
- Lokale Netze, Kapitel 5 bis 8
- Weitverkehrsnetze, Kapitel 9 und 10
- Höhere Protokollschichten, Kapitel 11 bis 20
- Praxiswissen, Kapitel 21 bis 43
- Anhang

Der Teil **Grundwissen Netzwerke** vermittelt Ihnen die theoretischen Grundlagen, die Sie immer wieder benötigen werden. Meiner Meinung nach ist es unabdingbar, über eine solide Wissensbasis zu verfügen, bevor man sich weiter mit Netzwerken in der Praxis beschäftigt; daher ist dies der erste Teil des Buches.

Lokale Netze (LAN) sind örtlich begrenzte Netzwerke, wie z. B. ein Firmennetzwerk oder Ihr Heimnetzwerk.

Der Teil **Weitverkehrsnetze** beschäftigt sich mit der Verbindung eines lokalen Netzes mit dem Internet.

Im Teil **Höhere Protokollschichten** erkläre ich wichtige Protokolle, denen Sie in Ihrem LAN und im Internet täglich begegnen.

Der Teil **Praxiswissen** umfasst den größten Teil dieses Buches. Hier zeige ich Ihnen, wie Sie mithilfe der zuvor erworbenen Grundlagen ein Netzwerk aufbauen können. Ich beginne beim Kabel und schließe mit den Anwendungen. Anhand von praktischen Beispielen werden in diesem Teil alle einzelnen Schritte erklärt und vorgeführt. Sie finden hier die Beschreibungen, wie Sie die Netzwerkeinstellungen bei den Betriebssystemen vornehmen können oder welche Programme sich für den Einsatz im Netzwerk eignen.

Im **Anhang** finden Sie nützliche Informationen, beispielsweise eine kleine Einführung in Linux-Befehle.

Sie müssen nicht das ganze Buch von vorn bis hinten lesen! Ich habe darauf geachtet, dass jeder Bereich, den Sie lesen, möglichst auch dann verständlich ist, wenn Sie nur diesen lesen.

Meine Empfehlung lautet, dass Sie den Teil **Grundwissen Netzwerke** zuerst lesen. Damit haben Sie die wichtigste Grundlage für das Verständnis von Netzwerken gelegt. Nebenbei bemerkt, gehören Sie dann zu den wenigen Menschen auf diesem Planeten, die wissen, wovon sie reden, wenn über TCP/IP gesprochen wird. Wenn Sie nicht die Geduld haben, sich zunächst mit der Theorie auseinanderzusetzen, dann können Sie ab Seite 29 den »Schnelleinstieg: Für Praktiker« wählen.

1.2 Verwendete Formatierungen und Auszeichnungen

Ein umfangreicher Text kommt um Formatierungen nicht herum. Zunächst möchte ich Ihnen die Symbole vorstellen, die Sie in der Randspalte finden können.

Symbol	Bedeutung
[zB]	**Beispiel:** Zur Verdeutlichung nenne ich ein Beispiel. Es kann sein, dass ich im weiteren Text Bezug auf dieses Beispiel nehme, allerdings habe ich umfangreichere Beispiele vermieden, sonst müssten Sie das ganze Buch von vorn bis hinten lesen.
[»]	**Hinweis:** Wenn Stellen mit diesem Zeichen versehen sind, möchte ich Sie auf eine Sache besonders hinweisen.
[!]	**Warnung:** Die beschriebene Funktion/Aktion hat nicht nur Vorteile. Wenn Sie sie umsetzen, dann können erhebliche Nachteile, z. B. Sicherheitslücken, auftreten.

Tabelle 1.1 Symbole in der Randspalte

Symbol	Bedeutung
[o]	**Auf der DVD:** Dieses Buch enthält eine DVD. Viel der von mir angesprochenen Software ist dort enthalten. Dieses Symbol macht Sie darauf aufmerksam, im Text finden Sie den Hinweis, in welchem Verzeichnis unterhalb des Ordners *Software* Sie das beschriebene Programm finden.

Tabelle 1.1 Symbole in der Randspalte (Forts.)

Nachdem Sie jetzt in Bezug auf die Symbolik völlig im Klaren sind, möchte ich Ihnen noch kurz die Textformatierungen erläutern:

- Befehle oder Angaben, die Sie eingeben müssen, habe ich in nichtproportionaler Schrift ausgezeichnet, z. B.: ping www.web.de.
- Wenn der Eintrag variabel ist, habe ich ihn in spitze Klammern gesetzt (ping <IP-Adresse>). Sie müssen dort ohne Klammern den variablen Wert eintragen. Sollten Teile des Eintrags in eckigen Klammern stehen, so handelt es sich um optionale Bestandteile (ping [-t] <IP-Adresse>).
- Menüpunkte oder Programmnamen habe ich in Kapitälchen formatiert, so z. B. START • PROGRAMME • EINSTELLUNGEN • SYSTEMSTEUERUNG. Sie müssen die genannten Menüpunkte nacheinander anklicken, um an die gewünschte Stelle zu kommen.
- Wichtige Begriffe sind über die Formatierung *kursiv* gekennzeichnet.
- Alle *Hyperlinks* sind kursiv markiert.

Tasten, die Sie auf Ihrer Tastatur drücken müssen oder Tastenkombinationen sind auch als Tasten dargestellt, z. B. [↵]. Entsprechend bedeutet [Strg]+[Alt]+[Entf], dass Sie diese Tasten gleichzeitig drücken müssen.

Es ist nicht ganz einfach, die Bedienung eines Programms zu beschreiben. Wenn ich die *Menüleiste* erwähne, meine ich:

Abbildung 1.1 Die Menüleiste

Mit dem Begriff *Schaltfläche* meine ich einen Button:

Abbildung 1.2 Der Button

Als *Reiter* bezeichne ich diese programmiertechnische Errungenschaft:

Abbildung 1.3 Ein Reiter

Ich hoffe, mit dieser umfangreichen Erklärung lassen sich Missverständnisse bereits im Vorfeld vermeiden, sodass Sie sich voll und ganz auf den Inhalt dieses Buches konzentrieren können. Darüber hinaus finden Sie Erläuterungen zu vielen Begriffen im **Glossar** am Ende des Buches.

1.3 Die DVD zum Buch

Die DVD zum Buch enthält einige Programme, die ich im Text erwähnt habe. Dabei habe ich mich auf Programme konzentriert, bei denen die Version für die Nachvollziehbarkeit der Beispiele im Buch wichtig sein könnte, und auch auf Programme, die im Internet nicht allzu leicht zu finden sind.

Besonders möchte ich auf mehrere fertige virtuelle Maschinen auf der DVD im Verzeichnis *appliances* hinweisen:

- Openfiler: ein Netzwerk-Datenspeicher
- Personal Backup Appliance: ein Image-Backup-Programm
- Squid3: ein fertiger ProXY-Server
- Trixbox: ein Telefonie-Server
- siegfried3: Version 3 des vielseitigen Linux Home Servers

Es gibt auf der DVD nur wenige Linux-Zusatzprogrammpakete, da fast alle erwähnten Programme Teile von siegfried3 sind.

Bei Windows werden sehr wenige Programme mit dem Betriebssystem mitgeliefert, entsprechend ist der Bedarf an ergänzenden Programmen größer.

Die Software finden Sie in verschiedenen thematisch gegliederten Ordnern, sodass sie leichter gefunden werden können und Sie die Möglichkeit haben, auch einfach ein bisschen auf der DVD im Verzeichnis *Software* zu stöbern.

Die nachfolgende Tabelle enthält eine kurze Beschreibung der Software und gibt an, wo auf der DVD Sie die Installationsdateien finden. Die Sortierung ist alphabetisch.

Programmname	Beschreibung	Verzeichnis
7-Zip	Packprogramm	sonstiges
Areca	Backup-Programm	administration
Automachron	Zeitsynchronisierung mit einem NTP-Server im Internet oder im LAN	management
cups-pdf	Erweiterung von CUPS, um PDF-Dokumente erzeugen zu können	sonstiges
Enigmail	Mozilla Thunderbird Sicherheitserweiterung	sicherheit
FLI4L	Software-DSL/ISDN-Linux-Router, der lediglich eine Diskette als Speicherplatz benötigt	internet
GnuPG	Verschlüsselungstool	sicherheit
Gvim	Der Editor vi für Windows	sonstiges
Iperf	Performance-Messtool	management
Netio	Tool zur Messung von Netzwerkperformance auf TCP/IP-Ebene	management
OpenVPN	Ein SSL VPN	internet
Phprojekt	Groupwarelösung, die auf PHP und MySQL basiert und vollständig mit einem Browser bedient und eingerichtet wird	sonstiges
PuTTY	Telnet- und SSH-Client für Windows	administration
SlimFTPD	Keliner und sehr schneller FTP-Server für Windows	sonstiges
VNC	Fernsteuerungssoftware für verschiedene Betriebssysteme verfügbar	administration
Webmin	Web-Administrationsoberfläche für UNIX- und Linux-Systeme	administration
Xming	X11 Server für Windows	administration

Tabelle 1.2 Überblick über Software und Dokumente auf der DVD

Sie möchten ein LAN mit maximal zehn PCs, einem gemeinsamen Internetzugang und gegenseitigen Datei- und Druckerfreigaben aufbauen? An dieser Stelle zeige ich Ihnen, wie Sie vorgehen müssen.

2 Schnelleinstieg: Für Praktiker

2.1 Planung: Welche Komponenten benötigen Sie?

Ich werde Ihnen sehr konkrete Vorschläge machen. Das wird die Auswahl und den Aufbau eines LANs einfacher gestalten. Möglicherweise möchten Sie meine Vorschläge variieren, das ist selbstverständlich möglich. Alles Wissenswerte dazu finden Sie in den umfangreicheren Theorie- und Praxisteilen dieses Buches. [«]

Die ersten Fragen, die Sie jetzt für sich beantworten müssen, lauten:

- Wie viele Netzwerkteilnehmer gibt es?
- Können Verbindungskabel verlegt werden? Wenn ja: Wo?
- An welchem Punkt können die Netzwerkkabel zusammenlaufen und an einen Switch angeschlossen werden?
- Wie stark und schnell wird das LAN in Zukunft wachsen?
- Was will ich im Netzwerk nutzen? (Beispiele: Netzwerkspeicher, Musik, Internetzugang)

Da diese Fragen individuell auf Ihre Situation bezogen sind, können nur Sie diese Fragen beantworten, nachfolgend möchte ich einige Hinweise geben.

Die erste Frage ist sicherlich die einfachste: Wie viele PCs haben Sie und wie viele PCs sollen an das LAN angeschlossen werden? Mögliche weitere Geräte, die Sie an das LAN anschließen können und die Sie an dieser Stelle mitzählen sollten, sind netzwerkfähige Drucker, Internetrouter (DSL-/ISDN-Router) und Wireless-LAN-Access-Points.

Wenn Sie Twisted-Pair-Netzwerkkabel benutzen, dann müssen Sie für jeden Netzwerkanschluss ein Kabel vom Switch bis zum PC verlegen. Ein einzelnes Kabel darf nicht länger als 90 Meter sein.

Jedes Netzwerkkabel muss an einem Switch-Anschluss – Switchport – eingesteckt werden. Der Switch sollte an einem Punkt Ihrer Räumlichkeiten platziert werden, an dem er und die Kabel nicht stören. Wenn Sie einen lüfterlosen Switch kaufen, kann dieser beispielsweise in der Ecke eines Raumes installiert werden. Der Raum, in dem sich Netzwerkkomponenten befinden, sollte selbstverständlich trocken und staubarm sein.

Die Frage nach der Expansion Ihres Netzwerks zielt auf den Investitionsschutz. Wenn Sie zurzeit mit fünf PCs arbeiten, aber jetzt schon feststeht, dass Sie ein expandierendes Unternehmen sind und jeden Monat ein bis zwei Kollegen/Kolleginnen, also auch ein bis zwei PCs hinzukommen, macht es keinen Sinn, das LAN auf fünf PCs auszulegen. Wenn Sie wissen, dass Sie innerhalb eines halben Jahres mit der jetzigen Anzahl der Switchports und der LAN-Anschlüsse nicht mehr auskommen, sollten Sie die zukünftige Anzahl schon jetzt berücksichtigen. Das gilt zumindest für die Verkabelung.

Ebenfalls wichtig ist die Frage, welche Aufgaben Ihr Netzwerk erfüllen soll. Das Übertragen großer Datenmengen kann über WLAN zu langsam sein, andere Netzwerkgeräte bieten nur einen WLAN-Anschluss.

2.1.1 Kabel – wenn ja, welches?

Um ein Netzwerk aufzubauen, haben Sie inzwischen vielfältige Möglichkeiten. Sie können Netzwerkkabel verlegen, Wireless-LAN (Funk) verwenden oder auf Ihre Stromverkabelung mit Homeplug zurückgreifen.

Die Varianten, die ich hier vorstelle, entsprechen meiner persönlichen Reihenfolge, in der ich die Lösung empfehlen würde.

Twisted Pair

Wenn Sie sich für die kostengünstigere, schnellere und sicherere Variante Twisted-Pair-Kabel entscheiden, wird jeder PC mit einer Netzwerkkarte und einem LAN-Anschluss versehen.

Wenn es sich um gemietete Räume handelt und die Verkabelung eher vorübergehender Natur ist, besteht der LAN-Anschluss aus einem Switchport und dem Verbindungskabel (Netzwerkkabel, LAN-Kabel oder Patchkabel genannt) zwischen Switch und dem PC. Die Kabel verfügen über jeweils einen RJ45-Stecker an den Enden und werden unter dem Begriff *Patchkabel* verkauft. Der Nachteil dieser Verkabelung ist offensichtlich: Frei verlegte Netzwerkkabel sehen nicht besonders gut aus!

Eine dauerhafte Verkabelung, die nicht die Ästhetik der Wohnung ruiniert, ist aufwendiger. Sie lohnt sich, wenn Sie planen, die Netzwerkkabel durch Wände zu verlegen. Mit einem Patchkabel müssten Sie aufgrund der Stecker sehr große Löcher bohren (ca. 15 mm). Die Alternative sind Verlegekabel ohne Stecker. Sie benötigen nur kleine Löcher (ca. 6 mm). Idealerweise schließen Sie das Kabel an eine Netzwerkdose an, das andere Ende des Kabels wird an einen Verteiler (Fachbegriff: *Patchpanel*) angeschlossen. Sie verbinden die Buchsen des Patchpanels mittels kurzer Patchkabel mit dem Switch, ebenso verwenden Sie ein Patchkabel, um den PC mit der Netzwerkdose zu verbinden. Wenn Sie einen Netzwerkanschluss nicht benötigen, können Sie die Verkabelung auch für Telefon benutzen. Mit einem LSA-Plus-Werkzeug, das ca. 15 € kostet, werden die Adern des Kabels auf die Leisten der Netzwerkdose und des Patchpanels gedrückt.

Wenn Sie sich so viel Mühe machen, dann sollten Sie nicht am Netzwerkkabel selbst sparen! Kaufen Sie Cat 6, damit sind Sie dann für die nächsten zehn Jahre bis zu einer Geschwindigkeit von 10 Gbit/s gerüstet.

Wireless LAN

Sie möchten keine zusätzlichen Kabel in Ihrer Wohnung oder Ihrem Büro verlegen? Wireless LAN (dt. *drahtloses LAN*) ist eine Alternative. Die Geschwindigkeit, die Sie erreichen können, ist im Vergleich zu kabelgebundenen LANs niedriger, für den Datenaustausch und den Internetzugang aber ausreichend, vorausgesetzt, dass die zu übertragenden Datenmengen nicht ungewöhnlich groß sind. Bequemlichkeit hat ihren Preis, denn ein WLAN ist hinsichtich der aktiven Netzwerkkomponenten (Access Point und WLAN-Karten) teurer als kabelgebundenes LAN.

Bevor Sie jetzt in völliger Begeisterung WLAN-Komponenten kaufen, sollten Sie weitere Informationen berücksichtigen.

WLANs sind sehr einfach aufzubauen und funktionieren nach dem ersten Einschalten sofort. Doch in ihrem Auslieferungszustand sind die Komponenten oft nicht sicher genug konfiguriert, es besteht ein erhebliches Sicherheitsrisiko. Weitere Informationen zu WLANs finden Sie in Kapitel 7, »Wireless LAN«, Sicherheitsaspekte werden in Kapitel 33, »WLAN und Sicherheit«, erläutert.

Die Reichweite von WLAN hängt sehr stark von den baulichen Gegebenheiten ab. Stahlbeton ist der »Killer« aller Funkwellen, daher wird WLAN durch mehrere Geschossdecken vermutlich nicht funktionieren. Sie sollten also darauf achten, dass Sie eine Umtauschmöglichkeit haben, wenn es nicht funktioniert. Bei Käufen über das Internet ist das meist innerhalb von 14 Tagen der Fall. Als Anhaltspunkt kann die Reichweite eines Funktelefons (DECT-Telefon) gelten. Dort wo Sie mit dem DECT-Telefon keinen Empfang haben, wird WLAN nicht funktionieren.

Powerline mit Homeplug

Wenn es mit WLAN nicht funktioniert, weil Sie nicht überall dort Empfang bekommen, wo Sie ihn brauchen, Sie aber keine LAN-Kabel verlegen können, wollen oder dürfen, kann Homeplug eine Lösung sein.

Homeplug ist die Möglichkeit die hauseigene Stromverkabelung als »Netzwerkkabel« zu nutzen. Sie brauchen keine neuen Kabel zu verlegen, benötigen pro Netzwerkanschluss an das Stromnetz einen Adapter (ca. 70 €), logischerweise insgesamt mindestens zwei, die Sie als Starter-Paket z. B. von der Firma Devolo zu einem Preis von ca. 100 € bekommen.

Neben dem relativ hohen Preis gibt es weitere Einschränkungen. Die Bandbreite entspricht in der Praxis der WLAN-Geschwindigkeit. Sie können keinen Stromzähler überspringen. Homeplug ist also nur innerhalb einer Wohnung/eines Hauses einsetzbar. Die maximale Übertragungsstrecke beträgt 200 Meter, ein Laborwert, in der Praxis wird es weniger sein. Die Adapter sollten Sie nicht hinter einem Überspannungs-Netzfilter anschließen, weil dieser die Übertragungsqualität negativ beeinflusst.

Die Adapter stecken Sie einfach in eine freie Wandsteckdose (möglichst nicht auf eine Steckerleiste). Sie sind unempfindlich gegen Störeinflüsse von anderen Elektrogeräten (Detailinformationen dazu unter 7.1, »Daten über Stromkabel«).

Aus meiner Sicht ist Homeplug eine Alternative zu WLAN und steht schon aufgrund hoher Kosten und der geringeren Bandbreite nicht in Konkurrenz zum normalen LAN über Twisted-Pair-Kabel. Es bedient einen Nischenmarkt, bietet aber einen technisch stabilen Netzwerkzugang, der sicher ist.

2.1.2 Beispiel – Familie Müller

Im Haus von Familie Müller soll ein Netzwerk aufgebaut werden. Schon lange verwendet die Familie DSL für den Internetzugang. Der Internet-PC steht in einem kleinen Arbeitszimmer im Erdgeschoss. Zu Weihnachten hat sich Herr Müller ein Notebook zugelegt, damit er flexibler arbeiten kann. Dieses Notebook nutzt auch Frau Müller wenn sie im Internet surft. Der achtjährige Sohn hat noch keinen eigenen PC, doch in den nächsten Jahren wird wohl auch er einen PC bekommen.

Im Zuge der Netzwerkverkabelung möchten die Müllers mit Ihrem Telefonanschluss zu einem DSL-Komplettanbieter wechseln. Telefonieren werden sie dann ebenfalls über DSL.

Herr Müller fotografiert gerne und er überlegt schon länger, wie er seine Digitalfotos sicher speichern und trotzdem ständig darauf zugreifen kann; auch vom

Notebook. Frau Müller möchte zukünftig gerne Filme aus dem Angebot des DSL-Anbieters schauen, der Fernseher steht im Wohnzimmer, einen LAN-Anschluss gibt es dort leider nicht.

Bleibt noch das zweite Weihnachtsgeschenk von Herrn Müller: ein Internetradio. Er hört damit aus einer riesigen Fülle von Internetradiostationen seinen Musikgeschmack: Country Music.

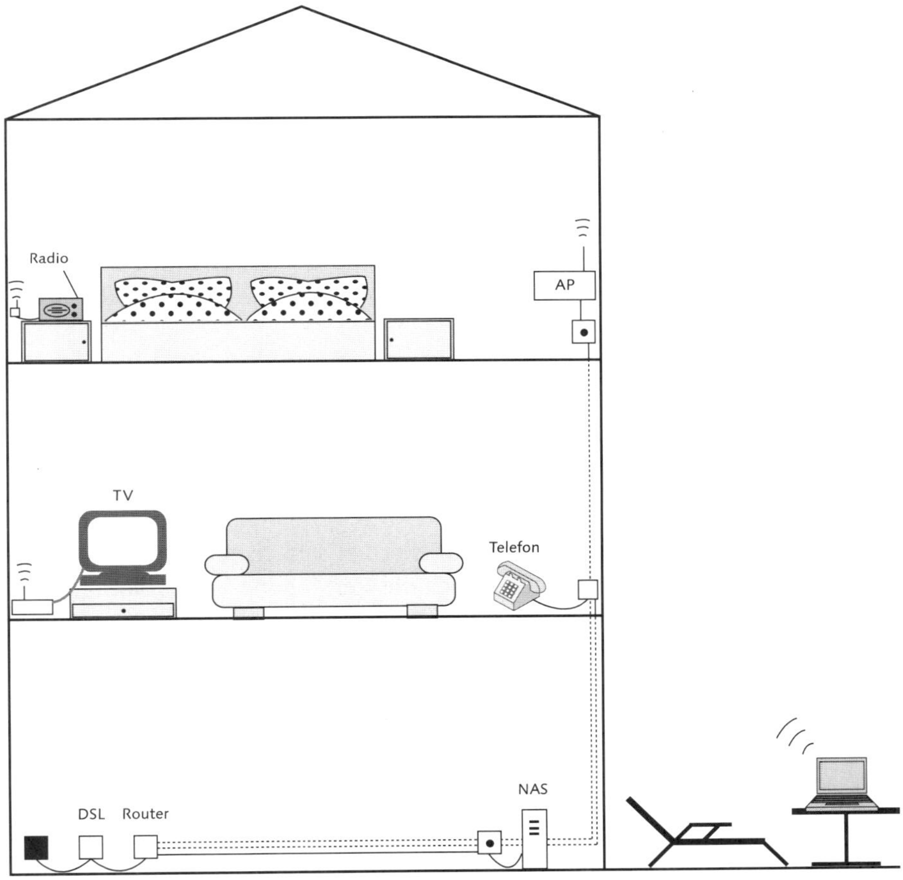

Abbildung 2.1 Das Haus der Müllers

Wenn Sie dieses Beispiel mit den zuvor gestellten Fragen vergleichen, kommen Sie in etwa zu folgendem Ergebnis:

- Wie viele Netzwerkteilnehmer gibt es?
  - Zwei WLAN-Clients: Notebook und Internetradio
  - Drei LAN-Clients: PC, Telefon und ein Fileserver/NAS

- Können Verbindungskabel verlegt werden? Wenn ja: Wo?

  LAN-Kabel sind verlegt, jedoch nicht im Wohnzimmer.
- An welchem Punkt können die Netzwerkkabel zusammenlaufen und an einen Switch angeschlossen werden?

  Im Keller, wo auch die Hauseinführung für die Telefonkabel ist.
- Wie stark und schnell wird das LAN in Zukunft expandieren?

  Der Sohn wird einen PC bekommen, Frau Müller möchte einen Streaming-Client für den Fernseher.
- Was will ich im Netzwerk nutzen?

  Internetzugang für alle Teilnehmer, Telefonieren, Musik- und Video-Streaming, sowie Datenablage auf dem Fileserver.

Üblicherweise sind heute in allen PCs Netzwerkkarten enthalten, auch bei schon etwas älteren PCs sind sie üblicherweise »onboard«. So ist es auch bei den Müllers. PC, Notebook und Telefon haben einen LAN-Anschluss, ebenso der gerade bestellte Fileserver/NAS.

Notebook und das Internetradio haben WLAN integriert. Der noch zu kaufende Video-Streaming-Client müsste ebenfalls WLAN unterstützen. Vom bisherigen Internetzugang ist ein WLAN-Router vorhanden.

Was fehlt also noch?

Der Standort für den WLAN-Router im Keller hat sich als ungeeignet herausgestellt, für das Internetradio reicht es, doch die Verbindung bis ins Dachgeschoss ist zu schwach. Im Keller wird ein 5-Port-Switch installiert, an diesen kann der alte WLAN-Router mit deaktiverter WLAN-Funktion für den Internetzugang genutzt werden. Zusätzlich sollte Herr Müller noch einen WLAN-Access-Point kaufen, der WLAN nach IEEE 802.11n unterstützt, das ist WLAN mit bis zu 300 Mbit/s. Damit ist er auch für die erforderlichen Geschwindigkeiten für das HD-Video-Streaming gerüstet. Dieser Access Point kann dann im Erd- oder Obergeschoss an das LAN angeschlossen werden.

2.2 Einkaufen

Sie wissen, welche Teile Sie für Ihr Netzwerk benötigen. Jetzt geht es an die praktische Umsetzung.

Bevor Sie etwas einbauen können, müssen Sie es zunächst kaufen, und schon stellt sich die nächste Frage: Wo?

Wenn Sie technisch wenig begabt und interessiert sind, dann kann ich Ihnen nur wärmstens empfehlen, in einen Computer-Laden zu gehen – am besten nicht zu einer der großen Ketten und auf keinen Fall in ein Kaufhaus, sondern in einen »Laden um die Ecke«. Dort wird man Sie beraten, Ihnen die Netzwerkkarten einbauen und für ein paar Euros extra sicherlich auch das Netzwerk in Ihrem Büro oder Ihrer Wohnung aufbauen. Wenn es ein Problem gibt, haben Sie einen Ansprechpartner, der Ihnen weiterhelfen kann.

Sicherlich ist diese Variante teurer, als wenn Sie die Teile beim billigsten Internetversand bestellen und selbst einbauen. Allerdings sparen Sie Zeit und möglicherweise Nerven.

Wenn Sie technisch interessiert und/oder begabt sind, dann können Sie die benötigten Teile ruhig im Internethandel bestellen, denn das Einbauen und Konfigurieren ist kein Problem, schließlich haben Sie dieses Buch. Dank diverser Preisroboter dürfte es kein Problem sein, einen günstigen Anbieter zu finden.

Abraten möchte ich vom Kauf der Netzwerkkomponenten in Kaufhäusern. Die Preise für alles, was nicht ein Komplett-PC ist, sind oft überhöht, so kostet ein LAN-Kabel (5 m lang) leicht 10 bis 20 €, obwohl es nicht mehr als fünf € wert ist. Selbstverständlich gibt es dort Verkäufer, die Ihnen helfen können, doch das Thema Netzwerk ist recht speziell, sodass Sie keine allzu gute Beratung erwarten dürfen.

2.2.1 Multifunktionsgeräte

Ein paar Worte möchte ich noch zum Thema Kombi-Geräte schreiben. Ein WLAN-AP-DSL-Router-Print-Server-Switch, also die eierlegende Wollmilchsau der Netzwerkwelt, ist lediglich für kleine Netzwerke sinnvoll.

Nur in kleinen Netzwerken mit wenigen PCs ist es sinnvoll, einen Wireless-Access-Point an demselben Ort aufzustellen, an dem auch der Internetzugang bereitgestellt wird, der Drucker aufgestellt ist und die vier Switchports genutzt werden.

2.3 Hardware ein- und aufbauen

Das Zusammenbauen der Hardware erfordert üblicherweise keine besonderen technischen Fähigkeiten und auch nur wenig Werkzeug. Lediglich wenn Sie planen, Netzwerkkabel zu verlegen, benötigen Sie mehr Werkzeug. Lesen Sie in diesem Fall auch in Kapitel 21, »Netzwerkkabel«, wie Sie diese Aufgabe meistern.

2.3.1 Netzwerkkarten

In den meisten PCs sind bereits Netzwerkkarten »onboard« enthalten. In diesem Fall ist der nachfolgende Abschnitt für Sie nicht relevant.

Lediglich wenn Sie die vorhandene Netzwerkkarte gegen eine andere austauschen wollen, finden Sie hier die dafür benötigten Informationen.

PCI-Karten

Eine PCI-Karte wird in den PC eingebaut. Dazu öffnen Sie den PC, stecken die Karte in einen freien PCI-Slot und schließen den PC wieder. Beim nächsten Start erkennt das Betriebssystem – zumindest Windows oder Linux – die neue Hardware und installiert die Treiber.

Das genaue Vorgehen zur Installation von PCI-Karten können Sie Abschnitt 22.3, »Netzwerkkarte einbauen«, entnehmen.

PC-Card/Cardbus-Karten/ExpressCard

Herzlichen Glückwunsch zu dieser Karte, einfacher geht es nicht mehr: Sie stecken die PC-Card/ExpressCard in einen freien Slot – auch PCMCIA-Slot genannt –, und beim nächsten Start des Notebooks wird die Karte erkannt. Wenn Sie Windows oder Linux verwenden, sollte die Karte auch im laufenden Betrieb erkannt werden und verwendbar sein.

Aufwendig ist der Fall, wenn die Karte nicht erkannt wird und Sie keine Treiber-CD oder Ähnliches haben, denn diese Karten benötigen immer spezielle Treiber, die Sie meist nur vom Hersteller bekommen. Sie sollten sich schon auf den Herstellerseiten umsehen, ob alle Betriebssysteme unterstützt werden, unter denen Sie die Karte verwenden wollen.

WLAN-Karten

Wireless-LAN-Karten gibt es als PCI-Version, als PC-Card/ExpressCard oder als USB-Adapter.

Eine WLAN-PCI-Karte unterscheidet sich beim Einbau nicht von einer normalen PCI-Netzwerk-Karte.

Die PC-Card/ExpressCard, die ehemaligen PCMCIA-Karten, werden in einen freien Slot am Notebook geschoben.

2.3.2 LAN-Verschaltung

Wenn Sie alle Netzwerkkarten eingebaut haben, müssen Sie das eigentliche Netzwerk durch die Verkabelung herstellen.

Bevor Sie eine Verkabelung, die Sie – möglicherweise in übertapezierten oder verputzten Kabelkanälen – verlegen, für immer verschwinden lassen, sollten Sie deren Funktion sicherstellen, indem Sie die Kabel ausprobieren. Welche Möglichkeiten Ihnen dabei zur Verfügung stehen, entnehmen Sie bitte den Ausführungen in Abschnitt 21.5, »Kabeltest«.

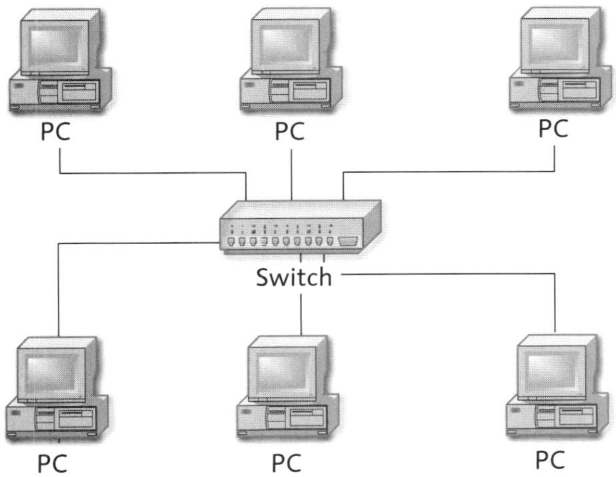

Abbildung 2.2 Systematische Darstellung des LAN-Aufbaus

Abbildung 2.2 zeigt den schematischen Aufbau eines LANs. Jeder PC wird mit einem LAN-Kabel an den Switch angeschlossen.

Wenn Sie die PCs einschalten, um die Treiber zu installieren, sollte die grüne LED an jeder Netzwerkkarte leuchten. Dies ist die Link-LED. Sie zeigt an, dass eine physikalische Verbindung besteht. Entsprechend sollte am Switch auch für jeden Port, an dem ein aktiver PC angeschlossen ist, eine LED leuchten.

Das Leuchten der Link-LED ist unabhängig von der Installation einer Software (ausgenommen PC-Card/ExpressCard und USB-Adapter) oder eines Treibers. Wenn die LED nicht leuchtet, sollten Sie, bevor Sie an einer anderen Stelle suchen, die Verkabelung überprüfen.

2.4 IP konfigurieren

Die Netzwerkkarten werden von Windows oder Linux üblicherweise direkt erkannt und ins System eingebunden. Eine weitergehende Konfiguration ist nur beim WLAN notwendig. Dort muss man auf allen WLAN-Teilnehmer denselben Sicherheitsschlüssel eintragen. Weitere Informationen zur WLAN-Konfiguration finden Sie in Kapitel 33, »WLAN und Sicherheit«.

Nahezu alle Netzwerkteilnehmer verwenden als Standardeinstellung, die IP-Konfiguration per DHCP zu beziehen. Entsprechend einfach ist es, diese zu nutzen und sich ohne weitere Probleme die IP-Konfiguration von einem DHCP-Dienst zuweisen zu lassen.

Ich gehe für diesen Schnelleinstieg davon aus, dass auch Sie DHCP verwenden, das jeder DSL-Router zur Verfügung stellt. Weitere Informationen zur IP-Konfiguration finden Sie für Windows in Kapitel 24, »Windows einrichten«, und für Linux in Kapitel 25, »Linux einrichten«.

2.5 Funktionstest

Wenn Sie alle PCs eingerichtet haben, können Sie sehr einfach ausprobieren, ob Ihr LAN einschließlich der IP-Konfiguration funktioniert:

Geben Sie unter START • AUSFÜHREN... `cmd` ein. Es öffnet sich eine DOS-Box, in der Sie `ping <IP-Adresse>` eingeben und mit [↵] bestätigen. Dabei sollten Sie zunächst die eigene IP-Adresse des PCs testen, dann die IP-Adressen der anderen PCs.

Die DOS-Box wird bei Linux durch die Shell ersetzt. Der `ping` funktioniert aber genauso.

Wenn Sie jeweils Antwortzeiten als Rückmeldung bekommen haben, ist Ihr LAN betriebsbereit.

TEIL I
GRUNDWISSEN NETZWERKE

Dieser Teil des Buches soll Ihnen einen vertieften Überblick über das theoretische Gerüst von Netzwerken geben und damit eine Wissensbasis für die weiteren Kapitel des Buches schaffen. Das Verständnis der Theorie wird Ihnen bei der praktischen Arbeit, insbesondere bei der Fehleranalyse, helfen.

3 Grundlagen der Kommunikation

Aktuelle Netzwerke werden strukturiert aufgebaut. Diese Strukturen basieren auf verschiedenen technologischen Ansätzen.

Wenn Sie ein Netzwerk aufbauen wollen, dessen Technologie und Struktur Sie verstehen möchten, dann werden Sie ohne Theorie sehr schnell an Grenzen stoßen, die Sie der Möglichkeit berauben, ein optimal konfiguriertes Netzwerk zu haben.

In Fehlersituationen werden Ihnen die theoretischen Erkenntnisse helfen, einen Fehler im Netzwerk möglichst schnell zu finden und geeignete Maßnahmen zu seiner Beseitigung einzuleiten.

Dieses Buch legt den Schwerpunkt auf die praxisorientierte Umsetzung von Netzwerken und konzentriert sich auf die Darstellung von kompaktem Netzwerkwissen.

Ein Computernetzwerk kann man allgemein als Kommunikationsnetzwerk bezeichnen. Ausgehend von der menschlichen Kommunikation, erkläre ich die Kommunikation von PCs im Netzwerk.

3.1 Kommunikation im Alltag

Als Kommunikation bezeichnet man im Alltag vieles. So wird Telekommunikation oft als Kommunikation bezeichnet. Wenn Menschen miteinander reden, nennen wir das Kommunikation, auch wenn sie nicht reden, sondern lediglich durch ihre Körpersprache etwas ausdrücken, kann man das Kommunikation nennen. Wichtig ist nicht, über welches Medium Informationen übertragen werden, sondern der Informationsaustausch an sich ist das Entscheidende.

Jede Art von Kommunikation besteht aus:

1. Sender
2. Empfänger
3. Übertragungsmedium
4. Regeln
5. Kodierung des Inhalts

Die Punkte 1 und 2 sind wohl nicht erläuterungsbedürftig, doch was ist ein **Übertragungsmedium** (Punkt 3)? Beim Sprechen wird Schall über die Luft, bei einem Bild die Farbe über Lichtreflexion und bei der Telekommunikation wird elektrische Spannung durch Kabelleitungen übertragen; die Medien sind Luft, Licht und das Kabel.

Entweder benutzen beide Gesprächspartner das gleiche Medium, oder es gibt einen Wandler, der die Informationen umwandelt, beispielsweise wandelt das Telefon die akustischen Signale der menschlichen Sprache in elektrische Spannung um. Diese werden dann über Leitungen transportiert, bis sie schließlich beim empfangenden Telefon von elektrischen in akustische Signale zurückgewandelt werden. Zumindest war das vor 50 Jahren bei der Telefonie so.

Regeln (Punkt 4) in der menschlichen Kommunikation sind – soweit sie erfolgreich verlaufen soll – z. B.: »Mit vollem Mund spricht man nicht«, »Lass mich ausreden«, »Jetzt spreche ich!« und Ähnliches. Im Allgemeinen unterbricht man einen anderen beim Sprechen nicht, sodass er ausreden kann. Macht Ihr Gesprächspartner eine Sprechpause, so können Sie sich äußern, das besagt die Regel.

Kodierung (Punkt 5) **des Inhalts** meint z. B. eine Sprache (Deutsch). Eine Sprache selbst hat schon viele eigene Details. Wenn man sie verstehen will, muss man wissen, welche Wörter welche Bedeutung haben und wie grammatische Beziehungen hergestellt werden.

Erfüllen beide Kommunikationspartner die Punkte eins bis fünf, kommt es zu einer erfolgreichen Kommunikation. Sie können sich unterhalten und somit Informationen austauschen.

3.2 Kommunikation zwischen Computern

Auch bei der Kommunikation zwischen Computern sind die gerade genannten Bestandteile wichtig:

1. Sender
2. Empfänger

3. Übertragungsmedium
4. Regeln
5. Kodierung(en)

Es gibt also hinsichtlich der betrachteten Anforderungen keinen Unterschied zwischen der menschlichen und der PC-Kommunikation. Selbstverständlich handelt es sich beim PC um »dumme« Kommunikationsteilnehmer und so müssen die Regeln zu eindeutigen Informationen führen, damit sie für PCs verwertbar sind.

Wichtig ist ebenfalls, dass es Medienwechsel geben kann. Ein Handygespräch zu einem Festnetzanschluss erfolgt bis zum Sendemast des Mobilfunkbetreibers über Funk. Dort wird dann eine Transformation in elektrische oder optische Signale auf Kabelbasis vorgenommen.

Es ist sinnvoll, für alle Anwendungen, die über ein Netzwerk kommunizieren wollen, wiederkehrende Aufgaben einheitlich zu lösen. Es werden für jede Anwendung Schnittstellen bereitgestellt, auf denen diese Anwendung aufsetzen kann. Bestimmte Aufgaben, wie die eindeutige Adressierung, müssen daher nicht von jeder Anwendung gelöst werden, sondern werden einheitlich (z. B. vom Betriebssystem) übernommen.

3.3 Was ist nun ein Netzwerk?

Als Netzwerk bezeichne ich die Verbindung von mindestens zwei PCs. Selbstverständlich können auch andere Computer als PCs in ein Netzwerk eingebunden werden. Dieses Buch wird die Einbindung z. B. von UNIX-Workstations und Ähnlichem nicht weiter beschreiben, sondern sich auf die Verbindung von PCs mit den Betriebssystemen Windows, Linux oder Mac OS X konzentrieren. Ich werde daher im weiteren Verlauf dieses Buches den Begriff »**PC**« verwenden; allgemeiner formuliert steht der PC stellvertretend für »Netzwerkteilnehmer«.

Wenn ich von einem Netzwerk oder **LAN** spreche, dann meine ich ein Netzwerk, das auf dem Ethernet-Standard basiert. Ethernet (siehe Kapitel 6, »Ethernet«) ist ein Standard, um Datenpakete zu kodieren und Daten zu versenden oder zu empfangen. Man kann sagen, Ethernet regelt die grundsätzlichen Dinge der Netzwerkkommunikation und den Zugang zum Netzwerk. Um die Ausführungen zu diesem und zu den nächsten zwei Themen besser verstehen zu können, ist es notwendig, einen kurzen Exkurs zu den Kommunikationsmodellen zu machen.

Der Begriff Topologie bedeutet Anordnung oder Aufbau. Es gibt verschiedene Ansätze für den Aufbau eines Netzwerks. Damit legen Sie indirekt fest, wie PCs in Ihrem LAN mit anderen PCs verkabelt werden können.

4 Netzwerktopologien

Man kann Netzwerke in verschiedenen Topologien aufbauen. Grundsätzlich unterscheidet man zwischen der Bus-, der Ring- und der Sterntopologie. Die Unterschiede möchte ich Ihnen im Folgenden kurz vorstellen.

4.1 Bustopologie

Die Urform von Ethernet war die Bustopologie (siehe Abbildung 4.1). Ähnlich wie eine Hauptwasserleitung gibt es ein zentrales Kabel, an das alle teilnehmenden Stationen mit Stichleitungen angeschlossen werden. Ein eindeutiges Merkmal ist, dass dadurch eine dezentrale Struktur entsteht: Jedes Gerät ist gleichrangig an den Bus angeschlossen. Kommt es zu einer Störung der »Hauptwasserleitung«, sind alle angeschlossenen Stationen von dieser Störung betroffen. Diejenigen von Ihnen, die die BNC-Verkabelung kennen, wissen, dass es sich bei dieser Art von Netzwerken um Museumsstücke handelt.

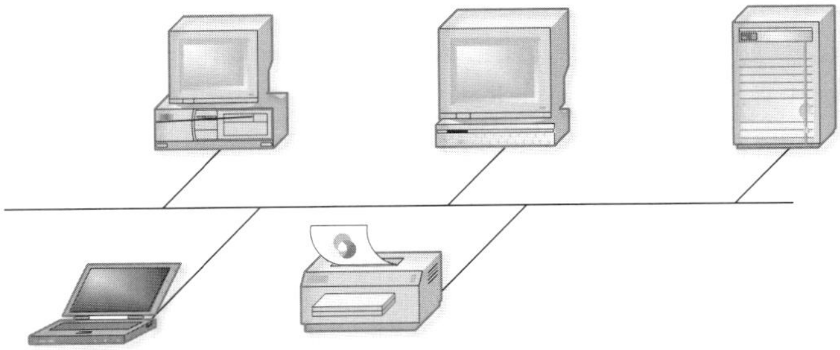

Abbildung 4.1 Bustopologie

4.2 Ringtopologie

Token-Ring und ATM sind Beispiele für eine Ringtopologie (siehe Abbildung 4.2). Vereinfacht erklärt, wandert ein Token (dt. *Zeichen, Symbol*; stellen Sie sich einen Stab beim Staffellauf vor) im Kreis – daher der Name Token-Ring. Wenn das Token frei ist, kann jeder Netzteilnehmer das Token nehmen, ein Netzwerkpaket daran hängen und es innerhalb des Kreises an einen anderen Netzwerkteilnehmer schicken. Bei ATM, der schnelleren Variante der Ringtopologie, wandert nicht ein einziges Token im Kreis, sondern es fährt – bildlich gesprochen – ein Güterzug im Kreis; erwischt Ihr PC einen leeren Waggon – eine ATM-Zelle –, kann er seine Daten dort ablegen und weiterreisen lassen.

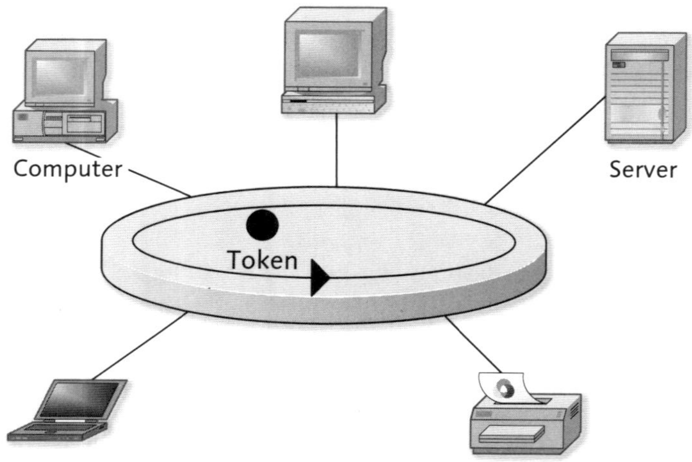

Abbildung 4.2 Ringtopologie

Token-Ring wird auch als *Toter Ring* bezeichnet, weil diese Technologie mittlerweile ausgestorben ist. ATM konnte sich im LAN nicht durchsetzen, weil es zu kostenintensiv betrieben werden muss, im Bereich der Weitverkehrsnetze hat sich die Technologie etabliert, wird aber inzwischen dort von anderen Technologien verdrängt.

4.3 Sterntopologie

Die Sterntopologie ist die Struktur, die sich bei Twisted-Pair-Verkabelungen ergibt (siehe Abbildung 4.3). Fast- und Gigabit-Ethernet, die schnellen Varianten von Ethernet, werden ausschließlich in Sterntopologie realisiert. Wenn Ethernet – mit 10 Mbit/s – über eine Twisted-Pair-Verkabelung betrieben wird, handelt es sich ebenfalls um eine Sternstruktur. Es gibt ein zentrales Element, ursprünglich den Hub (dt. *Radnabe*), von dem sternförmig die Zuleitungen zu den einzelnen Netzteilnehmern wie Speichen eines Rades führen. Jeder Netzteilnehmer hat eine eigene Zuleitung; ist eine Zuleitung gestört, bleiben die anderen Teilnehmer davon ungestört.

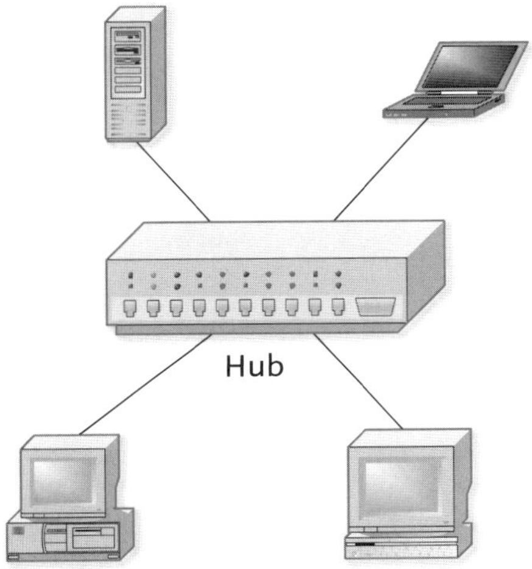

Abbildung 4.3 Sterntopologie

TEIL II
LOKALE NETZE

Das Wort »Kommunikationsmodell« wird Sie vielleicht ein wenig verschrecken. Es klingt aber komplizierter, als es ist. Mit einer Einschätzung haben Sie allerdings recht: Es ist Theorie. Mit einem Modell haben Sie Ihr komplettes Netzwerk verstanden.

5 Kommunikationsmodelle

Damit die Kommunikation in einem Netzwerk allgemein beschrieben werden kann, wurden kluge Leute damit beauftragt, ein Kommunikationsmodell zu entwickeln. Diese Leute fanden heraus, dass es möglich ist, die wesentlichen Leistungen in einem Netzwerk in verschiedene Aufgaben zu gliedern. Diese Aufgaben werden im Kommunikationsmodell als *Schichten* bezeichnet. Jede Schicht erfüllt eine Hauptaufgabe, damit die Kommunikation im Netzwerk stattfinden kann. Sie erinnern sich sicherlich noch an Abschnitt 3.1, »Kommunikation im Alltag«, der das Thema menschliche Kommunikation behandelt. Analog zu den dort genannten Voraussetzungen für die menschliche Kommunikation werden im Kommunikationsmodell die sogenannten Schichten definiert.

Eine Schicht muss für eine eindeutige Adressierung im Netzwerk sorgen, eine weitere muss regeln, wann Daten gesendet werden, eine Art Vorfahrtsregelung für das Netzwerk.

Als schließlich alle Aufgaben festgelegt waren, mussten diese noch praktisch umgesetzt werden. Es gibt definierte Schnittstellen zu den benachbarten Schichten. Wenn es also mehrere Implementierungen (Umsetzungen) einer Schicht gibt, sind diese beliebig austauschbar, weil die Schichten unabhängig voneinander arbeiten.

Es existieren zwei bekannte, konkurrierende Kommunikationsmodelle, auf deren Struktur sämtliche Netzwerke basieren: *DoD* und *ISO/OSI*. Diese beiden Modelle widersprechen sich nicht, allerdings sind sie unterschiedlich umfangreich, und dadurch entspricht die Schicht 1 des DoD-Modells nicht der Schicht 1 des ISO-/OSI-Modells. Leider verwenden die beiden Modelle nicht die gleichen Bezeichnungen für die einzelnen Schichten.

[»] Lernen Sie, in den Schichten dieser Kommunikationsmodelle zu denken und insbesondere Probleme anhand dieser Einteilungen zu lösen. Wenn Sie das Modell der Netzwerke verstanden haben und in diesen Schichten denken gelernt haben, werden Sie auch Netzwerke leicht verstehen!

Wenn Sie einige der nachfolgenden Begriffe nicht kennen, seien Sie unbesorgt, diese werden alle in den folgenden Kapiteln erklärt. Wenn Sie schon jetzt neugierig sind, können Sie eine kurze Definition der Begriffe und Abkürzungen auch im Glossar finden.

5.1 DoD-Modell

Das *Department of Defense* (kurz: DoD), das US-Verteidigungsministerium, hat ein theoretisches Modell entwickeln lassen, nach dem ein Netzwerk aufgebaut werden sollte.

Nr.	Schicht	Beispiele in der Praxis			
4	Process	HTTP	SMTP	FTP	DNS
3	Transport	TCP		UDP	
2	Internetwork	IP		IPX	
1	Network Access	Ethernet	ATM	FDDI	TR

Tabelle 5.1 Das DoD-Modell

Die Physik, also das Kabel und die Signalisierung, vermissen Sie sicherlich in dem abgebildeten Modell, Sie können sich diese als weitere Schichten vorstellen, die unterhalb von *Network Access* angeordnet sind.

- *Network Access* ist die Netzzugangsschicht. Eine Umsetzung dieser Schicht ist das Ethernet, das ich noch ausführlich erläutern werde.
  Aufgabe: Wann darf gesendet werden? Wie wird gesendet? Wie lautet die Adressierung?
- *Internetwork*: Die bekannteste Implementierung ist das *Internet Protocol* (IP).
  Aufgabe: Wie bringe ich die Daten zum Empfänger? Wie ist die Wegewahl?
- *Host-to-Host*: auch *Session-Layer* genannt.
  Aufgabe: Überwachen der Kommunikation (Sind alle Pakete angekommen?) und Adressieren der Pakete an die richtige Anwendung.
- *Process*: Ihre Anwendungen.
  Aufgabe: Was auch immer die Aufgabe der Software ist.

Das DoD-Modell verfügt über vier Schichten, die Sie in der praktischen Arbeit an Ihrem Netzwerk wiederfinden werden. Sie verwenden als Netzwerkverfahren Ethernet – Sie verwenden *Ethernet*-Karten –, vergeben *IP*-Adressen, vielleicht kennen Sie *TCP/UDP*-Ports, und sicherlich haben Sie schon einmal in die Eingabezeile Ihres Browsers *http://...* eingegeben. Wie die einzelnen Schichten in Form der verschiedenen Verfahren (Ethernet, IP, TCP und HTTP) zusammenarbeiten, werde ich im weiteren Verlauf darstellen.

5.2 ISO-/OSI-Modell

ISO ist die *International Standardization Organization*, also das Gremium für international gültige Standards. Dort wurde das *ISO-/OSI-7-Schichtenmodell* entwickelt, um die Kommunikation innerhalb des Netzwerks zu beschreiben. Statt der vier Schichten des DoD-Modells gibt es dort sieben Schichten (engl. *layer*).

Nr.	Schicht	Beispiele			
7	Application	HTTP	SMTP	FTP	DNS
6	Presentation				
5	Session				
4	Transport	TCP		UDP	
3	Network	IP		IPX	
2	Data Link	Ethernet	ATM	FDDI	TR
1	Physical	Manchester	10B5T	Trellis	

Tabelle 5.2 ISO-/OSI-7-Schichtenmodell

Die Aufgaben der einzelnen Schichten entsprechen denen des DoD-Modells. Im Unterschied zum DoD-Modell gibt es als Schicht 1 den *Physical*-Layer, dieser regelt die Kodierung der Bits in Stromsignale. Daher entspricht die Schicht 2 des ISO-/OSI-Modells der Schicht 1 des DoD-Modells.

Der *Presentation*- und der *Session*-Layer haben nur wenig Bedeutung erlangt, weil die dort vorgesehenen Funktionen durch die Applikationsschicht, den *Application*-Layer, erfüllt werden.

Ein direkter Vergleich der beiden Modelle zeigt, dass die Unterschiede eigentlich so groß nicht sind.

DoD	ISO	Schicht	Beispiel			
4	7	Application	HTTP	SMTP	FTP	DNS
	6	Presentation				
	5	Session				
3	4	Transport	TCP		UDP	
2	3	Network	IP		IPX	
1	2	Data Link	Ethernet	ATM	FDDI	TR
	1	Physical	Manchester	10B5T	Trellis	

Tabelle 5.3 Vergleich zwischen dem DoD- und dem ISO-OSI-Modell

[»] Das ISO-/OSI-7-Schichtenmodell hat im Netzwerkbereich die größere Bedeutung der beiden Modelle erlangt. Es prägt die Begrifflichkeiten der Netzwerktechnologie (Layer-3-Switch), daher verwende ich in diesem Buch die Schichten nach dem ISO-/OSI-Modell, sodass Sie sich an die Benutzung der Schichten gewöhnen können.

5.3 Ablauf der Kommunikation

Ich möchte in diesem Abschnitt beschreiben, wie die einzelnen Schichten zusammenarbeiten, also wie die Kommunikation im Netzwerk funktioniert. Dazu werde ich mein Beispiel auf der Applikationsschicht beginnen.

[zB] Stellen Sie sich vor, Sie geben im Internet Explorer z. B. diese Adresse ein: *http://www.web.de*. Wenige Sekunden später sehen Sie die Webseite des Anbieters web.de. Zwischen der Eingabe der Adresse in den Browser und dem Erscheinen der Webseite liegen viele übertragene Datenpakete und viel Netzwerkkommunikation. Jedes Datenpaket wird auf die gleiche Art und Weise abgearbeitet.

Schritt	Beschreibung	ISO/OSI
1	Ihre Anfrage nach der Webseite wird in ein *HTTP*-Datenpaket verpackt und über eine Betriebssystemschnittstelle an TCP übergeben.	7
2	Sie möchten einen Webserver ansprechen, d.h. mit diesem HTTP-Pakete austauschen. Es ist festgelegt, dass HTTP die *TCP*-Port-Nummer 80 hat. Entsprechend wird nun ein TCP-Paket erzeugt, in dessen Datenteil das HTTP-Paket enthalten ist und in dessen Verwaltungsteil (engl. *header*) die Ziel-Nummer 80 (TCP-Server-Port) steht. Zusätzlich wird dort ein zufälliger TCP-Port Ihres PCs eingetragen, z. B. 1333, auf den Ihr Browser horcht.	4

Tabelle 5.4 Kommunikation im ISO-/OSI-Modell

Schritt	Beschreibung	ISO/OSI
3	Der Webserver von web.de hat eine *IP*-Adresse. Anhand dieser IP-Adresse kann der Weg zu ihm gefunden werden. Das IP-Paket enthält im Datenteil das TCP-Paket (mit dem HTTP-Paket aus Schritt 1) und im Verwaltungsteil (Header) die Ziel-IP-Adresse sowie die IP-Adresse Ihres PCs als Quell-IP-Adresse.	3
4	Sie senden das Datenpaket in Ihrem LAN aus, daher muss dieses Datenpaket mit dem Ethernet-Verfahren übertragen werden. Es entsteht ein *Ethernet*-Paket, das neben den Paketen aus den Schritten 1 bis 3 die Ziel-/Quell-MAC-*Adresse* enthält. Das ist die MAC-Adresse Ihres DSL-Routers. Die Netzwerkkarte führt nun das Ethernet-Verfahren durch und sendet erst dann, wenn die Leitung frei ist.	2
5	An Ihre Netzwerkkarte ist ein Kupferkabel angeschlossen, daher können Informationen über dieses Medium nur als elektrische Spannungen übertragen werden. Jede binäre Null wird durch keine Spannung und jede binäre Eins durch eine Spannung von 5 Volt dargestellt.	1
	Das Paket wird über das Internet übertragen und passiert dabei viele Router. Schließlich wird das Paket vom Webserver empfangen.	
6	Der Empfänger stellt an seiner Netzwerkkarte wechselnde *Spannungen* fest, er interpretiert für 5 Volt eine binäre Eins und für keine Spannung eine binäre Null. Das Ergebnis ist eine binäre Codierung.	1
7	Von der Netzwerkkarte erhält der Netzwerkkarten-Treiber ein Datenpaket im *Ethernet*-Format. Es enthält seine MAC-Adresse als Ziel-MAC-Adresse und eine Quell-MAC-Adresse. Im Datenteil befindet sich ein IP-Paket.	2
8	Das IP-Paket enthält als Ziel-IP-Adresse die *IP*-Adresse des Webservers und die Quell-IP-Adresse Ihres PCs zu Hause. Im Datenteil befindet sich ein TCP-Paket.	3
9	Das *TCP*-Paket wendet sich an den Server-Port 80, also an den Webserver. Entsprechend wird der Datenteil an die Webserver-Applikation übergeben. Eine Antwort muss an den TCP-Client-Port 1333 gerichtet werden.	4
10	Der Webserver-Prozess bekommt ein *HTTP*-Paket, in dem die Hauptwebseite angefordert wird.	7

Tabelle 5.4 Kommunikation im ISO-/OSI-Modell (Forts.)

Ihre Anfrage an die Webseite geht von einer Applikation, einem Programm, aus, das ein Applikationsdatenpaket erzeugt (siehe http-Paket). Dieses Paket wandert – logisch gesehen – die ISO-/OSI-Schichten herunter (Schicht 7, 4, 3, 2 und 1) und wird schließlich als elektrische Kodierung übertragen. Der Webserver von web.de empfängt eine elektrische Kodierung mit seiner Netzwerkkarte und erzeugt daraus ein Datenpaket. Dieses beginnt seine Wanderung die ISO-/OSI-Schichten hinauf (Schicht 1, 2, 3, 4 und 7) und wird auf der Applikationsschicht von der Anwendung Webserver verarbeitet. Abbildung 5.1 verdeutlicht diesen Vorgang.

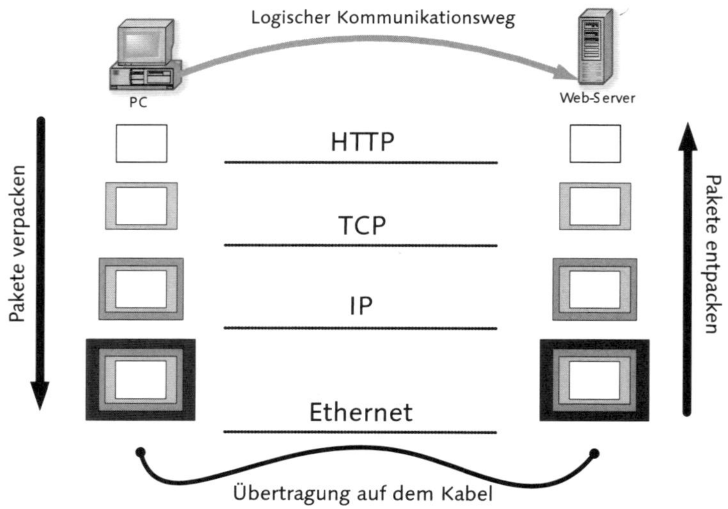

Abbildung 5.1 Datenkommunikation nach ISO-/OSI-Modell

Das Verfahren, das ich hier beispielhaft für eine HTTP-Anfrage dargestellt habe, findet für jedes Datenpaket statt.

Das klingt alles sehr kompliziert. Warum also macht man es nicht einfacher? Es könnte doch direkt die Anwendung mit der Anwendung sprechen, oder?

Denkbar, doch zwischen Ihnen und dem Webserver von web.de liegen noch weitere Provider-Netzwerke. Alle Komponenten müssten die Applikation Internet Explorer/HTTP direkt verstehen. Die Applikation Internet Explorer müsste sich darum kümmern, wie sie den Eingang von Paketen überwacht, wie man von Ihnen zum Ziel *http://www.web.de* kommt, wie sie die Integrität der Daten überwacht und wie die Signale auf dem Kabel in elektrische Spannung umgesetzt werden. Das sind sehr viele Aufgaben, die diese Applikation erfüllen müsste. Wenn Sie nur Internet Explorer/HTTP betrachten, ist der Aufwand gleich groß wie bei der Entwicklung selbstständiger Schichten.

Über das Internet kommunizieren noch weitere Applikationen Ihres PCs (z.B. FTP, SIP, ICQ, eDonkey und SMTP), und jede dieser Anwendungen müsste sich um alle Teile der Netzwerkkommunikation kümmern. Das würde bedeuten, dass einerseits die Entwicklung von Anwendungen sehr komplex würde und andererseits die Übermittlung von Daten über allgemeine Netzwerke (z.B. das Internet) fast unmöglich wäre, denn schließlich müsste jedes Netzwerkgerät – insbesondere der Router – z.B. die programmspezifische Adressierung verstehen, denn IP-Adressen gäbe es dann ja nicht.

Sie haben nun einen Eindruck von den theoretischen Grundlagen eines Netzwerks gewonnen. In den nächsten Kapiteln werde ich Ihnen alle gängigen Techniken für lokale Netze (LANs) vorstellen.

6 Ethernet

Die ersten Grundlagen von – drahtgebundenem – Ethernet wurden von der Firma Xerox in den frühen 70er-Jahren gelegt. Die weitere Entwicklung von Ethernet wurde in einem Ausschuss der US-amerikanischen Ingenieursvereinigung – kurz *IEEE* –, der Gruppe 802, Untergruppe 3, vorangetrieben. 1985 wurde mit dem Standard IEEE 802.3 eine internationale Normung geschaffen. 1990 folgte 10BaseT, das eine Übertragungsrate von 10 Mbit/s über Twisted-Pair-Verkabelung ermöglichte. Der zehnmal schnellere Nachfolger Fast-Ethernet kam nur zwei Jahre später. Das Ethernet wird laufend weiterentwickelt; die letzte Normung ist die des Standards IEEE 802.3ae, 10-Gbit/s-Ethernet, somit eine Vertausendfachung der ersten Datenrate von 1985.

Die Entwicklung des Ethernet-Standards können Sie Abbildung 6.1 entnehmen.

6.1 Ursprung

Die Urform von Ethernet ist bereits mehr als 25 Jahre alt und setzt als Übertragungsmedium Koaxialkabel ein. Da alle PCs an dieses Kabel angeschlossen sind, handelt es sich um ein Bussystem. Die PCs teilen sich die Bandbreite, weil der Bus nur einen Kommunikationskanal hat und daher nur ein Rechner senden kann, ohne andere zu stören; alle anderen Rechner müssen zuhören.

Der Ethernet-Standard regelt den Zugriff auf den Kommunikationskanal über *CSMA/CD-Verfahren* an. Das CSMA/CD-Verfahren ist ein nicht deterministisches Verfahren. Anders gesagt: Es gibt keine Kontrollinstanz, die ein Senderecht erteilt, sondern jeder Netzteilnehmer entscheidet selbst, wann er senden darf. Damit sich die Netzteilnehmer nicht gegenseitig stören, darf nur gesendet werden, wenn keine andere Station sendet.

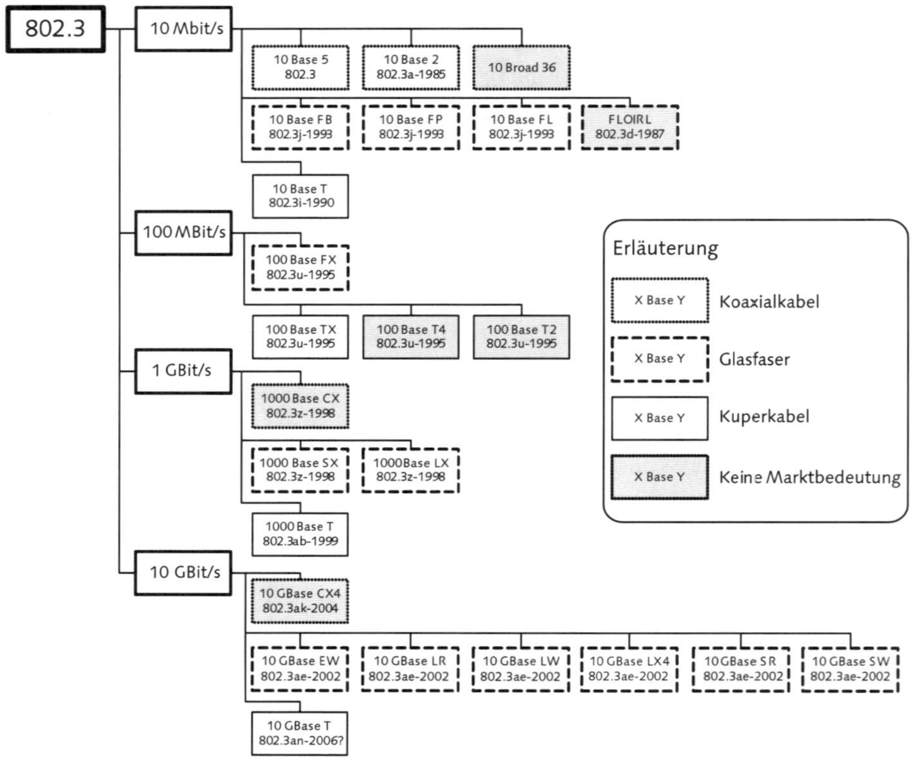

Abbildung 6.1 IEEE 802.3 Ethernet-Varianten im Überblick

Sollten zufällig zwei Stationen gleichzeitig senden, kommt es zu einer Kollision, und die Daten sind zerstört.[1] Dieser Fehlerfall muss erkannt werden, daher sendet die erkennende Station das *JAM-Signal*. Die beteiligten Sender müssen einen zufällig ermittelten Zeitraum abwarten und dürfen erst danach wieder senden.

Mit diesem Wissen fällt es leicht, die Abkürzung CSMA/CD zu verstehen:

- Carrier Sense = Das Kabel wird abgehört.
- Multiple Access = Alle Stationen haben gleichzeitig Sendemöglichkeit.
- Collision Detect = Kollisionen müssen erkannt werden.

Wie Sie wissen, ist die Technologie vorangeschritten, und Koaxialkabel werden heute nicht mehr eingesetzt. Aktuell sind Twisted-Pair-Verkabelungen (siehe Kapitel 6, »Ethernet«), die über vier oder acht getrennte Adern verfügen. Üblicherweise wird ein Adernpaar für das Senden und ein Adernpaar für das Empfangen

1 Technisch wird dieser Zustand an einer Potenzialerhöhung auf dem Kabel festgestellt.

benutzt. Das Senden und Empfangen wird so auf getrennten Kommunikationskanälen übertragen, folglich stört es nicht, wenn eine Station gleichzeitig sendet und empfängt. Anders als beim Koaxialkabel-Ethernet, das nur Senden **oder** Empfangen erlaubte (= Halfduplex), ist beim Twisted-Pair-Fullduplex (siehe Abschnitt 22.6, »Sonderfunktionen«) gleichzeitiges Senden und Empfangen möglich.

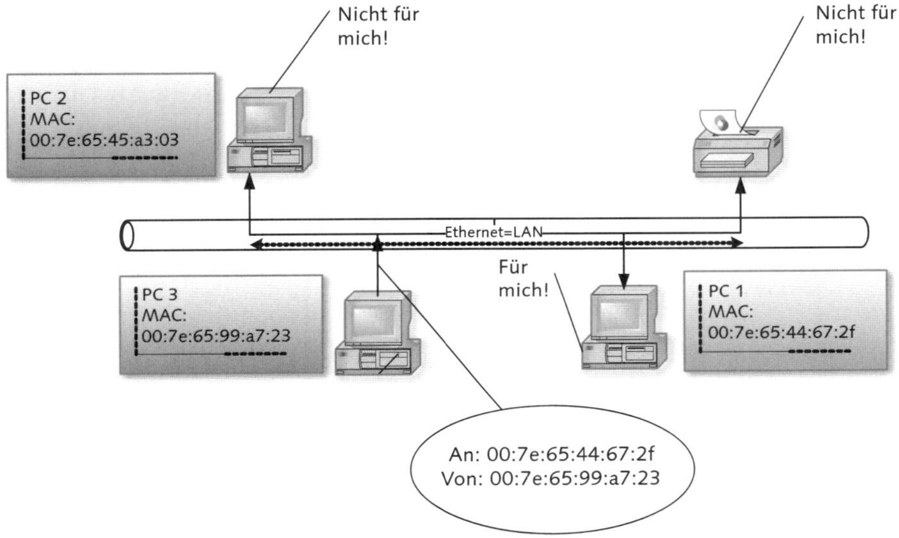

Abbildung 6.2 Kommunikation im Ethernet

In Abbildung 6.2 erkennt PC3, dass das Netzwerk frei ist, und sendet an PC1. Er schickt ein Ethernet-Paket an die MAC-Adresse von PC1 und flutet damit das ganze Kabel, jede am Kabel angeschlossene Station kann diese Daten empfangen. Anhand der MAC-Adresse wird von der Netzwerkkarte für jede angeschlossenen Station entschieden, ob die Daten angenommen werden müssen oder die Daten ignoriert werden können. **[zB]**

Eine Ausnahme bildet der sogenannte *Promiscuous Mode*, in den sich viele Netzwerkkarten versetzen lassen. Es wird nicht überprüft, ob die Daten für die eigene MAC-Adresse sind, sondern es werden alle Datenpakete angenommen. Diese Funktion wird typischerweise bei Netzwerküberwachungen eingesetzt, so kann der gesamte Datenverkehr erfasst werden und nicht nur der, der an einen speziellen PC adressiert ist.

6.2 Fast-Ethernet

Das schnelle Ethernet bietet eine Geschwindigkeit von 100 Mbit/s und ist als IEEE 802.3u im Jahr 1995 normiert worden. Der Erfolg des Verfahrens liegt darin begründet, dass sich das Paketformat von Ethernet mit 10 Mbit/s zu Fast-Ethernet mit 100 Mbit/s nicht geändert hat. Somit konnte vorhandenes Know-how der Mitarbeiter weiter genutzt werden, und auch der Datenaustausch zwischen den beiden Ethernet-Varianten ist nur eine Frage der Geschwindigkeit. Dadurch sinken die Kosten für den Aufbau eines Fast-Ethernet-Netzes, und ein Mischbetrieb ist möglich. Viele Komponenten (wie Netzwerkkarten), die Fast-Ethernet beherrschen, sind abwärtskompatibel und können auch mit 10-Mbit/s-Ethernet betrieben werden.

Die physikalische Ausbreitungsgeschwindigkeit eines elektrischen Signals von etwa 200.000 km/s konnte nicht verändert werden. Wie hat man die effektive Übertragungsgeschwindigkeit verzehnfachen können? Die Daten werden dichter übertragen, sodass die Laufzeit einer Informationseinheit nicht mehr 51,2 µs, sondern 5,12 µs beträgt.

Da bei beiden im Folgenden beschriebenen Varianten (*100Base-TX* und *100Base-FX*) zwei Kanäle (Senden und Empfangen) zur Verfügung stehen, ist es möglich, Daten gleichzeitig zu senden und zu empfangen. Das Verfahren wird *Fullduplex* genannt und bietet theoretisch 100 %, praktisch 15 % mehr Leistung gegenüber der noch möglichen *Halfduplex*-Variante, die jedoch praktisch nie zum Einsatz kommt.

Welche Geschwindigkeit (10 oder 100 Mbit/s) zu benutzen ist, wird meist mit dem *Autosensing-Mechanismus* erkannt. Auch für Half- oder Fullduplex gibt es eine Erkennung, *Autonegotiation*. Beide Technologien stellen in seltenen Fällen Fehlerquellen dar. Weitere Informationen finden Sie in Abschnitt 22.6, »Sonderfunktionen«.

Es gibt zwei Ausprägungen von Fast-Ethernet:

- 100Base-TX: Fast-Ethernet über Twisted-Pair-Kupferkabel
- 100Base-FX: Fast-Ethernet auf Glasfaser

100Base-TX ist die weitverbreitete Kupfervariante von Fast-Ethernet. Die Übertragung findet auf vier Kupferadern (also zwei Adernpaaren, und zwar auf den Adern eins, zwei, drei und sechs) mit 100 Mbit/s statt. Üblicherweise sind Twisted-Pair-Kabel achtadrig; von den acht Adern werden lediglich vier genutzt. Mit 100Base-TX kann man wie schon bei 10Base-T 100 Meter überwinden. Es werden maximal 90 Meter verlegt, und 10 Meter können Anschlusskabel sein.

6.3 Gigabit-Ethernet

Gigabit-Ethernet ist der zurzeit erschwinglichste schnelle Netzwerkstandard. Die Kapazität von 1.000 Mbit/s nutzt ein einzelner PC nur selten dauerhaft aus, doch eine Serverfarm mit einigen Servern kann eine Verbindung mit 1.000 Mbit/s leicht auslasten.

Gigabit-Ethernet wurde bis vor kurzer Zeit hauptsächlich für Verbindungen im sogenannten Backbone, also auf den Hauptnetzwerkverbindungen in großen LANs, eingesetzt. Zunehmend werden auch PCs mit Gigabit-Ethernet versorgt, und das meist weniger aus Gründen mangelnder Kapazität, sondern wegen der sehr guten Paketlaufzeiten von 0,512 µs.

Das Paketformat von Ethernet bleibt wie schon beim Umstieg von 10 auf 100 Mbit/s auch bei Gigabit-Ethernet gleich. Zusätzlich zu dem bestehenden Paketformat wurde der *Burst-Modus* eingefügt. Er bietet die Möglichkeit, viele kleine Pakete zu einem größeren Paket zusammenzufassen und gemeinsam zu übertragen. Dadurch soll die Effektivität des Netzwerks bei Belastung mit vielen kleinen Paketen gesteigert werden. Man erkauft den Vorteil mit dem Nachteil des leicht verzögerten Versands, sodass mit dem Einsatz dieser Funktion die Eignung eines Netzes für Multimedia, insbesondere Echtzeit-Video, sinkt. Hinzu kommt, dass einige Netzwerkkomponenten diese *Jumbo-Frames* nicht oder nur bis zu einer bestimmten Größe unterstützen. Viele Netzwerkgeräte arbeiten bei der Verwendung von Jumbo-Frames langsamer.

1000Base-SX, -LX sind die oft eingesetzten Glasfaservarianten von Gigabit-Ethernet. Meist werden über diese Verfahren Netzwerkkomponenten miteinander verbunden oder ein Backbone aufgebaut.

1000Base-SX ist die günstigere der beiden Varianten. Sie kommt mit einer Laserdiode als Lichtquelle aus, die wesentlich günstiger als ein echter Laser ist. SX nutzt 850 nm als Lichtwellenlänge auf Multi-Mode-Fasern (62,5/125 µm oder 50/125 µm Durchmesser). Damit können Entfernungen von 220 oder 550 Metern überwunden werden.

1000Base-LX nutzt 1.300 nm als Lichtwellenlänge, kommt ebenfalls mit einer Laserdiode aus und schafft auf Multi-Mode-Fasern 550 Meter. Setzt man die hochwertigeren Mono-Mode-Fasern (9/125 µm) ein, können bis zu 5.000 Meter Entfernung überwunden werden.

1000Base-T, der Kupferkabelstandard wurde 1999 als IEEE 802.3ab (SX und LX schon 1998 als IEEE 802.3z) standardisiert. Um diese Variante wurde sehr gerungen. Ziel war es, Gigabit-Ethernet auf bestehenden Kategorie-5-Kupferkabeln zu realisieren. Dieses Ziel wurde erreicht, indem man acht Adern, also vier Adernpaare, nutzt. Der Datenstrom wird in vier Übertragungskanäle aufgeteilt und auf fünf Spannungslevel verteilt. Durch die neue Art der Übertragung werden die in Kategorie 5 (Cat 5) festgelegten Minimalanforderungen überschritten. Es wurde daher die Cat-5e-Normierung vorgenommen, die die Gigabit-Ethernet-Tauglichkeit für Kabel bescheinigt. In der aktuellen Ausgabe der DIN/EN 50173 (vom Januar 2000) sind die Anforderungen ebenfalls angepasst. Die DIN/EN-Norm ist für Europa und Deutschland maßgeblich.

1000Base-TX gibt es offiziell nicht, d.h., es existiert keine Norm von IEEE. Einige Hersteller geben 1000Base-T als 1000Base-TX aus, doch es steckt mehr hinter dieser Sache. Der 1000Base-T-Standard erfordert, alle vier Adernpaare zu nutzen, weil das Kabel (Cat 5) an sich qualitativ eine höhere Belastung nicht zulässt. Dabei wird mithilfe von komplexen Techniken versucht, Fehler zu beseitigen, die das Übersprechen (engl. *Next*) auftreten lassen. Angaben in der Fachliteratur zufolge kann mit 1000Base-T nicht die volle Kapazität von 1.000 Mbit/s ausgenutzt werden, in der Praxis werden lediglich 400 Mbit/s erreicht.

Mit einer Cat-6-Verkabelung hat sich dieses Problem eigentlich erledigt, denn die Qualität dieser Kabel liegt deutlich höher. 1000Base-TX ist daher die Entwicklung eines Gigabit-Ethernets auf Kupferkabeln, das alle vier Adernpaare nutzt und so ohne technische Tricks 1.000 Mbit/s Fullduplex erreicht. Ein Normungsvorschlag stammt von der TIA (*Telecommunications Industry Association*), TIA854. Für die Hersteller von Netzwerkkomponenten entfallen gegenüber 1000Base-T einige aufwendige Techniken zur Fehlerkompensation.

6.4 10-Gigabit-Ethernet

Es gibt kaum Netzwerkteilnehmer im Privathaushalt oder in kleineren Firmen, die heute eine Geschwindigkeit von 10-Gigabit-Ethernet annähernd sinnvoll ausnutzen können. Insbesondere gibt es wohl kaum jemanden, der es sich leisten will.

6.4.1 IEEE 802.3ae – 10GBase

Im Jahre 2002 ist der 10GBase-Standard als IEEE 802.3ae normiert worden. Dieser Standard bietet 10 Gbit/s als Kapazität und wird auch mit *10 GbE* abgekürzt. Hinzu kommen zahlreiche Änderungen, die den Standard auch für längere Entfernungen von bis zu 40 Kilometern verwendbar machen.

Die Übertragung erfolgt auf Glasfaserkabeln, es gibt verschiedene Varianten, je nach Einsatzgebiet. Bis heute sind die Preise für 10GBase-Komponenten deutlich gesunken. Einen Durchbruch dieser Technik wird es aber wohl erst geben, wenn die Preise so weit sinken, dass auch Privatkunden – der sogenannte Consumer-Markt – 10GBase einsetzt. Das ist allerdings nur mit Kupferkabeln zu erwarten.

6.4.2 IEEE 802.3an – 10GBase-T

Der zweite IEEE-Standard, der 10-Gbit-Ethernet auf Kupferleitungen ermöglichen wird, heißt *10GBase-T*.

Der Standard wurde Mitte 2006 verabschiedet. Auf Klasse-F-Kabeln (Cat 6 oder besser) wird eine Länge von 100 Metern und auf Klasse-E-Kabeln – unter Ausnutzung aller acht Adern – eine Länge von 60 Metern unterstützt. Selbst auf ungeschirmten Kabeln nach Cat 5 sind noch 22 Meter möglich.

6.5 IEEE 802.3ba – 40- und 100-Gigabit-Ethernet

Seit 2007 gibt es eine Arbeitsgruppe, die an den nächsten Geschwindigkeiten des Ethernets arbeitet. Nach allem, was bisher bekannt ist, wird es zwei unterschiedliche Geschwindigkeitsentwicklungen geben:

40 Gbit/s für Server und 100 Gbit/s für die Netzwerkinfrastruktur. Ein Zieltermin für die endgültige Normierung existiert noch nicht.

6.6 Hub

Ein Hub (dt. *Radnabe*) ist eine aktive Netzwerkkomponente, die im Zentrum der Sterntopologie (siehe Kapitel 4, »Netzwerktopologien«) steht. Alle Anschlusskabel zu den Stationen beginnen im Hub. Der Hub selbst verbindet die einzelnen Anschlüsse intern über einen Bus.

Wenn Sie das Schema von Bus- und Sterntopologie vergleichen, stellen Sie sich bitte vor, dass der Bus nun im Hub steckt und lediglich die Anschlusskabel nach außen geführt werden.

Technisch ist der Hub ein elektrischer Verstärker. Er arbeitet auf Schicht 1 des ISO-/OSI-Modells. Das Gerät trifft keinerlei logische Entscheidungen, sondern gibt alle eingehenden Signale ungeprüft und elektrisch verstärkt an allen übrigen Anschlüssen aus.

Auch fehlerhafte Pakete (zu groß, zu klein, fehlerhafte Prüfsumme) werden weitergeleitet und nicht schon am Hub verworfen.

Typischerweise wurden Hubs bei Twisted-Pair-Verkabelungen eingesetzt. Sie bieten zwischen fünf und 100 Anschlussmöglichkeiten für RJ45-Stecker.

Sehen Sie sich dazu bitte auch Abbildung 6.3 an: Der Hub verbindet die PCs miteinander. Stellen Sie sich vor, dass der Bus des BNC-Netzwerks in den Hub gewandert ist und die Anschlusskabel länger geworden sind.

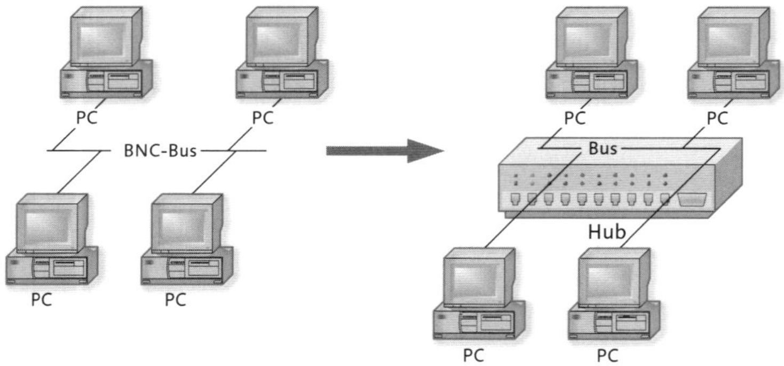

Abbildung 6.3 Der Bus im Hub

Der Hub ist ein technisch simples Gerät, er empfängt ein Eingangssignal auf einem RJ45-Anschluss, verstärkt das Signal und gibt es elektrisch verstärkt auf allen RJ45-Anschlüssen aus. Funktional nicht anders als der Verstärker Ihrer Hi-Fi-Anlage.

Dieses Verhalten des Hubs ist sein größter Nachteil, und inzwischen gibt es ihn kaum noch. Dadurch dass er ein Signal immer auf allen Anschlüssen ausgibt, müssen sich die Netzwerkteilnehmer streng an CSMA/CD (mehr Informationen dazu finden Sie in Kapitel 6, »Ethernet«) halten: Es kann nur einer senden, alle anderen müssen empfangen.

Die Konsequenz ist, dass sich alle angeschlossenen Stationen die verfügbare Bandbreite teilen: Es kann nur ein Teilnehmer die Bandbreite nutzen, indem er sendet.

[»] Der Einsatz eines Hubs ist nur noch dann sinnvoll, wenn Sie alle Datenpakete analysieren bzw. mitschneiden möchten.

6.7 Switch

Der Switch ist aus den Bridges (dt. *Brücken*) hervorgegangen. Eine Bridge – und somit auch ein Switch – trennt ein Ethernet in mehrere Segmente auf. Die Bridge besitzt dabei einen Anschluss pro Segment (siehe Abbildung 6.4) und leitet Pakete aus dem Segment A nur dann in das Segment B, wenn die adressierte MAC-Adresse dort angeschlossen ist. Die Bridge/der Switch trifft die Entscheidungen anhand der ISO-/OSI-Schicht-2-Adresstabelle. Wenn also PC1 an PC2 sendet, bleiben die Datenpakete im Segment A, parallel kann innerhalb des Segments B gesendet werden, ohne dass es zu Kollisionen kommt.

Das in Abbildung 6.4 dargestellte Netzwerk hat eine Bandbreite von 10 Mbit/s. Ohne Bridge würden sich die fünf PCs die Bandbreite teilen: (10 Mbit/s) : 5 = 2 Mbit/s pro PC. Die Bridge hat die effektive Netzwerkkapazität pro PC nahezu verdoppelt: Im Segment A teilen sich zwei PCs die Bandbreite von 10 Mbit/s, somit 5 Mbit/s pro PC, im Segment B sind es drei PCs, daher stehen jedem PC 3,33 Mbit/s zur Verfügung. Das gilt unter der Voraussetzung, dass die Kommunikation selten segmentübergreifend (also zwischen A und B) stattfindet. [zB]

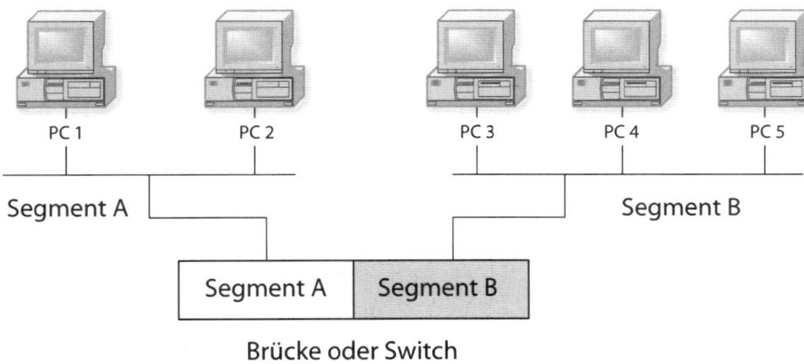

Abbildung 6.4 Eine Bridge erzeugt Segmente auf Ethernet-Ebene.

Ein Switch unterscheidet sich nur durch wenige Eigenschaften von der Bridge.

Üblicherweise wird pro Switch-Anschluss ein PC (siehe Abbildung 6.5) angeschlossen. Damit entsteht pro PC ein Ethernet-Segment. Jedem PC steht damit die volle Bandbreite von z. B. 100 Mbit/s pro Kommunikation zur Verfügung, denn es werden nur noch Datenpakete an ihn weitergeleitet, wenn sie für seine MAC-Adresse bestimmt sind.

Ein Switch-Anschluss, also eine RJ45-Buchse eines Switchs wird als *Port* oder *Switchport* bezeichnet.

6.7.1 Broadcast

Durch den Switch kommt also ein Paket immer beim Empfänger mit der richtigen MAC-Adresse an, ohne die anderen Teilnehmer zu belästigen. Es gibt jedoch zwei

Arten von Ethernet-Paketen, die grundsätzlich auf allen Ports ausgegeben werden: Broadcasts und Multicasts. Sie belasten alle Switchports gleichzeitig.

Ein Broadcast ist ein Paket, das an alle Netzwerkteilnehmer adressiert ist. Es wird also jede Ethernet-Karte unabhängig von der MAC-Adresse angesprochen. Die Ziel-MAC-Adresse lautet ff:ff:ff:ff:ff:ff. Diese Möglichkeit wird z. B. bei ARP (siehe Kapitel 12, »Address Resolution Protocol«) benutzt.

Leider verwenden viele Anwendungen diese simple, aber unschöne Möglichkeit, alle Rechner eines Netzwerks zu erreichen.

6.7.2 Multicast

Ein Multicast wendet sich an eine Gruppe von Stationen. Es wird vom Sender nur einmal gesendet, und das Netzwerk verteilt die Pakete. So ist es möglich, *einen* Videodatenstrom zu 100 Empfangsstationen gleichzeitig zu senden. Nur teurere Switches unterstützen intelligente Mechanismen, bei denen sich Empfänger beim Switch für bestimmte Multicasts erfolgreich anmelden, sodass der Switch gezielt die Datenpakete an diesen Port weiterleiten kann (Stichwort: *IGMP*). Meist werden Multicasts wie Broadcasts an allen Ports ausgegeben, unabhängig davon, ob es einen wartenden Empfänger gibt oder nicht. Möglich ist auch, dass die Pakete gar nicht weitergeleitet werden.

[!] Broadcasts und Multicasts belasten das Netzwerk, weil sie auf allen Ports ausgegeben werden. Während eines Broadcasts kann keine parallele Kommunikation stattfinden, weil alle Ports belegt sind. Es ist ein Ziel, möglichst wenig Broadcasts und Multicasts im Netzwerk zu haben.

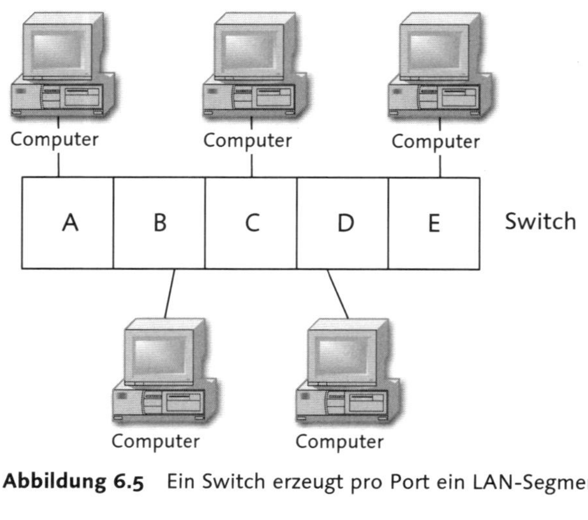

Abbildung 6.5 Ein Switch erzeugt pro Port ein LAN-Segment.

6.8 Ausblick

Das Verfahren Ethernet wird in immer mehr Bereichen eingesetzt. Es gibt aktuell Standardisierungsvorschläge sowohl für *Backplane Ethernet* (IEEE 802.3ap), die geräteinterne Kopplung für Strecken unter einem Meter, als auch für *Residential Ethernet*, das Ethernet, das verschiedenste Komponenten zu Hause vernetzt.

Der Datenanschluss daheim soll ebenfalls auf Ethernet basieren, die passende Gruppe bei IEEE ist 802.3ah. Sie forciert *ETTH* (Ethernet To The Home). Gemeint ist der Ausbau von Stadt- und Regionalnetzwerken, über die Ihnen ein Provider TV, Internet und Telefon z. B. über das Telefon-, Fernseh- oder Glasfaserkabel auf der Basis von Ethernet anbietet.

So, wie Sie und ich heute über Modemgeschwindigkeiten von 19,2 Kbit/s in Zeiten von T-DSL mit 20 Mbit/s lächeln, so werden wir auch in zehn Jahren über 1000Base-T lächeln. Ich vermute, dass es weitere Entwicklungen im Bereich der Kupferkabel geben wird, das zeigt einerseits 10GBase-T, andererseits gibt es zu viele installierte Kabel, als dass es sich die Wirtschaft leisten könnte, diese einfach zu ersetzen. Vermutlich wird die Entwicklung von Ethernet auf Kupferkabeln bei 10GBase-T noch nicht ihren Abschluss gefunden haben.

Die Normierungen von 40 und 100 Gbit/s haben begonnen, es gab erste Prototypen, und es gibt eine offizielle Arbeitsgruppe: IEEE 802.3ba.

Drahtlose Netzwerke haben viele Vorteile und sind zurzeit ein großer Verkaufserfolg. Auch außerhalb der Netzwerke wird alles drahtlos: Tastaturen, Mäuse und Headsets werden mit Bluetoothfunk versorgt. Handys haben sich längst durchgesetzt. Dieser Trend setzt sich auch bei Netzwerken durch. Bevor Sie sich für den Einsatz dieser Technik entscheiden, sollten Sie jedoch einige Besonderheiten beachten.

7 Wireless LAN

Das *ISM-Band* ist die Frequenz von 2,4 GHz, auf dem jedermann innerhalb seines Grundstücks[1] mit der maximalen Sendeleistung von 100 mW funken darf. Dem Benutzer entstehen keine Lizenzkosten oder Ähnliches, und dieses Frequenzband ist international reserviert. Leider arbeiten neben verschiedenen Funktechniken auch Mikrowellen[2] und andere Geräte auf diesem Frequenzband, sodass es vielfältige Störquellen gibt. Es bestehen einige Einschränkungen, sodass Sie sich bei einem Einsatz außerhalb von Deutschland zunächst über die rechtlichen Vorschriften des Landes informieren sollten.

Bluetooth ist ein Standard nach IEEE 802.15 für den Kurzstreckenfunk im ISM-Funkband bei 2,4 GHz. Er ist zur Versorgung von Headsets, Tastaturen, Mäusen und ähnlichem Zubehör gedacht. Man spricht in diesem Zusammenhang von Personal Area Networks (PANs), denen eine Bandbreite von 723,3 Kbit/s im sogenannten *Basic-Rate-Modus* ausreicht. Das sogenannte Bluetooth 2.0+EDR beherrscht Datenraten von 1.446,4 und 2.196,6 Kbit/s, verdreifacht also die ursprüngliche Datenrate. EDR steht dabei für *Enhanced Data Rate*. Dabei spart die schnellere Übertragung Energie, weil für die gleiche Datenmenge weniger lang gefunkt werden muss.

Bluetoothfunker werden in drei Klassen eingeteilt:

- Klasse 1: Sendeleistung 1 mW, Reichweite bis 10 Meter
- Klasse 2: Sendeleistung 1 bis 2,5 mW
- Klasse 3: Sendeleistung 100 mW, Reichweite bis 100 Meter

1 Grundstückübergreifend ist ein Netzwerk bei der Bundesnetzagentur anzeigepflichtig, aber genehmigungsfrei.

2 Gefährdet sind Kanal 9 und 10 von WLAN.

Dabei hat die Klasse nichts mit der Datenrate zu tun, sondern eher mit dem vorgesehenen Anwendungsfall. In ein Mobiltelefon wird Bluetooth der Klasse 1 integriert, weil dies z. B. den drahtlosen Abgleich mit dem PC ermöglicht und dabei aber nur 1 mW an Sendeleistung benötigt.

Bei der Vernetzung von PCs spielt Bluetooth keine gewichtige Rolle, weil die Bandbreite zu gering ist. Weitere Informationen finden Sie auf der Seite *http://www.bluetooth.org*.

Für alle WLAN-Varianten gilt gleichermaßen, dass es sich bei den angegebenen Datenraten um Bruttodatenraten handelt, deren Bandbreite sich alle Teilnehmer teilen und von denen noch Steuerungsdaten abgezogen werden müssen, um die Nettodatenrate zu erhalten.

7.1 IEEE 802.11

Zunächst möchte ich Ihnen in der nachfolgenden Tabelle einen Überblick über den Buchstabensalat im Bereich der WLANs geben.

Arbeitsgruppe	Arbeitsgebiet
Übertragungsverfahren	
802.11	Urform des WLANs von 1997, mit 2 Mbit/s im 2,4-GHz-Band
802.11a	54-Mbit/s-WLAN im 5-GHz-Band
802.11b	11-Mbit/s-WLAN im 2,4-GHz-Band
802.11g	54-Mbit/s-WLAN im 2,4-GHz-Band
802.11h	54-Mbit/s-WLAN im 5-GHz-Band mit den europäischen Ergänzungen DFS und TPC
802.11n	Verbesserungen für schnellere WLANs mit 150 Mbit/s pro Datenstrom im 5-GHz- und 2,4-GHz-Band
Ergänzungen	
802.11c	Wireless Bridging
802.11d	»World Mode«, Anpassung an regionsspezifische Regulatorien
802.11e	QoS- und Streaming-Erweiterung für 802.11a/g/h
802.11f	Roaming für 802.11a/g/h (Inter Access Point Protocol = IAPP)
802.11i	Authentifizierung/Verschlüsselung für 802.11a/b/g/h (AES, 802.1x)
802.11j	Entspricht 802.11a, aber Frequenzbereich für Japan

Tabelle 7.1 IEEE 802.11: ein Überblick

Arbeitsgruppe	Arbeitsgebiet
802.11k	Erweiterung, die ortsbezogene Dienste zulassen soll (location-based services)
802.11m	Weiterentwicklung der Standards (Maintenance)
802.11p	Kommunikation zwischen Fahrzeugen im 5,9-GHz-Frequenzband
802.11r	Wechsel zwischen Access Points (Roaming)
802.11s	Aufbau von Mesh-Netzwerken
802.11t	Testverfahren (WPP) und Messverfahren
802.11u	Zusammenspiel mit (unter anderem) Handynetzen, also mit Nicht-WLAN-Netzen
802.11v	WLAN-Management

Tabelle 7.1 IEEE 802.11: ein Überblick (Forts.)

Allen Verfahren liegen grundsätzliche Eigenschaften zugrunde, die oftmals aus den physikalischen Gegebenheiten von Funknetzen resultieren.

Es gibt einzelne Chips und somit auch Geräte, die 11a, b, g und n unterstützen und somit ähnlich wie Tri-Band-Handys universell funktionieren. Für sie gilt das Gleiche wie für Handys: Es war schon immer teurer, einen besonderen Geschmack zu haben. **[«]**

Alle Teilnehmer im WLAN teilen sich die Bandbreite. Gibt es also elf Stationen, die einen WLAN-Zugang (Access Point) mit 11 Mbit/s benutzen, dann steht im Idealfall jeder Station 1 Mbit/s zur Verfügung. Ein multimediales Erlebnis wird sich über diesen Zugang wohl nicht transportieren lassen, insbesondere, wenn man bedenkt, dass die Nutzdatenraten nur die Hälfte der gerade genannten Übertragungsdatenraten beträgt. **[!]**

WLAN nach IEEE 802.11 realisiert die Schichten 1 und 2 des ISO-/OSI-Modells. Dank der Unabhängigkeit der Schichten ergeben sich z. B. für IP, TCP und andere höhere Protokollschichten keine Auswirkungen.

Es gibt zwei Möglichkeiten für den Betrieb eines WLANs:

- Im *Ad-hoc-Modus* funkt eine WLAN-Karte zu einer anderen WLAN-Karte. Dabei können mehrere WLAN-Verbindungen gleichzeitig bestehen. Der einzige Nachteil im Vergleich zum Infrastruktur-Modus ist die geringere Sende- und Empfangsleistung. Andere Ausdrücke sind: *Peer-to-Peer-Netz* oder *Independent Basic Service Sets* (IBSS).

- Der *Infrastruktur-Modus* kann betrieben werden, wenn man über mindestens einen *Access Point* (AP) verfügt. Ein AP ist eine Empfangsanlage, meist mit integrierter Antenne für ein WLAN, und wird üblicherweise mit Steckernetzteilen oder über das LAN-Kabel mit Strom versorgt. Üblicherweise stellt der AP auch die Verbindung zum drahtgebundenen LAN her. Teilweise wird auch die Bezeichnung *Basic Service Set* (BSS) verwendet.

»Welchen Modus soll ich einsetzen?«, werden Sie sich fragen. Im Ad-hoc-Modus wird ein WLAN aufgebaut, wenn man nur eine begrenzte Zahl von Clients untereinander spontan verbinden will und keinen Zugang in das kabelgebundene LAN benötigt. Die übliche Verwendung von WLAN findet im Infrastruktur-Modus statt.

[!] Bei Notebooks ist bereits WLAN eingebaut und ungeschützt aktiv. Wenn Sie das Notebook eingeschaltet haben, können Hacker – z. B. im Park, am Flughafen – leicht auf Ihr Notebook gelangen. Deaktivieren Sie eine nicht benötigte WLAN-Funktion!

Ein wesentlicher Unterschied zwischen drahtgebundenen und drahtlosen Netzen aus physikalischer Sicht ist, dass man bei einem drahtlosen WLAN keine Kollisionen erkennen kann. Es kann aber aufgrund des nicht deterministischen Zugangsverfahrens immer zu Kollisionen kommen, die bei Ethernet durch das CSMA/CD-Verfahren behandelt werden. Wenn man Kollisionen nicht erkennen kann, ist es auch nicht möglich, den Fall einer Kollision zu behandeln. Bei WLAN gilt daher: *CSMA/CA* steht für *Collision Advoidance*, die Kollisionsvermeidung. Bei diesem Verfahren hört die sendewillige Station das Medium – also den Funkkanal – ab und wartet, falls dieser frei ist, eine weitere definierte Zeit (IFS = Interframe Space) ab. Ist das Medium am Ende der Wartezeit immer noch frei, wird gesendet. Dabei muss man beachten, dass der Mechanismus nur dann funktioniert, wenn sich alle Stationen gegenseitig empfangen können.

Stellen Sie sich vor, dass drei Stationen im Abstand von jeweils 100 Metern voneinander aufgestellt werden, sodass die beiden äußeren Stationen 200 Meter entfernt sind und sich nicht gegenseitig empfangen können (siehe Abbildung 7.1). Möchten die Stationen A und C zur Station B senden, kann der CSMA/CA-Mechanismus keine Kollisionen verhindern, weil die Station A nicht feststellen kann, dass gleichzeitig die Station C sendet, und daher das Medium als frei erkennt.

Es kann und wird bei WLANs also zu Kollisionen kommen. Daher wurde schon auf dieser Protokollschicht – eigentlich wäre das Aufgabe von TCP – ein Sicherungsmechanismus implementiert. Gesendete Pakete werden vom Empfänger durch ein *ACKnowledge* bestätigt. Kommt das ACK nicht, beginnt die Sendestation mit der Wiederholung (*Retransmission*) nach einer vorher definierten Zeit.

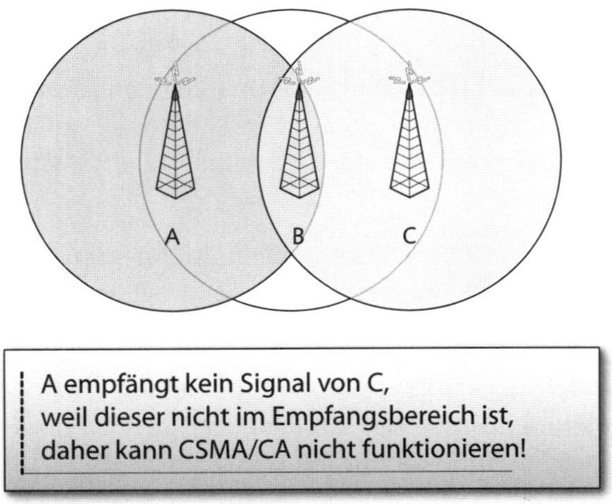

Abbildung 7.1 CSMA/CA funktioniert hier nicht

Die immer seltener eingesetzte *WEP*-Verschlüsselung ist nur optionaler Bestandteil von IEEE 802.11b. Eine Regelung für das *Roaming*, also das Wandern zwischen verschiedenen APs, gibt es bisher gar nicht (zukünftig IEEE 802.11r). Andere Ungenauigkeiten führten dazu, dass zu Beginn der WLAN-Ära die Komponenten eines Herstellers mit denen von anderen Herstellern inkompatibel waren. Abhilfe schaffte die *Wi-Fi Alliance* (siehe Abschnitt 7.8, »Wi-Fi Alliance«). Diese zertifiziert die Kompatibilität zwischen den beteiligten Herstellern durch das Wi-Fi(Wireless Fidelity)-Zertifikat. Dadurch arbeiten heute die meisten WLAN-Komponenten verschiedener Hersteller zusammen.

Eine standardisierte Funktion von IEEE 802.11a/b/g/n ist es, eine niedrigere Datenrate auszuhandeln, wenn die Empfangsbedingungen schlechter werden. Die maximale Bandbreite kommt nur bei gutem Empfang zustande, wenn die Stationen in unmittelbarer Nähe zueinander oder zum AP aufgebaut sind. Wenige Zentimeter entscheiden zum Schluss über den Empfang; man spricht von Link. Zwischen den Herstellern gibt es massive Unterschiede, was die Sende- und Empfangsqualität angeht. Dabei ist Stahlbeton das größte Hindernis für Funkverbindungen. Es kommt beim Aufstellen eines APs sehr auf die geschickte Standortwahl an, um den WLAN-Clients möglichst gute Datenraten bieten zu können.

Mittels IEEE 802.11a/b/g/n lassen sich mit Richtfunkantennen auch längere Strecken überbrücken, wenn Sichtkontakt besteht. Möglich sind ein bis zwei Kilometer bei relativ geringen Datenraten. Diese Verbindung ist störanfällig bei Regen, Schnee, vorbeifliegenden Vögeln, Baukränen und ähnlichen Hindernissen.

7.2 IEEE 802.11b

Mit 11 Mbit/s bietet dieser Standard keine zeitgemäße Datenrate mehr. Die Geschwindigkeit ist für einige Anwendungen ausreichend, so z. B. für den normalen DSL-Internetzugang, doch für Multimedia, also z. B. einen Film, sind die 5 Mbit/s tatsächliche Datenrate einfach zu wenig.

Die Standards sind abwärtskompatibel. IEEE 802.11 beherrscht Datenraten von 1 oder 2 Mbit/s. IEEE 802.11b hat vier Bandbreitenstufen von 11, 5,5, 2 und 1 Mbit/s.

Die Firma Texas Instruments verwendete in ihren WLAN-Chips optional statt der üblichen DSSS- eine PBCC-Kodierung. Dieses Verfahren eignet sich auch für höhere Datenraten. Unter der Bezeichnung *11b+* wurden Geräte verkauft, die Geschwindigkeiten von 22 oder 44 Mbit/s unterstützten. Wenn Sie sowohl WLAN-Karten als auch einen AP einsetzen, der dieses unterstützt, spricht nichts dagegen, diese Geschwindigkeitserhöhung zu nutzen.

7.3 IEEE 802.11a/h

IEEE 802.11a/h bietet Bruttodatenraten von 54 Mbit/s, netto werden unter guten Bedingungen 20 Mbit/s erreicht. Bei diesem Standard wird ein anderes Frequenzband als bei IEEE 802.11b/g benutzt, es liegt im 5-GHz-Bereich. In den USA war das gewünschte Frequenzband vorher unbenutzt und konnte für WLANs verwendet werden. In Europa und auch in Deutschland waren gewisse Bereiche für Satelliten reserviert. Erst seit der Verabschiedung von IEEE 802.11h im September 2003 kann der Standard sorgenfrei in Europa eingesetzt werden. Es handelt sich dabei um den gleichen Standard wie beim US-amerikanischen IEEE 802.11a, jedoch gibt es zwei Erweiterungen zur Frequenzwahl und Sendeleistung: *Dynamic Frequency Selection* (DFS) und *Transmit Power Control* (TPC). IEEE 802.11a/h ist aufgrund des anderen Frequenzbands nicht mit den älteren oder anderen 802.11-Varianten abwärtskompatibel.

Das 5-GHz-Frequenzband ist frei von Störquellen, weil es ausschließlich für die drahtlose Datenkommunikation reserviert ist. Aufgrund von 19 Kanälen à 20 MHz ist es möglich, mehr WLAN-Clients bei höheren Datenraten anzubinden, als es bei IEEE 802.11b/g mit drei Kanälen möglich ist.

Ein Vergleich der Firma Intersil ergab, dass die Reichweite von 11a in Großraumbüroumgebungen – amerikanischer Büroeinsatz – schlechter ist als bei 11g. Diese Erfahrung kann ich auch für die deutsche Massivbauweise bestätigen; die Funkabdeckung ist wesentlich geringer.

7.4 IEEE 802.11g

Im Juni 2003 wurde 11g verabschiedet, die Übertragungsrate beträgt brutto 54 Mbit/s, in der Realität werden unter optimalen Bedingen etwa 20 Mbit/s als Netto-Datendurchsatz erreicht. Es gibt keinen grundsätzlichen Unterschied zu 11b, es ist nur viermal so schnell, daher gelten auch die unter 11b gemachten Aussagen.

Dadurch dass dasselbe Frequenzband verwendet wird, gibt es einerseits keinerlei Probleme hinsichtlich der Freigabe durch die Bundesnetzagentur, denn dieses Frequenzband steht schon seit Jahren zur Verfügung, andererseits ist 11g abwärtskompatibel mit 11b. Mit einer WLAN-Karte für 11g können Sie sich somit auch an einem 11b-Netzwerk anmelden.

Wie 11b verwendet auch 11g das ISM-Frequenzband bei 2,4 GHz, somit wirken dort dieselben Störquellen: Mikrowellen und Bluetooth. Deutlich störender als Mikrowellen wirken sich inzwischen Nachbar-WLANs aus.

7.4.1 Kanalwahl

In Europa kann im ISM-Band aus 13 Kanälen ausgewählt werden, die jeweils einen Abstand von 5 MHz haben. Da jeder Funkkanal 22 MHz belegt, stören sich nebeneinanderliegende Funkkanäle gegenseitig. Bei WLAN-Geräten, die für den internationalen Einsatz vorgesehen sind, werden oftmals nur die Kanäle 1 bis 11 genutzt – in den USA dürfen die Kanäle 12 und 13 nicht genutzt werden – sodass es nur drei überlappungsfreie Kanäle gibt: nämlich Kanal 1, 6 und 11.

Abbildung 7.2 Network Stumbler zeigt belegte Kanäle an.

[«] Halten Sie mit Ihrem WLAN immer einen Abstand von fünf Kanälen zu Nachbar-WLANs, um eine optimale Performance zu erreichen.

Kanal	Frequenzmitte in GHz	Überlappungsfrei mit Kanal
1	2,412	6 bis 13
2	2,417	7 bis 13
3	2,422	8 bis 13
4	2,427	9 bis 13
5	2,432	10 bis 13
6	2,437	1 und 11 bis 13
7	2,442	1 bis 2 und 12 bis 13
8	2,447	1 bis 3 und 13
9	2,452	1 bis 4
10	2,457	1 bis 5
11	2,462	1 bis 6
12	2,467	1 bis 7
13	2,472	1 bis 8

Tabelle 7.2 Funkkanäle im ISM-Band, jeder Kanal belegt 22 MHz.

Beide Verfahren, 11a und g, ermöglichen die höheren Datenraten bei vergleichbarer Sendeleistung gegenüber 11b durch den Einsatz von *Orthogonal Frequency Division Multiplexing* (kurz: *OFDM*). Durch diese Kodierungsverfahren wird insbesondere eine höhere Widerstandsfähigkeit gegenüber Störquellen erreicht.

Wenn Sie ein WLAN aufbauen möchten, dann ist es sehr sinnvoll, einen Kanal zu wählen, der fünf Kanäle von allen Nachbar-WLANs entfernt ist. Die einzelnen Kanäle eines WLANs im 2,4-GHz-Frequenzband sind lediglich 5 MHz auseinander, aber 22 MHz breit, daher sollte der Abstand zu WLANs von Nachbarn fünf Kanäle betragen, damit die anderen WLANs und Ihr eigenes WLAN sich nicht gegenseitig stören. Das Programm inSSIDer (siehe *http://www.metageek.net/products/inssider*) zeigt Ihnen verfügbare WLANs mit Kanal an, so können Sie Nachbar-WLANs aufspüren und Ihre eigene Konfiguration danach richten.

Es gibt *Wi-Fi-Finder* oder auch *WLAN Detector* genannte Geräte, die WLAN-Signale melden. Die einfachsten mit einigen LEDs zur Anzeige des Ergebnisses gibt es schon für unter 20 €. Komfortablere Geräte, die auch die SSID und die Verschlüsselungsart anzeigen, kosten ca. 60 €.

Ein störendes Nachbar-WLAN kann die Leistung Ihres WLANs erheblich beeinflussen, die Leistung sinkt sehr deutlich, daher sollten Sie den Kanal Ihres WLANs gezielt aussuchen. Ist eine überschneidungsfreie Kanalwahl nicht möglich, sollten Sie möglichst schwache andere WLANs überlappen lassen. Hilft auch das nicht, kann ein WLAN nach IEEE 802.11n die Lösung sein, dort wird häufig auch das 5-GHz-Band unterstützt.

7.4.2 Sendeleistung

Sollte es nicht möglich sein, einen überlappungsfreien Funkkanal zu finden, hilft oftmals die Regulierung der Sendeleistung. Sie können die anderen Betreiber der WLANs bitten – vorausgesetzt, Sie kennen sie –, die Sendeleistung der einzelnen WLANs zu verringern, sodass deren Reichweiter geringer wird und damit auch ihr störender Einfluss. Leider ist es nicht bei jedem Access Point möglich, die Sendeleistung einzustellen.

Vom Hacken des Nachbar-WLANs, um dort die Sendeleistung ohne die Kenntnis und die Zustimmung des Nachbarn herunterzusetzen oder einen anderen WLAN-Kanal einzustellen, kann ich Ihnen aus juristischen Gründen nur abraten. [!]

Die Sendeleistung Ihres eigenen WLANs sollten Sie so gering wie möglich halten, damit weniger potenzielle Hacker das Signal Ihres WLANs empfangen können und natürlich auch, um Nachbar-WLANs nicht zu stören.

Sollte die Sendeleistung zur Abdeckung Ihres Grundstücks nicht ausreichen, gibt es drei Möglichkeiten:

- Verstärker
- Antennen
- Repeater

Der Einsatz von Verstärkern oder anderen Antennen dient zur Steigerung der Reichweite. Der Einsatz ist nicht ganz unproblematisch, weil die Sendeleistung von 100 mW EIRP nicht überschritten werden darf. Die Sendeleistung ergibt sich danach aus der reinen Sendeleistung zuzüglich Kabel und Antenne. Beim Einsatz von Verstärkern und/oder anderen Antennen passiert es leicht, dass Sie mit dem Betrieb Ihres WLANs die zulässige Höchstgrenze von 100 mW/20 dBm überschreiten. Das ist jedoch nicht zulässig. [!]

WLAN-Repeater haben dieselbe Wirkungsweise wie ihre veralteten kabelgebundenen Verwandten, die Hubs. Sie geben ein empfangenes Signal verstärkt wieder aus. Dabei gibt es dedizierte Geräte für diesen Einsatz, oder Sie verwenden einen normalen Access Point, der diese Funktion[3] unterstützt, für Ihr Vorhaben. Doch Vorsicht: Jeder Repeater halbiert den Datendurchsatz in der Funkzelle, weil er jedes Paket wiederholt und dadurch Sendezeit auf dem Funkkanal belegt.

7.5 IEEE 802.11n

Der Standard wurde nach zähen Jahren des Wartens im Sommer 2009 verabschiedet. Gegenüber dem Entwurf »Draft 2.0« aus 2007 gab es nur wenige Änderungen.

Schon seit 2006 gibt es sogenannte »Pre-N«-Geräte, die also auf Basis des Standardentwurfs arbeiten und sich voraussichtlich mittels Software-Update auf diesen hochrüsten lassen. Damit das Chaos nicht weiter zunimmt, hat sich die Organisation Wi-Fi Alliance entschlossen, eine Interoperabilitätszertifizierung für 11n anzubieten.

Der Standard erfüllt folgende Ziele:

- Einsatz der *MIMO*-Technik, auch unter dem Begriff *Spatial Multiplexing* bekannt, mit zwei, drei oder vier Antennen (2TX, 3TX oder 4TX), um die Datenrate auf 150 Mbit/s pro Datenstrom zu steigern.
  Beim Einsatz von zwei Antennen liegt die Datenrate bei bis zu 150 Mbit/s, bei drei Antennen bei bis zu 300 Mbit/s unter Verwendung von 20 MHz pro Kanal. Durch *channel bonding* kann die jeweils doppelte Datenrate – also max. 600 Mbit/s – erzielt werden, dazu werden zwei 20-MHz-Kanäle zusammengeschaltet.
- Einsatz eines neuen High-Through-Put-Modus, der die Technik *Frame bursting* verwendet.
- Die mögliche Größe von WLAN-Paketen steigt von 2.304 auf 8.100 Byte. Damit wird *Packet Aggregation* effektiver, und es werden höhere Nutzdatenraten erzielt.
- Durch Verbesserungen des Kodierungsverfahrens werden höhere Datenraten erzielt, so steigt die Datenrate durch den Einsatz von MIMO nicht auf 108, sondern auf 150 Mbit/s.

Ein Großteil der Beschleunigungsverfahren wird in Abschnitt 7.9, »Beschleunigertechniken«, beschrieben.

3 Die Funktion heißt bei einigen Routern WLAN-Bridge oder WDS.

7.6 IEEE 802.11e

Dies ist der Standard für die Priorisierung von Daten im WLAN. Sein Ziel ist es, den verschiedenen Bedürfnissen von Daten im WLAN besser gerecht zu werden.

In den meisten privaten Haushalten werden DECT-Telefone genutzt. Aus der Sicht eines Netzwerkers wird man in Zukunft diese Telefone durch WLAN-Telefone ersetzen. Dazu muss das WLAN selbstverständlich diese Daten ohne Zeitverzögerung transportieren, was insbesondere dann eine Herausforderung ist, wenn parallel zum WLAN-Telefonat noch ein Datendownload über WLAN transportiert werden muss.

Die Priorisierung von Daten innerhalb des WLANs wird die neue Standardisierung 11n ergänzen, zusammen werden davon sowohl Privatanwender als auch große Firmen profitieren.

7.7 WiMAX

Seit 2001 gibt es einen Standard für Funktechnologie, der insbesondere für die Versorgung der letzten Meile, also als Konkurrenz zu DSL, eingesetzt wird.

WiMAX wird wie WLAN von der IEEE normiert, die Normierungsgruppe ist IEEE 802.16.

Seitdem ein schneller Internetzugang ein bedeutender Standortfaktor ist, suchen Gemeinden ohne DSL-Versorgung zunehmend nach Alternativen.

WiMAX kann bis zu 109 Mbit/s übertragen oder eine Strecke von bis zu 50 Kilometern überbrücken, wenn Sichtverbindung besteht. Ohne Sichtverbindung werden Datentransferraten erreicht, die auf dem Niveau von UMTS liegen. Mit diesen Eckdaten wird deutlich, dass man WiMAX entweder zur Versorgung von ländlichen Gebieten einsetzen kann, in denen DSL z. B. aufgrund der Längenrestriktion nicht möglich ist, oder aber aufgrund weniger Kunden nicht wirtschaftlich ist. Alternativ kann man in Großstädten ein flächendeckendes Funknetz aufbauen, das in Konkurrenz zu UMTS steht.

Ende 2005 wurde der Standard IEEE 802.16e verabschiedet, der auch eine nomadische Nutzung ermöglicht: Man darf sich als Anwender auch bewegen, daher *mobile WiMAX*.

In Deutschland sind einige wenige Anbieter tätig, die insbesondere ländliche Gebiete mit Breitbandzugängen versorgen, für die kein DSL zur Verfügung steht.

7.8 Wi-Fi Alliance

Die Interoperabilität, also die Zusammenarbeit von Geräten verschiedener Hersteller, normiert und testet die Wi-Fi Alliance. Wi-Fi steht dabei – in Anlehnung an Hi-Fi – für *Wireless Fidelity*. Es gibt ein eigenes Logo, das für interoperable Produkte vergeben wird (siehe Abbildung 7.3).

Abbildung 7.3 Wi-Fi-Logo; Quelle: wi-fi.org

Wenn Sie Wireless-LAN-Produkte kaufen, sollten Sie Wert auf dieses Logo legen, denn nur das garantiert Ihnen, dass das Gerät auch mit Geräten anderer Hersteller funktioniert. Welche Produkte mit welchen Eigenschaften zertifiziert sind, können Sie unter *http://www.wi-fi.org* nachschauen.

7.9 Beschleunigertechniken

Die bestehenden 54-Mbit-WLAN-Techniken sind viele Jahre auf dem Markt, doch der Nachfolgestandard IEEE 802.11n ließ auf sich warten und wurde erst 2009 endgültig verabschiedet. Um dem Bedürfnis insbesondere privater Kunden nach mehr Bandbreite im WLAN gerecht zu werden, setzen die Hersteller der WLAN-Chipsätze verschiedene Beschleunigungstechniken ein.

[!] Die Beschleunigungstechniken können herstellerspezifisch sein und funktionieren dann nur bei Geräten mit dem gleichen WLAN-Chipsatz. Kaufen Sie daher passende Geräte eines Herstellers, um die volle Geschwindigkeit nutzen zu können oder noch besser: Achten Sie auf die Zertifizierung durch die Wi-Fi Alliance.

7.9.1 Channel bonding

Beim Channel bonding werden einfach zwei Funkkanäle à 20 MHz gleichzeitig genutzt, und so wird die Datenrate verdoppelt. Diese Technik führt bei IEEE 802.11g dazu, dass nur auf Kanal 6 gefunkt werden kann, weil nur so zwei überlappungsfreie Kanäle zusammengeschaltet werden können (siehe Frequenztabelle). Da diese Technik in hohem Maße unsozial und mit der zunehmenden Verbreitung von WLANs in Städten immer weniger anwendbar ist, kann man derzeit nicht davon ausgehen, dass sie in einen offiziellen Standard für das 2,4-GHz-Band einfließen wird. Anzunehmen ist aber, dass diese Technik im 5-GHz-Band (19 Funkkanäle) eingesetzt werden wird.

7.9.2 Frame bursting

Um den Nutzdatenanteil bei der Übertragung zu erhöhen, wird zwischen zwei Datenpaketen nicht die DIFS-Wartzeit eingehalten, sondern nur die kürzere für Bestätigungspakete (ACKnowledge, kurz: ACK) vorgesehene SIFS-Wartezeit. Der Vorteil liegt weniger in der gesparten Wartezeit, sondern darin, gegenüber anderen WLAN-Clients – die immer die DIFS-Wartezeit warten – den Funkkanal öfter belegen zu können. Das Verfahren bringt also nur Vorteile, wenn mehrere WLAN-Clients auf einem Funkkanal arbeiten. Standardisiert wurde die Technik in IEEE 802.11e, dem Standard für Quality of Service bei WLAN.

7.9.3 Frame Aggregation

Ein WLAN-Paket darf bis zu 2.304 Byte groß werden, ein Ethernet-Paket nur 1.508 Byte. Beim Packet Aggregation werden mehrere Ethernet-Pakete in ein WLAN-Paket gepackt und übertragen. Dadurch wird die Nutzdatenrate deutlich höher und steigt um ca. 30%.

7.9.4 Sendeleistung

Die ersten Generationen von WLAN-Geräten schöpften die maximal erlaubte Sendeleistung von 100 mW im 2,4-GHz-Band nicht aus, sodass es bei schlechten Empfangsbedingungen zu niedrigeren Datenraten kam. Aktuelle WLAN-Geräte schöpfen die erlaubte Sendeleistung voll aus. Ein Vorteil ergibt sich aber nur, wenn die Datenrate bisher bei weniger als 54 Mbit/s lag.

7.9.5 Antennenausrichtung

Ähnlich wie bei der Erhöhung der Sendeleistung geht es bei der optimierten Ausrichtung des elektromagnetischen Feldes auf den Kommunikationspartner um die Verbesserung der Empfangsbedingungen. Daher kann ein Geschwindigkeitsgewinn nur für die Anwender auftreten, die bisher nicht die volle Geschwindigkeit nutzen konnten. Die Ausrichtung erfolgt im Übrigen nicht mechanisch, sondern elektronisch.

7.9.6 Multiple In Multiple Out

Die MIMO-Technik ist für Nicht-Nachrichtentechniker schwierig zu verstehen. Ähnlich wie beim Channel bonding wird gleichzeitg mehrfach gesendet, allerdings auf demselben Kanal.

MIMO steht für *Multiple In Multiple Out*. Übersetzt bedeutet dies so viel wie »mehrere rein, mehrere raus« und will ausdrücken, dass Daten parallel übertragen werden. Die Daten werden bei MIMO nicht auf getrennten Kanälen parallel übertragen, denn das wäre ja Channel bonding, sondern parallel auf demselben Kanal. Auf einem WLAN-Kanal werden parallel bis zu vier Signale gleichzeitig ausgesendet.

Das Problem, das nun ohne weitere Maßnahmen auftritt, ist, dass sich die Signale untrennbar bereits beim Sender vermischen und der Empfänger mit diesem Signalbrei nichts anfangen kann. Die Entwickler von 11n haben sich also ein technisches Verfahren einfallen lassen das auf OFDM basiert. OFDM verteilt ein Signal auf mehrere sogenannte Unterträger und macht es damit widerstandsfähiger. MIMO nutzt neben der räumlichen Dimension der Unterkanäle nun noch eine zeitliche Dimension, die Unterkanäle werden zeitlich orthogonal versetzt, damit sich das Ausgangssignal beim Empfänger sauber wiederherstellen läßt.

Nun könnte man MIMO mit einer einzigen Antenne betreiben, allerdings müßte man dazu neue, schnelle Chips entwickeln, die in sehr großen Stückzahlen produziert werden müssten, damit man sie günstig verkaufen könnte. Das kostet Zeit und Geld. Die Alternative ist, einfach bestimmte Teile eines WLAN-Access-Point doppelt, dreifach oder vierfach einzubauen und daraus resultieren Geräte mit mehreren Antennen. Der WLAN-Client wird auch zukünftig nur eine Antenne benötigen. Das zu erklären, würde tief in die Nachrichtentechnik führen, deshalb verzichte ich hier darauf.

7.10 Sicherheit von WLANs

In den Medien ist von enormen Sicherheitslücken berichtet worden, die entstehen, wenn man ein WLAN einsetzt.

Die Darstellungen sind insoweit richtig, als dass Lösungen von Herstellern als *Plug and Play* verkauft werden. In den Standardeinstellungen ist üblicherweise keine oder nur die WEP-Verschlüsselung aktiviert, sodass jeder Hacker/Cracker, der mit einem Notebook und einer WLAN-Karte bewaffnet vor Ihrem Gebäude parkt, in Ihr Netz kann.

Betrachten Sie einen WLAN-Zugang ähnlich wie einen Internetzugang als öffentlich, und sichern Sie ihn entsprechend ab, dann können Sie auch weiterhin gut schlafen, ohne vor Hackern/Crackern Angst haben zu müssen: »Es hängt von Ihnen ab, wie sicher Ihr WLAN ist.«

Beachten Sie deshalb unbedingt die Hinweise zur Sicherheit Ihres WLANs in Kapitel 33, »WLAN und Sicherheit«!

7.11 Hot Spot

Weltweit nimmt die Anzahl der sogenannten *Hot Spots* stark zu. Bei einem Hot Spot handelt es sich um einen öffentlichen Wireless-LAN-Zugang, der meist einen Internetzugang ermöglicht. In vielen Cafés der Kette *Starbucks* wurden weltweit Hot Spots installiert, in Flughäfen und Hotels sollen Geschäftsreisende ihre Aufenthaltszeit besser nutzen können. Die Anzahl der Hot Spots steigt ständig, einen Überblick bezüglich Hot Spots in Ihrer Nähe können Sie sich verschaffen unter *http://mobileaccess.de/wlan*. Die Gebühren sind zuweilen hoch, so werden in Hotels nicht selten 9 € für zwei Stunden verlangt.

Einen interessanten Ansatz bietet die Firma FON (siehe *http://www.fon.com*) mit einer Wi-Fi-Community. Jeder »Fonero« teilt seinen Internetzugang mit anderen Foneros. So kann jeder beim anderen surfen. Dazu bietet die Firma einen speziellen WLAN-Router.

7.12 Ausblick

Die Anforderungen an WLANs steigen und insbesondere die verfügbaren Bandbreiten steigen. Mit 11n stehen die üblichen 100 Mbit/s, die wir vom kabelgebundenen Ethernet kennen, für WLAN unter idealen Empfangsbedingungen als Nutzdatenrate zur Verfügung.

Auch im Markt der Privatanwender findet nun mit 11n ein Schritt in Richtung 5-GHz-Band statt, somit sollte es zukünftig wieder möglich sein, einen freien Kanal für sein eigenes WLAN zu finden.

Die Entwicklung bei den Geschwindigkeiten wird sich Richtung Gigabit-WLAN orientieren, und es gibt auch schon theoretische Nachweise, dass dies mit vorhandener Technik möglich ist.

Die weiteren Entwicklungen werden insbesondere bei der Optimierung von WLANs, z. B. der Integration von Quality of Service nach IEEE 802.11e, stattfinden.

Das Thema Sicherheit ist bei den WLANs weitestgehend erledigt, seit es den Sicherheitsstandard IEEE 802.11i und dessen Pendant WPA2 gibt. Bis heute sind keine wesentlichen Nachteile der beiden Verfahren öffentlich geworden.

Die ehemals heraufbeschworene Konkurrenz WiMAX bleibt weit hinter den Erwartungen zurück.

Das Grundübel von Netzwerken ist, dass die benötigten Kabel meist nicht vorhanden sind. Wenn Sie also ein Netzwerk haben möchten und WLAN aufgrund von Empfangsproblemen nicht möglich ist, dann kommen Sie nicht um das Verlegen von Kabeln herum.

8 Netzwerk ohne neue Kabel

Das bedeutet leider auch, dass entweder hässliche Kabel die Wohnung/das Haus »verzieren« oder man noch mehr Arbeit damit haben wird, die Kabel unter Fußleisten oder in Kabelkanälen verschwinden zu lassen.

Das Problem, keine Kabel für ein Netzwerk verlegen zu wollen oder zu können, haben viele Leute, sodass es sich für die Hersteller lohnt, entsprechende Lösungen anzubieten. Im Wesentlichen werden folgende, meist vorhandene Verkabelungen genutzt:

- Stromverkabelung
- Antennenverkabelung
- Telefonverkabelung

Meiner Meinung nach sind alle drei Verfahren Nischentechnologien, wenn es darum geht, innerhalb eines Gebäudes ein LAN aufzubauen. Die universellste, weil verbreiteste Verkabelung ist sicher die Stromverkabelung, so widme ich dieser auch eine eingehende Betrachtung, während ich die anderen Möglichkeiten nur als Stichpunkt erwähnt habe.

Allen Techniken ist übrigens eines gemeinsam: der hohe Preis.

8.1 Daten über Stromkabel

Nicht überall können oder dürfen Netzwerkkabel verlegt werden. Doch jedes Haus verfügt über eine Stromverkabelung. Zumindest an den Stellen, an denen ein PC steht, gibt es auch eine Steckdose.

Der Trend, auch zu Hause PCs zu vernetzen, ist erst in den letzten zehn Jahren aktuell geworden. Von Ausnahmen abgesehen, gab es 1998 nur wenige Leute, die zu Hause ein Netzwerk betrieben haben. Das ist ein Grund, weshalb die wenigsten Häuser derzeit über eine LAN-Verkabelung verfügen.

Beide Dinge, die Verbreitung von LAN im heimischen Bereich und die stets vorhandene Stromverkabelung, macht sich der *Homeplug*-»Standard« zunutze und realisiert Datenübertragung über Stromleitungen. Homeplug realisiert die ISO-OSI-Schicht 1.

Wenn Sie sich jetzt fragen: »Homeplug? Das heißt doch anders!«, kann ich Ihnen nicht widersprechen, denn der allgemeine Begriff dafür ist PLC (*Powerline Communication*). Einige Hersteller bezeichnen die Lösung als dLAN (direct LAN). Warum das Chaos? Es gibt die »Homeplug Powerline Alliance« (*http://www.homeplug.com*), ein Zusammenschluss von Herstellern, die einen Industriestandard unter dem Namen Homeplug propagieren.

Neben der Homeplug-Alliance gibt es die *UPA* (*Universal Powerline Association, http://www.upaplc.com*), Mitglied sind die Chiphersteller-Firmen DS2 und Corinex sowie Endgerätehersteller wie D-Link und Netgear.

Homeplug 1.0 basiert auf Intellons Power-Packet-Technologie und nutzt für die Übertragung OFDM (siehe Abschnitt 7.4, »IEEE 802.11g«) und zur Fehlerkorrektur FEC (*Forward Error Correction*). Die Bandbreite erreicht – theoretische – 14 Mbit/s, praktisch werden eher 7 Mbit/s oder weniger erreicht. Das Frequenzspektrum von 4 bis 21 MHz wird mittels OFDM in 84 Kanäle aufgesplittet, die parallel genutzt werden. Sollte auf einem Kanal ein Störsignal entdeckt werden, werden die Daten über andere Kanäle übertragen. Dadurch wird ein gewisses Maß an Stabilität im aus Sicht der Datenübertragung unruhigen Stromnetz gewährleistet. Als Störquellen kommen insbesondere Elektrogeräte in Betracht, vor allem solche, die über Elektromotoren verfügen (Bohrmaschinen, Waschmaschinen, Föhn, aber auch Halogenstrahler).

Die neue und wesentlich schnellere Version von Homeplug heißt *Homeplug AV*. Der neue Standard erreicht eine Bruttodatenrate von 200 Mbit/s, davon bleiben etwa 60 Mbits/s für Nutzdaten übrig. Damit ist es möglich, einen äußert attraktiven Bereich von Geräten mit Homeplug zu versorgen: HD-Fernseher. Diese LCD-Fernseher unterstützen HDTV mit voller Auflösung (1.920x1.080 Bildpunkte), dafür wird eine hohe Datenrate benötigt, die keinesfalls durch Homeplug 1.0 bereitgestellt werden kann. Die Vision, die Homeplug und auch die UPA nun entfalten, ist das multimediale Haus, in dem der Fernseher mit Filmen per IPTV über Homeplug in HDTV-Qualität versorgt wird. Die Hersteller von Unterhaltungselektronik sollen die Homeplug-Funktion direkt in ihre Geräte integrieren, so wünscht es sich zumindest die Homeplug-Alliance und die UPA. Dieser Wunsch ist allerdings seit einigen Jahren nicht in Erfüllung gegangen. Weiterhin sind für

IPTV Set-Top-Boxen notwendig, die allerdings durchaus mit Homeplug-Technik angeboten werden.

Zur CeBit 2008 wurde ein Demoaufbau von 400 Mbit/s gezeigt, der Nettodatenraten von bis zu 180 Mbit/s erreichen soll.

Neben einer Abwärtskompatiblität zum langsamen Homeplug 1.0 bietet Homeplug AV ein neues Verschlüsselungsverfahren: 128 Bit AES. Bei der Konkurrenz, der UPA, gibt es schon etwas länger AV200-Adapter, die eine Bruttodatenrate von 200 Mbit/s bieten, allerdings bleiben davon unter realistischen Bedingungen netto maximal 70 Mbit/s übrig. Dass kein Hersteller mehr erwartet, sieht man daran, dass lediglich 100 Mbit/s-LAN-Anschlüsse in den Geräten vorhanden sind. Bei einer Nettodatenrate von mehr als 100 Mbit/s hätte man sicherlich Gigabit-Ethernet-Anschlüsse verbaut.

Wie auch WLAN teilen sich alle Clients die verfügbare Bandbreite unabhängig von dem eingesetzen Standard. In der Praxis sind mit Homeplug 1.0 nur 7 Mbit/s erreichbar, mit Homeplug AV 70 Mbit/s oder 150 Mbit/s. Das Stromnetz erzeugt eine Busstruktur: Homeplug hat Hub-Charakter. Entsprechend gelten die strengen CSMA/CD-Regeln für das Ethernet.

8.2 Powerline Telecommunication

Anders als bei der reinen Hausvernetzung mit Homeplug, geht es bei Powerline (PLC oder auch PLT, *Powerline Telecommunication*) um den Internetzugang und insbesondere um das Überwinden der sogenannten »Letzten Meile«, also dem Anschluss bis zum Provider, ähnlich wie bei DSL.

Neben dem soeben dargestellten Homeplug AV befasst sich die Homeplug-Alliance mit Homeplug BPL (Homeplug Broadband PowerLine), einem Standard für einen Powerline-Internetzugang.

Surfen über die Stromsteckdose war die Vision, die in Deutschland die Unternehmen RWE und EnBW skizzierten. Die Stromversorger wollten über die bestehende Stromverkabelung Internetdienstleistungen anbieten. In den Umspannhäusern werden die Daten in das Backbone geleitet und über getrennte Datenverbindungen geführt. Auf dieser kurzen Strecke werden bis zu 2 Mbit/s geboten. Allerdings ist zu beachten, dass sich alle, die über dieses Trafohaus versorgt werden, die Bandbreite teilen. Im Extremfall – in einer Hochhaussiedlung – könnten sich also 20 Teilnehmer die Bandbreite von 2 Mbit/s teilen, sodass pro Nutzer nur eine sehr geringe Bandbreite übrig bleibt.

Sowohl RWE und EnBW als auch der größte Hersteller der benötigten Modems (Ascom) kann nicht recht auf Erfolge verweisen. Daher sind beide Stromversorger aus dem Versuch ausgestiegen. Lediglich einige wenige Provider halten an Powerline fest. An dieser Stelle passt das Zitat von heise.de: *Als Internet-Zugangstechnik ist Powerline Communication, Datenübertragung über Stromleitungen, so gut wie gefloppt ...*

Der Grund liegt wohl in technischen Problemen, und die Diskussion über die elektromagnetische Abstrahlung der Lösung ist noch nicht beendet. Neben technischen Problemen gibt es insbesondere immer wieder Ärger mit Amateuerfunkern, deren Hobby durch die hohe elektromagnetische Interferenz von Powerline gestört wird und die massiv gegen Powerline argumentieren.

Anders als bei Homeplug, muss die Sendeleistung bei Powerline ausreichend sein, um die Daten sicher bis zum nächsten Trafohaus zu übertragen. Es muss der Stromzähler überwunden werden, aufgrund der Struktur des Stromnetzes sind Ihre Daten grundsätzlich auch beim Nachbarn empfangbar.

8.3 Sicherheit

Das Thema Sicherheit ist auch beim Stromnetz zu beachten, schließlich enden die Kabel ja nicht innerhalb Ihres Gebäudes, sondern werden über den Hausanschluss bis zum Versorger gelegt. Prinzipiell handelt es sich um ein durchgängiges Stromnetz, auf dem sich die Daten komplett ausbreiten. Das gilt für Homeplug aufgrund der geringen Sendeleistungen (Signalpegel) eingeschränkt. Sowohl das Stromkabel selbst hat eine nicht unerhebliche Dämpfung, schließlich wurde es ja nicht für die Datenübertragung konzipiert, als auch der Stromzähler. Weil jede Wohnung und jedes Haus über einen Stromzähler angeschlossen ist, stellt dieser quasi eine Datenbarriere dar. Die Daten verlassen in der Regel nicht Ihren Bereich. Das garantiert aber niemand, daher gibt es bei Homeplug 1.0 eine DES 56-Bit-Verschlüsselung, bei Homeplug AV 128 Bit AES, die optional eingeschaltet werden kann. Der Schlüssel wirkt zunächst sehr kurz und damit unsicher. Diese Ansicht stimmt aber nur, wenn man automatisiert die Rohdaten auf dem Stromnetz mitlesen kann. Geräte, die den Homeplug-Standard erfüllen, tun dies im Gegensatz zu Ethernet-Karten im *promiscous mode* nicht, sie nehmen nur Daten an, die auch für sie bestimmt sind, und leiten diese dann als Ethernet-Paket weiter. Wenn Sie also die Rohdaten wollen, müssen Sie sich schon ziemlich gut mit Lötkolben auskennen. Daher können Sie nur alle möglichen Schlüssel durchprobieren, und das dauert dann doch zu lang.

TEIL III
WEITVERKEHRSNETZE

In Deutschland unterrepräsentiert, aber in Österreich und der Schweiz mit einem Marktanteil von etwa 30 % am Breitbandmarkt vertreten: das Internet, das aus dem TV-Netz kommt.

9 Kabelinternetzugang

In vielen Teilen der Welt und auch in Europa hat die Nutzung von Kabelfernsehen für den breitbandigen Internetzugang einen ordentlichen Marktanteil. Deutschland bildete bis vor wenigen Jahren eine Ausnahme. Auch heute liegt der Anteil bei nur etwa 5 %. Die Kundenzahl steigt jedoch rapide an, weil für Kabelkunden die Triple-Play-Angebote – also Telefon, Internet und Kabelfernsehen – preislich attraktiver sind als ein zusätzlicher Telefonanschluss mit DSL.

Technisch gesehen, handelt es sich bei Kabelinternet nicht um eine DSL-Variante, die verwendete Technik heißt *DOCSIS* oder in Europa *EuroDOCSIS*. Dabei steht die Abkürzung DOCSIS für: *Data over Cable Service Interface Specification*.

Aktuell ist der EuroDOCSIS 2.0-Standard, der aus dem Jahr 2003 stammt. EuroDOCSIS 3.0 wartet mit deutlich höheren Bandbreiten und IPv6-Kompatibilität auf, ist jedoch noch nicht verabschiedet.

Das Kabelnetz ist wie ein Hub, daher können Daten grundsätzlich auf dem gesamten Kabel mitgelesen werden. Da dies ein schlechtes Gefühl bei den Kunden auslöst, wenn der Nachbar den Surfinhalt mitlesen könnte, beinhaltet der Standard seit der Version 1.0 eine 56-Bit- und seit Version 2.0 eine 128-Bit-Verschlüsselung.

Je Kanal können mit DOCSIS 2.0 bis 36 Mbit/s und mit DOCSIS 3.0 bis zu 160 Mbit/s im Download erreicht werden. Der Upload reicht bei DOCSIS 2.0 für bis zu 10 Mbit/s und bei DOCSIS 3.0 gar für 120 Mbit/s. Gegenüber ADSL sind die Werte von DOCSIS deutlich höher, das überrascht nicht weiter, schließlich ist das Koaxkabel wesentlich hochwertiger als das übliche Telefonkabel.

9.1 Aufbau

Die Verschaltung des Kabelinternetzugangs ist aus Kundensicht recht einfach: An die/eine Antennendose kommt das Kabelmodem. An das Kabelmodem kommt ein Router, daran der PC.

Auf der Seite des Providers wird das Signal über die Kabelinfrastruktur bis zur Kopfstation des Kabelproviders zum *Cable Modem Termination System* (kurz: CMTS) geleitet.

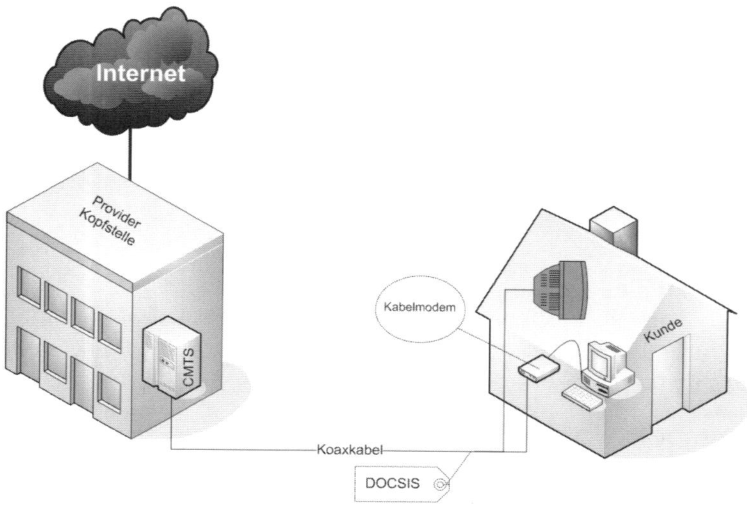

Abbildung 9.1 Aufbau Kabelzugang

Den Aufbau können Sie auch Abbildung 9.1 entnehmen. Die Verbindung zwischen Kabelmodem und CMTS ist dabei verschlüsselt.

9.2 Marktsituation

Aktuelle Angebote der Kabelnetzprovider unterscheiden sich nur durch wenige Euro von denen der DSL-Konkurrenz. Innerhalb der großen Städte gibt es einen starken Wettbewerb.

In den Großstädten liegt auch ein großes Potenzial für die Kabelnetzbetreiber, denn viele Mietwohnungen sind mit Kabelfernsehen ausgestattet.

Ein übliches Angebot beinhaltet digitales TV für alle frei empfangbaren Fernsehsender, eine Telefon-Flat für das deutsche Festnetz und einen 10-Mbit/s-Internetzugang.

Bei den Internetzugängen werden bis zu 40 Mbit/s angeboten, technisch machbar sind bis zu 100 Mbit/s. Zu beachten ist allerdings, dass es sich um ein *shared medium* handelt, alle Anwender teilen sich grundsätzlich die mögliche Bandbreite auf dem Kabel.

DSL ist der Oberbegriff für eine ganze Reihe unterschiedlich leistungsfähiger Übertragungsstandards. Zurzeit ist DSL die erfolgreichste Internetzugangstechnologie.

10 DSL

DSL, *Digital Subscriber Line*, wird über herkömmliche, zweiadrige Telefonkabel betrieben. Da es sich bei diesen Kabeln um qualitativ minderwertige Kabel handelt, die spätestens nach dem Hausanschluss zur Ortsvermittlung in dicken Bündeln verlegt werden, sind die erzielbaren Datenraten für mich erstaunlich.

Für den Anwender stellt sich der Anschluss wie in Abbildung 10.1 dar.

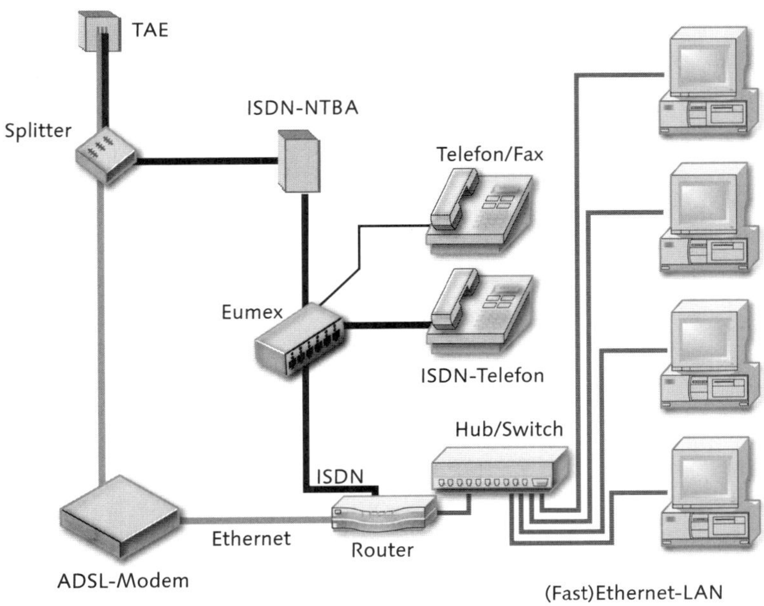

Abbildung 10.1 DSL-Anschluss schematisch; Quelle: Christian Peter

Der Erfolg von DSL beruht vor allem darauf, dass es mit der vorhandenen Telefonverkabelung eingesetzt werden kann. Damit entfallen teure Neuverkabelungen, die sich im Preis und damit im Verbreitungsgrad bemerkbar machen würden.

Von der verfügbaren Datenrate wird bei DSL ein Kanal für die Telefonie benutzt. In der offiziellen DSL-Sprache heißt der Telefonkanal POTS (*Plain Old Telephony Service*). Alle verfügbaren DSL-Varianten bieten die Möglichkeit, neben DSL auch ISDN oder analoge Telefonie zu übertragen. Die Telefonie wird in einem eigenen Frequenzkanal übertragen. Für die Aufteilung des einheitlichen Datenstroms in Daten und Telefonie ist der *Splitter* verantwortlich (siehe Abbildung 10.2). Er trennt die Telefonie aus dem Datenstrom ab und schickt sie an die TAE-Buchse, während DSL an die RJ-45-Buchse und somit an das DSL-Modem weitergeleitet wird. Der Splitter heißt im technischen Deutsch BBAE, *BreitBandAnschlussEinheit*, und kann bei der Verwendung von Annex-A – außerhalb von Deutschland – entfallen.

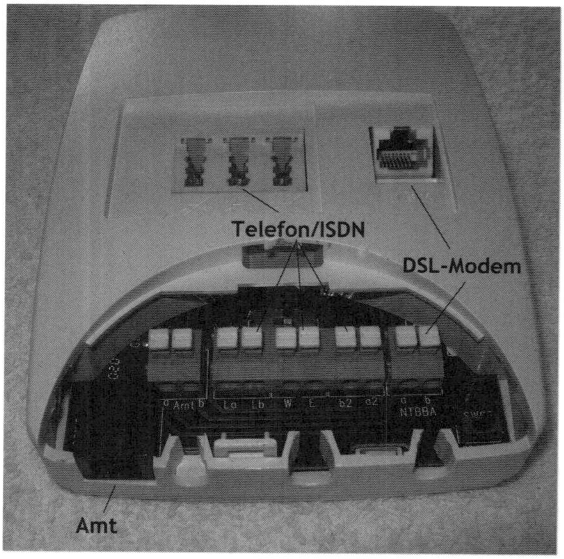

Abbildung 10.2 Ein geöffneter DSL-Splitter

Gelegentlich ist es ein Problem, das DSL-Modem (oft integriert in den Router) an die Stelle zu platzieren, an der der Telefonanschluss ist.

Gewünscht ist die Verlegung des DSL-Anschlusses an einen anderen Ort der Wohnung. Sie brauchen dazu lediglich eine Telefonkabeldoppelader. Die beiden Kabel der Doppelader verbinden Sie mit der Klemmleiste des Splitters (Beschriftung: NTBBA). Am anderen Ende der Leitung legen Sie diese Doppelader auf eine RJ-45-Dose; a auf 4 und b auf 5. Diese RJ-45-Dose verbinden Sie über ein LAN-Kabel mit dem DSL-Modem.

Im Gegensatz zu ISDN und analoger Telefonie ist DSL eine Zugangstechnologie für die »Letzte Meile«. Während Sie sich bei ISDN einwählen, wird bei DSL einfach die Verbindung ohne Einwahlnummer hergestellt. In den Ortsvermittlungen der Telekommunikationsanbieter wird der einheitliche Datenstrom ebenfalls in

Daten- und Telefonie-Informationen getrennt. ISDN- und Analogdaten werden an die Telefonvermittlungsstelle weitergeleitet, während DSL-Daten über den DSLAM direkt in das Daten-Backbone des Providers fließen.

Der Vorteil: Die Internetverbindungen, insbesondere längere Verbindungen von Flatrate-Nutzern, belasten die Telefonvermittlungsstellen nicht mehr, wenn die Verbindungen statt über ISDN/Analog mit DSL hergestellt werden, weil diese Verbindungen nicht vermittelt werden, sondern in der Ortsvermittlung direkt in das Daten-Backbone laufen.

Man kann es auch anders ausdrücken: ISDN- und Analogverbindungen sind immer Punkt-zu-Punkt-Verbindungen. Von Ihnen bis zu Ihrem Internetprovider wird bei ISDN- oder Analogeinwahl eine exklusive Verbindung geschaltet. Bei Ihrem Provider wechseln Ihre Daten dann in das Internet, also in das Datennetz Ihres Providers, in dem Sie keine exklusive Verbindung haben, sondern sich die verfügbare Bandbreite mit den anderen Surfern teilen. Durch DSL wird der Übergang in das Datennetz des Providers möglichst früh, nämlich bereits in Ihrer Ortsvermittlungsstelle, vorgenommen. Dadurch erspart sich einerseits das Telekommunikationsunternehmen die Belastung der Telefonvermittlungsstelle, andererseits können Sie höhere Datenraten nutzen, weil die Übertragungsstrecke auf Telefonkabeln kürzer ist.

Eine Untersuchung hat ergeben, dass in Deutschland 80 % der Telefonanschlüsse in einer Entfernung von 2.000 Metern um die nächste Ortsvermittlung installiert sind. Die maximal überbrückbaren Entfernungen dürften in Deutschland, anders als in den USA, bei der Mehrheit der Anschlüsse daher kein Problem für DSL sein.

In einer OECD-Studie von 2008 bezüglich der Breitbandnutzung liegt Deutschland auf Platz 14, Österreich auf Platz 18 und die Schweiz? Auf Platz 4!

10.1 ADSL

Asymmetric Digital Subscriber Line ist in Deutschland der zurzeit verbreitetste DSL-Standard. Die deutsche T-Com vertreibt ADSL unter dem Markennamen *T-DSL*.

Wichtig ist das »A« in ADSL; *asymmetric* bedeutet *asymmetrisch*. Gemeint ist die Bandbreite bei der Übertragung. Diese weist unterschiedliche Bandbreiten für den Down- und den Upload auf:

- Download-Rate von bis zu 24 Mbit/s
- Upload-Rate von bis zu 3,5 Mbit/s

Es gibt jedoch verschiedene Versionen von ADSL, die erste Version erlaubte Download-Raten von bis zu 6 Mbit/s, die als *T-DSL 6000* vermarktet wird. Die Vermarktung durch T-Com fiel mit der Ankündigung einiger Provider in Großstädten zusammen, die neue ADSL2+-Technik mit – zunächst – 12 Mbit/s und maximal 25 Mbit/s im Downstream anzubieten.

ADSL wurde in den Standards ITU-T G.992.1, ADSL2+ in G.992.3 und G.992.5 von der ITU genormt. Nähere Infos finden Sie unter *http://www.dslforum.org*. Mit ADSL können Daten über eine Strecke von maximal sechs Kilometern übertragen werden, wenn die Telefonverkabelung in einem ausreichend guten Zustand ist. ADSL benötigt ein Adernpaar, das ist die Anzahl der Adern, die bei einem Standardtelefonanschluss zur Verfügung steht.

Name	Download	Upload	Norm
ADSL	8 Mbit/s	0,6 Mbit/s	ANSI T1.414 Issue 2
ADSL (G.dmt)	8 Mbit/s	1,0 Mbit/s	ITU-T G.992.1
ADSL over POTS	10 Mbit/s	1,0 Mbit/s	ITU-T G.992.1 Annex A
ADSL over ISDN	10 Mbit/s	1,0 Mbit/s	ITU-T G.992.1 Annex B
ADSL Lite	1,5 Mbit/s	0,5 Mbit/s	ITU-T G.992.2
ADSL2	12 Mbit/s	1,2 Mbit/s	ITU-T G.992.3
ADSL2	12 Mbit/s	3,5 Mbit/s	ITU-T G.992.3 Annex J
RE-ADSL2	6 Mbit/s	1,2 Mbit/s	ITU-T G.992.3 Annex L
ADSL2 Lite	12 Mbit/s	1,0 Mbit/s	ITU-T G.992.4
ADSL2	12 Mbit/s	3,5 Mbit/s	ITU-T G.992.4 Annex J
RE-ADSL	6 Mbit/s	1,2 Mbit/s	ITU-T G.992.4 Annex L
ADSL2+	24 Mbit/s	1,0 Mbit/s	ITU-T G.992.5
RE-ADSL2+	24 Mbit/s	1,0 Mbits/s	ITU-T G.992.5 Annex L
ADSL2+M	24 Mbit/s	3,5 Mbit/s	ITU-T G.992.5 Annex M

Tabelle 10.1 ADSL-Normen; Quelle: http://de.wikipedia.org

Für all diejenigen, die nur ein paar hundert Meter zu weit entfernt wohnen, oder dort, wo die Leitungsqualität nur wenig unter den Anforderungen für ADSL liegt, gibt es *ADSLlite*. Es handelt sich um eine abgespeckte Variante von ADSL, die aufgrund von niedrigeren Datenraten beim Download nur halb so hoch liegt und ein paar hundert Meter weiter übertragen werden kann.

Der größte Nachteil von ADSL sind die asymmetrischen Datenraten. Durch dieses Ungleichgewicht ist ADSL für Unternehmen zur Verbindung von Standorten nicht oder nur bedingt geeignet. Der Grund: Die Datenrate ist auf die Upload-Rate beschränkt. Selbst wenn der eine Partner noch mehr Daten empfangen könnte, kann der andere Partner nicht mehr Daten senden. Wenn man also den ADSL-Anschluss für die Kopplung eines Unternehmens- und eines Filialnetzwerks benutzen wollte, ist man auf die maximale Datenrate des Uploads beschränkt, also etwa ein Zehntel der Download-Rate.

ADSL ist eine Zugangstechnologie, und zwar genauer gesagt eine *Internetzugangstechnologie*. Die Surfer laden mehr Informationen aus dem Netz, als sie in das Internet senden, daher war die asymmetrische Übertragungsrate unerheblich. Durch die starke Verbreitung der Internettelefonie und Tauschbörsen bekommt das Missverhältnis von Up- und Download immer mehr Gewicht. Bei einem Upload von 128 Kbit/s lässt sich gerade ein Internettelefongespräch in ISDN-Qualität führen.

Die Antwortzeiten von T-DSL sind langsamer als die von ISDN. Dieser Effekt wirkt sich hauptsächlich bei Echtzeitanwendungen (Sprache, Video) und Online-Spielen mit vielen kleinen Datenpaketen aus, während es größere Downloads nicht verlangsamt. Schuld an der lahmen T-DSL-Verbindung der T-Com ist der *Interleave-Modus*, in dem die T-Com die DSL-Anschlüsse betreibt. Dabei werden die Daten aus mehreren Datenpaketen zu Zwecken der Fehlerkorrektur verschränkt. Es ist möglich, gegen eine monatliche Gebühr die *Fastpath*-Technik freischalten zu lassen, die die Verzögerungszeiten auf 10 ms senkt.

Eine weitere Spezialität sind die in Deutschland eingesetzten ADSL-Anschlüsse gemäß *ADSL over ISDN*, auch wenn beim Teilnehmer kein ISDN eingesetzt wird. Dadurch sinkt die maximale Länge der Telefonleitung um 500 Meter oder die mögliche Bandbreite von 25 Mbit/s auf 16 Mbit/s.

[«]

Wichtig für den ADSL-Zugang in Deutschland ist, dass das DSL-Modem Annex-B unterstützt, denn nur dann kann es betrieben werden. Diese Voraussetzung ist erfüllt, wenn das Modem U-R2 oder 1TR112, eine T-Com Interpretation des ITU-Standards, unterstützt.

Beides hat mit der weltweiten Besonderheit ADSL over ISDN in Deutschland zu tun.

Bei den T-Home-Anschlüssen wird zusätzlich eine feste Einstellung der Maximalgeschwindigkeit vorgenommen, anders als bei anderen Providern. Üblich wäre es die Maximalgeschwindigkeit im *rate adaptive mode* auszuhandeln. So ist es dann beispielsweise möglich, bei DSL 6000 eine Geschwindigkeit von 4.096 Kbit/s zu erreichen, statt fix auf 3.072 Kbit/s festgelegt zu werden. Diese Technik will T-Com bis Ende 2009 einführen, nachdem ein Feldtest 2008/2009 erfolgreich verlaufen ist.

10.2 SDSL

Symmetric Digital Subscriber Line ist die symmetrische DSL-Variante; sie bietet im Up- und Download Übertragungsraten von 2 Mbit/s. Verwendet wird wie bei ADSL ein Kupferadernpaar des Telefonanschlusses, allerdings ist der Übertragungsweg auf 2.400 Meter begrenzt.

Durch die symmetrischen Übertragungsraten wird der bei ADSL aufgeführte Nachteil der asymmetrischen Übertragungsraten ausgeschlossen. Es ist also sinnvoll, zwei LANs über SDSL zu koppeln. Für die Verbindung stehen bis zu 2,3 Mbit/s in beide Richtungen zur Verfügung, eine Geschwindigkeit, die deutlich über den 128 Kbit/s von ISDN oder ADSL liegt. ADSL2+ holt in dieser Hinsicht auf und bietet – zulasten der Download-Geschwindigkeit – bis zu 3,5 Mbit/s im Upload.

Da eine direkte Kopplung nicht möglich ist – schließlich können Sie sich mangels Rufnummer nicht per SDSL einwählen –, erfordert die Kopplung, dass Ihnen der Provider ein Datennetz als Verbindung zur Verfügung stellt. Sie können, insbesondere wenn Sie weniger strenge Anforderungen an die Qualität der Datenverbindung stellen, eine Kopplung über das Internet vornehmen. In diesem Fall müssen Sie lediglich zwei SDSL-Internetzugänge installieren. Bei der Kopplung sind dann Verschlüsselungstechnologien wie z. B. VPN (siehe Abschnitt 34.9, »Virtual Private Network«) dringend anzuraten.

Die meisten Firmen brauchen Datenverbindungen mit einer gleichbleibenden und stabilen Bandbreite, und das schließt die Kopplung über das Internet aus. Stattdessen kann die Kopplung über eine exklusiv für Sie im Backbone des Providers geschaltete Verbindung realisiert werden. Der Provider kehrt übrigens nicht zur Vermittlungstechnik zurück, sondern arbeitet mit Bandbreitenreservierungstechniken in seinen Datennetzen. Die *Quality of Service* (QoS), also die Dienstgüte, wird in einem *Service Level Agreement* (SLA) vertraglich festgelegt.

Neben den bekannten Anbietern wie T-Com und Arcor gibt es eine ganze Reihe von Anbietern, die SDSL-Zugänge vermarkten. Erwähnenswert ist insbesondere der Anbieter QSC, der bedingt auch für Privatanwender DSL-Zugänge bereitstellt. Wenn Sie in einer Großstadt ansässig sind, dann wird es vermutlich auch einen City-Carrier geben, der SDSL-Zugänge anbietet.

10.3 VDSL

Very High Data Rate Digital Subscriber Line ist eine DSL-Variante, die insbesondere in den fünf neuen Bundesländern interessant werden wird. Dort liegen, anders als in den alten Bundesländern, oft Glasfaserkabel bis zum Hausanschluss. ADSL, SDSL und Andere sind aber Verfahren, die ausschließlich auf Kupferkabeln eingesetzt werden können. Auch VDSL kann auf Kupferkabeln eingesetzt werden, erreicht dann aber für die maximale Download-Rate von 52 Mbit/s nur eine Entfernung von 300 Metern, wenn es auf einem Kupferadernpaar betrieben wird. VSDL als asymmetrisches DSL-Verfahren bietet folgende maximale Übertragungsraten:

- Download-Rate:52 Mbit/s
- Upload-Rate:11 Mbit/s

Die Verbreitung von VDSL ist in nur wenigen Ländern weltweit gegeben, dazu gehört insbesondere Südkorea. Der Nachfolgestandard VDSL2 wird deutlich häufiger eingesetzt.

10.4 VDSL2

Nachteile des alten VDSL-Standards sind, dass nur sehr beschränkte Längen mit sinnvollen Bandbreiten erreicht werden können und dass die Daten nicht priorisiert werden können. Die Priorisierung ist aber für Video-on-Demand und Telefonie wichtig, ohne sie kann ein Triple-Play-Angebot nicht ernsthaft angeboten werden.

Anders als VDSL oder ADSL ist VDSL2 ein symmetrisches Übertragungsverfahren und kann mit bis zu 200 Mbit/s symmetrisch betrieben werden. Es ist abwärtskompatibel mit ADSL2+ und störungsfrei zu ADSL und ADSL2.

Es gibt sogenannte Profile, die die Bandbreite, die Anzahl der Frequenzen, den Frequenzabstand und den Übertragungspegel festlegen. Daraus ergibt sich dann auch die maximale Übertragungsgeschwindigkeit.

Bei den hohen Datenraten ist es wichtig, möglichst mit einer Glasfaserverbindung an den Kunden zu kommen und nur wenige Hundert Meter auf Telefonleitungen übertragen zu müssen. Entsprechend erreichen VDSL-Angebote Anwohner, die in einem Umkreis von einem Kilometer um die Ortsvermittlungsstellen wohnen. Alternativ können die Kabelverzweiger – die grauen Kästen am Straßenrand – mit sogenannten Outdoor-DSLAMs aufgerüstet werden.

T-Home hat in Deutschland ein umfangreiches VDSL2-Netz aufgebaut und vermarktet darüber Triple Play. Zur Verfügung stehen asymmetrische Übertragungsraten von 25 Mbit/s Download und 5 Mbit/s Upload sowie 50 und 10 Mbit/s.

Insbesondere bei VDSL wirkt sich eine nicht optimierte Einstellung des TCP Receive Window Ihres PCs aus. Sie können sich die aktuellen Einstellungen unter diesem Link anschauen: *http://www.speedguide.net/analyzer.php*.

Bei der TCP-Kommunikation wird vom Empfänger dem Sender mitgeteilt, wie viel Daten er senden kann, ohne eine Quittierung zu bekommen. Das ist die sogenannte *TCP Receive Window Size*. Abhängig von der Bandbreite und der Verzögerung (*ping*) zwischen Sender und Empfänger kann der Puffer zu klein sein. Bei 25 Mbit/s und einer Verzögerung von 100 ms wird ein Puffer von 26.214.400 Bit / 8 * 0,1 s = 327.680 Byte benötigt, bis die Quittierung erfolgt sein kann. Windows XP hat aber nur 65.536 Byte, also 20 % des notwendigen Wertes. Der Sender wird also lediglich 65 kByte senden (20 %) und dann auf die Quittierung warten (80 %).

Vista und Windows 7 optimieren den auch RWIN genannten Parameter automatisch. Für XP finden Sie im Internet entsprechende Anleitungen, wie Sie die Registry ändern müssen.

10.5 Ausblick

Noch vor wenigen Jahren waren Triple-Play-Angebote – Internet, TV und Telefonie – nur aus anderen Ländern bekannt und 10 Mbit/s die Datenraten im LAN. Heute markiert diese Geschwindigkeit die untere Grenze von Angeboten in Großstädten. Es ist auch schon absehbar, dass die hohen Bandbreiten ganz andere Möglichkeiten schaffen.

Was bisher noch nicht Realität ist: HDTV aus dem Internet. Die VDSL2-Anschlüsse sind aber schnell genug für ein bis zwei HDTV-Streams, allerdings fehlt es zurzeit in Deutschland an Sendern, die auch HDTV produzieren. Sicherlich wird es eine Weiterentwicklung in diese Richtung geben.

Technisch stehen im Fokus die Glasfaservarianten bis zum Endkunden, Stichwort: *Fiber-to-the-home* (kurz: FTTH). Das ist eine kostenintensive Lösung, schließlich muss die Glasfaser verlegt werden, und ewig hält sie auch nicht, zumindest nicht so lange wie ein Kupferkabel. Es werden uns also in naher Zukunft Datenraten im Gigabitbereich für den Internetzugang erwarten, von denen wir bisher noch nicht einmal zu träumen gewagt haben.

Andererseits gibt es immer noch großflächige Gebiete, die bisher von keiner Breitbandtechnologie erschlossen wurden, weil dies unwirtschaftlich erscheint. Schnelle Internetzugänge sind insbesondere für Unternehmen unverzichtbar und zudem ein wichtiger Standortfaktor. Möglicherweise wird in ländlichen Gebieten Funktechnologie wie WiMAX den DSL-Varianten vorgezogen werden, weil es kostengünstiger angeboten werden kann.

TEIL IV
HÖHERE PROTOKOLLSCHICHTEN

Das Internetprotokoll (kurz: IP) wird nicht nur im Internet, sondern auch sehr erfolgreich im LAN eingesetzt. Es wird von allen Betriebssystemen unterstützt.

11 Das Internetprotokoll

IP ist ein Protokoll der dritten Schicht des ISO-/OSI-Modells und hat die Aufgabe der Wegewahl: Wie kommt ein Datenpaket vom IP-Netz A in das IP-Netz B (siehe Abbildung 11.1)? Die Wahl des richtigen und möglichst auch des geeignetsten Weges, das ist die Aufgabe dieser Netzwerkschicht und damit von IP.

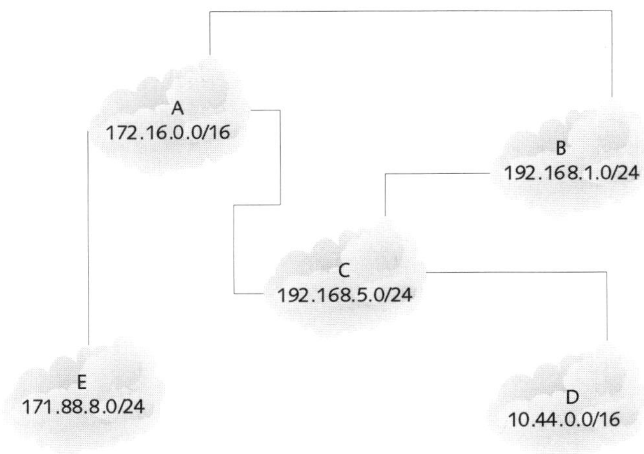

Abbildung 11.1 Verbundene IP-Netze

Bevor wir in dieses schwierige Thema einsteigen, möchte ich versuchen, ein Beispiel zu zeigen, das gerne für Vergleiche mit IP genommen wird: das Telefonsystem. **[zB]**

Eine Vermittlungsstelle der Telefongesellschaft hat dieselbe Aufgabe wie ein Router im IP: Sie leitet ein Gespräch in Richtung des anderen Teilnehmers weiter. Eine Rufnummer besteht üblicherweise aus einer Vorwahl und einer Rufnummer: (0211) 784444. Wenn Sie also an Ihrem Telefon diese Rufnummer eingeben, weiß die Ortsvermittlungsstelle durch die Ziffer Null, dass Sie ein Ferngespräch führen wollen. Es folgt die Zwei, eine Art Region, hier die Region »West«. Schließlich möchten Sie in das Ortsnetz »11« von Region »West«, konkret ist das

Düsseldorf. Die Ziffern »78« bezeichnen die Ortsvermittlungsstelle im Stadtteil »Oberbilk«, dort möchten Sie mit dem Teilnehmer »4444« sprechen:

Von links nach rechts hat die Rufnummer also den Weg Ihres Anrufs bis zum Teilnehmer »4444« vorgegeben. Die Rufnummer enthält also zwei Informationen:

- die Zugehörigkeit zu einer geografischen Gruppe (Vorwahl + Ortsteil)= 021178
- eine eindeutige Rufnummer innerhalb dieser Gruppe (Rufnummer)=4444

Sie werden sehen, dass es beim IP ähnlich ist, wenn Sie die Grundsätze übertragen, hilft Ihnen dies beim Verständnis von IP weiter.

Eine *IP-Adresse*, das bekannteste Element von IP, beinhaltet ebenfalls *zwei* Informationen (siehe Abbildung 11.2):

- die Zugehörigkeit zu einer Gruppe (*IP-Netz*) und
- eine eindeutige Nummer innerhalb dieser Gruppe (*Host-ID*)

Beide Informationen müssen trennbar sein. Die *Subnetzmaske* gibt an, welche Bits der IP-Adresse die Gruppenzugehörigkeit beschreiben. Die restlichen Bits, die nicht von der Subnetzmaske erfasst werden, beschreiben die eindeutige Nummer eines Rechners innerhalb der Gruppe und werden *Hostanteil* oder *Host-ID* genannt.

Sie benötigen das hier dargestellte Wissen für die Themen *Routing* und *Firewall* (siehe Abschnitt 11.1, »Routing«, und Kapitel 32, »Programme zur Netzwerksicherheit«).

Abbildung 11.2 Aufbau einer IP-Adresse

Die IP-Adresse ist vier Byte, also 32 Bit, lang, und normalerweise wird jedes Byte von den anderen durch einen Punkt getrennt. In einem Byte können $2^8 = 256$ Werte dargestellt werden. Diese entsprechen dezimalen Werten von 0 bis 255.

Von den 256 möglichen Werten haben die 0 und die 255 eine besondere Bedeutung, aber nur im Bereich der Host-ID, also wenn diese aus Nullen oder aus 255 besteht.

Die Schreibweise: 172.16.0.0/16 meint das IP-Netz 172.16. Der Weg in ein Netz wird im Rechner etwa so beschrieben:

```
172.16.0.0 über 192.168.1.12 am Anschluss Ethernet1
```

Der Eintrag, ein Routing-Eintrag, bedeutet, dass das *IP-Netz* 172.16 über den Router 192.168.1.12 erreicht werden kann. Die Nullen in den beiden letzten Bytes geben in Verbindung mit der Subnetzmaske an, dass das gesamte IP-Netz gemeint ist.

Die zweite Sonderbedeutung – neben der 0 – hat die 255, wenn sie den Bereich der Host-ID ausfüllt. Ein IP-Paket, das als Zieladresse 172.16.255.255 eingetragen hat, spricht jede Station im IP-Netz 172.16.0.0 an. Näheres zum Thema Ethernet-Broadcast finden Sie in Abschnitt 6.7.1, »Broadcast«. *IP-Broadcasts* werden in einen Ethernet-Broadcast umgesetzt. Die Ziel-IP-Adresse 172.16.255.255 ist die IP-Broadcast-Adresse des IP-Netzes 172.16.0.0. Wird die Broadcast-Adresse 172.16.255.255 verwendet, werden alle PCs in dem IP-Netz angesprochen. Derselbe Effekt wird erreicht, wenn als IP-Adresse 255.255.255.255 angesprochen wird.

Broadcasts und Multicasts werden durch Router nicht von einem IP-Netz in ein anderes IP-Netz geleitet. **[«]**

Alternativ zur dezimalen Schreibweise könnte man IP-Adressen auch binär schreiben. Man hat pro Byte acht Stellen, die entweder auf 0 oder 1 gesetzt sind. Dabei wird deutlicher, dass eine dezimale Null in einem Byte acht binären Nullen entspricht und 255 acht Einsen und dass daher deren Sonderbedeutung resultiert. Sehr selten kann es schon mal vorkommen, dass die IP-Adresse hexadezimal geschrieben wird. Ausnahme: Bei der IP-Version 6 (siehe Abschnitt 11.4, »IP-Version 6«) werden IP-Adressen immer hexadezimal geschrieben.

Beispiele:

- 192.168.4.1 mit einer Subnetzmaske von 255.255.255.0:
  Die 255 bei der Subnetzmaske bedeutet jeweils, dass das Byte auf die Netz-ID entfällt, entsprechend sind bei der Subnetzmaske drei Bytes gesetzt (= 24 Bit). Die ersten drei Bytes beschreiben den Netzteil (Netz-ID) der IP-Adresse: 192.168.4. Das letzte Byte mit dem Wert 1 ist der Hostteil (Host-ID), die Nummer der Station innerhalb des IP-Netzes.
- 172.16.5.77 mit einer Subnetzmaske von 255.255.0.0:
  Die ersten zwei Bytes sind das Netz 172.16.0.0, die zweiten beiden Bytes 5.77 bestimmen den Rechner in dem IP-Netz. Möchte man alle Rechner in dem IP-Netz ansprechen, lautet die IP-Adresse 172.16.255.255. Das ist die Broadcast-Adresse dieses Netzes.

- 10.6.8.9 mit einer Subnetzmaske 255.0.0.0:
  Der Netzteil der IP-Adresse umfasst lediglich das erste Byte, das IP-Netz lautet daher: 10.0.0.0, der Rechner hat die Nummer 6.8.9.

Wie Sie bemerkt haben, ist die Subnetzmaske bei den Beispielen immer kleiner geworden, der Bereich, mit dem man die Rechner (= Hosts) anspricht, wurde immer größer. Wozu?

[zB] Stellen Sie sich vor, Sie haben eine Rechtsanwaltskanzlei und möchten ein IP-Netz für Ihre Kanzlei einrichten. Es wird vermutlich ausreichen, ein IP-Netz mit einer 24-Bit-Subnetzmaske – also 255.255.255.0 – zu verwenden. Zur Adressierung von PCs innerhalb dieses Netzes haben Sie 254 Adressen verfügbar.[1] Wenn Sie aber Vorstandschef von Daimler wären und ein IP-Netz einrichten wollten, in dem jeder PC Ihres Unternehmens eine IP-Adresse bekommen soll – würden 254 Möglichkeiten reichen? Nein, Sie brauchen ein IP-Netz, das mehr Adressraum für Host-IDs bereitstellt. Im Fall von Daimler benötigen Sie ein Netz, das eine 8-Bit-Subnetzmaske – also 255.0.0.0 – hat. Dann haben Sie 24 Bit oder 2^{24} = 16,7 Millionen Möglichkeiten, eine Host-ID zu vergeben. Von diesen IP-Netzen mit 8-Bit-Subnetzmaske gibt es weltweit rechnerisch 254 Stück, tatsächlich sind es weniger.

IP-Netze wurden früher in Klassen eingeteilt:

- 24-Bit-Subnetzmaske (255.255.255.0) = Class C
- 16-Bit-Subnetzmaske (255.255.0.0) = Class B
- 8-Bit-Subnetzmaske (255.0.0.0) = Class A

Die Einteilung in Klassen ist weitestgehend überholt (Stichwort: CIDR), häufig trifft man aber auf die Begrifflichkeit Klasse-C-Netz, sodass es sinnvoll ist, die Sache hier kurz zu erwähnen.

Über welche Art von IP-Netz reden wir? Es geht um ein offizielles, aus dem Internet erreichbares IP-Netz. Jeder dort angeschlossene PC hat eine weltweit eindeutige IP-Adresse innerhalb des Internets und ist direkt von dort erreichbar.

Nur wenige Privatleute benötigen eine feste IP-Adresse. Als normaler Anwender »leihen« Sie sich eine offizielle IP-Adresse von Ihrem Internetprovider für die Dauer der Internetverbindung. Bei jeder Verbindung bekommen Sie eine andere IP-Adresse zugewiesen.

Dienste wie *http://www.dyndns.org* lösen das Problem der dynamischen Adressen. Sie lassen automatisch von Ihrem PC aus Ihre öffentliche IP-Adresse nach der

---

1 Es sind deshalb 254 Möglichkeiten, weil von 256 bestehenden Möglichkeiten die 0 und die 255 wegfallen.

Einwahl auf ihre Seiten aktualisieren, sodass Ihre Webadresse stets zur richtigen IP-Adresse aufgelöst wird (siehe Kapitel 36, »DynDNS-Dienste«).

Hat ein Unternehmen einen festen Internetzugang ohne Einwahl, ist es also 24 Stunden online, stellt der Internetprovider eine feste IP-Adresse zur Verfügung. Wie man mit nur einer offiziellen IP-Adresse mit mehreren Rechnern im Internet erreichbar ist, lesen Sie in Abschnitt 11.3, »NAT, Network Address Translation«. Private, also nicht offizielle IP-Adressen werden in Abschnitt 11.2, »Private IP-Adressen«, behandelt.

Offizielle IP-Netze werden an Unternehmen, Behörden und Universitäten vergeben. Diese haben dann einen zugeteilten Adressbereich. Haben Sie als Unternehmen ein Klasse-C-Netz zugeteilt bekommen (z. B. 192.140.252.0/24), haben Sie 254 offizielle IP-Adressen, die im Internet erreichbar sind.

Vergeben werden die IP-Adressen von der Organisation RIPE, die diese Aufgabe an die Provider delegiert hat. Wenn Sie sich also einen Adressbereich reservieren wollen, wenden Sie sich an Ihren Provider.

11.1 Routing

Möchte ein PC aus dem IP-Netz A mit dem Rechner aus dem IP-Netz B kommunizieren, benötigt er dafür mindestens einen *Router*. Der Router arbeitet eine ISO-/OSI-Schicht höher als ein Switch, nämlich auf der ISO-/OSI-Schicht 3.

Der Router verbindet – im einfachsten Fall – zwei IP-Netze miteinander. Dabei funktioniert er ähnlich wie eine Bridge (siehe Abschnitt 6.7, »Switch«). Er leitet alle Datenpakete aus dem IP-Netz A in das IP-Netz B, wenn sie an einen Rechner in diesem Netz addressiert sind. Eine Bridge oder ein Switch teilt ein Ethernet in einzelne Segmente, sodass es zu einer Bandbreitenerhöhung kommt. Im IP ist das Einteilen in Segmente schon vorgesehen: Segmente heißen IP-Netz oder Subnetze. Diese IP-Netze verbindet ein Router. Er hat dazu zwei Anschlüsse (engl. *Interfaces*), in jedem IP-Netz (A und B) jeweils einen. Empfängt der Router auf seinem IP-Netz-A-Interface ein Datenpaket, schaut er in die IP-Adressierung, dort steht unter anderem die IP-Ziel-Adresse. Lautete die Zieladresse IP-Netz B, sendet der Router das Datenpaket auf dem Interface B in das IP-Netz B.

Das macht deutlich: Mit dem Begriff Router ist weniger ein konkretes Gerät gemeint, sondern vielmehr eine Funktionalität, die von verschiedenen Geräten, auch PCs, ausgeübt werden kann.

Ein Router entscheidet anhand der IP-Adresse, wohin er das Paket schicken muss, damit es seinem Ziel näher kommt. Dazu hat ein Router mindestens zwei Netzwerkanschlüsse.

[zB] Aus Gründen der Übersichtlichkeit habe ich die IP-Adressen im Beispiel auf zwei Bytes verkürzt. Eine korrekte IP-Adresse würde z. B. 192.168.1.2 oder 192.168.2.1 lauten.

In Abbildung 11.3 sendet der PC 1.2 (Netz 1, PC 2) an den PC 2.1 (Netz 2, PC 1) Daten. Unterstellen Sie in diesem Beispiel eine Subnetzmaske von 24 Bit (255.255.255.0), können Sie zunächst feststellen, dass sich der PC 1.2 und der PC 2.1 nicht im selben IP-Netz befinden, daher kann man sagen: Der PC 2 aus dem Netz 1 möchte mit dem PC 1 aus dem Netz 2 kommunizieren.

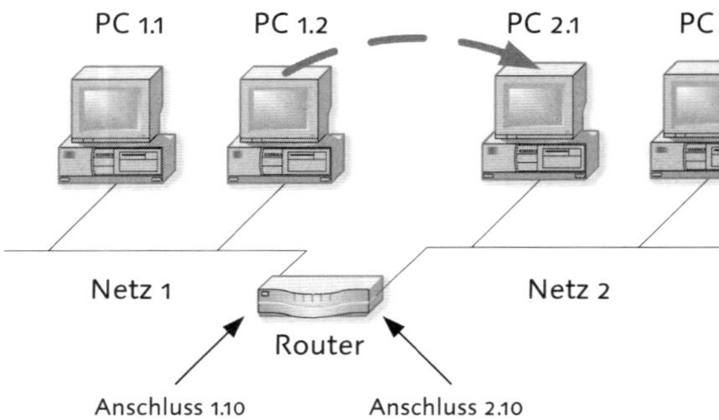

Abbildung 11.3 Routing von 1.2 zu 2.1

Weil beide Rechner unterschiedlichen IP-Netzen angehören, können sie nicht direkt miteinander kommunizieren. Das gilt auch dann, wenn Sie sie mit einem gedrehten Kabel (siehe Abschnitt 21.8, »Cross-Kabel«) direkt verbinden würden. Ein PC rechnet aus, ob die Zieladresse im eigenen Subnetz liegt. Wenn das nicht der Fall ist, dann braucht er einen sogenannten Routing-Eintrag. Hat er keinen Routing-Eintrag, ist das Ziel für den PC nicht erreichbar.

PC 1.2 schickt die Daten also zu seinen Standardgateway, diese Adresse muss in seinem IP-Netz liegen, z. B. die IP-Adresse 1.10. Der Router hat eine Verbindung zum Netz 2 über sein Interface 2.10 und sendet also die Datenpakete an den Rechner 2.1 über sein Interface 2.10.

Stellen Sie sich einen DSL/ISDN-Router vor! Dieser hat zwei Interfaces, eines in Ihrem LAN (Netzwerk), eines zum Provider (DSL). Der Router hat nur zwei Einträge:

- Das Netz 192.168.1.0/24 – ein Beispiel – leitet über die Netzwerkkarte.
- Alle anderen Netze (0.0.0.0) leiten über DSL zum Provider.

Der letzte Eintrag heißt Default-Routing. Ist kein anderer Routing-Eintrag genauer, dann wird das Default-Routing ausgeführt.

Sie können sich den Weg eines Datenpakets zum Ziel ansehen. Der Befehl dazu heißt `traceroute`. Unter Windows wählen Sie START • AUSFÜHREN... `cmd` und geben dann in der DOS-Box beispielsweise: `tracert www.web.de` ein: Sie erhalten eine Auflistung der Router vom eigenen Rechner bis zum Ziel im Internet. Abbildung 11.4 zeigt, wie ein solches Ergebnis aussehen kann. Weitere Informationen zu Traceroute finden Sie in Abschnitt 27.4, »Bordmittel von Windows«.

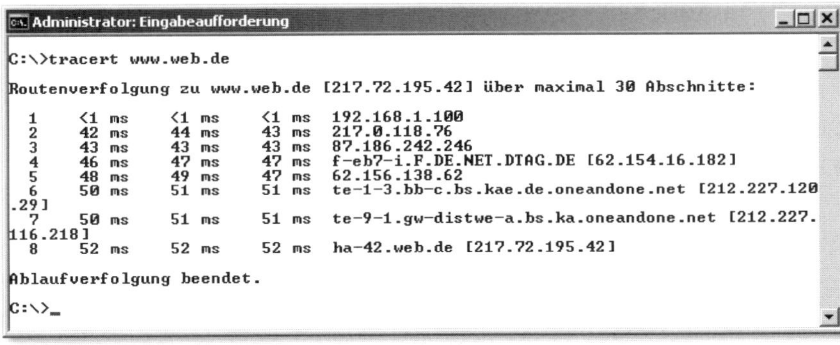

Abbildung 11.4 Traceroute vom eigenen PC zu web.de

Routing-Einträge, also die Information, welches Ziel über welchen Router erreichbar ist, können auf zwei verschiedene Arten in den Router gelangen:

- statisch: manuell eingetragen
- dynamisch: durch Informationsaustausch zwischen Routern

Die *statischen Routen* werden oftmals von Hand gepflegt und genau so konfiguriert wie eine IP-Adresse. Moderne Betriebssysteme helfen ein wenig und fügen automatisch Routen für die Netze ein, in denen ein Anschluss existiert. Wenn die Netzwerkkarte 1 die IP-Adresse 192.168.1.100/24 hat, dann fügen die Betriebssysteme eine entsprechende Route automatisch hinzu.

Dynamische Routen werden durch sogenannte Routing-Protokolle eingetragen. Router tauschen Informationen über die von ihnen erreichbaren IP-Netze aus; einschließlich der IP-Netze, von denen sie durch andere Router gehört haben. Zusätzlich zu der Information IP-Netz und Router wird angegeben, wie günstig (d.h. nah, schnell) die Route zu dem IP-Netz ist.

Bekommt ein Router (X) die Information von einem Nachbarrouter (Y), dass jener das IP-Netz A mit fünf Schritten erreichen kann, verbreitet Router X, dass er das IP-Netz A mit 5 + 1 = 6 Schritten erreichen kann.

Bekannte Beispiele für Routing-Protokolle sind: RIP, OSPF und (E)IGRP. Ich werde nicht weiter auf Routing-Protokolle eingehen, da sie erst in größeren Netzwerken eingesetzt werden.

11.2 Private IP-Adressen

Als ich schrieb, dass IP-Adressen durch die Organisation RIPE vergeben werden, haben Sie sich vielleicht gefragt, ob Sie eine IP-Adresse für Ihr Netzwerk beantragen müssen. Antwort: normalerweise nicht.

IP-Adressen, die aus dem Internet erreichbar sein sollen, müssen eindeutig sein. Dafür sorgt die RIPE in Europa normalerweise über die Internetprovider. Diese haben ihrerseits einen Pool von offiziellen IP-Adressen zur Verfügung und leihen jedem Kunden für die Dauer der Internetverbindung eine offizielle IP-Adresse.

[»] Wenn Sie IP-Adressen für Ihr lokales LAN benötigen, kommt es selten zu Problemen: Benutzen Sie und jemand anderes gleichzeitig dieselbe Adresse, dann ist diese zwar nicht eindeutig, aber sie stören sich nicht gegenseitig, weil ihre beiden Netze nicht verbunden sind. Verbinden Sie Ihr Netz dagegen mit dem Internet, verbinden Sie es ja gleichzeitig mit vielen anderen Netzen, und es käme zu einem Adresskonflikt, wenn eine IP-Adresse zweifach genutzt würde.

Für Ihr Heim-/Büro-Netzwerk und andere interne Netze gibt es Adressbereiche, die im Internet nicht verwendet werden und deren IP-Adressen nicht aus dem oder in das Internet transportiert werden:

- Class C: 192.168.0.0 bis 192.168.254.0
- Class B: 172.16.0.0 bis 172.31.255.0
- Class A: 10.0.0.0

Für ein kleines Netz mit weniger als 255 Rechnern benutzt man ein IP-Netz aus dem Class-C-Bereich, z. B. 192.168.1.0/24. Entsprechend reichen die IP-Adressen dieses IP-Netzes von 192.168.1.1 bis 192.168.1.254.

Für etwas größere Netzwerke gilt:

Vergeben Sie IP-Adressen nicht mit der Gießkanne, planen Sie ein wenig. Die Administration eines Netzwerks wird umso einfacher, je systematischer Sie IP-Adressen vergeben. Sie erhalten im Idealfall sogenannte *sprechende IP-Adressen*. Das folgende Schema bietet eine Orientierung für ein Klasse-C-Netz:

192.168.1.200 bis 192.168.1.249 = Drucker

192.168.1.100 bis 192.168.1.199 = PC-Clients

192.168.1.20 bis 192.168.1.29 = Linux-Server

192.168.1.10 bis 192.168.1.19 = Windows-Server

192.168.1.1 = Router-Interface

Sobald Sie die IP-Adresse kennen, wissen Sie sofort, um welche Art von Netzwerkteilnehmer es sich handelt, und können gezielter Hilfe leisten.

11.3 NAT, Network Address Translation

Die meisten Netzwerke werden mit dem Internet verbunden. Damit ein PC aus einem lokalen Netz direkt mit dem Internet kommunizieren kann, benötigt er eine offizielle IP-Adresse. Sollen also zehn PCs gleichzeitig auf das Internet zugreifen, benötigen Sie zehn offizielle IP-Adressen. Weil sich das Problem vergrößert, je mehr PCs gleichzeitig auf das Internet zugreifen sollen, und weil offizielle IP-Adressen knapp sind, wurden zwei Lösungen erfunden: NAT und Proxy.

Das Grundprinzip von NAT ist einfach: Beispielsweise ersetzt ein Router die privaten Adressen des internen LAN in den Datenpaketen (z. B. 192.168.4.2) durch die ihm vom Internetprovider zugewiesene offizielle IP-Adresse (z. B. 62.182.96.204). Wenn die Antworten aus dem Internet kommen, erreichen diese zunächst den Router, der sich gemerkt hat, welche Daten zu welchem Ziel gesendet wurden, und er kann die Antwortpakete dem ursprünglichen internen PC zuordnen. Der Router tauscht im Antwortpaket die Ziel-IP-Adresse 62.182.96.204 gegen die private IP-Adresse 192.168.4.2 aus und schickt dem PC das Paket.

Der Router bedient sich dabei der UDP-/TCP-Port-Nummern. Ein IP-Paket enthält ein UDP- oder TCP-Paket. Das UDP-/TCP-Paket enthält zwei Ports, den Ziel-Port und den Ursprungs-Port. Der Router baut sich eine Tabelle auf, in der er sich notiert, an welchen PC Antworten geschickt werden müssen:

Ursprungs-IP	Ursprungs-Port	Offizielle IP-Adresse	Neuer Port	Ziel-IP-Adresse	Ziel-Port
192.168.1.23	1333	80.44.53.222	5555	62.34.5.6	80
192.168.1.77	23675	80.44.53.222	5556	10.77.33.2	25

Tabelle 11.1 NAT-Tabelle

Wenn im Beispiel der Tabelle 11.1 dieser Router ein IP-Paket für seine offizielle IP-Adresse 80.44.53.222 und den Ziel-TCP-Port 5555 empfängt, weiß er, dass er das Paket an die IP-Adresse 192.168.1.23 auf dem TCP-Port 1333 weiterleiten muss. [zB]

Betrachtet man den Router vom Internet aus, scheint er ein »Super-Surfer« zu sein, weil er viele gleichzeitige Anfragen ins Internet schickt.

Der Vorteil von NAT ist, dass man für ein ganzes Netzwerk mit PCs, die auf das Internet zugreifen, nur eine offizielle IP-Adresse benötigt. Anders ausgedrückt: Sie benötigen NAT, wenn Sie mit nur einer offiziellen IP-Adresse mehreren PCs den Zugriff auf das Internet ermöglichen wollen. NAT wird übrigens unter Linux *Masquerading* genannt.

Ein weiterer Vorteil von NAT ist, dass ein potenzieller Angreifer nur den Router im Internet erkennen kann, weil nur der Router bei der Kommunikation ins Internet in Erscheinung tritt. Der Hacker bzw. Cracker weiß nicht, dass sich hinter dem Router ein ganzes Netzwerk verbirgt. Man versteckt also durch NAT die eigene Netzwerkstruktur und macht es so einem Hacker/Cracker schwieriger, die für ihn eigentlich interessanten PCs im LAN anzugreifen. NAT und eine Firewall ergänzen sich. Genaueres dazu erfahren Sie in Abschnitt 31.4, »Sicherheitslösungen im Überblick«.

[!] Leider gibt es einige Anwendungen, die nicht mit NAT zusammenarbeiten. Die meisten von diesen Anwendungen verarbeiten die IP-Adresse in der Applikation, dadurch kommt es zu Problemen, wenn die tatsächliche Absender-IP-Adresse nicht mit der Absender-IP-Adresse der Applikationsdaten identisch ist.

Ein weiterer Nachteil von NAT ist, dass Sie keine Dienste aus dem LAN im Internet anbieten können. Wenn ein Client aus dem Internet auf einen Webserver in Ihrem LAN zugreifen möchte, kann der NAT-Router die Anfrage keinem PC zuordnen, sodass die Anfrage abgewiesen wird.

Das Problem lösen die meisten DSL-Router so, dass über eine Funktion, oft *Virtual Server* genannt, Verbindungen auf einem bestimmten TCP/UDP-Port immer zu einem PC im LAN weitergeleitet werden. Das ist auch erforderlich für die Einstellungen im eDonkey- oder BitTorrent-Netzwerk.

11.4 IP-Version 6

Die bekannte und weltweit im Einsatz befindliche IP-Version ist die Version 4. IPv6 oder auch IPnG (*IP next Generation*) wird der Nachfolger von IPv4[2] sein. Bei dieser Aussage sind sich alle Experten einig. Die Frage, auf die man von zehn Experten zwölf Antworten bekommt, ist: Wann wird IPv6 IPv4 ersetzen?

2 IPv5 ist übrigens nicht existent, nur falls es jemand von Ihnen vermisst.

IPv6 ist schon älter, als Sie vermuten werden. Die ersten Schritte zur Normung sind bereits 1994 von der IETF unternommen worden. Nach den damaligen Berechnungen sollten die vorhandenen IP-Adressen im Internet nur noch bis 2005 reichen, und man sah sich daher gezwungen, auf eine IP-Version mit mehr Adressraum umzusteigen. Man erwartet heute, dass IPv4 noch bis etwa 2011 reichen wird, sodass in den nächsten Jahren IPv6 eingesetzt werden wird.

Eigentlich hat IPv6 gegenüber IPv4 nur Vorteile:

- Der Adressraum beträgt 2^{128} statt 2^{32} Adressen.
- Mehr Sicherheit (IPSec ist Bestandteil von IPv6).
- Die Autokonfiguration (ähnlich DHCP) ist Bestandteil von IPv6.
- Schnellere Routing-Algorithmen sind durch die bessere IP-Struktur möglich.
- Quality of Service wird möglich (feste Bandbreiten z. B. für Video).
- Die neue Möglichkeit *Anycast* ist ideal für redundante Serversysteme.

Leider sind mit der technischen Umrüstung auch finanzielle Investitionen verbunden. Davon sind weniger die Endgeräte (PCs, Server) betroffen, die lediglich einen neuen IP-Treiber bekommen, als vielmehr die Infrastruktur des Internets, wo alle Router das neue IPv6 beherrschen müssen. Das bedingt oft den Austausch der Hardware. Es wird daher einen sanften Umstieg auf IPv6 geben, der einige Jahre dauern wird. Auf diese Situation ist IPv6 eingerichtet. Es gibt explizite Migrationstechnologien. Auch alle Anwendungen müssen IPv6-Adressen akzeptieren.

Bei Windows wird IPv6 seit Vista standardmäßig verwendet, Linux bringt die IPv6-Unterstützung schon lange mit.

Wenn Sie IPv6 ausprobieren möchten, dann finden Sie nähere Informationen unter *http://www.go6.net*.

Das Address Resolution Protocol (kurz: ARP) hat die Aufgabe, IP- in MAC-Adressen aufzulösen. Es handelt sich um eine sehr wichtige Funktion, die wie das Internetprotokoll auf ISO-/OSI-Schicht 3 arbeitet.

12 Address Resolution Protocol

Wenn Ihr PC ein IP-Paket in einem Netzwerk versenden möchte, muss dieses Paket in ein Ethernet-Paket verpackt werden. Der Ethernet-Frame wird mit der Ziel-MAC-Adresse versehen, doch welche MAC-Adresse gehört zur Ziel-IP-Adresse?

Diese Frage wird durch ARP beantwortet. Dabei ist ARP wenig geschickt, es versendet eine Broadcast-Nachricht an alle Stationen mit der Frage »Welche MAC hat 192.168.1.4?« Die Station, die diese IP-Adresse hat, meldet sich mit »192.168.1.4 hat 00:08:90:4b:33:2e«. Damit kann das Ethernet-Paktet erzeugt und versendet werden. Für eine bestimmte Dauer merkt sich der PC nun die Zuordnung der IP- zur MAC-Adresse im sogenannten *ARP-Cache*. Die Informationen dieses Caches kann man bei Windows und Linux mit dem Kommando `arp -a` auslesen. Das Ergebnis mit einem Eintrag können Sie sich in Abbildung 12.1 ansehen.

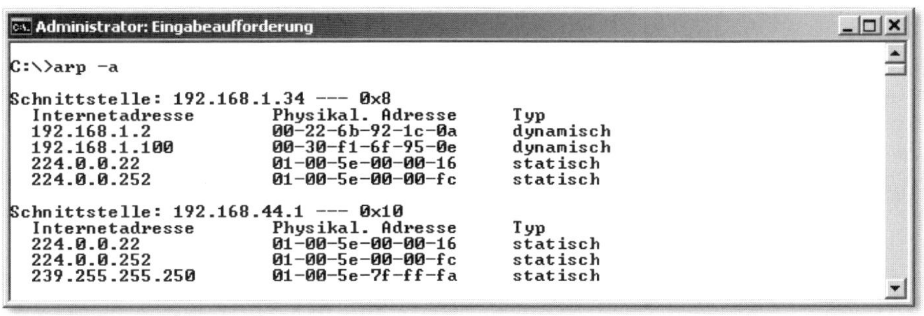

Abbildung 12.1 ARP-Cache mit einem Eintrag

Zum *ARP-Spoofing* – einem verbreiteten Angriff auf die Sicherheit im Netzwerk – finden Sie weitere Informationen in Abschnitt 31.3, »ARP-Missbrauch«.

Nicht alle Aufgaben sind rein mit TCP/IP gelöst, so kann man die grundsätzliche Erreichbarkeit nicht feststellen oder bessere Routing-Wege nicht mitteilen.

13 Internet Control Message Protocol

Das *Internet Control Message Protocol* (kurz: ICMP) ist Bestandteil aller TCP/IP-Implementierungen und damit auf jedem Rechnersystem verfügbar. Die Aufgabe von ICMP ist es, Fehler- und Diagnoseinformationen an die Kommunikationspartner zu übermitteln. Es ist ein Hilfsprotokoll zu IP und parallel zu IP auf der ISO-/OSI-Schicht 3 angesiedelt.

Der bekannteste Teil des ICMP ist der `ping`-Befehl. Technisch gesehen handelt es sich beim `ping` um ein *ECHO request* und ein *ECHO response* des ICMP. Dabei werden von ICMP zusätzlich Zeitinformationen erfasst, die Auskunft über die Paketlaufzeit geben. Diese Laufzeiten sind neben der Frage, ob ein Ziel überhaupt erreichbar ist, eine wichtige Information für Sie. An verlorenen Paketen (*Packet loss*) und/oder schwankenden Laufzeiten können Sie Probleme im Netzwerk erkennen und diese dann eingrenzen.

Über ICMP werden weitere Informationen transportiert: z. B. *Source Squench*, wenn der für Datenpakete reservierte Puffer vollgelaufen ist, *Destination unreachable*, wenn ein Zielrechner nicht erreichbar ist, *Time out*, wenn die maximale Laufzeit eines Datenpakets erreicht wurde, oder *Redirecting*, wenn der Sender in Zukunft einen anderen, günstigeren Weg zum Ziel nehmen soll. Insgesamt gibt es 28 ICMP-Pakettypen.

Insbesondere das *Redirecting* ist eine ernst zu nehmende Sicherheitslücke, weil Hacker mit seiner Hilfe Datenströme beliebig umleiten können. Dabei befiehlt der Hacker einem Rechner im Internet, dass dieser den gesamten Datenverkehr über den Rechner des Hackers laufen lassen soll. So erlangt der Hacker die Möglichkeit, Ihre Daten komplett mitzulesen. **[!]**

Das war selbstverständlich nicht der ursprüngliche Sinn des *Redirectings*. Es dient dazu, einem Rechner oder Router im Netzwerk bzw. Internet mitzuteilen, dass es einen kürzeren Weg gibt und welcher das ist.

Mit dem Internetprotokoll finden Sender und Empfänger den richtigen Kommunikationspartner. Das Transmission Control Protocol (kurz: TCP) gewährleistet und überwacht diese Kommunikation.

14 Transmission Control Protocol

Weder Ethernet noch IP bieten Möglichkeiten zu überprüfen, ob alle Datenpakete auch wirklich ankommen. Defekte Datenpakete werden einfach weggeworfen, dies ist Aufgabe der ISO-/OSI-Schicht 4.

TCP regelt zunächst den Verbindungsaufbau (*Three-way-handshake*). Der Sender wendet sich also an den Empfänger: »Ich möchte Daten schicken!« Der Empfänger antwortet: »OK«, worauf der Sender sein Vorhaben mit »Gut, dann fang' ich jetzt an!« beginnt und die eigentlichen Datenpakete sendet.

Der Verbindungsabbau ist ähnlich umständlich: »Ich bin fertig mit Senden.« »Ich habe auch nichts mehr!« »Ich baue dann die Verbindung ab!« »Ist gut!«. Das Ganze dient dem Ziel, dass zwei Rechner miteinander kommunizieren, als ob sie allein auf der Welt wären und eine direkte Verbindung zueinander hätten.

TCP handelt aus, nach wie vielen gesendeten Bytes eine Bestätigung über empfangene Pakete gesendet werden muss. Kommt die Empfangsbestätigung nicht, weil z. B. ein einzelnes Paket verloren gegangen ist, werden die nicht bestätigten Pakete alle noch einmal gesendet. Man bezeichnet den Vorgang als empfängerseitige Flusskontrolle. Der Empfangspuffer heißt *TCP Receive Window*, der Sendepuffer *TCP Send Window*. Beide Werte sind oftmals Gegenstand von Optimierungsvorschlägen für schnelle Internetzugänge.

Woher weiß Ihr Betriebssystem, welche Anwendung welche Datenpakete bekommt, wenn Sie gleichzeitig im Internet surfen und E-Mails abrufen?

Die *TCP-Ports* (gilt analog für UDP-Ports) haben eine eindeutige Nummer für eine Anwendung. Man unterscheidet Server- und Client-Ports. Erstere sind einheitlich festgelegt, letztere sind zufällig. Jeder Rechner besitzt die Textdatei *services*, die die Zuordnung der Server-Ports zu den Anwendungen enthält. So ist der TCP-Server-Port 80 für HTTP reserviert. Die Client-Ports sind immer größer als 1.024 (bis maximal 65.536) und werden dynamisch für die Client-Anwendung vergeben.

Erhält Ihr PC ein Datenpaket, steht im TCP-Paket, von welchem Quell-TCP-Port die Daten verschickt wurden und an welchen Ziel-TCP-Port (Client-Port) sich das Datenpaket wendet. Das Betriebssystem kann das Datenpaket eindeutig einem Anwendungsprozess zuordnen, wie man in Abbildung 14.1 sehen kann.

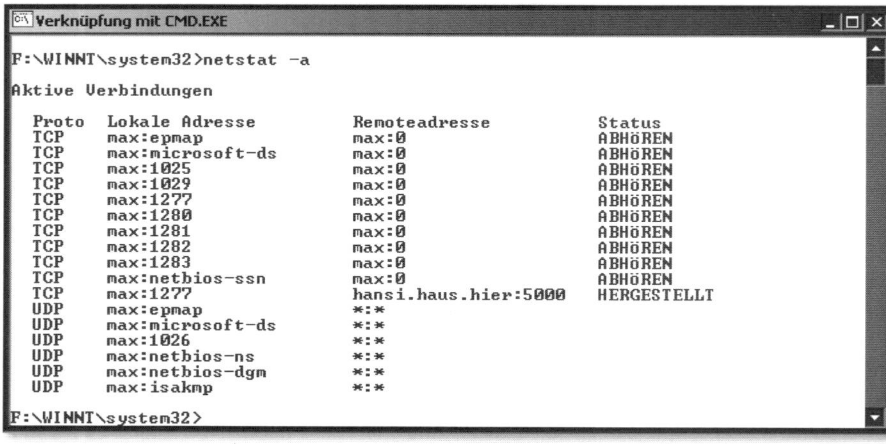

Abbildung 14.1 netstat –a listet alle TCP/UDP-Verbindungen auf.

Es gibt eine Behörde, die IANA (siehe *http://www.iana.com*), die weltweit diese Nummern – Ports – vergibt. Dort erhalten Sie eine stets aktuelle Datei mit den Zuordnungen, die Sie als *services* einsetzen könnten, üblicherweise ist die vom Betriebssystem mitgelieferte Datei ausreichend.

Im Gegensatz zu TCP wird bei UDP die Kommunikation nicht kontrolliert: Daten werden einfach gesendet, unabhängig davon, ob der Empfänger damit etwas anfangen kann und ob die Daten empfangen werden oder nicht.

15 User Datagram Service

UDP, *User Datagram Service*, ist auf derselben Schicht (ISO-/OSI-Schicht 4) wie TCP angesiedelt. UDP ist ein verbindungsloses Protokoll. Es werden deutlich höhere Netto-Datendurchsatzraten bei der Übertragung mittels UDP erreicht, weil viele Steuerungsinformationen wegfallen. Einige Anwendungen verwenden UDP und kontrollieren den Erfolg der Kommunikation auf Applikationsebene (ISO-/OSI-Schicht 7).

UDP wird üblicherweise bei Anwendungen eingesetzt, die nicht auf jedes Bit angewiesen sind: Sprache und Video. Wenn bei einem Videobild ein Pixel nicht übertragen worden ist, kann das Videoprogramm diese fehlende Information ergänzen. Üblicherweise benutzen Sprach- und Video-Anwendungen das *RealTime-Protocol* (kurz: RTP) zur Übermittlung der Daten, es basiert auf UDP.

DHCP steht für Dynamic Host Configuration Protocol. Mit DHCP können PCs im LAN hinsichtlich der IP-Konfiguration automatisch konfiguriert werden. Lästiges Konfigurieren von Hand ist nicht mehr nötig.

16 DHCP

Das Verfahren läuft folgendermaßen ab: Stellen Sie die PCs im LAN so ein, dass sie ihre *IP-Adresse automatisch beziehen*, also DHCP durchführen. Das ist die Standardeinstellung fast aller Betriebssysteme. Wenn Sie nun einen PC einschalten, stellt dieser eine Anfrage nach einer IP-Konfiguration ins Netzwerk. Üblicherweise antwortet der DHCP-Server und weist dem PC eine IP-Adresse, eine Subnetzmaske und möglicherweise ein Standardgateway zu. Die Clients, also die PCs, bekommen die Konfiguration nicht auf unbestimmte Zeit, sondern nur für einen begrenzten Zeitraum, z. B. 24 Stunden. Ist die Gültigkeit abgelaufen, muss der Client beim DHCP-Server nachfragen, ob die Gültigkeit verlängert wird oder ob sich etwas ändern soll. Über diesen Mechanismus können Änderungen im Netzwerk (z. B. neues Standardgateway) automatisch im LAN verteilt werden.

Bei DHCP handelt es sich um ein Standardverfahren, das bei allen Betriebssystemen Unterstützung findet. DHCP-Pakete werden auf dem TCP-Port 67/68 versendet.

DHCP bietet im Gegensatz zu seinem Vorläufer *BootP* die Möglichkeit, dynamisches DHCP durchzuführen. Dynamisch bedeutet, dass ein IP-Adressen-Bereich definiert wird, innerhalb dessen der DHCP-Server IP-Adressen verteilen kann.

Alternativ kann die IP-Adresse an die MAC-Adresse geknüpft werden, das ist auch das Verfahren bei BootP. Einer festgelegten MAC-Adresse wird immer eine festgelegte IP-Adresse zugewiesen.

Welche *Vorteile* bietet das DHCP-Verfahren?

- Automatische Konfiguration der LAN-Clients. Sie müssen die Clients nicht mehr manuell konfigurieren, sondern die Konfiguration erfolgt zentral am DHCP-Server.
- Richtlinien. Sie können im DHCP Richtlinien für die Konfigurationsparameter umsetzen, die dann automatisch auf alle Clients angewendet werden.

- Mehrere IP-Subnetze. Ein DHCP-Server kann für mehrere IP-Subnetze zuständig sein. Hierfür ist eine zusätzliche Funktion, DHCP Relay, erforderlich.
- Eindeutige IP-Adressen. Der DHCP-Server verhindert, dass IP-Adressen doppelt vergeben werden. Daher kann es bei vollständiger Anwendung von DHCP keine IP-Konflikte geben.
- Effiziente Speicherung der Daten. Die Konfigurationsdaten werden auf dem DHCP-Server abgelegt. Sollte der Client neu installiert werden, stehen die DHCP-Daten wieder zur Verfügung.
- Unterstützung weiterer Anwendungen. Insbesondere automatische Installationsverfahren, z. B. PXE (Preboot eXecution Environment), benötigen DHCP, um die notwendigen Informationen für die Netzwerkinstallation zu bekommen.

Aus meiner Sicht gibt es keine Nachteile. Alle Betriebssysteme haben DHCP als Standardvoreinstellung, daher sind die Vorteile von DHCP direkt nach der Installation nutzbar.

[!] Allerdings besteht die Gefahr eines konkurrierenden DHCP-Servers. Wenn jemand absichtlich oder unabsichtlich einen DHCP-Server betreibt, der falsche oder bereits vergebene IP-Adressen vergibt, dann kann dadurch schnell ein komplettes Netzwerk in Mitleidenschaft gezogen werden.

In einem solchen Fall muss man den Störenfried schnell ausfindig machen, was bei einem so unscheinbaren Ding wie einem DSL-Router nicht so einfach ist. Ist dies gelungen, müssen alle PCs neu gestartet werden, damit sie die richtige IP-Konfiguration bekommen.

Ein DHCP-Server sollte immer verfügbar sein. Deshalb liegt diese Funktionalität zu Hause gerne auf den DSL-Routern. Falls Sie selbst einen DHCP-Server aufsetzen möchten, haben Sie diese Möglichkeit mit dem Netzwerkserver siegfried (siehe Abschnitt 40.5, »DHCP-Server«).

16.1 Die einzelnen Pakete

Es gibt vier unterschiedliche DHCP-Pakete, die während der Vergabe einer IP-Konfiguration zwischen dem Client und dem Server ausgetauscht werden:

- DHCP DISCOVER
- DHCP OFFER
- DHCP REQUEST
- DHCP ACKNOWLEDGE

16.1.1 DISCOVER

DHCP DISCOVER ist ein Broadcast-Paket mit ungefähr folgendem Inhalt: »An alle: Ich brauche eine IP-Konfiguration!« Möglicherweise ergänzt der PC die Anfrage noch um den Zusatz: »Ich akzeptiere nur Pakete, die mindestens folgende Informationen enthalten: ...«

Diese Anfrage wird im gesamten IP-Netz von allen PCs und Servern empfangen. Weil der anfragende PC noch keine IP-Adresse hat, gibt es in diesem Paket auch keine Absender-IP-Adresse, sondern lediglich eine MAC-Adresse.

16.1.2 OFFER

Jeder DHCP-Server im IP-Netz – es könnten ja mehrere sein – empfängt das DHCP DISCOVER des PCs (des Clients). Der DHCP-Server kontrolliert, ob er eine IP-Adresse zuweisen kann, insbesondere, ob noch eine freie dynamische oder eine statische IP-Adresse existiert. Wenn ja, dann macht er ein Angebot (engl. *offer*): »Ich biete dir IP-Adresse ..., Subnetzmaske ...«

Sollte beispielsweise der zur Verfügung stehende Bereich von dynamisch zu vergebenden IP-Adressen ausgeschöpft sein, kommt kein DHCP OFFER vom DHCP-Server.

Die IP-Adresse, die der DHCP-Server dem PC angeboten hat, wird zunächst reserviert.

16.1.3 REQUEST

Der PC hat möglicherweise mehrere Angebote erhalten und kann sich nun ein Angebot aussuchen. Üblicherweise wird vom Client überprüft, welcher DHCP-Server alle angefragten Optionen mitliefert. Alle unvollständigen Angebote werden ignoriert. Von den verbleibenden Angeboten wird das Angebot genommen, das zuerst empfangen wurde.

Das ausgewählte Angebot wird jetzt beim DHCP-Server noch einmal angefragt (engl. *to request*). Es könnte ja sein, dass sich in der Zwischenzeit eine Änderung ergeben hat.

16.1.4 ACKNOWLEDGE

Der DHCP-Server überprüft die erneute Anfrage und schickt in aller Regel eine Bestätigung (engl. *acknowledgement*).

Die Alternative zur Bestätigung wäre die Ablehnung (NACK, Not ACKnowledge). Der Client müsste dann wieder mit einem DISCOVER beginnen.

Damit ist das übliche Verfahren abgeschlossen. Der Client hat eine IP-Adresse und kann im LAN über seine IP-Adresse erreicht werden.

Sie halten das Verfahren für aufwendig? Das ist es aber nicht. Das gesamte Verfahren tauscht vier Datenpakete und damit sehr wenige Daten aus. Im Normalfall benötigt der gesamte Vorgang nicht mehr als ein paar Millisekunden.

Optional können weitere Pakete ausgetauscht werden, wie im Folgenden beschrieben wird.

INFORM

Hierbei handelt es sich um eine Anfrage an einen DHCP-Server, in der nach weiteren Informationen gefragt oder Informationsaustausch zwischen verschiedenen DHCP-Servern betrieben wird.

DECLINE

Der Client lehnt die ihm vom DHCP-Server zugewiesene IP-Konfiguration ab. Das passiert z. B. dann, wenn der Client feststellt, dass ein anderer PC dieselbe IP-Adresse besitzt. Würde er die IP-Adresse akzeptieren, käme es zu einem IP-Adressenkonflikt.

RELEASE

Ein DHCP RELEASE wird vom Client ausgesendet, wenn er die IP-Konfiguration zurückgeben möchte. Der DHCP-Server weiß, dass die IP-Adresse wieder vergeben werden kann.

16.2 Der DHCP-Ablauf

Nachdem ich Ihnen die einzelnen DHCP-Pakete erläutert habe, möchte ich Ihnen nun die Arbeitsweise von DHCP genauer schildern.

Abbildung 16.1 zeigt den vollständigen Ablauf von DHCP.

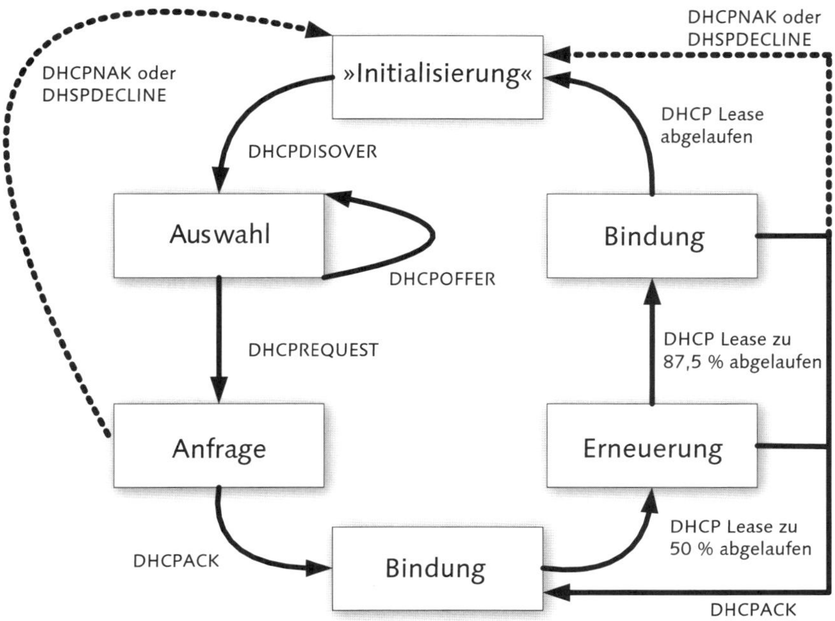

Abbildung 16.1 Zustände des DHCP-Clients

16.2.1 Initialisierung

Im Status der Initialisierung (engl. *Init*) führt der Client ein DHCP DISCOVER aus. Aus den Angeboten, die der Client bekommt (DHCP OFFER), muss er eines auswählen (engl. *Selecting*). Die ausgewählte IP-Konfiguration wird angefragt (DHCP REQUEST). Üblicherweise bestätigt der DHCP-Server die Anfrage (DHCPACK). Ein DHCPNAK (Not Acknowledge) würde zurück in den Zustand der Initialisierung führen, ebenso ein durch den Client ausgesendetes DHCPDECLINE.

Bis zu diesem Punkt wurden alle Pakete als Broadcast versendet!

16.2.2 Bindung

Die IP-Konfiguration wird angenommen. Wenn 50 % der Gültigkeitsdauer (engl. *Lease*) abgelaufen sind, fragt der PC gezielt bei dem ihm bekannten DHCP-Server nach (Unicast), ob die Gültigkeit verlängert (engl. *Renewing*) wird. Falls die Anfrage bestätigt wird (DHCPACK), geht es zurück in den Zustand Bindung (engl. *Bound*).

16.2.3 Erneuerung

Ist der DHCP-Server nicht mehr erreichbar, wartet der Client, bis 87,5 % der Gültigkeitsdauer abgelaufen sind. Er sendet bis zum Ablauf der Gültigkeit – auf Englisch heißt dieser Zustand *Rebinding* – Anfragen per Broadcast an alle DHCP-Server. Kommt eine Bestätigung, befindet sich der Client im Zustand Bindung, ansonsten wechselt er in den Zustand Initialisierung.

Sollte der Client bis zum Ablauf der Gültigkeit seiner IP-Konfiguration keine Bestätigung bekommen, muss er die IP-Konfiguration löschen. Das bedeutet, dass er im LAN nicht mehr erreichbar ist und dort nicht mehr arbeiten kann.

Wozu braucht man Namen? Offensichtlich sind Menschen gut in der Lage, sich Namen zu merken, während der PC besser mit Zahlen umgehen kann. Ein PC verwendet zur Kommunikation die IP- und MAC-Adressen, die wir uns als Menschen nur schwer merken können.

17 Namensauflösung

Es liegt nahe, dass Sie als Ziel einen Namen angeben, ebenso wie Sie Menschen auch mit ihrem Namen ansprechen. Wenn Sie die Webseite der Zeitschrift c't sehen möchten, dann geben Sie in die Eingabezeile Ihres Browsers *www.heise.de* und nicht die IP-Adresse *193.99.144.85* ein. Sie wissen aber, dass dieser Name (*www.heise.de*) in eine IP-Adresse umgesetzt werden muss, damit die Anfrage mittels Routing im Internet zum Webserver des Heise Verlags transportiert wird.

Für die Umsetzung von Namen in IP-Adressen (engl. *Mapping*), die üblicherweise als Auflösung bezeichnet wird, stehen drei Verfahren zur Verfügung:

- Die Datei *hosts* enthält Rechnernamen und IP-Adressen.
- In Windows NT 4.0-Netzwerken übernimmt der sogenannte WINS-Server die Namensauflösung.
- Das modernere Verfahren ist DNS.

Die ersten beiden Verfahren möchte ich nur kurz ansprechen, denn sie haben in der heutigen Netzwerkwelt nur noch eine untergeordnete Bedeutung.

17.1 Die hosts-Datei

In der Frühzeit des Internets, als es nur ein paar Hundert oder ein paar Tausend Rechner im Internet gab, reichte es aus, jeden Tag eine aktualisierte Version der Datei *hosts* bereitzustellen. Diese Datei enthält auf sehr simple Art die gewünschten Informationen:

```
<IP-Adresse>   <Name>   [<Name2>... # Kommentar]
```

Sie finden die Datei *hosts* bei Windows XP im Verzeichnis *C:\WINDOWS\system32\drivers\etc*, und sie enthält unverändert lediglich folgenden Eintrag:

```
127.0.0.1localhost
```

Bei Linux ist die Datei unter */etc/hosts* zu finden.

Wenn Sie ein kleines LAN ohne DNS-Server betreiben, dann bietet es sich an, diese Datei für die Namensauflösung zu verwenden. Sie müssen – feste IP-Adressen vorausgesetzt – lediglich eine Datei nach dem gerade dargelegten Muster erzeugen und auf alle PCs verteilen, die Sie in Ihrem LAN haben.

Sie sollten in diese Datei nichts einfügen, wenn Sie einen DNS-Server für Ihr LAN betreiben. Ein Vorteil des DNS ist, dass Sie die Daten nur noch an einer Stelle, nämlich im DNS-Server, pflegen müssen.

17.2 WINS

Der WINS-Dienst von Microsoft setzt NetBIOS-Namen in IP-Adressen um. NetBIOS-Namen unterscheiden sich von den Host-Namen des DNS dadurch, dass sie nicht Teil einer Struktur sind. Ein PC heißt dort einfach *Kurt* und nicht *Kurt.haus.hier*. Der WINS-Server arbeitet üblicherweise so, dass er sich mit dem PDC (*Primary Domain Controller*) abgleicht. Wenn ein PC gestartet wird, meldet sich dieser PC beim PDC an, und die Informationen über die Zugehörigkeit von Name und IP-Adresse sowie der Benutzername und die IP-Adresse werden an den WINS-Server weitergegeben.

17.3 DNS

Heute werden viele Milliarden Rechner im Internet über ihre Namen erreicht. Ein zentrales Konzept, also ein DNS-Server, der alle Informationen hat, wäre ungeschickt, weil ein sehr hoher Datentransfer zu diesem Server entstehen würde. Es wurde daher ein Zonenkonzept entwickelt. Die bekanntesten Zonen sind die Länderzonen, die anhand der Top-Level-Domain (*.de*, *.at* oder *.ch*) zu erkennen sind. Für jede Zone kann ein eigener DNS-Server betrieben werden. In Wirklichkeit werden mehrere DNS-Server für eine TLD-Zone betrieben. Zuständig für den Betrieb sind die nationalen NICs, also in Deutschland die *DeNIC*, in Österreich *NIC.at* und in der Schweiz *SWITCH*. Ein Verzeichnis der nationalen NICs finden Sie unter *http://www.iana.org/root-whois*. Jede Zone kann in beliebig viele Subzonen aufgeteilt werden.

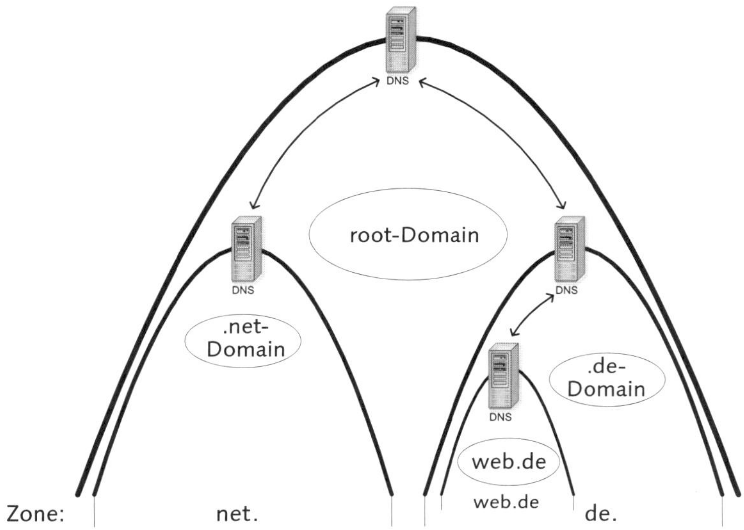

Abbildung 17.1 DNS-Konzept

Jede Zone, die im Internet erreichbar ist, muss einen DNS-Server betreiben. Wenn Sie sich die Struktur in Abbildung 17.1 ansehen, werden Sie feststellen, dass DNS automatisch eine hierarchische Struktur aufbaut.

Der root-DNS-Server kennt alle darunter liegenden Zonen und deren DNS-Server. So kennt auch der de.-Zone-DNS-Server alle unter ihm liegenden DNS-Server, die für seine Subzonen zuständig sind.

Betrachten Sie die Situation von einem PC, der *boris.web.de* heißt. Dieser PC möchte den Rechner *www.web.de* erreichen. Um an die IP-Adresse dieses Rechners zu kommen, richtet *boris* eine Anfrage an den DNS-Server *dns.web.de* und fragt nach *www.web.de*. Kein Problem, denn dieser Rechner liegt in der gleichen Zone, sogar in der gleichen Domäne wie *boris* selbst. Der DNS-Server wird die Anfrage sofort beantworten können.

Der Benutzer von *boris.web.de* möchte sich ein neues Autoradio kaufen, daher will er Kontakt zu *www.becker.de* aufnehmen. Die Anfrage beim lokalen DNS-Server der Zone *web.de* (z. B. *dns.web.de*) wird keinen Erfolg bringen. Daher wendet sich der DNS von *web.de* an den übergeordneten[1] DNS-Server, den de-Zone-DNS-Server. Dieser teilt dem *dns.web.de* mit, dass er sich an den becker.de-DNS-Server (z. B. *dns.becker.de*) wenden muss. Von *dns.becker.de* bekommt *dns.web.de* die benötigte IP-Adresse und reicht diese an *boris.web.de* weiter.

1 Der nächste DNS-Server, der gefragt werden soll, wird konfiguriert.

Es werden pro Zone mehrere DNS-Server betrieben. Ein DNS-Server ist der Master, die anderen sind Slaves und gleichen ihren Datenbestand mit dem Master ab. So wird gewährleistet, dass die Last der Anfragen auf mehrere Server verteilt wird.

Wichtig ist noch zu erwähnen, wie die umgekehrte Namensauflösung (engl. *reverse lookup*) funktioniert. Sie haben die IP-Adresse 155.76.45.2 und möchten wissen, wie der dazugehörige Rechner heißt. Jeder DNS-Server erzeugt zu den normalen Einträgen auch sogenannte *Reverse-Einträge*. Dabei wird die IP-Adresse von rechts nach links abgebildet und in die folgende Form gebracht:

```
2.45.76.155.in-addr.arpa.
```

[!] Wenn Sie einen DNS-Server im LAN betreiben, sollten Sie eine Zone/Domain verwenden, die im Internet nicht existent ist. Das gilt auch für den Fall, dass Sie eine Domain besitzen – wie *http://www.pcnetzwerke.de* – diese aber bei einem Hoster und nicht lokal in Ihrem LAN erreichbar ist. Warum? Sie verhindern sonst, dass andere DNS-Server zur Namensauflösung angesprochen werden. Wählen Sie z. B. Ihren (Firmen-)Namen mit der Endung (TLD) *.lan*. Diese Domain existiert nicht, daher gibt es keinerlei Verwirrungen. Keinesfalls sollten Sie eine scheinbar kreative Domain wie *test.de* verwenden. In diesem Fall gehört die Domain der Stiftung Warentest. Ihrem DNS-Server müssen Sie mindestens einen offiziellen DNS-Server im Internet mitteilen. Ich empfehle Ihnen, die DNS-Server Ihres Providers zu nutzen. Dadurch sollten DNS-Anfragen am schnellsten beantwortet werden.

Das Simple Network Management Protocol (kurz: SNMP) wurde – so wird es auf Seminaren gern erzählt – in einer Kneipe erfunden.

18 Simple Network Management Protocol

Stellen Sie sich vor, Sie haben 200 Netzwerkkomponenten. Wie hoch ist die Wahrscheinlichkeit, dass eine dieser Komponenten ausfällt oder überlastet ist, und wie hoch ist die Wahrscheinlichkeit, dass Sie automatisiert darüber informiert werden?

Aus diesen und ähnlichen Überlegungen heraus ist SNMP erfunden worden. Es besteht aus zwei Komponenten: aus dem SNMP-Agenten, der Hardware- und Software-Informationen in Variablen ablegt, und aus der Managementkonsole, die die Intelligenz besitzt, um diese Variablen zyklisch bei allen Geräten abzufragen und in eine Datenbank zu schreiben, möglicherweise Alarme zu generieren und Statistiken zu erstellen.

Der SNMP-Agent schreibt beispielsweise jede Sekunde die aktuelle CPU-Last des DSL-Routers in eine Variable, die SNMP-Software MRTG auf Ihrem PC (siehe *http://oss.oetiker.ch/mrtg*) holt jede Sekunde den Wert ab und kann daraus einen Graphen entwickeln. Sobald die CPU-Last für die Dauer von fünf Minuten über 97 % steigt, wird ein Alarm am Bildschirm des Administrators ausgelöst. **[zB]**

Die Summe der Variablen heißt *Management Information Base* (kurz: MIB). Die Werte werden per SNMP ausgelesen. Die Managementkonsole ist ein PC mit einer Software, die die notwendigen zyklischen Abfragen durchführt.

Damit nicht jeder beliebige Teilnehmer beispielsweise das Telnet-Zugangspasswort per SNMP auslesen kann, gibt es ein SNMP-Passwort, die *Community*. Meist gibt es zwei Communitys: *read*, um auszulesen, und *write*, um zu schreiben – schließlich können Sie mittels SNMP auch Werte setzen, beispielsweise die IP-Adresse oder den Namen des Verwalters. Standardmäßig heißt die *read-Community »public«* und die *write-Community »private«*. Da die Passwörter bei jeder Anfrage im Klartext übertragen werden – also möglicherweise mehrfach pro Sekunde –, stellen diese Passwörter für einen Angreifer keine echte Hürde dar. Es scheint aber so zu sein, dass nur wenige Menschen SNMP beherrschen, sodass noch kein riesiger Schaden über SNMP verursacht wurde. Die Version SNMPv3 löst diese Sicherheitsprobleme, ist aber bisher wenig verbreitet.

Neben dem Auslesen und Setzen von Werten gibt es noch die Möglichkeit, Alarme zu generieren. Diese sogenannten *Traps* werden direkt durch die betroffene Station an die festgelegte Managementstation versendet. Üblicherweise ist das Starten eines Systems ein solcher Fall, es wird ein *Coldstart-Trap* oder Ähnliches vom PC, Switch oder Router ausgesendet.

Weil zusätzlich zu den Traps der Stationen die Netzwerk-Managementstation (oder Managementkonsole) in regelmäßigen Abständen abfragt, werden Sie alarmiert, wenn eine Ihrer 200 Netzwerkkomponenten ausfällt. Sie bekommen einen Alarm gemeldet und können agieren, bevor der erste Benutzer den Ausfall bemerkt hat. Es existieren zahlreiche kommerzielle Softwareanbieter für System-Management-Lösungen. Ein Beispiel für eine sehr gute freie Software ist Nagios (siehe *http://www.nagios.org*).

Stellen Sie sich vor, Sie starten zwei PCs in Ihrem Netzwerk, und die beiden können dann einfach zusammenarbeiten. Es werden sogar Druckerfreigaben automatisch gefunden. Das ist Zeroconf, eine Lösung ohne Konfiguration (engl. »Zero configuration«).

19 Zeroconf

Zeroconf löst das lästige Problem der IP-Adresszuweisung, der Namensauflösung und des Auffindens von Diensten. Dabei setzt Zeroconf auf IP und ist damit betriebssystemunabhängig. Kern von Zeroconf ist dabei der *Multicast DNS* (kurz: *mDNS*) auf der IP 224.0.0.251 und dem UDP-Port 5353. Die Webseite *http://www.dns-sd.org* bietet eine genaue Beschreibung des Verfahrens, und dort wird auch eine Liste *DNS-Based Service Discovery* verwaltet, die über die Dienste und ihre Kürzel informiert.

Während sich Zeroconf als quasi technische Bezeichnung für diese drei Methoden etabliert hat, ist es unter Mac OS X als *Bonjour* bekannt. Apple stellt für Windows ein Installationspaket für Bonjour zusammen, und unter Linux können Sie mit Avahi Dienste im Netzwerk finden und auch selbst propagieren.

19.1 Windows

Automatic Private IP Adressing (kurz: APIPA) ist normalerweise bei jeder Standard-Windows-Installation aktiviert, wenn DHCP bei den Netzwerkeinstellungen aktiviert ist. Sie können das sehr einfach nachprüfen, indem Sie `ipconfig /all` auf der Kommandozeile eingeben und dann auf die Zeile *Autokonfiguration aktiviert* schauen (siehe Abbildung 19.1). Zunächst versucht der PC, per DHCP eine IP-Adresse zu bekommen. Erhält der PC nach dem Ablauf einer bestimmten Zeit keine Antwort auf seine DHCP-Anfragen, legt er eine IP-Adresse selbstständig fest. Der von der IANA normierte Adressbereich für diese Funktion ist 169.254.0.1 bis 169.254.255.254/16. Der Adressbereich umfasst somit ein Class-B-Subnetz und könnte 65.536 PCs versorgen. Der PC sucht sich eine beliebige IP-Adresse aus, z. B. 169.254.10.33/16. Eine IP-Adresse muss eindeutig sein, und daher muss nun sichergestellt werden, dass noch kein anderer PC diese Adresse verwendet. Dazu wird ein ARP-Paket bezüglich dieser Adresse gesendet. Kommt keine Antwort, ist die Adresse noch frei. Anderenfalls, wenn eine Antwort vom PC empfangen wird, ist die Adresse schon belegt, und der PC sucht sich die nächste zufällige Adresse und wiederholt die Überprüfung.

Folgende Nachteile sind zu bedenken, wenn Sie jetzt diese Lösung für angenehm halten:

- Jeder PC bekommt eine zufällige IP-Adresse.
- Es kann kein Default-Gateway per APIPA konfiguriert werden, sodass Sie nur mit den APIPA-PCs kommunizieren können. Ein Zugriff auf das Internet über das LAN ist nicht möglich.
- Zunächst wird auf die Antwort eines DHCP-Servers gewartet, sodass es zu einer Zeitverzögerung von einigen Minuten beim Starten der PCs kommt.

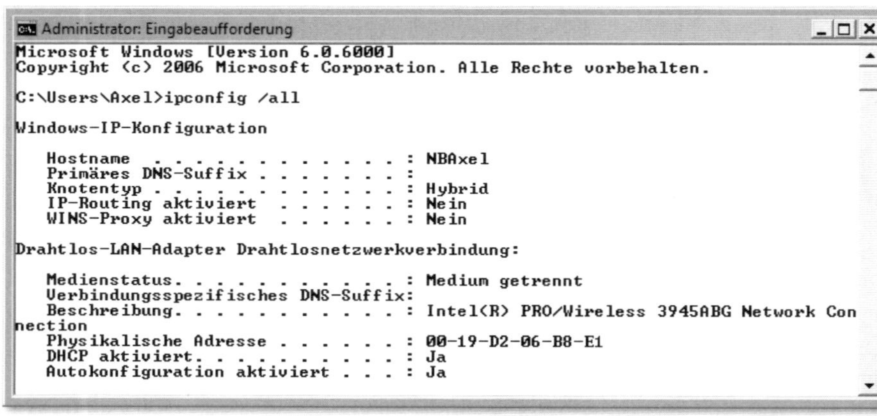

Abbildung 19.1 Die Autokonfiguration ist aktiv.

Ein Artikel (siehe *http://support.microsoft.com/default.aspx?scid=kb;en-us;Q220874*) in der Microsoft Knowledge-Base erklärt noch einige Details, unter anderem auch, wie Sie APIPA abschalten können, damit keine Konflikte mit DHCP auftreten.

Apple stellt mit Bonjour für Windows eine Möglichkeit zur Verfügung, Zeroconf unter Windows über APIPA hinaus zu nutzen. Auf der Webseite von Apple finden Sie unter der URL *http://support.apple.com/downloads/Bonjour_for_Windows* ein Installationspaket, das Sie sowohl unter Windows XP als auch unter Vista installieren können. Eine Version von Bonjour für Windows 7 war beim Abschluss der Arbeiten noch nicht angekündigt.

Bonjour für Windows bietet Ihnen zunächst eine Erweiterung für den Internet Explorer, mit der über Bonjour gefundene Webserver in der Seitenleiste angezeigt werden können. Der Bonjour-Druckerassistent ermöglicht es Ihnen, im Netzwerk freigegebene und über Zeroconf kommunizierte Drucker direkt zu installieren und zukünftig über Bonjour anzusprechen.

19.2 Mac OS X

Mac OS X bietet von Haus aus eine vollständige Zeroconf-Unterstützung. Wenn Sie Rechner miteinander verbinden und kein DHCP-Server im Netzwerk eingerichtet wurde, dann weisen sich die miteinander verbundenen Rechner automatisch eine IP-Adresse zu. Die eigenhändige Aktivierung von APIPA ist unter Mac OS X nicht notwendig. In Abbildung 19.2 wurde der Anschluss Ethernet 2 mit einem Ethernet-Kabel direkt mit einem anderen Rechner verbunden. Sie erhalten in diesem Fall in den Systemeinstellungen von Mac OS X den Hinweis, dass hier eine selbst zugewiesene IP-Adresse verwendet wird. Als Konfigurationsmethode müssen Sie in diesem Fall DHCP auswählen, auch wenn sich in Ihrem Netzwerk kein DHCP-Server befindet.

Abbildung 19.2 Wenn kein DHCP-Server gefunden wurde, weist sich Mac OS X selbst eine IP-Adresse zu.

Innerhalb des Betriebssystems tritt Bonjour unter Mac OS X an vielen Stellen in Erscheinung. So werden Ihnen im Finder alle Rechner, die Dateidienste anbieten und diese über Zeroconf kommunizieren, in der Seitenleiste unter Freigaben und in der Ansicht Netzwerk angezeigt. Auch bei der Installation eines im Netzwerk freigegebenen Druckers wird unter Mac OS X Bonjour konsultiert, und dem Anwender werden gefundene Drucker direkt zur Auswahl gestellt. Ferner ist im lokalen Netzwerk der direkte iChat über Bonjour möglich, und auch der in Mac OS X integrierte Apache Webserver wurde von Apple um ein Modul ergänzt, mit dem Webseiten automatisch im Netzwerk kommuniziert werden können.

Abbildung 19.3 Der Rechner MacBuch kommuniziert seine Dateidienste über Bonjour im lokalen Netzwerk.

Wenn Sie sich ein wenig für die auffindbaren Dienste interessieren, dann können Sie unter Mac OS X am Dienstprogramm Terminal den Befehl `dns-sd` verwenden. Dieser verfügt über eine mit `man dns-sd` aufrufbare Dokumentation.

19.3 Avahi unter Linux

Für die Verwendung von Zeroconf unter Linux steht Ihnen das Projekt Avahi zur Verfügung, das von den meisten Distributionen (unter anderem OpenSUSE und Ubuntu) unterstützt wird. Avahi beinhaltet zunächst eine Reihe von Bibliotheken und Hintergrunddiensten, die die Unterstützung für Zeroconf bereitstellen. Die Konfigurationsdateien für den Avahi-Dämon finden Sie im Verzeichnis */etc/avahi*.

Ferner bietet das Avahi-Projekt auch das Programm Avahi Discovery, mit dem Sie im lokalen Netzwerk nach Diensten suchen können, die über Zeroconf kommuniziert werden. Wenn das Programm nicht in die Startmenüs Ihrer grafischen Oberfläche eingetragen wurde, können Sie es am Terminal durch die Eingabe von `avahi-discover-standalone` starten. Das Programm zeigt Ihnen in einem Fenster alle im lokalen Netzwerk gefundenen Dienste an, wobei deren Bezeichnungen mit dem Kürzel dargestellt werden, das vom jeweiligen Programm verwendet wird. Welches Kürzel für welchen Dienst steht, können Sie über die Webseite *http://www.dns-sd.org* in Erfahrung bringen.

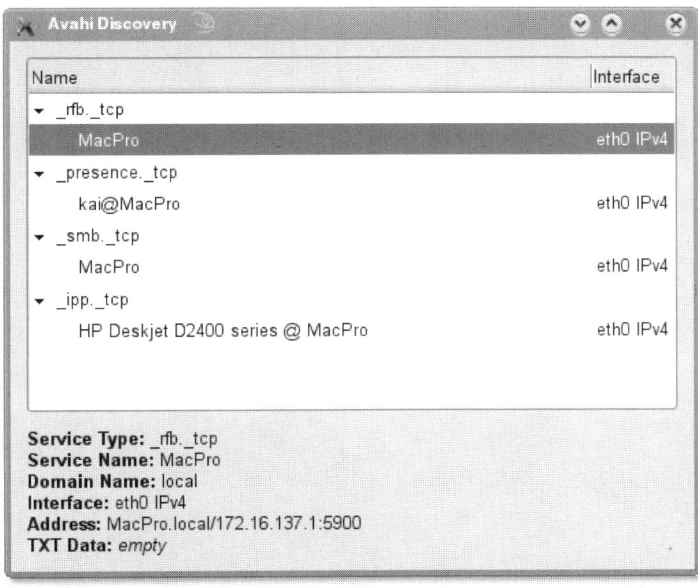

Abbildung 19.4 Das Avahi-Projekt bringt auch ein Hilfsprogramm zur Suche nach Diensten im Netzwerk mit.

Universal Plug and Play (Abkürzung: UPnP) ist eine Technologie, die Netzwerkgeräte im LAN selbstständig findet und konfigurieren kann. Dies geschieht über die automatische Erkennung von Netzwerkgeräten.

20 Universal Plug and Play

UPnP ist ein Industriestandard, ein Kommunikationsprotokoll, das Kommunikation zwischen Netzwerkendgeräten ermöglicht. Es setzt TCP/IP als Kommunikationsbasis voraus, kann im LAN oder auch in anderen Netzen eingesetzt werden (siehe Abbildung 20.1).

Abbildung 20.1 UPnP-Logo; Quelle: upnp.org

Die Vision des UPnP-Forums (siehe *http://www.upnp.org*) ist, dass aufgrund der geringen Preise für Netzwerktechnik viele Geräte mit Netzwerkanschlüssen ausgestattet werden. Diese Geräte sollen sich automatisch finden und sich selbsttätig in das Netzwerk integrieren.

Das ist eine schöne Vorstellung, doch sicherlich befällt den einen oder anderen von Ihnen schon ein wenig Skepsis, ob so etwas funktionieren kann.

Sie haben in Ihrem technisch hochgerüsteten Eigenheim einen DSL-Anschluss, **[zB]**
dort ist ein DSL-Router angeschlossen. Sie besitzen selbstverständlich mehrere PCs, einen WLAN-Access-Point und einen TV-Festplattenrecorder. Damit der TV-Festplattenrecorder auf das Internet zugreifen und das aktuelle Fernsehprogramm herunterladen kann, meldet sich der DSL-Router beim TV-Festplattenrecorder als Internet-Gateway-Device. Umgekehrt meldet sich der TV-Festplattenrecorder im Netzwerk als Media-Server.

Bis hierher ist die Sache in meinen Augen relativ unspektakulär und sicherlich technisch sinnvoll zu lösen. Es geht aber weiter. Möglicherweise setzen Sie auf Ihrem PC eine Software ein, die ausschließlich mit dem Internet kommuniziert.

[zB] Die File-Sharing-Software µTorrent ist ein gutes Beispiel, sie bietet UPnP-Support. Damit Sie erfolgreich durch Firewalls und trotz des Einsatzes von NAT-Dateien tauschen können, muss der DSL-Router konfiguriert werden. In diesem Fall erledigt die Software diese Aufgabe per UPnP für Sie.

Dazu müssen Sie auf dem DSL-Router lediglich UPnP aktivieren, und die Software schaltet automatisch Ports in der Firewall des DSL-Routers frei. Selbstverständlich werden Sie nicht darüber informiert, welche Ports das sind und dass dies geschehen ist. Es muss die offizielle IP-Adresse ermittelt werden, und aufgrund von NAT bestimmte TCP-/UDP-Ports müssen an einen PC im LAN weitergeleitet werden. Die Funktion ist auch unter dem Namen *NAT-Traversal* bekannt, die Einstellungen werden von der jeweiligen Software automatisch vorgenommen.

[!] UPnP am Router ist ein riesiges Sicherheitsloch! Wenn Ihnen Sicherheit nicht völlig egal ist, deaktivieren Sie UPnP im DSL-Router. Schadsoftware hätte sonst die Möglichkeit, Ihre Firewall nutzlos zu machen.

TEIL V
PRAXISWISSEN

Dieser Teil des Buches befasst sich mit der praktischen Umsetzung eines Netzwerks. Sie werden alle wichtigen Bereiche anhand dieser Kapitel erarbeiten können: Kabel, Karten und Konfiguration.

21 Netzwerkkabel

Wir erheben in diesem Buch den Anspruch, mehr Wert auf die praktische Umsetzung eines Netzwerks als auf die Darstellung theoretischer Grundlagen zu legen.

Die Fülle der praktischen Möglichkeiten, ein Netzwerk aufzubauen, kann in diesem Buch trotzdem nicht abschließend behandelt werden. In diesem Teil des Buches werde ich Ihnen übliche Konfigurationsmöglichkeiten aufzeigen und erläutern.

Wenn Sie sich an die Realisierung Ihres Netzwerks machen, dann benötigen Sie nur wenig Werkzeug.

Falls Sie sich auf die Benutzung von fertigen Netzwerkkabeln und den Einbau von Netzwerkkarten beschränken, ist es üblicherweise ausreichend, über einen Kreuzschlitzschraubenzieher zu verfügen. Für den Fall, dass Sie ein vorgestanztes Blech entfernen müssen, ist eine handelsübliche Zange dienlich.

Sollten Sie den Gedanken hegen, Netzwerkkabel zu verlegen und diese in Netzwerkdosen und auf Patchpanel münden zu lassen, benötigen Sie zusätzlich Abisolierwerkzeug und ein LSA-PLUS-Werkzeug, mit dem Sie die Drähte auf die Kontakte der Netzwerkdose oder des Patchpanels drücken.

Wenn Sie Netzwerkkabel mit RJ-45-Steckern versehen, also einen Stecker crimpen möchten, dann benötigen Sie eine Crimpzange.

Je mehr Sie in eigener Regie erledigen möchten, desto mehr Werkzeug benötigen Sie. LSA-PLUS-Werkzeug und das Abisolierwerkzeug kosten ca. 15 €, eine Crimpzange kostet ca. 30 €. Ab 60 € können Sie alle benötigten Werkzeuge in der Hand halten, ein Preis, den Sie durch Ihre Eigenleistung für die Verlegung von Netzwerkkabeln schnell einsparen können.

Kupferkabel gibt es in verschiedenen Qualitäten. Die Qualität und letztendlich auch der Preis eines Kabels zeigen sich einerseits in seiner physikalischen Eigenschaft und andererseits im Aufwand der Schirmung und Verarbeitung.

21.1 Kategorien

Die primäre physikalische Eigenschaft eines Kabels, die für die Netzwerktechnik interessant ist, ist die mögliche Übertragungsfrequenz in MHz. Die US-Normierungsbehörde EIA/TIA (Electronic Industries Alliance/Telecommunication Industry Association) teilt Kabel in die folgenden Kategorien (engl. *Category*) ein.

Kategorie	Frequenz	Verwendung
Cat 1	Keine Vorgabe	Telefon, Klingeldraht
Cat 2	<= 1 MHz	Telefon
Cat 3	<= 16 MHz	LAN: 10Base-T
Cat 4	<= 20 MHz	LAN: Token-Ring
Cat 5	<= 100 MHz	LAN: 100 Base-TX
Cat 5e	<= 100 MHz	LAN: 1000Base-T
Cat 6	<= 250 MHz	LAN: 1000Base-T
Cat 7	<= 600 MHz	LAN: 10GBaseT

Tabelle 21.1 Übersicht über die EIA/TIA-Kategorien

21.2 Linkklassen

Die US-Normen werden üblicherweise zur Beschreibung der Kabel angegeben, jedoch sind sie für Europa rechtlich nicht bindend. Die europäischen Normen für Kabelqualität teilen die Verbindungen in *Linkklassen* ein.

Linkklasse	Frequenz	Verwendung
Klasse A	<= 100 kHz	ISDN, X.21
Klasse B	<= 1 MHz	ISDN
Klasse C	<= 16 MHz	10Base-T, Token-Ring
Klasse D	<= 100 MHz	100Base-TX
Klasse E	<= 250 MHz	1000Base-T(X)
Klasse F	<= 600 MHz	10GBaseT

Tabelle 21.2 Übersicht über die Linkklassen

Wenn Sie Ethernet mit 100 Mbit/s, 100Base-TX, betreiben möchten, dann müssen Sie mindestens ein Cat-5-Kabel verwenden.

Die EIA/TIA-Kategorien und die europäischen Linkklassen entsprechen sich zwar hinsichtlich der Frequenzen, normieren aber unterschiedliche Dinge. EIA/TIA normiert das Kabel, während eine Linkklasse die gesamte Verbindung inklusive Patchpanel und Anschlussdose umfasst, doch das sind Details.

21.3 Schirmung

Neben der Eignung bis zu einer festgelegten Frequenz unterscheiden sich die angebotenen Netzwerkkabel insbesondere durch eine unterschiedlich aufwendige Schirmung.

Ein Twisted-Pair-Kabel erhält seine eigentliche Schirmung durch die Verdrillung (engl. *twisted*) der vier Adernpaare (siehe Abbildung 21.1). Zusätzlich zu dieser Schirmung gibt es zwei weitere Möglichkeiten: nämlich jedes Adernpaar mit einem Schirm zu ummanteln und/oder alle Adern zusammen zu ummanteln. Es ergeben sich folgende Möglichkeiten.

Bezeichnung	Gesamtschirm	Adernschirm
(U) UTP	Unscreened	Unshielded
(S) UTP	Screened	Unshielded
(U) STP/PiMf[1]	Unscreened	Shielded
(S) STP	Screened	Shielded

Tabelle 21.3 Schirmungsvarianten für Twisted-Pair-Kabel

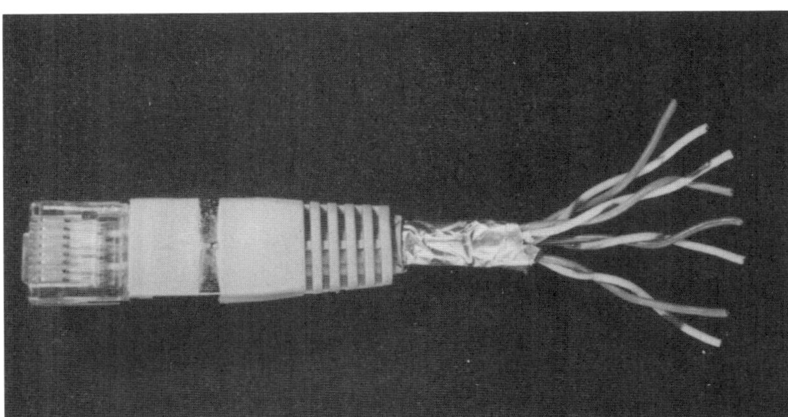

Abbildung 21.1 Twisted-Pair-Stecker mit vier TP-Adernpaaren

1 PiMf bedeutet: Paarig in Metallfolie.

Damit die Verwirrung noch gesteigert werden kann, gibt es statt »UTP« auch noch die Möglichkeit »FTP«. Das »F« steht für *Foil*, eine Metallfolie. Ein FTP-Kabel ist somit ein mittels Metallfolie geschirmtes UTP-Kabel. Höherwertige Kabel besitzen statt der Metallfolie zusätzlich ein feines Drahtgeflecht als Schirmung. Sie werden dann als STP- oder S/FTP-Kabel angeboten.

Je aufwendiger die Schirmung ist, desto geringer wirken äußere elektromagnetische Störungen auf das Kabel. Je weniger Störungen auf das Kabel wirken, desto geringer ist die Gefahr von Datenfehlern. Die Nachteile von aufwendig geschirmten Kabeln sind ihre steigende Unflexibilität und ihr höherer Preis.

Ein *Verlegekabel* unterscheidet sich von einem *Patchkabel* dadurch, dass es eine andere Ummantelung hat und dass die Adern beim Patchkabel Litzen sind. Verlegekabel gibt es für verschiedene Anforderungen: Innen- oder Außenverlegung, säurefest und Ähnliches. Das Verlegekabel wird mittels LSA-PLUS-Werkzeug auf LSA-PLUS-Leisten aufgedrückt, während das Patchkabel mit RJ-45-Steckern versehen wird.

Ihr Einsatzzweck bestimmt also, welches Kabel Sie kaufen müssen. Für den Anschluss auf ein Patchpanel oder eine Netzwerkdose muss man Verlegekabel verwenden. RJ-45-Stecker crimpt man auf Patchkabel.

Sie erinnern sich noch an die Zeit, als Sie stundenlang mit zwei Magneten gespielt haben und immer fasziniert waren, dass diese Magneten sich abstoßen? Sie haben damals zwei Magnetisierungen gegeneinander ausgespielt, und genau so macht es auch Twisted Pair. In der Mitte zwischen Ihren beiden Magneten gab es augenscheinlich kein Magnetfeld, weil sich dort die Wirkung der beiden Pole aufgehoben hat. Durch die Verdrillung von jeweils zwei Adern heben sich die elektromagnetischen Felder um diese Adern gegenseitig auf, und die Daten werden vor Verfälschungen geschützt.

21.4 Netzwerkstecker anbringen

Der bis zur Linkklasse E oder Cat 6 verwendete Stecker ist der RJ-45-Stecker. Dieser findet neben der LAN-Technologie auch noch bei ISDN Verwendung und ist aus elektrotechnischer Sicht eine mittelgroße Katastrophe, weil die für Twisted Pair so wichtige Verdrillung im Stecker aufgehoben wird; die Adern liegen am Stecker alle nebeneinander.

Der Vorteil dieses Steckers: Er ist billig.

Leider gibt es nicht »den RJ-45-Stecker«, denn dann würde man auch nur »die Crimpzange« benötigen. Es gibt verschiedene, inkompatible Systeme. Die beiden bekanntesten sind Hirose und Steward. Inkompatibel meint, dass man unterschiedliche Crimpzangen benötigt und einen Hirose-Stecker nicht mit einer Steward-Crimpzange herstellen kann. Die Stecker sind beide von der Bauform gleich, sodass sie in jeden RJ-45-Anschluss passen.

Wenn Sie RJ-45-Stecker kaufen, dann müssen Sie entsprechend die Stecker kaufen, die für Ihre Crimpzange geeignet sind.

Eine Crimpzange kostet ca. 30 €, eine hochwertige Qualität darf man für diesen Preis nicht erwarten. Mit einer solchen Crimpzange ist es möglich, Stecker zu crimpen, aber ein sonderliches Vergnügen ist es nicht. Wenn Sie größere Mengen von Steckern crimpen müssen, sollten Sie mehr Geld ausgeben und eine gute Crimpzange kaufen. Bessere Crimpzangen erledigen mehrere Arbeitsgänge in einem Durchgang und können verschiedene Steckergrößen über Einsätze crimpen.

Bevor Sie die Adern in der richtigen Reihenfolge in den Stecker schieben, müssen Sie die Knickschutzhülle auf das Kabel schieben! [!]

Um einen Stecker zu crimpen, müssen Sie folgende Arbeitsschritte ausführen:

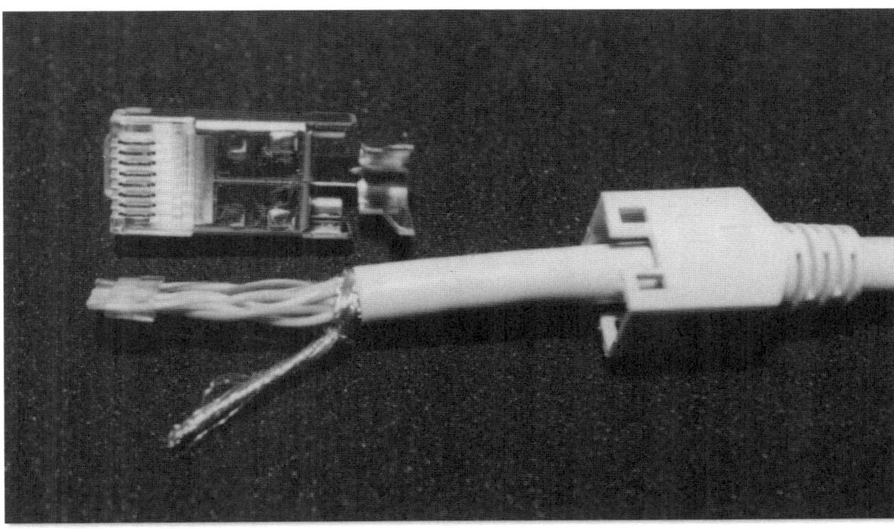

Abbildung 21.2 Abisoliertes Kabel vor dem Stecker

1. Isolieren Sie das Kabelende knapp drei Zentimeter ab (nur äußeres PVC). Die einzelnen Adern bleiben isoliert!
2. Schieben Sie die Knickschutzhülle auf das Kabel.

3. Entdrillen Sie die Adern auf dem abisolierten Stück, und führen Sie das Metallgeflecht nach hinten (Erdung).
4. Sie nehmen nun eine dieser kleinen durchsichtigen Leisten (dünnes Ende nach vorn) und schieben die einzelnen Adern nach der Belegung von EIA/TIA 568B in die Leiste:

   Adernfarbe

   - Weiß-Orange
   - Orange
   - Weiß-Grün
   - Blau
   - Weiß-Blau
   - Grün
   - Weiß-Braun
   - Braun

   Die Farbbelegung gilt bei einem Stecker, der wie in Abbildung 21.2 vor Ihnen liegt, von unten nach oben.
5. Schneiden Sie die Aderenden so ab, dass alle Adern gleich lang sind.
6. Führen Sie die Leiste in den Stecker, sodass alle Aderenden vorn am Stecker bündig anliegen (siehe Abbildung 21.3), die Erdung muss von der Zugentlastung erfasst werden.

Abbildung 21.3 Stecker für das Crimpen vorbereiten

7. Drücken Sie den Stecker in die Crimpzange.

8. Kontrollieren Sie, ob die Zugentlastung am Ende des Steckers von der Zange richtig erfasst wird; wenn nicht, drücken Sie diese ein wenig zu (siehe Abbildung 21.4).
9. Die Crimpzange müssen Sie jetzt nur noch zudrücken, schon ist der Stecker gecrimpt.

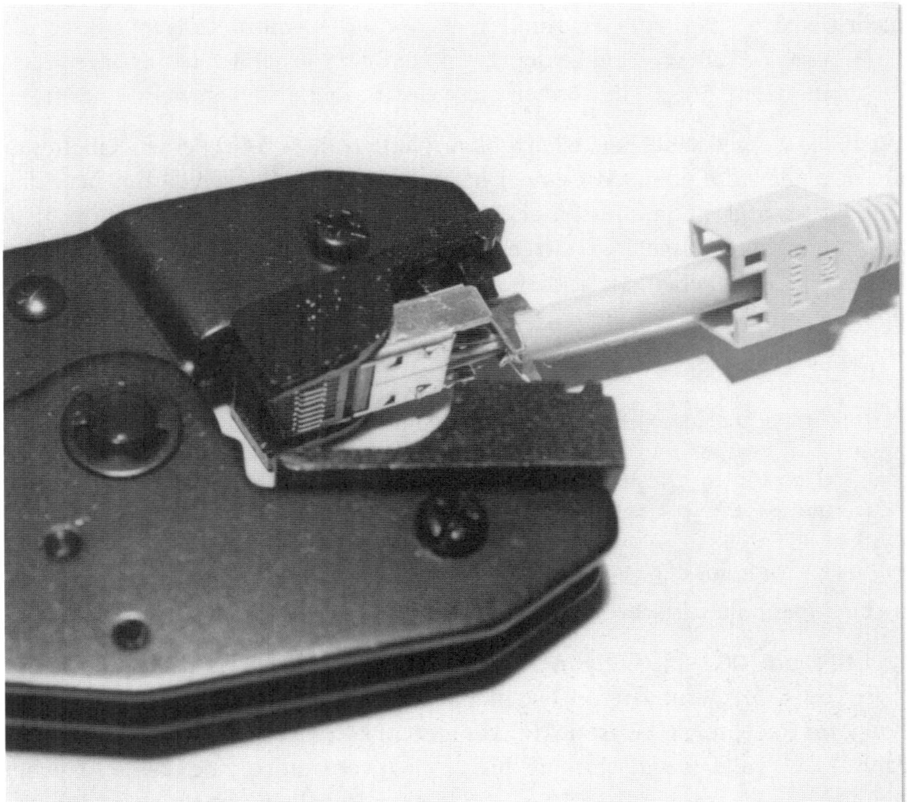

Abbildung 21.4 Crimpen eines Hirose-Steckers

10. Schieben Sie jetzt noch die Knickschutzhülle auf den Stecker, bis sie einrastet.

Bevor Sie das Kabel nun für die nächsten zehn Jahre hinter einer Mahagoni-Vertäfelung verschwinden lassen, sollten Sie erst ausprobieren, ob das Kabel auch funktioniert.

21.5 Kabeltest

Der Königsweg, ein Kabel zu prüfen, ist ein Kabeltester. Die erforderlichen Geräte dafür sind unterschiedlich teuer. Die billigsten Geräte, die lediglich die Adernbelegung testen können – und somit auch feststellen können, wenn eine Ader nicht funktioniert –, kosten ca. 100 €. Bessere Geräte, Kabelmessgeräte, überprüfen nicht nur den Adernkontakt, sondern auch, ob die Anforderungen z. B. an die Linkklasse D erfüllt werden. Leider sind diese Geräte erheblich teurer, ihre Preise beginnen bei ca. 500 €. Sie können diese Geräte aber auch tageweise mieten.

Wenn Sie wenige Kabel herstellen wollen, werden Sie 100 € für einen Kabeltester als zu teuer empfinden. Mit einem handelsüblichen Messgerät kann man den Durchgang prüfen. Sie müssen also jede einzelne Ader auf Durchgang prüfen. Wenn Sie kein Messgerät besitzen, bleibt nur noch die schlechteste aller Möglichkeiten: anschließen. Sie schließen das Kabel an einem Hub oder Switch und einem PC an. Wenn es funktioniert und Sie mit dem PC im Netzwerk erreichbar sind, funktioniert das Kabel.

Erst jetzt, nachdem Sie sicher sind, dass das Kabel funktioniert, sollten Sie es in einem Kabelkanal verlegen und verschwinden lassen. Kabelkanäle gibt es in größeren Baumärkten zu kaufen. Für den Hausgebrauch reichen kleine Kabelkanäle für bis zu vier Kabel aus, diese kosten ca. 1 € pro Meter.

Sie fragen sich, warum die letzte Testmethode, nämlich einen PC an dem Kabel zu betreiben, die schlechteste sein soll?

Das 10- und 100-Mbit/s-Ethernet verwendet lediglich vier von acht Adern (also zwei von vier Adernpaaren). Das 1000Base-T-Verfahren verwendet alle Adern. Sollte Ihr Kabel mit 100Base-TX funktionieren, könnte es sein, dass Sie nächstes Jahr feststellen, dass eine einzelne, bisher nicht verwendete Ader keinen Kontakt hat und den Einsatz von 1000Base-T auf diesem Kabel verhindert.

Übrigens sind die für die Übertragung von (Fast-)Ethernet verwendeten Adern die Adern 1, 2, 3 und 6. Die Übertragung verteilt sich wie folgt auf die Adern.

Ader	Funktion	
1	Senden	Tx+
2	Senden	Tx–
3	Empfangen	Rx+
6	Empfangen	Rx–

Tabelle 21.4 Adernbelegung bei 10/100Base-T

21.6 Patchpanel und Netzwerkdosen anschließen

Verlegekabel werden nicht direkt mit RJ-45-Steckern versehen an den Switch angeschlossen, sondern auf ein Patchpanel aufgelegt. Sie können Verlegekabel auch nicht direkt mit RJ-45-Steckern versehen, weil das Kabel massiv ist und sich die Kontakte des Steckers nicht in einen Draht drücken lassen, anders als bei Litze, also Patchkabeln. Durch das Patchpanel werden die in DIN EN 50173 geforderten Strukturen geschaffen und folgende Vorteile erreicht:

- Ordnung der Verlegekabel
- mechanische Entlastung der Verlegekabel
- Flexibilität in der Frage, welche Netzwerkdosen an einen Switch angebunden werden

Wenn Sie zehn Netzwerkanschlüsse installiert haben, münden auch zehn Netzwerkkabel in Ihren Etagenverteiler. Das Schlimmste, was passieren kann, ist, dass Sie nicht mehr wissen, welches Kabel mit welchem Netzwerkdosenanschluss verbunden ist.

Abbildung 21.5 Geöffnetes 8-Port-Patchpanel

Die Beziehung zwischen den Kabelenden im Etagenverteiler und den Netzwerkanschlüssen an den Netzwerkdosen wird durch Nummerierung hergestellt. Jeder Dosenanschluss wird mit einer Nummer versehen, die sich aus der Raumnummer und einer fortlaufenden Nummer zusammensetzt. Bei Doppelnetzwerkdosen, die zwei Netzwerkanschlüsse bieten, wird meist der Zusatz »L« für linker Anschluss und »R« für rechter Anschluss genutzt (siehe Abbildung 21.6).

Im Raum Nummer 4 heißt der rechte Anschluss an der dritten Netzwerkdoppeldose: 4/3R.

Die Bezeichnung findet sich einerseits auf der Netzwerkdose, 4/3, und andererseits auf dem Patchpanel, 4/3R. Sowohl das Patchpanel als auch die Netzwerkdosen bieten eine LSA-Plus-Leiste, auf der die Adern des Verlegekabels verbunden werden (siehe Abbildung 21.6). Als Werkzeug benutzt man dafür ein LSA-PLUS-Werkzeug, das ab 15 € erhältlich ist.

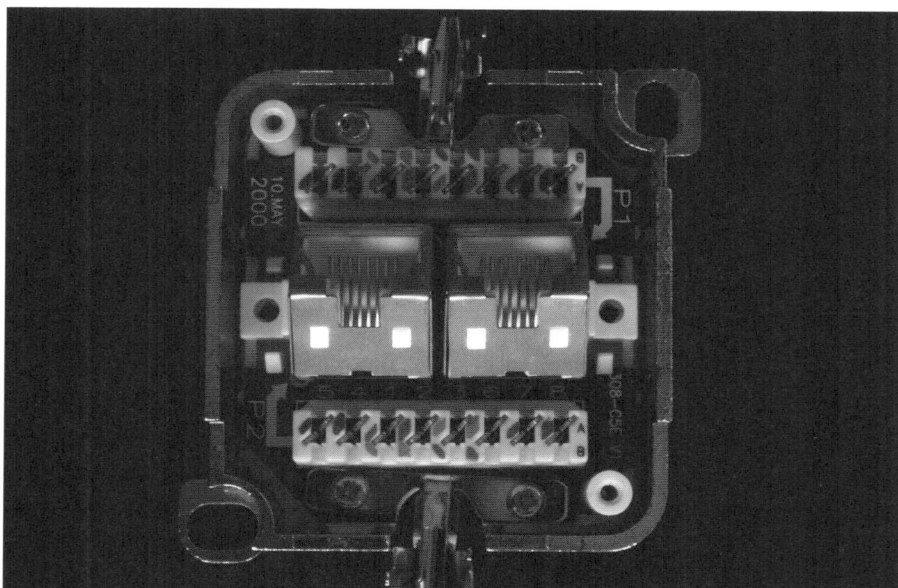

Abbildung 21.6 Geöffnete Netzwerkdose

Die Verbindung vom RJ-45-Port des Patchpanels zum Switch-Anschluss erfolgt mittels Patchkabel. Ein Patchkabel ist ein normales, meist zwei Meter langes Twisted-Pair-Kabel.

Neben dem Kriterium der Ordnung schont das Patchpanel das Verlegekabel. Das Patchkabel, das das Patchpanel und den Switch miteinander verbindet, wird möglicherweise häufiger umgesteckt und dadurch mechanisch belastet, das Verlegekabel wird geschont. Wenn ein Patchkabel defekt ist, wird es einfach ausgetauscht; der Austausch eines verlegten Kabels erfordert einen größeren zeitlichen und finanziellen Aufwand, sodass es sinnvoll ist, das somit wertvollere Verlegekabel zu schonen.

Netzwerkdosen kosten ca. 5 €, es gibt sie als Auf- oder Unterputzdosen. Ein Patchpanel mit 24 Anschlussmöglichkeiten im 19"-Format kostet ca. 45 €, ein Tischpatchverteiler mit zwölf Anschlüssen kostet ca. 24 €. Selbstverständlich kann auch ein Tischpatchverteiler angeschraubt werden, er ist nur nicht im 19"-, sondern oftmals im 10"-Format konstruiert.

21.7 Belegung von ISDN

Wenn Sie eine Wohnung oder ein Haus mit einer LAN-Verkabelung beglücken, möchten Sie vermutlich an der einen oder anderen Stelle normale Telefone verwenden, möglicherweise auch ISDN-Telefone.

Grundsätzlich gilt, dass Sie jede 8-adrige LAN-Dose auch als ISDN-Dose benutzen können. Ebenso sind Kabel nach Cat 5 oder besser für ISDN mehr als ausreichend.

Ich beginne – meiner persönlichen Erfahrung folgend – am Hausanschluss der deutschen T-Com. Im Anschlusskasten, in dem die Kabel für Ihren Hausanschluss auf Klemmleisten aufgelegt sind, haben die roten Kabel unterschiedlich viele schwarze Kringel.

Farbe T-Com-Kabel	Bezeichnung	Ader RJ-45	Farbe Telefonkabel
Rot ohne Kringel	a1 (a)	4	Rot
Rot mit einem Kringel	b1 (b)	5	Schwarz
Rot mit zwei Kringeln, großer Abstand	a2	3	Weiß
Rot mit zwei Kringeln, kleiner Abstand	b2	6	Gelb

Tabelle 21.5 ISDN-Beschaltung bei S_0

Von den Kabeln benötigen Sie nur die Adern (a) und (b), diese müssen auf der ersten TAE-Dose an den mit 1 und 2 beschrifteten Klemmleisten (von links: die ersten beiden) angeklemmt sein. Die F-codierte TAE-Buchse gibt das Signal nun an den Kontakten unten links – gegen den Uhrzeigersinn 1 und 2 – weiter, z. B. an den DSL-Splitter oder das NTBA.

Ab dem NTBA werden nun nicht mehr zwei Adern, sondern vier Adern für den sogenannten S_0-Bus benötigt.

Ausführliche Informationen finden Sie im Internet beispielsweise auf der Seite *http://www.netzmafia.de/skripten/telefon*.

21.8 Cross-Kabel

Sie können zwei PCs über Cross-Kabel direkt miteinander verbinden. Die Sende- und Empfangsadern werden dabei so gekreuzt, dass die Sendeadern des einen PC mit den Empfangskontakten des anderen PC verbunden werden. Schematisch ist das in Abbildung 21.7 dargestellt: Die Anschlüsse für das Senden und Empfangen werden gekreuzt (engl. *cross*) verbunden.

Ein Cross-Kabel ermöglicht maximal die Verbindung von zwei PCs. Preislich ist die Möglichkeit sehr attraktiv, denn ein Cross-Kabel kostet nur wenige Cent mehr als ein normales 1:1-Kabel, und Sie sparen den Switch.

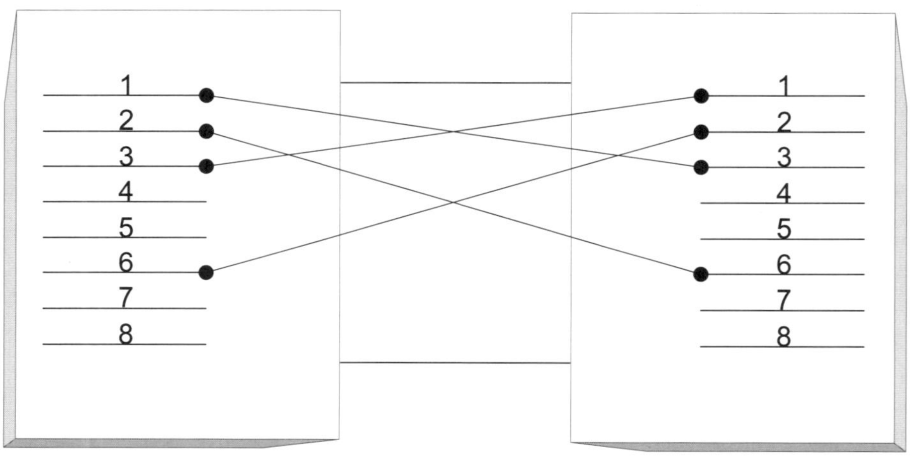

Abbildung 21.7 Ein Cross-Kabel

Unabhängig davon, für welche Ethernet-Variante Sie sich entscheiden, müssen Sie Netzwerkkarten in Ihr System integrieren. Das bedeutet bei PCs ohne Onboard-Netzwerkkarte, dass der PC geöffnet werden muss, um die Netzwerkkarte einzusetzen.

22 Netzwerkkarten

In vielen neuen PCs, die man als Komplett-PC kaufen kann, ist bereits eine LAN-Karte integriert. Es handelt sich meist um eine Onboard-Netzwerkkarte, also um eine in das Motherboard integrierte Netzwerkkarte.

22.1 Kaufhilfe für kabelgebundene Netzwerkkarten

Die aktuelle Standard-Netzwerkkarte hat eine Durchsatzrate von 100 Mbit/s. Diese Geschwindigkeit wird von PCs üblicherweise nicht oder zumindest nicht dauerhaft ausgenutzt.

Aufgrund des Preisverfalls von Gigabit-Netzwerkkomponenten sollten Sie direkt mit Gigabit-LAN einsteigen. Heutige PCs sind durchaus in der Lage, mehr als 100 Mbit/s an Netzwerklast zu erzeugen. Beim Kopieren großer Datenmengen innerhalb des LANs macht sich Gigabit zeitsparend bemerkbar. So kann es durchaus sinnvoll sein, trotz vorhandener 100-Mbit/s-Onboard-Netzwerkkarte eine Gigabit-Netzwerkkarte nachzurüsten.

Eine 100-Mbit/s-No-Name-Karte kostet ca. 4 € und enthält meist einen Realtek-8139-Chipsatz. Es handelt sich um eine Karte, die die grundsätzlichen Anforderungen an eine Netzwerkkarte erfüllt, jedoch keinerlei Sonderleistungen bietet. Der Chipsatz wird von allen Betriebssystemen (unter anderem Windows 95, 98, Me, 2000, XP, Vista, Windows 7, Linux, FreeBSD) mit Treibern unterstützt, sodass es kein Problem sein dürfte, diese Karte in Betrieb zu nehmen.

Hersteller der mittleren Preisklasse sind z. B. D-Link, SMC und Netgear. Eine einfache 100Base-TX-Karte kostet dort ca. 8 €. Sie erhalten bis zu fünf Jahre Garantie und haben einen Hersteller, an den Sie sich wenden können, falls Probleme aufgrund dieser Netzwerkkarten auftreten. Diese Hersteller werden auch Treiber für künftige Betriebssysteme für diese Netzwerkkarten bereitstellen.

In der preislichen Luxusklasse gibt es z. B. 3Com, Intel und Adaptec als Hersteller von Netzwerkkarten. Üblicherweise liegt der Vorteil dieser Hersteller gegenüber den preislich im Mittelfeld agierenden Herstellern in der jahrelangen Treiberunterstützung. Was teuer ist, muss nicht zwangsläufig gut sein, die Performance dieser Netzwerkkarten liegt nicht deutlich über denen von Mittelklassekarten. Sie müssen entscheiden, ob die Marke es Ihnen wert ist, denn die Karten liegen mit 28 € pro Karte im oberen Preissegment.

22.1.1 Gigabit

Seit zehn Jahren gibt es 1000Base-T, Gigabit-Ethernet über Kupferkabel, und die Netzwerkkarten dazu werden immer preisgünstiger und sind als No-Name-Produkte schon für 10 € zu bekommen. Auch die Preise für Gigabit-Switches sind stark gesunken und liegen bei etwa 40 € für einen 5-Port-Switch.

Unterscheiden müssen Sie zwischen PCI und PCI-Expresskarten. Der Preisunterschied ist zwar minimal, jedoch bieten PCI-Expresskarten – die nur in einem entsprechenden Slot eingebaut werden können – einen vielfach höheren tatsächlichen Datendurchsatz und sind somit zu bevorzugen, wenn Sie die Wahl haben.

Während bei PCI-Gigabitkarten bei etwa 500 Mbit/s ein Maximum erreicht wird, können PCI-Expresskarten bis zu 900 Mbit/s verarbeiten. Das sind natürlich Werte aus einem Labortest und in der Praxis so nicht zu erreichen.

Gigabitkarten beherrschen 10, 100 und 1.000 Mbit/s, die Geschwindigkeit wird dabei mittels Autosensing (siehe Abschnitt 22.6, »Sonderfunktionen«) ausgehandelt. Die Abwärtskompatibilität ist also sichergestellt.

Bitte beachten Sie dabei, dass Sie die Netzwerkkarte üblicherweise an einen Switch anschließen. Die Gigabit-Netzwerkkarte bringt nur dann Vorteile, wenn auch der Switch den Anschluss von Gigabit-Netzwerkkarten unterstützt. Diese Switch-Systeme sind aber zurzeit noch teurer als die, die lediglich 100 Mbit/s unterstützen.

22.1.2 Fazit

Im Wesentlichen können Sie drei Qualitätsstufen von Netzwerkkarten kaufen:

- No-Name-Karte
- Markenkarte günstig
- Markenkarte teuer

Unabhängig davon, für welche Preisklasse Sie sich entscheiden, wenn Sie eine Karte kaufen müssen oder wollen, sollten Sie Gigabit kaufen. Der preisliche Unterschied zwischen Fast-Ethernet und Gigabit-Ethernet ist so gering, dass er vernachlässigbar ist.

22.2 PCI- und PCIe-Netzwerkkarten

Peripheral Component Interconnect, kurz PCI, wurde von der Firma Intel entwickelt. Es handelt sich um ein Bussystem, mit dem man einen PC mit Erweiterungskarten aufrüsten kann. Die PCI-Busse haben eine Datenbreite von 32 Bit und werden mit 33 oder 66 MHz getaktet. Ein mit 33 MHz getakteter 32-Bit-PCI-Bus kann theoretisch bis zu 133 MByte/s übertragen. Das entspricht 1.064 Mbit/s und zeigt, dass der Einsatz von Gigabit-Netzwerkkarten auf einem solchen PCI-Bus nur bedingt sinnvoll ist. Eine Gigabit-Netzwerkkarte kann schließlich 1.000 Mbit/s empfangen und weitere 1.000 Mbit/s senden, sodass insgesamt 2.000 Mbit/s als Datenverkehr entstehen können, also das Doppelte dessen, was der PCI-Bus transportieren kann. Eine weitere Einschränkung ist, dass sich alle angeschlossenen Geräte die Bandbreite des PCI-Busses teilen. Wenn der PCI-Bus mit 66 MHz getaktet ist, kann theoretisch die doppelte Datenrate von 2.128 Mbit/s erreicht werden.

Diese zwei Nachfolger für das alte PCI gibt es:

- PCI Extended, PCI-X
- PCI-Express, PCIe

Die PCI Extended (kurz: PCI-X) kann in Version 2.0 Geschwindigkeiten von bis zu 4,3 Gbit/s erreichen. Allerdings ist PCI-Express (kurz: PCIe) doppelt so schnell. Entsprechend gibt es eine nur sehr geringe Verbreitung von PCI-X.

22.2.1 PCI-Express-Netzwerkkarten

Die aktuell Variante von PCI ist *PCI-Express* (kurz: PCIe). Anders als PCI und PCI-X ist dies eine serielle Technik, jedem Gerät stehen zwei Adernpaare zur Verfügung.

Vom Namen her scheint PCIe lediglich eine Fortentwicklung des alten, bekannten PCI-Busses zu sein. Tatsächlich ist es aber eine kleine Revolution, die uns als Kunden von dem Flaschenhals PCI-Bus endlich befreit.

PCIe ist mit PCI und AGP inkompatibel, sodass man keine PCI-Karten in einem PCIe-Slot betreiben kann. Das liegt daran, dass bei PCIe statt einer parallelen Datenübertragung eine serielle Datenübertragung auf sogenannten *lanes* (dt. *Spur*) erfolgt. Die Ziffer hinter dem Kürzel PCIe gibt dabei die Anzahl der gebündelten *lanes* an.

lanes	Gbit/s (netto)	Anwendung
1x	2	Ersatz für PCI-Slot
2x	4	Ersatz für PCI-Slot
4x	8	Ersatz für PCI-Slot
8x	16	Ersatz für PCI-Slot
16x	32	Grafikkarten (PEG)

Tabelle 22.1 PCIe-Spezifikation

Nur noch mal zur Erinnerung: Der PCI-Bus unterstützt insgesamt eine Bandbreite von 1.064 Mbit/s.

Motherboards bieten oft einen PCIe-16x-Slot für die Grafik und einige PCIe-1x-Slots für andere Erweiterungskarten. Dabei sind die einzelnen PCIe-Kanäle unabhängig voneinander und stören sich nicht gegenseitig. Die 16 gebündelte PCIe-lanes werden auch als PEG (PCI-Express-for-Graphics) betitelt und sind für Grafikkarten gedacht.

Für Netzwerkkarten reicht ein PCIe-1x aus, weil sich dort die Übertragungsrate von einem Gbit/s als Fullduplex unterbringen lässt, schließlich stehen zwei Gbit/s als Fullduplex zur Verfügung.

Schnellere Karten, also insbesondere LAN-Karten für 10-Gigabit-Ethernet sind derzeit auf Servervarianten beschränkt und kosten mehrere Hundert Euro.

Ein Beispiel für eine PCIe-NIC ist der INTEL Pro1000PT- und der HP Broadcom NetXtreme Gb Ethernet PCI-E-Adpater, die in einem PCIe-1x-Slot betrieben werden. Preislich liegen diese Karten zwischen 30 und 50 €.

Einem Test von tecchannel zufolge (siehe Abbildung 22.1) boten die PCIe-LAN-Adapter einen Datendurchsatz von bis zu 900 Mbit/s, während die PCI-Gigabitkarten nicht über 560 Mbit/s hinauskamen, das entspricht einer Leistungseinbuße von etwa 40 % beim Einsatz von PCI.

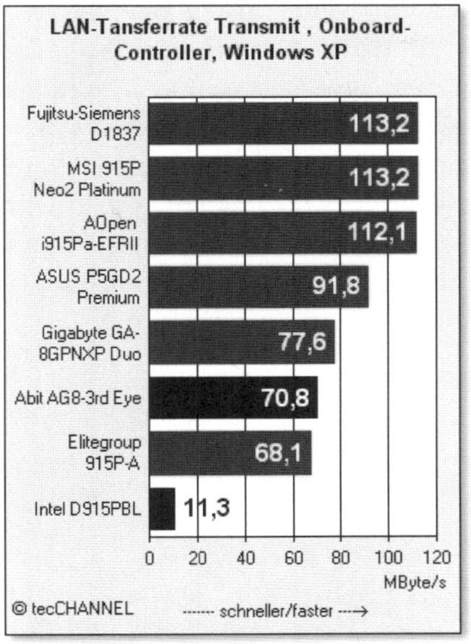

Abbildung 22.1 Performance von Gbit-LAN-Adaptern; Quelle: tecchannel.de

22.2.2 WLAN-Netzwerkkarten

Karten für Wireless LAN (WLAN) gibt es nicht nur für Notebooks oder als USB-Ausführung, sondern auch als PCI- bzw. PCIe-Variante (siehe Abbildung 22.2).

Wenn Sie die Netzwerkverbindung hauptsächlich für den Internetzugang und nur selten für die Übertragung großer Datenmengen nutzen wollen, eignet sich WLAN sehr gut dafür. Sie können dann den Hauptvorteil von WLAN nutzen, nämlich die Flexibilität, an beliebigen Orten eine Datenverbindung nutzen zu können, und brauchen selbstverständlich keine Kabel zu verlegen.

Beim Einbau unterscheiden sich die PCI-WLAN-Karten nicht von anderen Netzwerkkarten. Zurzeit gibt es 11-, 54-, 108-, 125- und 300-Mbit/s-Karten, die tatsächlich erreichbaren Übertragungsgeschwindigkeiten liegen bei sehr gutem Empfang ungefähr bei der Hälfte des Packungsaufdrucks.

Die einzelnen WLAN-Karten unterscheiden sich hinsichtlich des Empfangs und dementsprechend hinsichtlich der erzielbaren Übertragungsgeschwindigkeit deutlich. Empfehlenswert ist es, dass Sie sich möglichst vor dem Kauf über Hardware-Tests informieren.

Ob Sie innerhalb eines Hauses Empfang haben und wenn, welche Geschwindigkeiten Sie dann erreichen, hängt sehr von Ihrem Haus oder von Ihrer Wohnung ab. Normale Funktelefone (DECT) haben üblicherweise einen größeren Aktionsradius. Wenn Sie also mit Ihrem Funktelefon zwischen zwei Punkten keinen Empfang bekommen, können Sie davon ausgehen, dass auch eine WLAN-Verbindung zwischen diesen Punkten nicht funktionieren wird. Das Funksignal wird insbesondere durch Stahlbeton, wie er bei Geschossdecken zum Einsatz kommt, stark abgeschwächt, sodass eine WLAN-Verbindung vom Dachboden bis in den Keller durch mehrere Geschossdecken selten gelingt.

Abbildung 22.2 PCI-WLAN-Karte von Netgear; Quelle: netgear.com

Die Preise von WLAN-PCI Karten liegen einige Euro über denen für kabelgebundenes LAN.

Ausführliche Informationen zu den WLAN-Technologien finden Sie in Kapitel 7, »Wireless LAN«.

22.3 Netzwerkkarte einbauen

Die größte Hürde beim Einbau einer Netzwerkkarte stellt das PC-Gehäuse dar. Es gibt PC-Gehäuse, bei denen man eine Haube abheben muss, bei anderen muss man einen Seitendeckel nach hinten wegschieben oder einen Seitendeckel herunterklappen usw. Eine allgemeingültige Anleitung kann ich daher an dieser Stelle nicht geben. Unabhängig vom Gehäusesystem ist es meist erforderlich, mehrere Gehäuseschrauben an der Rückseite des PCs herauszudrehen.

Ich gehe davon aus, dass Sie den Kampf mit dem PC-Gehäuse gewonnen haben und bisher auch noch keine *Schnittverletzungen* durch die scharfen Blechkanten davongetragen haben. [!]

Vor Ihnen liegt nun das geöffnete PC-Gehäuse. Bei Tower-Modellen sollten Sie das Gehäuse tatsächlich hinlegen, das erleichtert das Arbeiten erheblich.

Denken Sie jetzt bitte daran:

- Stromstecker raus!
- Sich erden!

Abbildung 22.3 Motherboard mit PCI- und PCIe-Steckplätzen

Auf dem Boden des Gehäuses liegt das Motherboard (siehe Abbildung 22.3). Für uns ist es wichtig, dass Sie nun einen freien PCI- oder PCIe-Steckplatz (engl. *Slot*) auswählen.

Das Plastik der PCI-Steckplätze ist immer weiß, das der PCIe-Steckplätze gelb. Bevor Sie die Karte einstecken können, benötigen Sie eine Öffnung am hinteren Teil des Gehäuses, schließlich möchten Sie einen Netzwerkstecker in die Netzwerkkarte stecken. Bei vielen Gehäusen kann man eine Öffnung zum Steckplatz frei machen, indem man einen Blechstreifen abschraubt und entfernt. Die billigen PC-Gehäuse weisen nur vorgestanzte Blechstreifen auf, die Sie mit einer Zange herausbrechen können. Sie sollten die Netzwerkkarte kurz an den PCI-Slot halten, dann sehen Sie, an welcher Stelle die Öffnung sein muss; ansonsten passiert es, dass Sie die Öffnung an der falschen Stelle geschaffen haben und dann durch die falsche Öffnung Staub eindringt.

Haben Sie die Öffnung an der richtigen Stelle des Gehäuses frei gemacht, kann die Karte eingesteckt werden: Sie setzen die Karte auf den ganzen Steckplatz (siehe Abbildung 22.4) und üben von oben Druck aus. Oft ist das ziemlich schwergängig, seien Sie nicht zu zaghaft. Ein wenig Gewalt hilft, so empfindlich sind die Komponenten nicht.

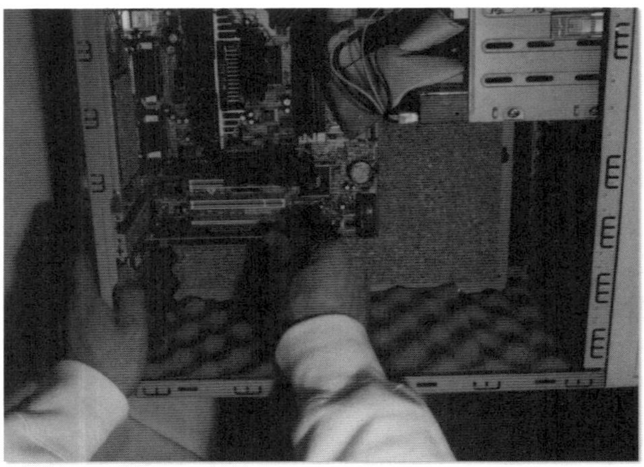

Abbildung 22.4 Einbau einer PCI-Netzwerkkarte

Ist die Karte eingesteckt, wird sie mit einer Schraube am Gehäuse fixiert. Das ist wichtig, denn ansonsten kann sich die Karte lösen, und es kommt zu Fehlern oder im schlimmsten Fall zu einem Kurzschluss.

Voller Stolz können Sie das Gehäuse wieder zusammenschrauben, den Stromstecker wieder einstecken und ab Kapitel 24, »Windows einrichten«, weiterlesen, wie man eine Netzwerkkarte im Betriebssystem einrichtet.

22.4 PCMCIA-/Cardbus-Netzwerkkarten

Früher gab es nur den Begriff PCMCIA (Personal Computer Memory Card International Association), und auch heute wird dieser Begriff für die Erweiterungseinschübe von Notebooks verwendet. Allerdings setzen sich immer mehr die neuen Begriffe PC-Card, Cardbus und ExpressCard durch.

Die PC-Card ist eine 16-Bit-Karte und somit vom Aussterben bedroht, während die Cardbus-Karten mit 32 Bit arbeiten und somit auch sinnvoll mit 100 Mbit/s eingesetzt werden können. Erweiterungskarten, die mit PCIe arbeiten, heißen ExpressCard.

22.4.1 LAN-Karten

Bei heutigen Notebooks ist eine Netzwerkkarte eingebaut, auch WLAN ist onboard dabei. Es gibt also nicht viele Gründe, ein Notebook hinsichtlich der Netzwerkkarte aufzurüsten, es sei denn, man möchte WLAN nach IEEE 802.11n nutzen, im Notebook ist aber nur eine Karte nach 11g verbaut. Ein anderer Fall wäre das Nachrüsten einer Gigabit-Netzwerkkarte für eine flotte Datenübertragung vom Notebook.

PCMCIA-Karten sind immer noch deutlich teurer als eine PCI-Karte. Jedoch verfügt nicht jedes Notebook über einen PCMCIA-Slot, insbesondere die beliebten Netbooks bieten einen solchen Erweiterungsslot nicht an. In diesem Fall müssen Sie sich mit USB-Adaptern behelfen (siehe Abschnitt 22.5, »USB-Adapter«).

Zwei verschiedene Systeme stehen Ihnen für die Anbindung eines Notebooks an das LAN zur Verfügung:

- PCMCIA-Karte mit RJ-45-Buchse
- PCMCIA-Karte mittels Adapter auf RJ-45-Anschluss

Die Varianten eins und zwei unterscheiden sich technisch nur geringfügig, meine persönliche Sympathie gilt der ersten Variante.

Abbildung 22.5 Xircom Cardbus-Karte; Quelle: intel.com

Das Gehäuse der PCMCIA-Karte (siehe Abbildung 22.5) ist so dick (Typ III), dass eine RJ-45-Buchse integriert ist. Man kann einen RJ-45-Stecker direkt in die Karte einstecken und benötigt keine zusätzlichen Adapter. Der Nachteil ist, dass keine weitere Karte mehr gleichzeitig verwendet werden kann.

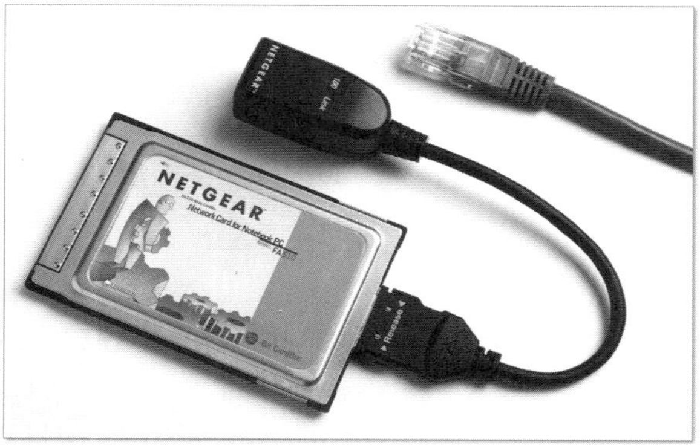

Abbildung 22.6 Cardbus-Karte mit Adapterkabel; Quelle: netgear.com

Die zweite Variante belegt durch ihre geringe Höhe (Typ I oder II) nur einen PCMCIA-Slot, allerdings benötigen Sie ein Adapterkabel, das eine RJ-45-Buchse besitzt (siehe Abbildung 22.6). Dieses Adapterkabel geht leicht verloren, kaputt oder wird vergessen. Wenn dieser Fall eingetreten ist, kommen Sie nicht in das LAN.

Als ein eher weniger gewichtiges Argument spricht gegen diese Adapterkabel, dass sie die Schirmung, die ein Twisted-Pair-Kabel durch seine Verdrillung erzeugt, nicht weiterleiten können. Möglicherweise ist also die Schirmung des Adapterkabels schlecht und führt zu Übertragungsfehlern.

22.4.2 WLAN-Karten

Für die Anbindung von Notebooks bietet WLAN die größte Freiheit. Allerdings gilt es, Sicherheitsaspekte zu beachten. Zudem benötigen Sie einen Access Point. Es handelt sich also um eine bequeme, aber etwas langsamere Variante der Netzwerkanbindung. Informationen zu den verschiedenen WLAN-Varianten und deren Eigenschaften finden Sie in Kapitel 7, »Wireless LAN«.

Abbildung 22.7 Wireless-LAN-Karte; Quelle: tekram.com

Preise

Wireless-LAN-Karten kosten ca. 20 €, üblicherweise bieten diesen dann 300 Mbit/s. Achten Sie darauf, dass der WLAN-Kartenhersteller Mitglied der Wi-Fi Alliance ist und die Karte entsprechend Wi-Fi-zertifiziert ist. Nur das sichert Ihnen zu, dass die Karte auch mit Access Points oder WLAN-Karten anderer Hersteller problemlos zusammenarbeitet.

Linux

Wenn Sie eine schnelle WLAN-Karte unter Linux verwenden wollen, kann es zu Problemen kommen, weil es nicht für alle Chipsätze freie Treiber gibt. Mitgelieferte Konfigurationsprogramme sind in der Regel nur unter Windows nutzbar. Treiber für Linux fehlen, aber über den ndiswrapper können Windowstreiber angesteuert werden.

Weitere Informationen finden Sie in Abschnitt 25.5, »WLAN unter Linux«.

hotplug

Das Einbauen der Karte ist nicht erforderlich, Sie schieben die Karte in einen freien Slot, und sie wird vom Betriebssystem erkannt. Die meist recht speziellen Treiber werden auf CD mitgeliefert. Möglicherweise können Sie auf den Internetseiten des Herstellers neuere Treiber bekommen. Moderne Betriebssysteme (ab Windows 2000 oder Linux) können PCMCIA-Erweiterungskarten auch im laufenden Betrieb einbinden (Fachbergiff: *hotplug*), ohne dass man dafür booten muss.

Vista und Windows 7 unterstützen WLAN von Haus aus.

22.5 USB-Adapter

USB-Adapter für den Anschluss eines PCs an das Netzwerk benötigen immer spezielle Treiber, die vom Hersteller meist für Windows beigelegt werden.

Sehr praktisch an den USB-Adaptern ist, dass Sie diese nicht einbauen müssen, sondern einfach nur an Ihrem PC einstecken und anschließend den Treiber installieren. Das kann dann gegenüber einer PCI-Karte sinnvoll sein, wenn Sie keinen PCI-Slot frei haben oder keine Modifikationen am PC vornehmen dürfen. In anderen Fällen erscheint mir der Preis der Adapter zu hoch, weil man für den Preis des billigsten USB-Adapters vier PCs mit billigen PCI-Karten ausstatten kann.

Bei Windows XP, Vista, Windows 7 und Linux können die Adapter auch im laufenden Betrieb ein-/ausgesteckt werden. Sie werden automatisch erkannt, in das System eingebunden und können sofort verwendet werden.

22.5.1 USB-Varianten

Es gibt zurzeit drei Ausführungen von USB. Der Standard USB 1.1 ist schon alt und bietet eine – theoretische – Bandbreite von 12 Mbit/s.

USB 2.0 hingegen bietet – theoretische – 480 Mbit/s. Ein USB-Adapter für 100Base-TX mit 100 Mbit/s an einen USB 1.1 anzuschließen ist offenkundig unsinnig. Vertretbar sind USB 1.1-Adapter lediglich für WLAN mit 11 Mbit/s.

USB 2.0-Geräte können Sie auch an USB 1.1-Ports Ihres PCs anschließen. Der USB 2.0-Standard ist abwärtkompatibel, selbstverständlich können dann nur 12 Mbit/s Datendurchsatz erreicht werden.

USB 3.0 existiert seit 2008 und kann Geschwindigkeiten von bis zu 5 Gbit/s *Super Speed* erreichen. Es ist ebenfalls abwärtskompatibel mit den alten Varianten von USB.

22.5.2 LAN-Adapter

Die günstigsten USB 1.1-LAN-Adapter kosten ca. 5 €. Der Adapter beherrscht zwar am LAN-Anschluss 100Base-TX, jedoch kann er lediglich 12 Mbit/s über USB 1.1 weiterreichen. Für Verbindungen, die lediglich für den Internetzugang genutzt werden, ist diese Geschwindigkeit ausreichend, größere Datenmengen möchte sicherlich niemand übertragen, wenn pro Sekunde nur 1 MB übertragen wird. Nach meinen Recherchen sind für viele Geräte Linux-Treiber verfügbar, allerdings muss es offenbar damit nicht immer funktionieren.

Theoretisch sind USB 2.0-Adapter in puncto Geschwindigkeit interessanter. Ich habe einige Adapter ausprobiert, und kein Adapter hat ordentliche Datenraten erreicht.

Generell gilt, die Geräte benötigen keine zusätzliche Stromversorgung, sie werden über den USB-Port versorgt. Die Abmessungen sind so gering, dass die Adapter bequem mitgeführt werden können.

Eine in diesem Buch nicht weiter erläuterte Möglichkeit bieten *USB-Direktverbindungen*. Dabei handelt es sich um ein USB-Linkkabel, das an die beiden zu verbindenden PCs angeschlossen wird. In der Mitte befindet sich eine kleine Box, in der eine Elektronik die Datenübertragung steuert. Die Zeitschrift c't hat diese Adapter getestet und erzielte eine Übertragungsrate von bis zu 152 Mbit/s über USB 2.0.

22.5.3 WLAN-Adapter

Ein Vorteil von USB-Adaptern ist, dass diese durch das USB-Kabel nicht zwingend am gleichen Ort stehen müssen wie das Notebook oder der PC. Sie können also den Empfang von WLAN verbessern, indem Sie einen etwas veränderten Standort für den WLAN-Adapter wählen. Diese Möglichkeit haben Sie bei PCMCIA- oder PCI-Karten nicht.[1]

Es gibt eine große Auswahl von Herstellern und Produkten für WLAN-USB-Adapter. Die WLAN-Adapter sind in etwa so groß wie ein USB-Stick, Sie können ihn also bequem mitführen. Eine zusätzliche Stromversorgung ist nicht erforderlich, die notwendige Energie wird über den USB-Port bereitgestellt. Wichtig ist allerdings der korrekte Treiber, der auf CD mitgeliefert wird und im Internet zum Download bereitsteht.

Als einen typischen Vertreter der USB-WLAN-Adapter möchte ich den *AVM Fritz!WLAN USB*-Stick vorstellen (siehe Abbildung 22.8). [zB]

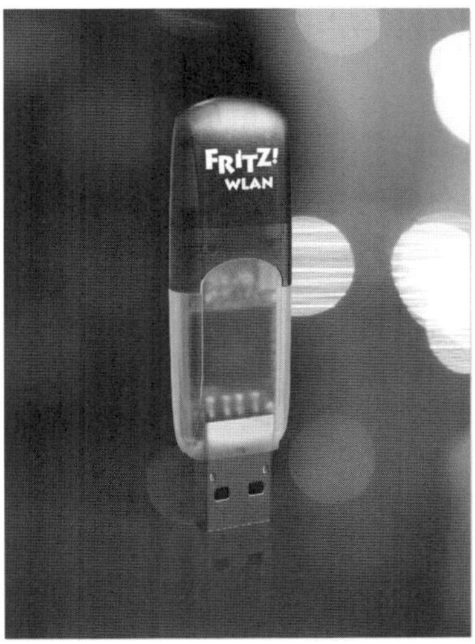

Abbildung 22.8 AVM Fritz!WLAN USB-Stick: schön klein! Quelle: avm.de

Der AVM bietet WLAN nach IEEE 802.11g mit der Beschleunigungstechnik Frame Aggregation und ist daher mit 125 Mbit/s angegeben. AVM spricht von einer Leistungssteigerung von 35 % gegenüber unfrisierten WLAN-Geräten.

Trotz seiner sehr geringen Abmessungen bietet der zehn Gramm schwere USB-Stick zwei Status-LEDs und auch über größere Entfernungen gute Übertragungsraten. Mit etwa 25 € Ladenpreis gehört er zu den teureren Vertretern seiner Zunft.

Es gibt auch eine 11n-Variante, die allerdings deutlich teurer ist.

1 Eine Alternative wären separate Antennenkabel.

Die mitgelieferte Software macht die WLAN-Einstellung relativ einfach, weil sie sich auf wenige Parameter beschränkt und diese vorbildlich anordnet (siehe Abbildung 22.9).

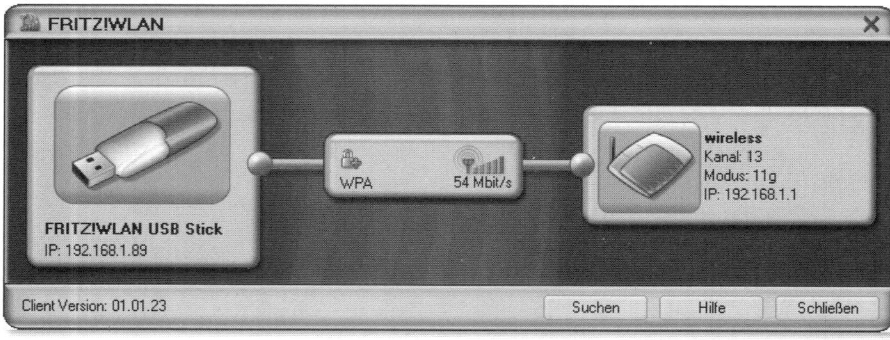

Abbildung 22.9 AVM-Hauptmenü: einfacher, logischer Aufbau

Nach dem Start beginnt die Software mit einer Suche nach einem Access Point. Sie werden zur Eingabe eines WEP-/WPA-Schlüssels aufgefordert, wenn Sie sich mit einem Access Point verbinden wollen, der Verschlüsselung verwendet (siehe Abbildung 22.10).

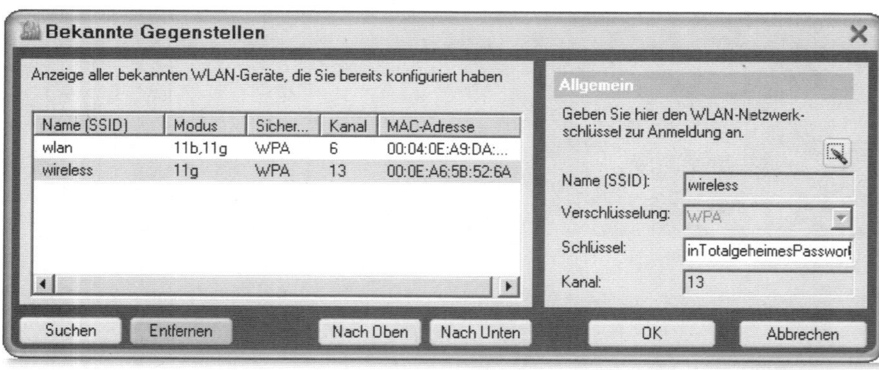

Abbildung 22.10 WLAN-Konfigurationsmenü für bekannte APs

22.6 Sonderfunktionen

Sobald Sie eine Netzwerkkarte eingebaut haben, kann es sein, dass Sie besondere Funktionen dieser Karte nutzen möchten. Auch ist es möglich, dass die Kommunikation zwischen Netzwerkkarte und Switch nicht richtig funktioniert. Die wichtigsten Mechanismen stelle ich Ihnen in diesem Abschnitt vor.

22.6.1 Half-/Fullduplex

Fast-Ethernet bietet ein Full- und ein Halfduplex-Verfahren zur Übertragung an. *Fullduplex* bedeutet gleichzeitiges Senden *und* Empfangen, während im *Halfduplex*-Modus lediglich das Senden *oder* das Empfangen möglich ist. Ab 1000Base-T aufwärts gibt es nur noch den Fullduplex-Modus.

22.6.2 Autonegotiation

Die automatische Aushandlung des Übertragungsmodus (Full-/Halfduplex) nennt man *Autonegotiation*.

Diese Funktion ist eine Fehlerquelle; dabei handeln der Switch und die Netzwerkkarte unterschiedliche Einstellungen aus, sodass die Kommunikation nicht oder nur mit sehr hoher Fehlerrate funktioniert. Wenn man diesen Fehler festgestellt hat, bleibt nur noch die Möglichkeit, den Übertragungsmodus fest einzustellen.

22.6.3 Autosensing

Alle handelsüblichen Karten beherrschen 10 oder 100 Mbit/s. Sie können also wahlweise mit 10 oder 100 Mbit/s betrieben werden. Damit Sie beim Umstecken der PCs diese Einstellung nicht jeweils manuell vornehmen müssen, wird die maximal mögliche Geschwindigkeit per *Autosensing* ausgehandelt.

Die Aushandlung der Geschwindigkeit funktioniert meist, aber nicht immer, sodass es ähnlich wie bei der Autonegotiation zu Fehlern kommen kann. Sollten Sie einen solchen Fehler bemerken, müssen Sie die Geschwindigkeit fest einstellen.

22.6.4 Trunking

Der Zusammenschluss von mehreren Netzwerkanschlüssen zu einem – virtuellen – wird oftmals als *Trunking*, manchmal – wie bei IEEE 802.3ad – als *Link-Aggregation* bezeichnet. Man kann bei Markenherstellern Netzwerkkarten des gleichen Typs zusammenschalten. Man hat dann statt 100 Mbit/s beispielsweise 2 * 100 Mbit/s = 200 Mbit/s zur Verfügung.

Zusätzlich sind verschiedene Modi möglich, die ein Loadbalancing, also die Verteilung der Netzlast auf beide Adapter, oder ein Failover im Fehlerfall oder aber beides gleichzeitig ermöglichen.

22.6.5 Wake-on-LAN

Bei *Wake-on-LAN* (kurz: WoL) arbeitet die Netzwerkkarte mit dem ATX-Motherboard zusammen. Über bestimmte Datenpakete, sogenannte Magic-Packets, kann ein schlafen gelegter PC aufgeweckt, also eingeschaltet werden. Die Funktion ist praktisch, wenn Sie PCs aus der Ferne warten oder administrieren wollen, so z. B. bei Software-Updates in der Nacht. Leider funktioniert WoL nicht immer zuverlässig, sodass Sie zunächst zehn erfolgreiche Testzyklen absolvieren sollten, bevor Sie sich auf diese Technik verlassen. Ich meine damit, dass Sie jeden PC vor dem eigentlichen Einsatz zehnmal per WoL aufwecken können müssen – bei 100 % Erfolgsquote.

In den Newsgroups tauchen die ATX-Funktionen immer wieder als Fehlerquelle auf, weil die PCs nicht oder nicht richtig erwachen und Ähnliches. Außerdem nützt Ihnen WoL nichts, wenn die Benutzer ihren PC über eine Steckerleiste stromlos schalten.

Wenn Sie mehr als zwei PCs verbinden, dann benötigen Sie einen Hub oder einen Switch. Dieses Koppelelement verbindet die PCs untereinander, jeder PC wird mit einem Kabel an diesen Hub oder Switch angebunden.

23 Switches

Ein Switch ist eine Netzwerkkomponente der ISO-/OSI-Schicht 2, arbeitet also auf der Ebene von Ethernet. Ein Switch entscheidet anhand der Ziel-MAC-Adresse, an welchen Anschluss bzw. welche Anschlüsse das Ethernet-Paket ausgegeben werden muss. Ausführliche theoretische Informationen finden Sie in Abschnitt 6.7, »Switch«.

Der Switch arbeitet meist im *Store-and-Forward*-Modus, somit speichert er ein eingehendes Datenpaket zunächst vollständig zwischen und sendet dieses als Ganzes weiter. Dadurch ist es dem Switch möglich, ein defektes Ethernet-Paket zu erkennen und zu verwerfen.

Defekte Ethernet-Pakete werden direkt vom eingehenden Switchport als defekt erkannt und verworfen. Beim Einsatz eines Hubs wäre das defekte Paket zunächst bis zum Empfänger transportiert worden, dieser hätte das Paket verworfen, weil er den Defekt feststellt. Wird ein defektes Ethernet-Paket über Hubs transportiert, belastet es das gesamte Netzwerk, um schließlich doch verworfen zu werden, bei einem Switch wird nur der Port belastet, der das defekte Paket empfängt.

Der Erfolg der Switches beruht unter anderem darauf, dass der Aufbau des Netzwerks gegenüber dem Einsatz von Hubs gleich bleibt: Die Hubs werden durch Switches ersetzt, fertig. Es ergeben sich insbesondere für die angeschlossenen PCs keine Einstellungsänderungen. Die spürbare Änderung für die Anwender ist die Vervielfachung der Netzwerkbandbreite: Das Netzwerk ist deutlich schneller.

23.1 Marktübersicht

Ich möchte auf den nächsten Seiten einen Überblick geben, welche Switches existieren, Beispiele nennen und Empfehlungen geben, welche Switches Sie situationsabhängig einsetzen sollten.

23.1.1 Einsteiger: Mini-Switches

Den Begriff *Mini-Switch* möchte ich so definieren, dass er alle Switches umfasst, die man nicht administrieren kann.

Es gibt Mini-Switches mit 5 bis 24 Ports. Allen gemeinsam ist, dass sie reine Plug-and-Play-Komponenten sind. Sie schließen sie an das Netzwerk an und können keine Konfiguration vornehmen, das bedeutet auch, Sie können keinerlei Informationen von diesem Switch auslesen.

Abbildung 23.1 16-Port-Mini-Switch; Quelle: netgear.com

Der Vorteil vieler Mini-Switches ist, dass sie lüfterlos arbeiten und daher keine Geräusche erzeugen. Auch die Wärmeabgabe ist sehr gering, sodass sie sich für den Einsatz in Büros oder Wohnräumen eignen (siehe Abbildung 23.1).

Preise

Die billigsten Vertreter der Mini-Switches haben fünf Switchports und bieten die Geschwindigkeit von Fast-Ethernet an jedem Port. Zur Information der Benutzer verfügen die Geräte über zwei LEDs pro Port. Die eine LED zeigt eine Verbindung an (*Link-LED*), die andere z. B. die Geschwindigkeit von 100 Mbit/s oder Datenverkehr (*Traffic-LED*). Der Preis für einen solchen Switch beginnt bei 10 €.

Wenn Sie hohe Geschwindigkeiten im eigenen LAN haben möchten, werden Sie zu einem Gigabit-Switch greifen. Der Einsatz eines solchen Switchs lohnt sich selbstverständlich nur, wenn Sie auch PCs mit Gigabit-LAN-Karte haben und große Datenmengen übertragen.

[zB] Ein Anwendungsfall sind Filmdaten. Ein HD-Film hat etwa 4 MByte pro Sekunde. Bei einer Spielfilmlänge von 110 Minuten fallen somit etwa 20 GB Daten an. Bei einer tatsächlichen Übertragungsrate von 85 Mbit/s dauert es 32 Minuten, bis der Film auf einem anderen PC liegt. Bei entsprechender Ausstattung mit Gigabit-Ethernet könnte – 850 Mbit/s als Datenrate[1] vorausgesetzt – der Film in drei Minuten übertragen sein.

Das Angebot an Mini-Switches, die mit Gigabit-Geschwindigkeit switchen, ist groß. Nahezu alle Hersteller von Mini-Switches bieten solche Geräte an. Die günstigen Switches beginnen bei 50 €, die meisten liegen um 60 € und bieten fünf Gigabit-Ports und volle Bandbreite auf allen Ports.

Hersteller solcher Switches sind z. B. 3Com, Belkin, D-Link, Level-One, Linksys, Netgear oder SMC.

Ein Mini-Switch ist eine Blackbox. Sie können fast nichts über dieses Gerät erfahren, z. B. wie viele Fehler auf einem Switchport aufgelaufen sind und Ähnliches. Das ist ein entscheidender Nachteil beim Troubleshooting, jedoch eher für größere Installation mit vielen PCs interessant.

Der Aspekt *Performance*, also Netzwerkgeschwindigkeit, ist nur interessant, wenn Sie öfter größere Datenmengen über Ihr Netzwerk übertragen. Wenn es lediglich um den Internetzugang geht oder ab und zu mal zwischen zwei PCs ein Film übertragen wird, fällt dies nicht ins Gewicht.

Fazit

Die Geräte decken vor allem den Bedarf bei sehr kleinen Firmen und Privatleuten ab. Ich empfehle den Einsatz von Mini-Switches für maximal 16 Teilnehmer. Wenn Sie mehr Anschlüsse benötigen, dann ist es sinnvoll, das Netzwerk zu planen. Eine Gestaltung können Sie aber nur erreichen, wenn Sie die Switches administrieren können.

23.1.2 Workgroup-Switches

Ein Workgroup-Switch lässt sich managen, besitzt meist ein oder zwei Steckmöglichkeiten für Erweiterungskarten (GBIC) und ist vorwiegend für den Einsatz als Etagenverteiler konzipiert.

Ein wichtiges Kriterium für einen Workgroup-Switch ist die hohe Anzahl von Anschlussmöglichkeiten, eben RJ-45-Ports. Da Sie an einen Workgroup-Switch möglichst viele PCs anschließen möchten, bieten diese Geräte mit sehr kompakter Bauhöhe 24 bis 48 Switchports für den Anschluss von PCs mittels Twisted-Pair-Kabel.

---

1 Eine solche Datenrate erzielen Sie nur mit schnellen PCs und PCIe-Karten.

Abbildung 23.2 Zu managender Workgroup-Switch; Quelle: netgear.com

In Abbildung 23.2 sehen Sie ein entsprechendes Gerät der Firma Netgear. Er bietet 24 PC-Anschlüsse für Fast-Ethernet, zwei Gigabit-Kupfer-Ports und zwei GBIC-Slots. Solche Geräte kosten üblicherweise einige Hundert Euro.

Ein Workgroup-Switch bietet üblicherweise Techniken wie *Spanning Tree, VLAN, SNMP, RMON, IGMP* und *Trunking*.

- Für das Management des Switchs sind die Protokolle SNMP und RMON wichtig. Viele Netzwerkmanagement-Programme greifen per SNMP auf Netzwerkkomponenten zu und fragen Werte ab.
- Die Technik Spanning Tree IEEE 802.1D/t verhindert die Bildung von Schleifen im Netzwerk. Das bedeutet Folgendes: Wenn Sie z. B. einen Switch redundant, also mit mehr als einem Anschluss an das LAN anbinden, wird es ohne weitere Maßnahmen dazu kommen, dass Datenpakete kreisen. Das Phänomen wächst exponenziell, und nach wenigen Minuten transportiert Ihr Switch nur noch kreisende Pakete. Diese müssen an allen Anschlüssen ausgegeben werden. Spanning Tree erkennt solche redundanten Wege (siehe Abbildung 23.3) und schaltet nach bestimmten Regeln automatisch eine Strecke ab. Fällt die aktive Strecke aus, wird die inaktive Strecke innerhalb von 40 Sekunden aktiviert. Die neuesten Versionen von Spanning Tree heißen Rapid-Reconfiguration-Spanning-Tree (RSTP), IEEE 802.1w oder Multiple-Spanning-Tree (MSTP).
- Das IGMP (Internet Group Management Protocol) dient zur Behandlung von Multicasts. Ein Multicast ist ein IP-Paket mit einem bestimmten IP-Adressbereich: 224.x.y.z bis 239.x.y.z. Mit einer Multicast-IP-Adresse möchte man nicht alle PCs und nicht einen einzelnen PC, sondern eine Gruppe von PCs erreichen. Ein Anwendungsbeispiel ist z. B. ein Video-Stream, der idealerweise nicht x-mal zu den Abonnenten übertragen wird, sondern nur ein Mal ausgeht. Für die Verteilung an alle Empfänger sorgt das Netzwerk. Der Switch muss wissen, an welchen Switch-Anschlüssen welche Multicasts ausgegeben

werden sollen, daher melden sich PCs beim Switch für einen bestimmten Multicast-Stream an, und der Switch schaltet per IGMP eine Verbindung zwischen Sender und Empfänger.

- Trunking ist die Technik, mit der man mehrere Switchports zu einem größeren Switchport zusammenschaltet. Ich habe das schon bei den Netzwerkkarten angesprochen. Ein standardisiertes Verfahren heißt Link-Aggregation und ist nach IEEE 802.3ad normiert.
- VLAN steht für Virtual LAN. Mittels einer besonderen Kennzeichnung der Ethernet-Pakete werden auf einer physikalischen LAN-Verkabelung mehrere virtuelle LANs gebildet. Jedes VLAN hat eine Nummer (ID). Die Pakete für die ID 222 werden nur an Switchports ausgegeben, die sich im VLAN 222 befinden. Zu anderen Anschlüssen können die Pakete nur über einen Router gelangen.

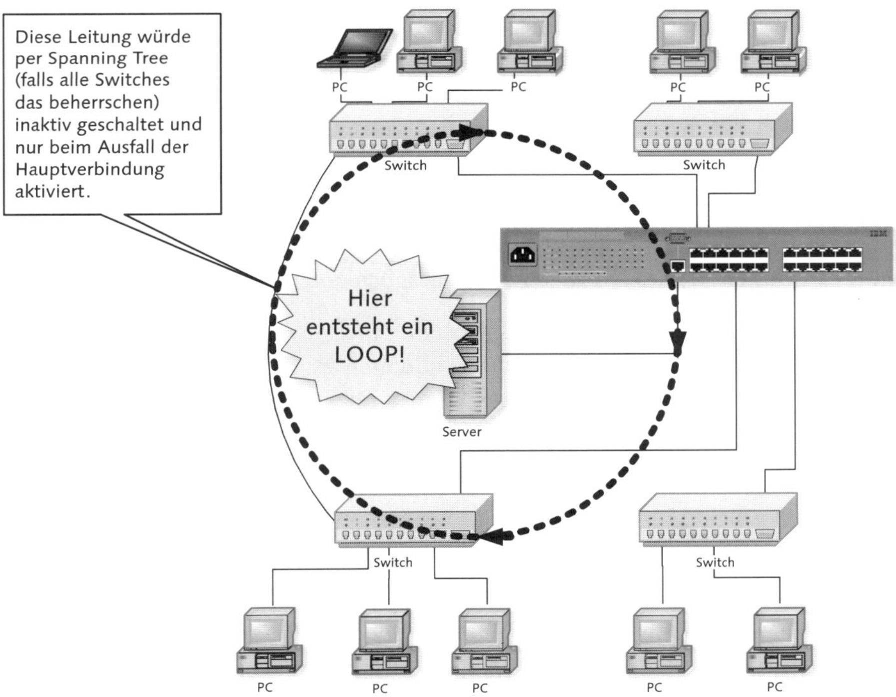

Abbildung 23.3 Ein Fall für Spanning Tree!

Sie betreiben ein Bürogebäude und vermieten die Büros inklusive IT-Support an Firmen. Aus finanziellen Gründen möchten Sie eine einheitliche LAN-Verkabelung benutzen. Selbstverständlich müssen die LAN-Anschlüsse der Firma Anton von denen der Firma Berta getrennt sein. Die Lösung sind VLANs. Sie kreieren [zB] zwei VLANs und konfigurieren die Anschlüsse so, dass sich die Anschlüsse der Firma Anton in VLAN 1 und die Anschlüsse der Firma Berta in VLAN 2 befinden.

Fazit

Ein Workgroup-Switch muss flexible Erweiterungsmöglichkeiten bieten (GBIC), seine Switching-Leistung muss für die vorhandenen Anschlüsse ausreichen, und sein Preis muss niedrig sein.

Konfigurationsmöglichkeiten geben Ihnen zusätzliche Flexibilität für die Zukunft und sichern so Ihre Investitionen.

Ein Switch, der konfigurierbar ist, bietet Ihnen wesentlich mehr Möglichkeiten als ein nicht gemanagter Switch. Die zusätzlichen Möglichkeiten müssen Sie selbstverständlich bezahlen. Die Nachteile sind also sowohl der höhere Preis der Komponente als auch der Aufwand, sich die Konfiguration anzueignen. Es ist jedoch ein Preis, der leicht wieder eingespart ist, wenn Sie nach Fehlern suchen, eine Konfiguration vornehmen müssen oder Ähnliches, und das können Sie, weil dieser Switch Ihnen die Möglichkeit gibt.

23.1.3 Modulare Switches

Bei modularen Switch-Systemen kommt es in besonderem Maße auf hohe Switching-Leistung und variable Ausstattungsmöglichkeiten an.

Ein modulares Switch-System ist das zentrale Switch-System eines großen Unternehmens. Von ihm aus gehen die Verbindungen zu den Workgroup-Switches. Daher verfügen zentrale Switch-Systeme meist über eine große Anzahl von Glasfaser-Ports. Da oftmals die Server direkt am zentralen Switch-System angeschlossen werden, benötigt man jedoch neben den Glasfaser-Ports auch noch Anschlüsse für RJ-45; auch diese werden per Modul, ähnlich wie eine PCI-Karte in einen PC, eingeschoben (siehe Abbildung 23.4).

Da diese Switch-Systeme erhebliche Anschaffungskosten verursachen, wird dieser Abschnitt für Sie nur informativen Charakter haben.

Die Anschaffung eines modularen Switchs beginnt mit dem Kauf des Chassis, in dem die sogenannte Backplane integriert ist. Die Backplane entspricht funktional dem Motherboard des PCs. Hinzu kommen Netzteile und Module.

Abbildung 23.4 Cisco Catalyst 6500, ein modularer Switch; Quelle: cisco.com

Ein komplett ausgestatteter modularer Switch kostet leicht mehrere Tausend Euro, dafür leistet er dann aber auch mehrere Hundert Gbit/s als Switching-Leistung.

Bekannte Hersteller von modularen Switches sind 3Com, Avaya, Cisco, Extrem-Networks oder Nortel Networks.

23.1.4 Fachbegriffe für den Switch-Kauf

Wenn Sie einen Switch kaufen, werden Sie in der technischen Beschreibung viele der folgenden Fachbegriffe wiederfinden:

- *Auto-MDI/MDX*: Die Anschlussart von RJ-45 kann MDI oder MDX sein. Das erste ist z. B. eine typische Netzwerkkarte, das zweite ein typischer Switchport. Möchten Sie zwei gleichartige Anschlüsse (z. B. zwei Netzwerkkarten) direkt miteinander verbinden, ist ein Cross-Kabel erforderlich. Heutige Switches beherrschen meist Auto-MDI/MDX, d. h., sie erkennen automatisch, welcher Partner angeschlossen ist und stellen ihren Anschluss entsprechend ein. Sie könnten also auch mit einem Cross-Kabel einen PC anschließen.

- *Store and forward* bedeutet, dass Datenpakete komplett zwischengespeichert werden, bevor sie übertragen werden. Dadurch kann der Switch defekte Pakete erkennen und diese verwerfen, sodass sie das Netzwerk nicht mehr belasten.
- In seine *Switching-Tabelle* speichert der Switch die Information, welche MAC-Adresse(n) er an einem Port schon empfangen hat. Erst über die MAC-Adresse kann ein Switch einen bestimmten Netzwerkteilnehmer adressieren.
- Ein *Puffer/Buffer* dient zum Zwischenspeichern der Datenpakete.
- *NWay* fasst die Funktionen Autonegotiation und Autosensing zusammen.
- *Uplink* ist ein Anschluss, an dem das Senden und das Empfangen vertauscht sind. Dadurch kann man Daten mit einem normalen Kabel (also ohne Cross-Kabel) einspeisen.
- *Flow Control IEEE 802.3x* verhindert das Überlaufen und Überschreiben des Speichers (Puffer/Buffer). Droht diese Gefahr, sendet der Switch ein Signal an den oder die Sender.
- *Stackable* ist ein Switch, mit dem man mehrere Switches untereinander über ein herstellerabhängiges Kabel verbinden kann. Diese Switches können über einen Uplink versorgt und oft wie ein Switch gemanagt werden.
- *GBIC* (GigaBit Interface Connector) bezeichnet den Einschub, in den ein Modul eingesteckt werden kann, das z. B. 1000Base-T, 1000Base-SX oder 1000Base-LX als Anschluss hat. Üblicherweise werden diese Einschübe für den Uplink verwendet.
- *Rackmount* sind Switches, die man in einen Netzwerkschrank einbauen kann. Das Maß von 19 Zoll ist Standard.
- *SNMP* (siehe Kapitel 18, »Simple Network Management Protocol«) bietet die Möglichkeit, einen Switch zu managen und seine Werte abzufragen.
- *RMON* ist ähnlich wie SNMP eine Managementfunktion, um Werte abzufragen.
- *Spanning Tree* ist die Standardtechnologie, um einen Ring (engl. *loop*) zu vermeiden. Wenn man ein Netzwerk so aufbaut, dass Pakete im Kreis transportiert werden, entstehen Überlastungssituationen. Das wird durch Spanning Tree automatisch verhindert, indem doppelte Verbindungen deaktiviert werden (siehe auch Abbildung 23.3 auf Seite 181).
- *IGMP* dient der Multicast-Fähigkeit von Netzwerken z. B. für Video-Streams (siehe Abschnitt 23.1.2, »Workgroup-Switches«).
- *VLAN/IEEE 802.1q*: Virtuelle LANs bieten die Möglichkeit, auf einer Verkabelung mehrere LANs zu realisieren. Dabei wird ein Ethernet-Paket mit einer Markierung versehen (engl. *tag*). Stellen Sie sich vor, dass Datenströme ver-

schiedene Farben aufweisen. Gelbe Netzanschlüsse können nur untereinander kommunizieren, das Gleiche gilt für andere Farben.

- *Priorisierung/IEEE 802.1p* wird eingesetzt, wenn im LAN zu wenig Bandbreite zur Verfügung steht. Es ist z. B. möglich, kleine Datenpakete großen vorzuziehen. Erst wenn alle kleinen Pakete transportiert sind, werden große Datenpakete transportiert; damit werden die kleinen Datenpakete zeitgerecht zugestellt.
- *Layer 3* ist die ISO-/OSI-Schicht 3, also die Schicht von IP. Ein Layer-3-Switch ist ein schneller Router.

23.1.5 Fazit

Im Netz daheim sind die Anforderungen üblicherweise nicht so hoch, und ein Mini-Switch mit 100 oder 1.000 Mbit/s reicht aus. An diesen Switches schätzen Sie den lüfterlosen Betrieb, denn der Switch wird in Ihren Wohnräumen stehen. Möglicherweise sind Kombinationsgeräte von Switch, DSL-Router und WLAN-AP für Sie interessant, Informationen dazu finden Sie in Abschnitt 35.1, »Hardware-Router«.

Zu managende Switches werden aufgrund ihres höheren Preises nur im professionellen Umfeld eingesetzt. Die angebotenen Funktionen zielen auf Firmen ab, meist werden sie im privaten Umfeld nicht gebraucht.

23.2 Switches im Netzwerk integrieren

Ein Switch ist eine Plug-and-Play-Komponente: Sie schließen den Switch an, und er funktioniert.

23.2.1 Uplink

Der an manchen Switches vorhandene Uplink-Port ist kein spezieller Anschluss, sondern ein normaler Anschluss, der gekreuzt als RJ-45-Anschluss als Uplink zur Verfügung gestellt wird, damit man mehrere Switches mit einem normalen Kabel verbinden kann. Gäbe es den Uplink-Port nicht, müsste man ein gedrehtes Kabel benutzen, um mehrere Switches zu verbinden. Das gilt, sofern nicht mindestens einer der beiden Switches MDI/MDX unterstützt.

23.2.2 Auto-MDI/MDX

Fast alle Mini-Switches bieten heute eine Auto-MDI/MDX-Funktion, die automatisch erkennt, ob der Port gekreuzt (MDX) oder 1:1 (MDI) angesteuert werden muss. Der Einsatz von speziellen Uplink-Ports entfällt ebenso wie der Einsatz von Cross-Kabeln.

[!] Sollte der Switch Auto-MDI/MDX falsch ausführen, weil z. B. die Kombination dieses Switchs mit manchen Netzwerkkarten nicht funktioniert, kommt keine Verbindung zustande. Die Funktion ist nicht genormt, und daher handelt es sich um eine potenzielle Fehlerquelle.

In diesem Kapitel erfahren Sie alle Schritte, um mit Ihrer jeweiligen Windows-Version ins Netz zu kommen.

24 Windows einrichten

In diesem Buch werde ich die Windows-Versionen Windows 7, Vista und XP behandeln. Die Darstellung beschränkt sich also auf die Client-Varianten. Die Windows-Serverprodukte werden in anderen Publikationen von Galileo Computing ausführlich behandelt, und die Darstellung von ActiveDirectory und ähnlichen Technologien würde zudem den Rahmen dieses Buches sprengen.

24.1 Windows 7

Drei Jahre nach dem ungeliebten Vista kam Ende 2009 der Nachfolger Windows 7. Die Fachwelt ist sich im Urteil bisher recht einig: Windows 7 ist das, was man von Vista immer erwartet hat. Viele sprechen von einem lediglich verbesserten Vista.

Untersuchungen haben ergeben, dass deutlich weniger Privatpersonen von XP zu Vista umgestiegen sind als damals von Windows 2000 auf XP; nach zwei Jahren waren es lediglich 20 %. Im geschäftlichen Umfeld wird Vista so gut wie gar nicht eingesetzt, und für die beliebten Netbooks ist Vista zu hardwarehungrig, sodass Microsoft den Verkauf von XP für diese Geräte verlängerte. Insgesamt also keine gute Bilanz für Vista bisher.

24.1.1 Versionen

Folgende Windows 7-Versionen gibt es:

- **Windows Starter**: minimalistische Version, die nur an OEM-Partner ausgeliefert wird.
- **Windows 7 Home Basic**: wird nicht in Europa und den USA verkauft.
- **Windows 7 Home Premium**: die Standardversion für Privatanwender.
- **Windows 7 Professional**: Nachfolger der Vista-Business-Version. Wird im Gegensatz zu dieser aber den vollen Funktionsumfang von Home Premium haben.

- **Windows 7 Enterprise**: eine Version, die ausschließlich an Großkunden verkauft wird.
- **Windows 7 Ultimate Edition**: die Version, die alle Funktionen enthält.

Da sich die Netzwerkfunktionen der Versionen nicht unterscheiden, werde ich hier die Variante *Ultimate Edition* vorstellen.

24.1.2 Besondere Netzwerkfunktionen

Die wesentlichen Änderungen in Windows 7 gegenüber älteren Windows-Versionen hinsichtlich der Netzwerkfunktionalitäten sind:

- **Firewall**: Die neue Firewall unterscheidet zwischen Regeln für öffentliche und private Netzwerkstandorte.
- **Homegroup**: Der Austausch von Dateien zwischen Windows PCs erfordert neben der korrekten IP-Konfiguration auch, dass der PC in derselben Arbeitsgruppe ist und Freigaben entsprechend berechtigt sind. Nicht selten klappt das schnelle Austauschen von Dateien nicht auf Anhieb. Dieses Problem löst die Funktion Homegroup mithilfe von IPv6.
- **Easy Connect**: Die schon aus XP bekannte Remoteunterstützung hatte stets den Nachteil, einen DSL-Router nicht zu überspringen, er musste erst aufwendig konfiguriert werden. Das wird mit Easy Connect nun anders, dabei hilft wieder IPv6 und eine Microsoft-Entwicklung: Peer Name Resolution Protocol (kurz: PNRP).
- **Netzwerkprofile**: Wird ein PC, insbesondere ein Notebook, in verschiedenen Netzen eingesetzt, ist es mühsam, den Standarddrucker umzustellen. Bisher haben dem Benutzer spezielle Programme diese Arbeit abgenommen, jetzt kann Windows das selbst.
- **Schnelle DHCP-Anfrage**: Windows sendet die DHCP-Anfrage schneller und soll damit den Boot-Vorgang beschleunigen.
- **Bessere WLAN-Unterstützung**: Es reicht nicht immer, verfügbare WLANs anzuzeigen. Bei Hot Spots muss beispielsweise eine Authentifizierung erfolgen. Diese Fähigkeit ist in Windows 7 integriert.

Im Bereich der Netzwerke sind die Neuerungen verglichen mit Vista nicht sehr groß.

Gut zu erkennen ist, dass Microsoft der häufigeren Vernetzung mit Notebooks Rechnung trägt und Funktionen nachrüstet, die bisher nur mit Drittprogrammen erreicht werden konnten.

24.1.3 IP-Konfiguration

Die IP-Konfiguration finden Sie bei Windows 7 unter Start • Systemsteuerung • Netzwerk und Internet • Netzwerk- und Freigabecenter • Adaptereinstellungen ändern • LAN-Verbindung • Eigenschaften. Dort klicken Sie auf Internetprotokoll Version 4 (TCP/IPv4) und dann erneut auf Eigenschaften. Der Dialog (siehe Abbildung 24.1) kommt Ihnen sicherlich vom Inhalt her bekannt vor, er gleicht dem von Windows XP oder Vista.

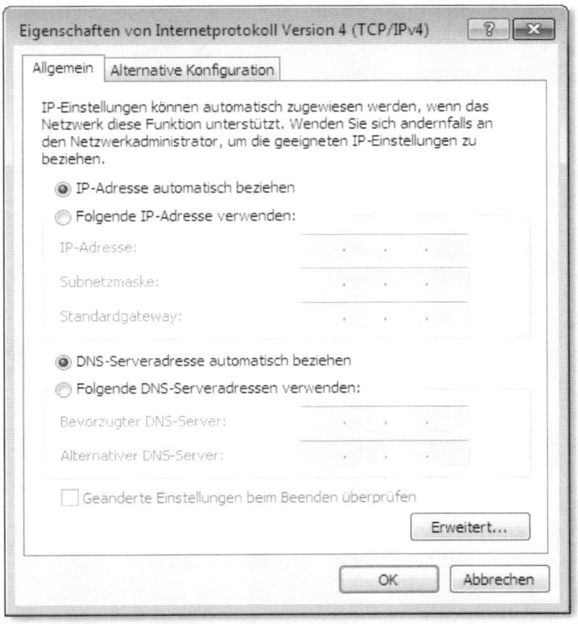

Abbildung 24.1 Windows 7 – Eigenschaften von IPv4

Die Treiber zur *Topologieerkennung* gibt es seit Vista, sie versuchen den Aufbau des Netzwerks zu erkennen, um mit den gewonnenen Informationen Fehler diagnostizieren zu können. Weitere Informationen zu LLTP finden Sie in Abschnitt 24.2.2, »IP-Einstellungen«.

Ebenfalls seit Vista verfügbar ist die Alternative Konfiguration. Das war der erste Ansatz, die IP-Konfiguration von zwei Netzwerken, z. B. Büro und zu Hause, verwalten zu können. Es fehlte bei Vista die Möglichkeit, weitergehende Einstellungen verwalten zu können, dies ist jetzt mit den Netzwerkprofilen (siehe Abschnitt 24.4, »Windows in verschiedenen Netzwerken«) erweitert worden.

Dabei weisen Sie dem Netzwerk einen Standort zu. Dieser entscheidet dann darüber, welche Sicherheitseinstellungen gelten.

24.1.4 Windows 7 Firewall

Die bisherigen Windows-Firewalls genießen in der Fachwelt keinen guten Ruf, die Fachleute rieten zu anderen Firewalls. Entsprechend wurde die Windows-Firewall oft deaktiviert. Ihre Möglichkeiten waren zu beschränkt, als dass sich damit vernünftig arbeiten ließ, auch wenn sie einfach zu benutzen war.

Microsoft hat in Windows 7 die Firewall aufpoliert und unterscheidet jetzt zwischen öffentlichen Netzwerken – einem Hot Spot im Biergarten – und privaten Netzwerken. Während im Biergarten der Zugriff auf die freigegebenen Ordner unerwünscht ist, ist genau das üblicherweise im eigenen LAN gewollt. Diesem Umstand trägt die neue Firewall Rechnung und passt die Firewall-Regeln an, je nachdem, ob man sich in einem privaten oder öffentlichen Netzwerk befindet.

Auch der bisherige Nachteil, dass standardmäßig lediglich der eingehende Datenverkehr überprüft wurde, während Schädlinge ungehindert ausgehend kommunizieren konnten, ist behoben. Es ist sogar möglich, die Firewall nur für öffentliche Netzwerke zu aktivieren.

Wenn Sie unter SYSTEMSTEUERUNG • SYSTEM UND SICHERHEIT • WINDOWS-FIREWALL die Standardansicht der Firewall aufgerufen haben, stehen Ihnen alle wesentlichen Möglichkeiten der Administration zur Verfügung (siehe Abbildung 24.2).

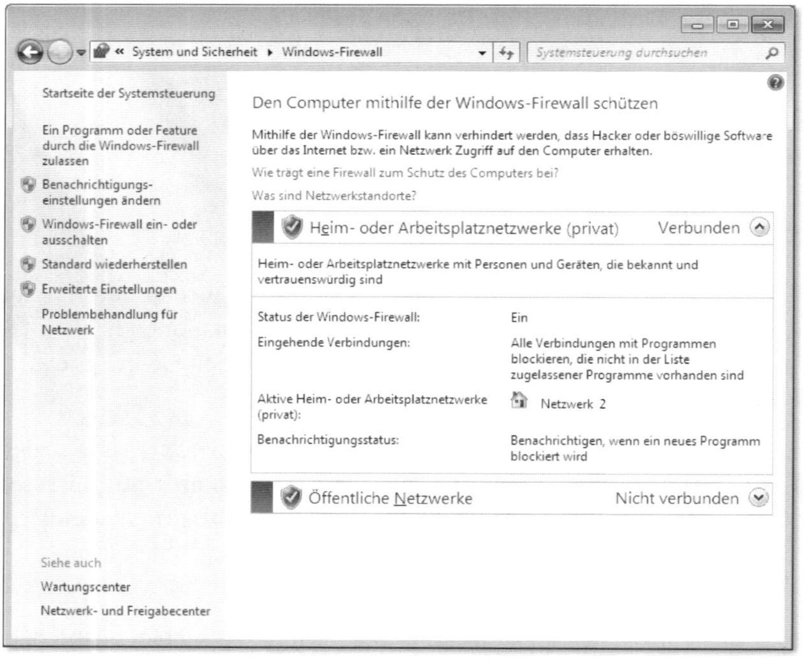

Abbildung 24.2 Die neue Firewall bietet mehr Möglichkeiten.

Wenn Sie nun auf EIN PROGRAMM ODER FEATURE DURCH DIE WINDOWS-FIREWALL ZULASSEN klicken, können Sie eine neue Regel anlegen. Im Bereich der zugelassenen Programme klicken Sie auf EINSTELLUNGEN ÄNDERN und dann auf ANDERES PROGRAMM ZULASSEN...

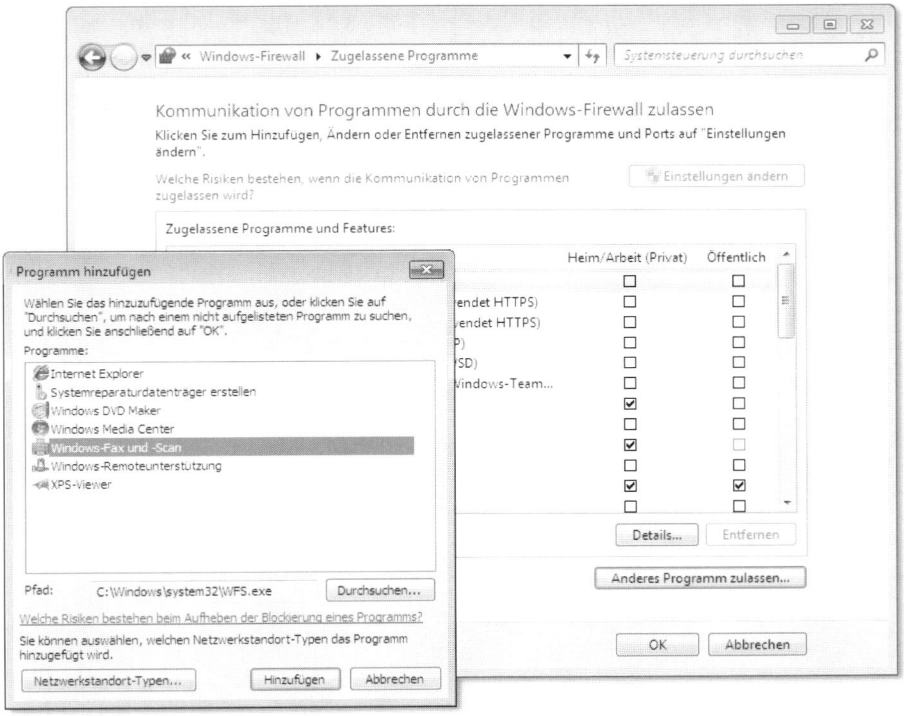

Abbildung 24.3 Programm erlauben

Im sich nun öffnenden Dialog (siehe Abbildung 24.3) können Sie das Programm auswählen und über die Schaltfläche NETZWERKSTANDORT-TYPEN... direkt festlegen, ob dies nur in privaten oder auch in öffentlichen Netzwerken gelten soll.

Weitergehende Konfigurationen sind nun nicht mehr auf TCP und UDP begrenzt, sondern eine Regel kann auch viele andere Protokolle betreffen, z. B. kann man IPv6 verbieten, aber IPv4 erlauben oder andersherum und vieles mehr.

Alles in allem hat sich die Firewall deutlich verbessert und kann nun den kostenlosen Produkten anderer Hersteller das Wasser reichen.

24.1.5 Homegroup

Die *Heimnetzgruppe* – die unglückliche Übersetzung von Homegroup – ist die Weiterentwicklung der Arbeitsgruppe, die bereits aus den Vorgängerversionen bekannt ist.

Da die Nutzung einer Arbeitsgruppe eine Fülle von Hürden bot, insbesondere mussten die Berechtigungen richtig gesetzt sein, damit der gewünschte Benutzer eines anderen Computers zugreifen konnte, wurde diese Funktion massiv vereinfacht.

Bei der Installation von Windows 7 gibt man an, ob eine Homegroup angelegt werden soll oder ob man einer bestehenden Homegroup beitreten möchte. Die dritte Variante ist das Zusammenführen von zwei Gruppen zu einer, wenn zwei bestehende PCs in einem Netzwerk zusammentreffen.

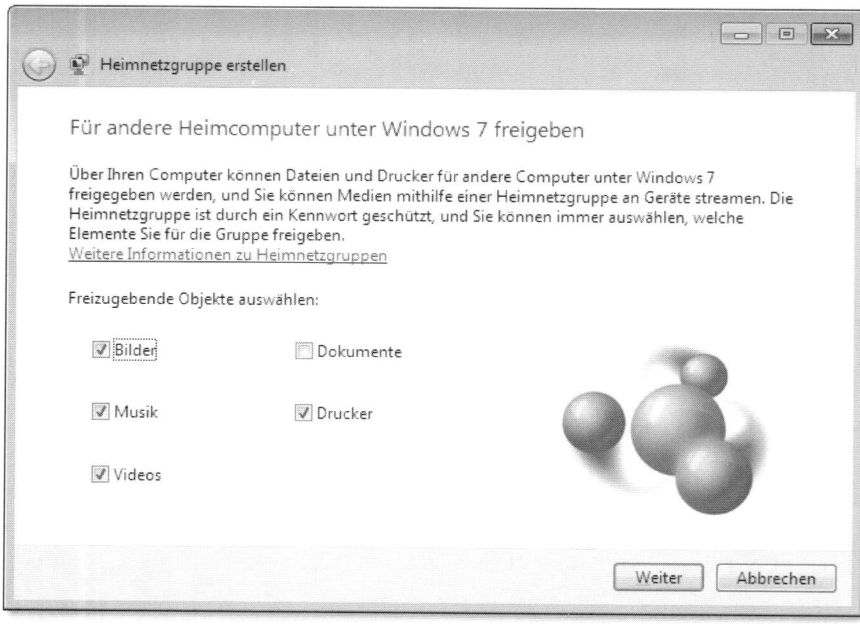

Abbildung 24.4 Homegroup erstellen

Bei der Homegroup gibt es die Beschränkung, dass diese Funktion nur mit Windows 7 funktioniert und das auch nur innerhalb eines LANs. Zusätzlich muss als Netzwerkstandort für die LAN-Verbindung *Heimnetzwerk* ausgewählt sein.

Beim Dialog zur Erstellung der Homegroup kann man auswählen, welche Dateitypen man freigeben möchte. Mit einem Klick auf WEITER wird die Homegroup angelegt, und es wird ein Passwort angezeigt, das weitere Mitglieder der Gruppe eingeben müssen, um dieser Homegroup beizutreten. Das Ausdrucken des Passworts ist nicht wichtig, Sie können sich jederzeit über NETZWERK UND INTERNET • HEIMNETZGRUPPE • KENNWORT FÜR DIE HEIMNETZGRUPPE ANZEIGEN ODER DRUCKEN das Passwort anzeigen lassen.

Benutzer, die der Homegroup beigetreten sind, können wählen, welche Art von Dateien innerhalb der Gruppe freigeben werden soll. Weitere Einstellungen sind nicht erforderlich: keine Freigaben, keine Benutzer, keine Freigabepasswörter, keine Dateiberechtigungen.

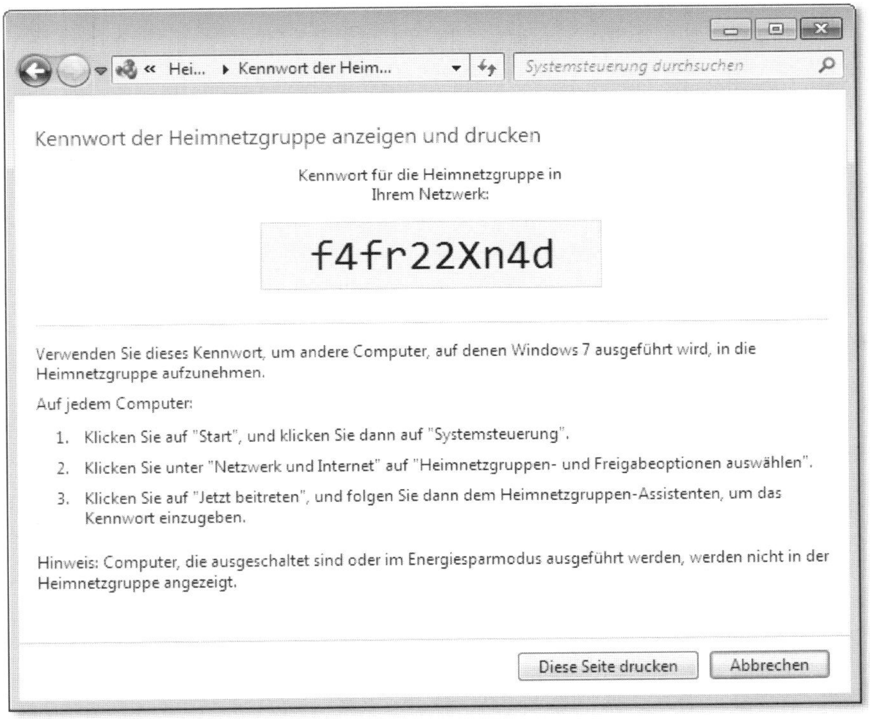

Abbildung 24.5 Kennwort zum Beitritt in die Homegroup

Wenn Sie Windows 7 in einem Netzwerk mit einer Arbeitsgruppe einsetzen möchten, finden Sie die Einstellungen dazu unter EIGENSCHAFTEN ZU COMPUTER.

24.1.6 Easy Connect – Windows-Remoteunterstützung

Wenn ein Laie Hilfe bei einem Computerproblem braucht, ist es nützlich, wenn der Helfer auf seinen PC schauen kann und bei der Lösung des Problems unterstützen kann. Im Grunde handelt es sich dabei um den Bereich der Remoteadministration (siehe Kapitel 30, »Fernadministration«).

Die Remoteunterstützung gibt es bereits bei Windows XP, für den Einsatzzweck – Computerlaie kontaktiert Helfer – ist sie ungeeignet, weil dem Helfer die private IP-Adresse mitgeteilt wird, mit der er nichts anfangen kann, wenn er aus dem Internet zugreifen will.

Diesen Mangel beseitigt *Easy Connect* in Windows 7. Dabei benutzt Windows 7 zwei Techniken:

- IPv6 mithilfe von *Teredo* auch über IPv4-Internetzugänge
- *Peer Name Resolution Protocol* (kurz: PNRP), um für den Hilfesuchenden – vergleichbar mit DynDNS – einen weltweit eindeutigen Namen für den Zugriff des Helfers aus dem Internet zu haben.

Damit all das klappt, muss am Internet-Router der UDP-Port 3540 zu diesem Windows 7-PC weitergeleitet werden. Das wird von der Remoteunterstützung geprüft. Kommen die PNRP-Pakete nicht durch den DSL-Router zu diesem PC, wird die Option Easy Connect nicht angeboten.

Die Einstellungen zur Remoteunterstützung finden Sie unter SYSTEMSTEUERUNG • ALLE ELEMENTE • SYSTEM • REMOTEEINSTELLUNGEN (siehe Abbildung 24.6).

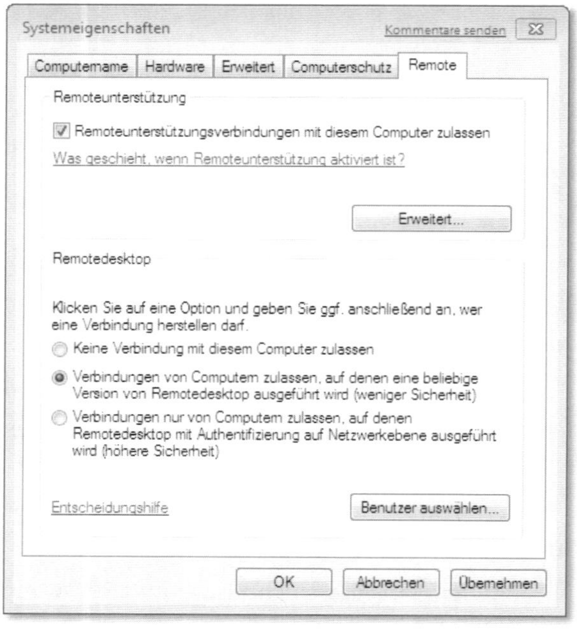

Abbildung 24.6 Remoteunterstützung ist aktiviert.

Wenn Sie unter der Schaltfläche ERWEITERT ... die Windows-Version der Helfer auf Vista oder höher beschränken, wird PNRP genutzt.

Um die eine Sitzung zu starten, rufen Sie als Hilfesuchender `Windows-Remoteunterstützung` vom START-Menü aus auf. Es erscheint der in Abbildung 24.7 gezeigte Dialog, in dem Sie wählen können, ob Sie Hilfe brauchen oder helfen wollen.

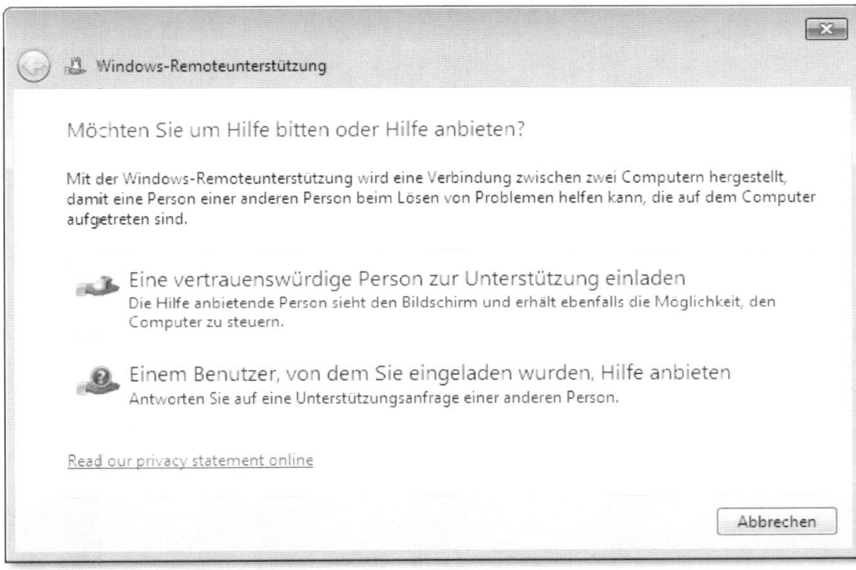

Abbildung 24.7 Helfen oder Hilfe anbieten?

Im nachfolgenden Dialog können Sie entscheiden, wie Sie den Helfer informieren wollen. Bei der Auswahl EASY CONNECT VERWENDEN braucht der Helfer nur noch ein Passwort einzutippen (siehe Abbildung 24.8).

Beim PNRP wird wie bei anderen Peer-to-Peer-Anwendungen auch kein zentraler Server eingesetzt, sondern die Namensauflösung durch andere PCs gewährleistet, die ebenfalls PNRP aktiviert haben.

In der Abbildung 24.9 hilft ein Vista- einem Windows 7-PC.

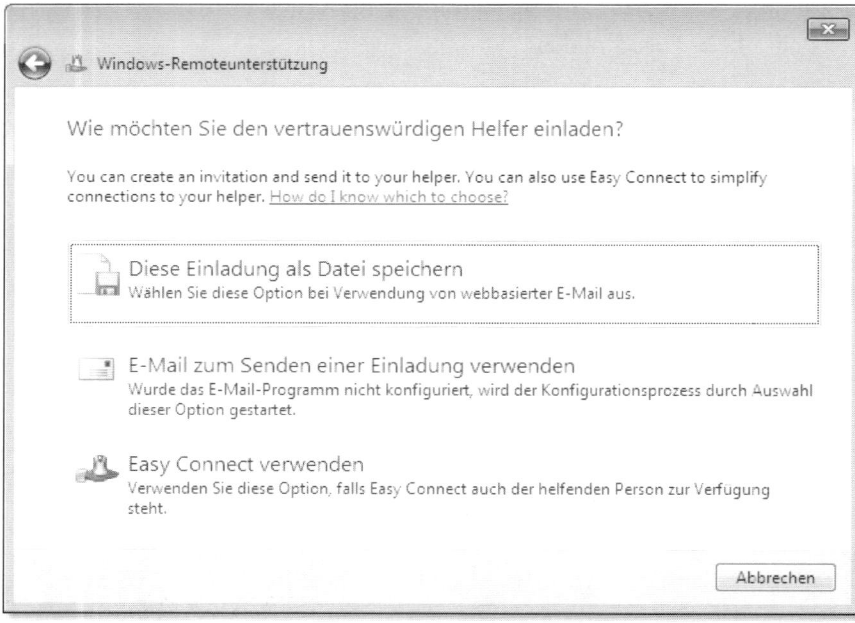

Abbildung 24.8 Einladung an den Helfer

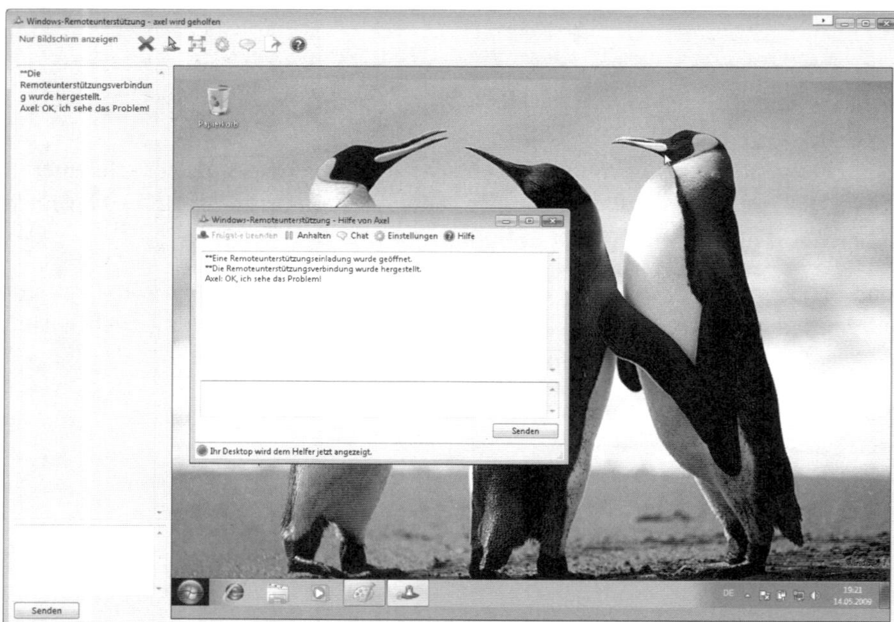

Abbildung 24.9 Der Helfer-Desktop

24.1.7 Kleine Änderungen

Die *Netzwerkprofile* wurden mit Vista eingeführt und geben Ihnen die Möglichkeit, abhängig von der Art des Netzwerks bestimmte Freigabeoptionen zu nutzen. So wird standardmäßig bei *Öffentliches Netzwerk*, also etwa einem Hot Spot, der Datenverkehr restriktiv durch die Firewall behandelt, bei *Heimnetzwerk* sind Freigaben möglich. Die Netzwerkprofile wurden jetzt um die Möglichkeit erweitert, einen Standarddrucker vorzugeben.

Verbessert wurde der *Ressourcenmonitor*, er zeigt nun, welche Anwendung wie viel Leistung nutzt, und auch, welche Ports verwendet werden (siehe Abbildung 24.10).

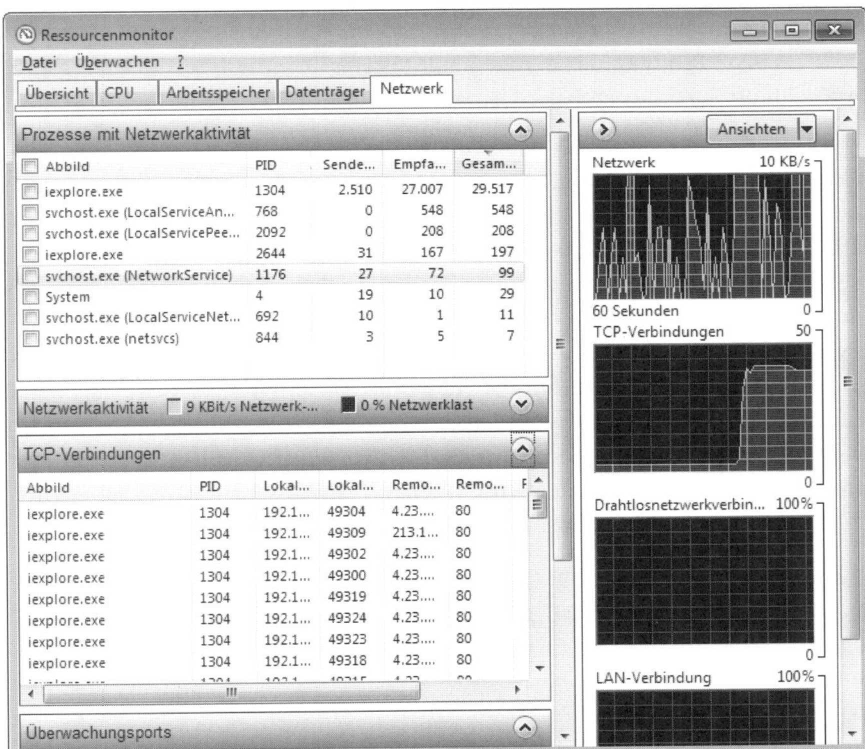

Abbildung 24.10 Netzwerkreiter des Ressourcenmonitors

24.2 Windows Vista

Vista ist der Nachfolger von Windows XP und bietet nach mehr als fünf Jahren Entwicklungszeit seit 2007 eine Fülle an Neuerungen. Überraschenderweise sind die Verkaufszahlen von Vista nicht den Erwartungen entsprechend. So nutzt kaum ein Geschäftskunde Vista, die meisten sind bei XP geblieben und wechseln nun direkt zu Windows 7.

24.2.1 Besondere Netzwerkfunktionen

Vista unterscheidet sich von XP in vielen Bereichen, einige Änderungen betreffen die Netzwerkfunktionen.

Die augenscheinlichen Neuerungen von Vista liegen insbesondere in der neuen Windows-Oberfläche *Aero*, die auf Vektorgrafiken basiert und lediglich verwendet wird, wenn die Grafikkarte entsprechende Anforderungen[1] unterstützt.

Wichtige Neuerungen bietet der Bereich *Sicherheit*. Nach Aussagen von Microsoft ist Vista das erste Produkt, das den neuen internen Sicherheitszertifizierungsprozess vollständig durchlaufen hat.

Den meisten Kontakt haben Sie als normaler Benutzer zu der neuen *Benutzerkontensteuerung*: *User Account Control* (kurz: UAC). Für die Änderung der Systemzeit waren bei Windows XP noch Administratorrechte erforderlich, ebenso für die Installation von Programmen. Die weitgehende Beschränkung normaler Benutzer, die bei den Vorgängerversionen letztendlich dazu führte, dass fast alle Benutzer mit vollen administrativen Rechten auf einem PC arbeiteten, ist bei Vista entfallen. Normale Benutzer können nicht nur die Uhrzeit umstellen, sondern auch Programme installieren, wenn diese nicht auf die Systemverzeichnisse zugreifen. Sind administrative Rechte erforderlich, können diese für einzelne Aktionen zur Verfügung gestellt werden. Selbst wenn Sie als Benutzer mit administrativen Rechten arbeiten, werden Sie zu allen Vorgängen, die administrative Rechte wirklich benötigen, zusätzlich gefragt (siehe Abbildung 24.11).

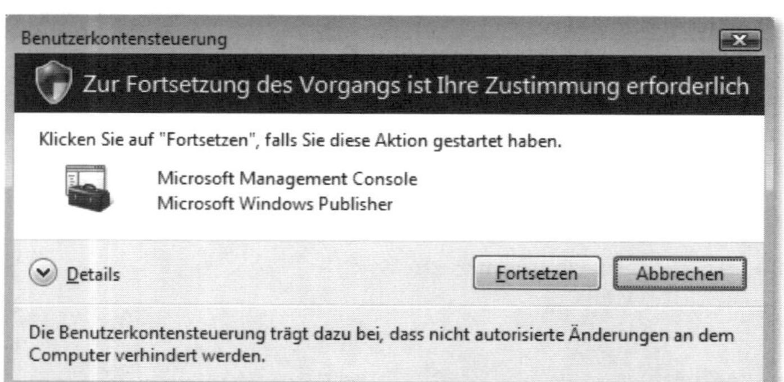

Abbildung 24.11 ... wieder eine Zustimmung erforderlich ...

1 DirectX 9.0 und WDDM-Grafiktreiber

Da bei der Vista-Benutzerkontensteuerung wirklich viele Nachfragen kommen, wurde diese oftmals deaktiviert, sodass keine zusätzliche Sicherheit gewonnen war. Dieses Problem wurde in Windows 7 geändert, dort ist die Benutzerkontensteuerung anpassbar.

Weitere Sicherheitsfunktionen bieten *Defender* (Spyware-Schutz), Firewall und Jugendschutz, genauere Informationen darüber finden Sie in den jeweiligen Abschnitten.

Der Bereich *Netzwerk* wurde insgesamt deutlich umgestaltet, so gibt es statt getrennter Bereiche für Netzwerkeinstellungen und Datei-/Laufwerksfreigaben jetzt das *Netzwerk- und Freigabecenter*, zu dem Sie weitere Informationen ab Seite 208 finden.

Der *Ressourcenmonitor* listet übersichtlich auf, was sonst der Befehl `netstat` auf der Kommandozeile zeigen musste, und listet zusätzlich auf, welche Anwendung wie viel Netzwerkverkehr erzeugt (siehe Abbildung 24.12).

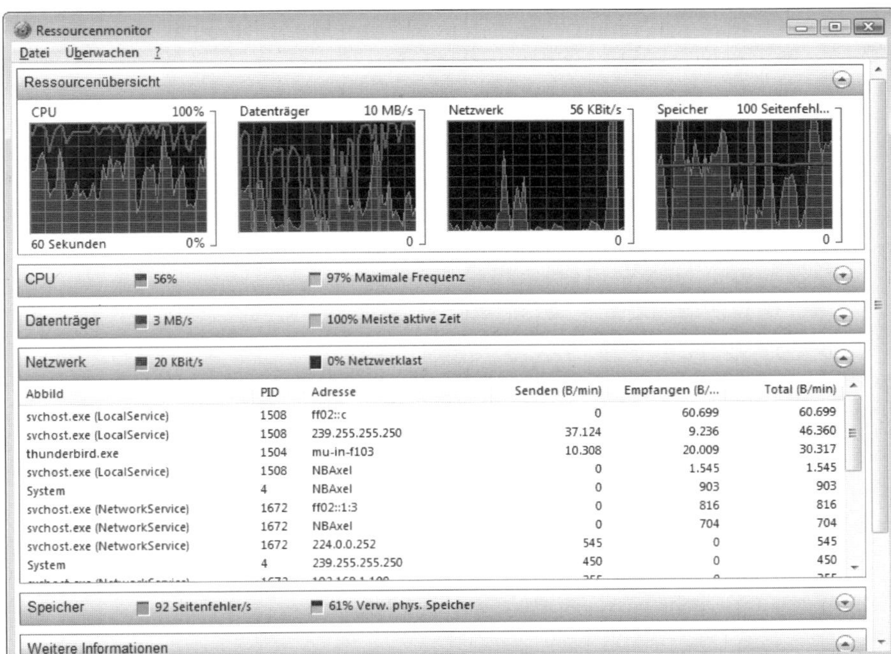

Abbildung 24.12 Vista-Ressourcenmonitor zeigt auch Netzwerklast.

Die bisher als gesonderte XP-Version vermarktete *MediaCenterEdition* (MCE) ist bei Vista Home Premium und Ultimate enthalten. Mit dem Programm MediaCenter können Sie eine Medienbibliothek verwalten (Bilder, Musik, Video), anhören bzw. anschauen, Videos aufnehmen oder Mediadateien aus dem Internet einbinden (Video on Demand). Auch das Streaming von Videos auf den Fernseher ist mit von Microsoft *MediaCenter Extender* genannten Geräten möglich. Als Extender gibt es neben der *XBox* auch von weiteren Herstellern Set-Top-Boxen oder LCD-TVs, die als Extender arbeiten können.

Viele Netzwerkänderungen haben sich unter der Oberfläche von Vista vollzogen. So ist der TCP-IP-Stack komplett neu entwickelt worden und bietet neue Netzwerkfunktionen. Mit den Neuerungen kommt der Benutzer jedoch nicht in Berührung, und ich möchte daher nicht näher auf Einzelheiten eingehen.

Eine Änderung betrifft auch das Verhalten von Vista bei der Steuerung des TCP-Empfangspuffers: RWIN. Das TCP Receive Window wird automatisch geregelt. Anschauen bzw. einstellen können Sie über die net-Shell: `netsh interface tcp show global`.

Die Funktion heißt `Autom. Abstimmungsgrad Empfangsfenster`.

Die *Hardware-Erkennung* ist bei Vista weiter verbessert worden. Vista liefert den Großteil an Hardware-Treibern gleich mit. Es können oftmals auch die XP-Treiber für ein Gerät weiterverwendet werden.

Microsoft identifiziert Software, die im Kernel-Modus[2] arbeitet, über ein Verisign-Zertifikat[3], sodass eine höhere Systemstabilität sichergestellt werden kann. Als Benutzer des 64-Bit-Vista können Sie ausschließlich signierte Treiber installieren, beim 32-Bit-Vista können Sie sich auch dafür entscheiden, einen unsignierten Treiber zu installieren.

24.2.2 IP-Einstellungen

Die IP-Konfiguration ist bei Vista auf DHCP vorkonfiguriert, wie dies auch bei allen Vorgängerversionen der Fall war.

Wenn Sie diese Einstellungen ändern möchten, ist der Zugriff auf die Eigenschaften der Netzwerkverbindung in Vista gegenüber XP leicht modifiziert.

---

2 Prozesse können im User-Modus oder im privilegierten Kernel-Modus arbeiten. Den Wechsel zwischen diesen beiden Modi bezeichnet man als Context-Switch.

3 PIC = Publisher Identity Certificate

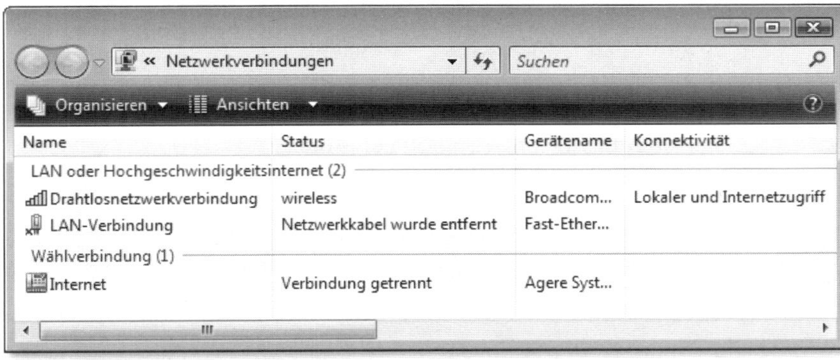

Abbildung 24.13 Verwaltung der Netzwerkverbindungen

Rufen Sie über Systemsteuerung • Netzwerk- und Freigabecenter zunächst selbiges auf. Dort wählen Sie links unter Aufgaben den Punkt Netzwerkverbindungen verwalten. Sie erhalten eine Darstellung wie in Abbildung 24.13 und können nun mit der rechten Maustaste über das Kontextmenü • Eigenschaften die Eigenschaften einer Netzwerkverbindung konfigurieren, wie Sie es von XP her bereits kennen (siehe Abbildung 24.14).

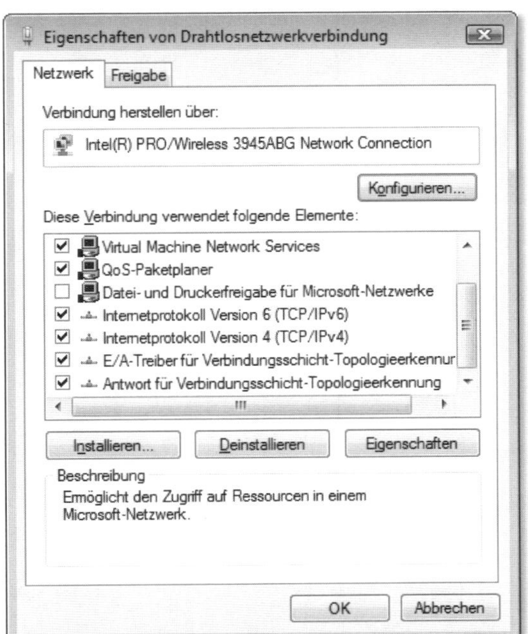

Abbildung 24.14 Netzwerkeigenschaften unter Vista

Zusätzlich zu den von XP bekannten Elementen gibt es drei neue Elemente:

- Internetprotokoll Version 6 (TCP/IPv6)
- E/A-Treiber für Verbindungsschicht-Topologieerkennung
- Antwort für Verbindungsschicht-Topologieerkennung

Wie schon im Überblick über die Vista-Neuerungen erwähnt, ist IPv6 (siehe Abschnitt 11.4, »IP-Version 6«) fester Bestandteil von Vista. Üblicherweise wird es selten genutzt, da die meisten Netzwerkgeräte und Programme IPv6 nicht verarbeiten können.

Die letzten beiden Punkte betreffen den Link *Layer Topology Discovery* (kurz: LLTP), der die Microsoft-properitäre Topologieerkennung in einem Netzwerk unterstützen soll und nicht kompatibel mit dem IEEE 802.1ab LLDP ist.

Wenn Sie die EIGENSCHAFTEN von TCP/IPv4 aufrufen, gibt es neben ALLGEMEIN den Reiter ALTERNATIVE KONFIGURATION. Letzterer erscheint nur, wenn die IP-Konfiguration unter ALLGEMEIN auf IP-ADRESSE AUTOMATISCH BEZIEHEN gesetzt ist, wenn also DHCP verwendet wird. Inhaltlich entspricht die Konfiguration der von XP (siehe Abschnitt 24.2.2, »IP-Einstellungen«).

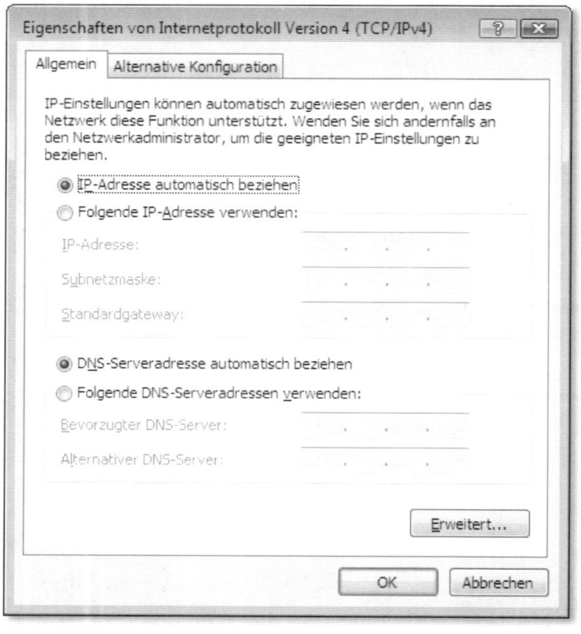

Abbildung 24.15 Die IP-Konfiguration von Vista

Wozu gibt es die ALTERNATIVE KONFIGURATION? Der von Microsoft angedachte Anwendungsfall ist die Verwendung eines Notebooks im Firmen-LAN mit DHCP-Server (Reiter ALLGEMEIN) und zu Hause ohne DHCP-Server und ohne APIPA (siehe Abschnitt 24.2.2, »IP-Einstellungen«), sondern mit der alternativen IP-Konfiguration.

Wenn Sie kein DHCP verwenden, müssen Sie die IP-Adresse, die Subnetzmaske und das Standardgateway wie gehabt manuell eintragen (siehe Abbildung 24.15). Damit die Namensauflösung – beispielsweise für das Surfen im Internet – funktioniert, müssen Sie auch einen DNS-Server angeben. Üblicherweise ist dies die IP-Adresse des Internet-Routers in Ihrem LAN.

Über die Schaltfläche ERWEITERT... erreichen Sie weitere Konfigurationsmöglichkeiten. Dort können Sie beispielsweise ein zweites Standardgateway eintragen oder erweiterte Einstellungen zur Namensauflösung vornehmen, auch hier ist die Konfiguration identisch mit der von Windows XP. In nur sehr seltenen Fällen muss die erweiterte IP-Konfiguration genutzt werden.

Sollten Sie IPv6 verwenden wollen, haben Sie mehrere Möglichkeiten:

- automatische Link-Lokale-Adressen
- manuelle IPv6-Konfiguration
- IPv6-fähiger DHCP-Server

Der letzte Fall findet selten Anwendung, da es bisher erst wenige IPv6-fähige DHCP-Server gibt.

In Abschnitt 11.4, »IP-Version 6«, wird beschrieben, dass die *Autokonfiguration* von IPv6 die Verwendung von DHCP weitestgehend überflüssig macht. Daher wird es üblich sein, IPv6 ohne DHCP zu verwenden. Das Betriebssystem errechnet anhand der MAC-Adresse eine sogenannte Link-Lokale-Adresse nach dem EUI-64-Standard.

Vista verwendet IPv6 vorrangig. Das bedeutet, sollte eine IPv6-Adresse des Netzwerkteilnehmers vorhanden sein, wird diese auch verwendet. Sehen können Sie das, wenn Sie einen `ping` auf den Namen `localhost` machen. Dort wird die IP-Adresse ::1 verwendet, dies ist die Entsprechung zu 127.0.0.1 bei IPv4 (siehe Abbildung 24.16). **[«]**

Ihre LAN-Karte hat die MAC-Adresse 00:11:22:33:44:55. Windows – und im Übrigen auch Linux – würden daraus die folgende Link-Lokale-Adresse generieren: **[zB]**

```
fe80::0211:22FF:FE33:4455
```

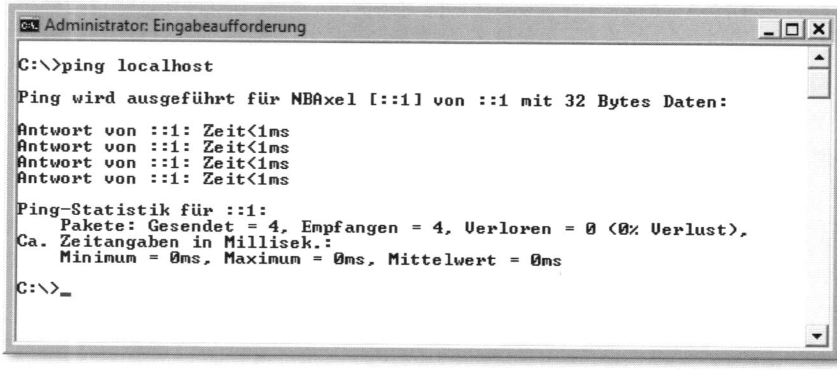

Abbildung 24.16 »ping« auf »localhost« mit IPv6

In den fett markierten Ziffern der IPv6-Adresse finden Sie die MAC-Adresse wieder.

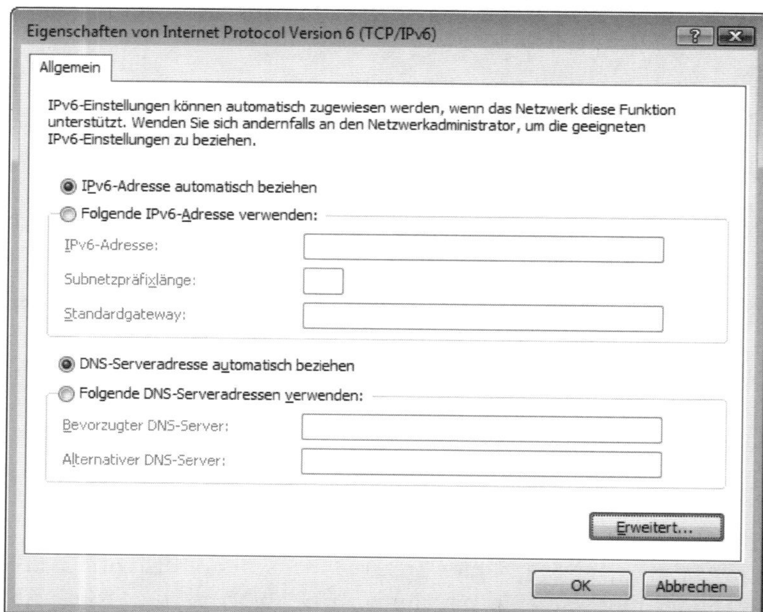

Abbildung 24.17 IPv6-Konfiguration läuft meist automatisch.

Normalerweise sollten Sie bei IPv6 keine manuelle Konfiguration (siehe Abbildung 24.17) vornehmen müssen. Wenn Sie sich näher mit IPv6 unter Vista beschäftigen möchten, finden Sie in diesem Artikel einen guten Einstieg dazu: *http://www.microsoft.com/germany/technet/datenbank/articles/600950.mspx*.

24.2.3 Erweiterte Netzwerkeinstellungen

Bei XP existiert zu jeder Netzwerkverbindung ein Reiter ERWEITERT, über den die Window-Firewall und die Internetverbindungsfreigabe erreichbar sind. Dieser Reiter und auch der Reiter AUTHENTIFIZIERUNG existieren bei Vista nicht mehr, es gibt nur noch den Reiter FREIGABE. Damit ist allerdings nicht die Datei- und Druckerfreigabe gemeint, sondern die Internetverbindungsfreigabe.

Abbildung 24.18 Internetverbindungsfreigabe unter Vista

Die Konfiguration der Internetverbindungsfreigabe (siehe Abbildung 24.18) entspricht der von XP.

Eine echte Neuerung von Vista ist die *Netzwerktopologieerkennung*, diese wird von Microsoft *Link Layer Topology Discovery* (kurz: LLTD) genannt. LLTD ist ein properitäres Verfahren von Microsoft, das nicht dem funktionsgleichen LLDP entspricht. LLTP erkennt Router, Switches, Hub und andere LLTD-Clients, und so kann Vista den Aufbau des Netzwerks erahnen.

Das LLDP ist nach IEEE 802.1ab normiert worden. Es verwendet Ethernet-Multicast-Pakete, um zwischen den LLDP-Agenten Informationen auszutauschen. Die Informationen werden in einer SNMP-MIB gespeichert und können von entsprechenden Netzwerk-Managementprogrammen abgefragt und ausgewertet werden. Es handelt sich um eine Weiterentwicklung des properitären CDP (*Cisco Discovery Protocol*), mit dem es nicht kompatibel ist.

Um auch Windows XP-PCs in der Topologiedarstellung von Vista wiederzufinden (siehe Abbildung 24.22) müssen Sie unter XP den kostenfreien LLTP-Responder [«]

installieren, er ist unter dem Stichwort KB922120 auf den Seiten von Microsoft zu finden.

24.2.4 Firewall und Defender

Schon bei Windows XP und insbesondere nach der Installation des Service-Pack 2 für Windows XP war spürbar, dass Microsoft seinem Betriebssystem eine Firewall spendiert hat.

Die Entwicklung der Firewall ging weiter, und sie kann nun bei Vista – eigentlich eine Selbstverständlichkeit – auch ausgehenden Datenverkehr überwachen. Die Neuerungen sind:

- Überwachung des ein- und ausgehenden Datenverkehrs. Eingehend werden nur Daten akzeptiert, die einer Firewall-Regel entsprechen, ausgehend werden nur Daten blockiert, wenn sie keiner Firewall-Regel entsprechen.
- ein SnapIn für die *Microsoft Management Console* (MMC) oder Kommandozeilenversion über `netsh advfirewall`
- Integration von IPSec- und Firewall-Parametern
- Erweiterung des Regelwerks für die Firewall

Ausführliche Informationen zu den Neuerungen finden Sie im englischsprachigen Artikel von Microsoft unter *http://www.microsoft.com/technet/community/columns/cableguy/cg0106.mspx.*

Zu beachten ist, dass über SYSTEMSTEUERUNG • SICHERHEITSCENTER nur eine eingeschränkte Oberfläche der Firewall verfügbar ist.

Möchten Sie alle Möglichkeiten sehen, müssen Sie mit administrativen Rechten an einem anderen Ort suchen. Über SYSTEMSTEUERUNG • VERWALTUNG • WINDOWS FIREWALL MIT ERWEITERTER SICHERHEIT startet die MMC mit dem Firewall-SnapIn (siehe Abbildung 24.19). Dort können Sie nicht nur die Protokollierung einsehen, sondern auch sämtliche Regeln administrieren.

Es ist mir auch bei der Vista-Firewall nicht gelungen, über Portscans vernünftig informiert zu werden. Daher bleibe ich bei meiner schon zur XP-Firewall geäußerten Meinung: nur verwenden, wenn Sie keine bessere Firewall zur Verfügung haben!

Spyware (dt. *Spionagemittel*) sind Programme, die meist mit nützlichen Programmen mitgeliefert werden. Die *Spyware* ermittelt das Surfverhalten des Nutzers, meldet dieses über das Internet an einen Spyware-Anbieter, und dieser verkauft seine Informationen z. B. an einen Werbeanbieter.

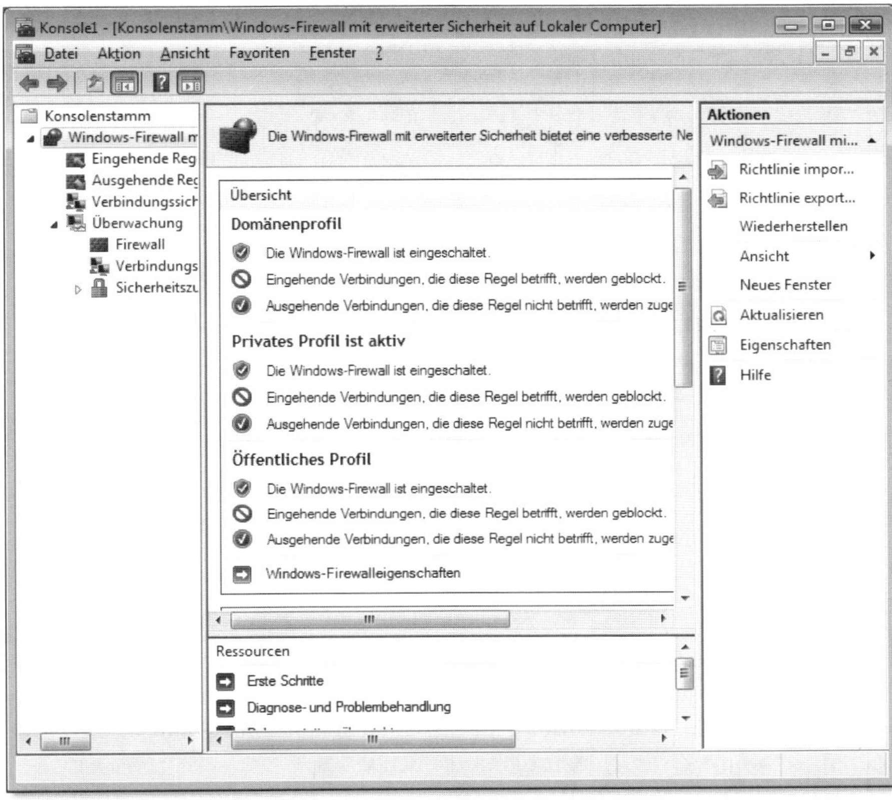

Abbildung 24.19 MMC mit Firewall-SnapIn

Dieser ist schlussendlich in der Lage, dem Benutzer auf diesen zugeschnittene Werbung (engl. *Adware*) zu zeigen. Soweit die harmlose Variante. Die wirklich bösen Varianten zeichnen als Keylogger Tastatureingaben auf, fertigen Screenshots und versenden diese an den Auftraggeber.

Um Ihre Privatsphäre zu schützen, sollten Sie eine Anti-Spyware einsetzen. Das bekannteste Programm ist AdAware (siehe *http://www.lavasoft.de*), das für den privaten Gebrauch kostenfrei ist. Microsoft bietet mit Windows-Defender unter *http://www.microsoft.com/athome/security/spyware/software* eine kostenfreie Software an, die als Anti-Spyware arbeitet und ab Windows XP installiert werden kann.

Ähnlich wie ein Virenschutz überwacht Defender die Systemaktivität und warnt, wenn eine bekannte Spyware installiert werden soll. In Abbildung 24.20 sehen Sie die Reaktion, wenn eine Spyware installiert wird.

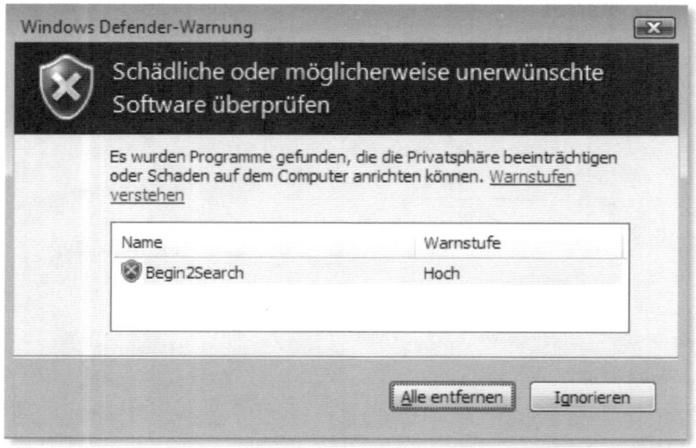

Abbildung 24.20 Defender verhindert eine Spyware-Installation.

Bei einem Test unter Windows XP auf meinem Arbeitsplatz-PC hat Windows-Defender die Software UltraVNC als potenziell gefährliche Software ausgemacht, es gilt möglicherweise der Grundsatz: »Lieber einmal zu viel, als einmal zu wenig gewarnt.«

[»] Die meisten Antivirus-Programme decken den Bereich Anti-Spyware ebenfalls ab. Es ist der Performance eines PCs abträglich, mehrere Programme aktiv zu haben, die dieselbe Aufgabe wahrnehmen. Entsprechend sollten Sie Defender deaktivieren, wenn Ihr Virenschutzprogramm auch vor Spyware schützt. Meist übernimmt die Virussoftware die Deaktivierung von Defender.

Über ein Online-Update aktualisiert sich der Defender automatisch. Optional kann man dem Microsoft SpyNet beitreten, dann werden die Ergebnisse von Defender an Microsoft zurückgesendet, sodass die Defender-Signaturen aktualisiert werden können.

24.2.5 Netzwerk- und Freigabecenter

Wie schon im Überblick erwähnt, sind die bislang getrennten Einstellungen für Netzwerk und Freigabe (Drucker-, Datei- und Laufwerksfreigaben) nun im Netzwerk- und Freigabecenter zusammengefasst worden.

Im oberen Bereich der Abbildung 24.21 sehen Sie den Netzwerkstatus: Der Vista-PC NBAXEL ist über das Netzwerk Mehrere Netzwerke mit dem Internet verbunden. Der Bereich in der Mitte zeigt für jeden Netzwerktyp und jede Netzwerkverbindung einzeln, ob es sich um ein privates oder öffentliches Netzwerk handelt. Der Unterschied ist folgender: Während in privaten Netzwerken Laufwerksfreigaben aktiv sind, sind diese in öffentlichen Netzwerken – die nur für den Internetzugang verwendet werden – deaktiviert.

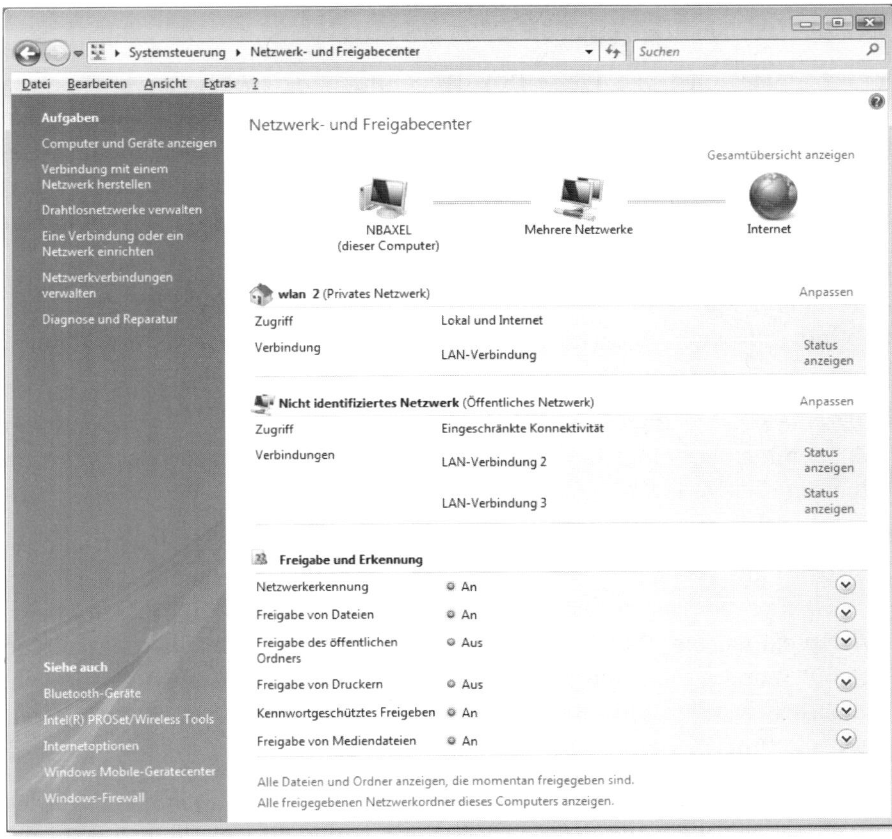

Abbildung 24.21 Netzwerk- und Freigabecenter

Der Bereich FREIGABE UND ERKENNUNG bietet weitergehende Einstellungsmöglichkeiten zum Netzwerkverhalten:

Damit überhaupt Netzwerkfreigaben verwendet werden können, muss zunächst die Netzwerkerkennung eingeschaltet werden. Sollte das von Vista verwendete Netzwerk ein öffentliches sein, fragt Vista nach, ob dieses Netzwerk zu einem privaten gemacht werden soll.

Dies sollten Sie selbstverständlich nur zulassen, wenn es sich um ein vertrauenswürdiges Netzwerk handelt, und nicht, wenn Sie über einen WLAN-Hot-Spot von Starbucks surfen. [!]

Nachdem Sie grundsätzlich die Freigabe von Dateien aktiviert haben, Dateien, Ordner oder Laufwerke freigeben, wie Sie es von XP her kennen (Rechtsklick auf einen Ordner, erreichen Sie im Kontextmenü dann die FREIGABE...). Sie werden allerdings feststellen, dass sich die Optik geändert hat.

Um auf einfache Art und Weise Dokumente mit anderen Benutzern desselben PCs oder auch mit anderen Benutzern im Netzwerk austauschen zu können, hat Microsoft den *öffentlichen Ordner* erfunden. Ohne weitere Einstellung im Netzwerk- und Freigabecenter können nur lokale Benutzer des PCs den öffentlichen Ordner zum Datenaustausch nutzen. Sie können den Ordner zusätzlich mit oder ohne Kennwortschutz für Benutzer im Netzwerk freigeben.

Die Erfindung des öffentlichen Ordners ist eigentlich nur eine Vereinfachung, sodass ohne Aufwand Dateien im Netzwerk zur Verfügung gestellt werden können, und ist auch mit den Bordmitteln von Windows XP realisierbar.

Die *Druckerfreigabe* ist wie auch bei den Vorgängerversionen ein gesonderter Punkt, damit nicht zwingend der Drucker im Netzwerk freigegeben ist, wenn ein Ordner im Netzwerk zur Verfügung gestellt wird.

Der letzte Punkt FREIGABE VON MEDIADATEIEN ermöglicht es, per UPnP (siehe Kapitel 20, »Universal Plug and Play«) beispielsweise Filme zu einem UPnP-fähigen Empfänger zu streamen oder einen Film-Stream von einem UPnP-fähigen Mediaserver zu empfangen. Damit dies funktioniert, müssen alle beteiligten Geräte in einem IP-Subnetz sein, und der Standorttyp des Netzwerks muss privat sein. Automatisch werden in der Windows-Firewall benötigte TCP/UDP-Ports geöffnet. Nähere Informationen bietet die Online-Hilfe.

Windows versucht die Netzwerktopologie zu erkennen und stellt diese grafisch dar. Um das Netzwerk zu sehen, wie Vista es erkennt, klicken Sie im NETZWERK- UND FREIGABECENTER auf GESAMTÜBERSICHT ANZEIGEN.

Die Abbildung 24.22 zeigt mein LAN mit zwei aktiven PCs, einer VMWare-Session und einem WLAN-Router mit integriertem Switch. Der PC NBVISTARC1 ist per WLAN an das Netzwerk angebunden, die VMWare-Session läuft auf dem PC mit Namen PCAXEL.

Ich halte die grafische Darstellung der Netzwerktopologie für ein Nebenprodukt des *Network Diagnostics Framework* (siehe Abschnitt 27.4.10, »Vista Network Diagnostics Framework«, ab Seite 285), denn für Fehleranalyse muss man zunächst erst einmal wissen, wie das Netzwerk aufgebaut sein muss, in dem der PC arbeitet.

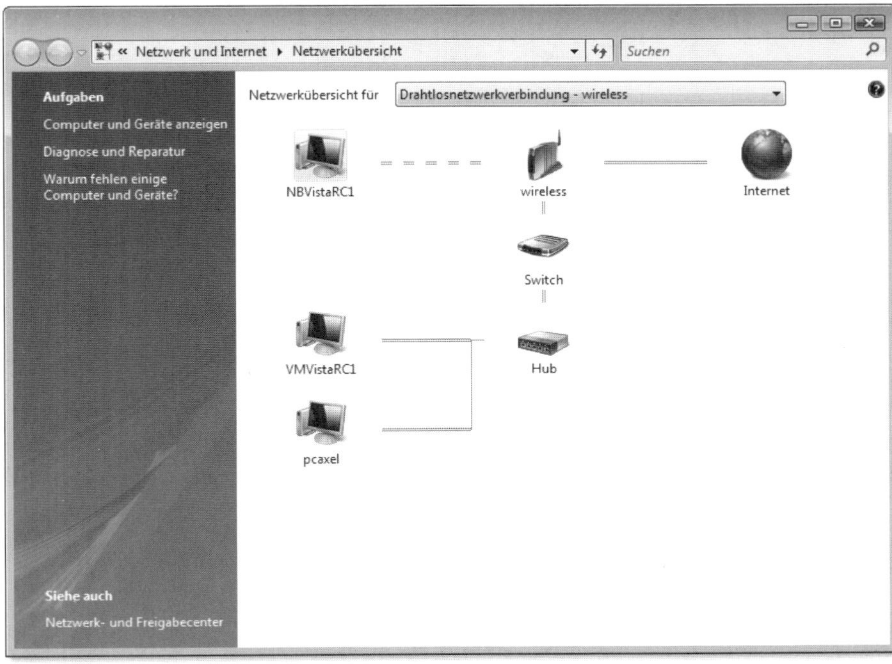

Abbildung 24.22 Vista zeichnet Netzwerke ...

24.2.6 Jugendschutz

Es ist ein Streithema in vielen Familien: die Computernutzung durch die lieben Kleinen.

Der Software-Markt bietet einige Programme, die die PC-Nutzung für den Nachwuchs limitieren oder gefährdende Webseiten blockieren. Microsoft hat in Vista Elemente solcher Programme integriert.

Sie können als Administrator die Nutzung des PCs nur zu bestimmten Zeiten erlauben. Auf diese Weise stellen Sie sicher, dass der PC nur dann genutzt werden kann, wenn Sie die Nutzung beaufsichtigen können. Doch die Möglichkeiten gehen noch deutlich weiter.

Schalten Sie den Jugendschutz für einen Benutzer aktiv, können Sie mehrere Optionen auswählen, die Sie der Abbildung 24.23 entnehmen können.

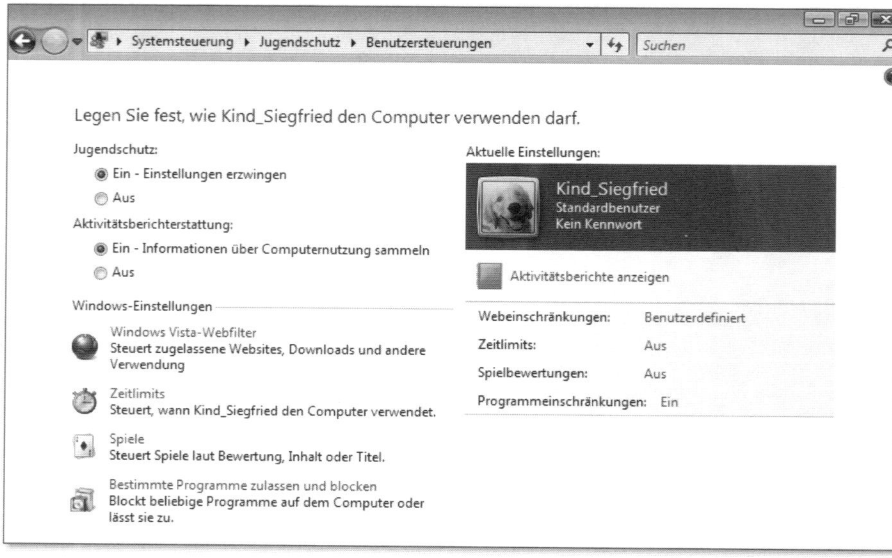

Abbildung 24.23 Jugendschutz im Überblick

Alle Möglichkeiten der Jugendschutzeinstellungen aufzulisten, würde den Rahmen dieses Buches sprengen. Ich möchte mich daher auf den Bereich beschränken, der etwas mit Netzwerken zu tun hat: den *Webfilter*.

Der Filter des Internet Explorers arbeitet mit gesperrten Begriffen, die auf der Webseite im Text enthalten sind oder für Namen von Bildern verwendet werden. So werden alle Bilder – egal welchen Inhalts – gesperrt, die beispielsweise *msexlore.jpg* heißen, weil dort die Buchstabenfolge »sex« im Namen enthalten ist. Benennt man die Datei in *bild2.jpg* um, wird sie angezeigt (siehe Abbildung 24.24). Vielsagend finde ich die Möglichkeit, pornografische Seiten zu sperren, während Hassreden und Bombenbau frei zugänglich bleiben.

Eine große Hürde dürften diese Möglichkeiten nicht bieten, da es bei der Umgehung lediglich darum geht, bestimmte Begriffe im Text und beim Bildernamen zu vermeiden. Meiner Meinung nach ist der Schutz bestenfalls für Kinder unter 12 Jahren ein Hindernis.

[!] Der Webfilter bietet dagegen hervorragende Möglichkeiten, bestimmte Seiten unerreichbar zu machen. So können Sie von bestimmten Informationen im Internet abgeschnitten sein, weil z. B. einzelne Begriffe auf der Startseite einer Domain oder in der Ergebnisliste von Google vorhanden sind.

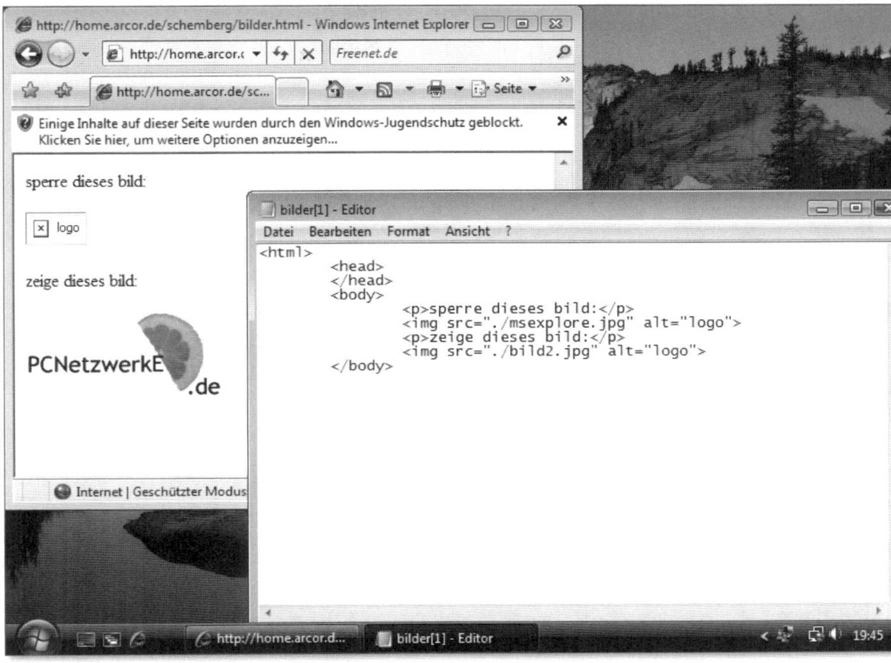

Abbildung 24.24 IE 7 blockt das Bild msexplore.jpg.

24.3 Windows XP

Windows XP ist die erste Version, die mit Home und Professional auf demselben Betriebssystemkern aufbaut und zwischen Privatanwendern und Firmenkunden nur geringe Unterschiede macht. Der Vorteil ist, dass die deutlich stabiler funktionierende Windows 2000-Linie weiterentwickelt wurde.

Ich habe das Layout von XP auf Standard-Windows umgestellt. Auswirkungen auf die hier beschriebenen Funktionen hat das nicht, allerdings hat es Auswirkungen auf die Screenshots, die hier abgebildet sind.

24.3.1 Hardware-Erkennung

Sie haben eine neue Netzwerkkarte eingebaut und starten den PC zum ersten Mal. Windows XP wird erkennen, dass es ein neues Gerät gibt, und startet die Hardware-Erkennung (siehe Abbildung 24.25).

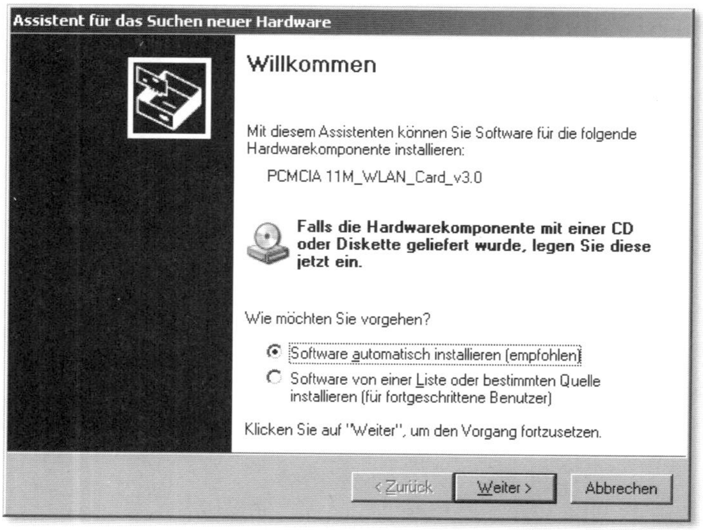

Abbildung 24.25 Hardware-Assistent bei Windows XP

Sollte der Hardware-Assistent über keinen Treiber für das Produkt verfügen – wie es bei meiner WLAN-Karte der Fall war –, dann startet Windows die Suche im Internet nach einem passenden Treiber. Die Internetsuche tritt nur ein, wenn man nicht der Aufforderung folgt, die Hersteller-Treiber-CD einzulegen.

Üblicherweise funktioniert die Installation ohne weitere Probleme, eine billige Wireless-LAN-PCMCIA-Karte ist sicherlich schon eine der exotischsten Komponenten, die Sie im Netzwerkbereich verwenden können.

24.3.2 IP-Einstellungen

Das Netzwerk ist mit der Treiber-Installation bis zur ISO-/OSI-Schicht 2 installiert. Die Standardeinstellung für IP (ISO-/OSI-Schicht 3), ist DHCP (siehe Abbildung 24.26).

Sie können sich die Netzwerkeinstellungen ansehen, indem Sie über START • EINSTELLUNGEN • SYSTEMSTEUERUNG • NETZWERKVERBINDUNGEN gehen und sich dort unter LAN ODER HOCHGESCHWINDIGKEITSINTERNET – rechte Maustaste – die EIGENSCHAFTEN (siehe Abbildung 24.27) der LAN-Verbindung ansehen. Die TCP/IP-Einstellungen verbergen sich hinter den Internetprotokoll-Eigenschaften (TCP/IP). Klicken Sie auf INTERNETPROTOKOLL (TCP/IP), sodass der Eintrag markiert ist, und dann auf EIGENSCHAFTEN.

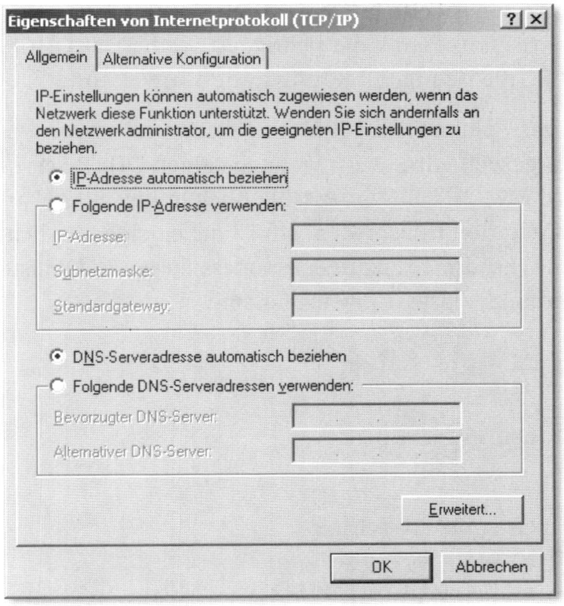

Abbildung 24.26 Die TCP/IP-Standardinstallation ist DHCP.

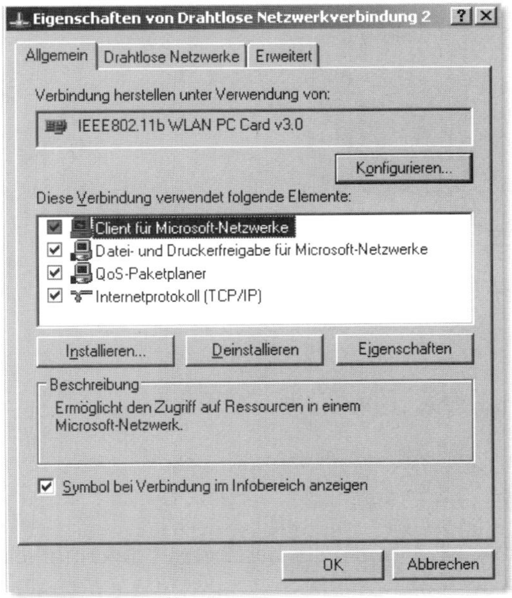

Abbildung 24.27 Eigenschaften der LAN-Verbindung

Wenn Sie einen DHCP-Server beispielsweise auf einem DSL-Router betreiben, dann ist die IP-ADRESSE AUTOMATISCH BEZIEHEN die richtige Auswahl. Der DHCP-Server wird dem Windows XP-PC die richtige IP-Konfiguration zuweisen.

Betreiben Sie keinen DHCP-Server, sollten Sie die IP-Konfiguration selbst vornehmen, wie es in Abbildung 24.28 gezeigt wird. Auch wenn Sie einen DHCP-Server betreiben, ist es überlegenswert, PCs, die ständig ausschließlich in Ihrem LAN arbeiten, mit einer festen IP-Konfiguration zu versehen. Oft ist die einzige Möglichkeit, einem PC die immer gleiche IP-Adresse zuzuteilen, sodass dieser PC Dienste anbieten kann, die immer unter einer Adresse erreichbar sind.

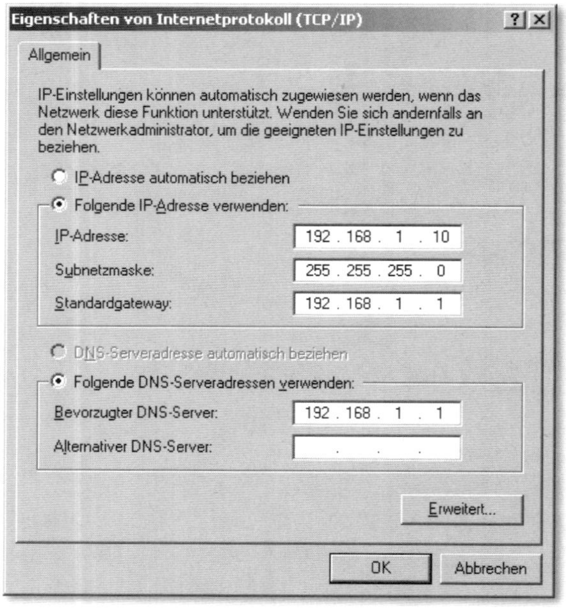

Abbildung 24.28 Manuelle IP-Konfiguration

Die wichtigste manuelle IP-Einstellung ist zunächst die IP-Adresse.

Bitte beachten Sie diese Hinweise zum Thema IP:

- gleiche Gruppen-ID (Netz-ID) wie die anderen PCs
- andere Host-ID als die anderen PCs im IP-Netz

Die SUBNETZMASKE wird von Windows XP automatisch bereitgestellt, vermutlich ist sie richtig. Dann müssen Sie lediglich noch ein STANDARDGATEWAY einrichten, wenn Sie im IP-Netz übergreifend kommunizieren möchten (z. B. Internetzugriff über das LAN).

In meinem privaten LAN sind das STANDARDGATEWAY und der BEVORZUGTE DNS-SERVER mein DSL-Router. Mein PC kommuniziert mit anderen IP-Netzen nur, wenn ich ins Internet gehe.

Mit diesen wenigen Einstellungen haben Sie den PC in Ihr Netzwerk integriert.

Ob es wirklich funktioniert, sollten Sie selbstverständlich ausprobieren. Einfachster Test: `ping <andere IP-Adresse im LAN>` (siehe Abbildung 24.29).

Ist der ping erfolgreich, ist die Funktionalität bis zur Schicht 3 des ISO-/OSI-Modells sichergestellt.

Geben Sie unter START • AUSFÜHREN `cmd` ein. Sie bekommen eine DOS-Box oder anders formuliert: einen DOS-Prompt.

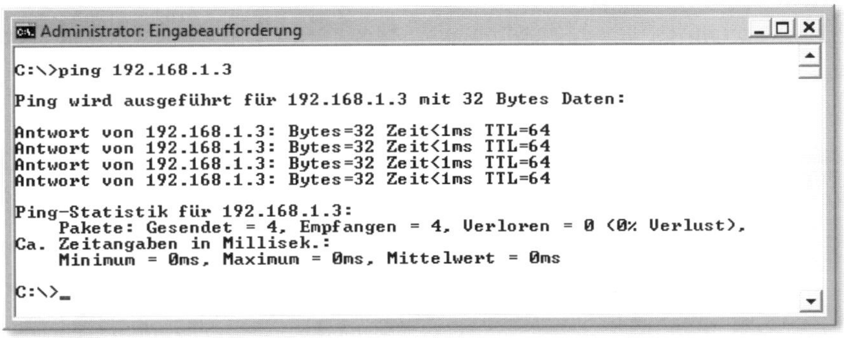

Abbildung 24.29 Erfolgreicher ping unter XP

In der DOS-Box geben Sie dann das soeben genannte ping-Kommando ein. Wenn der ping funktioniert, werden Ihnen Antwortzeiten angezeigt. Funktioniert er nicht, sehen Sie lediglich die Meldung ZEITÜBERSCHREITUNG DER ANFORDERUNG.

Sollte wirklich der Fall eintreten, dass Sie die IP-Adresse des anderen PCs nicht erreichen können, finden Sie weitere Informationen zur Fehlersuche in Kapitel 27, »Troubleshooting«.

Der ping von Windows XP zeigt die Antwortergebnisse auf Millisekunden genau an. In älteren Windows-Versionen wurde für alle Antworten unter 10 Millisekunden als Zeit *<10ms* ausgegeben. Unter Linux ist die Ausgabe der Antwortzeiten noch genauer.

Alternativ können Sie das Programm `hrping` verwenden, es zeigt die Antwortzeiten in Mikrosekunden, also sehr genau. Weitere Informationen zu `hrping` finden Sie unter *http://www.cfos.de/ping/ping_d.htm*.

24.3.3 Firewall

Neben den grundsätzlichen Einstellungen können auch noch erweiterte Einstellungen im Netzwerk unter XP vorgenommen werden. Unter SYSTEMSTEUERUNG • NETZWERKVERBINDUNGEN, dort unter LAN ODER HOCHGESCHWINDIGKEITSINTERNET – rechte Maustaste – EIGENSCHAFTEN DER LAN-VERBINDUNG können Sie auch die erweiterten Einstellungen finden.

Hinter dem Reiter ERWEITERT verbergen sich die Einstellungen für eine *Firewall* (siehe Abbildung 24.30), die z. B. die Internetverbindungsfreigabe von Microsoft Windows schützen kann. Sie sollten diese Firewall nur im Notfall verwenden. Ihr größter Nachteil ist, dass sie lediglich eingehenden Datenverkehr filtert, so könnten Schadprogramme beispielsweise ungehindert Spam-Mails von einem attackierten PC verschicken.

Diese Firewall wurde bis zum Service Pack 2 (SP2) für Windows XP eigentlich nicht wahrgenommen. Ab dem SP2 wird die Firewall per Standard aktiviert und muss explizit deaktiviert werden, wenn der Einsatz nicht gewünscht ist.

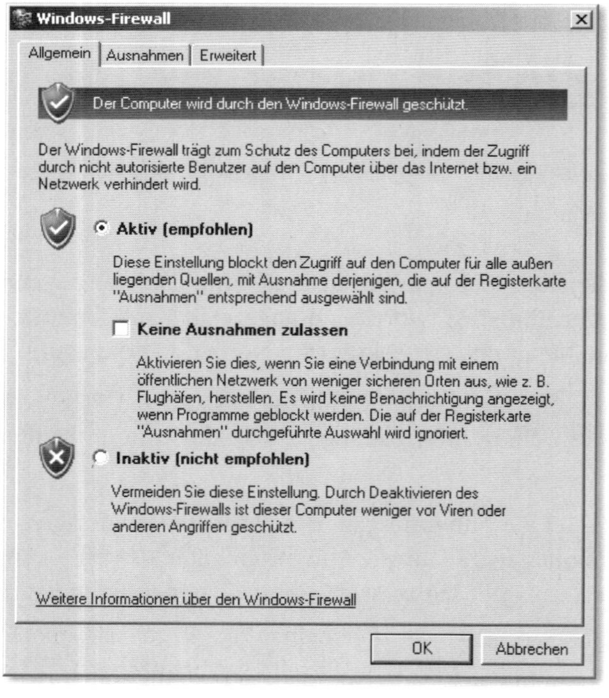

Abbildung 24.30 Bedienoberfläche der XP-Firewall

Viele kostenlose Firewalls sind der integrierten Firewall des SP2 vorzuziehen. Hier einige Nachteile der XP-Firewall:

- Es gibt Schadsoftware, die diese Firewall deaktiviert.
- Sie merkt sich nur den Pfad und Namen eines erlaubten Programms, jedes gleichnamige Programm im Pfad wird zugelassen.
- Regeln sind grundsätzlich für alle Netzwerk-Interfaces (z. B. LAN, ISDN, WLAN) gültig.
- Darf ein Programm keine Verbindung aufbauen, wird es einfach blockiert, es erfolgt keine Nachfrage beim Benutzer.
- Die Bedienung ist sehr technisch und wenig für Einsteiger geeignet.

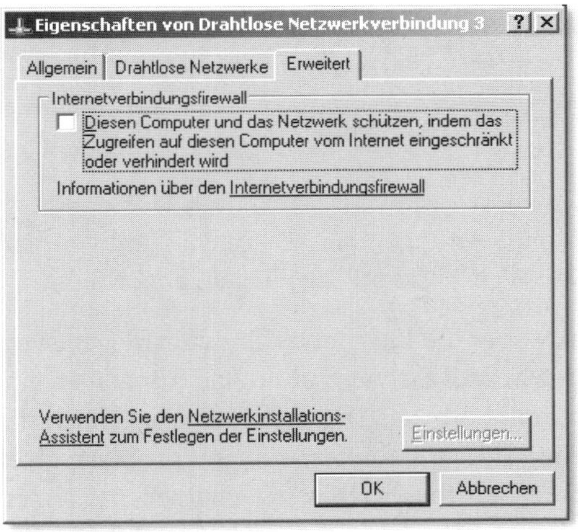

Abbildung 24.31 Firewall-Einstellungen

Wenn Sie die Firewall aktivieren, können Sie unter EINSTELLUNGEN... die im Folgenden beschriebene Konfiguration vornehmen.

Eine Firewall berücksichtigt die Quell- und Ziel-IP-Adresse sowie den Quell- und Ziel-TCP/UDP-Port. Die TCP/UDP-Ports sind weltweit einheitlich definiert. Es handelt sich um einfache Nummern, so hat z. B. HTTP die TCP-Port-Nummer 80.

Wie Sie in Abbildung 24.32 sehen können, kann man für die Windows-Firewall DIENSTE aktivieren. Üblicherweise lautet die allgemeingültige Regel, die immer dann anzuwenden ist, wenn es keine speziellere Regelung gibt: Verboten. Von dieser allgemeinen Regel werden im Bereich der *Dienste* Ausnahmen geschaffen. Keiner der genannten Dienste ist in einem LAN üblich. Es geht bei diesen Einstellungen darum, dass ein Internetnutzer auf Ihren PC zugreift.

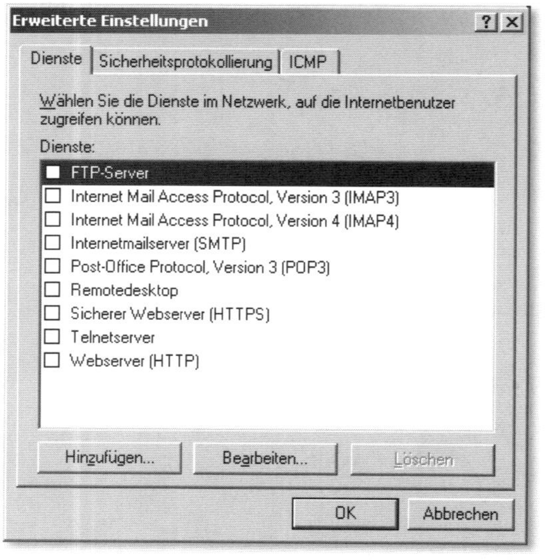

Abbildung 24.32 Firewall: Dienste

Wenn der Nutzer das tut, passieren seine Anfragen die XP-Firewall und werden, wenn die TCP/UDP-Ports unter 1024 (Well-Known-Ports) liegen, abgewiesen.

[zB] Sie haben den Internetzugang für LAN über die Internetverbindungsfreigabe von Windows XP realisiert und haben die Firewall aktiviert, ohne Änderungen an den Einstellungen vorzunehmen (siehe Abbildung 24.32). Ihr Provider hat Ihnen die offizielle IP-Adresse 67.223.2.115 zugewiesen. Ein Internetnutzer probiert, ob er unter der offiziellen IP-Adresse, die Ihnen Ihr Provider zugewiesen hat, einen Webserver erreichen kann, und gibt in seinem Browser *http://67.223.2.115* ein. Die Datenpakete gelangen bis zu Ihrem PC, die Firewall überprüft, ob es eine spezielle Regelung für HTTP (TCP-Port 80) gibt. Das ist nicht so, daher gilt die allgemeine Regel, dass alle Anfragen blockiert werden, deren TCP-Port unter 1024 liegt. Der Internetbenutzer wird abgewiesen.

Wenn Sie einen Peer-to-Peer-Tauschdienst im Internet nutzen, z. B. eDonkey, müssen Sie an dieser Stelle einen neuen Dienst hinzufügen. Anderenfalls funktioniert eDonkey nicht mehr, und Sie können keine weiteren Dateien tauschen. Welche Einstellungen das sind, erfahren Sie in Abschnitt 40.10.1, »MLDonkey einrichten«.

Unter dem Reiter Sicherheitsprotokollierung (siehe Abbildung 24.33) können Sie konfigurieren, welche Aktionen in eine Logdatei geschrieben werden sollen, wie groß die Datei maximal werden darf und wo sie liegt.

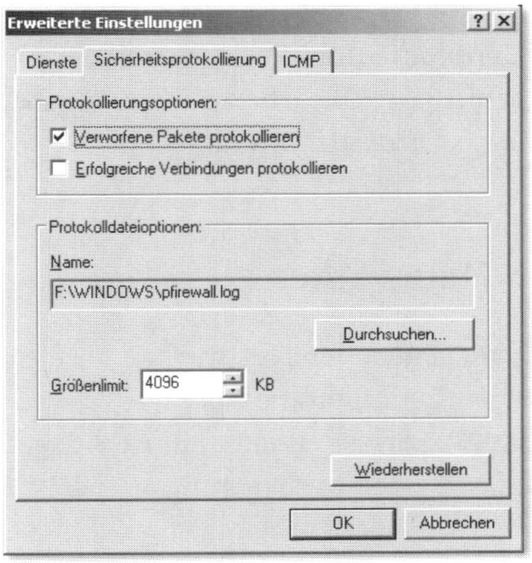

Abbildung 24.33 Firewall-Log konfigurieren

Mit VERWORFENE PAKETE PROTOKOLLIEREN sind die Pakete gemeint, die aufgrund einer Firewall-Regel nicht angenommen wurden. Lassen Sie die Protokollierung aktiv, um Einbruchsversuche nachvollziehen zu können.

Schließlich bleibt noch der Reiter ICMP. Das *Internet Control Message Protocol* weist einige Sicherheitslücken auf. Es lässt sich über die Einstellungen (siehe Abbildung 24.34) regeln, welche Funktionen des ICMP Sie nutzen möchten und welche nicht. Die Standardeinstellungen verweigern die Benutzung von ICMP aus dem Internet heraus fast gänzlich.

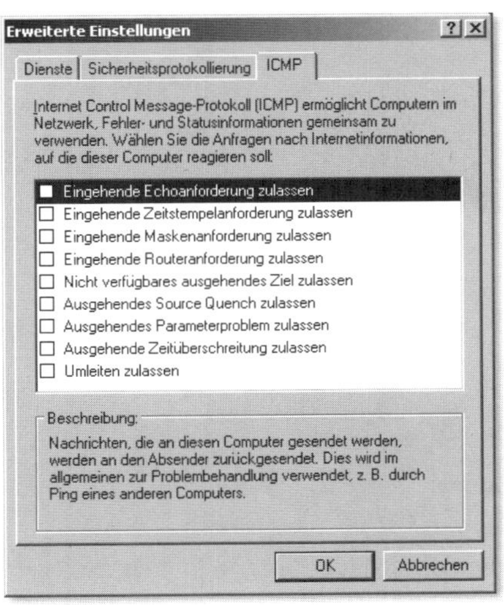

Abbildung 24.34 ICMP-Einstellungen für die Firewall

[!] Ohne Notwendigkeit sollten Sie keine der Dienste- oder ICMP-Einstellungen verändern. Dadurch dass zunächst in der Standardkonfiguration die maximale Anzahl an Verbindungen aus dem Internet abgeblockt wird, haben Sie einen guten Schutz vor der im Internet weitverbreiteten Spezies des Hobby-Crackers.

24.4 Windows in verschiedenen Netzwerken

Sie haben vielleicht ein Notebook, das Sie in verschiedenen Netzwerken verwenden möchten. Sollten alle Netzwerke die Netzwerkkonfiguration per DHCP erhalten, haben Sie zumindest immer eine passende IP-Adresse. Weitere Einstellungen wie Proxy, Standarddrucker, Netzwerkfreigaben oder die Nutzung von DHCP selbst werden jedoch nicht angepasst.

Als Lösung bietet sich ein kleines Hilfsprogramm an: *Net Profiles* (siehe *http://www.milnersolutions.com/netprofiles*). Sie benötigen Administratorrechte, um das Programm nutzen zu können.

Nach der Installation ist das Programm englischsprachig, über OPTIONS • SELECT YOUR LANGUAGE • DEUTSCH können Sie es in unsere Muttersprache ändern.

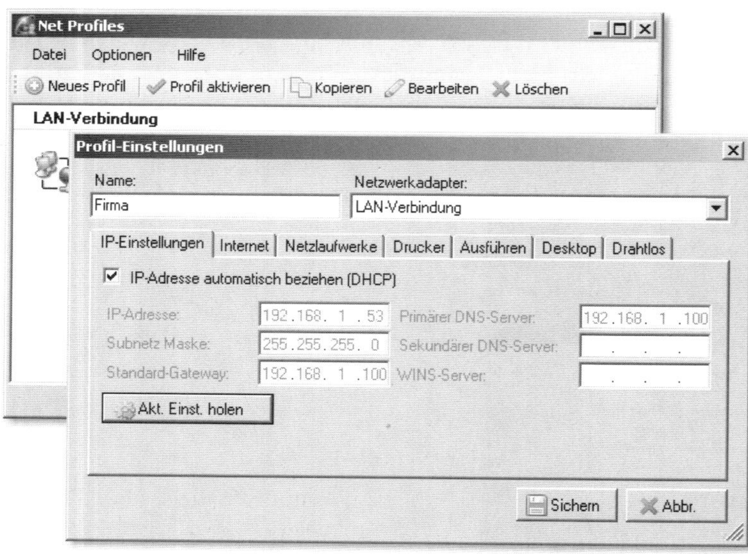

Abbildung 24.35 Net Profiles verwaltet Konfigurationen.

Ein neues Netzwerkprofil können Sie über die Schaltfläche NEUES PROFIL anlegen. Im Gegensatz zu vielen anderen Programmen können Sie neben einigen Netzwerkeinstellungen auch Proxyeinstellungen, anzubindende Netzlaufwerke, Standarddrucker, Programmausführungen, Hintergrundbild und WLAN-Einstellungen festlegen.

Entweder schalten Sie die Netzwerkeinstellungen über das Programm um, oder Sie legen auf dem Desktop je Umgebung eine Verknüpfung an.

Die Möglichkeiten des Programms gehen weit über das hinaus, was mit Windows-Bordmitteln und überschaubarem Aufwand realisiert werden kann.

24.5 Drucker- und Dateifreigaben

Die Motivation, im kleinen Rahmen ein Netzwerk aufzubauen, entsteht oftmals aus dem Wunsch heraus, Dateien zwischen mehreren PCs bequem austauschen zu können. Damit Sie unter Windows sehr bequem Dateien austauschen oder auf Dateien eines anderen PCs zugreifen können, müssen Sie eine *Dateifreigabe* einrichten.

Wenn Sie einen Freigabenamen wählen, der mit einem Dollarzeichen ($) endet, handelt es sich um eine *versteckte Freigabe*. Das Wort »versteckt« drückt es gut aus: Benutzer können über die Netzwerkumgebung die Freigabe nicht sehen, sie wird nicht angezeigt. Selbstverständlich kann – je nach Berechtigung – jeder Benutzer nach wie vor eine Verbindung zu dieser Freigabe herstellen, er muss nur den Namen der Freigabe kennen. Üblicherweise gibt es vordefinierte Freigaben: `<Laufwerksbuchstabe>$`, so z. B. c$, die als administrative Freigabe einem Administrator über LAN zugänglich sind.

Das Versteckten von Laufwerks- oder Druckerfreigaben ist kein Sicherheitsmechanismus! [!]

24.5.1 Computername und Arbeitsgruppe

Freigaben von Windows-PCs erfordern, dass die beteiligten PCs unterschiedliche Namen haben und in einer gemeinsamen Arbeitsgruppe sind.

Ohne Änderungen verwendet Windows den Arbeitsgruppennamen WORKGROUP.

Die Einstellungen für die Arbeitsgruppe und den Computernamen finden Sie bei XP im Kontextmenü – rechte Maustaste – unter ARBEITSPLATZ • EIGENSCHAFTEN • COMPUTERNAME • ÄNDERN. Einfacher können Sie die Einstellungen über den Netzwerkinstallations-Assistenten vornehmen, mehr dazu in Abschnitt 24.5.3, »Windows XP«.

Bei Vista und Windows 7 finden Sie die Einstellungen im Kontextmenü unter COMPUTER • EIGENSCHAFTEN • EINSTELLUNGEN FÜR COMPUTERNAMEN • DOMÄNE UND

ARBEITSGRUPPE. In einem reinen Windows 7-Netzwerk sind die Einstellungen aufgrund der Homegroup entbehrlich (siehe Abschnitt 24.1.5, »Homegroup«).

Sind die Einstellungen vorgenommen, kann man in der Netzwerkumgebung – bei Vista und Windows 7 heißt es nur noch *Netzwerk* – PCs finden, die eine Freigabe anbieten. Die Einrichtung von Freigaben wird in den folgenden Abschnitten behandelt.

24.5.2 Vista und Windows 7

Für Freigaben ist entscheidend, welchen Netzwerktyp Sie konfiguriert haben: *öffentliches Netzwerk* oder *privates Netzwerk*.

Nur in einem privaten Netzwerk werden Freigaben wirksam. Bei Windows 7 muss der Typ *Heimnetzwerk* sein, damit die Homegroup wirksam wird (siehe Abschnitt 24.1.5, »Homegroup«). Wie im Abschnitt über die Firewalls dargestellt, passt die Firewall ihr Regelwerk an, je nachdem, ob Sie sich in einem öffentlichen oder privaten Netzwerk befinden. Standardmäßig wird jedes Netzwerk erst einmal als öffentlich deklariert. Sie können dies mit wenigen Mausklicks im NETZWERK- UND FREIGABECENTER ändern.

[!] Sie können natürlich über ERWEITERTE FREIGABEOPTIONEN die Freigaben so anpassen, dass sie auch in öffentlichen Netzwerken verfügbar sind. Empfehlen möchte ich das nicht, denn damit steigt die Wahrscheinlichkeit, dass bei einem Hot-Spot-Besuch Freigaben sichtbar sind. Nutzen Sie die Trennung von Windows, und deklarieren Sie private Netzwerkverbindungen als privat. Damit sind alle übrigen Netzwerkverbindungen öffentlich, und die Firewall arbeitet dort restriktiver.

Der nächste Punkt zum Thema Freigabe bei Vista ist im NETZWERK- UND FREIGABECENTER die Einstellung zur NETZWERKERKENNUNG und FREIGABE VON DATEIEN.

Hier eine kurze Erläuterung der einzelnen Möglichkeiten:

- *Netzwerkerkennung*: Ihr PC wird in der Netzwerkumgebung angezeigt.
- *Freigabe von Dateien*: aktiviert die Dateifreigabe.
- *Freigabe des öffentlichen Ordners*: Die öffentlichen Ordner werden im Netzwerk freigegeben.
- *Freigabe von Druckern*: aktiviert die Druckerfreigabe.
- *Kennwortgeschütztes Freigeben*: Wenn dieser Punkt aktiviert ist, muss ein Benutzerkonto und ein Kennwort existieren, damit auf eine Freigabe zugegriffen werden kann.
- *Freigabe von Mediadateien*: Gibt Bilder, Musik und Videos im Netzwerk per UPnP frei.

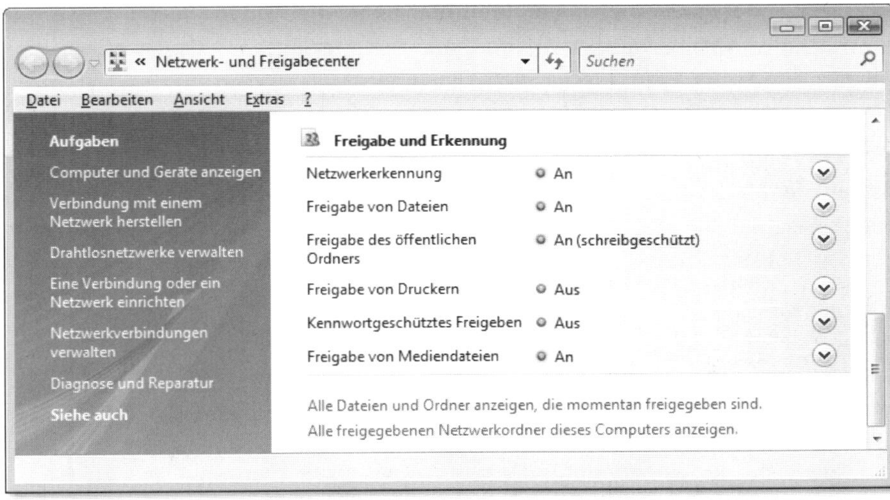

Abbildung 24.36 Freigabe und Erkennung bei Vista

Windows 7 ist an dieser Stelle leicht modifiziert, los geht es auch dort im NETZWERK- UND FREIGABECENTER • HEIMNETZGRUPPEN- UND FREIGABEOPTIONEN AUSWÄHLEN.

Zunächst werden Ihnen hier die Bibliotheken angezeigt, die über die Homegroup freigegeben sind. Ganz unten auf der Seite gibt es den Punkt ERWEITERTE FREIGABEEINSTELLUNGEN ÄNDERN. Erst hier haben Sie Möglichkeit – wie bei Vista direkt im NETZWERK- UND FREIGABECENTER – für Ihr privates und öffentliches Netzwerkprofil Einstellungen vorzunehmen.

Bis auf den letzten Punkt entspricht der Inhalt dem vom Vista. VERBINDUNGEN DER WINDOWS-HEIMNETZGRUPPE ist neu und bietet die beiden Optionen:

- *der Windows-Heimnetzgruppe die Verwaltung der Verbindung der Heimnetzgruppe ermöglichen (empfohlen)*
- *Benutzerkonten und Kennwörter zum Herstellen von Verbindungen mit anderen Computern verwenden*

Wenn Sie mehrere Windows 7-PCs haben und eine Homegroup nutzen, sollten Sie die Einstellung bei der Empfehlung belassen. Haben Sie nur einen Windows 7-PC in einem Netzwerk mit einigen anderen Vista- und XP-PCs, dann kann die Verwendung von Benutzerkonten und Kennwörtern die bessere Möglichkeit sein. Sie müssen sich neu anmelden, damit eine Änderung wirksam wird.

Vista verwendet grundsätzlich den Freigabeassistenten. Um die von XP gewohnte Oberfläche zu nutzen, müssen Sie im Explorer unter EXTRAS • ORDNEROPTIONEN, ANSICHT den Punkt FREIGABE-ASSISTENT VERWENDEN (EMPFOHLEN) deaktivieren.

Vista: Freigaben einrichten

Klicken Sie mit der rechten Maustaste auf einen Ordner, den Sie freigeben möchten, und wählen Sie den Punkt FREIGABE ... Anschließend erscheint ein Dialog, in dem Sie Benutzer hinzufügen können (siehe Abbildung 24.37).

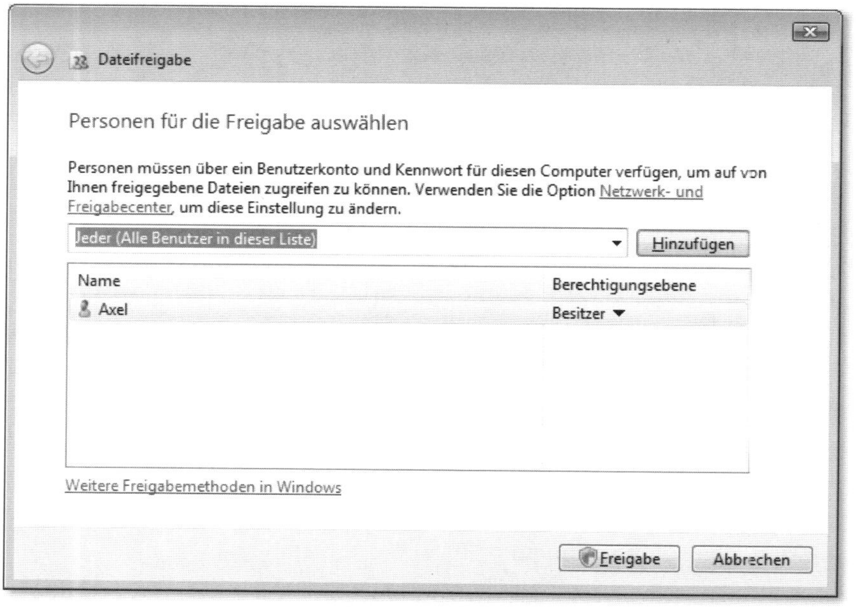

Abbildung 24.37 Personen für die Freigabe auswählen

JEDER ist wie bei allen anderen Windows-Versionen die richtige Auswahl, wenn Sie jedem Benutzer, der als Benutzer auf Ihrem PC eingerichtet ist, den Zugriff – auch über das Netzwerk – gewähren möchten.

Zu jedem Nutzer können Sie folgende Rechte auswählen:

- LESER: Lesen und Ausführen von Programmen,
- MITWIRKENDER: Lesen, Ändern und Ausführen,
- MITBESITZER: entspricht dem Vollzugriff unter XP, zusätzlich zu Lesen, Ändern und Ausführen auch NTFS-Recht ändern

oder den Benutzer aus der Liste entfernen. Ein Klick auf FREIGABE gibt den Ordner dann frei.

Im Bereich NETZWERK- UND FREIGABECENTER • FREIGABE UND ERKENNUNG können Sie FREIGABE DES ÖFFENTLICHEN ORDNERS definieren. Diese Freigabe können Sie unabhängig von den anderen Freigaben steuern.

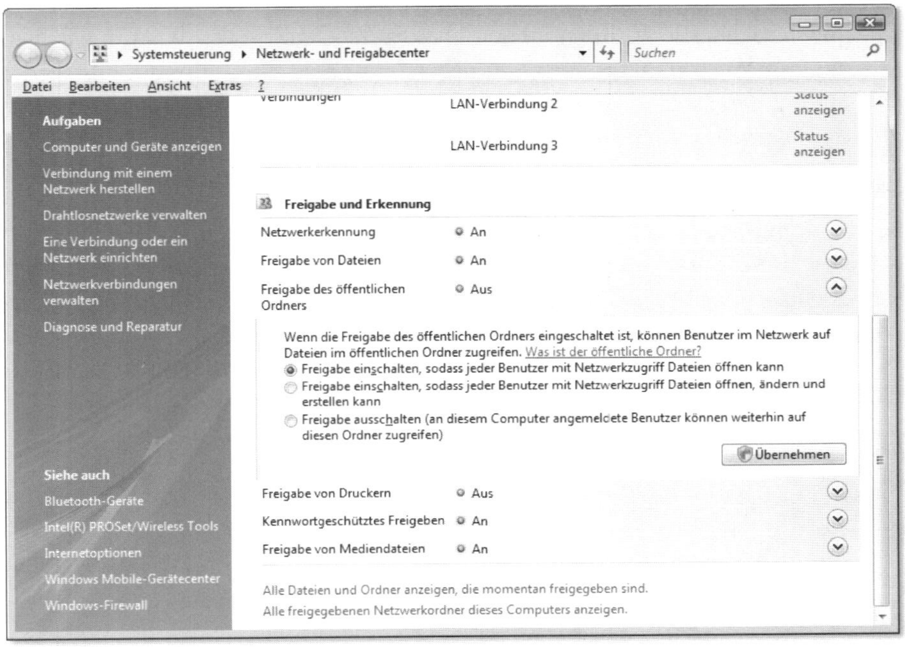

Abbildung 24.38 Freigabe von öffentlichen Ordnern steuern

Windows 7: Freigabe einrichten

Klicken Sie mit der rechten Maustaste auf den Ordner, den Sie freigeben möchten, und wählen Sie den Punkt FREIGEBEN FÜR aus. Im Untermenü können Sie zwischen

- Niemand,
- Homegroup (Lesen),
- Homegroup (Lesen/Schreiben) und
- Bestimmte Personen ...

auswählen. Hinter dem letzten Punkt verbergen sich die von Vista bekannten Freigabeeinstellungen.

Netzlaufwerke

Die Einrichtung von Freigaben als Netzlaufwerke kann mit einem Rechtsklick auf COMPUTER • NETZLAUFWERK VERBINDEN – bei Vista heißt es NETZLAUFWERK ZUORDNEN – geschehen. Wie von anderen Windows-Versionen gewohnt, kann ein Laufwerksbuchstabe ausgewählt werden, und es kann festgelegt werden, mit welchen Anmeldeinformationen die Verbindung erfolgt und ob die Verbindung bei jeder Anmeldung hergestellt werden soll.

24.5.3 Windows XP

Bevor Sie nun versuchen, eine Laufwerksfreigabe einzurichten, sollten Sie überprüfen, ob die Voraussetzung – DATEI- UND DRUCKERFREIGABE FÜR MICROSOFT-NETZWERKE – installiert ist (siehe Abbildung 24.39). Mit der Installation des Netzwerks sollte es automatisch installiert worden sein.

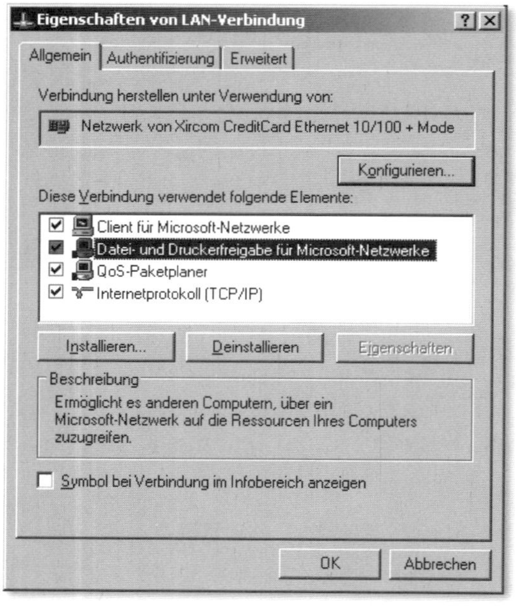

Abbildung 24.39 Datei- und Druckerfreigabe bei Windows XP

Bei XP gibt es zwei verschiedene Verfahren zu den Freigaben:

- einfache Dateifreigabe
- normale Dateifreigabe

Die einfache Dateifreigabe wird bei XP Home immer und bei XP Professional dann genutzt, wenn der PC Mitglied einer Arbeitsgruppe ist. Die Dateifreigabe verwendet das Gastbenutzerkonto, um Zugriffe zu ermöglichen. Sie ersparen sich den Aufwand, Benutzer auf jedem PC einzurichten und ihnen entsprechende Freigaben zuzuordnen. Einfach das Gastkonto aktivieren, Ordner freigeben, fertig.

Einfache Dateifreigabe

Alle, die über das Netzwerk mittels Datei- oder Druckerfreigabe auf Ihren PC zugreifen, werden als Benutzer *Gast* behandelt. Voraussetzung ist, dass das Konto des Benutzers Gast aktiviert ist und dass die Sicherheitsrichtlinien einen solchen Zugriff erlauben; beides ist standardmäßig nicht aktiviert.

In kleinen Netzwerken hat die Gast-Authentifizierung den Vorteil, dass alle PCs im LAN auf eine Freigabe zugreifen können, und zwar unabhängig davon, ob Sie den richtigen Benutzer eingetragen haben, und ohne dass ein Passwort eingegeben werden muss. Das geht mit dem Sicherheitsnachteil einher, dass jeder, der per TCP/IP auf Ihren PC zugreifen kann, auch auf alle Freigaben zugreifen kann.

Ein zweiter Nachteil dieser Lösung ist, dass keine Unterscheidung des Zugriffs nach Benutzern erfolgen kann, alle haben dieselben Rechte. Ebenso ist es Administratoren nicht mehr möglich, privilegiert auf einen PC, z. B. auf die Standardfreigabe c$, zuzugreifen.

Die einfachste Lösung, die notwendigen Berechtigungen des Gastkontos einzurichten, ist es, den Netzwerkinstallations-Assistenten zu starten: START • PROGRAMME • ZUBEHÖR • KOMMUNIKATION • NETZWERKINSTALLATIONS-ASSISTENT. Mit einigen einfachen Dialogen können Sie dort die Arbeitsgruppe und den Computernamen eintragen. Anschließend kann die einfache Dateifreigabe genutzt werden (siehe Abbildung 24.40).

Wenn Sie mit aktivierter einfacher Dateifreigabe auf einen Ordner rechtsklicken und FREIGABE UND SICHERHEIT... auswählen, erscheint der in Abbildung 24.40 abgebildete Dialog.

Er bietet wesentlich weniger Einstellungsmöglichkeiten für die Freigabe als der normale Freigabedialog. Sein Vorteil ist, dass die NTFS-Berechtigungen für das Benutzerkonto *Gast* automatisch gesetzt werden.

[!] Wenn Sie als Schutz gegenüber dem Internet keine Firewall aufbauen – allein das ist schon ein sehr leichtfertiges Verhalten; warum das so ist, lesen Sie in Abschnitt 32.1, »Firewalls für Windows« –, dürfen Sie keinesfalls die Gast-Authentifizierung verwenden, da sonst jeder aus dem Internet heraus und ohne Passwort auf Ihre Freigaben zugreifen könnte.

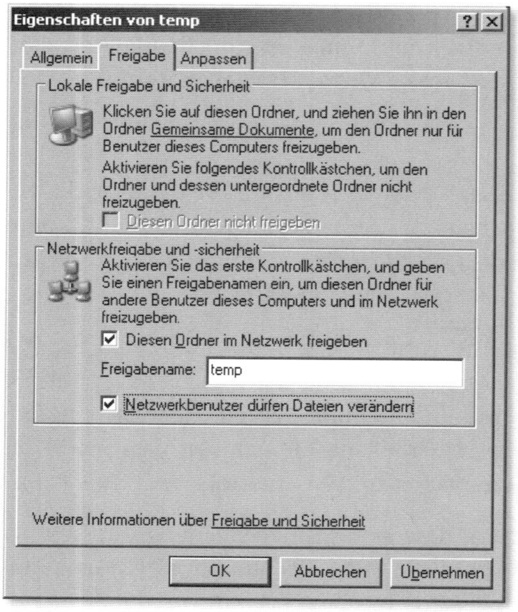

Abbildung 24.40 Einfache Dateifreigabe unter Windows XP

Normale Dateifreigabe

Unter Windows XP gibt es zwei für Freigaben relevante Berechtigungen: zum einen die Berechtigung, auf eine Freigabe zugreifen zu können – Freigabeberechtigung –, und zum anderen gibt es die NTFS-Berechtigungen einer Datei – die Dateisystemberechtigung. Beide Berechtigungen müssen erfüllt sein, damit Dateifreigaben funktionieren.

Sie können einzelne Dateien, Ordner oder ganze Laufwerke freigeben. Angenommen, Sie möchten den Ordner *C:\Dokumente und Einstellungen\Administrator* gerne für alle anderen Benutzer im Netzwerk freigeben. Klicken Sie dazu mit der rechten Maustaste auf diesen Ordner. Es erscheint das Kontextmenü. Der Menüpunkt FREIGABE UND SICHERHEIT führt zum richtigen Dialog.

Die Abbildung 24.41 zeigt die normale Dateifreigabe, bei ihr müssen Sie zunächst die Option DIESEN ORDNER FREIGEBEN auswählen. Automatisch wird Ihnen der Name des Ordners als Freigabename vorgeschlagen. Alle weiteren Einstellungen sind optional, so können Sie einen Kommentar eingeben, der in der Netzwerkumgebung für die anderen Benutzer sichtbar ist.

Wenn Sie nicht möchten, dass jeder auf Ihre Freigabe zugreifen kann, dann ist die Schaltfläche BERECHTIGUNGEN gefragt (siehe Abbildung 24.42).

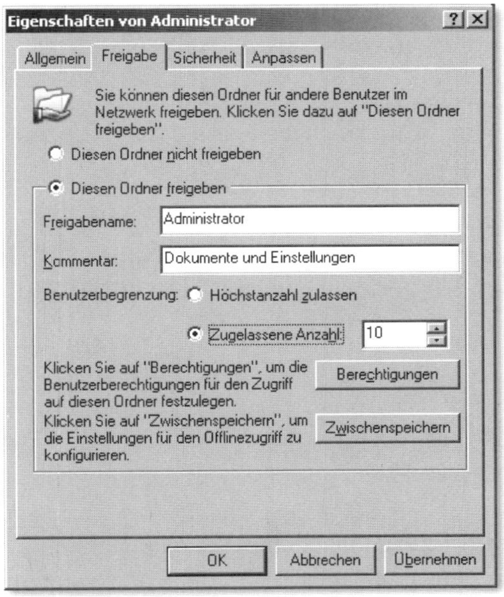

Abbildung 24.41 Freigabeoptionen für einen Ordner

Ohne Veränderungen hat jeder Lesezugriff, Mitbenutzer können keine Dateien ändern, löschen oder eigene dort speichern.

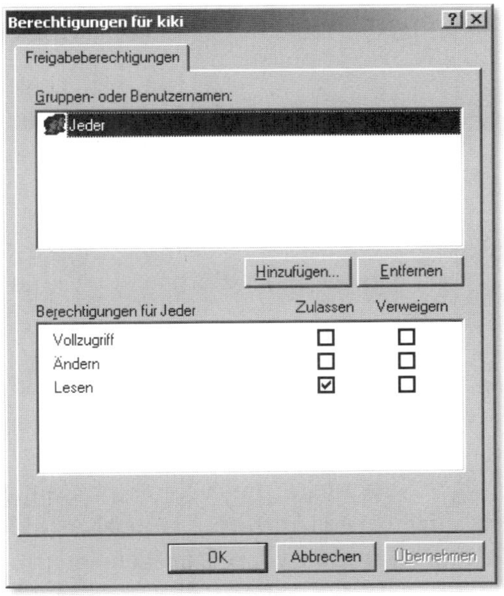

Abbildung 24.42 Berechtigungen einstellen für Freigaben

Im Einzelnen bedeutet LESEN, dass der so berechtigte Benutzer sich Dateien und Unterordner anzeigen lassen, zu Unterordnern wechseln und Programme ausführen kann.

Zusätzlich kann man mit der Berechtigung ÄNDERN Dateien und Ordner hinzufügen, ändern und löschen.

Die höchste Stufe, der VOLLZUGRIFF, erweitert das Änderungsrecht um die Möglichkeit, NTFS-Berechtigungen zu ändern und den Besitz zu übernehmen. NTFS-Berechtigungen stehen Ihnen nur dann zur Verfügung, wenn Sie über NTFS-formatierte Laufwerke verfügen.

Abbildung 24.43 Das Freigabesymbol bei XP: eine Hand

Im Eingabefeld für ZUGELASSENE ANZAHL ist es möglich, die Anzahl der gleichzeitig herstellbaren Verbindungen zu begrenzen. Belassen Sie es bei HÖCHSTANZAHL ZULASSEN, können sich maximal zehn Benutzer mit Ihrer Laufwerksfreigabe verbinden. Das ist einer der Unterschiede zwischen Windows 2000 Professional, XP Home, XP Professional auf der einen und Windows-Server auf der anderen Seite. Bei Windows-Server können Sie wesentlich mehr Benutzer auf die Freigabe zugreifen lassen.

Einen freigegebenen Ordner erkennen Sie an der Hand, die das Ordnersymbol trägt (siehe Abbildung 24.43).

Um auf einen freigegebenen Order, eine freigegebene Datei oder ein freigegebenes Laufwerk zugreifen zu können, geben Sie unter START • AUSFÜHREN... den Freigabenamen in der folgenden Schreibweise an:

```
\\<PC>\<Freigabe-Name>
```

Netzlaufwerke

Sie möchten vermutlich öfter auf die Freigabe zugreifen, aber nicht jedes Mal den Zugriff einrichten: Richten Sie also ein Netzlaufwerk ein. Beim Anlegen können Sie angeben, ob beim nächsten Start die Verbindung wiederhergestellt werden soll. Ein rechter Mausklick auf den Arbeitsplatz oder die Netzwerkumgebung bietet Ihnen die Möglichkeit NETZLAUFWERK VERBINDEN... und damit genau die Funktion, die es Ihnen ermöglicht, Netzlaufwerke einzurichten. Ein Netzlaufwerk bekommt einen Laufwerksbuchstaben, z. B. z:\, und Sie können bequem und einfach Ihre Dokumente auf z:\ und damit direkt auf dem anderen PC speichern. Ein

Netzlaufwerk erkennen Sie leicht am Symbol: Das Laufwerk hängt am Kabel (siehe Abbildung 24.44).

Abbildung 24.44 Netzlaufwerkssymbol: die Festplatte am Kabel

Die Geschwindigkeit von Laufwerksfreigaben liegt unter den Möglichkeiten des Netzwerks. Das liegt am SMB-Protokoll, das für die Datenpakete verantwortlich ist. Im Extremfall können Sie einen Geschwindigkeitsunterschied von bis zu 50 % zwischen FTP-Übertragung und der Laufwerksfreigabe haben. Das ist relativ uninteressant, wenn Sie nur geringe Datenmengen übertragen. Übertragen Sie regelmäßig hohe Datenmengen, dann sollten Sie prüfen, ob der Umstieg auf FTP sinnvoll ist. Mehr Informationen dazu in Abschnitt 29.3, »Netzwerkgeschwindigkeit mit FTP«.

24.5.4 Druckerfreigabe

Wenn Sie einen Drucker freigeben möchten, sodass auch andere Benutzer den Drucker benutzen können, gehen Sie analog zur Dateifreigabe vor.

Sie klicken mit der rechten Maustaste auf den Drucker und wählen FREIGABE... Es erscheint ein Dialog, in dem Sie die Option in DRUCKER FREIGEBEN ändern müssen. Windows schlägt Ihnen einen Freigabename vor, der dem Druckernamen entspricht. Weitere Einstellungen sind üblicherweise nicht erforderlich.

Die Schaltfläche ZUSÄTZLICHE TREIBER... bietet die Möglichkeit, in einem gemischten Windows-Netzwerk für andere Windows-Varianten bereitzustellen. Windows richtet die versteckte Freigabe *print$* ein, über die Druckertreiber bezogen werden können. Wenn Sie keinen Druckertreiber für das Betriebssystem zur Verfügung stellen, wird der Benutzer von seinem Betriebssystem aufgefordert, einen Treiber zu installieren.

Bei Vista und Windows 7 muss im NETZWERK- UND FREIGABECENTER die FREIGABE VON DRUCKERN eingeschaltet werden, sonst klappt die Druckerfreigabe nicht. [«]

24.5.5 Freigabeprobleme

Unter Windows kann es zu Problemen beim Zugriff auf Freigaben kommen. Die Probleme resultieren oft aus der Benutzer-Authentifizierung. Sie können beim Verbinden zu einer Freigabe einen Benutzernamen und ein Kennwort eingeben.

Geben Sie den Benutzernamen in folgender Schreibweise ein: `<PC-Name>\<Benutzername>`, dann sollte es klappen. Mit dieser Schreibweise fordern Sie den PC auf, nicht den Benutzer `<Benutzername>` Ihres PCs zu authentifizieren, da auf dem PC dieser Benutzer möglicherweise nicht existiert; sondern Sie machen deutlich, dass Sie `<Benutzername>` auf dem PC `<PC-Name>` meinen.

Sie werden sich fragen, warum das nicht ohne das Anlegen eines Benutzers geht, denn schließlich haben Sie den Vollzugriff für JEDER erlaubt. JEDER bezieht sich im Fall von Windows auf jeden, den das PC-System kennt, und darunter fallen nicht alle.

Namensauflösung

Eine weitere Fehlerquelle, die den erfolgreichen Zugriff auf eine Freigabe im Netzwerk (ganz gleich, welcher Windows-Variante) verhindern kann, ist die Namensauflösung. Ich habe unter XP erlebt, dass ich auf eine in der Netzwerkumgebung als `\\<PC-Name>\<Freigabename>` angezeigte Freigabe nicht zugreifen konnte. Ein `ping <PC-Name>` funktionierte ebenfalls nicht. Verwendete ich die IP-Adresse, funktionierten die Laufwerksverbindung und der ping problemlos. Das Problem der fehlenden Namensauflösung können Sie beheben, indem Sie in der Datei *C:\Windows\system32\drivers\etc\lmhosts* einen Eintrag wie den folgenden vornehmen:

```
<IP-Adresse> <name> <NAME> #PRE
```

Nun sollte auch die Namensauflösung funktionieren, möglicherweise müssen Sie noch einmal booten. Wenn ein `ping <Name>` immer noch nicht funktioniert, dann kontrollieren Sie noch einmal unter SYSTEMSTEUERUNG • NETZWERKVERBINDUNGEN • LAN-VERBINDUNG • EIGENSCHAFTEN • INTERNETPROTOKOLL (TCP/IP) • EIGENSCHAFTEN • ERWEITERT... • WINS • LMHOSTS-ABFRAGE AKTIVIEREN, ob die LMHOSTS-ABFRAGE aktiviert ist. Wenn Sie in Ihrem Netzwerk einen lokalen DNS-Server einsetzen, müssen Sie sicherstellen, dass der neue PC, dessen Name nicht aufgelöst werden kann, im DNS-Server eingetragen wird.

Wer denkt, es gäbe schon viele Windows-Versionen, der kennt noch nicht die bunte Linux-Vielfalt.

25 Linux einrichten

Als 1991 von Linus Torvalds der erste Linux-Kernel in der Version 0.01 zur Diskussion ins Internet gestellt wurde, konnte er nicht ahnen, welche Lawine er damit ins Rollen bringen würde. Schauen Sie bei Interesse mal auf der Webseite *http://www.linux.org/dist/index.html* vorbei, und lassen Sie sich von der Kreativität der Entwicklergemeinde beeindrucken!

Von Anfang an war TCP/IP ein fester Bestandteil von Linux. Dieses könnte man als Sachzwang bezeichnen, denn die Entwicklung des Betriebssystems und unzähliger Programme wurde vornehmlich über das Internet vorangetrieben. Rasch fanden sich in diesem neuen Medium unzählige freiwillige Programmierer, die sich für die Idee der freien Software begeisterten.

Die Entwickler der Software rund um Linux stellen häufig ihre Software unter die *Gnu Public License* (GPL, *http://www.gnu.org*). Diese Software zeichnet sich insbesondere durch den Gedanken der Freiheit aus. Dabei ist nicht die Freiheit im Sinne von Freibier, sondern eher eine Freiheit im Sinne der Redefreiheit gemeint. Alle Quellen der Software unter der GPL müssen für Entwickler und Interessierte verfügbar sein.

In diesen Wirrungen unzähliger Entwickler und Richtungen muss es Standards geben, an die sich alle halten. Unter anderem werden die Linux-Kernel versioniert und tauchen in diesen Versionen bei den Distributoren wie z. B. Red Hat, SUSE und Debian wieder auf. Dabei bedeutet eine gerade Zahl nach dem Punkt immer, dass es sich um einen stabilen Kernel handelt. Auf diese Art und Weise ist der Entwickler-Kernel 2.5 zum Kernel 2.6 mutiert.

Die Kernel-Version des Distributors ist nicht zu verwechseln mit der Version des Verkaufspakets. OpenSUSE ist aktuell bei der Version 11.1 angekommen.

Ich beschränke mich in diesem Buch auf SUSE. Diese Distribution erfreut sich im deutschsprachigen Raum großer Beliebtheit. OpenSUSE ist ein Ableger, der sich ausschließlich auf die GPL-Bestandteile der Distribution konzentriert. Siegfried3 [o] ist ein von mir für dieses Buch vorkonfiguriertes OpenSUSE. Testen Sie ausführlich die Annehmlichkeiten dieses Systems in Kapitel 40, »siegfried3 – ein vielseitiger Server«!

25.1 Dokumentation

Von Linux wird behauptet, es sei das am besten dokumentierte Betriebssystem überhaupt. Aber man sollte schon wissen, wo man suchen muss. Ich möchte Ihnen eine kleine Systematik zeigen, nach der Sie vorgehen können, wenn Sie Informationen suchen.

Die erste Informationsquelle des Administrators ist das Manual (dt. *Anleitung*). Mit Manual ist nicht eine gedruckte Anleitung wie die Ihres Fernsehers gemeint. Mit dem Befehl `man <Schlüsselwort>` erhalten Sie in einer Shell Einsicht in die *Man-Page* (dt. *Seite*) zum Thema des Schlüsselworts (siehe Abbildung 25.1). Mit [Space] blättern Sie nach unten, mit [q] verlassen Sie das Manual.

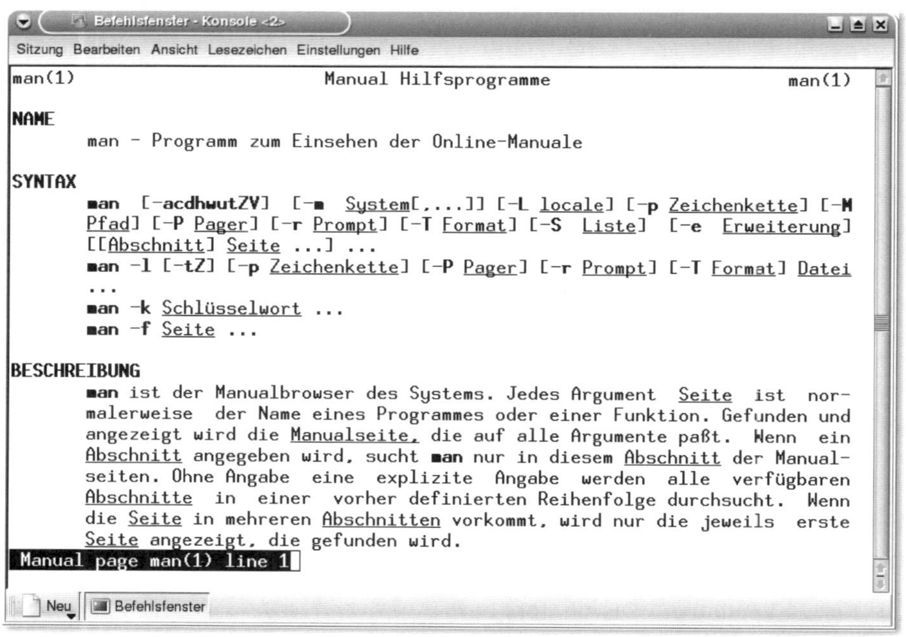

Abbildung 25.1 Der Hilfe-Browser »man«

Frequently Asked Questions (engl. *regelmäßig gestellte Fragen*) begleiten die Dokumentation vieler Software-Pakete. Auch im Internet sind FAQs zu vielen Linux-Themen zu finden.

HowTos sind systematischer aufgebaut als FAQs. Sie sind oft sehr umfangreich und eignen sich daher sowohl für unerfahrene Benutzer als auch für alte Hasen, die sich in ein Thema einlesen wollen. SUSE installiert viele dieser HowTos im Verzeichnis */usr/share/doc/howto*.

Viele Software-Pakete bringen eigene Dokumentation mit. Bei SUSE finden Sie diese Pakete in Unterverzeichnissen von */usr/share/doc/packages*, bei siegfried unterhalb von */usr/share/doc*.

Das *Linux Documentation Project* (*LDP*) bietet Bücher und Dokumente zu etlichen Themen an. Die Großzahl der Bücher ist in englischer Sprache, einige sind auch auf Deutsch erhältlich. Auf der Internetseite *http://www.tldp.org* finden Sie ganz nebenbei auch Man-Pages, HowTos und FAQs.

Es gibt außerdem noch unzählige gute Foren im Internet. Sie können dort als Anfänger wie auch als Fortgeschrittener Ihre Probleme schildern. Wenn Sie dann Erfahrung gesammelt haben, können Sie diese später selbst an andere weitergeben. In Newsgroups können Sie sich einschreiben, um per E-Mail zu einem bestimmten Thema auf dem Laufenden gehalten zu werden.

Eine Suchmaschine empfehle ich nur bedingt. Wenn sie nicht genau wissen, wie Sie die Suche eingrenzen sollen, werden Sie häufig von der Zahl der Ergebnisse erschlagen. Trotzdem kenne ich viele Einsteiger, die schon im Internet gesucht haben, bevor Sie eine Man-Page aufblättern.

25.2 Administration

Die Vielfalt der Programme und Distributionen führt oftmals dazu, dass sich der weniger erfahrene Anwender nicht mit Linux befassen möchte. Das liegt auch daran, dass sich die Distributoren bis heute nicht auf ein einheitliches System geeinigt haben. Dateien liegen manchmal bei dem einen dort, beim nächsten woanders. Ein Administrationstool wie den YaST2 gibt es nur für SUSE. Einen erfahrenen Anwender kann das nicht schocken, aber manch Otto-Normal-Linuxer wünscht sich am Anfang doch seine gewohnte Windows-Klick-Umgebung zurück.

Aus diesem Grund verwende ich in diesem Buch neben dem YaST2 soweit möglich das Administrationstool *Webmin*. Der Webmin kann mithilfe des Betriebssystems weitgehend erkennen, wo welche Konfigurationsdatei zu finden ist. Wenn Sie mit dem Webmin umgehen können, dann können Sie bei der Administration jedes UNIX oder Linux zumindest ein Wörtchen mitreden.

[o] Falls Sie den Webmin auf einem anderen Linux installieren möchten, finden Sie die notwendigen Dateien im DVD-Verzeichnis */software/administration/webmin*. Die Anleitungen zur Installation finden Sie im Internet auf der Homepage des Webmin *http://www.webmin.com/download.html.*

Administrationsarbeit erledigt in der Regel der Benutzer root. Außerhalb des Heimatverzeichnisses stoßen andere Benutzer schnell an die Grenzen ihrer Berechtigungen. Wenn Sie mit einer Shell arbeiten, können Sie sich mit dem Kommando `who am i` Klarheit über Ihre Identität verschaffen.

Linux lässt sich ganz ohne grafische Werkzeuge administrieren. Sie können jede Datei einzeln mit einem Editor bearbeiten. Meine Empfehlung lautet, für die unterschiedlichen administrativen Aufgaben jeweils das individuell beste Werkzeug zu verwenden. Das könnte für SUSE der YaST2, der Webmin, der Editor auf der Kommandozeile oder auch ein grafisches Werkzeug aus der KDE[1] sein.

An einigen Stellen offenbaren grafische Tools ihre Unzulänglichkeiten. In diesem Fall ist ein guter Editor der einzig Erfolg versprechende Weg, den Inhalt einer Konfigurationsdatei zu manipulieren. Ich verwende den Editor *vi*. Dieser Editor ist in der UNIX-Welt weit mehr als ein Texteditor. Er wurde entwickelt, als die verschiedenen UNIX-Terminals[2] mit stark unterschiedlichen Tastaturbelegungen aufwarteten. Um ein unabhängiges Werkzeug zu schaffen, bildeten die Entwickler viele Funktionen des vi auf der Standardtastatur ab. Wenn Sie Dateien editieren, dann lernen Sie den Umgang mit dem vi in Abschnitt A.3, »Der Editor vi«. Aller Anfang ist schwer – das gilt auch für den vi. Aber: Die Mühe lohnt sich!

Die *Kommandozeile* (DOS-Box) von Linux ist Teil der Shell. Die Shell bietet im Gegensatz zur DOS-Box von Windows deutlich mehr Möglichkeiten. Die Shell nimmt Kommandos entgegen, interpretiert diese und bietet jedem auszuführenden Programm eine definierte Umgebung. Wenn Sie in die Shell hineinschnuppern möchten, dann finden Sie ein paar Kommandos in Abschnitt A.2, »Grundbefehle«.

Die Konfiguration der Netzwerkkarte besteht eigentlich aus zwei Schritten. Zuerst muss der erforderliche Treiber für die Netzwerkkarte als Modul in den Kernel geladen werden. Danach kann die Karte über den Treiber konfiguriert werden. Der YaST2 arbeitet so, dass diese Unterteilung nicht sofort augenscheinlich wird.

1 Die KDE ist ein beliebter Desktop bei SUSE und KNOPPIX.
2 Terminals sind Arbeitsplätze mit Tastatur und Bildschirm.

25.3 Netzwerkkarte unter SUSE einrichten

Im Normalfall wird die Konfiguration der Netzwerkkarte bereits im Rahmen der Installation abgefragt. Sie können diese Konfiguration später jederzeit ändern. Dazu melden Sie sich an dem grafischen Login des SUSE-Servers an.

Drücken Sie bitte [Alt] + [F2]. In dem sich nun öffnenden Fenster tragen Sie `yast2` ein und drücken [↵]. Falls Sie sich nicht als Benutzer root angemeldet hatten, müssen Sie spätestens jetzt das Passwort dieses Administrators kennen. Daraufhin startet der YaST2 (siehe Abbildung 25.2). Die Netzwerkkonfiguration verbirgt sich unter NETZWERKGERÄTE • NETZWERKEINSTELLUNGEN.

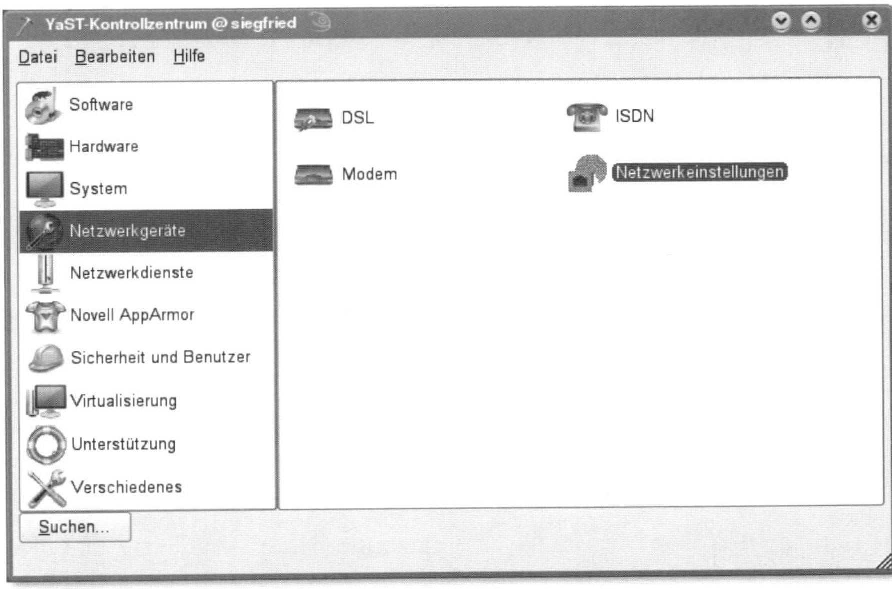

Abbildung 25.2 Mit dem YaST2 zu den Netzwerkeinstellungen

Im folgenden Fenster wählen Sie eine vom System erkannte Netzwerkkarte aus und klicken auf BEARBEITEN. Es ist aber auch möglich, dass die Netzwerkkarte über HINZUFÜGEN zunächst dem System bekannt gemacht werden muss (siehe Abbildung 25.3).

Bei einer vom System nicht erkannten Netzwerkkarte handelt es sich in der Regel um einen PCMCIA- oder USB-Netzwerkadapter. In diesem Fall setzen Sie einfach das entsprechende Häkchen.

Mit einem Klick auf BEARBEITEN bzw. WEITER gelangen Sie zur *IP-Konfiguration* dieser Netzwerkkarte.

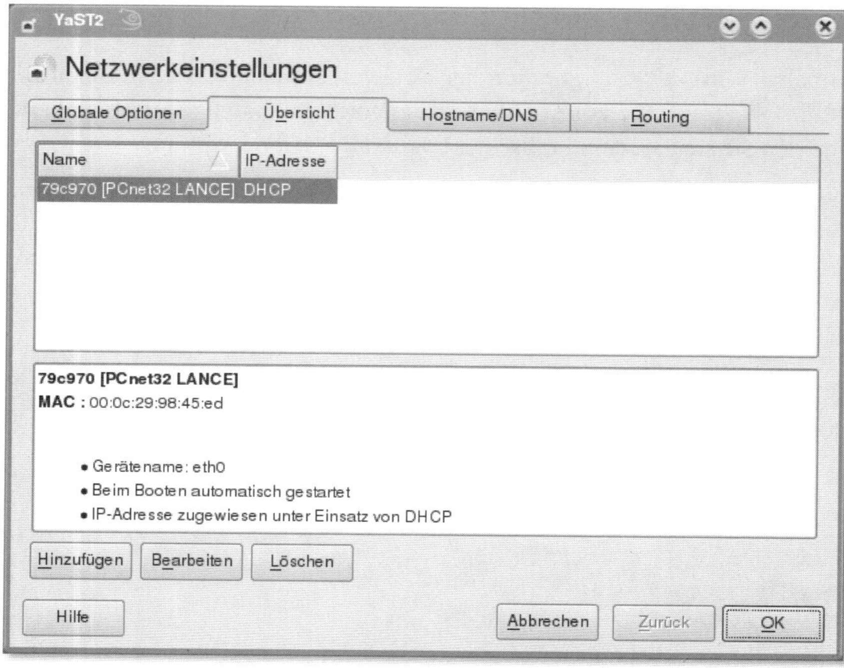

Abbildung 25.3 Eine Netzwerkkarte bearbeiten oder hinzufügen?

SUSE Linux verwendet standardmäßig die DYNAMISCHE ADRESSE (DHCP). Wenn Sie keinen DHCP-Server betreiben oder für diesen PC eine statische IP-Adresse bevorzugen, müssen Sie STATISCH ZUGEWIESENE IP-ADRESSE auswählen. Einem Server sollten Sie immer eine statische Adresse zuweisen (siehe Abbildung 25.4).

Die statische IP-ADRESSE tragen Sie zusammen mit der SUBNETZMASKE und dem HOSTNAMEN ein, bevor Sie auf WEITER klicken.

Falls Sie die IP-Adresse über DHCP beziehen, können Sie zusätzlich bestimmen, ob zusammen mit der IP-Adresse auch der Hostname, das Standardgateway und der Nameserver vom DHCP-Server bezogen werden sollen.

Sollten Sie eine statische IP-Adresse konfiguriert haben, müssen Sie das STANDARDGATEWAY für den Zugriff auf das Internet nun ebenfalls von Hand eintragen. Zurück in den Netzwerkeinstellungen, verwenden Sie dazu den Reiter ROUTING (siehe Abbildung 25.5). Beim Standardgateway wird es sich in der Regel um die IP-Adresse Ihres Internet-Routers handeln. Dieser eine Eintrag sollte für eine normale Netzwerkinstallation ausreichen.

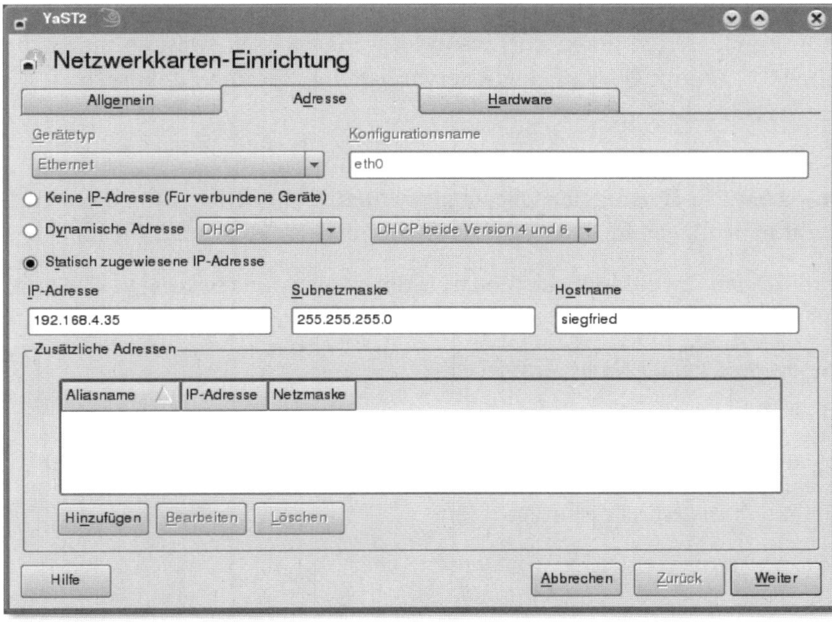

Abbildung 25.4 Die IP-Konfiguration des Netzwerkadapters

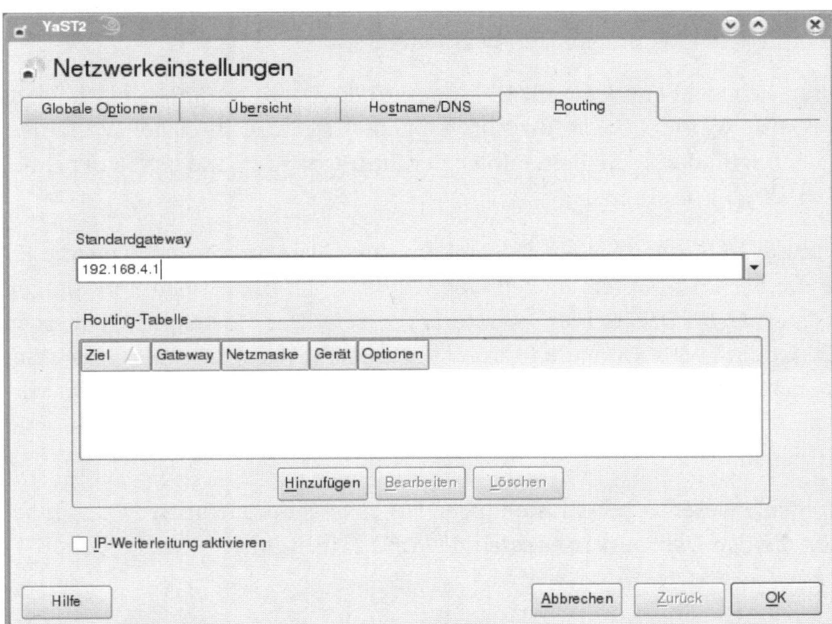

Abbildung 25.5 Die IP-Adresse des Routers als Standardgateway

[!] Wenn Sie die Option IP-WEITERLEITUNG *aktivieren*, machen Sie den PC zum Router. Dieses empfehle ich Ihnen nur, wenn Sie genau wissen, was Sie tun (siehe Abschnitt 11.1, »Routing«). Auf einem Server hat eine Routing-Funktionalität generell nichts zu suchen.

Wenn Sie mit dem Linux-PC ins Internet wollen, müssen die Namen der Kommunikationspartner in IP-Adressen übersetzt werden. Einen Dienst für diese Aufgabe nennt man allgemein *Nameserver* (siehe Kapitel 17, »Namensauflösung«).

Es gibt mindestens zwei Möglichkeiten, wie die Namensübersetzung in IP-Adressen, genannt Namensauflösung, erfolgen kann:

- DNS-Server (*Domain Name Service*-Server)
- Hosts-Datei

Ein DNS-Server ist ein PC, der zentral im Netzwerk Namensauflösung betreibt.

Die Datei */etc/hosts* enthält Einträge wie:

```
127.0.0.1      localhost   # loopback - device
192.168.1.2    max         Max                    # PC Max
192.168.1.3    WLAN        wlan                   # DSL-Router
```

Anhand dieser Datei kann Namensauflösung betrieben werden, denn die Namen sind der IP-Adresse zugeordnet. Mit dem YaST2 können Sie die Einträge unter NETZWERKDIENSTE • RECHNERNAMEN bearbeiten.

Sie müssen sich nicht entweder für DNS oder für die Datei */etc/hosts* entscheiden. Üblicherweise werden beide Verfahren parallel genutzt. Welches Verfahren Vorrang hat, wird durch die Reihenfolge der Einträge `files` und `dns` in der Datei */etc/nsswitch.conf* bestimmt.

[zB] In Abbildung 25.6 sehen Sie ein Beispiel für einen Nameserver. Ich habe die IP-Adresse meines DSL-Routers eingetragen. Dieser leitet die Namensauflösungen für das Internet an DNS-Server im Internet weiter. Der Hostname für meinen Linux-PC ist `suse`, den Domänen-Namen (nicht zu verwechseln mit einer Windows-Domäne) habe ich mit `home` so gewählt, dass dieser im Internet nicht vorkommen kann. Die Top-Level-Domain »home« gibt es nicht und wird es wohl auch nie geben.

Das waren alle wesentlichen Einstellungen zur Netzwerkkarte unter SUSE Linux. Verlassen Sie den Netzwerkassistenten des YaST2 über OK.

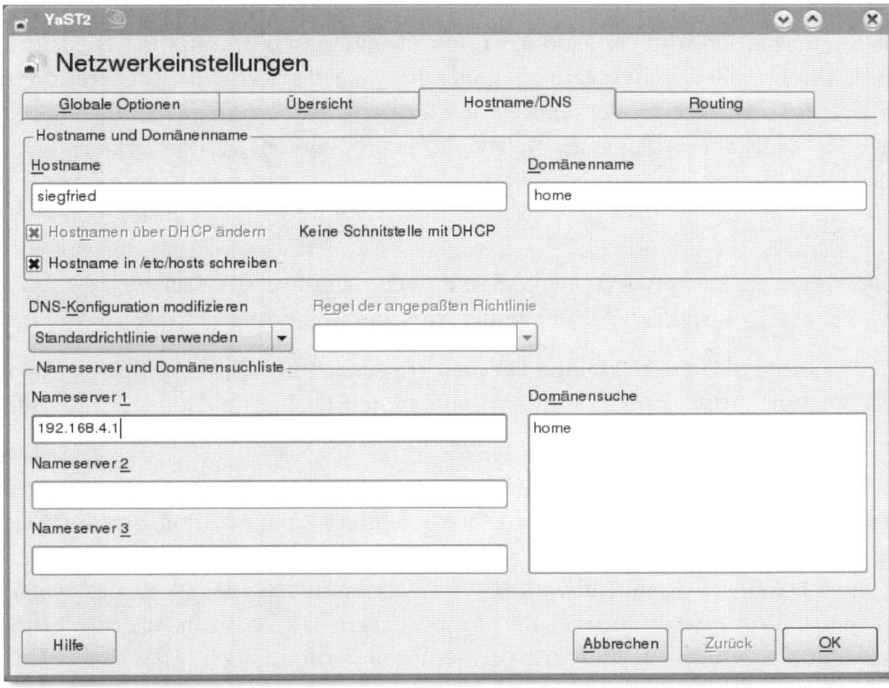

Abbildung 25.6 Hostname und Nameserver mit dem YaST2

25.4 SUSE-Firewall

Die Firewall kann dazu verwendet werden, einen PC mit einer Netzwerkschnittstelle sicher gegen Angriffe aus dem lokalen Netz oder dem Internet zu machen (siehe Kapitel 32, »Programme zur Netzwerksicherheit«). Wenn Sie ein aktuelles SUSE installieren, wird automatisch eine Firewall mit installiert und auch aktiviert. Ich möchte Ihnen die wichtigsten Funktionen dieser Firewall und deren Konfiguration mit dem YaST2 kurz vorstellen. Der YaST2 verändert dabei die Konfigurationsdatei der Firewall */etc/sysconfig/SUSEfirewall2*. Wenn Sie später tiefer in das Thema SUSE-Firewall einsteigen möchten, dann ist die Lektüre dieser Datei hervorragend geeignet. Sie werden die Schlüsselwörter aus dieser Datei, die der YaST2 bearbeitet, im Text wiederfinden.

Zur Administration verwenden Sie das YaST2-Modul SICHERHEIT UND BENUTZER • FIREWALL. Unter START wählen Sie zwischen AKTIVIERE AUTOMATISCHEN FIREWALL START und DEAKTIVIERE AUTOMATISCHEN FIREWALL START aus.

Beim Punkt Schnittstellen ordnen Sie jedem Netzwerk-Interface einen Gefahrenbereich zu. Es kann Aufgabe der Firewall sein, einen bestimmten Dienst im lokalen Netz (*interne Zone*) anzubieten und den Zugriff aus einem unsicheren Netz (*externe Zone*) zu unterbinden. Eine *entmilitarisierte Zone* ist ein gewöhnlich durch zwei Firewalls abgeschlossenes Netzwerksegment zwischen Ihrem lokalen Netz und dem Internet, in dem Sie Server für den Zugriff aus dem WAN platzieren können, ohne ihr eigenes LAN zu gefährden. Wenn Sie nichts anderes bestimmen, dann ist die Firewall nur für den Zugriff aus der *externen Zone* und der *entmilitarisierten Zone* aktiviert. Der YaST2 besetzt daraufhin die Variablen `FW_DEV_EXT`, `FW_DEV_INT` und `FW_DEV_DMZ` in der Konfigurationsdatei mit Ihren Werten.

Unter Erlaubte Dienste können Sie dies bei Bedarf mit der Auswahl Firewall vor interner Zone schützen ändern und so den Rechner auch gegen Angriffe aus dem eigenen LAN wappnen (`FW_PROTECT_FROM_INT`).

Sie können nun mit dem YaST2 für jede Zone explizit festlegen, welche Dienste zugelassen werden sollen (`FW_SERVICES_*`). Achten Sie darauf, dass nicht nur Server, sondern auch einige Clients bei der Arbeit von der Firewall geblockt werden können. Das liegt z. B. im Fall vom *DHCP-Client* daran, dass der Client per Broadcast eine IP-Adresse anfordert und noch gar nicht wissen kann, welcher Netzwerkteilnehmer ihm ein Antwortpaket schicken wird.

[!] Jeder Dienst, den Sie in einem unsicheren Netz erlauben, ist ein zusätzlicher Schwachpunkt der Firewall. Die Firewall wird also aus einem unsicheren Netzwerk heraus zusätzlich angreifbar.

Wenn Sie Masquerading für Netzwerke aktivieren, dann wird von der internen Zone in die externe Zone Network Address Translation (siehe Abschnitt 11.3, »NAT, Network Address Translation«) durchgeführt (`FW_MASQUERADE`). Zusätzlich haben Sie die Möglichkeit, für einzelne Dienste den Zugriff aus dem externen Netz auf einen bestimmten Server im internen Server (Virtual Server) umzuleiten (`FW_FORWARD_MASQ`).

Masquerading kann überhaupt nur dann von Interesse sein, wenn Sie über mindestens zwei Netzwerkschnittstellen verfügen. Dann können Sie mit der SUSE-Firewall einen gemeinsamen Zugriff der lokalen Netzwerkteilnehmer auf das Internet einrichten.

[!] Auf einen Server mit wichtigen Daten gehört meiner Meinung nach keinerlei Routing-Funktionalität, also auch kein Masquerading. Da der Server aus dem Internet sichtbar ist, ist er auch angreifbar. Auch eine aktivierte Firewall bietet keinen hundertprozentigen Schutz. Deshalb betrachte ich den Einsatz einer Software-Firewall mit Routing-Funktionalität grundsätzlich als Sicherheitsrisiko!

Die Administration der SUSE-Firewall ist in diesem Punkt mächtiger als das optionale Routing mittels `IP_FORWARD`, das Sie in der Datei */etc/sysconfig/sysctl* oder mit dem YaST2 in der Netzwerkkonfiguration einrichten können. [«]

Die Firewall protokolliert Ereignisse wie das Verwerfen (`DROP`) von Paketen in der Datei */var/log/messages*.

Falls Sie die IP-Adresse einer Einwahlverbindung mittels DynDNS auf einem DNS-Server im Internet aktualisieren möchten, darf in der Datei */etc/sysconfig/sysctl* der Eintrag `IP_DYNIP="yes"` nicht fehlen. Nur dann wird die Routing- bzw. NAT-Tabelle auf der Firewall ebenfalls dynamisch aktualisiert. [!]

Damit kennen Sie die wichtigsten Funktionen der SUSE-Firewall. Mit einem Klick auf WEITER gelangen Sie zu einer Zusammenfassung Ihrer geplanten Konfiguration. Lesen Sie diese bitte gründlich durch!

25.5 WLAN unter Linux

Nicht immer haben freie Software-Projekte nur Vorteile. Beim Thema WLAN birgt Linux eine gewisse Komplexität.

Wenn Sie WLAN und Linux einsetzen möchten, sollten Sie sich möglichst vor dem Kauf erkundigen, ob dieses WLAN-Gerät bei Linux im gewünschten Umfang unterstützt wird.

Entscheidend für die Linux-Unterstützung einer WLAN-Hardware ist der verwendete Chipsatz. Es ist also weniger entscheidend, ob Sie eine WLAN-Karte von Netgear oder von D-Link haben, sondern welchen Chipsatz die Karte verwendet.

Die Firma tuxhardware.de hat ein Geschäft daraus gemacht, Linux-kompatible Komponenten zu verkaufen. WLAN-Karten mitsamt Installationsanleitung finden Sie unter *http://www.tuxhardware.de/category47/default.html*. Ich denke, das kann auch nützlich sein, wenn Sie nicht dort gekauft haben. [«]

Weil Sie vermutlich nicht wissen, welche Karte/welches USB-Gerät welchen WLAN-Chipsatz verwendet und dies meistens vom Hersteller nicht veröffentlicht wird, gibt es Webseiten, die zu aktuellen WLAN-Geräten die verwendeten Chipsätze auflisten. Dabei müssen Sie teilweise sehr genau auf Versionen achten. Eine englischsprachige Webseite gibt Auskunft unter *http://www.hpl.hp.com/personal/Jean_Tourrilhes/Linux*, openSUSE pflegt seine Liste in einem eigenen Wiki unter *http://de.opensuse.org/HKL/Netzwerkkarten_(WLAN)*.

Wenn Sie wissen, welcher Chipsatz verwendet wird, gibt es zwei Möglichkeiten: Entweder es gibt einen echten Linux-Treiber oder nicht.

Wenn für den Chipsatz Ihrer Karte kein Linux-Treiber existiert, gibt es immer noch Hoffnung: Sie können unter Linux die Windows-Treiber verwenden.

Dazu gibt es `ndiswrapper` (siehe *http://ndiswrapper.sourceforge.net*), allerdings wird der sogenannte Monitor-Modus nicht unterstützt, Sie können also mit einer per `ndiswrapper` betriebenen WLAN-Karte keine Sniffer nutzen.

25.6 WLAN unter SUSE einrichten

SUSE verwendet für die Konfiguration von WLANs den bekannten YaST. Das gilt für die Konfiguration der Hardware, für die eigentlichen WLAN-Einstellungen wird der *KNetworkManager* eingesetzt.

Der Vorteil ist, dass Sie ein grafisches Programm haben, mit dem Sie recht bequem und einfach WLAN einrichten können.

Wenn alles eingerichtet ist, zeigt sich das Programm KNetworkManager unten rechts in der Kontrollleiste und hat ein Symbol wie eine Weltkugel (siehe Abbildung 25.7).

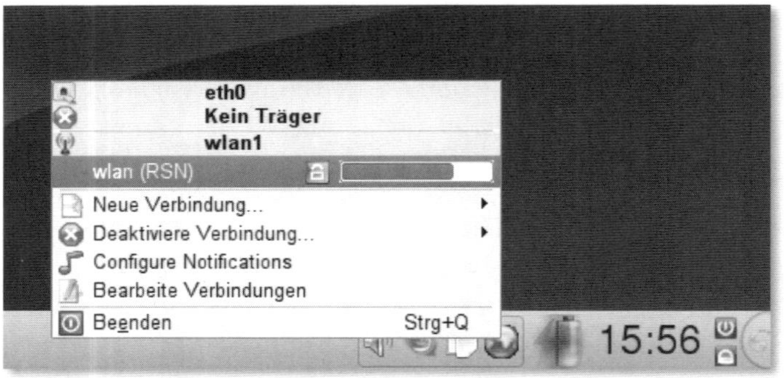

Abbildung 25.7 Verbindungen mit KNetworkManager verwalten

Wenn Sie mit der rechten Maustaste auf das Symbol klicken, erscheint das Kontextmenü. Wählen Sie dort NEUE VERBINDUNG..., und es erscheint eine Auswahl der Netzwerk-Interfaces, z. B. *eth0* und *wlan0*. Klicken Sie auf WLAN0, und Ihnen werden verfügbare WLANs aufgezeigt. Hier wählen Sie Ihr Netzwerk aus und klicken dann auf WEITER. Jetzt erscheint der Dialog zu den WLAN-Einstellungen (siehe Abbildung 25.8). Klicken Sie auf EXPERTEN-EINSTELLUNGEN, um alle Einstellungen eintragen zu können.

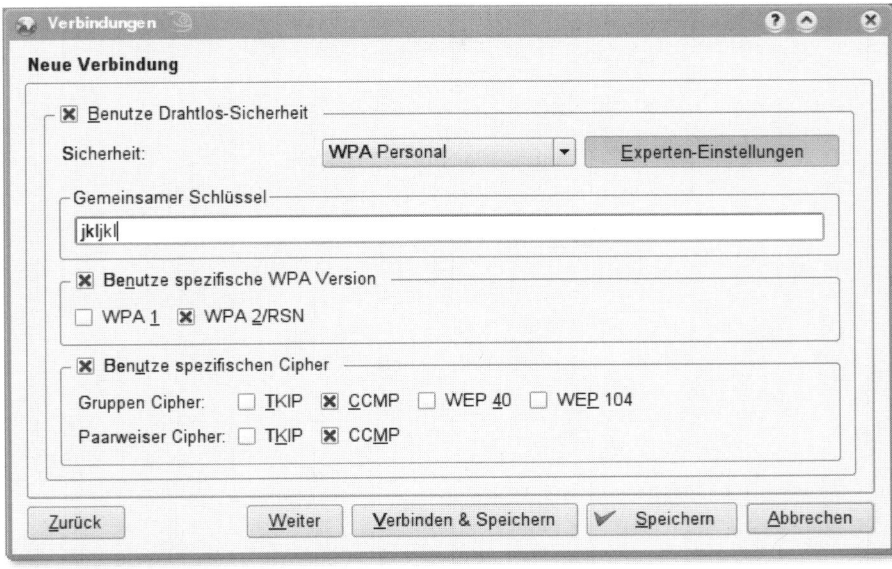

Abbildung 25.8 WLAN-Einstellungen

Sollte Ihre WLAN-Karte nicht automatisch erkannt werden, können Sie sie üblicherweise mit dem Windows-Treiber in Gang bekommen. Dazu gibt es das Programm `ndiswrapper`, das SUSE mitbringt, Sie müssen es mit YaST installieren. [«]

Nach der Installation muss der `ndiswrapper` eingerichtet werden. Eine Installationsanleitung finden Sie bei SUSE unter *http://de.opensuse.org/SDB:Ndiswrapper*.

Alternativ zum KNetworkManager gibt es speziell für WLAN das Programm `KWiFi`, mit dem auch verschiedene Profile verwaltet werden können. `KWiFi` kann über den YaST installiert werden, ist aber erst benutzbar, wenn der KNetworkManager im YaST unter NETZWERKGERÄTE • NETZWERKEINSTELLUNGEN • GLOBALE OPTIONEN abgestellt wird, indem Sie den Punkt TRADITIONELLE METHODE MIT IFUP aktivieren.

Mac OS X bringt als offizielles UNIX-System umfangreiche Netzwerkfunktionen mit. Mit den Systemeinstellungen gelingt die Konfiguration recht schnell.

26 Mac OS X einrichten

Die Konfiguration des Netzwerks wird unter Mac OS X mit den SYSTEMEINSTELLUNGEN im Ordner PROGRAMME vorgenommen. Wenn Sie die Systemeinstellungen gestartet haben, dann finden Sie dort einen Eintrag NETZWERK. Mit einem Klick auf diesen Eintrag wechseln Sie die Ansicht und gelangen zu den Einstellungen, die das Netzwerk betreffen. Um Änderungen an den Netzwerkeinstellungen vornehmen zu können, müssen Sie sich mit einem Benutzerkonto anmelden, bei dem in der Ansicht BENUTZER der Systemeinstellungen die Option DER BENUTZER DARF DIESEN COMPUTER VERWALTEN aktiviert ist. Sollte die Ansicht Netzwerk gesperrt sein, sodass Sie keine Änderungen vornehmen können, dann können Sie diese mit einem Klick auf das Schloss unten links und der darauffolgenden Eingabe des Passworts entsperren.

Bei der Änderung der Netzwerkeinstellungen müssen Sie beachten, dass diese erst wirksam werden, wenn Sie unten rechts die Schaltfläche ANWENDEN anklicken. Mit einem Klick auf die Schaltfläche ZURÜCKSETZEN kehren Sie zur letzten angewandten Konfiguration zurück und können auf diese Weise Eingaben verwerfen.

26.1 Netzwerkumgebungen

Mac OS X gruppiert die Einstellungen in sogenannten NETZWERKUMGEBUNGEN. In den SYSTEMEINSTELLUNGEN finden Sie oben den Eintrag UMGEBUNG. Die Aufgabe dieser Umgebungen besteht darin, verschiedene Konfigurationen zu bündeln und einen schnellen Wechsel zwischen diesen Konfigurationen zu ermöglichen. Sie könnten z. B. eine Umgebung ZU HAUSE anlegen, die Ihre Einstellungen für das Netzwerk im heimischen Wohnzimmer enthält, und eine weitere Umgebung ARBEIT, in der Sie die Einstellungen für die Firma treffen. Nützlich ist der Einsatz dieser Umgebungen insbesondere mit einem mobilen Rechner, den Sie z. B. tagsüber in der Firma und abends zu Hause einsetzen. Mit einem Mausklick können

Sie zwischen den Konfigurationen wechseln und müssen nicht jedes Mal erneut die IP-Adresse, den DNS-Server und die anderen Einstellungen eingeben.

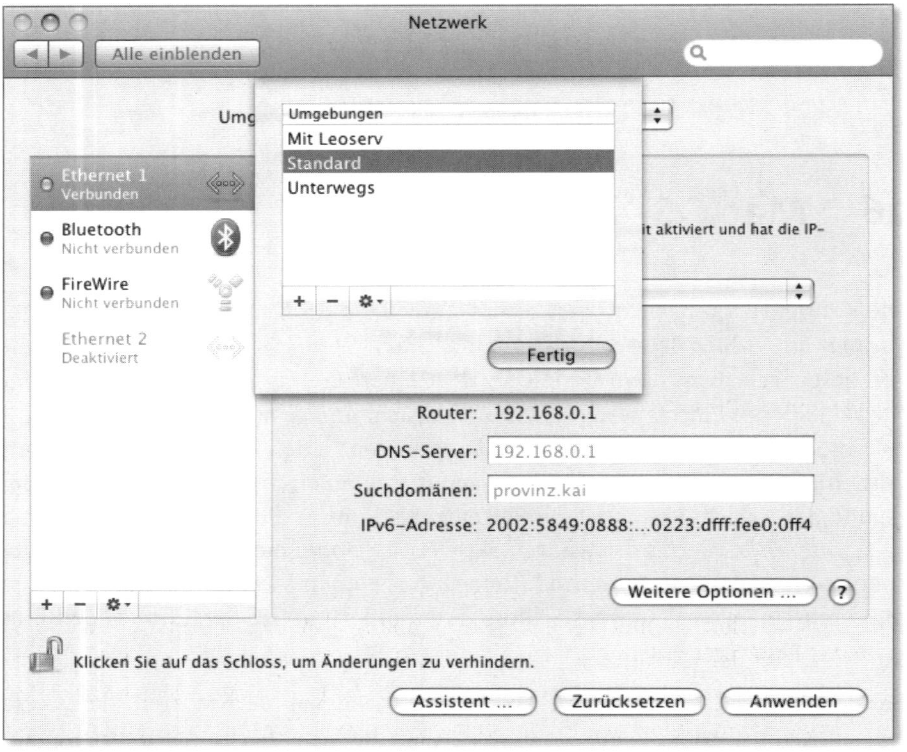

Abbildung 26.1 Mac OS X gruppiert verschiedene Konfigurationen in Netzwerkumgebungen.

In dem Ausklappmenü nach dem Eintrag UMGEBUNGEN finden Sie sowohl die schon vorhandenen Umgebungen als auch den Eintrag UMGEBUNGEN BEARBEITEN. Wenn Sie diesen Punkt auswählen, dann erscheint ein Panel (siehe Abbildung 26.1), in dem Sie neue Umgebungen erstellen, vorhandene löschen sowie umbenennen können.

Es gibt zwei Möglichkeiten, die aktive Netzwerkumgebung zu wechseln. Zunächst können Sie in den SYSTEMEINSTELLUNGEN oben eine Umgebung auswählen und dann auf ANWENDEN klicken. Einfacher und direkter geht der Wechsel über das Apfel-Menü. Haben Sie mindestens zwei Umgebungen angelegt, dann finden Sie im Apfel-Menü (siehe Abbildung 26.2) den Eintrag UMGEBUNG und können dort die von Ihnen gewünschte Umgebung auswählen. Der Wechsel wird hier unmittelbar vorgenommen.

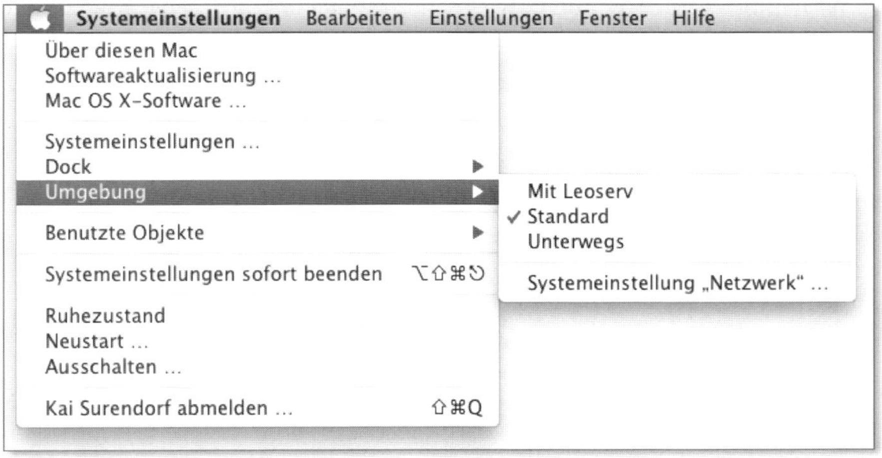

Abbildung 26.2 Die Netzwerkumgebung kann direkt über das Apfel-Menü ausgewählt werden.

26.2 Schnittstellen verwalten

In den SYSTEMEINSTELLUNGEN finden Sie in der linken Spalte die aktiven Netzwerkschnittstellen, die in diesem Zusammenhang als Dienst bezeichnet werden. Abhängig von der Hardware Ihres Rechners finden Sie dort Ethernet-Schnittstellen, AirPort-Karten, FireWire und Bluetooth. In den SYSTEMEINSTELLUNGEN wird eine aktive Schnittstelle mit einem grünen und eine inaktive mit einem roten Knopf gekennzeichnet. Ein gelber Knopf besagt, dass entweder ein Problem vorliegt oder aber eine selbst zugewiesene IP-Adresse verwendet wird. Eine ausgegraute Schnittstelle (in Abbildung 26.3 ist dies die zweite Ethernet-Karte [ETHERNET 2]) besagt, dass diese deaktiviert wurde.

Über das Pluszeichen unten links können Sie eine nicht aufgeführte oder aus der Liste entfernte Netzwerkschnittstelle dieser hinzufügen. In dem erscheinenden Panel finden Sie auch die Möglichkeit, ein VPN einzurichten oder eine DSL-Verbindung über PPPoE einzurichten. Mit dem Minuszeichen können Sie eine Schnittstelle aus der Liste entfernen. Über das Rad erreichen Sie ein Menü, in dem Ihnen unter anderem die Möglichkeit zur Verfügung steht, eine Schnittstelle zu deaktivieren oder die Reihenfolge der Dienste festzulegen. Die Reihenfolge der Dienste legt hierbei auch fest, über welche Schnittstelle die Datenpakete zuerst verschickt werden.

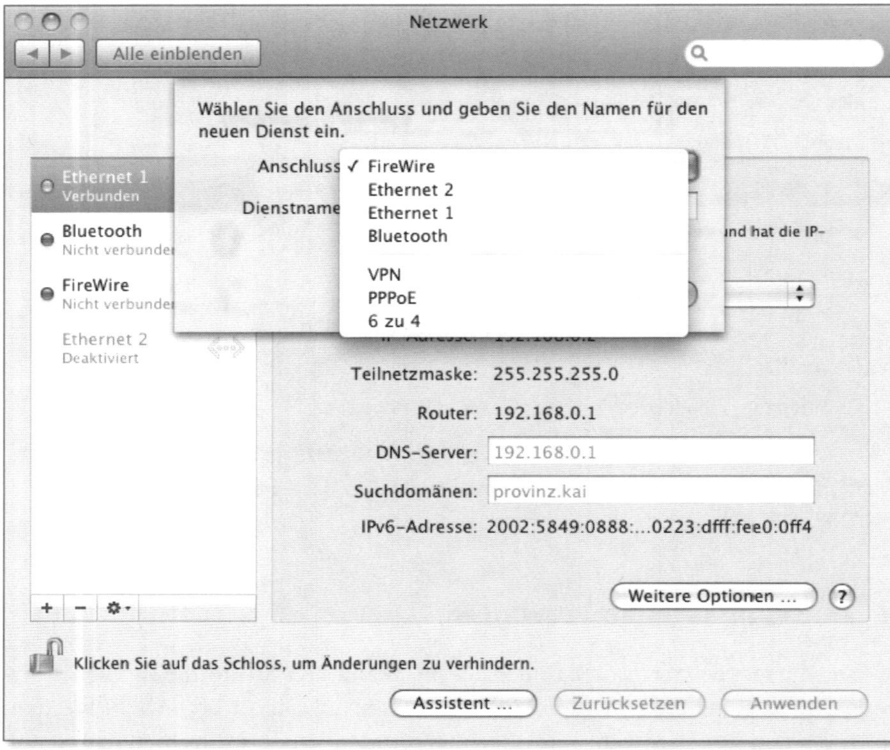

Abbildung 26.3 Über das Pluszeichen kann eine Netzwerkschnittstelle zur Konfiguration hinzugefügt werden.

26.3 Schnittstellen konfigurieren

Für jede Schnittstelle, die links aufgeführt wird und die nicht deaktiviert ist, können Sie dann die Einstellungen vornehmen.

26.3.1 Einfache Konfiguration

Zunächst können Sie unter KONFIGURATION auswählen, wie die IP-Adresse vergeben wird. Zur Auswahl stehen hier DHCP, DHCP MIT MANUELLER ADRESSE, der DHCP-Vorläufer BOOTP und MANUELL. Handelt es sich um eine Ethernet-Karte, dann steht Ihnen auch die Option PPPOE-DIENST ERSTELLEN zur Verfügung. Mit dieser Option erstellen Sie eine Verbindung zu Ihrem DSL-Provider, die links in der Liste der Schnittstellen erscheint und in der Sie Zugangsdaten eingeben können.

Abbildung 26.4 Die IP-Adresse, die Subnetzmaske, der Router sowie der DNS-Server können auch manuell eingegeben werden.

Wenn Sie die Einstellungen getroffen haben, dann können Sie diese anwenden. Das System versucht dann, mit diesen Einstellungen eine Verbindung ins Netzwerk aufzubauen und zeigt den Status anschließend über den Knopf in der linken Spalte an.

26.3.2 Details konfigurieren

Während Sie auf diese Weise nur die grundlegenden Parameter konfigurieren können, können Sie über die Schaltfläche WEITERE OPTIONEN eine detaillierte Konfiguration vornehmen. Das Panel ist in fünf bis sechs Ansichten unterteilt. Unter Mac OS X 10.6 ist AppleTalk nicht mehr vorhanden. Sie können zunächst unter TCP/IP wieder die IP-Adresse vergeben. Hierbei ist es unter dem Menüpunkt IPV6 KONFIGURIEREN auch möglich, die IPv6-Adresse manuell vorzugeben oder, sofern das überhaupt gewünscht ist, die Unterstützung von IPv6 ganz auszuschalten.

In der Ansicht DNS können Sie mehrere DNS-SERVER und SUCHDOMÄNEN vorgeben, sofern Ihr Netzwerk diese Komplexität bereits erreicht hat. In der Ansicht ETHERNET finden Sie unter anderem die MAC-Adresse der Schnittstelle, die hier als ETHERNET-ID bezeichnet wird.

Bestätigen Sie die Änderungen über die Schaltfläche OK, dann müssen Sie diese anschließend ebenfalls anwenden.

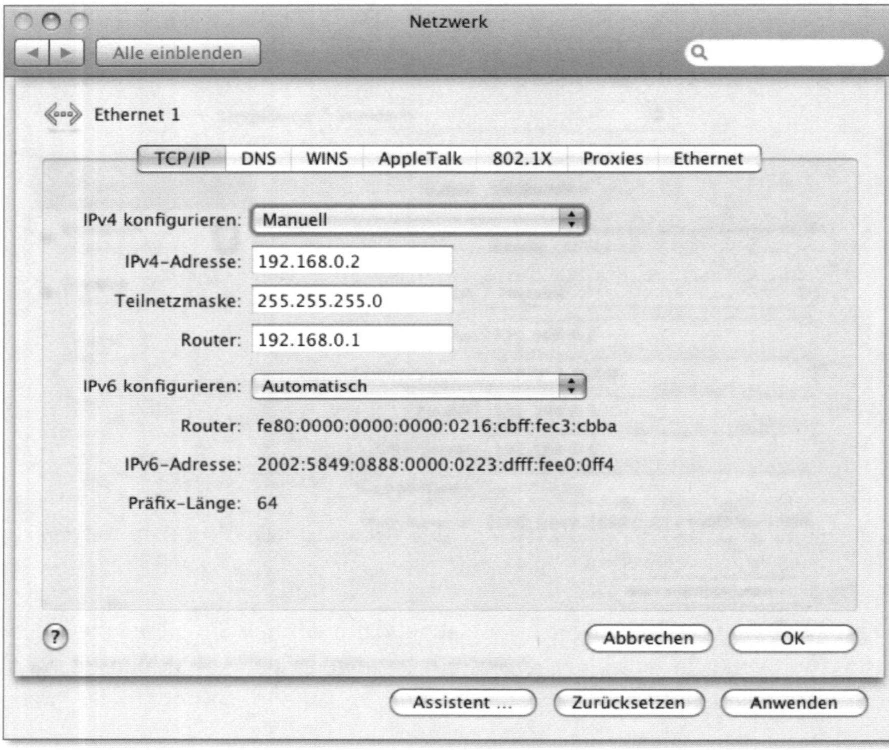

Abbildung 26.5 Weitere Details können in einem Panel konfiguriert werden.

26.4 AirPort-Karte konfigurieren

Die drahtlose Verbindung in ein Netzwerk wird bei Rechnern aus dem Hause Apple in der Regel über eine AirPort-Karte vorgenommen. Wenn Ihr Rechner über eine solche Karte verfügt, dann finden Sie links in der Liste der Schnittstellen auch einen Eintrag AIRPORT. Haben Sie diesen ausgewählt, dann können Sie hinter STATUS die Karte aktivieren und deaktivieren. Hinter NETZWERKNAME finden Sie ein Ausklappmenü, das Ihnen zunächst das derzeit aktive Netzwerk anzeigt.

Wenn Sie das Menü ausklappen, dann beginnt die Suche nach verfügbaren und sichtbaren Netzwerken in Ihrer Umgebung. Verschlüsselte Netzwerke werden in der Liste mit einem Schloss gekennzeichnet. Sie können nun ein Netzwerk aus der Liste auswählen oder über den Eintrag MIT ANDEREM NETZWERK VERBINDEN den Namen eines unsichtbaren Netzwerks eingeben. Sofern das Netzwerk verschlüsselt wird, werden Sie anschließend zur Eingabe des Passworts aufgefordert.

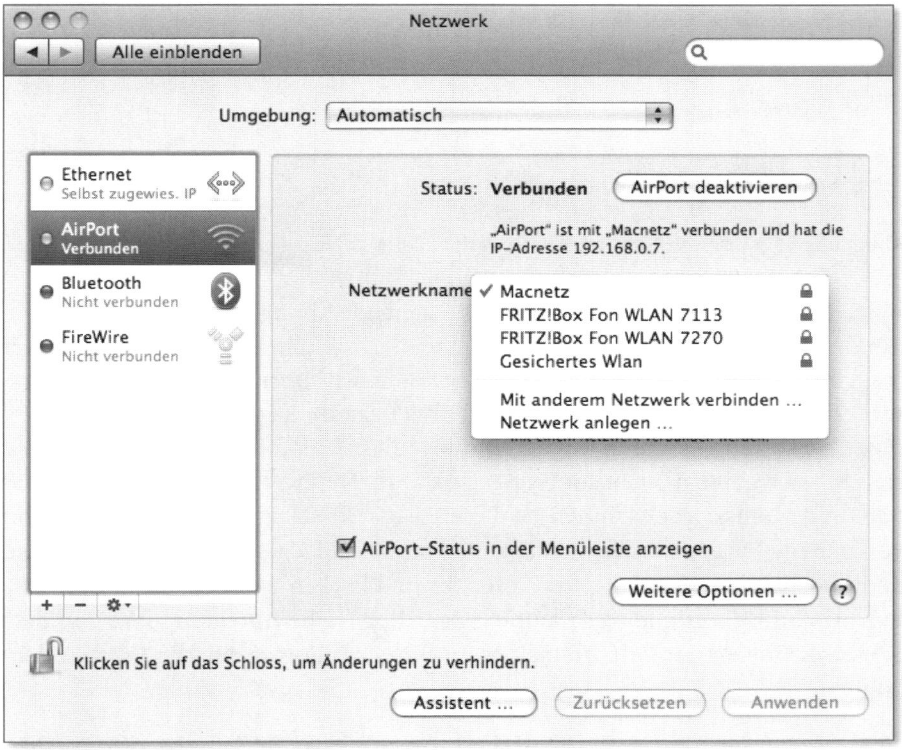

Abbildung 26.6 Das Menü hinter Netzwerkname zeigt die gefundenen Netzwerke in der Umgebung an.

Über die Option AIRPORT-STATUS IN DER MENÜLEISTE ANZEIGEN können Sie der Leiste oben rechts einen Eintrag hinzufügen (siehe Abbildung 26.7), mit dessen Hilfe Sie ein Netzwerk auswählen oder die Karte aktivieren und deaktivieren können.

Abbildung 26.7 Der AirPort-Status kann auch in der Menüleiste angezeigt werden.

Auch die AirPort-Karte verfügt über weitergehende Konfigurationsmöglichkeiten, die Sie über die Schaltfläche WEITERE OPTIONEN aufrufen können. Sie finden hier zusätzlich eine Ansicht AIRPORT. Zunächst können Sie über den Eintrag ALLE NETZWERKE MERKEN, MIT DENEN DIESER COMPUTER VERBUNDEN WAR das System anweisen, über die aufgenommenen Verbindungen Buch zu führen. Die so gemerkten Netzwerke werden dann in der Liste BEVORZUGTE NETZWERKE aufgeführt. Über das Plus- und Minuszeichen können Sie dieser Liste selbst Netzwerke hinzufügen oder vorhandene Einträge löschen. Wenn Sie die Anmeldedaten für ein Netzwerk ändern möchten, dann wählen Sie dieses aus und klicken dann auf die Schaltfläche mit dem Stift. Es erscheint daraufhin ein Dialog (siehe Abbildung 26.9), in dem Sie sowohl die Art der Verschlüsselung als auch das Kennwort nachträglich ändern können.

Die Option VERBINDUNG ZU DRAHTLOSEN NETZWERKEN BEIM ABMELDEN TRENNEN sorgt dafür, dass die Verbindung in dem Moment unterbrochen wird, in dem Sie sich mit Ihrem Benutzerkonto unter Mac OS X abmelden. Ein anderer Benutzer des Systems muss sich dann selbst mit einem Passwort bei einem drahtlosen Netzwerk anmelden. Die Verwendung der Zugangsdaten wird somit auf das jeweilige Benutzerkonto beschränkt. Und schließlich können Sie über den Eintrag ZUM KONFIGURIEREN VON AIRPORT IST EIN ADMINISTRATORKENNWORT ERFORDERLICH die Änderungen von der Eingabe des Passworts eines Benutzers, der den Rechner verwalten darf, abhängig machen.

Abbildung 26.8 In den Details der Schnittstelle kann auch vorgegeben werden, ob sich das System die Netzwerke merken soll.

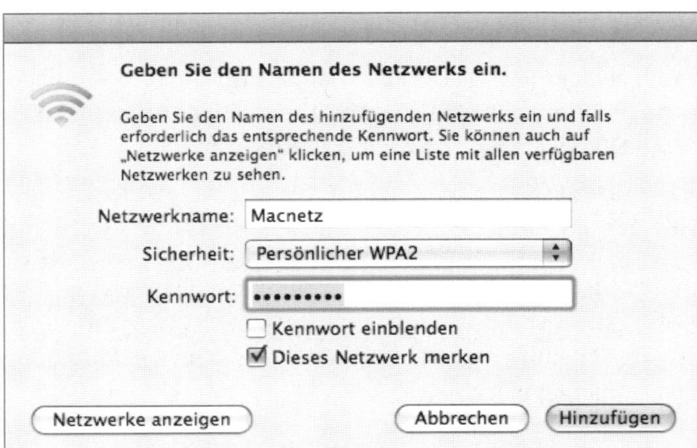

Abbildung 26.9 Das Kennwort und die Sicherheitsstufe können nachträglich geändert werden.

26.5 Die Firewalls von Mac OS X

Mac OS X verfügt über zwei Firewalls, von denen Sie in der normalen Version lediglich die mit der grafischen Oberfläche konfigurieren können.

Bei der zweiten, nicht direkt zu konfigurierenden Firewall handelt es sich um den Paketfilter `ipfw` in der Version 2. Dieser Filter prüft die eingehenden Pakete anhand von Regeln und entspricht in seiner Funktionsweise in etwa den Iptables (siehe Abschnitt 32.2, »IPtables, Firewall für Linux«) unter Linux. Sie könnten am Terminal mit dem Befehl `ipfw` Regeln für diese Firewall definieren. Dabei würden Sie aber unter anderem vor dem Problem stehen, dass diese Regeln von `ipfw` nicht automatisch gespeichert werden und nach jedem Neustart des Systems verloren gehen. Zwar bietet die Servervariante von Mac OS X eine grafische Oberfläche für diesen Filter, aber in der normalen Version von Mac OS X wäre die Konfiguration dieser Firewall mit recht viel Handarbeit am Terminal inklusive Einrichtung eines LaunchDaemon zur Aktivierung der Regeln beim Start des Systems verbunden.

Dabei ist die andere Firewall von Mac OS X für die meisten Zwecke völlig ausreichend und auch viel leichter zu konfigurieren. Hierbei handelt es sich nicht um einen Paketfilter, sondern um eine Application Level Firewall. Sie überprüft, ob ein Programm Daten aus dem Netzwerk entgegennehmen darf oder nicht. Die Prüfung bezieht sich dabei nur auf eingehende Datenpakete. Beim Datenverkehr, der von Programmen ins Netzwerk geschickt wird, erfolgt keine Prüfung.

In den SYSTEMEINSTELLUNGEN finden Sie in der Ansicht SICHERHEIT auch die Ansicht FIREWALL. Zunächst verfügt die Firewall über drei grundlegende Einstellungen:

- ALLE EINGEHENDEN VERBINDUNGEN ERLAUBEN: Damit wird die Firewall abgeschaltet. Alle Programme dürfen Pakete aus dem Netzwerk entgegennehmen und verarbeiten. Eine Überprüfung findet nicht statt.
- NUR NOTWENDIGE DIENSTE ERLAUBEN: Hierbei handelt es sich um die stringenteste Einstellung. Keines der Programme darf Pakete aus dem Netzwerk entgegennehmen. Als Ausnahmen (oder in der Terminologie Apples als notwendige Dienste formuliert) gelten in diesem Zusammhang der unter anderem für DHCP zuständige Systemdienst `configd` , der `mDNSResponder` für Bonjour sowie der Dienst `racoon`, mit dem das Protokoll IPSec unter Mac OS X realisiert wird.
- ZUGRIFF FÜR BESTIMMTE DIENSTE UND PROGRAMME FESTLEGEN: Haben Sie diese Option aktiviert, dann können Sie festlegen, welche Programme Daten aus dem Netzwerk entgegennehmen dürfen.

Bei den Freigaben werden oben in der Liste (siehe Abbildung 26.10) etwaige Dienste (FILE-SHARING, PRINTER-SHARING ...) aufgeführt. Haben Sie einen solchen Dienst aktiviert, dann wird dieser vom System automatisch den Regeln der Firewall hinzugefügt. Das System geht davon aus, dass der Empfang von Datenpaketen gewünscht ist, wenn Sie den Dienst aktivieren. Darunter finden Sie die Programme, die Pakete entgegennehmen dürfen oder nicht. Sie können entweder über das Pluszeichen Programme dieser Liste hinzufügen oder mit dem Minuszeichen wieder entfernen. Bei Programmen, die in dieser Liste aufgeführt werden, können Sie festlegen, ob Sie EINGEHENDE VERBINDUNGEN ERLAUBEN oder EINGEHENDE VERBINDUNGEN BLOCKIEREN.

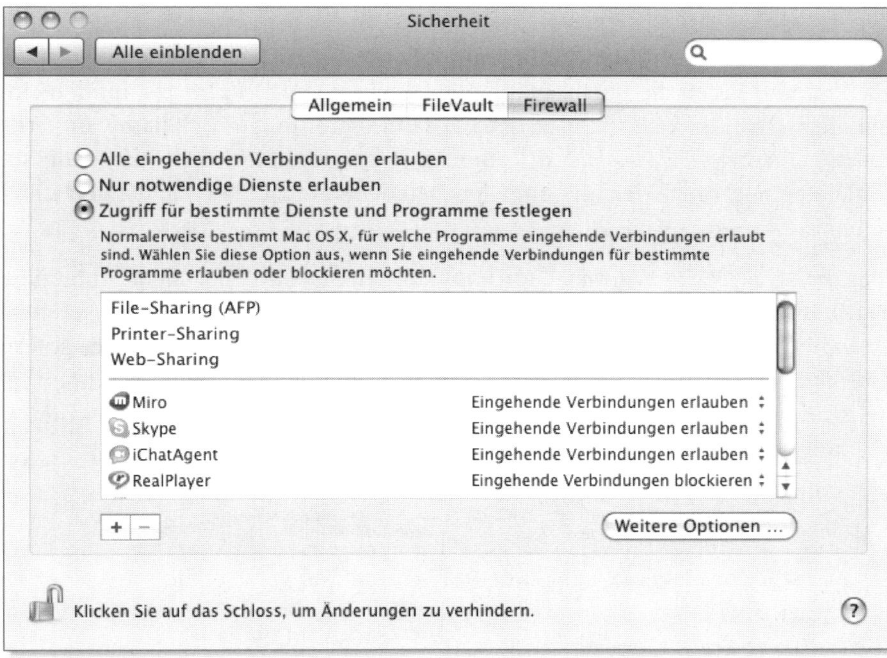

Abbildung 26.10 Die Firewall wird in der Ansicht »Sicherheit« der Systemeinstellungen konfiguriert.

Wenn Sie ein Programm starten, das Daten aus dem Netzwerk empfangen möchte und das noch nicht in der Liste in den SYSTEMEINSTELLUNGEN aufgeführt wird, dann erhalten Sie eine Rückfrage des Systems, ob das Programm eingehende Netzwerkverbindungen erhalten darf. Ihre Auswahl wird anschließend der Liste der SYSTEMEINSTELLUNGEN hinzugefügt.

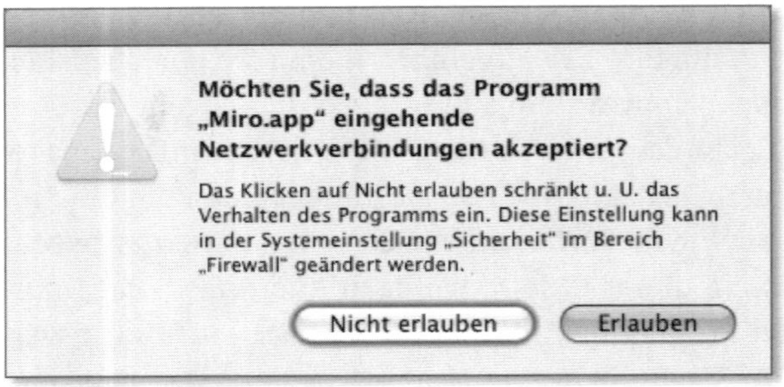

Abbildung 26.11 Möchte ein Programm eingehende Netzwerkverbindungen entgegennehmen, dann kann ihm dies nicht erlaubt werden.

Wenn Sie sich nicht mit der Konfiguration der `ipfw` im Detail auseinandersetzen möchten und Ihnen die Beschränkung der *Application Level Firewall* auf den eingehenden Datenverkehr nicht ausreicht, dann bietet Ihnen die Shareware *Little Snitch* (siehe *http://www.obdev.at*) eine recht komfortable Möglichkeit, um sowohl den ein- als auch den ausgehenden Datenverkehr zu überwachen und zu reglementieren.

Über die Schaltfläche WEITERE OPTIONEN können Sie ein Panel (siehe Abbildung 26.12) einblenden, in dem Ihnen zwei weitere Optionen zur Verfügung stehen. Zunächst können Sie die FIREWALL-PROTOKOLLIERUNG AKTIVIEREN und, sofern diese aktiv ist, auch das PROTOKOLL ÖFFNEN. In diesem Protokoll, das Ihnen im Dienstprogramm KONSOLE angezeigt wird, finden Sie eine Übersicht über die Tätigkeit der Application Level Firewall.

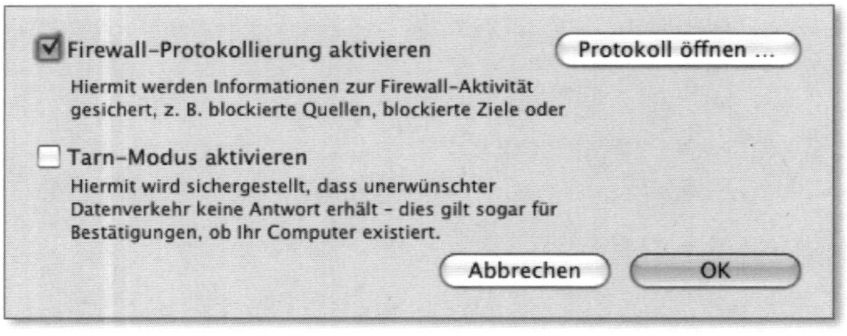

Abbildung 26.12 In den weiteren Optionen kann die Protokollierung und der Tarn-Modus aktiviert werden.

Die von Apple als TARN-MODUS bezeichnete Einstellung führt dazu, dass Ihr Rechner auf einen `ping` (siehe Abbildung 26.12) nicht mehr antwortet. Während diese Einstellung die Fehlersuche im lokalen Netzwerk erschweren kann, kann sie beim Einsatz Ihres Rechners in einem »feindlichen« bzw. fremden Netzwerk dafür sorgen, dass einige Angriffen vorausgehende Maßnahmen wie etwa Portscans eher ins Leere laufen.

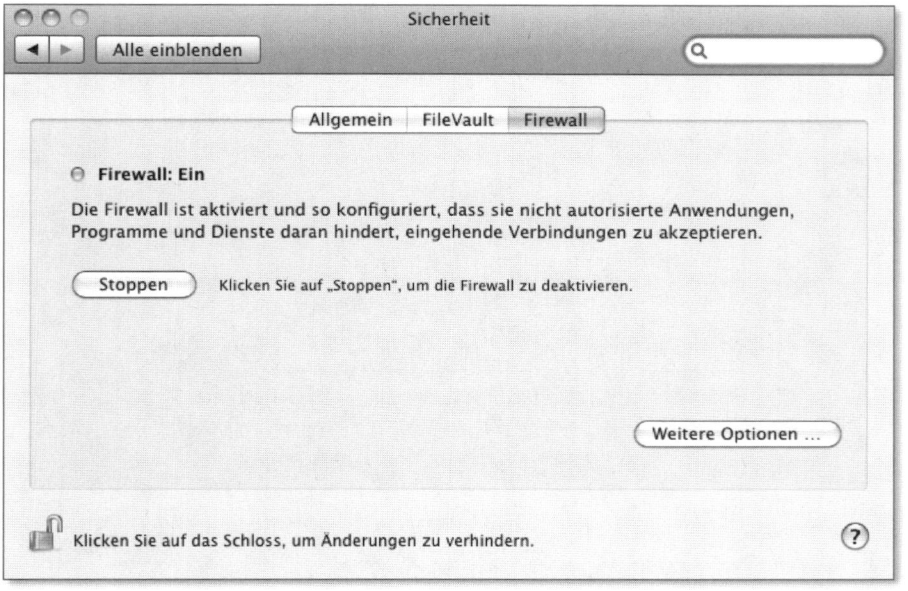

Abbildung 26.13 Unter Mac OS X 10.6 kann die Firewall zunächst nur gestartet oder gestoppt werden.

Mit Mac OS X 10.6 hat Apple die Konfiguration der Application Level Firewall zunächst etwas vereinfacht. In den SYSTEMEINSTELLUNGEN finden Sie hier zunächst nur die Möglichkeit, die Firewall ein- oder auszuschalten. Ist die Firewall aktiviert, dann können Sie über WEITERE OPTIONEN die Details festlegen. Sie finden auch hier die Liste der Programme, für die Einstellungen getroffen wurden. Ferner können Sie den TARN-MODUS AKTIVIEREN und ALLE EINGEHENDEN VERBINDUNGEN BLOCKIEREN, wobei auch hier die drei zuvor beschriebenen Ausnahmen gelten.

Die Option mit der signierten Software weist auf eine weitere Funktion von Mac OS X hin, die bereits mit Mac OS X 10.5 Eingang gefunden hat. Das System kann im Hintergrund eine Prüfsumme einer ausführbaren Datei erstellen und anhand dieser Signatur Änderungen bemerken. Damit ist es zunächst möglich, nachträgliche Änderungen oder Manipulationen an einem Programm zu bemerken. Ferner kann diese Signatur mit einem Zertifikat versehen werden, das dieses Programm im weiteren Sinne als integer ausweist. So werden alle Programme, die mit Mac OS X installiert werden, auf diese Weise zertifiziert. Sie können diese Option auswählen, um solcher Software automatisch den Empfang von Daten im Netzwerk zu erlauben.

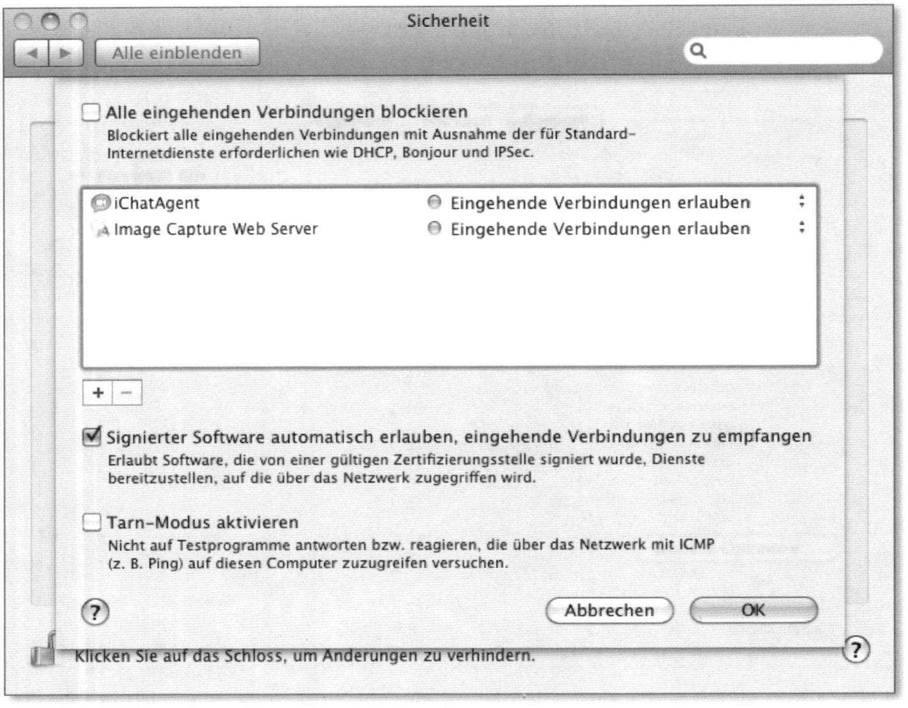

Abbildung 26.14 In den weiteren Optionen können unter Mac OS X 10.6 die Details festgelegt werden.

26.6 networksetup am Terminal

Wenn Sie auf die Konfiguration über die grafische Benutzeroberfläche und insbesondere die Systemeinstellungen verzichten möchten, dann können Sie am Terminal auch den Befehl `networksetup` nutzen. Dieser muss als Super-User ausgeführt werden, und Sie müssen ihm daher den Befehl `sudo` voranstellen. Die über `man networksetup` aufzurufende Dokumentation enthält alle Parameter und Optionen, die Sie `networksetup` übergeben können.

```
Terminal — grotty — 80×33 — ⌘3
NETWORKSETUP(8)          BSD System Manager's Manual          NETWORKSETUP(8)

NAME
     networksetup -- configuration tool for network settings in System Prefer-
     ences.

SYNOPSIS
     networksetup [-listnetworkserviceorder] [-listallnetworkservices]
                  [-listallhardwareports] [-detectnewhardware]
                  [-getmacaddress hardwareport] [-getcomputername]
                  [-setcomputername computername] [-getinfo networkservice]
                  [-setmanual networkservice ip subnet router]
                  [-setdhcp networkservice [clientid]]
                  [-setbootp networkservice]
                  [-setmanualwithdhcprouter networkservice ip]
                  [-setv4off networkservice] [-setv6off networkservice]
                  [-setv6automatic networkservice]
                  [-setv6manual networkservice address prefixLength router]
                  [-getdnsservers networkservice]
                  [-setdnsservers networkservice dns1 [dns2] [...]]
                  [-getsearchdomains networkservice]
                  [-setsearchdomains networkservice domain1 [domain2] [...]]
                  [-create6to4service networkservicename]
                  [-set6to4automatic networkservice]
                  [-set6to4manual networkservice relayAddress]
                  [-getftpproxy networkservice]
                  [-setftpproxy networkservice domain portnumber authenticated u
sername password]
                  [-setftpproxystate networkservice on | off]
                  [-getwebproxy networkservice]
                  [-setwebproxy networkservice domain portnumber authenticated u
sername password]
:
```

Abbildung 26.15 Der Befehl »networksetup« verfügt über eine umfangreiche Dokumentation.

26.7 Samba unter Mac OS X konfigurieren

Wenn Sie Ordner unter Mac OS X mittels SMB auch für Windows und mittelbar auch für Linux freigeben möchten, dann müssen Sie unter Mac OS X zwei Schritte, unter Windows Vista und Windows 7 einen Schritt vornehmen. Für Letzteres besteht der Grund darin, dass die in Mac OS X enthaltene Samba-Installation die unter Windows Vista und Windows 7 standardmäßig konfigurierten Authentifizierungsmechanismen nicht unterstützt.

26.7.1 Ordner freigeben

In den Systemeinstellungen in der Ansicht Sharing (10.5) oder Freigaben (10.6) können Sie zunächst allgemein den Dienst File Sharing bzw. Dateifreigabe aktivieren. Sie finden dort auch eine Liste Freigegebene Ordner. Zunächst sind die Ordner Öffentlich eines jeden Benutzerkontos dort aufgeführt. Über das Pluszeichen unterhalb dieser Liste können Sie weitere Ordner im Netzwerk freigeben und in der Liste Benutzer die Benutzerkonten festlegen, die auf diesen Ordner zugreifen dürfen.

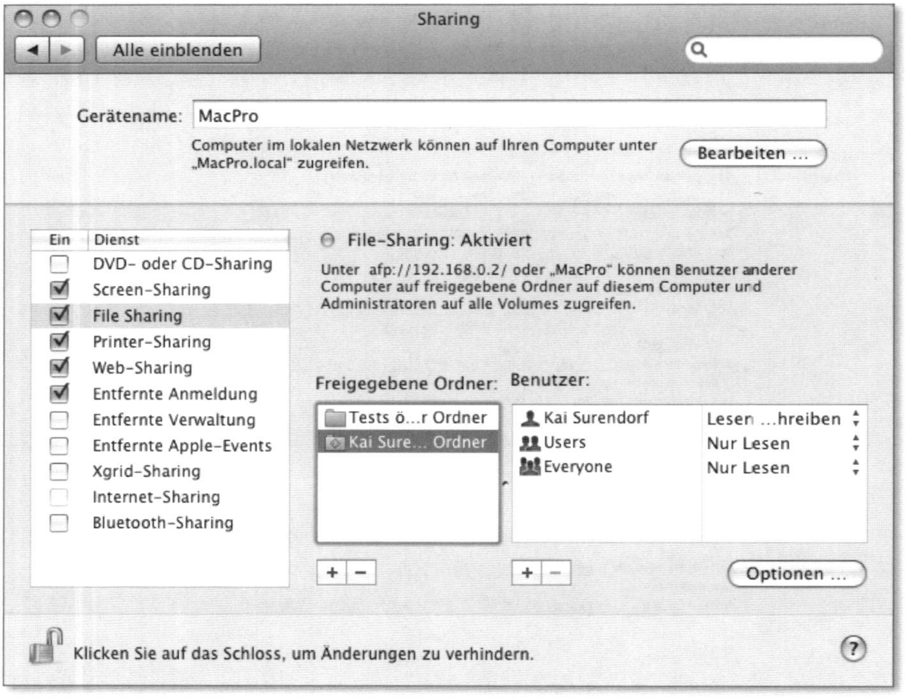

Abbildung 26.16 Die im Netzwerk freizugebenden Ordner werden in den Systemeinstellungen konfiguriert.

26.7.2 Samba starten

Selbst wenn der Dienst FILE SHARING bereits aktiv ist, bedeutet dies nicht, dass auch Samba gestartet wurde. Hierzu müssen Sie über die Schaltfläche OPTIONEN das Panel aufrufen, in dem Sie die Serverdienste aktivieren, die die freigegebenen Ordner im Netzwerk verfügbar machen. Neben dem Apple eigenen AFP-Protokoll sowie dem in Mac OS X enthaltenen, aber eher schlecht zu konfigurierenden FTP-Server finden Sie dort auch die Option DATEIEN UND ORDNER ÜBER SMB BEREITSTELLEN. Wenn Sie diese Option aktivieren, dann wird der Samba-Server gestartet.

Eine Anmeldung können Sie aber immer noch nicht vornehmen, denn Sie müssen für die Freigabe mittels Samba auch die Benutzerkonten explizit freigeben, die mittels SMB auf die freigegebenen Ordner zugreifen dürfen. Der Grund für diese Maßnahme besteht darin, dass Samba unter Mac OS X nicht in der Lage ist, direkt auf die Passwortdatenbank des Systems zuzugreifen. Der Hinweis in dem Panel, dass dieses Passwort weniger sicher sei, ist dahingehend korrekt, als dass die Verschlüsselung des Passworts in einer für Samba erreichbaren Form nicht ganz dem Standard von Mac OS X entspricht. Allerdings haben Sie keine andere Wahl, als das Passwort weniger sicher zu speichern, wenn Sie über ein Benutzerkonto mittels Samba auf die freigegebenen Ordner zugreifen. Haben Sie eines oder mehrere Benutzer ausgewählt, die über SMB auf Ordner zugreifen sollen, und die Schaltfläche FERTIG betätigt, dann müssen Sie die Passwörter der ausgewählten Konten nacheinander eingeben. Anschließend ist eine Anmeldung von Windows XP aus möglich.

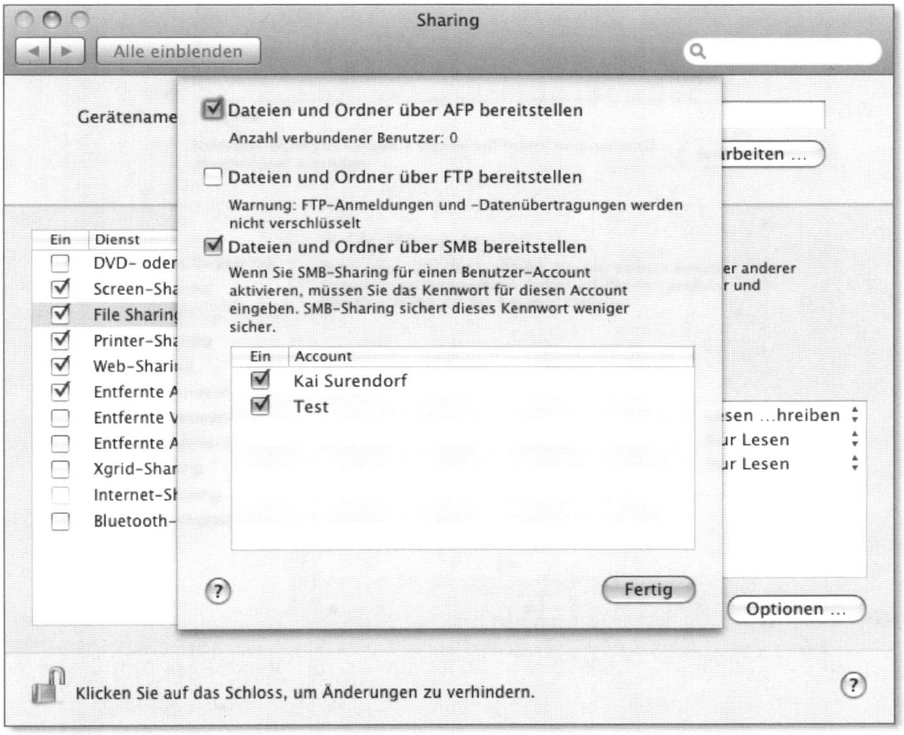

Abbildung 26.17 Die Benutzerkonten, die über SMB auf Freigaben zugreifen dürfen, müssen eigens ausgewählt werden.

Wenn in Ihrem Netzwerk eine Arbeitsgruppe existiert, in die sich auch das Mac OS X-System einfügen soll, dann können Sie in den SYSTEMEINSTELLUNGEN in der Ansicht NETZWERK die betreffende Schnittstelle auswählen und über WEITERE OPTIONEN das Panel für die detaillierte Konfiguration aufrufen. Dort finden Sie in der Ansicht WINS auch ein Feld ARBEITSGRUPPE.

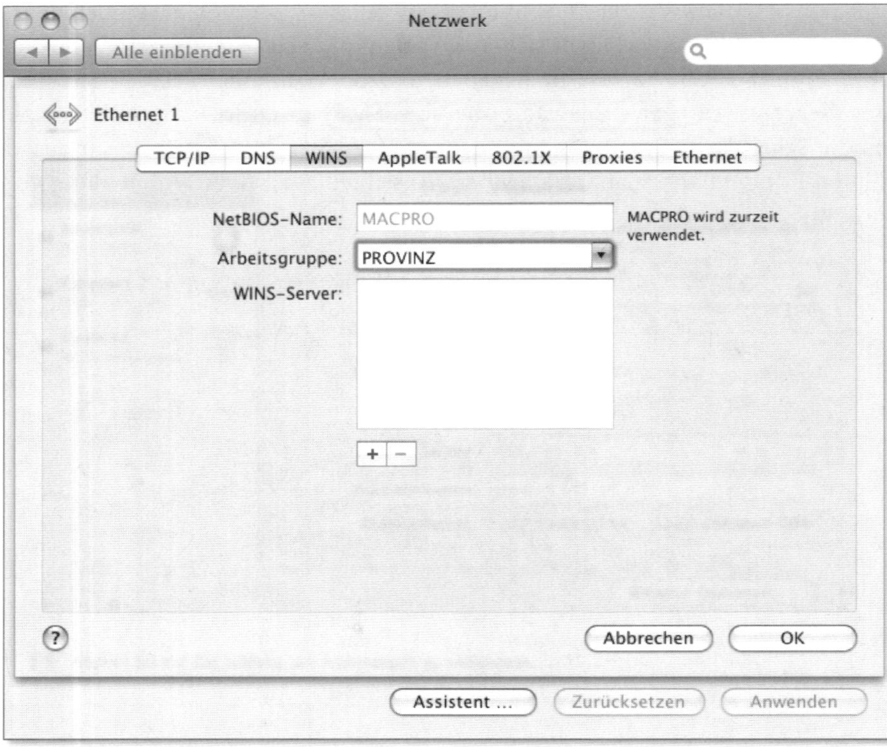

Abbildung 26.18 Die Arbeitsgruppe wird in den Einstellungen der Netzwerkschnittstelle vorgegeben.

26.7.3 Windows Vista konfigurieren

Um auf die Freigaben von Windows Vista aus zugreifen zu können, müssen Sie die Sicherheitsrichtlinien modifizieren. In der Eingabeaufforderung von Windows Vista können Sie durch die Eingabe von `secpol.msc` das entsprechende Dienstprogramm starten. Sie finden dort im Unterpunkt Sicherheitseinstellungen • Lokale Richtlinien • Sicherheitsoptionen auch den Punkt Netzwerksicherheit: LAN Manager-Authentifizierungsebene. Diesen können Sie mit einem Doppelklick öffnen und dann den Eintrag &LM- und NTML-Antworten senden (NTLMv2-Sitzungssicherheit verwenden) auswählen.

26.7.4 Windows 7 konfigurieren

Unter Windows 7 müssen Sie ebenfalls mit der Eingabe `secpol.msc` das Dienstprogramm starten und ebenfalls den Wert von Netzwerksicherheit: LAN Manager-Authentifizierungsebene ändern. Ferner müssen Sie den Eintrag Netz-

WERKSICHERHEIT: MINIMALE SITZUNGSSICHERHEIT FÜR NTLM-SSP-BASIERTE CLIENTS mit einem Doppelklick öffnen und in diesem Fenster die Option 128-BIT VERSCHLÜSSELUNG ERFORDERN abwählen.

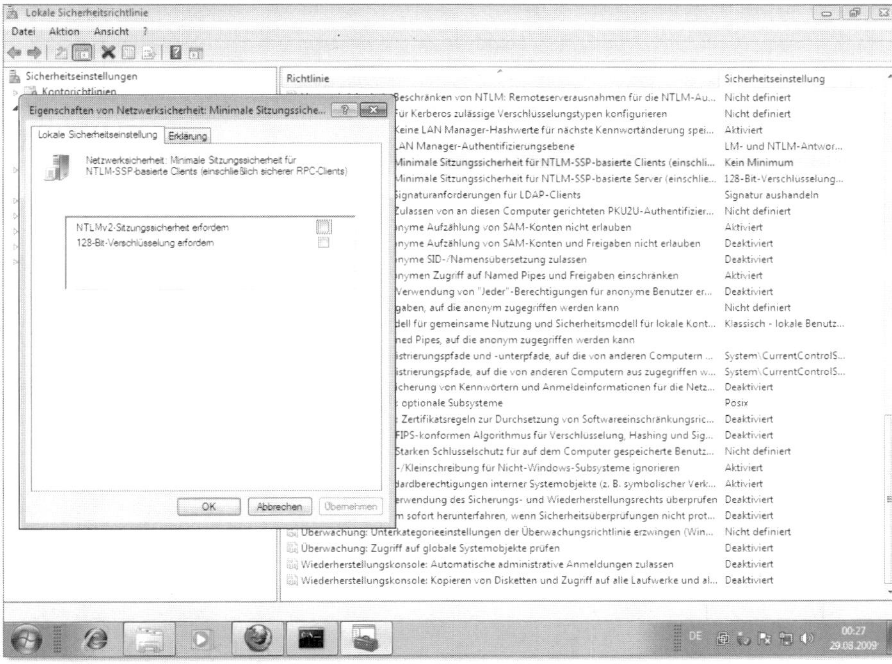

Abbildung 26.19 Unter Windows 7 müssen zwei weitere Einstellungen der Sicherheitsrichtlinien angepasst werden.

Sie haben ein Netzwerk erfolgreich eingerichtet, alle angeschlossenen PCs funktionieren, und Sie können einzelne PCs erreichen. Ein einzelner PC tut aber nicht, was Sie erwarten. Jetzt möchten Sie den Fehler möglichst schnell finden.

27 Troubleshooting

Sie haben alle Anschluss- und Einstellungsarbeiten an einem PC erledigt, der PC ist aber nicht im Netzwerk erreichbar.

Ein Kollege hat Sie gerade angerufen, dass sein PC nicht mehr »im Netz« ist.

In beiden Fällen kommt es meist darauf an, den Fehler schnell zu finden, um die Ausfallzeiten zu minimieren, denn: »Ohne Netz läuft nix!«

Eine gezielte und effektive Fehlersuche wird umso wichtiger, je mehr PCs Sie betreuen. Sie machen nicht nur einen kompetenten Eindruck, es hilft Ihnen auch, Ihre Aufgaben zu bewältigen.

Das nachfolgende Vorgehen vermittle ich in Netzwerkseminaren Anfängern am ersten Nachmittag. Daraufhin manipuliere ich die Netzwerkkonfigurationen aller PCs im LAN, und die Teilnehmer müssen anhand des nachfolgenden Vorgehens die Fehlerursache finden. Für sechs PCs mit jeweils mehreren Fehlern, Erklärungen und Diskussionen benötigen die Teilnehmer nie mehr als eine halbe Stunde. Dann sind alle Fehler gefunden und behoben.

Machen Sie sich systematisch an die Fehlersuche. Es bringt nichts, mal hier, mal dort nach dem Fehler zu suchen. Es gibt grundsätzlich vier mögliche Bereiche:

- das Kabel
- der Netzwerkkarten-Treiber
- die IP-Konfiguration
- Programmeinstellungen

Die Bereiche bauen aufeinander auf. Ich möchte damit ausdrücken, dass das Kabel ohne das Programm seine Funktion erfüllen kann, aber nicht umgekehrt. Jeder der gerade genannten Bereiche funktioniert nur, wenn die Bereiche davor funktionieren. Jeder Bereich ist also von den zuvor genannten Bereichen abhängig.

Der schlechteste Einstieg ist es, die Suche beim Programm zu beginnen. Angenommen, es läge am Netzwerkkabel, dann müssten Sie alle vier Fehlerbereiche abarbeiten, bis Sie schlussendlich auf das defekte Netzwerkkabel stießen.

Eine systematische Fehlersuche im LAN beginnt daher in der *Mitte* mit dem Befehl `ping`. Sie überprüfen, ob die Verbindung bis zur IP-Konfiguration funktioniert. Wenn ja, dann liegt der Fehler in einer logischen Schicht oberhalb von IP, wenn nein, gibt es zumindest einen Fehler auf der Schicht von IP oder darunter.

27.1 Problemursachen finden

Wenn Ihnen ein Netzwerkfehler gemeldet wird, ist es am augenfälligsten, dass die gewünschte Anwendung nicht funktioniert: »Ich komme nicht ins Internet!« Diese Aussage hilft Ihnen bei der Problemfindung nicht viel weiter. Wenn Sie sich an das ISO-/OSI-Modell (siehe Abschnitt 5.2, »ISO-/OSI-Modell«) erinnern, wurde Ihnen gerade ein Fehler auf der Schicht 7, Application, gemeldet. Die Ursache kann die Applikation selbst, alle sechs darunter liegenden Schichten und zusätzlich die Hardware sein (siehe Tabelle 27.1).

Nr.	Schicht	Beispiel			
7	Application	HTTP	SMTP	FTP	DNS
6	Presentation				
5	Session				
4	Transport	TCP		UDP	
3	Network	IP		IPX	
2	Data Link	Ethernet	ATM	FDDI	TR
1	Physic	Manchester	10B5T	Trellis	

Tabelle 27.1 ISO-/OSI-7-Schichtenmodell

Wenn Sie das Schichtenmodell nun von oben beginnend nach unten abarbeiten, das Problem aber ein abgezogenes Netzwerkkabel ist, haben Sie viel Aufwand betrieben – immerhin haben Sie sechs Schichten des ISO-/OSI-Modells überprüft –, das Problem hätten Sie schneller finden können.

[»] Steigen Sie mit Ihrer Fehlersuche in der Mitte des ISO-/OSI-Modells ein!

Sie probieren, ob die ISO-/OSI-Schichten bis zur Schicht 3 funktionieren, indem Sie einen ping auf die IP-Adresse des PCs schicken, bei dem der Fehler aufgetreten ist.

Hat Ihr ping Erfolg und können Sie den PC per ping erreichen, dann kann der Fehler nur noch oberhalb der Schicht 3 liegen. Weil es in der Schicht 4 sehr selten zu Problemen kommt und die Schichten 5 und 6 faktisch nicht existieren, wird der Fehler auf der Anwendungsebene zu finden sein. Ein Beispiel wäre ein falscher Proxy-Eintrag für den Internet Explorer oder ein falsch geschriebener Eintrag in der Browserzeile.

Ist der ping erfolglos und der PC des Kollegen nicht per ping erreichbar, müssen Sie das Problem unterhalb von Schicht 3 suchen.

Sie sehen, dass Sie durch Ihren Fehlersucheeinstieg in der Mitte des ISO-/OSI-Modells viel Zeit gewonnen haben, denn Sie wissen nun anhand des ping-Ergebnisses, ob Sie unterhalb oder oberhalb der Schicht 3 suchen müssen.

Selbstverständlich gibt es verzwackte Fehler, die aus mehreren Einzelfehlern bestehen, sodass man mit einer einfachen Lösungsstrategie nicht in einem Schritt zum Erfolg kommt. Aber die Fehler sind Gott sei Dank sehr selten und in einfachen Netzwerken unwahrscheinlich.

Auch bei der Kombination mehrerer Fehler, z. B. **[zB]**

- Netzwerkkabel nicht angeschlossen,
- falscher Netzwerkkarten-Treiber,
- falsche Subnetzmaske und
- fehlerhafte Einstellungen in der Anwendung,

kommen Sie mit dem ping-Einstieg schnell ans Ziel.

Der ping schlägt in einem solchen Fall fehl, daher überprüfen Sie die Schicht 3 und alle darunter liegenden Schichten. Bei der Überprüfung von Schicht 3 fällt Ihnen auf, dass die Subnetzmaske falsch ist. Sie korrigieren diese Einstellung und probieren erneut den ping.

Der ping funktioniert immer noch nicht, daher überprüfen Sie die Schichten 3 bis 1. Auf Schicht 2 fällt Ihnen auf, dass die Netzwerkkarte im Gerätemanager mit einem gelben Ausrufezeichen dargestellt wird, dass also ein Hardware-Problem vorliegt. Sie installieren den richtigen Treiber.

Der ping wird immer noch nicht funktionieren. Von Windows, Linux und Mac wird jetzt der Fehlerzustand angezeigt, dass kein Netzwerkkabel am PC angeschlossen ist. Sie können das auch an anhand der Link-LED der Netzwerkkarte erkennen. Sie stecken daraufhin das Netzwerkkabel ein.

Der ping funktioniert, doch die Freude währt nicht lange, denn die Anwendung funktioniert immer noch nicht. Sie wissen aber nun, dass der Fehler nur noch oberhalb von Schicht 3 zu suchen ist und vermutlich in der Anwendung liegt – ich hatte bereits erwähnt, dass auf der Schicht 4 selten Fehlerursachen gefunden werden, und die Schichten 5 und 6 gibt es in der Realität nicht.

Jetzt haben Sie gezielt ein Problem gelöst, das sehr komplex aus mehreren Fehlern bestand.

[!] Ein falscher Lösungsansatz, der meiner Meinung nach oft gemacht wird, besteht darin, zunächst in den Anwendungseinstellungen zu suchen. Wenn ich als Beispiel den Internet Explorer anführe, wird sehr schnell deutlich, weshalb ich das für problematisch halte: Programme haben üblicherweise heute so viele Optionen, dass man Stunden damit verbringen kann, alle denkbaren Einstellungen durchzuprobieren. Dabei verliert man leicht den Überblick, und die Gefahr des »Verschlimmbesserns« ist sehr groß. Möglicherweise verstellen Sie richtige Einstellungen und vergessen später, diese wieder zurückzusetzen. Auf den Punkt gebracht: Das ist oftmals wie ein Stochern im Nebel.

Wenn Sie die Fehlersuche mit einem ping einleiten und es sich herausstellt, dass das Problem in den Programmeinstellungen zu finden ist, ist der Zeitverlust durch den ping nicht messbar, da er nur wenige Sekunden beträgt. In jedem Fall verhindern Sie stundenlanges Suchen in den Programmeinstellungen, falls das eigentliche Problem z. B. in einer falschen Subnetzmaske liegt.

Man kann es auch anders formulieren: Weil man am ping nichts einstellen kann, ist es sehr leicht, die ISO-/OSI-Schichten 1 bis 3 als Fehlerquelle auszuschließen. Die Programmschicht, ISO-/OSI-Schicht 7, auszuschließen, ist wesentlich schwieriger, weil dort mehr Fehlerquellen in Form von Einstellungsmöglichkeiten existieren.

27.2 Fehlersuche Schritt für Schritt

Sie haben den Fehler mithilfe des ISO-/OSI-Modells nun eingekreist. Jetzt bestimmen Sie die exakte Fehlerursache und schließen dazu andere Fehlerquellen gezielt aus.

27.2.1 Kabel

Jede Netzwerkkarte verfügt über eine Link-LED (siehe Abbildung 27.1). Diese Link-LED leuchtet dann, wenn physikalisch eine elektrische Verbindung zu einem anderen Netzwerkgerät, z. B. einem Switch, besteht und beide Geräte – Switch und PC – eingeschaltet sind.

Wenn die LED leuchtet, dann ist das Kabel in Ordnung. Wenn nicht, sollten Sie zunächst beide RJ-45-Stecker noch einmal aus- und wieder einstecken. Es kommt vor, dass ein Stecker nicht richtig in der RJ-45-Buchse sitzt, leicht verkantet ist und dadurch kein Kontakt zustande kommt. Schafft dies keine Abhilfe, dann sollten Sie ein anderes Kabel verwenden, vorzugsweise eines, von dem Sie wissen, dass es funktioniert.

Sollte auch mit dem anderen Netzwerkkabel, von dem Sie sicher wissen, dass es funktioniert, die Link-LED nicht leuchten, dann liegt es vielleicht an einer falsch eingebauten Netzwerkkarte. Möglicherweise sitzt die Karte nicht richtig im Slot oder bei Onboard-Karten: Ist diese vielleicht im BIOS deaktiviert?

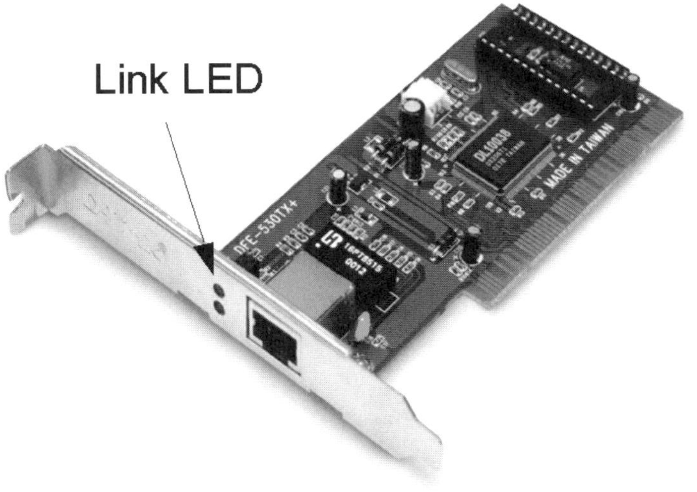

Abbildung 27.1 Einfache Netzwerkkarte; Quelle: dLink.de

27.2.2 Netzwerkkarten-Treiber

Unter Windows können Sie die Funktionsfähigkeit des Netzwerkkarten-Treibers im Geräte-Manager kontrollieren. Ist ein Treiber oder ein Gerät fehlerhaft, wird dies im Geräte-Manager mit einem gelben Ausrufezeichen oder einem roten Kreuz neben der Netzwerkkarte symbolisiert.

Zusätzlich zum Symbol erfahren Sie durch einen Doppelklick auf das Problemgerät, warum das Gerät funktionsuntüchtig ist.

[»] Eine Netzwerkkarte ist eine Komponente wie jede andere auch. Wenn die Karte laut Windows nicht funktioniert, sollten Sie zunächst versuchen, den richtigen Treiber zu installieren. Dieser Schritt ist oftmals leichter gesagt als getan. Wegen der Vielzahl an möglichen Ursachen kann ich an dieser Stelle nicht näher auf das Problem der Treiber-Installation eingehen.[1]

27.2.3 IP-Konfiguration

Die IP-Konfiguration (oder besser gesagt deren Funktion) können Sie mit dem Kommando ping prüfen.

Sie geben in einer DOS-Box ping <Ziel-IP-Adresse/Ziel-Name> ein und betätigen anschließend [↵]. Wenn der Ziel-PC erreicht werden kann, wird Ihnen die Antwortzeit angezeigt.

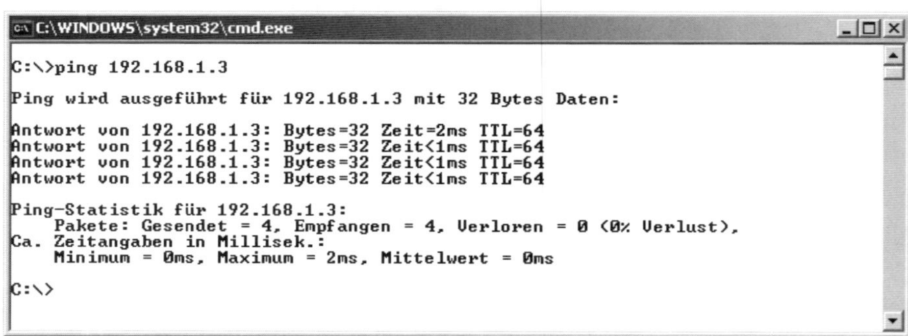

Abbildung 27.2 »ping« unter Windows

Hat Ihr ping funktioniert, dann müssen Sie die Fehlerursache im Programm suchen.

1 Weitere Informationen finden Sie z. B. im c't-Artikel »PC-System-Check«, Heft 26/2002, Seite 102, den Sie auch im Internet unter *http://www.heise.de/kiosk* finden.

Hat der ping nicht funktioniert, liegt ein Fehler in der IP-Konfiguration und/oder in den vorherigen Bereichen vor. Damit ist nicht ausgeschlossen, dass auch im Programm zusätzlich ein Konfigurationsfehler vorliegt.

Wenn der ping nicht funktioniert, beginnen Sie damit, die Link-LED zu kontrollieren. Dann sehen Sie nach, ob der Treiber korrekt arbeitet. Sind diese beiden Bereiche überprüft worden, kann das Problem nur noch bei der IP-Konfiguration liegen.

Sie können sich mit dem Windows-Befehl `ipconfig /all` die IP-Konfiguration für alle Netzwerkkarten anzeigen lassen (siehe Abbildung 27.3).

Der Befehl für Linux heißt `ifconfig eth0` oder für alle Netzwerkkarten einfach `ifconfig`.

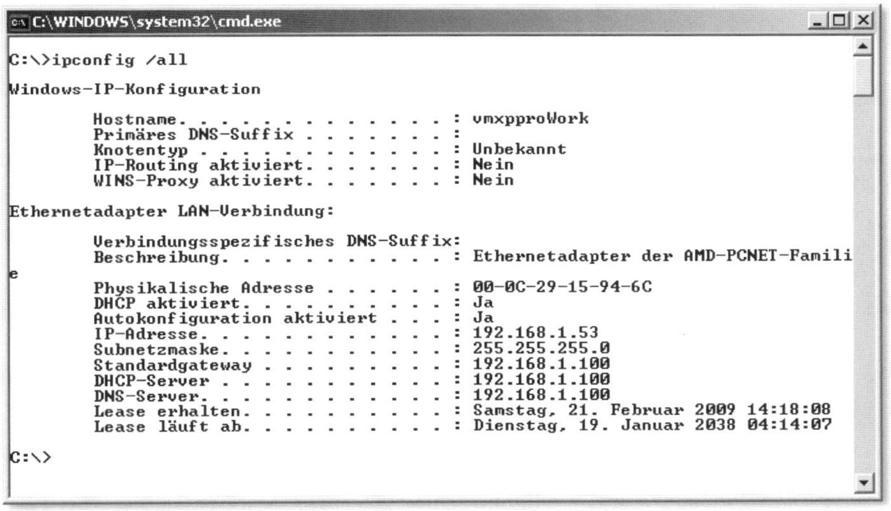

Abbildung 27.3 »ipconfig/all« unter Windows

27.3 Checkliste

Ich möchte Ihnen zusammenfassend eine Checkliste vorstellen, die Sie abarbeiten können und mit der Sie fast jedem Fehler auf die Schliche kommen können.

Schritt	Stichwort	Erläuterung
1	ping	Ist der PC per ping erreichbar? Ja, dann Schritt 5. Nein, dann Schritt 2.

Tabelle 27.2 Checkliste für die Fehlersuche bei LAN-Problemen

Schritt	Stichwort	Erläuterung
2	Link	Leuchtet die Link-LED an der Netzwerkkarte? Ja, dann Schritt 4. Nein, dann Schritt 3.
3	Kabel	Die/Eine Fehlerquelle ist das Kabel: Steckt das Kabel richtig? (Am Switch und am PC!) Tauschen Sie möglicherweise das Kabel. die Karte: Steckt die PCI-Karte richtig? der Switch: Ist der Switch eingeschaltet? der PC: Ist der PC einschaltet? Sind alle PCI-Slots im BIOS aktiviert? der Netzwerkkarten-Treiber. Wird er im Geräte-Manager richtig angezeigt?
4	IP	Stimmt die IP-Konfiguration? Windows: `ipconfig /all` Linux: `ifconfig` Mac OS X: Netzwerkdienstprogramm oder `networksetup` Prüfen Sie insbesondere die IP-Adresse (eindeutig?) und die Subnetzmaske. (Kein Problem wenn DHCP genutzt wird!) Wird die Netzwerkkarte im Geräte-Manager richtig angezeigt? Stimmt der Netzwerkkarten-Treiber? Wenn die Konfiguration stimmt, wie sieht das Routing aus? Windows: `route print` Linux: `route` Mac OS X: Netzwerkdienstprogramm Falls mehrere Router im Spiel sind (z. B. ins Internet): Stimmt das Routing außerhalb des LANs? Windows: tracert <Ziel-Adresse/Ziel-Name> Linux: traceroute <Ziel-Adresse/Ziel-Name> Mac OS X: Netzwerkdienstprogramm
5	Firewall	Läuft auf dem PC eine Personal-Firewall (ZoneAlarm oder ein ähnliches Programm)? Wenn ja, dann testweise beenden! Wenn nein, dann Schritt 6.
6	DNS	Kontrollieren Sie die manuellen DNS-Einstellungen. Löschen Sie alle Einträge, booten Sie, und führen Sie (bei Windows) `ipconfig /flushdns` aus.

Tabelle 27.2 Checkliste für die Fehlersuche bei LAN-Problemen (Forts.)

Schritt	Stichwort	Erläuterung
7	Programm	Die Fehlerquelle ist das Programm! Kontrollieren Sie alle Einstellungen genau!

Tabelle 27.2 Checkliste für die Fehlersuche bei LAN-Problemen (Forts.)

[«] Arbeiten Sie diese Checkliste grundsätzlich von oben nach unten ab, wenn Sie nicht auf einen nächsten Schritt verwiesen werden. Wenn Sie einen Fehler gefunden haben, müssen Sie ihn lösen, und überprüfen Sie dann wieder mit dem ping, ob die Verbindung funktioniert.

Eine zusätzliche Fehlerquelle kann die Namensauflösung sein. Dies gilt insbesondere für den Zugriff auf das Internet, weil dort üblicherweise Namen verwendet werden. Führen Sie einen ping auf den Zielnamen aus und prüfen Sie dann mittels Online-Dienst (siehe *http://www.ping.eu*), ob der Name richtig aufgelöst wird.

27.4 Bordmittel von Windows

Windows bringt eine ganze Reihe von Programmen mit, die Ihnen bei der Fehlersuche helfen.

Die hier vorgestellten Programme sind fast alle kommandozeilenorientiert und wirken daher möglicherweise veraltet oder unprofessionell. Das ist ungerechtfertigt, denn schließlich basieren viele professionelle Applikationen auf eben solch einfachen Programmen und stellen die Ergebnisse nur anders, nämlich in einer grafischen Oberfläche dar.

Viele der genannten Programme sind bereits installiert und auf jedem PC verfügbar. Sie kosten keine Lizenzgebühren und müssen nicht konfiguriert werden. Damit sind die Programme überall sofort einsatzbereit und zeigen dem Benutzer exakt die Informationen, die er in der jeweiligen Situation benötigt.

Die von mir vorgestellten Programme führen Sie unter Windows in der DOS-Box aus.

[«] Vista und Windows 7 besitzen als weitere Option vieler Kommandobefehle `-4` und `-6`. Damit können Sie gezielt für IPv4 oder IPv6 einen Befehl absetzen. Ich lasse dies bewusst in den folgenden Darstellungen unberücksichtigt, da IPv6 bisher wenig Praxisrelevanz besitzt.

Ich werde mich bei der Beschreibung der Programme an den Schichten des ISO-/OSI-Modells orientieren, beginnend bei Schicht 1.

27.4.1 Konfiguration auslesen

Mit dem Kommando `ipconfig /all` können Sie die aktuelle IP-Konfiguration aller Netzwerkadapter ausgeben lassen.

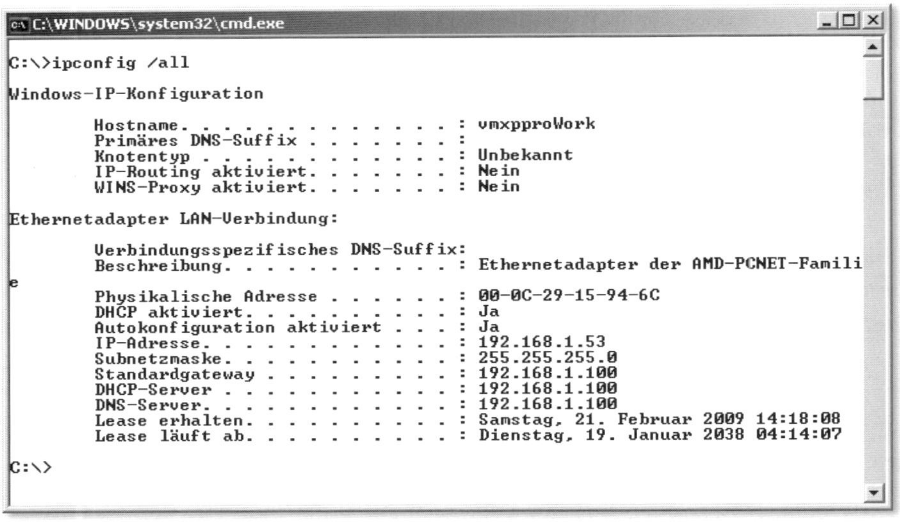

```
C:\WINDOWS\system32\cmd.exe

C:\>ipconfig /all

Windows-IP-Konfiguration

        Hostname. . . . . . . . . . . . . : vmxpproWork
        Primäres DNS-Suffix . . . . . . . :
        Knotentyp . . . . . . . . . . . . : Unbekannt
        IP-Routing aktiviert. . . . . . . : Nein
        WINS-Proxy aktiviert. . . . . . . : Nein

Ethernetadapter LAN-Verbindung:

        Verbindungsspezifisches DNS-Suffix:
        Beschreibung. . . . . . . . . . . : Ethernetadapter der AMD-PCNET-Famili
e
        Physikalische Adresse . . . . . . : 00-0C-29-15-94-6C
        DHCP aktiviert. . . . . . . . . . : Ja
        Autokonfiguration aktiviert . . . : Ja
        IP-Adresse. . . . . . . . . . . . : 192.168.1.53
        Subnetzmaske. . . . . . . . . . . : 255.255.255.0
        Standardgateway . . . . . . . . . : 192.168.1.100
        DHCP-Server . . . . . . . . . . . : 192.168.1.100
        DNS-Server. . . . . . . . . . . . : 192.168.1.100
        Lease erhalten. . . . . . . . . . : Samstag, 21. Februar 2009 14:18:08
        Lease läuft ab. . . . . . . . . . : Dienstag, 19. Januar 2038 04:14:07

C:\>
```

Abbildung 27.4 »ipconfig« liest die IP-Konfiguration aus.

Für die Schicht 1 des ISO-/OSI-Modells gibt es kein Programm, das von den Betriebssystemen mitgeliefert wird. Wenn bei dem Kommando allerdings kein Ethernet-Adapter ausgegeben wird, dann ist die Netzwerkkarte nicht richtig eingebunden, daher funktioniert die Kommunikation nicht.

27.4.2 MAC-Adressen zu IP

Der Befehl `arp -a` listet den sogenannten ARP-Cache auf. Im ARP-Cache wird zwischengespeichert, welche MAC-Adresse zu welcher IP-Adresse gehört. Auch für die Schicht 2 des ISO-/OSI-Modells gibt es eigentlich kein Testprogramm.

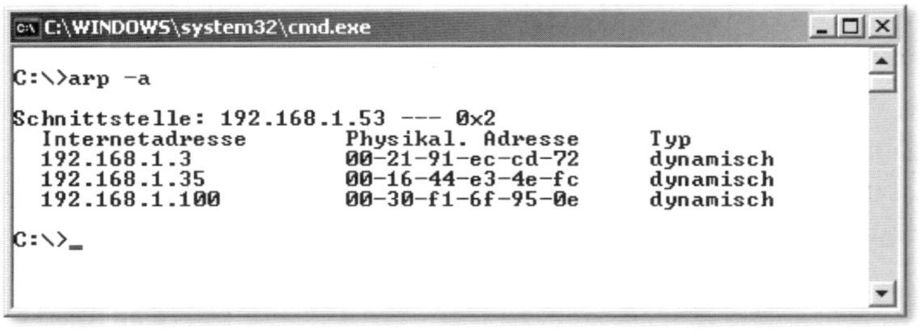

```
C:\WINDOWS\system32\cmd.exe

C:\>arp -a

Schnittstelle: 192.168.1.53 --- 0x2
  Internetadresse       Physikal. Adresse     Typ
  192.168.1.3           00-21-91-ec-cd-72     dynamisch
  192.168.1.35          00-16-44-e3-4e-fc     dynamisch
  192.168.1.100         00-30-f1-6f-95-0e     dynamisch

C:\>_
```

Abbildung 27.5 ARP-Cache wird angezeigt.

27.4.3 DHCP erneuern

Wenn Sie einen DHCP-Server einsetzen, möchten Sie einen PC möglicherweise zwingen, seine Konfiguration zu erneuern, damit sich Änderungen auswirken. Dazu müssen Sie weder die halbe Lease-Time abwarten noch booten. Geben Sie `ipconfig /release` ein, und der PC gibt seine IP-Konfiguration zurück.

[!] Sie sollten diese Kommando nicht bei einer Remoteverbindung ausführen, weil der ferngewartete PC dann aus dem Netz nicht mehr erreichbar ist, schließlich hat er keine IP-Konfiguration!

Mit einem `ipconfig /renew` zwingen Sie den PC, beim DHCP erneut anzufragen.

27.4.4 ping

Der `ping`-Befehl ist das von Netzwerkadministratoren am häufigsten eingesetzte Werkzeug, um Fehler zu diagnostizieren. Das ist deshalb so, weil dieser Befehl sehr unkompliziert verwendet werden kann. Mit Optionen kann man den ping um weitere wichtige Funktionen ergänzen und so optimale Informationen erhalten.

Der Standardanwendungsfall ist `ping <IP-Adresse>`. Wenn Sie zusätzlich auch noch überprüfen möchten, ob der Name des PCs in die richtige IP-Adresse aufgelöst wird, geben Sie `ping <Name>` ein. Oftmals zeigen Netzwerkkomponenten Probleme, wenn die Datenpakete größer werden. Mit `ping -f -l 1426 <IP-Adresse>` senden Sie 1.426 Bytes große ICMP-Pakete. Die Option `-f` gibt an, dass die Datenpakete nicht fragmentiert werden, sondern in einem Stück übertragen werden müssen (siehe Abbildung 27.6).

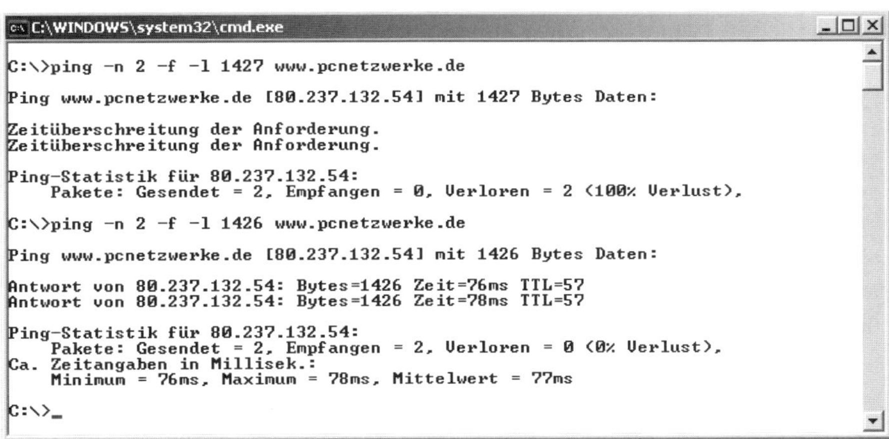

Abbildung 27.6 Mit dem ping die Datenpaketgröße messen

Diese Information ist insbesondere dann interessant, wenn Sie feststellen wollen, welche maximale Paketgröße Sie in das Internet senden können, ohne dass die Pakete fragmentiert werden.

27.4.5 traceroute

Die IP-Konfiguration der beiden an der Kommunikation beteiligten PCs scheint in Ordnung zu sein. Allerdings befinden sich beide Geräte in verschiedenen IP-Netzen, die über Router verbunden sind. Ein `ping <Ziel-PC>` funktioniert nicht. Wo liegt das Problem?

Die Antwort auf diese Frage kann Ihnen Traceroute liefern (siehe Abbildung 27.7).

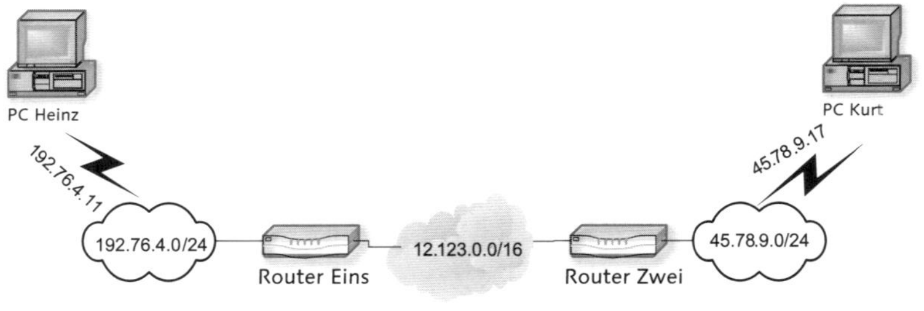

Abbildung 27.7 Traceroute Anwendungsfall

[zB] PC Heinz möchte PC Kurt Daten schicken, und das klappt nicht. Sie machen einen Traceroute von PC Heinz zu PC Kurt: `tracert kurt`

Es wird ein ICMP-Request mit der Lebensdauer[2] (TTL) von eins an die Ziel-IP-Adresse 45.78.9.17 geschickt. Der Router Eins bekommt das Paket, zieht von der Lebensdauer eins ab (1–1=0) und kommt auf einen Wert von null. Das bedeutet: Das Paket darf nicht weitergeleitet werden, schließlich hat es keine Lebensdauer mehr. Diese Information wird vom ersten Router an den Absender, den PC Heinz, zurückgemeldet: Das ICMP-Paket hat seine Lebensdauer überschritten.

PC Heinz schickt nun einen erneuten ICMP-Request mit der TTL zwei an die Ziel-IP-Adresse. Router Eins leitet das Paket weiter, die Rest-TTL beträgt eins (2–1=1), Router Zwei bekommt das Paket. Er leitet es nicht weiter, sondern meldet der Absender-IP-Adresse, dass die Lebensdauer abgelaufen ist (1–1=0).

PC Heinz sendet einen dritten ICMP-Request, den PC Kurt beantwortet. Jetzt listet Traceroute alle drei beteiligten Komponenten auf. Die Informationen zu den

2 Es wird auch *von Hop* genannt.

zwischengeschalteten Routern Eins und Zwei, z. B. IP-Adresse und Name, hat PC Heinz aus der Rückmeldung der Fehler bekommen.

Allgemein kann man sagen, dass Traceroute die ICMP-Fehlermeldungen auswertet. Sie könnten die Funktion von Traceroute auch manuell per `ping` nachbilden. Auch dort können Sie manuell die TTL mit der Option `-i <TTL>` setzen.

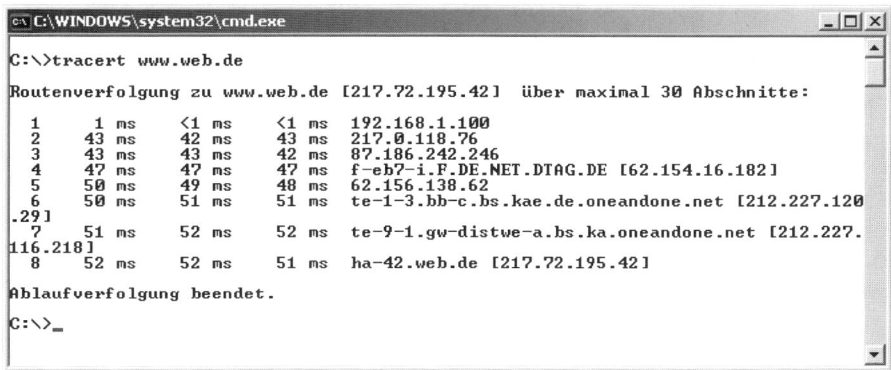

Abbildung 27.8 »tracrt« ins Internet

Der Befehl `tracert <Ziel>` liefert sehr wertvolle Hinweise, an welcher Stelle die Kommunikation abbricht. Man muss nur nach dieser Stelle suchen und nicht mehr die gesamte Übertragungsstrecke prüfen (siehe Abbildung 27.8).

Traceroute hilft aber nur bei fehlerhaften Routing-Einträgen weiter. Wenn Sie in Ihrem Netz keinen Router betreiben, kann Traceroute Ihnen keine Informationen liefern. [«]

27.4.6 Wegewahl

Das Internetprotokoll dient der Wegewahl, dem Routing. Die Routing-Tabelle eines PCs können Sie mit `route print` ausgeben lassen.

Wenn Sie einen manuellen Routing-Eintrag erzeugen möchten, können Sie das mit:

```
route add <Ziel-IP> mask <Subnetzmaske zum Ziel> <Router-IP> Metric
<Zahl> if <Nummer der Schnittstelle>
```

Ebenso können Sie einen Routing-Eintrag löschen:

```
route delete <Ziel-IP>
```

oder verändern:

`route change ...`(dann wie `route add`).

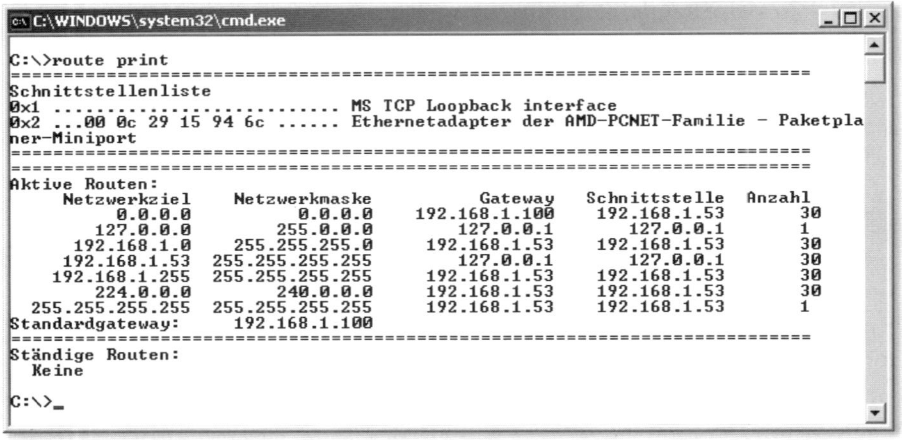

```
C:\>route print
===========================================================================
Schnittstellenliste
0x1 ........................... MS TCP Loopback interface
0x2 ...00 0c 29 15 94 6c ...... Ethernetadapter der AMD-PCNET-Familie - Paketpla
ner-Miniport
===========================================================================
===========================================================================
Aktive Routen:
     Netzwerkziel    Netzwerkmaske          Gateway    Schnittstelle  Anzahl
          0.0.0.0          0.0.0.0    192.168.1.100     192.168.1.53      30
        127.0.0.0        255.0.0.0        127.0.0.1        127.0.0.1       1
      192.168.1.0    255.255.255.0     192.168.1.53     192.168.1.53      30
     192.168.1.53  255.255.255.255        127.0.0.1        127.0.0.1      30
    192.168.1.255  255.255.255.255     192.168.1.53     192.168.1.53      30
        224.0.0.0        240.0.0.0     192.168.1.53     192.168.1.53      30
  255.255.255.255  255.255.255.255     192.168.1.53     192.168.1.53       1
Standardgateway:     192.168.1.100
===========================================================================
Ständige Routen:
  Keine

C:\>_
```

Abbildung 27.9 »route print« zeigt die Routing-Tabelle.

Wenn Sie mit `route add` einen Routing-Eintrag erzeugen, ist dieser Eintrag beim nächsten Booten nicht mehr aktiv! Wenn Sie den Routing-Eintrag dauerhaft (engl. *persistent*) hinzufügen wollen, müssen Sie die Option `-p` verwenden: `route add -p ...` (dann wie `route add`).

27.4.7 TCP/UDP-Verbindungen

Welche Verbindungen von Ihrem PC unterhalten werden und auf welchen Verbindungen Ihr PC Anfragen akzeptiert, können Sie mit dem Befehl `netstat -a` auflisten.

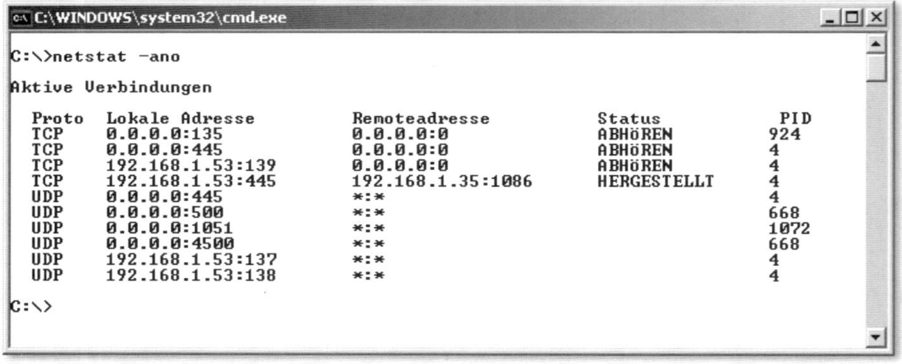

```
C:\>netstat -ano

Aktive Verbindungen

  Proto  Lokale Adresse          Remoteadresse          Status           PID
  TCP    0.0.0.0:135             0.0.0.0:0              ABHÖREN          924
  TCP    0.0.0.0:445             0.0.0.0:0              ABHÖREN          4
  TCP    192.168.1.53:139        0.0.0.0:0              ABHÖREN          4
  TCP    192.168.1.53:445        192.168.1.35:1086      HERGESTELLT      4
  UDP    0.0.0.0:445             *:*                                     4
  UDP    0.0.0.0:500             *:*                                     668
  UDP    0.0.0.0:1051            *:*                                     1072
  UDP    0.0.0.0:4500            *:*                                     668
  UDP    192.168.1.53:137        *:*                                     4
  UDP    192.168.1.53:138        *:*                                     4

C:\>
```

Abbildung 27.10 »netstat« listet Verbindungen auf.

Die Option `-n` listet die TCP/UDP-Ports numerisch auf. Mit der Option `-o` können Sie sich zusätzlich die Prozessnummer[3] ausgeben lassen. Der Befehl `netstat -ano` listet alle TCP/UDP-Verbindungen auf. Egal in welchem Zustand sich diese befinden, TCP/UDP-Ports werden numerisch ausgegeben, und zu jeder Verbindung wird die Prozess-ID auf Ihrem PC mit angegeben (siehe Abbildung 27.10).

Eine grafische Aufbereitung dieser Ausgabe finden Sie in Abschnitt 28.2.1, »CurrPorts«.

27.4.8 NetBIOS

Informationen über die NetBIOS-Funktion bekommt man mit dem Befehl `nbtstat`. Insbesondere ist der Befehl `nbtstat -c` interessant; dieser listet die Namenstabelle auf, die im NetBIOS-Cache abgelegt ist.

Mit der Eingabe von `nbtstat -A <IP-Adresse>` können Sie die MAC-Adresse und weitere Informationen über einen anderen PC abfragen (siehe Abbildung 27.11).

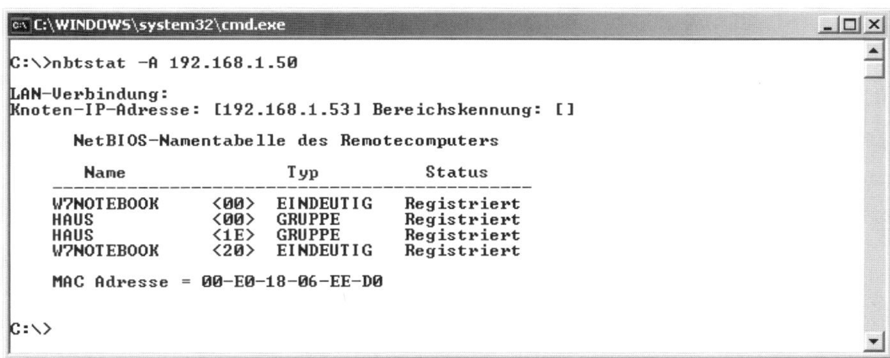

Abbildung 27.11 »nbtstat –A« listet die Informationen zum PC auf.

Hinter dem Namen wird ein hexadezimaler Wert angegeben. Beträgt dieser Wert `20`, handelt es sich um einen Server im Sinne von NetBIOS, der PC hat z. B. eine Dateifreigabe eingerichtet.

Freigaben können Sie sich mit dem Befehl `net view \\<IP-Adresse>` zu der angegebenen IP-Adresse auflisten lassen; allerdings nur, wenn Sie Zugriff auf den PC haben.

3 Die Option `-o` steht leider nicht in allen Windows-Varianten zur Verfügung.

27.4.9 XP Performancemonitor

Windows bietet Ihnen beim Taskmanager eine Anzeige, die die reine Netzwerkkartenauslastung anzeigt (siehe Abbildung 27.12). Klicken Sie mit der rechten Maustaste auf die TASKLEISTE und dann auf TASKMANAGER • NETZWERK.

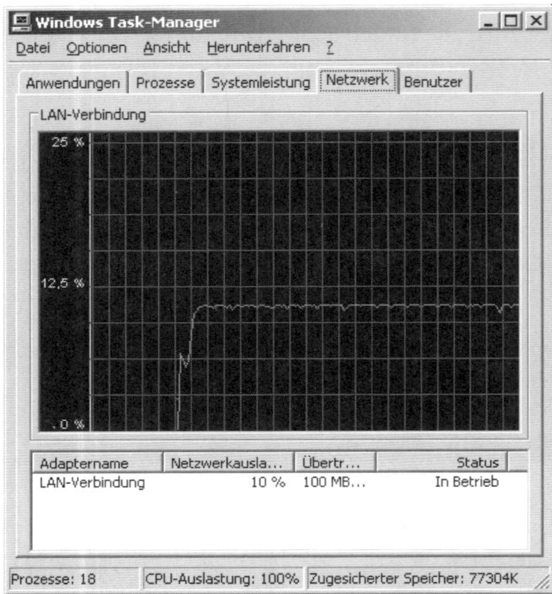

Abbildung 27.12 Netzwerkauslastung unter XP

Wenn man die Auslastung der Netzwerkschnittstelle genauer beobachten möchte, insbesondere die fehlerhaften Pakete, dann gibt es eine sehr komfortable Möglichkeit.

Unter SYSTEMSTEUERUNG wählen Sie VERWALTUNG aus, dort wählen Sie LEISTUNG, und schon sehen Sie den Performancemonitor, der zunächst die Daten zum Prozessor anzeigt. Sie können zudem über das Pluszeichen Indikatoren hinzufügen.

In Abbildung 27.13 sehen Sie das Ergebnis der Übertragung einer 180 Mbyte großen Datei. Sie können einzelne Indikatoren (Eigenschaften der Netzwerkkarte) auswählen. Bei vielen Werten ist das allerdings grafisch sehr unübersichtlich. Wenn Sie viele Werte im Auge haben möchten oder diese als absolute Zahlen benötigen, dann hilft die Textansicht weiter.

Sie können die aussagekräftigen Grafiken mit X- und Y-Achsenbeschriftung versehen, mit einem Faktor vergleichbare Größenverhältnisse herstellen und vieles mehr.

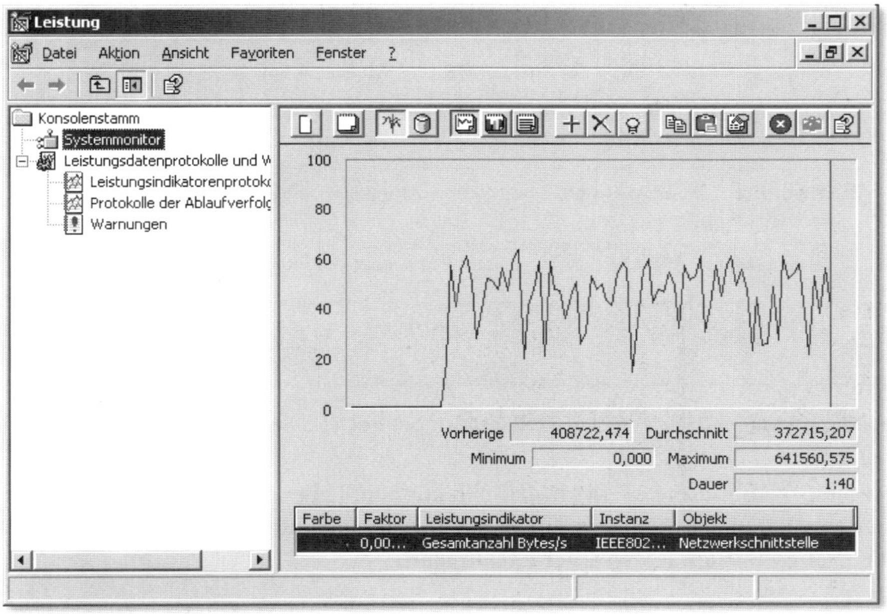

Abbildung 27.13 Überwachung der Netzwerkschnittstelle unter Windows XP

Vergleichbare Anzeigen können Sie unter Vista und Windows 7 mit dem Ressourcenmonitor erreichen (TASKMANAGER • LEISTUNG • RESSOURCENMONITOR • NETZWERK).

27.4.10 Vista Network Diagnostics Framework

Die Netzwerkverbindung eines Computers ist heute eine absolute Selbstverständlichkeit, und es ist entsprechend ärgerlich, wenn die Netzwerkverbindung nicht funktioniert.

Bisher konnte Windows beispielsweise im Browser nur anzeigen, dass die gewünschte Webseite nicht aufgerufen werden konnte. Den Grund dafür herauszufinden blieb dem Benutzer überlassen. Das Abarbeiten des Prüfungsschemas (siehe Abschnitt 27.3, »Checkliste«) kann aber in vielen Fällen auch durch das Betriebssystem erfolgen, und so können Netzwerkprobleme leichter analysiert und Lösungen für das Problem vorgeschlagen werden.

Vista bringt das *Network Diagnostics Framework* (kurz: NDF) mit, das den Zustand unterschiedlicher Komponenten (Netzwerkkarte, WLAN-Verbindung, IP-Konfiguration, DNS-Konfiguration, Firewall-Einstellungen) prüft und versucht, das Problem zu lokalisieren.

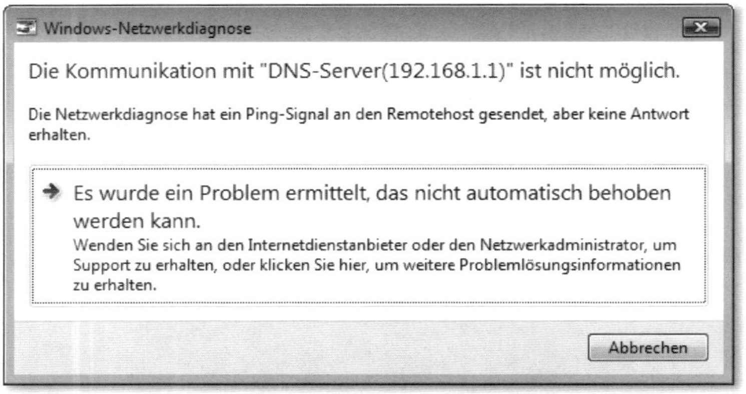

Abbildung 27.14 NDF zeigt fehlerhafte Einstellungen des DNS-Servers.

Wie Sie der Abbildung 27.14 entnehmen können, habe ich einige typische Fehler mit dem NDF diagnostizieren lassen. In diesem Fall hatte ich für den Test einen fehlerhaften lokalen DNS-Server eingetragen.

Bei einer WLAN-Verbindung mit einem fehlerhaften WPA-Key wies NDF darauf hin (siehe Abbildung 27.15) und forderte zur Korrektur auf.

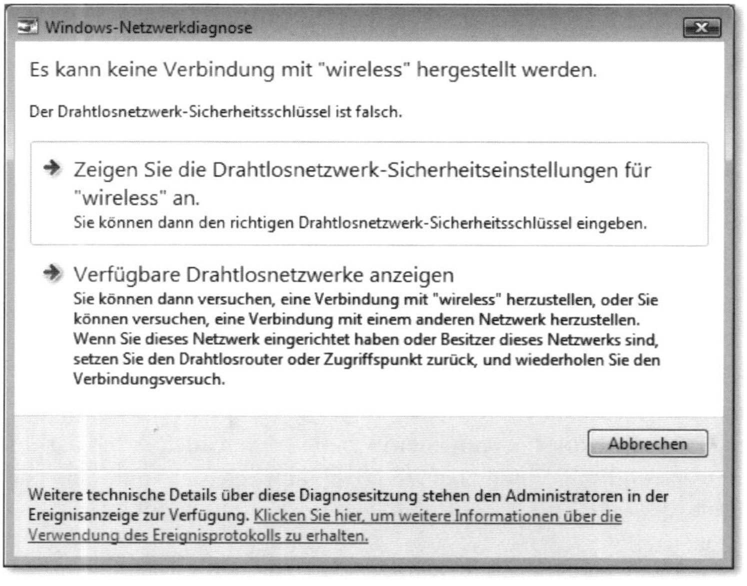

Abbildung 27.15 Falscher WPA-Key, daher keine Verbindung zum WLAN

Bei einer manuell falsch vergebenen IP-Adresse und dem damit fehlenden Internetzugriff macht NDF mehrere Vorschläge. Einer davon lautet, die Netzwerkkonfiguration zu prüfen. Gleichzeitig wird im NETZWERK- UND FREIGABECENTER angezeigt, dass die WLAN-Verbindung erfolgreich besteht.

Da der Fokus des NDF auf der Analyse leichter Netzwerkprobleme liegt, erfüllt es durchaus seinen Zweck. Ob jeder Nutzer allerdings in der Lage ist, anhand der Fehlermeldungen entsprechende Korrekturen vorzunehmen, vermag ich nicht zu beurteilen.

Eine ausführliche Darstellung finden Sie im TechNet unter *http://www.microsoft.com/germany/technet/community/columns/cableguy/cg0706.mspx*.

27.5 Bordmittel von Linux

Linux bringt eine ganze Reihe von Programmen mit, die Ihnen bei der Fehlersuche helfen, die sogenannten Tools. Die von mir vorgestellten Programme führen Sie in einer Linux-Shell aus.

Ich werde mich bei der Beschreibung der Programme an den Schichten des ISO-/OSI-Modells orientieren, beginnend bei Schicht 1.

27.5.1 Ethernet-Konfiguration: ethtool

Nur selten müssen Sie die die Ethernet-Konfiguration einer Netzwerkkarte von Hand korrigieren. Die Netzwerkgeschwindigkeit und die Duplexeinstellung der Netzwerkteilnehmer und des Switches müssen übereinstimmen. In der Regel handeln die beiden Ethernet-Teilnehmer diese Regeln über Autonegotiation stimmig aus. Nur sehr selten funktioniert dieses automatische Verfahren nicht. Sollte hier ein manueller Eingriff doch einmal nötig sein, ist das Kommando `ethtool` das richtige Werkzeug. Das Kommando `ethtool eth0` listet die verfügbaren Modi der Netzwerkkarte auf (siehe Abbildung 27.16). Außerdem teilt das Betriebssystem mit, ob die Netzwerkkarte überhaupt einen Link zum Ethernet erkannt hat.

Das Kommando ermöglicht eine Fülle weiterer Möglichkeiten. Ich empfehle Ihnen die Lektüre der Man-Page mittels `man ethtool`. Ich möchte Ihnen hier nur wenige Beispiele vorstellen:

Mit dem Kommando `ethtool -s eth0 speed 10 duplex half autoneg off` setzt die Netzwerkkarte *eth0* fest auf 10 Mbit Halfduplex. Nach einem `ethtool -s eth0 autoneg on` werden die Einstellungen wieder automatisch ausgehandelt. **[zB]**

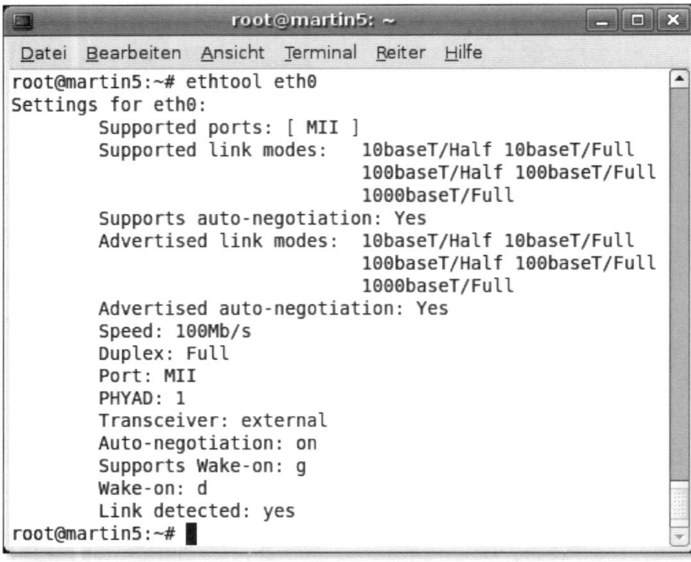

Abbildung 27.16 Hier wurden 100 Mbit Fullduplex ausgehandelt.

[»] Auch die Einstellungen für *Wake On Lan* können mit dem Kommando `ethtool` verändert werden. Die Möglichkeiten der Einstellung entnehmen Sie der Man-Page.

[!] Nicht alle Netzwerkkarten-Treiber arbeiten vollständig mit *ethtool* zusammen.

27.5.2 IP-Konfiguration: ifconfig

`Das Kommando ifconfig eth0` zeigt die Konfiguration der ersten Netzwerkschnittstelle an. Der Name des Befehls `interfaceconfiguration` unterstreicht das richtige Verständnis für ein Netzwerk. Ein PC hat einen Netzwerkanschluss, möglicherweise auch mehrere Netzwerkanschlüsse, eben ein Interface oder mehrere Interfaces. Der Befehl gibt die Netzwerkkonfiguration auf Hardware-Ebene aus. Dazu gehört die Information, welches ISO/OSI-Schicht-2-Protokoll angewendet wird. In Abbildung 27.17 ist es Ethernet, dahinter folgen die MAC-Adresse, die IP-Adresse, die IP-Broadcast-Adresse und die Subnetzmaske.

Zusätzlich wird eine IP-Version-6-Adresse vergeben. Bei dieser Adresse handelt es sich um eine sogenannte Link-Lokale-Adresse. Die IPv6-Adressen werden immer hexadezimal angegeben, führende Nullen können durch einen Doppelpunkt ersetzt werden. Link-Lokale-Adressen bei IPv6 beginnen immer mit `fe80::` und enthalten im hinteren Teil die MAC-Adresse in leicht abgewandelter Form.

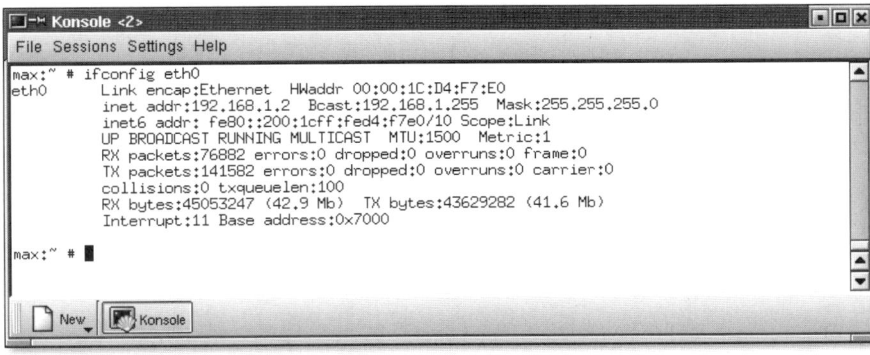

Abbildung 27.17 Wichtige Infos per »Interface-Config«

Die Information, wie viele Daten das Interface empfangen *(RX)* und gesendet *(TX)* hat, halte ich für sehr nützlich. Auch Fehler (engl. *Errors*) werden gezählt und an dieser Stelle angezeigt. Die Werte beziehen sich auf den Zeitraum, in dem das Interface, die Netzwerkschnittstelle, aktiv ist. Als Bonbon werden auch noch die Hardware-Ressourcen angezeigt, die von der Karte belegt werden. In Abbildung 27.17 ist das der Interrupt 11.

Der Befehl `ifconfig` kann mehr, als nur die Konfiguration der Netzwerkschnittstelle auslesen. Mit ihm kann man eine Netzwerkschnittstelle auch konfigurieren. Das können Sie aber nur dann, wenn Sie als Administrator auf dem System arbeiten, also als Benutzer root.

Ob Sie als Benutzer root arbeiten, können Sie am Prompt der Shell erkennen. Das # am Prompt wird nur für den Benutzer root verwendet. Wenn Sie sich nicht sicher sind, als welcher Benutzer Sie gerade arbeiten, können Sie auch `who am i` eingeben. Um als normaler Benutzer Kommandos mit den Rechten des Super-Users root auszuführen, müssen Sie dem Kommando ein `sudo` voranstellen und auf Nachfrage das Passwort des Administrators eingeben.

Wenn Sie ein Interface abschalten wollen, können Sie dies mittels `ifconfig <Interface-Name> down` tun, und schon ist das Interface deaktiviert. Mit `ifconfig <Interface-Name> up` *aktivieren Sie dieselbe Schnittstelle wieder.*

[!] UNIX-typisch wird selbst bei solch massiven Aktivitäten nicht nachgefragt, ob Sie die Aktion wirklich ausführen möchten. Wenn Sie per Fern-Administration auf einem Linux-System arbeiten und dann mittels `ifconfig eth0 down` die Netzwerkschnittstelle abschalten, haben Sie sich ausgesperrt: Sobald Sie [↵] gedrückt haben, ist die Datenverbindung unterbrochen. Wenn es unbedingt sein muss, können Sie mittels `ifconfig eth0 down;ifconfig eth0 up` beide Befehle nacheinander ausführen lassen und so verhindern, dass Sie sich aussperren. Eine Netzwerkschnittstelle kann nur dann aktiviert werden, wenn der Treiber für das Gerät ordentlich in den Kernel eingebunden ist und geladen werden kann. Die Einrichtung einer Netzwerkkarte wird in Kapitel 25, »Linux einrichten«, behandelt. In der Kommando-Shell geben Sie zur Aktivierung eines abgeschalteten Netzwerkanschlusses

```
ifconfig eth0 192.168.1.2 netmask 255.255.255.0 up
```

ein, und das Interface arbeitet mit der IP-Adresse 192.168.1.2. Manchmal wird die Broadcast-Adresse nicht richtig gesetzt, insbesondere, wenn Sie einen IP-Bereich, der ursprünglich für Class-B-IP-Netze gedacht war, für ein Class-C-Subnetz nutzen. Sie können das Problem lösen, indem Sie die Broadcast-Adresse mit angeben:

```
ifconfig eth0 172.16.1.2 netmask 255.255.255.0 broadcast 172.16.1.255 up
```

Diese Beispiele gelten für den Fall, dass Sie die Netzwerkschnittstelle *eth0* oder genauer */dev/eth0* konfigurieren möchten. Das ist die erste Ethernet-Netzwerkkarte im System. Entsprechend wäre die zweite Netzwerkkarte */dev/eth1* usw.

27.5.3 ping

Das Kommando `ping` ist unter Linux um ein Vielfaches mächtiger als unter Windows. Es ist ein wirkliches Universalwerkzeug. Die Möglichkeiten, die `ping` bietet, werden mit Optionen nutzbar, die man nach dem Bindestrich hinter dem eigentlichen Kommando anhängt.

Im einfachsten Fall führen Sie einen

```
ping <Ziel-IP-Adresse>
```

aus. Die Anzeige des Ergebnisses ist sehr genau, sodass Sie auch die Schwankungen im schnellen Fast-Ethernet erkennen können. Anders als bei Windows werden nicht lediglich vier ping-Pakete versendet, sondern, der Windows-ping-Option `-t` entsprechend, unbegrenzt viele. Abbrechen können Sie den ping mit der Tastenkombination [Strg] + [C].

In Abbildung 27.18 wird ein `ping -M do -c 4 -s 1472 <IP-Adresse>` ausgeführt. Die Option `-M do` führt dazu, dass Pakete nicht defragmentiert werden; sie entspricht also der Option `-f` unter Windows/DOS. Die Option `-c 4` bedeutet, dass vier Pakete gesendet werden, ansonsten würden endlos Pakete gesendet. Die Option `-s 1472` schließlich gibt die IP-Paketgröße von 1.472 Bytes an. Dass trotz der Angabe `-s 1472` 1.480 Bytes gesendet werden, liegt daran, dass die ping-Kontrollinformationen (ICMP-Header) acht Bytes umfassen.

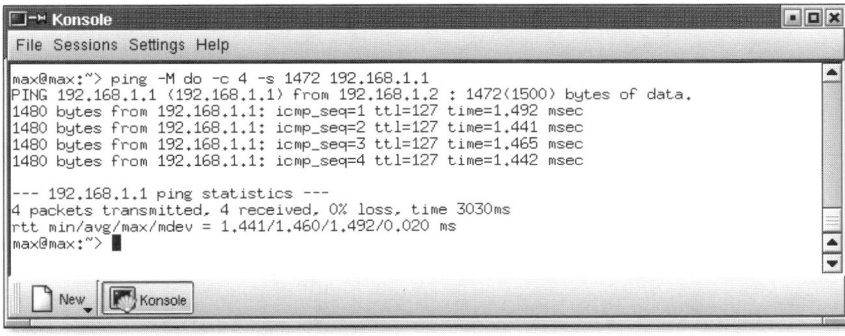

Abbildung 27.18 Linux-»ping« mit Optionen

Interessant ist die Option `-f`. Dieser sogenannte *flood-ping* sendet unablässig ICMP-Pakete. Für jedes gesendete Paket schreibt er einen Punkt auf den Bildschirm, und für jedes beantwortete Paket wird ein Punkt gelöscht. Dadurch können Sie sehr schnell sehen, wie viele Pakete verloren gegangen sind. **[«]**

Eine weitere nützliche Option ist `ping -l <Zahl>`. Man erzeugt eine definierte Anzahl von Paketen und sendet diese als Last sofort los. Damit können sehr gut Hochlastsituationen simuliert werden.

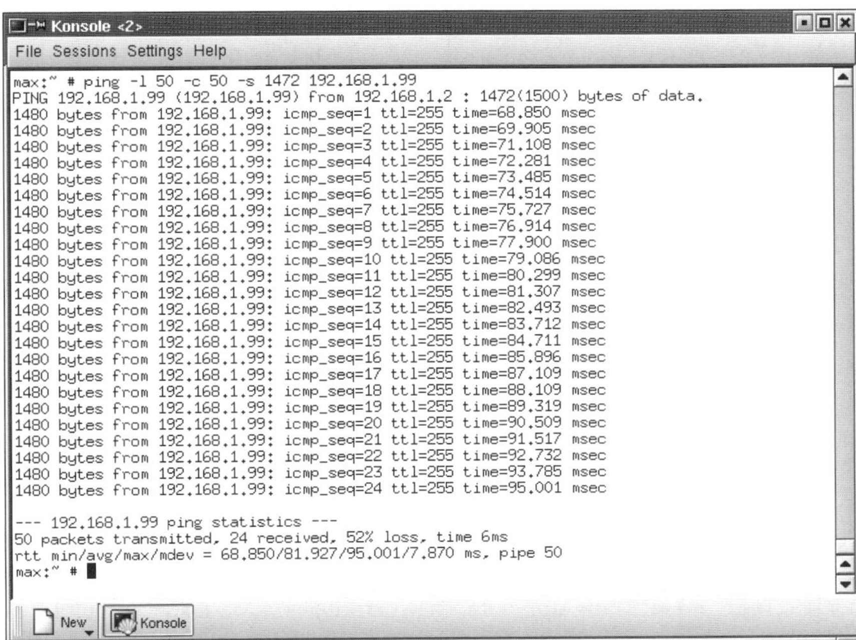

Abbildung 27.19 In Lastsituationen gehen 52 % der Pakete verloren.

Die Abbildung 27.19 zeigt einen `ping -l 50 -c 50 -s 1472 <IP-Adresse>`, bei dem 52 % der Pakete verloren gehen. Wie Sie erkennen können, wurden die Pakete bis zum Paket 24 beantwortet, dann war der Kommunikationspartner überlastet. Mit der Option `-l 50` werden fünfzig Datenpakete im Speicher erzeugt und als Spitzenlast losgesendet. Der ping sendet durch die Einstellung `-c 50` genau fünfzig Pakete.

Die angesprochenen Optionen sind nur ein kleiner Teil aller Möglichkeiten. Wenn Sie weitere Optionen nutzen möchten, können Sie sich mittels `ping -h` und `man ping` zusätzliche Information beschaffen.

27.5.4 bing

Ein Befehl, der so ähnlich wie der ping funktioniert, ist der *bing*. Sie können die Antwortzeiten von zwei oder mehr PCs miteinander vergleichen.

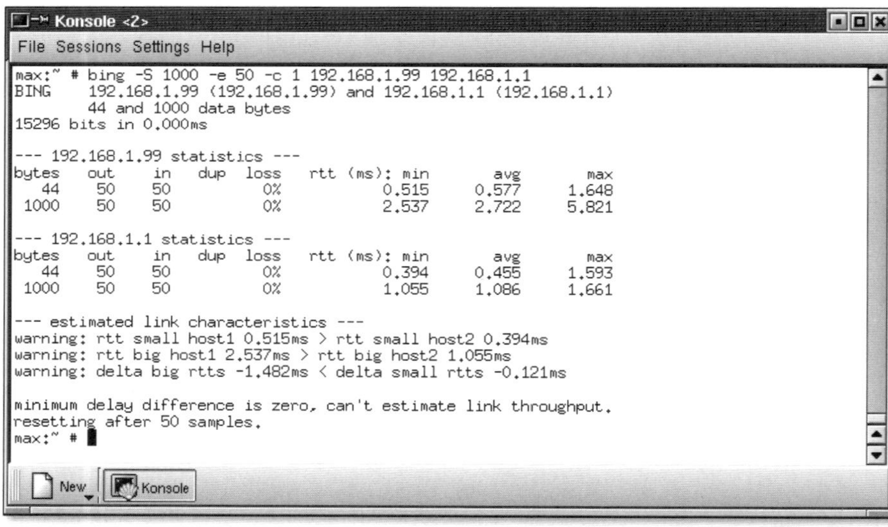

Abbildung 27.20 Der »bing« vergleicht die Geschwindigkeit von zwei PCs.

Im Beispiel aus Abbildung 27.20 vergleicht der Befehl

```
bing -S 1000 -e 50 -c 1 192.168.1.99 192.168.1.1
```

die Geschwindigkeit der beiden PCs 192.168.1.1 und 192.168.1.99. Wenn Sie sich die Werte für die großen Datenpakete ansehen, können Sie feststellen, dass der PC 192.168.1.99 etwa die doppelte Antwortzeit benötigt, also deutlich langsamer ist.

Die Option `-S 1000` gibt die Paketgröße mit 1.000 Bytes an, die Option `-e 50` sendet 50 Pakete an die beiden PCs, und durch `-c 1` sendet der bing nur einmal 50 Pakete.

Ein Anwendungsfall für den Einsatz des bing ist das Überprüfen der Server-Netzwerkanbindungen: Anwender beklagen sich, dass die Anwendung langsam sei. Sie sollten herausfinden, ob wirklich das Netzwerk oder vielleicht der Server langsam ist. Dazu »bingen« Sie von einem Linux-PC auf alle Server. Sollte sich herausstellen, dass die Antwortzeiten des Servers, auf dem die als langsam beschriebene Anwendung läuft, im Vergleich zu den anderen Servern besonders langsam sind, ist das Problem vermutlich nicht im Netzwerk, sondern zunächst auf dem Server zu suchen. [zB]

27.5.5 MAC-Adressen und IP-Adressen: arp

Den ARP-Cache können Sie auch unter Linux sehr einfach auslesen. Das Kommando `arp -a` listet alle bekannten Beziehungen zwischen MAC- und IP-Adresse auf (siehe Abbildung 27.21).

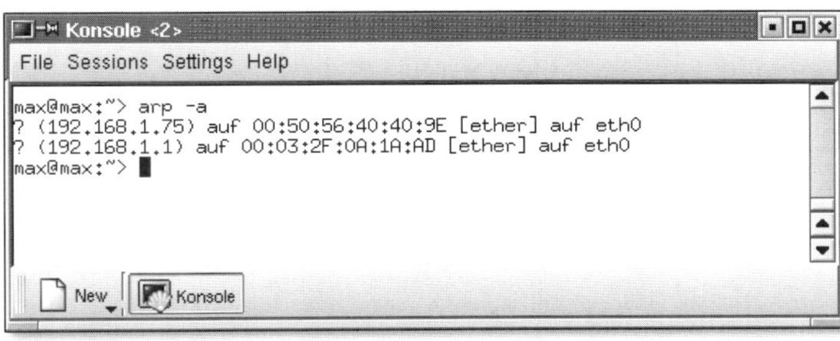

Abbildung 27.21 Das Kommando »arp –a« unter Linux

Wie schon für die Windows-Option beschrieben, können Sie mit dem Befehl `arp -s <IP-Adresse> <MAC-Adresse>` auch ARP-Einträge setzen, sogenannte statische ARP-Einträge. Sollten Sie ARP-Einträge löschen wollen, verwenden Sie das Kommando `arp -d <IP-Adresse>`.

Das Löschen des ARP-Caches kann notwendig sein, wenn Sie einen neuen PC mit der IP-Adresse eines alten PCs betreiben möchten. Ist zwischen dem Abschalten und der Inbetriebnahme des neuen PCs nur wenig Zeit vergangen, kann es sein, dass noch die alte Beziehung der MAC-Adresse zur IP-Adresse besteht. Mit dem Löschen des alten ARP-Cache-Eintrags können Sie die Aktualisierung der anderen Netzwerkteilnehmer erzwingen. [zB]

27.5.6 Wegewahl: traceroute

Sie haben einen PC, dessen Netzwerkschnittstelle funktioniert; auch die Netzwerkanbindung des Ziel-PC funktioniert, »doch sie können zueinander nicht finden«. Beide PCs sind in unterschiedlichen IP-Netzen, haben also verschiedene Netz-IDs. Das ist immer der Fall, wenn Sie einen PC im Internet ansprechen möchten.

Das Werkzeug der Wahl ist in einem solchen Fall das Kommando `traceroute`. Der Befehl sendet ICMP-Pakete (also ping-Pakete) mit fest definierter Gültigkeit. Da ein Router, der ein Paket nicht weiterleitet, weil dessen Gültigkeit abgelaufen ist, eine Information zum Absender schickt, gibt jeder Router zwischen dem Absender- und der Ziel-IP mit einem `traceroute <Ziel-IP>` dem Absender seine Existenz bekannt.

Sie wissen dann, bis zu welchem Punkt die Kommunikation funktioniert, nämlich bis zum letzten Router, der angezeigt wurde. Sie können nun in der Kommunikationskette gezielt hinter diesem Punkt mit Ihrer Fehlersuche beginnen.

27.5.7 Wegewahl: route

Die Routing-Tabellen des PCs können Sie mit dem Kommando `route` auslesen.

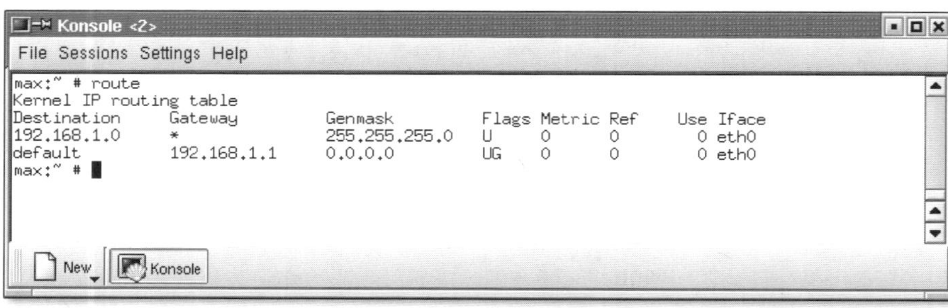

Abbildung 27.22 Die Kernel-Routing-Tabellen ausgeben lassen

Für eine Standardinstallation sollten, wie in Abbildung 27.22 zu sehen ist, nur zwei Einträge in der Routing-Tabelle vorhanden sein. Der erste Eintrag ist eigentlich kein richtiger Routing-Eintrag. Er beschreibt, dass der PC das Netz 192.168.1.0/24 ohne Gateway erreichen kann. Das ist verständlich, wenn man berücksichtigt, dass der PC mit seiner IP-Adresse 192.168.1.2 bereits Mitglied im Netzwerk 192.168.1.0/24 ist.

Der Eintrag `default` ist das *Standardgateway*. Wenn ein Datenpaket zu einer IP-Adresse gesendet werden muss, die nicht in das eigene Netzwerk 192.168.1.0/24 gehört, dann wird das IP-Paket über den Default-Routing-Eintrag abgearbeitet.

[!] »Gateway« ist meiner Meinung nach keine korrekte Bezeichnung, gemeint ist an dieser Stelle ein Router. Ein Gateway ist eigentlich ein Gerät, das das Übertragungsmedium wechselt, z. B. ein E-Mail-Fax-Gateway: E-Mails werden in Faxe umgesetzt und umgekehrt. Ein Router wechselt das Übertragungsmedium nicht, sondern leitet das IP-Paket aus einem Netzwerk in die Zielrichtung eines anderen Netzwerks weiter.

Mittels route add -<net/host> <Ziel-IP-Netz/-Host> netmask <SN-Maske> gw <Router-IP> können Sie Routing-Einträge hinzufügen. Der Befehl route add -net 0.0.0.0 netmask 0.0.0.0 gw 192.168.1.1 richtet einen Default-Routing-Eintrag ein.

Sie sollten nie mehr als einen Default-Routing-Eintrag erzeugen – auch dann nicht, wenn Sie mehr als eine Netzwerkkarte betreiben. Wie soll sich in einem solchen Fall Ihr PC entscheiden? Die Lösung für das Problem, das Sie vermutlich mit zwei Default-Routing-Einträgen beseitigen möchten, ist die *Metrik*. Mit der Angabe einer Metrik können Sie die Reihenfolge ansonsten gleichwertiger Routing-Einträge bestimmen und so im Fehlerfall eine andere Verbindung nutzen:

```
route add -net 0.0.0.0 netmask 0.0.0.0 gw 192.168.1.254 metric 4
```

Sie erzeugen einen weiteren Default-Routing-Eintrag, der durch die Metrik aber ungünstiger ist als der zuvor vorgenommene Eintrag. Dieser Eintrag wird nur dann vom Routing-Dienst genutzt, wenn der erste Routing-Eintrag fehlschlägt.

[!] Das Ändern von Routing-Einträgen kann die Netzwerkverbindung unterbrechen. Eine Verbindungsunterbrechung ist sehr ungünstig, wenn Sie den PC von einem anderen PC z. B. per SSH oder Telnet fernadministrieren. Sollten Sie sich selbst ausgesperrt haben, bleibt Ihnen nur noch die Möglichkeit, persönlich den PC aufzusuchen, ein unter Umständen zeitraubendes Vorhaben.

Sie können mit dem Befehl route del <Ziel-IP-Netz/-Adresse> netmask <SN-Maske> komplette Routing-Einträge löschen.

27.5.8 MTU: tracepath

Wenn Sie die MTU (*Maximum Transmisson Unit*), also die maximale Paketgröße für ein Datenpaket, das durch mehrere IP-Netze wandern soll, bestimmen möchten, kann das aufwendig werden.

Hierbei hilft Ihnen das Programm tracepath (siehe Abbildung 27.23). Mit der Syntax tracepath [-n] <destination> [<port>] können Sie z. B. auch die Kommunikation mit einem Teilnehmer im Internet prüfen lassen: tracepath www.web.de.

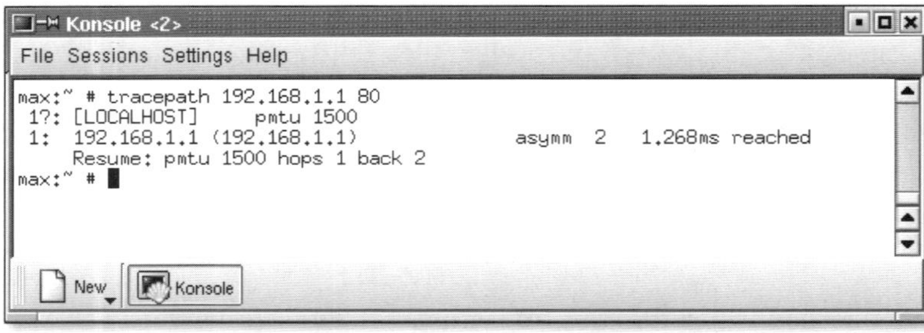

Abbildung 27.23 Ein »tracepath« im gleichen IP-Netz, die MTU ist 1500.

So wird die maximale Paketgröße für die Kommunikation mit einem anderen Netzwerkteilnehmer bestimmt. Diese können Sie dann als MTU in Ihre Netzwerkeinstellungen übernehmen.

27.5.9 TCP/UDP-Verbindungen

Der Befehl `netstat` listet auf, in welchem Zustand sich die TCP/UDP-Verbindungen befinden.

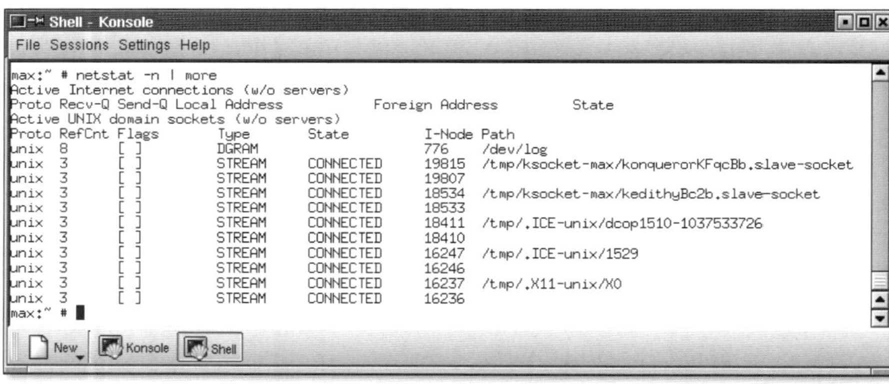

Abbildung 27.24 Der »netstat –n« listet die TCP/UDP-Verbindungen auf.

Die Option `-n` veranlasst, den Befehl auszuführen und dem Dienst die TCP/UDP-Port-Nummern als Zahl und nicht im Klartext auszugeben (siehe Abbildung 27.24).

27.5.10 Portscanner: nmap

Ein Portscanner ist ein Programm, mit dem man die TCP/UDP-Ports abprüfen kann. Wenn eine Verbindung auf einem bestimmten TCP/UDP-Port akzeptiert wird, lässt das den Schluss zu, dass ein entsprechender Dienst, z. B. für TCP-Port 23 der Telnet-Dienst, verfügbar ist.

Das Programm nmap kann aber noch viel mehr, als nur TCP/UDP-Ports überprüfen. So ist es möglich, mit nmap -O <Ziel-IP-Adresse> das Betriebssystem des Ziel-PCs erraten zu lassen (siehe Abbildung 27.25).

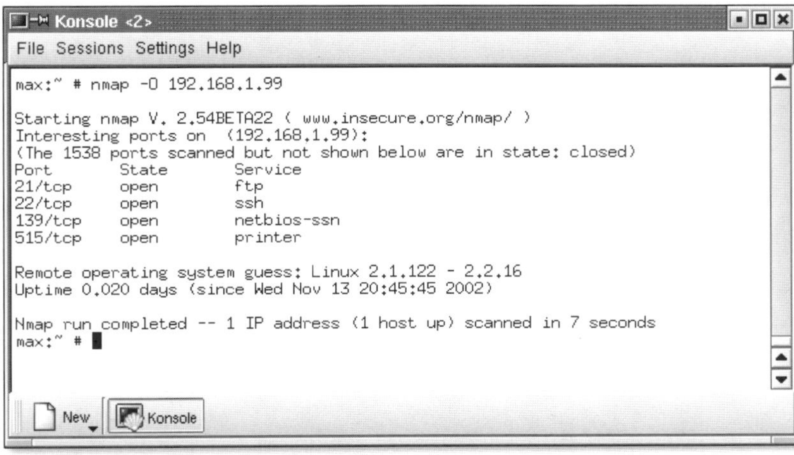

Abbildung 27.25 Betriebssystem-Raten mit »nmap –O«: Es ist Linux.

Ähnlich wie beim für Windows vorgestellten Programm Netcat gibt es bei nmap zwei Seiten der Medaille. Einerseits ist es sehr praktisch, überprüfen zu können, ob ein PC einen bestimmten Dienst überhaupt anbietet. Andererseits wird nmap von Hackern/Crackern eingesetzt, die damit nach geöffneten Server-TCP/UDP-Ports suchen und möglicherweise das Betriebssystem erraten lassen, um sich dann über Schwachstellen dieses Betriebssystems zu informieren.

Zurzeit kann nmap über 1.700 Betriebssysteme in über 5.000 Versionen an charakteristischen Merkmalen der Netzwerkkommunikation erkennen. Beim TCP-Handshake agieren Betriebssysteme unterschiedlich, und anhand ihres Verhaltens (Fachbegriff: *Fingerprint*, dt. *Fingerabdruck*) kann nmap erraten, welches Betriebssystem sich hinter einem Netzwerkteilnehmer verbirgt. Wenn Sie genauer wissen möchten, wie nmap die Erkennung des Betriebssystems durchführt, finden Sie nähere Informationen auf der Internetseite *http://nmap.org/book/osdetect.html*. Sie wundern sich, dass es so viele Betriebssysteme gibt? Es handelt sich hier auch um Betriebssysteme von Netzwerkkomponenten (z. B. Switches und Router).

27.6 Bordmittel Apple Mac

Unter Mac OS X steht Ihnen das FESTPLATTENDIENSTPROGRAMM im Verzeichnis DIENSTPROGRAMME zur Verfügung, um Fehler und Probleme im Netzwerk aufzuspüren. Das Fenster unterteilt sich in acht bis neun Ansichten. Die Ansicht APPLETALK ist mit Mac OS X 10.6 weggefallen. In der Ansicht INFORMATION können Sie den Status der aktiven Netzwerkschnittstellen einsehen und sich über die aktuelle IP-Adresse, die als HARDWAREADRESSE bezeichnete MAC-Adresse sowie die ÜBERTRAGUNGSSTATISTIK informieren.

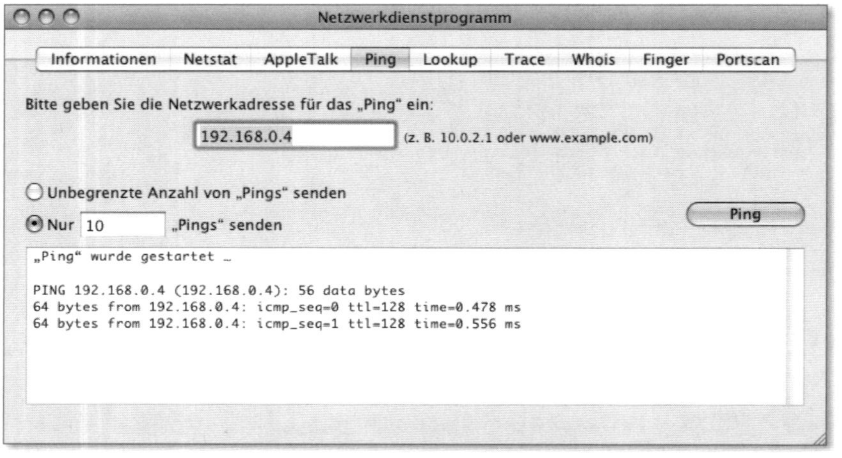

Abbildung 27.26 Die Funktion »ping« im Festplattendienstprogramm entspricht in der Funktionsweise derjenigen unter Linux.

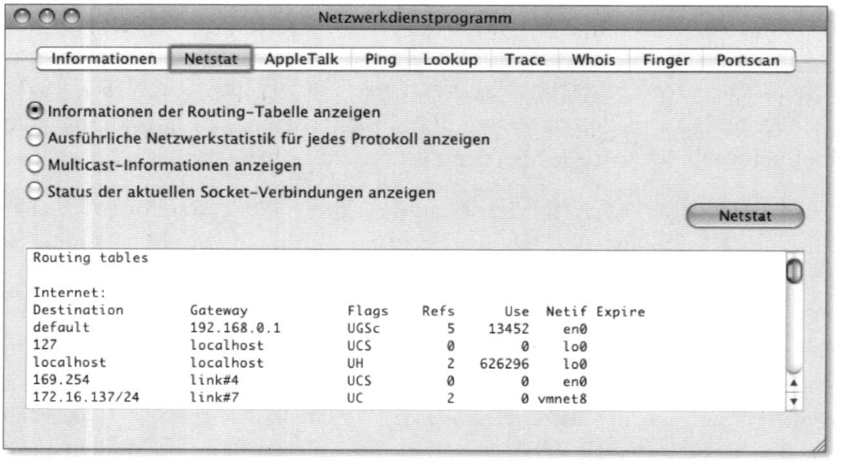

Abbildung 27.27 Die Routing-Tabelle kann über Netstat in Erfahrung gebracht werden.

Eine Verbindung zu einem anderen Rechner können Sie in der Ansicht PING prüfen. Die Funktionsweise von `ping` entspricht unter Mac OS X der unter Linux.

In der Ansicht NETSTAT finden Sie eine grafische Oberfläche für den Befehl `netstat`, der Ihnen übrigens auch am Terminal zur Verfügung steht. Wenn Sie die Option INFORMATIONEN DER ROUTING-TABELLEN ANZEIGEN auswählen und dann die Schaltfläche NETSTAT betätigen, erhalten Sie den aktuellen Status der Routing-Tabelle.

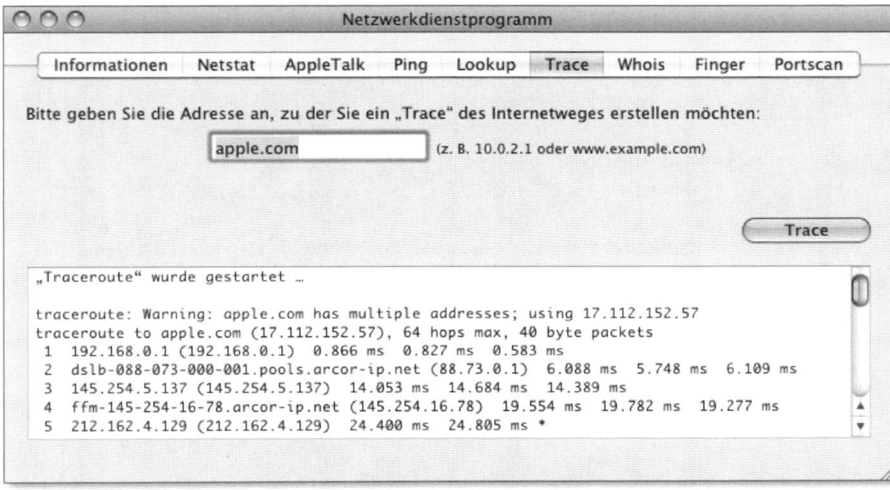

Abbildung 27.28 Das Netzwerkdienstprogramm stellt auch eine grafische Oberfläche für den Befehl »traceroute« zur Verfügung.

Auch unter Mac OS X kann der Befehl `traceroute` genutzt werden, um den Weg eines Datenpakets zu einem anderen Rechner nachzuverfolgen. Das NETZWERKDIENSTPROGRAMM stellt Ihnen in der Ansicht TRACE hierfür ebenfalls eine grafische Oberfläche zur Verfügung. Sie können eine Domain oder eine IP-Adresse eingeben und über die Schaltfläche TRACE den Weg der Pakete ermitteln lassen.

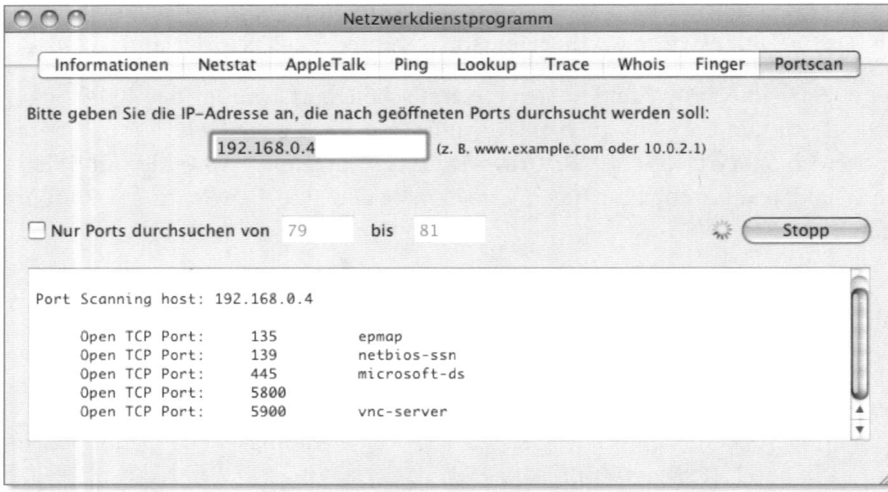

Abbildung 27.29 In der Ansicht »Portscan« können die offenen Ports eines Rechners abgefragt werden.

Mac OS X verfügt nicht über das Programm `nmap`. Einen PORTSCAN können Sie stattdessen in der gleichnamigen Ansicht des NETZWERKDIENSTPROGRAMMS durchführen, indem Sie die Domain oder IP-Adresse des Rechners eingeben und mit START den Scan beginnen. Es ist auch möglich, über die Option NUR PORTS DURCHSUCHEN... nur bestimmte Ports abzufragen.

Sie benötigen noch weitere Informationen über einen PC oder über den Datenverkehr im Netzwerk? Mit den richtigen Werkzeugen kein Problem!

28 Zusatzprogramme

Wenn Sie ganz sicher sind, dass das Problem, das eine erfolgreiche Netzwerkkommunikation verhindert, nur noch auf der Anwendungsebene gefunden werden kann, sind Sie dennoch nicht am Ziel:

Sie müssen das Problem erst noch finden!

Eine Möglichkeit, solchen – meist anwendungsbezogenen – Problemen in Netzwerken auf den Grund zu gehen, ist die Paketanalyse. Dabei helfen sogenannte *Sniffer* (dt. *Schnüffler*), die den gesamten Netzwerkverkehr mitschneiden und den Inhalt der Pakete anzeigen.

28.1 Wireshark

Ursprünglich begann die Software unter dem Namen Ethereal für das Betriebssystem Linux. Nun heißt sie Wireshark, und es existieren Portierungen auf zahlreiche andere Betriebssysteme, wie Windows und Mac OS X. Da die Bedienung von Wireshark unabhängig vom Betriebssystem ist, wird sie deshalb in diesem Kapitel beschrieben.

Der Einsatz von Wireshark (siehe Abbildung 28.1) ist eine fortgeschrittene Analysemethode, die fortgeschrittenes Wissen erfordert. Kapitel 3 dieses Buches, »Grundlagen der Kommunikation«, hilft Ihnen, das entsprechende Basiswissen aufzubauen.

Wireshark für Windows benötigt eine weitere Anwendung, die WinPcap-Bibliothek. *Windows Packet Capture* ist eine Freeware-Bibliothek, die es ermöglicht, Netzwerkpakete unter Windows mitzuschneiden. Die WinPcap-Bibliothek wird auch von `ntop` und `NmapWin` benutzt.

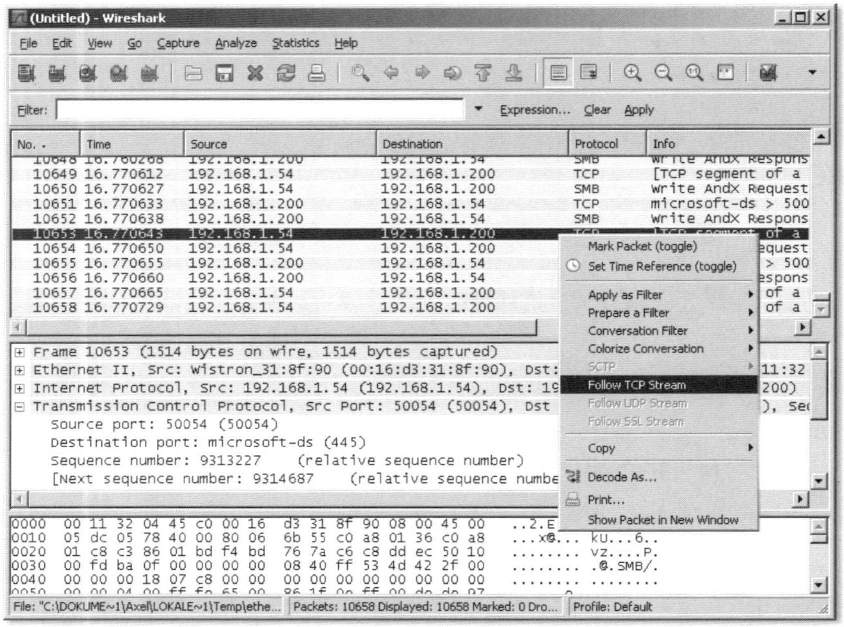

Abbildung 28.1 Mitgeschnittener Datenverkehr

Abbildung 28.2 Wireshark-Hauptansicht

Im Hauptfenster wählen Sie den Menüpunkt CAPTURE • OPTIONS. Es erscheint ein Konfigurationsfenster, in dem Sie Einstellungen für das Paketesammeln vornehmen können. Der wichtigste Punkt ist INTERFACE. Dort sollten Sie die Bezeichnung der Netzwerkkarte wiederfinden, die Sie benutzen wollen. Eine hilfreiche Einstellung ist der CAPTURE FILTER, wenn Sie die Daten vorfiltern wollen. Eventuell wissen Sie, welcher PC die Anfragen sendet; dann können Sie eintragen, dass nur die Pakete mitgeschnitten werden sollen, die von diesem PC kommen. Das spart einerseits Platz, andererseits ist es für Sie wesentlich übersichtlicher.

Sie wollen alle Pakete erfassen, die zum Webserver von web.de gesendet werden (siehe Abbildung 28.3). Der Filter würde dann lauten:

```
dst host web.de && tcp dst port 80
```

Weitere Informationen zu den Filtermöglichkeiten finden Sie auf den Hilfeseiten zum Programm `tcpdump` z. B. unter *http://www.tcpdump.org/tcpdump_man.html* oder unter Linux mit `man tcpdump`.

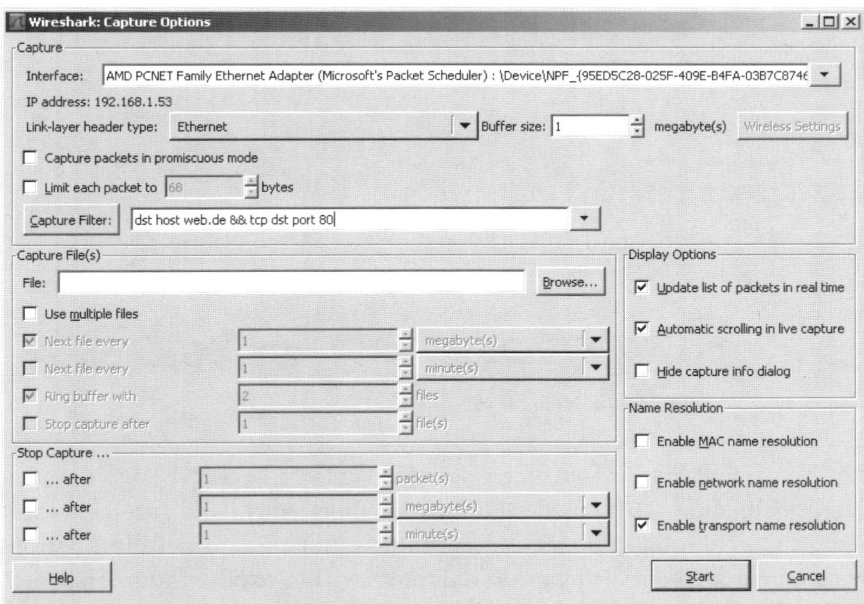

Abbildung 28.3 Wireshark mit »Capture Filter«

Wenn Sie auf START klicken, beginnt die Aufzeichnung. Sie dauert so lange, bis Sie auf STOP klicken.

Jede Zeile im Hauptfenster (siehe Abbildung 28.2, oberster Block) steht für ein Datenpaket. Sie sehen in der ersten Spalte eine fortlaufende Nummerierung von

Wireshark, in der zweiten Spalte eine sehr genaue Zeitangabe. Die Spalte *Source* gibt die IP-Adresse oder den Namen des Absenders an, *Destination* ist die Ziel-IP-Adresse oder der Name des Ziel-PCs. In der Spalte *Protocol* wird das Verfahren (z. B. HTTP) angegeben, und unter *Info* erfahren Sie, welche Funktion des Protokolls benutzt wurde.

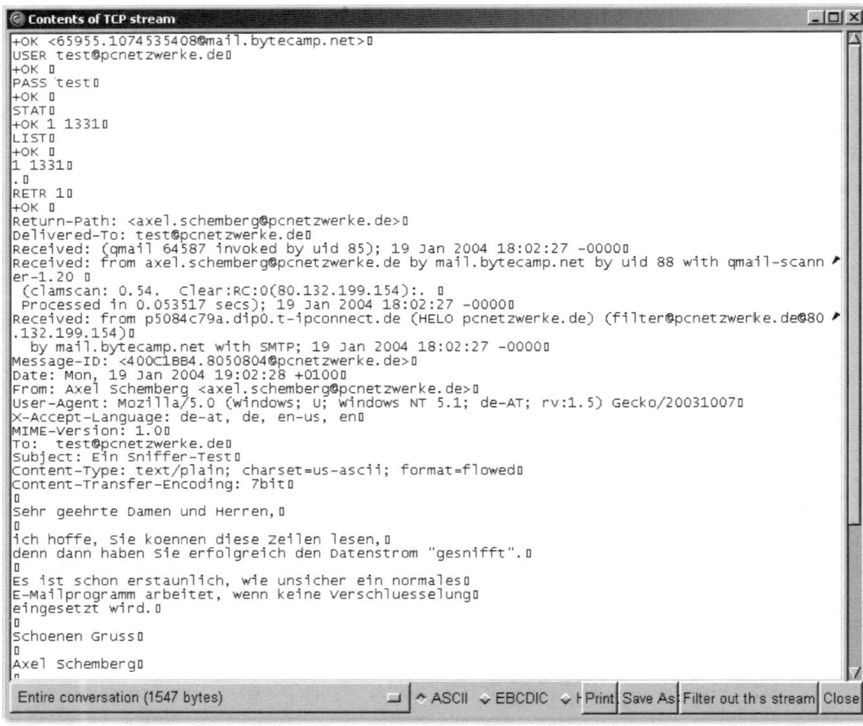

Abbildung 28.4 Dekodierte E-Mail unter Wireshark

Wenn Sie auf ein Paket, also auf eine Zeile der Hauptansicht, klicken, werden weitere Informationen im Bereich der Einzelansicht angezeigt. Die Einzelheiten beziehen sich auf die sogenannten Header-Informationen, also auf die Kontrollinformationen der verschiedenen Verfahren bzw. Protokolle. Im unteren Teil, den Paketdetails, werden die Datenpakete dekodiert angezeigt (soweit das Dekodieren möglich war).

Sehr hilfreich ist die Möglichkeit, mit der rechten Maustaste auf ein Datenpaket zu klicken und aus dem sich daraufhin öffnenden Kontextmenü FOLLOW TCP-STREAM auszuwählen. Alle zu der TCP-Kommunikation gehörenden und aufgezeichneten Pakete werden in der richtigen Reihenfolge von Wireshark zusammengesetzt und in einem gesonderten Fenster dargestellt (siehe Abbildung 28.4).

Erschreckend ist, wenn die Kommunikation beim Abrufen von E-Mails mitgeschnitten wird. Mit *Follow TCP-Stream* können Sie die Anmeldeprozedur mit Benutzername/Passwort und den Inhalt der E-Mail im Klartext lesen (siehe Abbildung 28.4). Die Möglichkeit besteht nicht, wenn die E-Mails verschlüsselt abgerufen werden, doch diese Funktion wird selten angeboten, sodass 98 % der E-Mails genauso lesbar sind wie die hier dargestellte E-Mail.

28.2 Zusatzprogramme für Windows

Sie benötigen weitere Informationen über einen PC? Unter Windows, insbesondere wenn Sie innerhalb einer Domäne Domänenadministrator sind, haben Sie umfangreichen Zugriff auf die PCs.

28.2.1 CurrPorts

Sie kennen schon das Kommando `netstat`, mit dem Sie sich offene TCP- und UDP-Verbindungen ansehen können (siehe Abschnitt 27.4.7, »TCP/UDP-Verbindungen«). Zusätzlich möchte ich Ihnen aber mit CurrPorts ein grafisches Werkzeug für Windows vorstellen (siehe *http://www.nirsoft.net*). Mit `netstat` sehen Sie die Verbindung, wissen aber nicht, welcher Prozess die Verbindung hält. Dieses ist mit CurrPorts ersichtlich. Zusätzlich können Sie sich Details zur Verbindung und zum jeweiligen Prozess ansehen (siehe Abbildung 28.5). In der *Datei readme.txt* finden Sie Hinweise, wie Sie das deutsche Sprachpaket für CurrPorts installieren können.

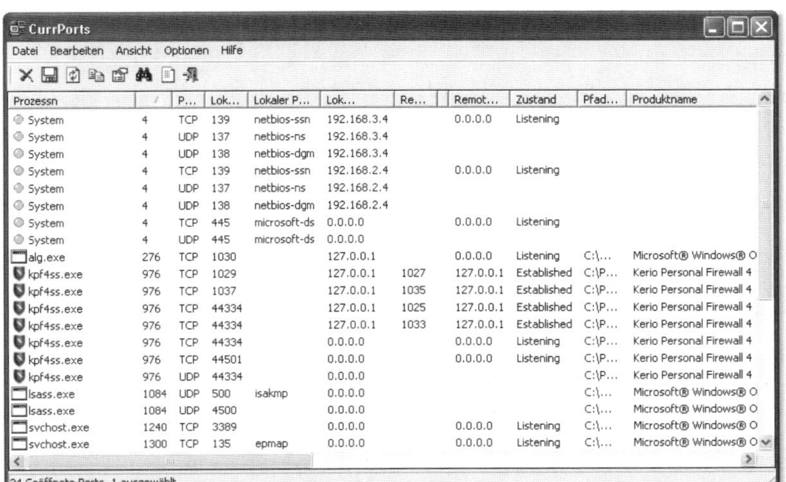

Abbildung 28.5 »CurrPort« zeigt TCP/UDP-Verbindungen.

28.2.2 inSSIDer

Wenn Sie ein WLAN einrichten wollen, ist es wichtig, zu wissen, welche anderen WLANs existieren. Ein Programm, das dies leistet, war lange Zeit der `netStumbler`, der allerdings nicht mehr weiterentwickelt wird und zudem unter Vista und Windows 7 nicht funktioniert.

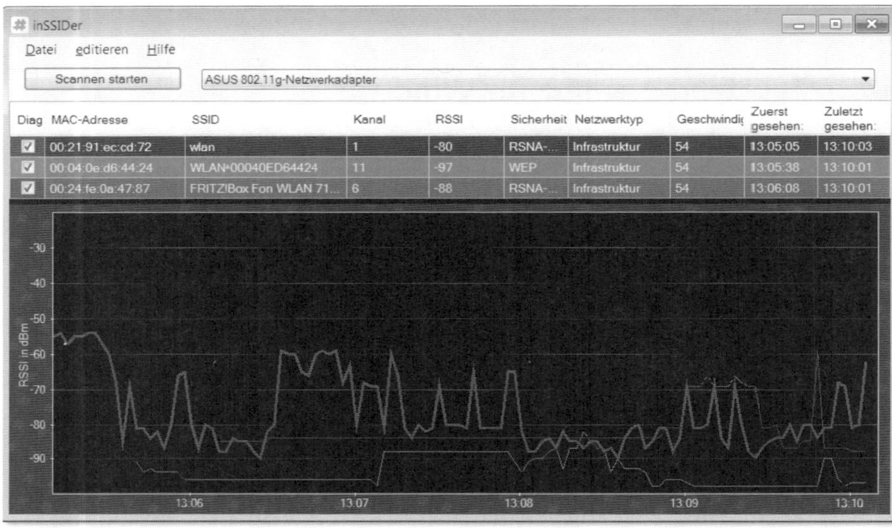

Abbildung 28.6 »inSSIDer« zeigt WLANs.

Ein gute Alternative dazu ist inSSIDer (siehe *http://www.metageek.net/products/inssider*), das die Windows-API nutzt, um auf die WLAN-Informationen zuzugreifen.

Angezeigt wird sowohl die SSID – daher der Name – als auch der Kanal, die Signalqualität, Sicherheit und Geschwindigkeit. Dazu gibt es auch noch eine nette Grafik (siehe Abbildung 28.6).

28.2.3 tftpd32

Das Schweizermesser des Netzwerkadministrators ist das Programm `tftpd32` (siehe *http://tftpd32.jounin.net/*). Es bietet neben einem TFTP-Server – wie der Name schon vermuten lässt – auch einen DHCP-, SNTP- und Syslog-Server (siehe Abbildung 28.7).

Das Programm steht in zwei Varianten zur Verfügung: als Dienst – *service edition* – oder als normales Programm.

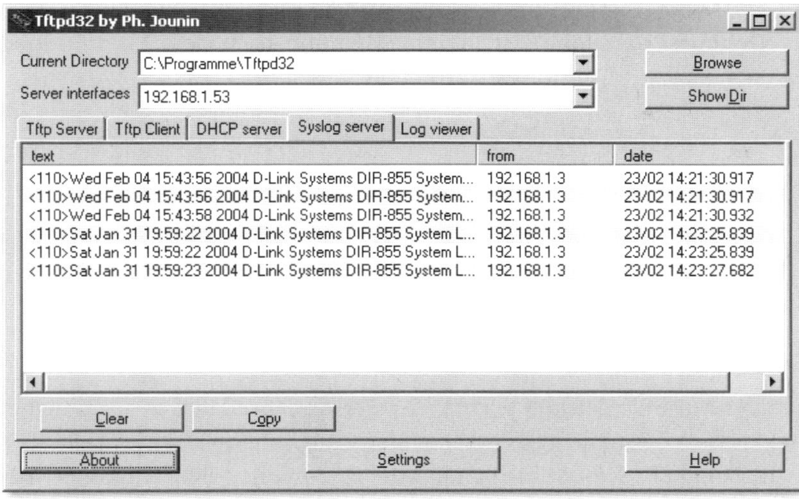

Abbildung 28.7 »tftpd32«, hier als Syslog-Server

28.2.4 SlimFTPd

Mit dem FTP-Server SlimFTPd (siehe *http://www.whitsoftdev.com/slimftpd*), haben Sie einen FTP-Server mit gutem Datendurchsatz.

Wenn Sie also einen FTP-Server für die Übertragung großer oder vieler Dateien benötigen, bietet es sich an, zumindest unter Windows auf den SlimFTPd zurückzugreifen.

Er wird über die Konfigurationsdatei *slimftpd.conf* konfiguriert. Die einzige Eintragung, die Sie machen sollten, ist die des Laufwerkspfads:

```
<User "admin">
   Password "geheim"
   Mount / d:\download
   Allow / All
</User>
```

Bei dieser Einstellung darf der Benutzer *admin* mit dem Passwort *geheim* auf das Verzeichnis *d:\download* mit allen Berechtigungen zugreifen.

28.2.5 FileZilla

Wenn Sie einen FTP-Server mit einer ansprechenden grafischen Oberfläche suchen, sollten Sie sich den FileZilla-Server anschauen. Er ist die Ergänzung zum recht bekannten FileZilla-FTP-Client.

Sie finden beide Programme unter *http://filezilla-project.org*. FileZilla ist ein grafisches Windows-Programm, das meiner Meinung nach dem Platzhirschen WS_FTP in nichts nachsteht.

28.3 Zusatzprogramme für Linux

Einige der Zusatzprogramme für Windows werden Sie auch unter Linux wiederfinden. Andere hingegen existieren nur unter Linux.

28.3.1 Performanceüberblick mit xosview

Für einen ständigen Blick auf die wichtigsten Performancedaten des PCs eignet sich `xosview`. Neben der CPU- und Speicherauslastung sehen Sie in der Zeile NET auch die Auslastung des Netzwerkadapters (siehe Abbildung 28.8). Meiner Meinung nach ist `xosview` ein Programm der Art »klein, aber fein.«

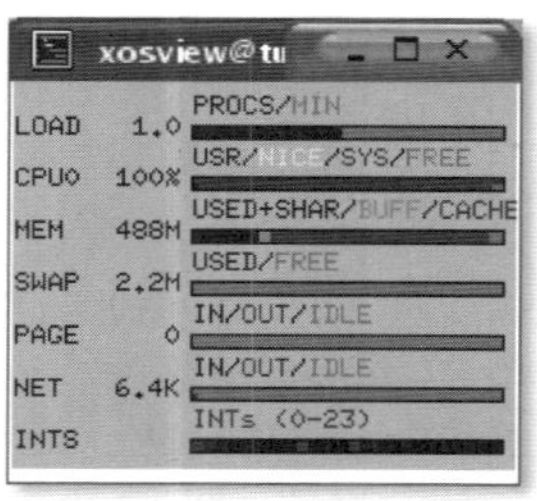

Abbildung 28.8 »xosview«, Überblick über die Systemparameter

28.3.2 Pakete mitschneiden mit iptraf

Nicht mehr ganz frisch kommt `iptraf` daher. Es ist ein textbasiertes Programm (siehe Abbildung 28.9), mit dem Sie einfache Netzwerkmitschnitte machen können. Wenn Sie Programme wie Wireshark oder Ksnuffle benutzen können, werden Sie kaum auf solch primitive Werkzeuge zurückgreifen. Doch der Vorteil von diesem einfachen Programm ist, dass es beispielweise auch mit einer einfachen SSH-Verbindung genutzt werden kann.

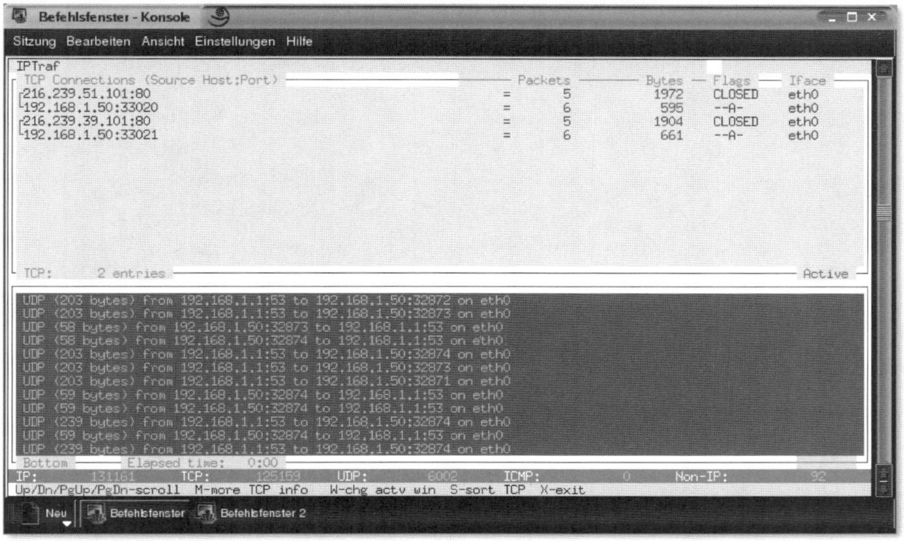

Abbildung 28.9 Das rudimentäre »iptraf« in Aktion

Wenn Sie ein LAN betreiben, kommt sicherlich schnell die Frage auf, welchen Datendurchsatz Ihr Netzwerk erreicht. Der Vergleich des Durchsatzes kann auch beim Aufspüren von Fehlern helfen. Wie Sie den Datendurchsatz am besten messen können, erfahren Sie in diesem Kapitel.

29 Netzwerkgeschwindigkeit ermitteln

Es gibt sehr viele Programme zur Messung von Netzwerkperformance. Sie erhalten einen Überblick über diese Werkzeuge im Internet auf der Seite *http://www.caida.org/tools/taxonomy/perftaxonomy.xml.*

29.1 Performancemessung mit NetIO

Das bekannteste, einfachste und beste Programm für Geschwindigkeitsmessungen im LAN ist `NetIO` (siehe *http://www.ars.de/ars/ars.nsf/docs/netio*). Es ist auf der DVD im Verzeichnis */software/management* zu finden. [○]

Wenn Sie die ZIP-Datei ausgepackt haben, finden Sie im Ordner *bin* drei Programme:

- *linux-i386* für Linux auf normalen PCs
- *os2-i386.exe* für OS/2
- *sol9-sparc* für Solaris
- *win32-i386.exe* für Windows

NetIO funktioniert betriebssystemübergreifend. Sie können also z. B. einen Linux- und einen Windows-PC beliebig als Server und Client verwenden. [«]

29.1.1 Windows

Legen Sie das Programm `win32-i386.exe` in ein per Kommandozeile gut erreichbares Verzeichnis, z. B. *c:\programme*, und benennen Sie es aussagekräftig um, z. B. `netio126.exe`. Öffnen Sie danach eine DOS-Box.

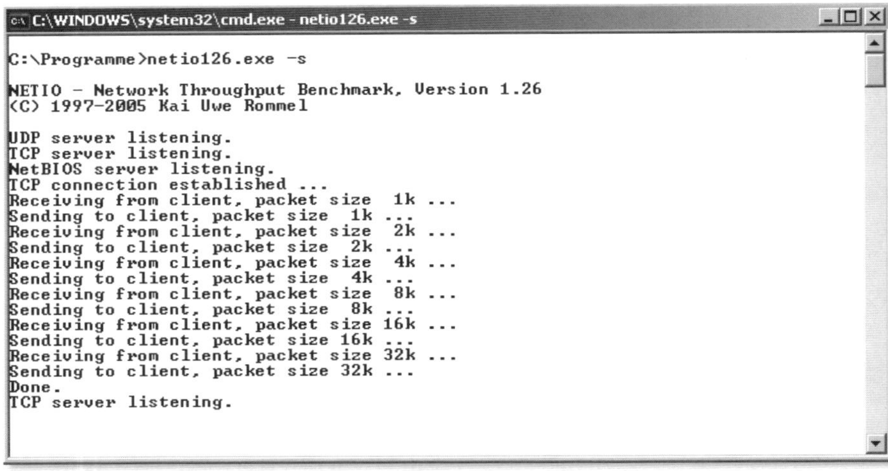

Abbildung 29.1 »NetIO« wartet auf Verbindungen.

Beim ersten PC sollten Sie `NetIO` als Server starten, geben Sie dazu in der DOS-Box `netio -s` ein. Auf diesem PC wartet `NetIO` jetzt auf Verbindungen von Clients (siehe Abbildung 29.1). Dazu starten Sie auf dem zweiten PC ebenfalls in einer DOS-Box `netio -t` <Server-IP>, und `NetIO` legt los (siehe Abbildung 29.2).

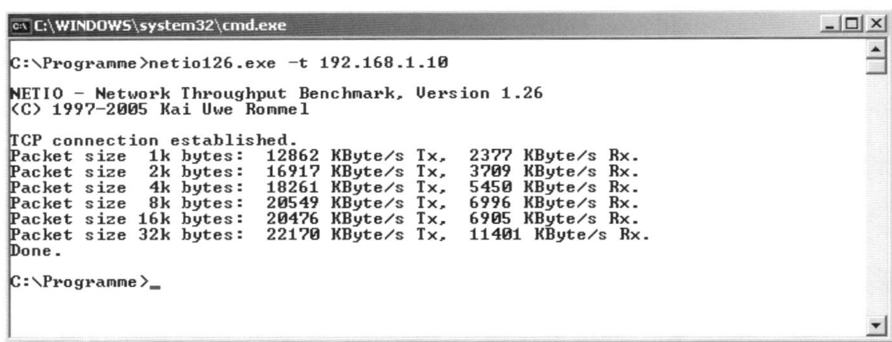

Abbildung 29.2 »NetIO«-Datendurchsatzmessung

Die Option `-t` bedeutet dabei, dass TCP-Pakete gesendet werden, `-u` erzeugt UDP-Pakete und `-n` NetBIOS-Pakete. NetBIOS wird für Windowsfreigaben genutzt und hat üblicherweise einen wesentlich schlechteren Datendurchsatz als etwa FTP.

Beim UDP-Test wird angegeben, wieviel Prozent der UDP-Pakete verloren gegangen sind. Weitere Informationen zu UDP und den Unterschieden zu TCP finden Sie in Kapitel 14, »Transmission Control Protocol«.

Wenn Sie den NetBIOS-Durchsatz messen möchten, dann müssen Sie `NetIO` mit einer etwas anderen Syntax aufrufen:

```
netio126 -n -m <PC-Name>
```

Dabei meint `<PC-Name>` den Windows-Namen, auch *NetBIOS-Name* genannt.

29.1.2 Linux

Wie schon erwähnt, gibt es im Verzeichnis *bin* des ZIP-Archivs eine fertige Version von `NetIO` für Linux. Das gilt so lange, wie Linux auf normalen PCs ausgeführt wird, also auf PCs mit x86-kompatiblen Prozessoren, wie es Intel- und AMD-Prozessoren üblicherweise sind.

Der erste Schritt ist, dass Sie die Datei, sofern nicht schon erledigt, ausführbar machen:

```
chmod 700 linux-i386
```

Anschließend sollten Sie das Programm noch sinnvoll umbenennen:

```
mv linux-i386 netio126
```

Sie können die gleiche Syntax unter Linux wie unter Windows verwenden. Entsprechend starten Sie auf einem Client den Server mit

```
./netio126 -s
```

und kontaktieren vom anderen Server z. B. für TCP mit

```
./netio126 -t <Server-IP>
```

Sie erhalten die gleichen Ausgaben wie auch unter Windows.

`NetIO` ist für siegfried bereits unter */usr/local/bin/netio126* installiert.

29.2 Performancemessung mit iperf

Als Alternative zu `NetIO` bietet sich das Programm `iperf` an (siehe *http://sourceforge.net/projects/iperf*). Es misst genau wie `NetIO` den Datendurchsatz als TCP- oder UDP-Datendurchsatz, Auf der DVD finden Sie das Programm im Verzeichnis */software/management*. [o]

29.2.1 Windows

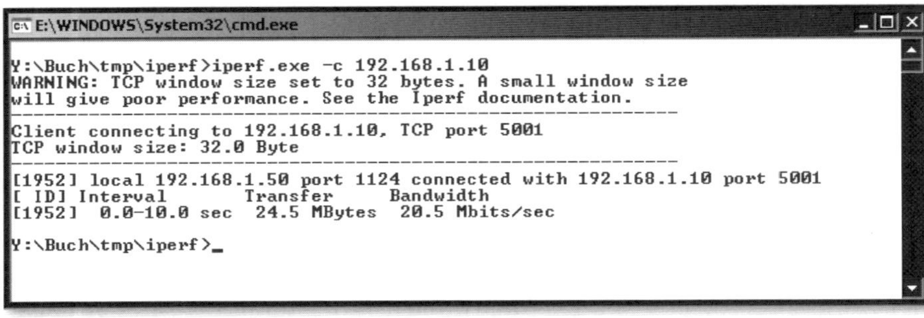

Abbildung 29.3 »iperf« misst den Datendurchsatz von WLAN.

Wie auch bei `NetIO`, müssen Sie auf einem PC `iperf` mit der Option `-s` starten und auf dem Gegenstück eine Verbindung zu diesem `iperf`-Server mittels

```
iperf -c <IP-Adresse>
```

aufbauen (siehe Abbildung 29.3). Wenn Sie eine andere TCP Window Size – also einen anderen Empfangspuffer – verwenden möchten, dann müssen Sie vor dem Start des Clients die Umgebungsvariable `TCP_WINDOW_SIZE` wie folgt setzen:

```
set TCP_WINDOWS_SIZE=<Wert in Bytes>
```

29.2.2 Linux

Unter Linux muss `iperf` zunächst installiert werden. Dabei wird der *gc++-Compiler* benötigt. Die drei nacheinander abzusetzenden Kommandos

```
siegfried:/usr/src/iperf-2.0.4 # ./configure
siegfried:/usr/src/iperf-2.0.4 # make
siegfried:/usr/src/iperf-2.0.4 # make install
```

installieren `iperf` nach */usr/local/bin*. Eine Man-Page gehört dazu, auf der Sie mittels `man iperf` nähere Informationen bekommen.

`iperf` ist für siegfried bereits unter */usr/local/bin/iperf* installiert.

29.3 Netzwerkgeschwindigkeit mit FTP

Die Geschwindigkeit eines Netzwerks können Sie außer mit dem `NetIO` auch mit dem Übertragen großer Datenmengen mittels FTP ermitteln.

Für FTP benötigen Sie einen FTP-Client, den bietet jedes Betriebssystem, und einen FTP-Server wie den *SlimFTPd* für Windows. Diesen finden Sie auf der DVD im Verzeichnis */software/sonstiges*. [o]

Im Gegensatz zu `NetIO`, das den Datendurchsatz auf der Ebene TCP/UDP misst, misst der FTP den Datendurchsatz auf Anwendungsebene. Der Rückschluss auf die Netzwerkgeschwindigkeit von Anwendungen allgemein ist daher etwas besser möglich.

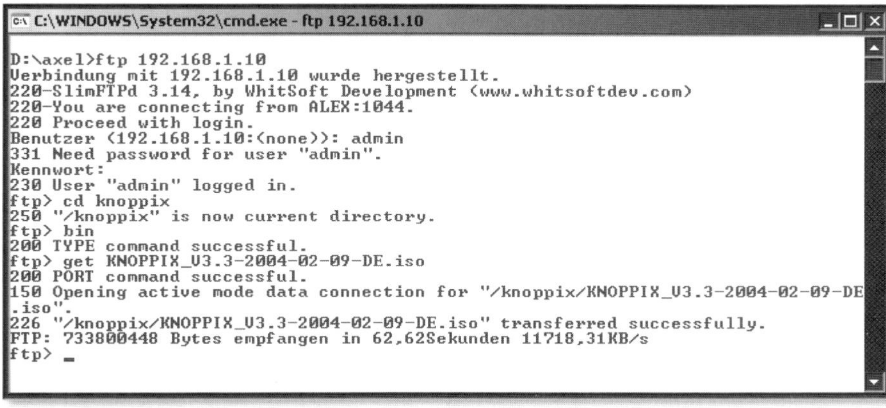

Abbildung 29.4 »SlimFTPd«-Datendurchsatz im LAN unter Windows

In der Abbildung 29.4 sehen Sie die Übertragung eines 700 MB großen KNOPPIX-ISO-Images im LAN. Beide PCs sind Windows XP-PCs, mit 10/100 Mbit/s-LAN-Karten als FTP-Client wurde der von Windows mitgelieferte *FTP* der Kommandozeile verwendet, als Server agierte SlimFTPd. Der durchschnittliche Datendurchsatz betrug 91,55 Mbit/s. [zB]

In einem zweiten Versuch habe ich dieselbe Datenmenge per 54 Mbit/s WLAN auf mein Notebook übertragen, das 10 Meter entfernt im Wohnzimmer stand. Bei dieser Übertragung wurden im Durchschnitt 14,79 Mbit/s erreicht, entsprechend dauerte die Übertragung statt gut einer Minute nun 6:28 Minuten. Zum Vergleich habe ich die Übertragung nochmals über eine Laufwerksfreigabe durchgeführt, es hat 8:15 Minuten gedauert und damit 1:47 Minuten, d.h. rund 28 % länger. Es ergibt sich für die Übertragung per SMB (Laufwerksfreigabe) eine durchschnittliche Übertragungsrate von 11,3 Mbit/s.

Die vorgenannten Überlegungen sind für die meisten Anwendungen im LAN unerheblich. Ob Sie eine WLAN-Verbindung mit 14,79 oder 11,3 Mbit/s haben, macht meistens keinen Unterschied. Technisch gesehen ist der Unterschied aber schon recht groß.

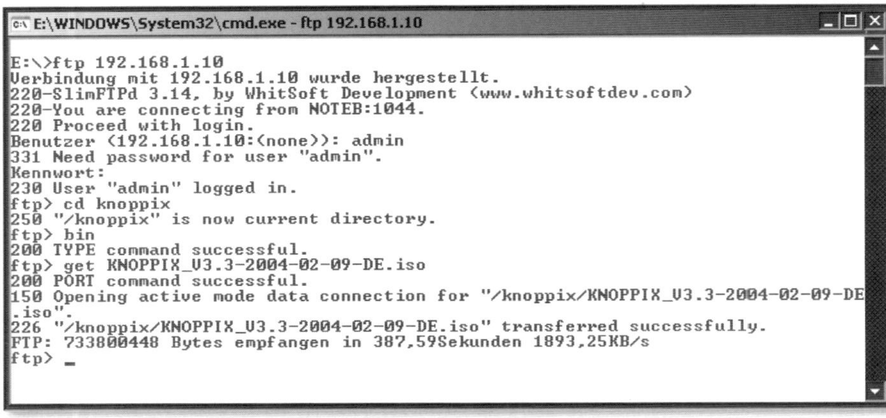

Abbildung 29.5 »SlimFTPd«-Datendurchsatz im WLAN unter Windows

29.4 Intel NAS Performance Toolkit

Die Ermittlung einer aussagekräftigen Netzwerkgeschwindigkeit ist kein einfaches Unterfangen. Wenn Sie große Dateien mittels FTP übertragen, werden Sie relativ hohe Datendurchsatzgeschwindigkeiten messen. Diese Geschwindigkeiten werden Sie beim Kopieren vieler kleiner Dateien nicht annähernd erreichen.

Es ist also schwierig, realistische Szenarien zu entwerfen, die einzelnen Messungen richtig zu gewichten und daraus die zu erwartende realistische Geschwindigkeit abschätzen zu können. Das gilt auch, wenn Sie verschiedene Netzlaufwerke hinsichtlich ihrer Geschwindigkeit vergleichen wollen.

Das Intel NASPT – *Intel NAS Performance Toolkit* – gibt es zum Download bei Intel unter *http://www.intel.com/design/servers/storage/NAS_Perf_Toolkit.htm*. Es enthält bereits vordefiniert Szenarien wie HD-Wiedergabe, Office-Dateien, Dateien zum/vom NAS kopieren, Fotoalbum und einige mehr.

Die Software besteht aus zwei Programmen:

- NASPT-Exerciser: führt die Tests aus
- NASPT-Analyzer: bereitet die Testergebnisse grafisch auf

Starten Sie nun den NASPT-Exerciser über das Icon CONFIGURE, und legen Sie fest, welches Netzlaufwerk verwendet werden soll und wo die Testergebnisse gespeichert werden sollen. Auf dem NAS benötigen Sie 80 GB freien Platz.

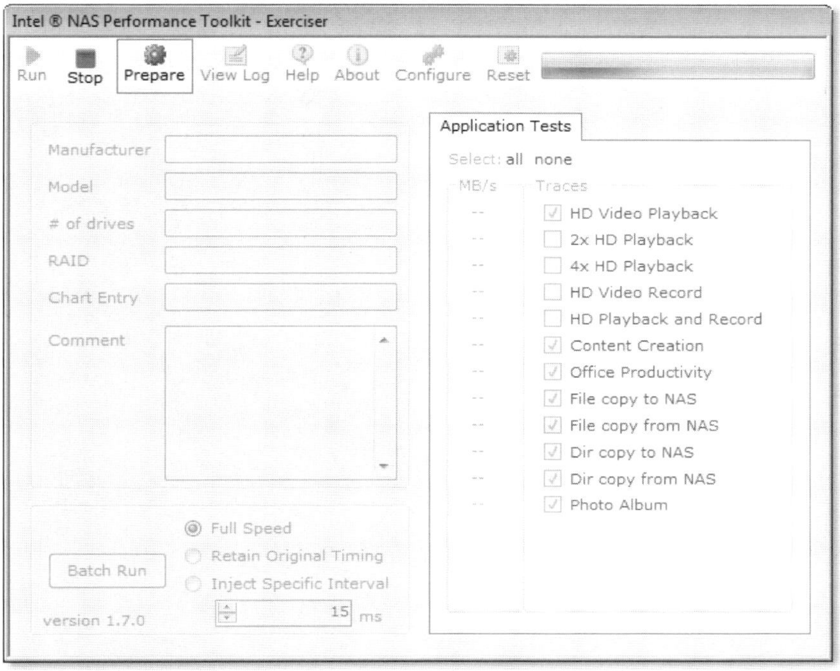

Abbildung 29.6 NASPT-Exerciser bereitet Testdaten vor.

Wählen Sie aus der Liste *Application Tests* die Tests aus, die Sie für relevant halten. Weiter geht es mit dem einem Klick auf das Icon PREPARE. Nun werden entsprechende Daten angelegt (siehe Abbildung 29.6). Dieser Vorgang ist zeitintensiv; je mehr Tests Sie ausgewählt haben, desto länger dauert es. Auf dem Netzlaufwerk werden nun Ordner angelegt.

Klicken Sie nach der Vorbereitung auf das Icon RUN. Während des Tests beeinflusst die anderweitige Benutzung des NAS natürlich die Performanceergebnisse. Da ich jedoch davon ausgehe, dass Sie nicht an wissenschaftlich korrekten Messreihen arbeiten, vernachlässige ich diesen Aspekt hier, schließlich wird in der Praxis auch unterschiedlich auf ein NAS zugegriffen.

Die Testergebnisse werden in XML-Dateien abgelegt und können mit dem NASPT-Analyzer ausgewertet werden (siehe Abbildung 29.7). Unter dem Reiter THROUGHPUT finden Sie den Datendurchsatz.

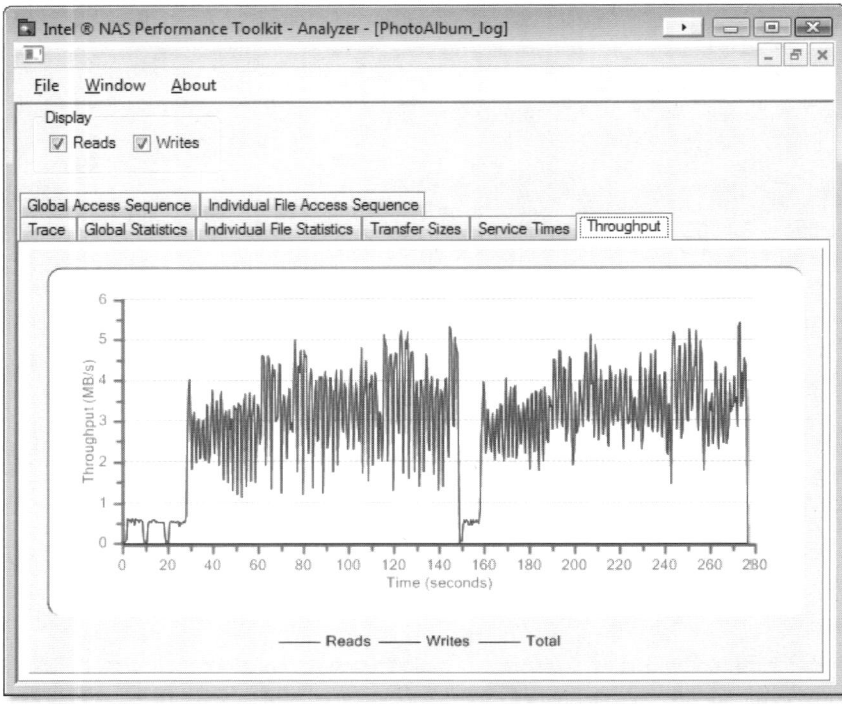

Abbildung 29.7 NASPT-Analyzer zeigt den Fotoalbumdurchsatz.

29.5 Ergebnisse Performancemessung

Die nachfolgenden Ergebnisse basieren auf Messungen in meiner Wohnung. Dort herrschen keine Laborbedingungen, daher können die Ergebnisse im Detail ungenau sein. Sie sind aber ein guter Anhaltspunkt, welche Übertragungsraten Sie unter praktischen Bedingungen erwarten können.

Erläuterungen

Alle Durchsatzangaben sind in Megabit pro Sekunde (Mbit/s) angegeben, die ping-Zeiten sind in Millisekunden eingetragen. Die Messungen wurden mit NetIO 1.26 (siehe Abschnitt 29.1, »Performancemessung mit NetIO«) durchgeführt, dabei wurde nur der TCP-Datendurchsatz gemessen. Kleine Pakete stehen für die 1 und 2 kByte großen Datenpakete, große Pakete für die 16 und 32 kByte großen. Jeder Wert ist der Durchschnitt von drei Durchläufen. Die Messergebnisse zeigen die Daten aus Sicht des Clients, entsprechend steht TX für Senden und RX für Empfangen.

Beschreibung	Kleine Pakete (TX)	Kleine Pakete (RX)	Große Pakete (TX)	Große Pakete (RX)	ping (ms)
Fast-Ethernet					
100 Mbit/s, Referenz	90,33	90,34	79,17	78,89	0,17
Belkin USB 2.0 Ethernet-Adapter	4,51	5,41	4,62	5,75	1,34
WLAN, nah					
Asus 11g (WL100g+500g), WPA mit AES	16,18	16,73	19,64	19,87	1,35
AVM 11g++ (Fritz!+Stick) WPA mit AES	18,58	19,68	18,36	21,43	1,77
Draytek 11g (Vigor 550+2900), WEP 64	21,05	21,19	22,55	22,70	1,36
Belkin MIMO, WPA mit AES	27,36	27,16	38,06	30,83	0,87
WLAN, fern					
Asus 11g (WL100g+500g), WPA mit AES	3,83	4,04	6,51	5,82	1,46
AVM 11g++ (Fritz!+Stick) WPA mit AES	1,46	1,34	1,76	2,59	1,95
Draytek 11g (Vigor 550+2900), WEP 64	8,20	10,27	11,83	11,31	1,55
Belkin MIMO, WPA mit AES	14,15	28,36	---[1]	---19	1,86
WLAN 11b&11g Asus (WL100g +500g), nah					
Mixed 11b+11g (WEP 64)	6,50	10,62	10,82	4,24	
11g only, WEP64	8,58	14,40	22,63	22,87	
11b only, WEP64	---	---	6,67	6,99	
Kanalüberschneidung von zwei 11g-WLANs	14,93	17,30	16,00	16,21	

Tabelle 29.1 Beispiele für den Datendurchsatz in LAN und WLAN

Wie Sie in der Tabelle erkennen können, ist der WLAN-Datendurchsatz von einigen Faktoren abhängig. Sie sehen, wie deutlich der Datendurchsatz beim WLAN mit zunehmender Strecke und zunehmenden Hindernissen einbricht.

1 Bei Last brach die Verbindung der MIMO-Geräte reproduzierbar zusammen.

Die Remoteadministration ist einer der wesentlichen Vorteile eines Netzwerks. Ich verstehe unter diesem Begriff die Möglichkeit, einen PC über das Netzwerk zu bedienen, ohne persönlich vor Ort sein zu müssen.

30 Fernadministration und Zusammenarbeit

In einem begrenzten Raum wie einer Etagenwohnung ist es vielleicht einfacher, jeweils zu dem PC hinzulaufen, der gerade ein Problem hat. Je größer der räumliche Abstand und je ausgeprägter das Wissen des Administrators über die Mittel eines Netzwerks zur Fernwartung ist, desto häufiger wird der Administrator lieber sitzen bleiben und das Problem von seinem PC aus lösen.

Die Fähigkeit zur Remoteadministration ist ein großer Vorteil in einem Netzwerk. Die Administration über das LAN spart Zeit, und diese können Sie sicher sinnvoller verbringen als damit, durch das Gebäude zu laufen.

Wenn Sie geringe Ansprüche an die Remoteadministration stellen, kommen Sie ohne Investitionen aus: VNC, Remote Desktop oder notfalls Netmeeting helfen Ihnen weiter. Alle drei Programme sind eher für die gelegentliche Fernadministration in kleineren LANs geeignet und bieten ohne weitere Maßnahmen keine sichere Übertragung. Der Einsatz über das ungesicherte Internet ist daher allenfalls im privaten Bereich denkbar.

Einen PC aus der Ferne administrieren zu können hat viele Vorteile, leider geht man damit auch das Risiko ein, dass der PC von Hackern fernadministriert wird. Insbesondere warne ich vor der sorglosen Freischaltung von Funktionen, die dann ungehindert aus dem Internet verfügbar sind. Eine übliche Firewall schützt in diesem Punkt vor so mancher Gefahr. Sie sollten sie deshalb unbedingt einsetzen! [!]

Die Remoteadministration kann selbstverständlich auch zum *Benutzersupport* eingesetzt werden. Wenn Sie die Möglichkeit haben, auf jedem PC Ihrer Firma Remotesoftware einzusetzen, können Sie Kolleginnen und Kollegen, die z. B. Ihre Unterstützung bei der Erstellung eines Serienbriefs in Word benötigen, auch aus der Ferne helfen. Sie beobachten, wie die Kolleginnen und Kollegen versuchen, das Problem zu lösen, und können notfalls die Steuerung übernehmen und die Kollegen auf den richtigen Lösungsweg bringen.

Sie sparen die Zeit, um persönlich im Büro des Hilfesuchenden zu erscheinen, und können möglicherweise aus Ihrem Büro heraus aufgrund der erweiterten Möglichkeiten auf Ihrem PC besseren Support leisten.

Eine Remotesoftware hat dort ihre technische Grenze, wo es Probleme mit der Hardware gibt. Ein nicht eingestecktes Netzwerkkabel werden Sie sicherlich nicht aus der Ferne in die Netzwerkdose stecken können.

Die Kommandozeile bietet häufig mehr Möglichkeiten als eine grafische Umgebung. Manchmal kann es auch vorkommen, dass eine grafische Benutzeroberfläche nicht richtig funktioniert.

30.1 Telnet

Das älteste Programm zur Fernadministration ist telnet. Es ist vor allem bei UNIX-Systemen und Netzwerkkomponenten (Switches, Router und Ähnlichen) weit verbreitet. Die Befehle, die auf der Kommandozeile (Shell) lokal eingegeben werden können, können auch im Telnet-Fenster eingegeben werden. Beide Eingabeformen haben die gleiche Wirkung. Telnet und SSH bieten eine Textoberfläche, die einer DOS-Box ähnelt. Für Linux ist das unerheblich, weil üblicherweise alle wesentlichen Befehle als Kommando vorliegen und textorientiert sind.

Telnet benötigt – wie auch SSH – zwei Komponenten, den Telnet- oder SSH-Serverdienst und einen Telnet- oder SSH-Client. Nach dem Herstellen der Verbindung des Clients zum Server müssen Sie einen Benutzernamen und ein Passwort eingeben. Auf dem zu administrierenden PC muss der Telnet- oder SSH-Serverdienst aktiviert sein, entsprechend wird auf dem Administrations-PC der Telnet- oder SSH-Client eingesetzt.

[!] Unter Linux wird seit SUSE 7.2 der Telnet-Server aus Sicherheitsgründen nach der Installation deaktiviert. Aktiviert ist der OpenSSH-Dienst, sodass man den Linux-PC zunächst erst einmal nur per SSH fernadministrieren kann. Der Telnet-Dienst sollte auch nur dann aktiviert werden, wenn es gute Gründe dafür gibt, und es gibt sie eigentlich nie.

Weil Telnet die Daten unverschlüsselt überträgt und daher sehr unsicher ist, gibt es meiner Meinung nach keinen guten Grund, telnet als Server unter Linux einzusetzen. Ich beschränke mich daher auf die Beschreibung der Verwendung des Clients, den man z. B. für die Administration von Routern einsetzen kann.

Der Telnet-Client von *Windows* kann über START • AUSFÜHREN..., telnet <Ziel-IP-Adresse> [TCP-Port] ausgeführt werden. Die Angabe des TCP-Ports ist optional. So können Sie sich beispielsweise per Telnet auf einen SMTP-Server schalten und alle Befehle manuell absetzen, die normalerweise das E-Mail-Programm für Sie erledigt:

```
telnet mail.gmx.de 25
```

Um einen Linux-PC von Windows aus per Telnet oder SSH zu administrieren, bietet sich als SSH-Client PuTTY an (siehe Abbildung 30.1). PuTTY ist meiner Meinung nach ein hervorragender Telnet- und SSH-Client. Die Benutzung von SSH ist in der Windows-Welt nicht verbreitet. Als Freeware sind lediglich SSH-Clients erhältlich: PuTTY (siehe *http://www.chiark.greenend.org.uk/~sgtatham/putty*) und WinSCP. PuTTY ist ein Telnet- und SSH-Client, der vor allem dadurch positiv auffällt, dass man verschiedene Tastaturzeichensätze einstellen kann, sodass das Arbeiten auf verschiedenen Zielsystemen möglich wird. Sie finden ihn im Verzeichnis */software/administration/* auf der DVD. [o]

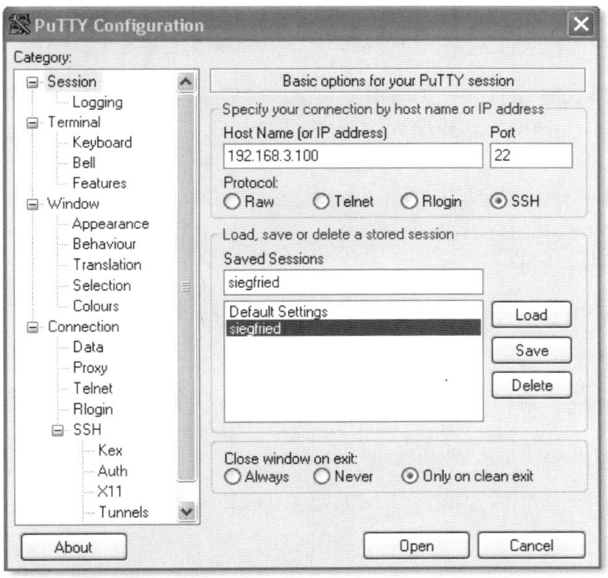

Abbildung 30.1 PuTTY, der Telnet und SSH-Client für Windows

Es gibt auch Telnet-Dienste für Windows, bei Windows 2000 und XP sind diese enthalten. Meiner Meinung nach ist es aber relativ sinnlos, Windows über Telnet zu administrieren, weil man sich zunächst alle Kommandozeilen-Befehle aneignen müsste, die man ansonsten nie benötigt. Für Windows ist meiner Meinung nach eine grafische Remotesoftware besser geeignet. [«]

30.2 Secure Shell SSH

Telnet ist wie viele Anwendungen (z. B. FTP, Mail, News) sehr alt, daher wurden keine Sicherheitsmechanismen eingebaut. Login, Passwort und die Befehle – alle Daten werden im Klartext als ASCII-Zeichen über das LAN transportiert. Telnet ist also in höchstem Maße unsicher.

Kein Problem bleibt ohne Lösung, und es wurde SSH (*Secure Shell*) erfunden, mit dem die gesamte Datenkommunikation »Ende zu Ende«-*verschlüsselt* wird. Neuere SSH-Versionen arbeiten mit relativ sicherer asymmetrischer Verschlüsselung (siehe Abschnitt 34.2, »Asymmetrische Verschlüsselung«). Es ist konfigurierbar, insoweit auf ältere Verfahren zurückgegriffen werden darf. Die ersten Versionen von SSH waren Freeware, inzwischen ist SSH kostenpflichtig. Aufbauend auf der letzten Freeware-Version wurde *OpenSSH* (siehe *http://www.openssh.org*), eine Freeware-Version von der Firma SSH Communications, entwickelt, die als Open-Source-Software frei verwendbar ist, leider aber nur für Linux und UNIX-Systeme verfügbar ist.

[o] Als Telnet-Client habe ich Ihnen den PuTTY schon vorgestellt. PuTTY kann aber auch SSH-Verbindungen initiieren. Sie finden den PuTTY im Verzeichnis */software/administration* auf der Buch-DVD. Auch das sichere Kopieren von Daten kann per SSH erfolgen. Das Kommando heißt unter Linux `scp` (*secure copy*). WinSCP (im Verzeichnis */software/administration)* bietet eine Ansicht ähnlich der des Windows-Datei-Explorers. Mit diesem ist es leicht, Dateien sicher zu kopieren.

OpenSSH ist die frei verwendbare Open-Source-Alternative zu SSH von der Firma SSH Communications.

Die *Konfiguration* von OpenSSH erfolgt mittels zweier Dateien:

- */etc/ssh/ssh_config*(SSH-Client-Konfiguration)
- */etc/ssh/sshd_config*(SSH-Server-Konfiguration)

30.2.1 Passwortgeschützte Verbindung mit Serverschlüssel

Beim ersten Login wird Ihnen der Fingerprint des öffentlichen Schlüssels des SSH-Servers angezeigt. Sie werden gefragt, ob es sich um den richtigen Server handelt. Wenn Sie misstrauisch sind, sollten Sie den Administrator anrufen und den Fingerprint vergleichen. Danach speichert der Client den öffentlichen Schlüssel. Jemand könnte nun einen anderen Server in das Netzwerk einschleusen und diesen als den richtigen SSH-Server ausgeben (*Man in the Middle Attack*), um so Informationen zur Authentifizierung gegen den originalen SSH-Server zu sammeln. In diesem Fall ändert sich aber auch der öffentliche Schlüssel des Servers und der Verbindungsaufbau wird abgebrochen (siehe Abbildung 30.2).

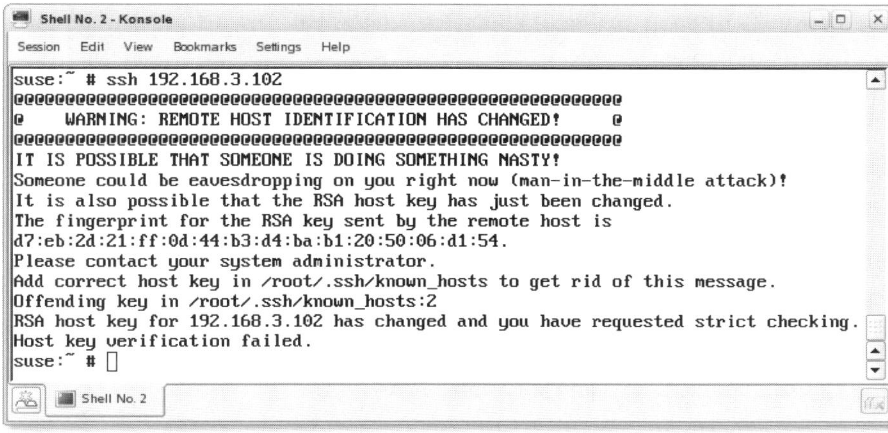

Abbildung 30.2 Eine mögliche »Man in the Middle«-Attacke?

So haben Sie auf einfache Art eine passwortgeschützte und verschlüsselte Verbindung eingerichtet. Allerdings gibt es auch hier Nachteile:

- Sie müssen das Passwort bei jeder Verbindung eintippen.
- Ändert sich der Host Key, dann müssen Sie den Klienten anpassen.

Grundsätzlich gilt dieses Verfahren als sicher. Sie können die Secure Shell allerdings noch sicherer gestalten. Das entsprechende Verfahren möchte ich Ihnen im folgenden Abschnitt vorstellen.

30.2.2 Passphrasegestützte Verbindung mit Client-Schlüssel

Anstelle des Serverschlüssels können Sie auch ein Schlüsselpaar eines Benutzers am Client (Client-Schlüssel) zum Verschlüsseln der Verbindung benutzen.

Sie müssen dazu zuerst ein Schlüsselpaar am Client erzeugen. Dieses funktioniert jeweils etwas anders, je nachdem, welches Betriebssystem Sie auf dem PC einsetzen.

Linux als Client

Den Client-Schlüssel können Sie als Benutzer auf dem Linux-Betriebssystem wie folgt erzeugen: [zB]

```
siegfried@siegfried:~> ssh-keygen -t dsa
Generating public/private dsa key pair.
Enter file in which to save the key ~/.ssh/id_dsa):
```

```
Enter passphrase (empty for no passphrase):
Your identification has been saved in ~/.ssh/id_dsa.
Your public key has been saved in ~/.ssh/id_dsa.pub.
```

Den öffentlichen Client-Schlüssel kopieren Sie nun auf den Server, den Sie fernadministrieren wollen:

```
~> ssh-copy-id -i ~/.ssh/id_dsa.pub 192.168.4.100
siegfried@192.168.4.100's password:
Now try logging into the machine, with "ssh '192.168.4.100'", and check
in: .ssh/authorized_keys to make sure we haven't added extra keys that
you weren't expecting.
```

Danach ist es möglich, dass sich der Benutzer vom Client aus über `ssh 192.168.4.100` ohne weitere Passworteingabe, dafür aber mit Eingabe der Passphrase am Server anmeldet.

[!] Zwei Dinge sollten Sie unbedingt verinnerlichen:

- Achten Sie peinlichst darauf, den privaten Schlüssel nicht von Fremden ausspähen zu lassen!
- Es ist deutlich sicherer, beim Erstellen des Client-Schlüssels eine Passphrase für den privaten Schlüssel einzugeben!

Wenn Sie auf die Passphrase verzichten, kann sich jeder, dem es gelingt, Ihren privaten Schlüssel zu entwenden, ohne Eintippen einer Passphrase oder eines Passworts am Zielsystem anmelden!

30.2.3 SSH Single Sign-on

Es ist trotz dieser Konfiguration erforderlich, dass Sie bei jedem Login die Passphrase des privaten Schlüssels eingeben. Der SSH-Agent kann einen oder mehrere private Schlüssel abspeichern und sich darum kümmern, dass Sie sich nur noch einmal mithilfe der Passphrase identifizieren müssen. Der SSH-Agent speichert dann den Schlüssel und die Passphrase, auf Wunsch sogar bis zu einem Neustart des Systems. Sie müssen sich also nur noch einmal authentifizieren (engl. *single sign on*).

[o] Das gut dokumentierte Script mit dem Namen *setup* finden Sie auf der DVD im Verzeichnis */software/sicherheit*.

Dieses Script legen Sie ins Verzeichnis *~/.ssh* und führen anschließend das Kommando `chmod 700 setup` aus. Anschließend fügen Sie an die Datei *~/.profile* folgende Zeile an:

```
. $HOME/.ssh/setup
```

Achten Sie bitte auf das Leerzeichen nach dem Punkt!

Einmal authentifiziert, funktioniert der `ssh`-Agent nun auch in anderen Konsolen.

Ich empfehle in sicherheitskritischen Umgebungen, den privaten Schlüssel nur eine bestimmte Zeit im Speicher zu halten. Das können Sie erreichen, indem Sie den `ssh-add` im Script um die Option `-t` und folgend die Anzahl der Sekunden erweitern, die die Passphrase gültig sein soll. [!]

Windows als Client

Auch für Windows existiert mit dem PuTTY ein mächtiger SSH-Client. Für die Verbindung mit einem Client-Schlüssel benötigt auch der PuTTY zunächst ein Schlüsselpaar. [zB]

Im Verzeichnis */software/administration/* finden Sie die ausführbare Datei *puttygen.exe*, mit deren Hilfe Sie neue Schlüssel erstellen oder vorhandene Schlüssel für den PuTTY importieren und aufbereiten können. [o]

Um einen neuen Schlüssel zu generieren, klicken Sie auf KEY • GENERATE KEY PAIR. Den Typ des Schlüssels können Sie auf SSH-2 RSA belassen. Nach dem Klick auf GENERATE müssen Sie nun den Mauszeiger über dem Fenster bewegen, um dem Programm genügend Zufallsdaten für den Schlüssel zu liefern. Anschließend tragen Sie noch eine Passphrase für den privaten Schlüssel ein (siehe Abbildung 30.3).

Den öffentlichen und den privaten Schlüssel speichern Sie nun jeweils nach einem Klick auf SAVE PUBLIC KEY und SAVE PRIVATE KEY. Bevor Sie das Programm beenden, markieren Sie den Inhalt des Fensters PUBLIC KEY FOR PASTING INTO OPENSSH AUTHORIZED_KEYS FILE mit der Maus und kopieren ihn mit der Tastenkombination [Strg] + [C] in die Zwischenablage Ihres PCs.

Nun können Sie den PuTTY starten, den Sie auf der DVD im Verzeichnis */software/administration* finden. [o]

Sie melden sich nun mit dem PuTTY am Linux-PC an. Im Heimatverzeichnis des Benutzers erstellen Sie nun zunächst das Verzeichnis *.ssh*, das unter siegfried bereits existiert:

```
mkdir .ssh
```

Abbildung 30.3 Der PuTTY erzeugt ein Schlüsselpaar.

Danach kopieren Sie den Inhalt der Zwischenablage mit einem Editor in die Datei *.ssh/authorized_keys*. Alternativ können Sie die Datei auch auf einem Windows-System mit dem Notepad speichern und danach mit dem WinSCP auf das Linux-System übertragen.

Nun können Sie ein neues PuTTY-Profil für das Login auf diesem Linux-System anlegen. Dazu starten Sie den PuTTY erneut und füllen zunächst das Feld HOST NAME (OR IP ADRESS). Den Benutzernamen tragen Sie unter CONNECTION • DATA • AUTO-LOGIN USERNAME ein. Nun müssen Sie unter CONNECTION • SSH • AUTH • PRIVATE KEY FILE FOR AUTHENTICATION auf den abgespeicherten privaten Schlüssel verweisen. Die Einstellungen sollten Sie abschließend mit einem Klick auf SESSION • SAVE unter einem sprechenden Namen abspeichern, den Sie zuvor im Feld SAVED SESSIONS eintragen. Durch einen Doppelklick auf diesen Namen werden später immer wieder die aktuellen Einstellungen geladen. Sie müssen die Daten also nicht noch einmal eintippen.

30.2.4 Erweiterte Konfiguration des Servers

In sicherheitskritischen Umgebungen sollten Sie sich mit der verschlüsselten Verbindung allein noch nicht zufriedengeben.

Sobald genügend Benutzer auf die Authentifizierung mit dem Client-Schlüssel umgestiegen sind, sollten Sie daher den Server noch umkonfigurieren, indem Sie zwei Einträge in der Datei */etc/ssh/sshd_config* editieren:

- Mit `UsePAM no` ignoriert der Server die Standardauthentifizierung PAM (*Pluggable Authentication Module*).
- Mit `PermitRootLogin no` wird verhindert, dass der Administrator root sich direkt am System anmelden kann. Ein Administrator kann sich so nur noch mit seinem personalisierten Account anmelden. Danach muss er sich dann mit anderen Mitteln um weitere Rechte bemühen.[1]

Vergessen Sie nicht, den Secure-Shell-Server anschließend mittels `/etc/init.d/sshd restart` neu zu starten!

[«] Es kann passieren, dass Sie mit Fehlern in der Konfiguration der Secure Shell für sich selbst das Login auf den Server über das Netzwerk verhindern. In diesem Fall können Sie sich aber zumindest noch lokal an der Konsole anmelden.

30.2.5 SSH unter Mac OS X nutzen

OpenSSH ist auch in Mac OS X integriert. Sie können den Dienst in den SYSTEMEINSTELLUNGEN in der Ansicht SHARING unter Mac OS X 10.5 oder FREIGABEN unter Mac OS X 10.6 aktivieren. Es handelt sich um den Dienst ENTFERNTE ANMELDUNG. Dabei können Sie unter ZUGRIFF ERLAUBEN FÜR festlegen, ob alle Benutzer oder nur ausgewählte Benutzer und Gruppen sich über SSH anmelden dürfen.

Am Terminal können Sie den Befehl `ssh` in der gleichen Form nutzen, wie dies unter Linux geschieht. Es ist ebenfalls möglich, wie in Abschnitt 30.2.2, »Passphrasegestützte Verbindung mit Client-Schlüssel«, beschrieben, anstelle eines Passworts sich durch Hinterlegen eines Schlüssel zu authentifizieren. Während Sie das Schlüsselpaar ebenfalls mit dem Befehl `ssh-keygen` erzeugen können, steht Ihnen der Befehl `ssh-copy-id` unter Mac OS X nicht zur Verfügung. Sie können stattdessen den Befehl `scp` nutzen, um über eine verschlüsselte SSH-Verbindung den Schlüssel zu kopieren. Der Aufruf würde

```
scp ~/.ssh/id_dsa.pub Benutzer@Rechner:~/
```

lauten. Damit wird der Schlüssel auf den entfernten Rechner zunächst kopiert. Sie finden im persönlichen Ordner des Benutzers anschließend die Datei *id_dsa.pub*, deren Inhalt Sie anschließend der Datei *authorized_keys* hinzufügen müssen.

1 Standard unter Linux für die Vergabe dedizierter Administrationsrechte ist der `sudo`.

Wenn auf dem entfernten Rechner Linux oder Mac OS X eingesetzt wird, dann können Sie sich zunächst mit

```
ssh Benutzer@Rechner
```

dort anmelden und anschließend mit der Eingabe

```
cat id_dsa.pub >> ~/.ssh/authorized_keys
```

den Inhalt der Datei *id_dsa.pub* der Datei *authorized_keys* hinzufügen. Für alle zukünftigen Anmeldungen wird das Schlüsselpaar zur Authentifizierung herangezogen.

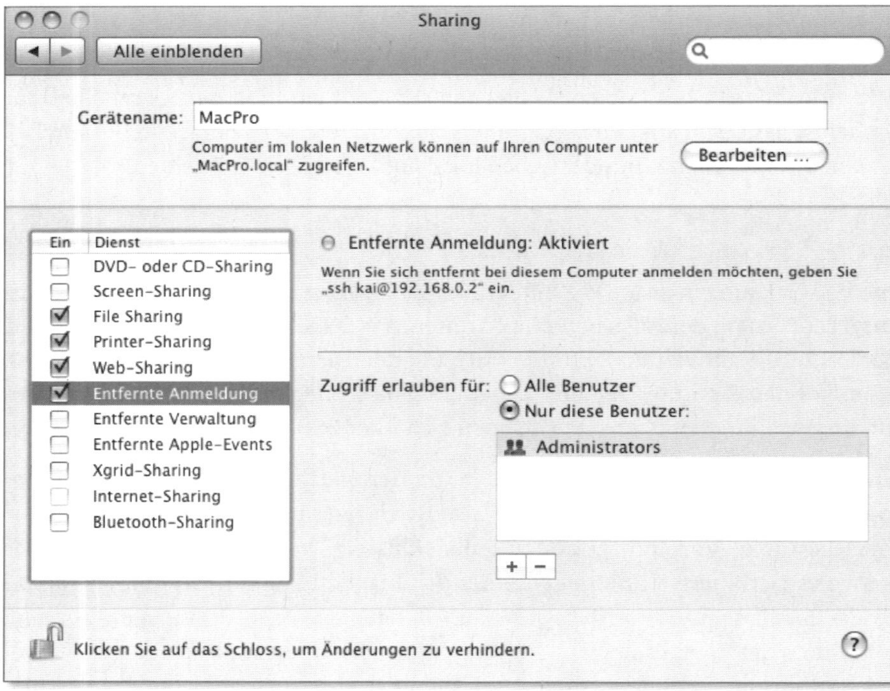

Abbildung 30.4 Die Secure Shell (SSH) wird unter Mac OS X in der Ansicht Sharing (10.5) beziehungsweise Freigaben (10.6) mit dem Dienst »Entfernte Anmeldung« aktiviert.

30.3 X11, das grafische System unter Linux

Telnet und SSH bieten Ihnen die Möglichkeit, textbasierte Kommandos auszuführen. Viele der heute genutzten Anwendungen haben leider ausschließlich eine grafische Ausgabe und sind somit nicht allein per Telnet oder SSH nutzbar.

Unter UNIX/Linux ist die grafische Ausgabe nur eine Anwendung. Linux läuft selbstverständlich auch dann, wenn das grafische System nicht gestartet ist. Das grafische System ist das Verfahren X11. Bei Linux ist X11 als Open-Source-Software in Form von *XFree86* (siehe *http://www.xfree86.org*) eingesetzt. Allgemein wird X11 als X bezeichnet. Es handelt sich nur um eine andere Bezeichnung, meint aber dasselbe. KDE oder Gnome, die bekanntesten Benutzeroberflächen von Linux, sind keine Alternative zum X-Server, sondern grafische Desktops (X-Clients). Damit Sie KDE oder Gnome benutzen können, muss auf Ihrem System ein X11-Server installiert und lauffähig sein. Diese Aufgabe erledigt YaST für Sie bei der Installation von SUSE-Linux. Unter siegfried ist natürlich auch ein X-Server installiert.

Normalerweise wird die X11-Ausgabe auf den lokalen PC gelenkt. X-Server und X-Client laufen also physikalisch auf dem gleichen PC. Das ist aber kein Muss, man kann die X11-Ausgabe genauso gut auch auf andere PCs umlenken.

30.3.1 X11-Client

Ein X11-Client ist ein Programm, das grafische Daten erzeugt und diese an einen X-Server zur Darstellung weitergibt.

Auf der Kommandozeile geben Sie `export DISPLAY=<Ziel-IP-Adresse>:0.0` ein. Damit haben Sie das Ziel für die Ausgabe umgesetzt. Jetzt können Sie ein Programm mit grafischer Ausgabe aufrufen, z. B. `xterm`, eine grafische Kommando-Shell. Sie werden auf dem Quellsystem nichts sehen, denn die Ausgabe wird ja umgeleitet.

30.3.2 X11-Server

Der X11-Server läuft im Hintergrund. Seine Hauptaufgabe ist die Bereitstellung einer hardwareunabhängigen Schnittstelle für Anwendungen (X-Clients).

Auf dem Empfänger-PC muss ein X11-Server laufen, der X-Daten verarbeiten, also darstellen kann. Eine weitere Voraussetzung dafür ist die Bereitschaft des X11-Servers, Fenster anzunehmen. Unter Linux geben Sie bei dem PC, der die Daten von einem X-Client empfangen soll, `xhost +<Quell-IP-Adresse>` ein, und schon gehen Fenster auf Ihrem Zielsystem auf, sobald Sie eine X11-Ausgabe auf diesen Rechner umgelenkt haben.

X11 ist unsicher. Ein fremder X11-Client kann sich ohne großen Aufwand an einem Server anmelden und Daten ausspähen. Es ist daher aus Sicherheitsgründen populär, den X11-Server ohne Netzwerkunterstützung zu starten. Das führt dazu, dass keine X11-Clientanfragen vom Netzwerk angenommen werden. Falls [!]

Sie das ausnahmsweise doch wünschen, müssen Sie zunächst zwei Einträge in der Datei */etc/sysconfig/displaymanager* verändern:

```
DISPLAYMANAGER_REMOTE_ACCESS="yes"
DISPLAYMANAGER_XSERVER_TCP_PORT_6000_OPEN="yes"
```

Jetzt müssen Sie diese geänderten Einstellungen noch mit dem Kommando `/sbin/SUSEconfig` wirksam machen.

Alternativ können Sie diese Einstellungen auch mit dem YaST2 über SICHERHEIT UND BENUTZER • LOKALE SICHERHEIT • SICHERHEITS ÜBERBLICK • FERNZUGRIFF AUF DEN X-SERVER DEAKTIVIEREN • STATUS ÄNDERN durchführen.

Im Anschluss müssen Sie jeweils den X11-Server neu starten. Das erledigen Sie bei laufendem X-Server am einfachsten mit der Tastenkombination [←] + [Strg] + [Alt].

Jeder X11-Server hat eine eindeutige Nummer. So bedeutet das Kommando `export DISPLAY=<IP-Adresse>:0.0`, dass im Bedarfsfall Verbindung mit dem ersten X-Server auf einem bestimmten PC aufgenommen würde. Ein zusätzlicher X11-Server auf der gleichen Hardware hieße wahrscheinlich `<IP-Adresse>:1.0`. Das Kommando `export DISPLAY=:0.0` ließe einen X11-Client Verbindung mit dem lokalen X11-Server `:0.0` aufnehmen. Mit dem Kommando `echo $DISPLAY` erhalten Sie Information über den in Ihrer Shell gerade aktuellen X11-Server.

Ich meine mit »Ausgabe umlenken«, dass einerseits die gesamte Programmoberfläche auf einem anderen PC dargestellt wird, andererseits das Programm auch von dort gesteuert wird. Sie können das Programm so benutzen, als säßen Sie direkt vor dem Quell-PC.

[zB] Sie haben zwei Linux-PCs, ein PC steht im Wohnzimmer (192.168.1.3), der andere in Ihrem Arbeitszimmer (192.168.1.10). Beide PCs sind Teil eines LANs. Im Wohnzimmer haben Sie in das CD-Laufwerk des Linux-PCs Ihre Lieblings-CD »Isabella« von den »Flippers« eingelegt. Sie sitzen noch in Ihrem Arbeitszimmer, möchten aber gern das Wohnzimmer für den »Flippers«-Genuss allein für sich haben.

Kein Problem! Geben Sie auf Ihrem Arbeitszimmer-Linux-PC `xhost +192.168.1.3` ein, und verbinden Sie sich mittels `ssh <Benutzer>@192.168.1.3` zu Ihrem Wohnzimmer-PC. Lenken Sie nun X zu Ihrem Arbeitszimmer-Linux-PC um: `export DISPLAY=192.168.1.10:0.0`, und rufen Sie den KDE-CD-Player mit dem Kommando `kscd` auf. Auf Ihrem Arbeitszimmer-Linux-PC erscheint der CD-Player, Sie klicken auf PLAY, und schon ertönt im Wohnzimmer »Isabella« von den »Flippers«. Ob Sie damit das Wohnzimmer für sich erobern, mögen Ihre Mitmenschen entscheiden.

Sie merken: Obwohl die Ausgabe umgelenkt wurde, wird das Programm nicht auf der Hardware des X11-Servers ausgeführt, sondern auf dem PC, auf dem das Programm gestartet wurde. In gewisser Weise kann man daher einen Linux-PC also auch fernbedienen.

30.3.3 Getunneltes X11

Alle Freunde der Sicherheit werden aufschreien, dass ich beschrieben habe, wie man X ohne weitere Sicherheit weiterleitet. Das Umlenken von X bietet keinen besonderen Schutz, daher ist das Verfahren unsicher. Um das Manko zu beseitigen, müssen Sie das gerade geschilderte Beispiel wie folgt abwandeln: [!]

Beide PCs sind unverändert. Die »Flippers«-CD liegt im Laufwerk. Auf Ihrem Arbeitszimmer-Linux-PC setzen Sie das Kommando [zB]

```
ssh -X <Benutzer>@192.168.1.3 /usr/bin/kscd
```

ab, geben das Passwort für den Benutzer ein, und auf Ihrem lokalen Desktop erscheint der KDE-CD-Player. Alle Daten werden durch den SSH-X11-Tunnel verschlüsselt übertragen.

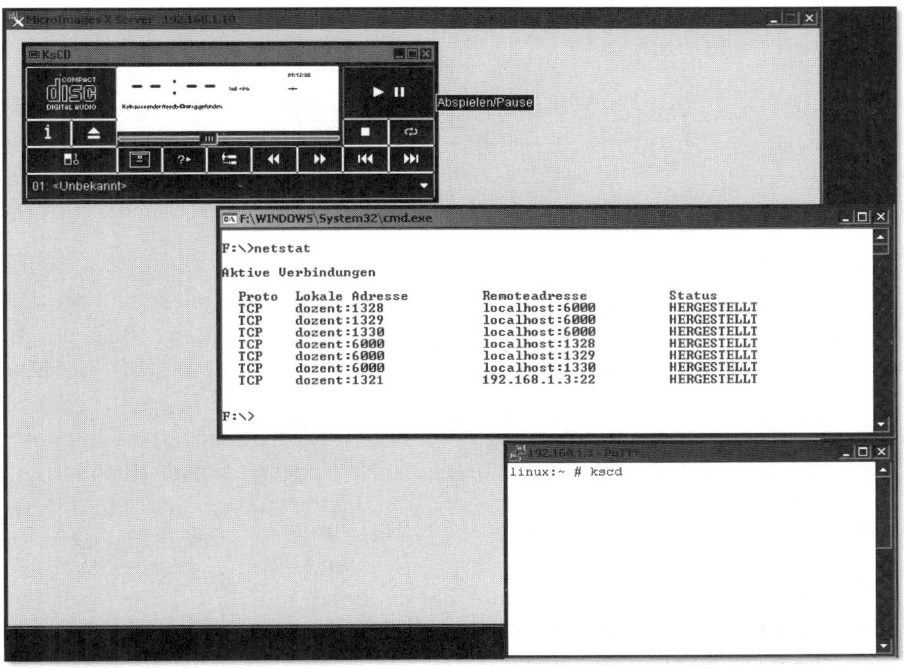

Abbildung 30.5 SSH-getunneltes X11 unter Windows XP

In Abbildung 30.5 sehen Sie ein SSH-getunneltes X, das unter Windows XP mit dem X11-Server *MI/X* dargestellt wird: den KsCD-Player. Sie erkennen in der DOS-Box (mittleres Fenster), dass die untere Verbindung die einzige externe Verbindung ist und dass sie auf den SSH-TCP-Port 22 des PCs verweist, auf dem die X-Applikation läuft. Dieser Linux-PC steht (siehe soeben erwähntes Beispiel) im Wohnzimmer und hat die IP-Adresse 192.168.1.3, während der Windows-PC 192.168.1.10 im Arbeitszimmer steht.

30.3.4 Xming, X11 für Windows

[⊙] Sie finden im Verzeichnis */software/administration* die Installationsdateien *Xming-6-9-0-31-setup.exe* und *Xming-fonts-7-3-0-33-setup.exe*. Bei der Installation von Xming können Sie die Standardeinstellungen akzeptieren.

Nach der Installation starten Sie Xming und damit den X11-Server auf Ihrem Windows-PC.

Damit der SSH-Client *PuTTY* unter Windows das X11-Protokoll tunnelt, müssen Sie unter CONNECTION • SSH • X11 die Option ENABLE X11 FORWARDING aktivieren. Sie verbinden sich danach ganz normal per SSH mit dem X11-Client (im Beispiel 192.168.1.3) und führen den Befehl aus (im Beispiel `kscd`). Die X-Umlenkung geschieht nun automatisch.

[»] Auf der Projekt-Homepage *http://sourceforge.net/projects/xming* finden Sie einen extra auf den Xming abgestimmten PuTTY. Sie können für die von mir beschriebene Arbeit jedoch genauso gut den Standard-PuTTY verwenden.

30.3.5 X11 für Mac OS X

Mac OS X verfügt ebenfalls über einen X11-Server, wobei sich dieser naturgemäß nicht der Beliebtheit erfreut, die ihm unter Linux zuteil wird. Während Sie durchaus den X11-Server nutzen können, den Sie auf der Installations-DVD von Mac OS X finden, bietet es sich an, eine aktuellere Version aus dem Internet zu laden. Apple hat einen Teil der Entwicklung des X11-Servers ausgelagert und in einem freien Projekt zusammengefasst. In diesem Projekt findet auch die Arbeit und das Engagement Freiwilliger Eingang. Unter *http://xquartz. macosforge.org* finden Sie ein Installationspaket dieser Variante, die derjenigen, die von Apple bereitgestellt wird, oft weit voraus ist.

Das X11-System von Mac OS X unterscheidet sich von den unter Linux eingesetzten X11-Servern in einem wichtigen Punkt: Die Variable `DISPLAY` wird nicht von Ihnen als Anwender festgelegt, sondern im Hintergrund durch den Systemdienst `launchd`. Dieser überwacht auch, ob ein Programm gestartet wird, das auf einen

X11-Server angewiesen ist. Wenn Sie unter Mac OS X am Terminal einfach den Befehl `xeyes` eingeben, dann erkennt `launchd`, dass dieses Programm einen X11-Server benötigt und startet diesen. Dies funktioniert auch bei der Verbindung im Netzwerk. Bauen Sie mit der Eingabe

```
ssh -X Benutzer@Rechner
```

eine verschlüsselte Verbindung auf, und führen Sie auf dem entfernten Rechner einen Befehl wie `startkde` aus, dann wird automatisch das X11-System und in diesem die Benutzeroberfläche KDE gestartet.

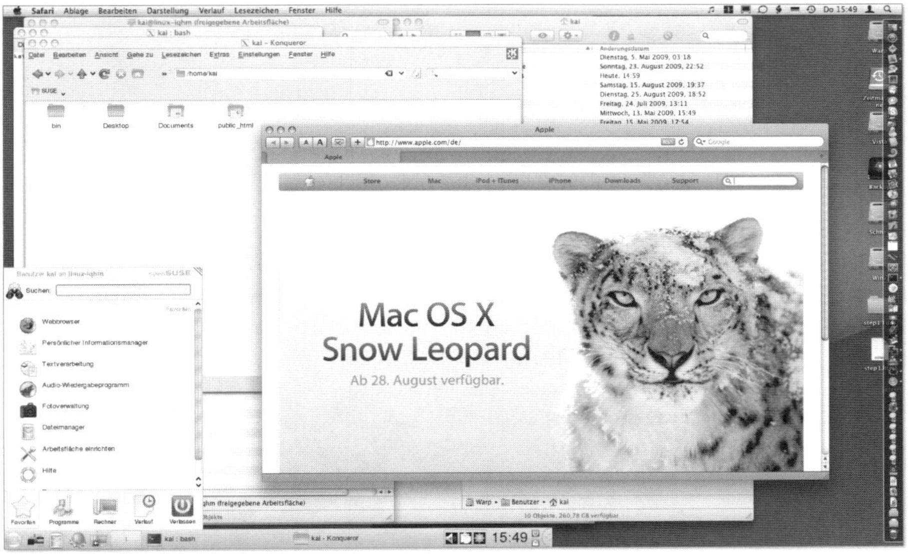

Abbildung 30.6 Mac OS X stellt über den X11-Server die Benutzeroberfläche KDE dar.

30.4 TeamViewer

Für die Fernadministration über das Internet benötigt man in einigen Fällen eine einfache Lösung, die beim Hilfesuchenden ohne weitere Einstellungen am Router oder an einer Personal Firewall zuverlässig funktioniert.

Die Software TeamViewer (siehe *http://www.teamviewer.com*) bohrt sich durch alle Firewalls und besteht aus einem Hilfesuchendenteil *TeamViewer Quick Support* und dem Helferteil.

Abbildung 30.7 TeamViewer – Hilfesuchender

Ihr Hilfesuchender startet nun das *TeamViewer_QS.exe*-Programm, es erscheint eine Anzeige (siehe Abbildung 30.7), in der eine ID und ein Kennwort angegeben werden. Beides teilt Ihnen der Hilfesuchende beispielsweise am Telefon mit, und Sie tragen die ID in Ihrem TeamViewer ein (siehe Abbildung 30.8).

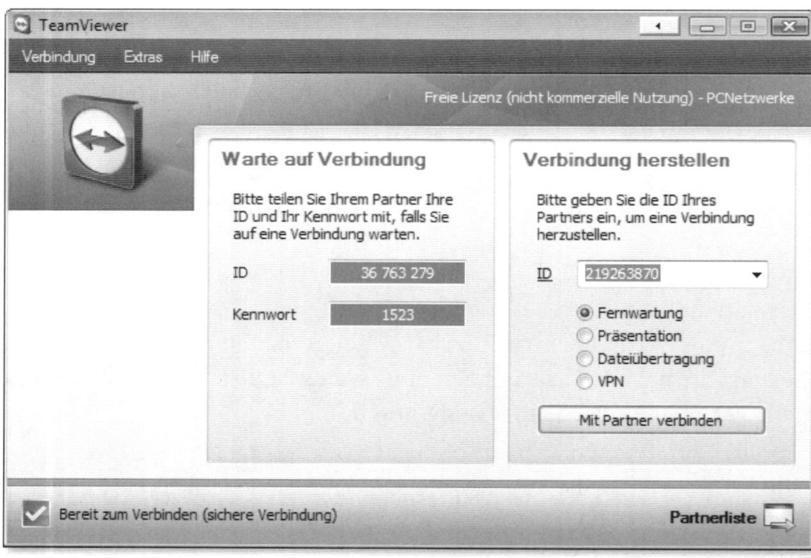

Abbildung 30.8 TeamViewer – Helfereinstellungen

Anschließend werden Sie noch nach dem Kennwort gefragt, und die Verbindung wird geöffnet. Neben dem Remotedesktop (siehe Abbildung 30.9) bietet TeamViewer auch noch einen Chat oder die Möglichkeit, eine Datei zu übertragen oder ein VPN aufzubauen.

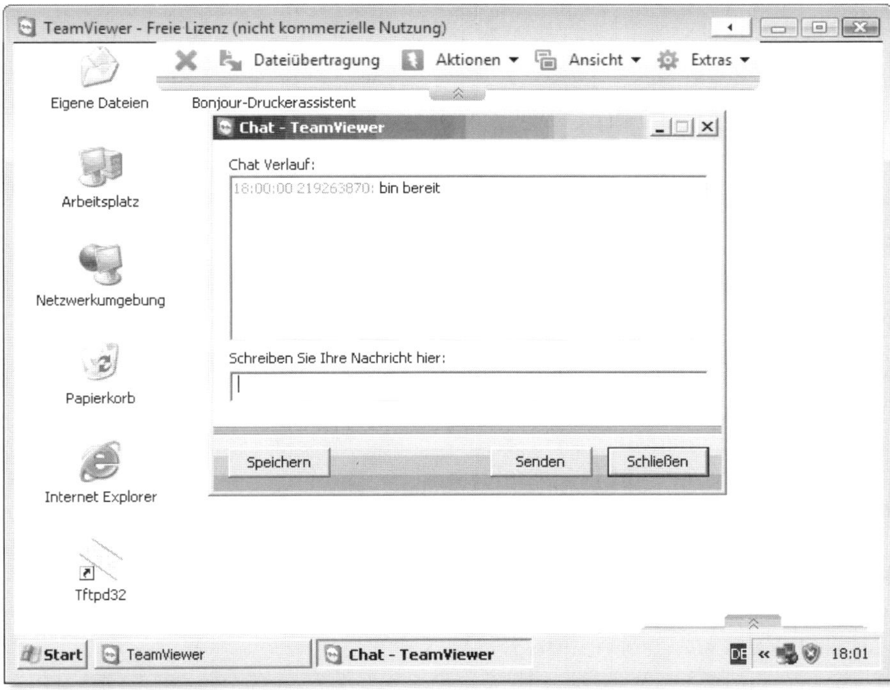

Abbildung 30.9 Fernsteuerung und Chat sind aktiv.

Auch über schmalere Internetverbindungen arbeitet die Fernsteuerung flüssig.

Für die private Nutzung ist die Software kostenfrei, allerdings ist sie auf Windows-PCs beschränkt.

30.5 Zusammenarbeit im Internet – Collaboration

Die Globalisierung führt dazu, das immer mehr Teams über den Globus verteilt sind, aber gemeinsam an Projekten arbeiten. Bekanntes Beispiel sind die indischen Programmierer, die für weniger als 1.000 € im Monat für große Software-Konzerne programmieren.

Die Herausforderung besteht darin, trotz der geografischen Entfernungen ein gemeinsames Produkt zu erstellen. Telefongespräche allein reichen dafür oftmals nicht aus, ständiges Reisen zu Besprechungen gestaltet sich ineffizient.

Es müssen aber nicht immer internationale Projekte sein, für die der Einsatz von Collaboration-Werkzeugen (dt. *Zusammenarbeit*) sinnvoll ist. Auch für dieses Buch wurden Collaboration-Lösungen genutzt, um die Zusammenarbeit der drei Autoren zu unterstützen.

Die meisten hier vorgestellten Lösungen bieten keine oder qualitativ nur unzureichende Möglichkeiten einer Telefonkonferenz. Eine gute Alternative ist Skype, das wir Ihnen in Abschnitt 43.2, »Skype: Einfacher geht es nicht«, vorstellen.

30.5.1 Mikogo

Die Software Mikogo (siehe *http://www.mikogo.com*) kann kostenfrei verwendet werden, auch für geschäftliche Anwendungen.

Vor der Benutzung müssen Sie und die anderen Teilnehmer ein Benutzerkonto auf der Webseite von Mikogo anlegen. Nach der Installation der Software finden Sie im Windows-Tray links neben der Uhr ein graues M, das Mikogo-Icon. Mit einem Klick auf das Icon können Sie sich entscheiden, ein Meeting zu starten (Start Meeting) oder einem Meeting beizutreten (Join Meeting). Derjenige der ein Meeting gestartet hat (siehe Abbildung 30.10), erhält eine neunstellige Meeting-Nummer (*Meeting-ID*), die er den anderen Teilnehmern beispielsweise per E-Mail – oder Skype Chat – mitteilt.

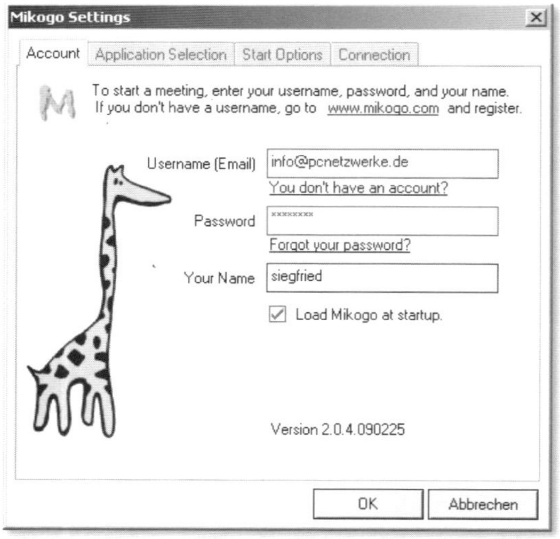

Abbildung 30.10 Mikogo: Ein Meeting starten

Die Teilnehmer loggen sich mit Ihrem Account und der Meeting-ID ein (siehe Abbildung 30.11).

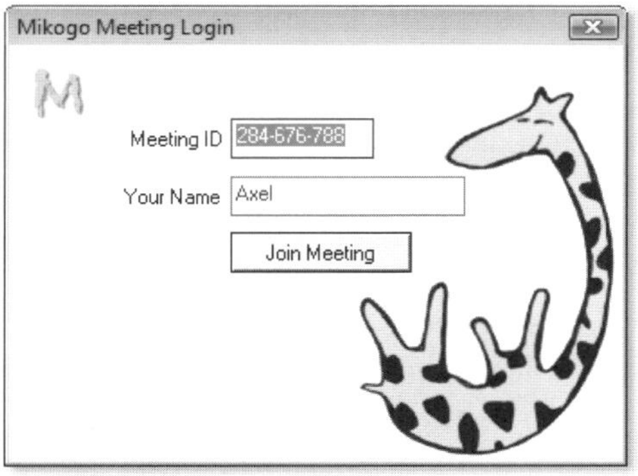

Abbildung 30.11 Mikogo: Am Meeting teilnehmen

Als Vortragender (engl. *Presenter*) können Sie mit einem Klick auf das nun rote Mikogo-Logo eine Fülle von Einstellungen vornehmen. So ist es möglich, die Sitzung aufzuzeichnen, den Vortragenden zu wechseln oder aber auch Ihre Anwendungen von einem anderen Teilnehmer bedienen zu lassen. Sie können auch auswählen, welche Anwendungen die Teilnehmer sehen können (siehe Abbildung 30.12). Das ist sehr sinnvoll, wenn Sie beispielsweise mit lediglich einer Anwendung wie Word gemeinsam arbeiten und die anderen Teilnehmer die Meldungen über neue E-Mails nicht sehen sollen.

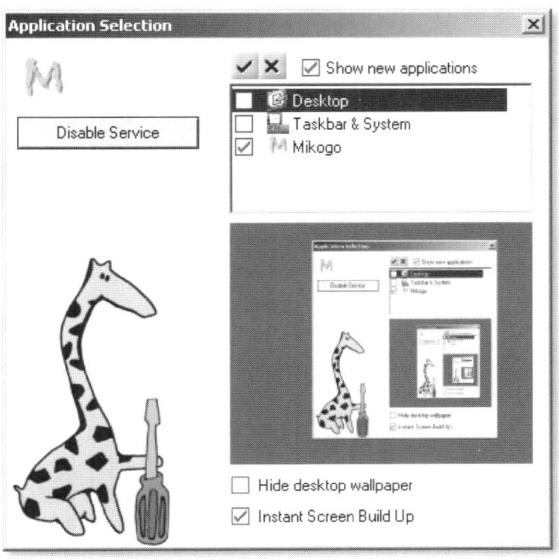

Abbildung 30.12 Auswahl der Anwendungen, die gemeinsam benutzt werden

Wie in Abbildung 30.12 zu sehen ist, wird eine Vorschau Ihres Bildschirms direkt angezeigt.

Die Anwendungen werden mit sehr geringer Verzögerung übertragen, allerdings belastet die Anwendung die CPU der Teilnehmer nicht unerheblich. Die Belastung wird stärker, je mehr Änderungen sich am Bildschirm ergeben. Wildes Hin- und Herschieben von Fenstern sollte man also lieber unterlassen.

30.5.2 Webmeeting mit Spreed.com

Eine fast unüberschaubare Anzahl von Firmen bietet sogenannte Webmeetings an. Gemeint sind Sitzungen wie mit Mikogo, allerdings ohne dass ein Teilnehmer eine Software installieren muss. Ein Browser reicht vollkommen.

Diese Form der Online-Collaboration ist sehr einfach und kann auch hinter Firewalls problemlos genutzt werden, denn der Zugriff auf Webinhalte ist immer erlaubt.

Aus der Fülle der Angebote habe ich Spreed (siehe *http://www.spreed.com*) herausgegriffen, weil dies für bis zu drei Teilnehmer und eine maximale Sitzungslänge von je 90 Minuten kostenfrei ist. Eine Alternative zu Spreed ist beispielsweise Vyew unter *http://www.vyew.com*.

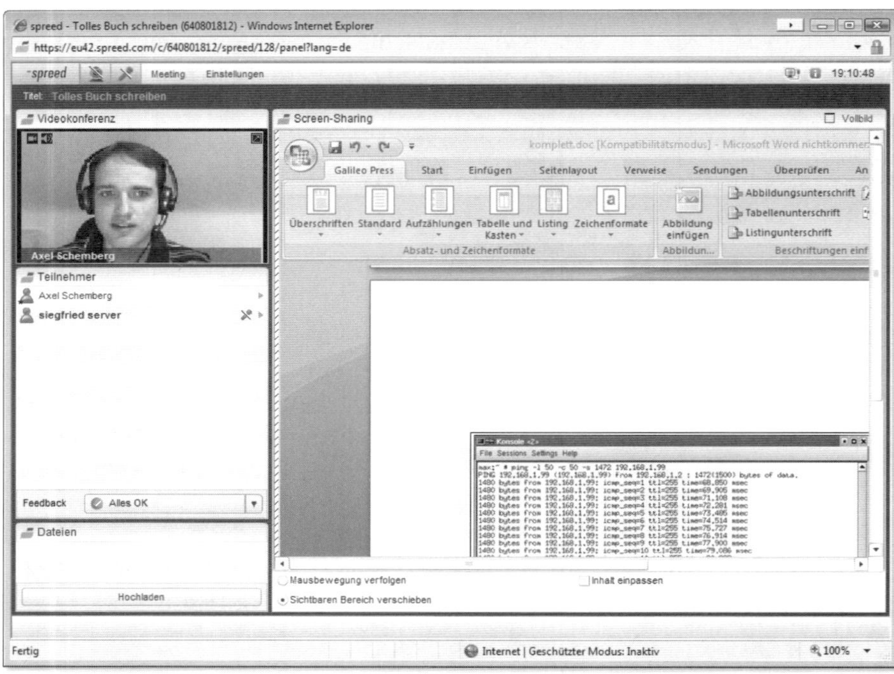

Abbildung 30.13 Im Meeting wird Word geteilt.

Wie Sie in Abbildung 30.13 sehen können, sieht der Teilnehmer einer Konferenz, was ihm der Moderator zur Verfügung stellt. Hier gibt es neben der Teilnehmerliste und einem Video im Hauptfenster eine geteilte Applikation, Word. Je nach Wunsch können die Moderationsmöglichkeiten auch an einen anderen Teilnehmer übertragen werden, oder ein anderer Teilnehmer kann die Steuerungsrechte anfordern.

Wie bei anderen Lösungen kann die Sitzung aufgezeichnet werden, das ist insbesondere für Präsentationen eine schöne Option: Fehlenden Teilnehmern kann das Video anschließend zur Verfügung gestellt werden.

Zur Teilnahme an einem Meeting reicht ein Browser mit Flash Player. Möchte man Teile seines Desktops freigeben, ist ein kleines Programm erforderlich, das man herunterladen und starten muss. Dieses gibt es nicht nur für Windows, sondern auch für Linux und Mac OS X.

Selbstverständlich können Webmeetings kein persönliches Treffen ersetzen. Immer dann, wenn es eigentlich zu gar keinem gemeinsamen Treffen kommt, weil beispielsweise keine Zeit für die Reise oder kein Budget zur Verfügung steht, erreicht man mit Webmeetings jedoch eine kostengünstige und sehr spontan realisierbare Möglichkeit der Zusammenarbeit.

30.6 Virtual Network Computing – VNC

Virtual Network Computing (siehe *http://www.realvnc.com*) ist eine PC-Fernsteuerungs-Software im eigentlichen Sinne. Die Free Edition der Software steht unter der GPL.

30.6.1 VNC-Client und VNC-Server

Auf dem fernzusteuernden PC wird der *VNC-Server* installiert und konfiguriert. Mit dem Client *VNC-Viewer* verbindet man sich von einem entfernten PC zum VNC-Server. Man sieht die Oberfläche des ferngesteuerten PCs, die im Fall von Windows genau dem entspricht, was Sie auch auf der lokalen Konsole sehen würden.

VNC gibt es im Internet für alle gängigen Betriebssysteme. VNC-Viewer und VNC-Server können, müssen aber nicht auf der gleichen Betriebssystemplattform betrieben werden. Die Installationspakete für Windows und Linux finden Sie auf der DVD im Verzeichnis */software/administration*. Bei siegfried ist VNC bereits installiert. [o]

Sie können auf einem Windows-PC den VNC-Server installieren und konfigurieren (siehe Abbildung 30.14) und dann unter Linux auf diesen PC zugreifen. Sie haben ein Programmfenster, in dem alle Bedienungsmöglichkeiten vorhanden sind, die Ihnen auch lokal am Windows-PC zur Verfügung stehen würden.

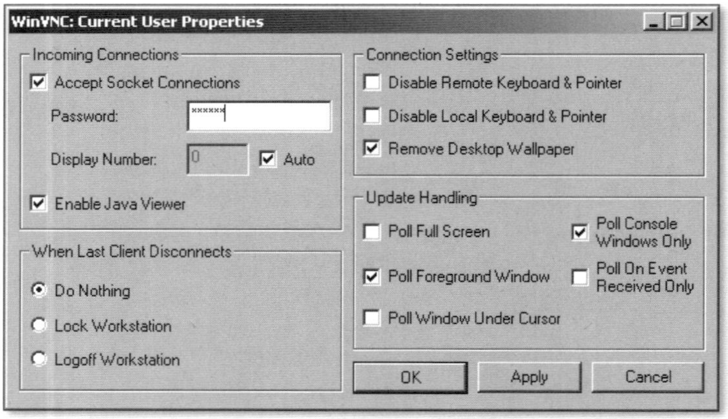

Abbildung 30.14 WinVNC konfigurieren; Quelle: realvnc.com

An dieser Stelle sollen die Nachteile von VNC nicht verschwiegen werden:

- Der VNC-Server belastet Windows-Systeme spürbar, wenn per VNC zugegriffen wird.
- Es ist nicht möglich, Audio zu übertragen.
- Die Reaktionen von VNC sind relativ langsam. Das ist ärgerlich für dauerhaftes Arbeiten, insbesondere über langsame WAN-Verbindungen.
- Es gibt keine Integration in einen anderen Authentifizierungsmechanismus; es ist immer ein eigenständiges Passwort erforderlich.
- VNC ist nicht sehr sicher (mögliche Lösung: SSH-Tunnel).

Die aufgezählten Nachteile wirken sich insbesondere bei größeren Netzwerken aus. Im Allgemeinen ist man daher in größeren Firmen meistens bereit, Geld für eine andere Remoteadministrations-Software auszugeben.

Ideal ist VNC für kleine Netzwerke, in denen ab und zu mal ein Server fernadministriert werden soll oder Sie einem Kollegen über das Netzwerk kurz auf seinem Deskop behilflich sein möchten.

[zB] Angenommen, Sie möchten sich vom Windows-PC (192.168.1.4) mit dem VNC-Viewer zu einem VNC-Server auf einem Linux-PC (192.168.1.102) verbinden. Zunächst müssen Sie den VNC-Server auf dem Linux-PC starten:

```
vncserver :10
```

Sie bestimmen das Passwort für den Zugriff auf den Server. Der VNC-Server wird in diesem Beispiel mit der Displaynummer 10 gestartet. Der VNC-Dienst ist entsprechend über Port 5910 (5900 + Displaynummer 10) nativ und über Port 5810 (5800 + Displaynummer 10) für einen Webbrowser ansprechbar.

Jetzt starten Sie den VNC-Viewer auf dem Windows-PC und geben in das Feld VNC SERVER: die IP-Adresse 192.168.1.102 ein. Es erscheint eine zweite Abfrage, in der Sie um die Eingabe des Passworts gebeten werden. Bei richtiger Eingabe des Passworts öffnet sich der Desktop Ihres Servers.

Alternativ zum VNC-Viewer bietet VNC den Zugriff über einen *Webbrowser*. Dazu benötigt der VNC eine Java-Klasse. In diesem Beispiel ist er dann mit der URL *http://192.168.1.102:5810* erreichbar. [«]

30.6.2 Getunneltes VNC

Wenn Sie VNC über eine gesicherte Verbindung mit SSH übertragen möchten, müssen Sie beim Windows-SSH-Client PuTTY einige besondere Einstellungen vornehmen (siehe Abbildung 30.15).

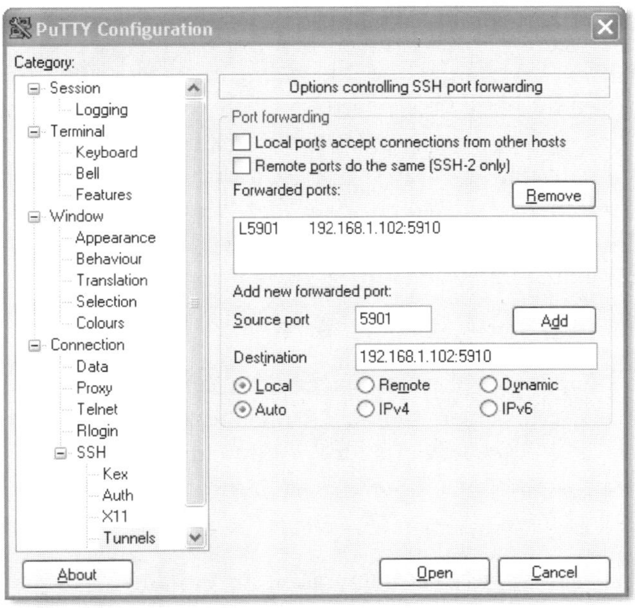

Abbildung 30.15 PuTTY-Einstellungen für VNC über SSH

Die Konfiguration erfolgt im Bereich Connection • SSH • Tunnels • Port forwarding. Sie tragen im Bereich Add new forwarded port: unter Source port den normalen VNC-TCP-Port `5901` ein. Das ist der lokale TCP-Port, den das VNC-Client-Programm auf dem Windows-PC sieht. Dann tragen Sie unter Destination die IP-Adresse des VNC-Server-PCs ein, gefolgt von einem Doppelpunkt und der TCP-Port-Nummer des Servers. Weil wir das Display 10 gewählt haben, lautet die vollständige Adresse `192.168.1.102:5910`[2]. Klicken Sie auf die Schaltfläche Add. Jetzt verbinden Sie PuTTY mit dem Linux-PC 192.168.1.102 ganz normal über SSH.

Abbildung 30.16 Der VNC-Viewer

Lassen Sie das PuTTY-Fenser unbeachtet und starten Sie den VNC-Viewer mit der Ziel-Adresse `localhost:5901` (siehe Abbildung 30.16). Geben Sie das Passwort ein, das Sie für den VNC-Server vergeben haben.

[»] Grundsätzlich startet der VNC-Server unter SUSE die wenig benutzerfreundliche Oberfläche TWM. Wenn Sie die komfortable Oberfläche KDE benutzen möchten, wechseln Sie zunächst in das `home`-Verzeichnis des Benutzers, der bei Ihnen den VNC-Server startet. Öffnen Sie nun die Datei */home/<Benutzer>/.vnc/xstartup* mit einem Texteditor. Ersetzen Sie `twm&` durch `startkde&`. Sie müssen nun alle laufenden VNC-Server beenden (`vncserver -kill:<Nr>`) und danach neu starten. Unter siegfried wird automatisch die Oberfläche KDE gestartet.

Jetzt können Sie KDE benutzen (siehe Abbildung 30.17).

Gesetzt den Fall, dass Sie einen Linux-PC mit einem anderen Linux-PC über VNC fernadministrieren und die Verbindung mittels SSH-Tunnel verschlüsseln möchten, ändert sich gegenüber der Vorgehensweise für Windows nur die SSH-Client-Konfiguration. Geben Sie auf der Kommandozeile Ihres Fernsteuerungs-PCs

```
ssh -L 5901:192.168.1.102:5910 192.168.1.102
```

ein. Das entspricht dann genau der PuTTY-Konfiguration für Windows.

2 Der VNC-Port beträgt 5900 + <Display-Nummer>.

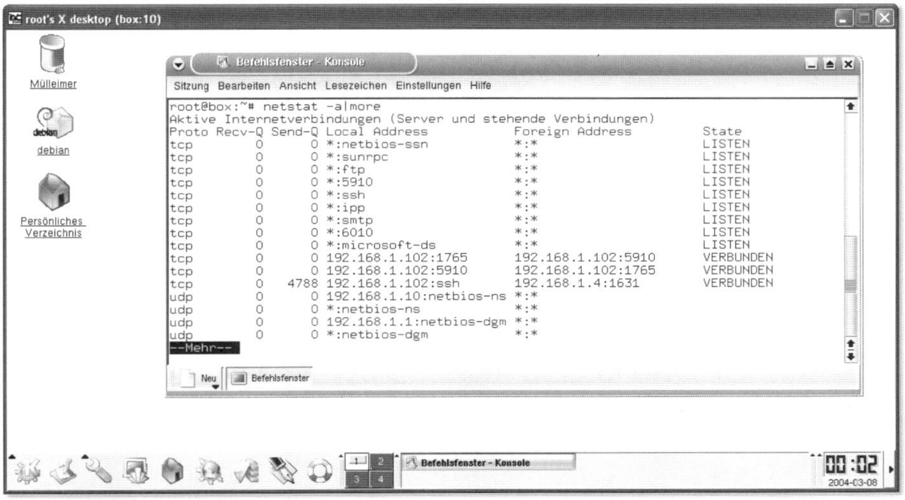

Abbildung 30.17 KDE über SSH-getunneltes VNC

30.6.3 Screen-Sharing unter Mac OS X

Mac OS X verfügt ebenfalls über einen VNC-Client und einen VNC-Server, wobei Apple diese Funktion Screen-Sharing getauft hat. In den Systemeinstellungen können Sie in der Ansicht Sharing (10.5) bzw. Freigaben (10.6) den Dienst Screen-Sharing aktivieren. Sie können hierbei den Zugriff auf bestimmte Benutzer und Gruppen beschränken. Über die Schaltfläche Computereinstellungen können Sie ferner festlegen, ob bei der Verbindung zur Ihrem Rechner über VNC ein Passwort abgefragt wird und ob sich jeder an Ihrem Rechner anmelden darf, dies jedoch Ihrer Zustimmung bedarf.

Wenn Sie von Linux oder Windows eine Verbindung aufbauen möchten, dann [«] sollten Sie in dem über Computereinstellungen erreichbaren Panel die Option VNC-Benutzer dürfen den Bildschirm mit dem folgenden Kennwort steuern aktivieren und ein Passwort vergeben.

Um von Ihrem Rechner eine Verbindung über VNC aufzunehmen, können Sie den in Mac OS X enthaltenen VNC-Client nutzen. Sofern der entfernte VNC-Dienst über Zeroconf bzw. Bonjour kommuniziert wird, was auch bei vielen Linux-Distributionen mittlerweile der Fall ist, dann erscheint dieser in der Ansicht Netzwerk im Finder von Mac OS X. Wenn Sie den Rechner ausgewählt haben, dann können Sie über die Schaltfläche Bildschirm steuern den VNC-Client starten.

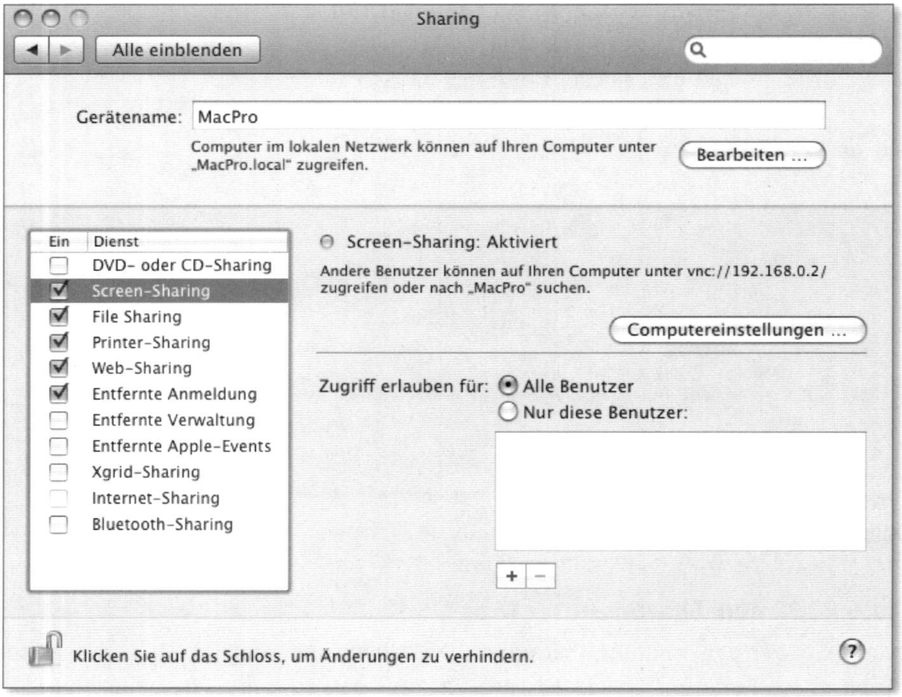

Abbildung 30.18 Der VNC-Server von Mac OS X wird mit dem Dienst »Screen-Sharing« gestartet.

Abbildung 30.19 Wenn der VNC-Server über Zeroconf kommuniziert wird, dann erscheint er in der Ansicht »Netzwerk«.

Beim VNC-Client von Mac OS X handelt es sich um das Programm `Screen-Sharing` im Verzeichnis */System/Library/Core Services*. Sie können dieses Programm auch direkt starten und es ebenfalls im Dock ablegen.

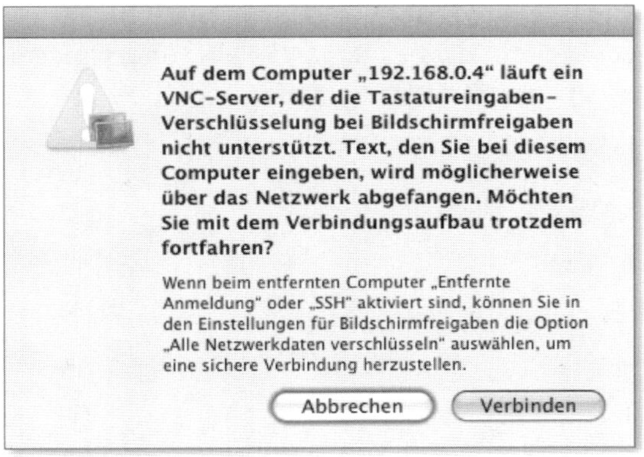

Abbildung 30.20 Die Warnung bezüglich einer unsicheren Verbindung erfolgt auch dann, wenn die Verbindung über SSH aufgebaut wird.

Haben Sie das Programm `Screen-Sharing` direkt gestartet, dann werden Sie direkt aufgefordert, einen HOST einzugeben. Hierbei handelt es sich entweder um die IP-Adresse oder den Namen des Rechners, zu dem Sie eine Verbindung aufbauen möchten. Sofern die VNC-Verbindung mit einem Passwort gesichert ist, müssen Sie dieses in einem zweiten Dialog eingeben. Wird die Verbindung aufgenommen, dann erhalten Sie in jedem Fall eine Warnung, dass die Verbindung unverschlüsselt erfolgt. Dies ist auch der Fall, wenn Sie zuvor einen Tunnel mit SSH erstellt haben.

Die Tunnelung einer VNC-Verbindung mit SSH ist auch mit Mac OS X möglich. Mit der Eingabe

```
ssh -L 6666:127.0.0.1:5900 -N -l  Benutzer Rechner
```

erstellen Sie den Tunnel. Wenn Sie nun das Programm `Screen-Sharing` starten, können Sie als HOST 127.0.0.1:6666 eingeben und die Verbindung wird über SSH getunnelt.

30.7 Remotedesktop

Wenn Sie einen Windows-PC in Ihrem LAN fernsteuern möchten, gibt es eine kostenlose Alternative zu kommerziellen Programmen: RDP.

Bei den Windows-.Client-Versionen (XP, Vista, Seven) heißt der Terminalservice *Remotedesktop* und kann nur zur Administration genutzt werden.

Ich arbeite oft mit RDP und kann sagen, dass dieser sehr zuverlässig funktioniert und eine gute Performance aufweist. Hinsichtlich der Performance ist RDP dem bekannten VNC weit überlegen und belastet den fernzusteuernden PC nicht allzu sehr.

Da Sie in einer Sitzung arbeiten, sieht jemand, der vor dem PC sitzt, nicht, was Sie tun. Das ist gut, wenn Sie nicht wollen, dass es jemand sieht, und schlecht, um bei Problemen mit Anwendungen aus der Ferne zu helfen.

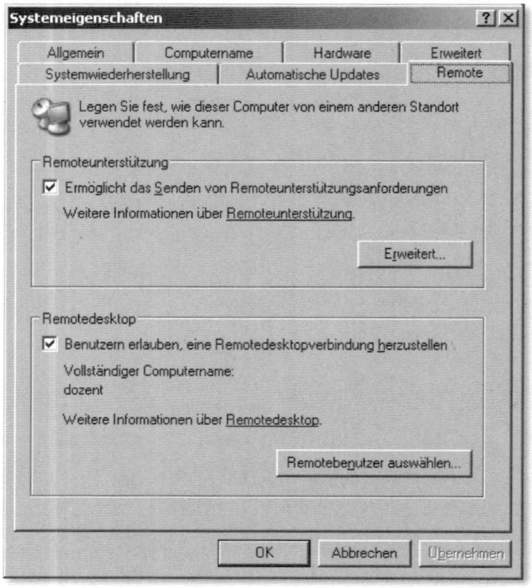

Abbildung 30.21 Remotedesktop aktivieren!

Auf dem fernzusteuernden PC muss der Terminalservice bzw. Remotedesktop aktiv sein (siehe Abbildung 30.21). Klicken Sie bei XP mit der rechten Maustaste auf ARBEITSPLATZ • EIGENSCHAFTEN • REMOTE.

Bei Vista und Windows 7 finden Sie die Einstellungen zum Remotedesktop fast an derselben Stelle unter COMPUTER • EIGENSCHAFTEN • REMOTEEINSTELLUNGEN. Im unteren Teil des Fensters können Sie den Remotedesktop aktivieren.

Der Administrations-PC benötigt einen RDP-Client, wie er bei Microsoft unter dem Stichwort *Remote Connection Client* heruntergeladen werden kann.

Das Einstellen des RDP-Clients ist sehr einfach (siehe Abbildung 30.22). Sie tragen unter COMPUTER lediglich die IP-Adresse oder den Namen des Ziel-PCs ein, BENUTZERNAME und KENNWORT sollten selbstredend sein. Über die Schaltfläche VERBINDEN stellen Sie die Verbindung her. Das Ergebnis der Verbindung sehen Sie in Abbildung 30.23.

Abbildung 30.22 Remotedesktop-Verbindung einstellen

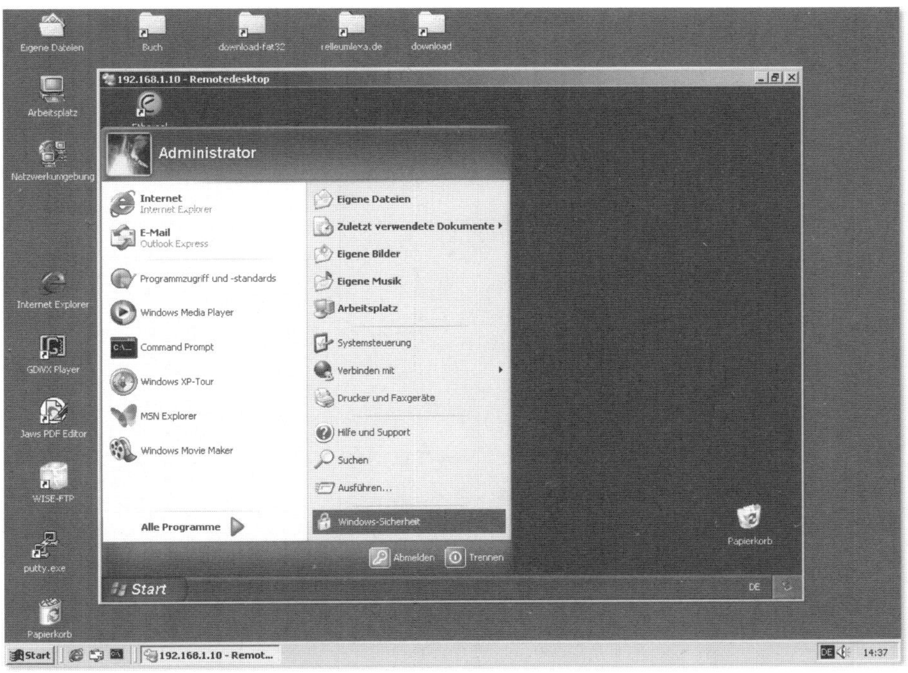

Abbildung 30.23 Windows XP unter Windows 2000 per RDP

30.7.1 RDP für Linux

Für Linux findet man mit dem Remotedesktop `rdesktop` einen RDP-Client. Für alle Basisanwendungen reicht die Funktion von `rdesktop` (siehe Abbildung 30.24) völlig aus.

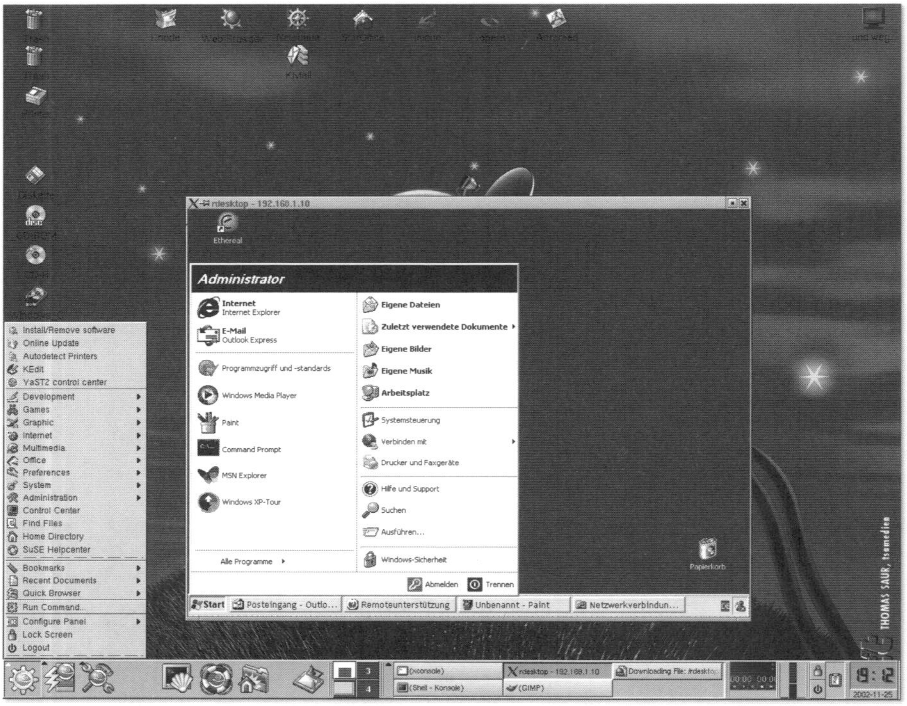

Abbildung 30.24 Der »rdesktop« administriert Windows von Linux aus.

Mit dem RDP-Client verbinden Sie sich mit dem Windows-PC, was im Ergebnis dem Vorgehen unter Windows sehr ähnlich ist.

30.7.2 Microsoft Remote Desktop Connection Client für Mac OS X

Microsoft stellt unter *http://www.microsoft.com/mac* einen kostenlosen Remote Desktop Connection Client für Mac OS X zur Verfügung. Dieses Programm ermöglicht die direkte Verbindung mit einem Windows-System über eine RDP-Verbindung und bietet eine vollständige Unterstützung des Protokolls und auch der Zwischenablagen.

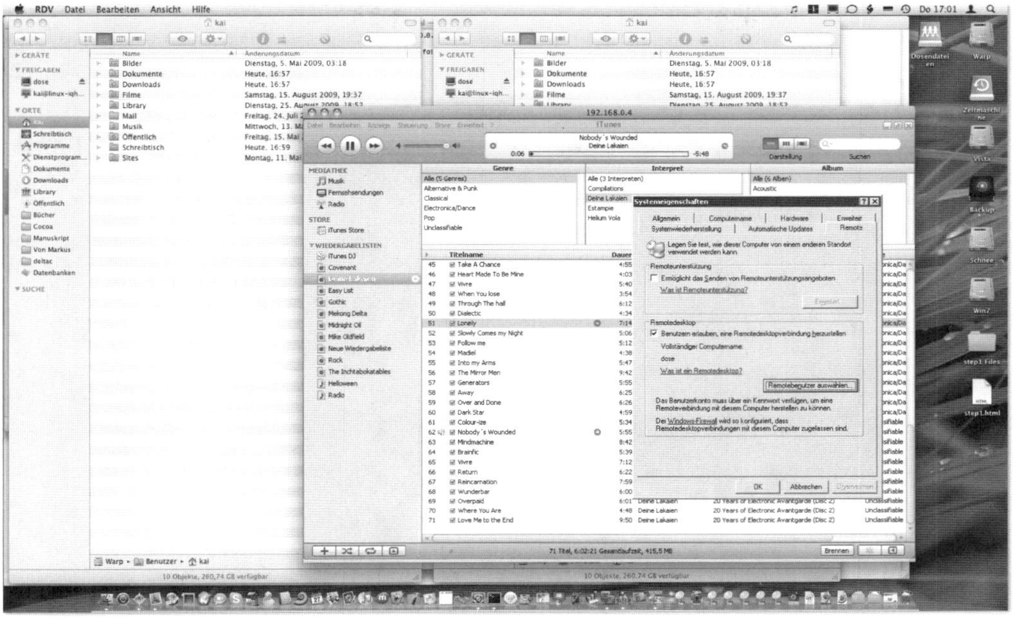

Abbildung 30.25 Die Verbindung mit Windows kann über den Remote Desktop Connection Client von Microsoft erfolgen.

30.8 Remoteunterstützung

Bei Windows XP gibt es die Funktion REMOTEUNTERSTÜTZUNG. Sie erreichen Sie unter START • HILFE UND SUPPORT • SUPPORT ERHALTEN • REMOTEUNTERSTÜTZUNG • JEMANDEN EINLADEN... Sie können entweder den Microsoft Messenger oder Outlook Express zur Benachrichtigung des Helfers verwenden. Es wird ein kleiner E-Mail-Anhang[3] versendet, der als *.msrcincident*-Datei von der Remoteunterstützung aller XP-Varianten geöffnet werden kann. In der Datei ist insbesondere die IP-Adresse des Hilfesuchenden enthalten.

Bevor der Helfer – der hier als Experte bezeichnet wird – auf den PC des Hilfesuchenden zugreifen kann, muss der Hilfesuchende noch ein paar Dialoge à la »Möchten Sie den Experten wirklich zugreifen lassen? Ja/Nein« beantworten. In Abbildung 30.26 und Abbildung 30.27 erhalten Sie einen Eindruck davon, wie sich die Remoteunterstützung für die Benutzer präsentiert.

In der *.msrcincident*-Datei wird die IP-Adresse eingetragen, die der PC gerade besitzt. Wenn Sie über einen Router mit NAT im Internet surfen und Hilfe über das [«]

3 Im XML-Format, also mit jedem Texteditor, les- und veränderbar.

Internet haben möchten, funktioniert die Remoteunterstützung nicht mehr. Erstens ist in der Hilfedatei die lokale/private IP-Adresse enthalten (z. B. 192.168.1.2), die aus dem Internet nicht erreichbar ist, und zweitens müssen die Daten für den Ziel-Port direkt an den Hilfe suchenden PC weitergeleitet werden. Eine solche Funktion muss aber konfiguriert werden (Port-Forwarding). Mit diesen Hürden ist die Remoteunterstützung für die Zielgruppe »Hilfe suchende Computer-Analphabeten« nicht verwendbar.

Mein Fazit zur Remoteunterstützung von XP und Vista lautet, dass sie nur dann über das Internet verwendet werden kann, wenn der Hilfesuchende einen direkten Internetzugang nutzt. Dann ist es allemal bequemer, zunächst die Remoteunterstützung zu nutzen.

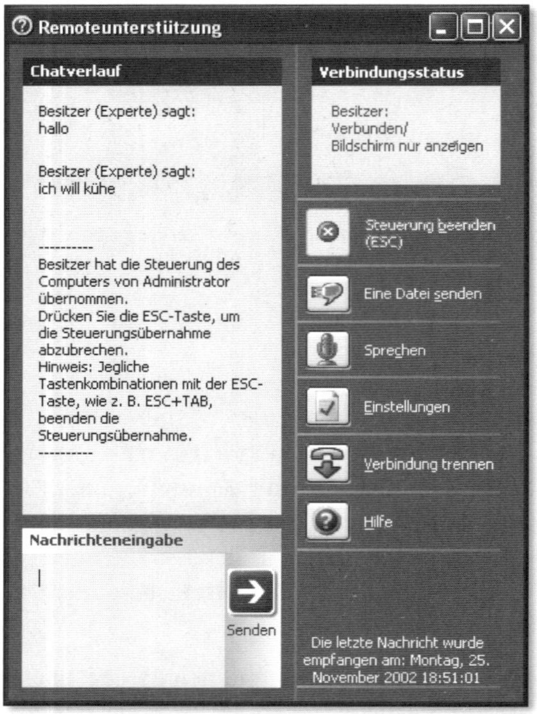

Abbildung 30.26 Remoteunterstützung auf der Seite des Hilfesuchenden

Mit Windows 7 kann die Remoteunterstützung dank IPv6 und dem PNRP auch durch NAT-Router hindurch eingesetzt werden, weitere Informationen finden Sie dazu in Abschnitt 24.1.6, »Easy Connect – Windows-Remoteunterstützung«.

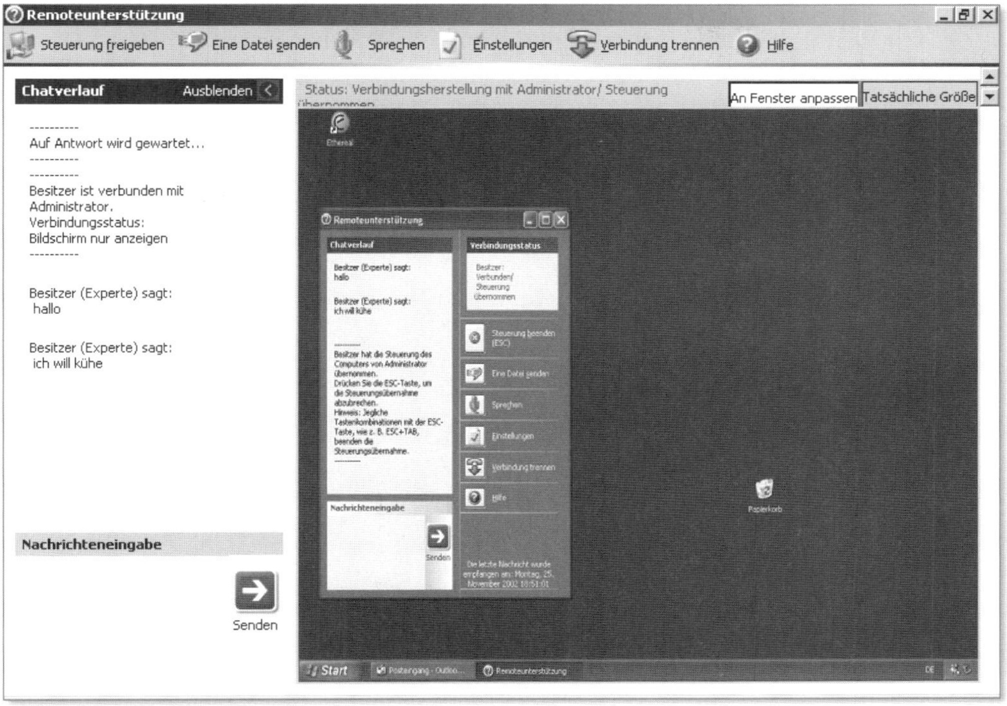

Abbildung 30.27 Bildschirm des helfenden »Experten«

Ein nicht gesichertes LAN, das man vergleichend auch als »offenes Scheunentor« bezeichnet, ist nicht nur eine Gefahr für Ihre Daten, sondern auch eine Gefahr für andere Netzwerke und ein juristisches Risiko für Sie, weil Ihre PCs für Angriffe missbraucht werden können.

31 Sicherheit im LAN und im Internet

Warum sind die Netzwerkanwendungen so unsicher? Diese Frage könnten Sie stellen, wenn Sie dieses Kapitel gelesen haben. Die Antwort heißt: »Netzwerkverfahren sind historisch gewachsen!« Ethernet, TCP/IP, Telnet, FTP, DHCP, DNS und weitere Verfahren wurden erfunden, als es das Internet in seiner heutigen Form noch nicht gab.

Ende 1969 wurden die ersten Schritte für das ARPANET – ein Vorläufer des Internets – abgeschlossen. 1978 wurde TCP/IP geboren, 1984 wurde DNS erfunden, weil die Anzahl der Rechner im ARPANET schon auf über 1.000 gestiegen war. Im Verlauf des Jahres 1989, als die Anzahl der Rechner 100.000 überstieg, wurde von den Europäern RIPE gegründet. Gleichzeitig kam das Ende des ARPANET, der Nachfolger hieß NSFNET. 1992 wurde der Grundstein für das Internet gelegt, die ISOC (*Internet Society*) wurde gegründet, und zugleich wurde das WWW am CERN erfunden. Noch immer war das Internet ein Medium, von dem Sie vermutlich damals nicht wussten, dass es existiert. Erst 1995 war das Jahr, in dem es mit Netscape, einem bequemen Browser, und dem Angebot einiger Provider wirklich losging. Das Thema wurde in den Medien präsent, und Privatleute eroberten zögerlich das Internet. Heute sind über 60 % der deutschen Haushalte online, und kaum jemand kann mit dem Begriff Internet gar nichts anfangen.

Nachdem Sie den kurzen Abschnitt über die Geschichte des Internets gelesen haben, wird Ihnen deutlich geworden sein, dass das Internet nicht als Netz für jedermann geplant war. Die Erfinder haben zu Beginn das Potenzial des Internets nicht erkennen können. Das primäre Ziel des ARPANET und des Internets war der Austausch von Forschungsinformationen. Noch 1995 hat Microsoft dem Internet keine Chance gegeben und auf ein eigenes Netzwerk, MSN (*MicroSoft Network*), gesetzt. Daher wurde bei Windows 95 kein TCP/IP installiert, denn das brauchte man nach Ansicht von Microsoft nicht. Firmenchef Bill Gates veröffentlichte sein Buch »The Road Ahead«, in dem er dem Internet keine Chance einräumte. Nur ein halbes Jahr später kam die Wende, und auch Microsoft setzte ganz auf das Internet. Im selben Jahr begann der sogenannte Browserkrieg zwischen Microsoft (*Internet Explorer*) und dem damals weit verbreiteten *Netscape Navigator*, den Microsoft zunächst für sich entscheiden konnte. Heute gehört Netscape zu AOL und besitzt nur noch geringe Marktanteile. Aber *Firefox* von Mozilla, die Open-Source-Alternative, hat sich inzwischen einen respektablen Anteil am Browsermarkt gesichert und so auch Microsoft gezwungen, den Internet Explorer weiterzuentwickeln.

1969 wurden die Bedrohungen, die das Internet mit sich bringt, nicht erkannt, weil sie damals noch nicht einmal hypothetisch bestanden. Damals gab es keine Privatleute, die einen PC hatten, und die Anzahl potenzieller Hacker/Cracker war entsprechend gering. Der Einsatz von Verschlüsselungsalgorithmen wäre viel zu rechenintensiv für die damals vorhandenen Rechner gewesen.

Alles in allem liegt es an den sehr alten Wurzeln der noch heute genutzten Technologien, dass diese von sich aus unsicher sind und keinen wirklichen Schutz bieten.

31.1 Mögliche Sicherheitsprobleme

Wenn man eine generelle Aussage zum Thema Netzwerksicherheit machen möchte, die unanfechtbar ist, dann diese: »Ein LAN ist unsicher.«

Dieser weise Ausspruch hilft Ihnen nicht weiter, weil Sie konkret wissen müssen, wo die Probleme liegen und wie Sie diese lösen können. Die notwendigen Informationen finden Sie in den nachfolgenden Abschnitten.

Ich möchte Ihnen zunächst ganz allgemein mögliche Sicherheitslücken benennen:

1. Authentifizierung von Benutzern
2. Autorisierung von Benutzern
3. Authentifizierung von PCs
4. Überprüfung der Datenintegrität
5. Schadprogramme (Viren, Dialer, Würmer usw.)
6. Sicherheitslücken in Programmen (Bugs)

31.1.1 Authentifizierung und Autorisierung

Die Authentifizierung und Autorisierung von Benutzern in einem Netzwerk wird üblicherweise von den Betriebssystemen gelöst. Sie melden sich an einem PC mit dem Betriebssystem Windows, Linux oder Mac OS X als Benutzer an und haben vom Administrator ein definiertes Maß an Benutzerrechten bekommen. Durch diese Anmeldung und das Zuweisen von Rechten sind die unter Punkt 1 und Punkt 2 genannten Problemen somit gelöst.

Das gilt nicht für Datenträger, die FAT/FAT32 als Dateisystem einsetzen. FAT/FAT32 unterstützt keine Berechtigungen, daher kann *jeder* mit Zugriff auf dieses System alle Dateien lesen, ändern oder löschen.

Schwierig ist es, einen PC zu authentifizieren. Wenn Sie Daten von einem PC zu einem anderen PC schicken, dessen IP-Adresse Sie kennen – oder dessen Name per DNS in eine IP-Adresse aufgelöst wird –, woher wissen Sie, welchen PC Sie tatsächlich ansprechen? Sie wissen es nicht!

Die LAN-Protokolle Ethernet und IP unterstützen keine Authentifizierung. Jeder PC, der die entsprechende MAC/IP-Adresse hat, bekommt die Daten für diese MAC/IP-Adresse, unabhängig davon, ob diese wirklich für diesen PC bestimmt sind.

Wenn Sie überprüfen, wie es auf den anderen Schichten des ISO-/OSI-Modells in puncto Sicherheit aussieht, werden Sie Folgendes feststellen:

Keine Schicht unterstützt Authentifizierung und/oder Autorisierung.

Sie können zwei Konsequenzen daraus ziehen:

- Ein LAN ist auf den ISO-/OSI-Schichten 1 bis 6 unsicher.
- Für Sicherheit muss demnach auf der Applikationsschicht (ISO-/OSI-Schicht 7) gesorgt werden.

31.1.2 Datenintegrität

Der vierte Punkt, die Datenintegrität, ist ebenfalls bisher nicht durch die bestehenden LAN-Protokolle abgedeckt. Woher wissen Sie, dass die E-Mail, die Sie von Ihrer Online-Bank bekommen haben, auch wirklich mit dem geschriebenen Text des Bankmitarbeiters übereinstimmt? Ist es ausgeschlossen, dass die Daten auf dem Transportweg verändert wurden? Eine Methode, dies sicherzustellen, finden Sie in Abschnitt 34.7, »E-Mails mit GnuPG und Enigmail verschlüsseln«.

Tatsächlich könnten die Authentifizierung und Autorisierung auch auf anderen ISO-/OSI-Schichten als auf der Applikationsschicht erfolgen. Beispielsweise finden in der IP-Version 6 (IPv6) beide Funktionen auch auf ISO-/OSI-Schicht 3, dem IP, statt.

Da IPv6 zurzeit nicht weit verbreitet ist und daher nicht flächendeckend eingesetzt werden kann, bleiben folgende Lösungen übrig:

- VPN-Verschlüsselung auf ISO-/OSI-Schicht 2 oder 3
- IPv4 um IPSec (IP Secure) erweitern
- Sicherheit auf der Applikationsebene, z. B. SSH-Verschlüsselung
- Datenintegrität eventuell durch Verschlüsselungsalgorithmen sicherstellen

31.1.3 Schadprogramme

Schadprogramme wie Viren, Würmer, Dialer, Spyware und Ähnliches werden – zu einem gewissen Teil – von Virenscannern erkannt und unschädlich gemacht. Weitere Informationen zu Virenscannern finden Sie in Abschnitt 31.4, »Sicherheitslösungen im Überblick«.

31.1.4 Sicherheitslücken

Heutige Programme sind viele Hunderttausend Zeilen lang, entsprechend ist ein fehlerfreies Programm nicht zu erwarten. Täglich werden z. B. auf der Seite *http://nvd.nist.gov* Sicherheitslöcher veröffentlicht. Das ist nicht weiter schlimm, wenn es um selten benutzte Programme geht. Leider sind sehr oft bestimmte Programme betroffen: Browser oder Webserver. Dabei handelt es sich genau um die Anwendungen, die viel im unsicheren Internet kommunizieren. Erkenntnis ist wie immer der erste Schritt zur Besserung, also brauchen Sie für ein betroffenes Produkt ein Update, oft auch Patch (dt. *Flecken*, *Flicken*) genannt. Üblicherweise kann Ihnen nur der Hersteller des Produkts einen solchen Patch liefern. Die Firma Microsoft hat in den letzten Jahren einiges am Thema Sicherheit ihrer Produkte verbessert. Zum *Patchday*, dem zweiten Dienstag eines jeden Monats, werden für Microsoft-Produkte Sammlungen von Patches veröffentlicht.

31.1.5 Exploit

Wenn Sie sich die Beschreibung einer Sicherheitslücke durchlesen, werden Sie vermutlich denken: »Gut und schön, aber wer treibt einen solchen Aufwand, um eine solche Sicherheitslücke auszunutzen?« Falsch! Es gibt im Internet Software-Baukästen, mit denen man Programme (Fachbegriff: *Exploit*) zusammenbasteln kann, die speziell altbekannte Sicherheitslücken ausprobieren und, falls möglich, ausnutzen. Diese Software-Baukästen – das sind einfach Programme – sind sehr einfach zu bedienen, sodass auch einfache Gemüter ein solches Programm erzeugen können, um Sicherheitslücken auszunutzen.

Wenn Sie keines der bereits genannten Verfahren zur Verbesserung der Sicherheit (Verschlüsselung, Virenscanner, Benutzerauthentifizierung, Firewall) einsetzen, ist Ihr LAN nicht sicher. Ob Ihr LAN sicher sein muss, das müssen Sie entscheiden. Oftmals reicht eine Firewall, um die »bösen Buben« nicht in das LAN zu lassen. Sie hilft aber nicht, wenn jemand von innen, z. B. über das WLAN, Zugriff auf Ihr Netzwerk hat.

31.1.6 Fallbeispiele

Nehmen wir einmal an, Sie betreiben in Ihrem Büro ein LAN mit acht PCs. Es gibt einen PC mit ISDN-Karte für Faxe. Dieser Rechner hat einen DSL-Internet-Anschluss und teilt diesen mittels MS-Internetverbindungsfreigabe mit den anderen PCs. Auf den PCs haben Sie verschiedentlich Laufwerksfreigaben eingerichtet, damit Sie bequem Dateien von einem PC zu anderen PCs verschieben können. Der Internetzugang wird immer dann aufgebaut, wenn ein PC Daten aus dem Internet benötigt. Er ist während der Bürozeiten faktisch immer aufgebaut, sodass Anforderungen aus dem Internet schnell bedient werden. [zB]

Dieses LAN ist hochgradig unsicher! Sie setzen zum Internet hin keine Firewall ein, sodass Sie weder Kontrolle darüber haben, welche Daten aus dem Internet in Ihr LAN kommen, noch darüber, welche Daten ins Internet gesendet werden. Über E-Mails oder Downloads können ungehindert Schadprogramme in Ihr LAN gelangen und sich dort ausbreiten. Sie werden das – vorausgesetzt, die Schadwirkung ist nicht zu massiv – entweder gar nicht oder aber zu spät mitbekommen.

Ich habe in Abbildung 31.1 einen Auszug aus der Logdatei meiner Firewall dargestellt. Sie können erkennen, dass innerhalb der fünf Minuten, in denen die Internetverbindung bestand, neun Pakete verworfen wurden. In der Spalte DESTINATION sehen Sie die IP-Adresse, die mein DSL-Router hatte, nämlich 80.132.197.51, und nach dem Doppelpunkt den Ziel-UDP-Port, meist 137. Die TCP/UDP-Ports 137 bis 139 übermitteln NetBIOS-over-TCP/IP. Mit anderen Worten: Über diese Ports werden z. B. die Datei- und Druckerfreigabe ermöglicht. In dem gerade ausgeführten Beispiel habe ich unterstellt, dass Sie keine Firewall einsetzen und Laufwerksfreigaben benutzen. Die fünf Datenpakete für den Port 137 wären vermutlich erfolgreich gewesen, sodass Ihre Laufwerksfreigaben über das Internet verfügbar wären und jedermann Ihre Daten kopieren, ändern oder löschen könnte.

First Page | Last Page | Previous Page | Next Page | Clear Log | Refresh

page 20 of 20

Time	Message	Source	Destination	Note
Jan/22/2004 18:38:31	Drop TCP packet from WAN	80.132.4.212:3381	80.132.197.51:445	Rule: Default deny
Jan/22/2004 18:40:20	Drop UDP packet from WAN	81.74.151.73:17265	80.132.197.51:137	Rule: Default deny
Jan/22/2004 18:40:21	Drop UDP packet from WAN	217.126.210.214:1026	80.132.197.51:137	Rule: Default deny
Jan/22/2004 18:41:08	Drop TCP packet from WAN	80.132.205.131:4133	80.132.197.51:135	Rule: Default deny
Jan/22/2004 18:41:11	Drop TCP packet from WAN	80.132.205.131:4133	80.132.197.51:135	Rule: Default deny
Jan/22/2004 18:41:56	Drop UDP packet from WAN	172.137.230.203:1107	80.132.197.51:1434	Rule: Default deny
Jan/22/2004 18:42:09	Drop UDP packet from WAN	200.71.42.21:43417	80.132.197.51:137	Rule: Default deny
Jan/22/2004 18:43:16	Drop UDP packet from WAN	200.69.24.242:1039	80.132.197.51:137	Rule: Default deny
Jan/22/2004 18:43:55	Drop UDP packet from WAN	206.117.130.162:1040	80.132.197.51:137	Rule: Default deny

Abbildung 31.1 Fünf Minuten Firewall-Log mit neun geblockten Paketen

Die beiden ICMP-Pakete, also die ping-Pakete, sollen feststellen, ob in einem Bereich von IP-Adressen ein PC erreichbar ist. Erst wenn der ping erfolgreich war, suchen die Hacker-Programme weiter.

Laut der Firewall-Logdatei wurden alle Pakete verworfen (engl. *dropped*), sodass der Absender der soeben aufgezählten Pakete keine Rückmeldung erhalten hat. Das bietet zwar keinen umfangreichen Schutz, doch die Mehrzahl aller Hacker gibt auf, wenn sie auf einen ping keine Antwort bekommen, und suchen sich ein leichteres Ziel. Nur dann, wenn Ihr LAN ein besonderes Interesse bei Hackern, Crackern und Industriespionen weckt, werden sich diese Zeitgenossen nicht durch so einfache Mechanismen abhalten lassen, und Sie müssen auf jeden Fall intensiver vorsorgen.

Nicht jedes Datenpaket, das zu Ihrem PC gelangt, muss von einem Hacker sein, potenziell ist aber jedes Paket von einem Hacker, der Ihnen Böses will. Insbesondere die Datenpakete, die auf Ihren TCP-Port 4662 zielen, sind harmlos, sie stammen aus dem *eDonkey*-Netzwerk. Es gibt keine IP-Adresse der großen Internetprovider in Deutschland, die nicht im eDonkey-Netzwerk registriert ist und die deshalb nicht mit Anfragen aus diesem bombardiert wird.

31.1.7 Der Hacker-Paragraf

In Deutschland gibt es mit dem §202c BGB einen sogenannten Hacker-Paragrafen. Er stellt den Versuch, in andere Netzwerke einzudringen, unter Strafe.

Damit der Versuch strafbar ist, muss ein kritisches Programm (beispielsweise ein Sniffer) ohne Erlaubnis des Netzwerkbesitzers absichtlich gegen ein Netzwerk eingesetzt werden.

Soweit die Theorie. Es ist bei vielen Netzwerkangriffen fraglich, ob die Angreifer ermittelt werden können und Sie die Absicht, in Ihr Netzwerk eindringen zu wollen, dann auch noch beweisen können.

Ich jedenfalls verlasse mich nicht darauf, im Falle des Falles juristisch gegen Eindringlinge vorgehen zu können, sondern bemühe mich, mein LAN ausreichend zu sichern.

31.2 Angriffsarten: Übersicht

Ich möchte an dieser Stelle die gängigsten Begriffe für Angriffe auf ein Netzwerk oder einen PC in einer Übersicht darstellen.

Sie können an der Vielzahl der Angriffe erkennen, dass es zahlreiche Möglichkeiten gibt, ein Netzwerk anzugreifen. Entsprechend schwer ist es, ein Netzwerk zu sichern – wenn es nicht sogar unmöglich ist.

Name	Beschreibung	Beispiel
Brute Force Attack	Passwörter durch Power knacken. Alle Varianten werden durchprobiert.	Anhand von Wortlisten werden die gängigsten Passwörter mit einem entsprechenden Programm (z. B. `john` unter Linux) durchprobiert.
Buffer Overruns	Programmierfehler ausnutzen, indem man in Eingabefelder falsche oder zu viele Daten eingibt.	In ein Eingabefeld für Namen, das 30 Zeichen akzeptiert, werden 35 Zeichen eingegeben. Oftmals gewinnt man dann die Kontrolle über den darunter liegenden Dienst mit dessen Benutzerrechten.

Tabelle 31.1 Angriffsszenarien im Überblick

Name	Beschreibung	Beispiel
Denial of Service (DoS)	Netzwerkverbindungen oder Server stören bzw. unterbrechen. Wenn möglich, den PC/das Netzwerk zum Absturz bringen.	Der Webserver wird mit Anfragen bombardiert. Lücken in TCP/IP werden ausgenutzt, um den Speicher eines Systems mit Müll zu belegen.
Distributed DoS	PCs oder Netzwerke werden zum Ausfall gebracht, indem ein Sturm von Daten erzeugt wird. Der Datensturm geht von vielen anderen Servern im Internet gleichzeitig aus. Diese hat der Hacker unter seine Kontrolle gebracht.	Die Webseiten von Yahoo werden mit so vielen Anfragen bombardiert, dass sie für (sinnvolle) Benutzung nicht mehr zur Verfügung stehen.
Man in the Middle Attack	Die Daten werden zwischen dem Quell- und dem Ziel-PC Daten abgefangen und modifiziert zum Ziel-PC geschickt.	In einer Online-Banking-Sitzung werden die Eingaben abgefangen und die Zielkontonummer, der Betrag oder beides geändert.
Port Scanning	Welche Dienste bietet ein PC an?	Mit `nmap` prüfen, ob ein Telnet auf einem PC läuft.
Replay	Mitgeschnittene Daten werden wieder abgespielt.	SSH-Login mitschneiden, dann wieder abspielen und an einem Server per SSH angemeldet sein.
Sniffing, Monitoring	Daten mitschneiden oder mithören.	Passwörter im Netzwerk abhören.
Social Engineering	Menschen klassisch täuschen. Hierzu gehört auch Phishing.	Telefonanruf eines angeblichen Administrators, der nach einem Benutzerpasswort fragt. Mit einem Techniker-Overall PCs abbauen und mitnehmen.
Spoofing, Hijacking	Der Cracker schleicht sich unter Vortäuschung einer anderen Identität in eine Netzwerkverbindung ein.	Der Cracker verwendet die IP-Adresse eines wichtigen PC/Servers, damit die Benutzer dort ihr Passwort eingeben.

Tabelle 31.1 Angriffsszenarien im Überblick (Forts.)

31.3 ARP-Missbrauch

ARP ist die Auflösung einer IP- in eine MAC-Adresse (siehe Kapitel 12, »Address Resolution Protocol«). Entsprechend wird im LAN für die Adressierung des Ethernet-Pakets an einen PC immer zunächst per ARP nach dessen MAC-Adresse gefragt, es sei denn, diese befindet sich bereits im eigenen ARP-Cache, da bereits mit dem Ziel-PC kommuniziert wurde.

Ein Sicherheitsproblem des ARP ist nun, dass jeder PC im LAN behaupten kann, der PC mit der IP-Adresse 192.168.1.44 zu sein. Es eröffnet sich die Möglichkeit des *ARP-Spoofing* (siehe Abbildung 31.2), mit dem man trotz des Einsatzes von Switches beliebig Datenverkehr über den eigenen PC umleiten kann.

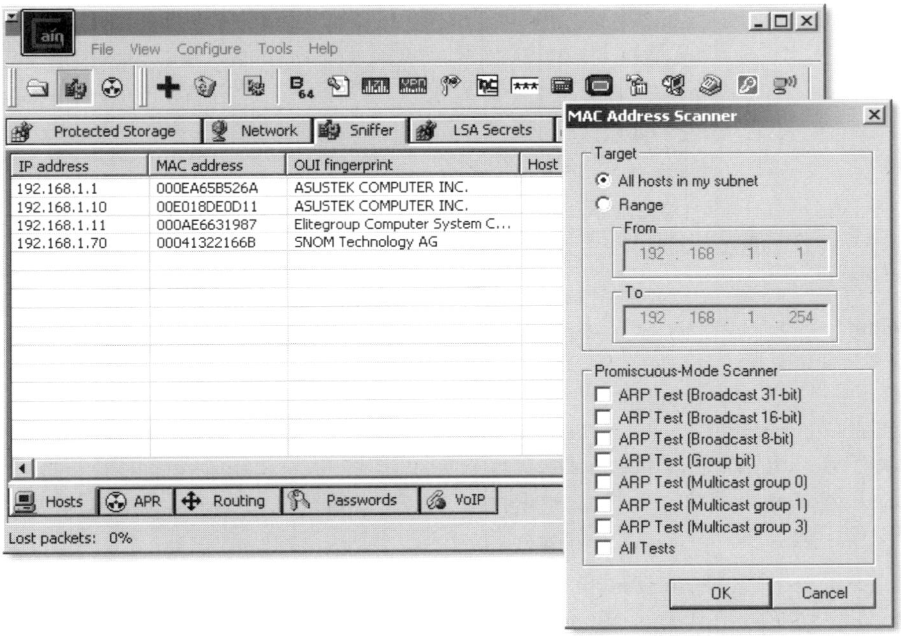

Abbildung 31.2 Mit Cain&Abel zunächst die Opfer aussuchen

[zB] Der Angreifer (192.168.1.66, MAC 00:00:00:00:00:66) schleicht sich in die Kommunikation eines anderen PCs (192.168.1.20, MAC 00:00:00:00:00:20), z. B. ins Internet, ein (*Man in the Middle Attack*), indem er unaufgefordert den DSL-Router mit gefälschten ARP-Antwortpaketen bombardiert, in denen er vorgibt, dass die IP-Adresse 192.168.1.20 in seine MAC-Adresse aufzulösen sei (00:00:00:00:00:66). Entsprechend adressiert der Router ab sofort – der ARP-Cache ist ja gefüllt, und er muss dank des »Bombardements« kein ARP mehr für diesen PC durchführen – alle Ethernet-Pakete für den PC mit der IP-Adresse 192.168.1.20 an die MAC-Adresse 00:00:00:00:00:66. Entsprechend leitet der Switch, er arbeitet auf MAC-Ebene (ISO-/OSI-Layer 2), das Datenpaket an den Angreifer-PC weiter.

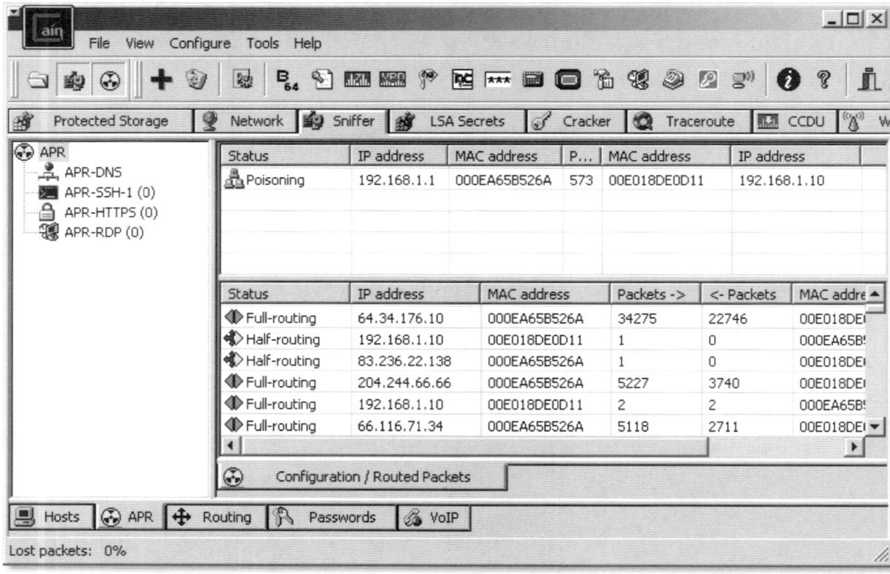

Abbildung 31.3 APR ist aktiv und leitet alle Pakete um.

Damit die Kommunikation nun nicht ins Stocken gerät, muss der Angreifer-PC alle Datenpakete, die eigentlich für den PC 192.168.1.20 gedacht sind, an diesen weiterleiten. Nichts einfacher als das, er nimmt die Pakete und verpackt sie in ein neues Ethernet-Paket und adressiert es an die korrekte MAC-Adresse 00:00:00:00:00:20.

Die Sache ist aber noch nicht ganz perfekt, denn bisher gelangen nur die Datenpakete aus dem Internet auf den Angreifer-PC. Um die vollständige Kommunikation erschnüffeln zu können, müssen auch die Datenpakete vom Opfer-PC an den Router über den Angreifer-PC umgeleitet werden, das geschieht analog zum ersten ARP-Spoofing, indem der Surf-PC unaufgefordert mit ARP-Antwortpaketen bombardiert wird. Dieses Verhalten können Sie in Abbildung 31.3 unter dem Stichwort *Full-routing* nachvollziehen.

Sie denken, dass es recht kompliziert klingt und dass so etwas doch nur wirklich gute Hacker/Cracker hinbekommen? Falsch, die gesamte Funktion finden Sie inklusive einiger Passwort-Cracker im Windows-Programm *Cain&Abel* (siehe *http://www.oxid.it*) realisiert, und das sogar auch noch kostenfrei (siehe Abbildung 31.4).

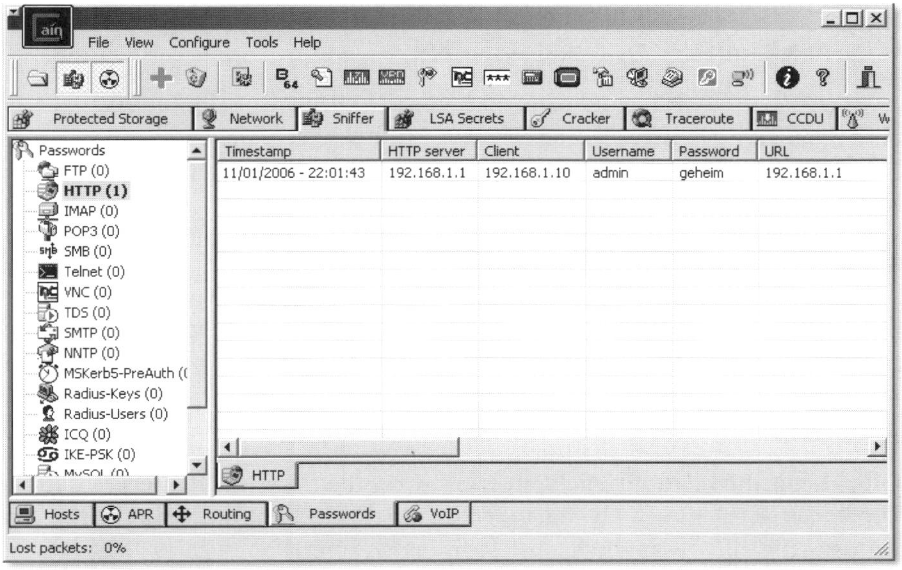

Abbildung 31.4 Komplette HTTP-Anmeldung mitgeschnitten

31.4 Sicherheitslösungen im Überblick

Sie haben nun einen Überblick darüber erhalten, welche Gefahren im Netzwerk lauern. Es gibt jedoch einige einfache Mittel, mit deren Hilfe Sie möglichen Angreifern große und hoffentlich unüberwindbare Hürden aufbauen können.

Ich wiederhole mich, wenn ich sage, dass es keine absolute Sicherheit gibt. Und gerade, wenn ich glaube, dass alles sicher ist, werde ich leichtsinnig und öffne versehentlich eine kleine Hintertür.

Zum Beispiel war ich sehr vorsichtig, was Viren auf Datenträgern und Fremdprogrammen anging. Über Jahre hinweg hatte ich auf meinen PCs keinerlei Befall, während viele Freunde regelmäßig über Virenbefall und Datenverlust klagten. Eines Nachts klickte ich müde eine Warnmeldung meiner Firewall weg und hatte mir prompt einen Virus eingefangen.

Man kann sagen: Die Sicherheitskette ist immer nur so stark wie ihr schwächstes Glied! [!]

Es gibt zurzeit vier Säulen, auf denen die Sicherheit im Netzwerk basiert:

- Grundsicherheit (sichere Passwörter ...)
- Virenscanner

- Firewalls
- Network Intrusion Detection Systeme

Alle diese Verfahren sind nur dann wirkungsvoll, wenn Sie in Ihrem Netzwerk bei allen Benutzern gewisse Sicherheitsstandards durchsetzen. Der am schwächsten gesicherte Zugang zu Ihrem Netzwerk entspricht dem Sicherheitsniveau des gesamten Netzwerks, weil genau wie bei einer Kette das schwächste Glied maßgeblich ist. Selbstverständlich ist es unsinnig, ein hohes Maß an Sicherheit aufzubieten und dann als Benutzerpasswort eines Administrators »Passwort« zuzulassen.

[»] Auch wenn es keine absolute Sicherheit gibt, lohnt es sich, Arbeit in die Absicherung eines Netzwerks zu stecken. Denn: Warum sollte jemand viel Arbeit in Angriffe auf Ihr Netzwerk investieren, wenn es für weniger Mühe an anderer Stelle leichtere Beute gibt?

Oftmals gilt also beim allgemein niedrigen Sicherheitsniveau im Internet, dass Sie nur besser sein müssen als die anderen. Sobald Sie besseren Schutz einsetzen, werden Angreifer vermutlich auch nicht massiv angreifen, weil es Tausende anderer gibt, die schwächere Schutzmechanismen nutzen.

Wenn Sie ein besser gesichertes Netzwerk haben, ist es unwahrscheinlicher, dass Ihr Netzwerk erfolgreich angegriffen wird, auch wenn Ihr Netzwerk nicht hundertprozentig perfekt gesichert ist.

31.4.1 Firewall

Ich habe schon mehrfach den Begriff *Firewall* benutzt, ohne ihn genauer zu definieren. Viele verstehen eine Firewall als ein komplettes Sicherheitskonzept und nicht als ein einzelnes Programm. Das ist auch sinnvoll, denn das Programm allein verschafft keine wirkliche Sicherheit. Im Folgenden spreche ich allerdings von der Firewall als einem Programm, das im einfachsten Fall auf der Basis von IP-Adressen und TCP/UDP-Ports und anhand der Transportrichtung (Richtung Internet oder Richtung LAN) Datenpakete prüft und filtert.

Eine Firewall ist ein elektronischer Filter, der nicht jedes Paket, sondern nur bestimmte Pakete durchlässt, ähnlich wie der Türsteher am Samstag vor der Disco; ein Türsteher wendet jedoch andere Kriterien an als eine Firewall.

[zB] Ich beziehe mich noch einmal auf das Beispiel des vorherigen Abschnitts. Wenn Sie keine Dateien über das Internet durch Windows-Laufwerksfreigaben austauschen wollen, macht es keinen Sinn, Datenpakete aus dem Internet auf den TCP-Ports 137 bis 139 zu akzeptieren oder deren Versand in das Internet zuzulassen.

Damit Sie das Versenden oder das Empfangen unerwünschter Pakete verhindern können, ist eine Firewall erfunden worden. Sie blockt Pakete, die nach definierten Regeln nicht weitergeleitet werden dürfen. Diese Regeln – Firewall-Regeln – werden durch Sie definiert. Die wichtigste Firewall-Regel ist: Alles blockieren!

Diese wichtigste Regel greift immer dann, wenn es keine speziellere Firewall-Regel gibt. Sie blockieren jeglichen Datenverkehr und legen dann Ausnahmen von dieser Regel fest. Falsch wäre es, bestimmte Bereiche zu blockieren; es wird immer nur bestimmter Datenverkehr erlaubt.

Ich kann mir vorstellen, dass Sie per HTTP im WWW surfen möchten, daher muss eine Regel lauten: Eine ausgehende Verbindung zu allen IP-Adressen mit dem TCP-Ziel-Port 80 ist erlaubt.

Mit dieser Regel, die Ihnen das Surfen ermöglicht, haben Sie das erste Sicherheitsloch erzeugt. Wenn man es genau betrachtet, könnte ein Programm Daten Ihres PCs aus dem LAN in das Internet senden, wenn es den TCP-Ziel-Port 80 benutzt. Diese Programme heißen in Anspielung auf den bekannten griechischen Mythos *Trojanische Pferde*[1]. [!]

Die Schlussfolgerung ist, dass möglichst wenige Firewall-Ausnahmen existieren sollten. Je mehr Ausnahmen existieren, je durchlässiger Ihre Firewall ist, desto mehr Sicherheitsrisiken bestehen.

Firewalls gliedern sich in drei Kategorien:

- Packet-Filtering-Firewalls
- Stateful-Inspection-Firewalls
- Application-Level-Firewalls

Packet-Filtering-Firewalls prüfen auf der IP-Ebene (ISO-/OSI-Schicht 3). Die Firewall-Regeln beinhalten als Merkmale die IP-Adresse(n), die TCP/UDP-Port(s) und die Transportrichtung (in das LAN oder in das Internet). Diese Art der Firewall bietet Basisicherheit und lässt sich relativ leicht umgehen. Ihr großer Vorteil ist der recht geringe CPU-Aufwand, sodass hohe Durchsatzraten erzielt werden.

Stateful-Inspection-Firewalls arbeiten auf der Ebene TCP/UDP (ISO-/OSI-Schicht 4). Sie berücksichtigen, ob eine wartende Verbindung für einen speziellen Port besteht, und passen die Firewall-Regeln für bestimmte Anwendungen (wie aktives/dynamisches FTP) dynamisch an, wenn innerhalb der Anwendungsdaten neue TCP-Ports ausgehandelt werden. Das erzielbare Sicherheitsniveau ist sehr

1 Fälschlicherweise auch als Trojaner bezeichnet, denn geschichtlich waren die Trojaner die Opfer des trojanischen Pferdes.

hoch, die Konfiguration ist schwierig, die Datendurchsatzraten sind ebenfalls hoch.

Application-Level-Firewalls filtern auf der Applikationsebene (ISO-/OSI-Schicht 7) Daten. Damit wird es möglich, Benutzer zu authentifizieren oder zu autorisieren. Bei den beiden zuvor genannten Firewalls ist es lediglich möglich, auf Basis der IP-Adresse(n) Regeln aufzustellen. Die Funktionsweise einer Application-Level-Firewall ist dagegen der *Proxy* (dt. *Stellvertreter*), der stellvertretend für den Ziel-Webserver im Internet die Anfragen vom Client annimmt, sie in das Internet weiterleitet, die Antworten vom Ziel-Webserver bekommt und diese seinerseits an den Client weiterleitet. Da die Tätigkeit der Firewall sehr aufwendig ist, ist der Datendurchsatz niedrig.

Nicht selten sind Firewalls selbst anfällig für Angriffe, sodass es bereits gelang, die Firewall selbst zu kapern. Da Firewalls – insbesondere Personal Firewalls auf PCs – mit administrativen Rechten laufen, hatte der Angreifer direkt Administratorrechte erlangt.

31.4.2 Virenscanner

Wenn Sie Sicherheit vor Trojanischen Pferden haben möchten, müssen Sie einen *Virenscanner* einsetzen. Wenn Sie ein Programm aus dem Internet laden, z. B. die neueste Version von WinZip –, woher wollen Sie dann wissen, dass die Programmquelle nicht mit einem Virus, einem Trojanischen Pferd, verseucht ist, das genau das von mir beschriebene schädliche Verhalten aufweist und persönliche Daten von Ihnen über den TCP-Ziel-Port 80 ins Internet sendet? Sie können nur dann einigermaßen sicher sein, wenn Sie einen Virenscanner mit den aktuellsten Virendefinitionen einsetzen. Der Aktualisierungsrhythmus muss im Bereich weniger Stunden liegen, weil sich dank des Internets Viren bereits innerhalb von wenigen Stunden massiv verbreiten.

Die Firma Avira bieten für den privaten Einsatz den kostenlosen Virenscanner AntiVir Personal (siehe *http://www.free-av.de*). Altenativ gibt es noch als freien Virenscanner AVG Antivirus (siehe *http://free.avg.com*). Ich bin allerdings der Meinung, dass es sich durchaus lohnt, die etwa 20 € für ein kommerzielles Produkt mit wesentlich mehr Leistung auszugeben.

Da ein Virenscanner nicht nur dann einzusetzen ist, wenn man ein LAN betreibt, und er auch nicht zum Kernbereich des Netzwerks gehört, belasse ich es bei diesem Hinweis.

31.4.3 Network Intrusion Detection System

Sie betreiben ein LAN, es versorgt 50 PCs. Die Kollegen in dem LAN sind alle technisch sehr versiert. Der Chef wird aufgrund der schwierigen Finanzlage 20 Kollegen die Kündigung aussprechen. Wie hoch ist die Chance, dass einer der gekündigten Kollegen sich rächt, indem er einen Server lahm legt oder Daten für die Konkurrenz stiehlt, um seine Chance auf einen neuen Job zu erhöhen?

Man soll an das Gute im Menschen glauben; die Möglichkeit, dass einer der gekündigten Kollegen sich in dieser Weise betätigen will, besteht aber unabweisbar. Studien behaupten, dass die Mehrzahl aller Angriffe auf ein LAN aus dem LAN selbst kommen.

Angriffe aus dem LAN auf das eigene LAN werden nicht von einer Firewall erfasst, da die Daten ja nicht über die Firewall gesendet werden. Eine Firewall bietet für ein solches Szenario keinen Schutz. Wenn Sie herausfinden möchten, welche Merkwürdigkeiten bzw. Auffälligkeiten in Ihrem Netzwerk auftreten, müssen Sie ein *Network Intrusion Detection System* (NIDS) einsetzen. Ein solches System sammelt Merkwürdigkeiten, wie ich es ausdrücken möchte.

Eine Merkwürdigkeit wäre z. B. eine IP-Adresse, die während der normalen Geschäftszeiten anhand der MAC-Adresse einem Server zuzuordnen ist und von 22:00 bis 22:23 Uhr – ebenfalls anhand der MAC-Adresse nachweisbar – von einem anderen PC genutzt wird. Geht man von den in Westeuropa üblichen Arbeitszeiten aus, ist es ein sehr ungewöhnliches Verhalten für einen PC, um 22 Uhr seine IP-Adresse zu ändern und das auch nur für 23 Minuten. [zB]

Wenn Sie kein NIDS einsetzen, wird Ihnen nichts auffallen, weil Sie um 22 Uhr nicht mehr im Büro sind, und selbst wenn Sie es wären, ist die Wahrscheinlichkeit gering, dass Sie es bemerkten. Damit bleiben solche Merkwürdigkeiten bei den meisten Firmen mangels NIDS unerkannt.

Ein NIDS erkennt bekannte Angriffsmuster, z. B. Portscans, und schlägt dann Alarm. Die Reaktion des Systems können Sie einstellen; sie sollte davon abhängig sein, gegen welchen Rechner sich der Angriff gerichtet hat. Die Bandbreite an NIDS ist groß und umfasst auch, dass ein sogenannter Honey-Pot (dt. *Honig-Topf*) installiert wird, auf den der Hacker/Cracker geleitet wird. Dort beobachtet man, welche Aktionen der Cracker eigentlich auf seinem Zielrechner vornehmen wollte, und erhofft sich so Anhaltspunkte, um wen es sich bei dem Angreifer handeln könnte.

Ein NIDS einzurichten, zu pflegen und laufend zu überwachen ist aufwendig. Das ist der Grund, weshalb solche Systeme nur selten anzutreffen sind.

Eine Alternative zum NIDS ist das HIDS (*Host Intrusion Detection System*), das einzelne PCs überwacht. Es werden von diesem System beispielsweise Veränderungen an Systemdateien bemerkt und verhinderte, ebenso ungewöhnliche Zugriffe auf das Netzwerk.

31.4.4 Unsichere Passwörter

Sichere Passwörter sind der Anfang von Sicherheit. Viele Anwender wählen Passwörter, die innerhalb eines Radius von einem Meter um ihren PC zu finden sind, oder notieren Passwörter auf Zetteln, die unter der Schreibtischablage liegen.

Dabei ist sehr menschlich, unsichere Passwörter zu wählen, weil es wirklich schwer ist, sich regelmäßig ein sicheres Passwort auszudenken. Viele Systeme setzen inzwischen Mindestanforderungen an Passwörter durch. Beispielsweise muss das Passwort oftmals Klein- und Großbuchstaben und Zahlen enthalten, manchmal zusätzlich Sonderzeichen. Üblicherweise kombinieren Anwender dann einfache Tricks: Aus »Passwort« wird »Passw0rd« oder »Passwort123«. Der Gewinn an Sicherheit ist minimal, weil diese simplen Tricks in entsprechenden Passwortlisten längst enthalten sind.

Die einzige Lösung ist es, statt Passwörtern richtige Passphrasen zu verwenden. Gemeint ist damit ein ganzer Satz, denn damit werden üblicherweise wesentlich mehr Zeichen verwendet, und die Sicherheit steigt enorm.

Wenn ein ganzer Satz zu lang ist, kann man ein sicheres Passwort sehr einfach wählen. Nehmen Sie einen Satz: **Petra? Isst gerne 68 saure Kirschen!**

Jetzt verwenden Sie immer die ersten drei Buchstaben eines jeden Wortes und das Ausrufezeichen: **Pet?issger68sauKir!**

Jede Wette, dass ein solches Passwort in absehbarer Zeit nicht genackt wird! Reicht das? Nein, Sie sollten mehr als ein Passwort besitzen. Wenn Sie dieses gute Passwort einsetzen, um neben Ihrem Online-Banking auch noch E-Mails bei einem Freemailer wie GMX, Yahoo! oder GMail abzuholen und somit jedes Mal unverschlüsselt zu übertragen, dann sinkt natürlich die Sicherheit enorm.

Die wirkliche Krux der Passwörter ist, dass wir alle inzwischen so viele Passwörter und PINs haben, dass sich niemand mehr all diese merken kann.

Weitere Informationen zu sicheren Passwörtern finden Sie beim *Bundesamt für Sicherheit in der Informationstechnik* unter *http://www.bsi-fuer-buerger.de/schuetzen/07_0201.htm.*

Mit den theoretischen Grundlagen können Sie nun entscheiden, welche Programme für Ihr Netzwerk sinnvoll sind.

32 Programme zur Netzwerksicherheit

Das Thema Datensicherheit rückt auch in der öffentlichen Diskussion immer mehr in den Vordergrund.

Früher musste man eine Firewall nach einer Linux-Betriebssysteminstallation erst mühsam konfigurieren und extra einschalten.

Heute wird sie automatisch gestartet und ist in der Regel bereits sinnvoll vorkonfiguriert.

Auch Windows-Betriebssysteme brachten ursprünglich keine Firewall mit. Heute gehören Sie für jedes Betriebssystem zum Standardumfang.

Über den Sinn von *Personal Firewalls*[1] wird in Fachkreisen auch immer wieder gestritten, weil dem Anwender ultimative Sicherheit suggeriert wird, tatsächlich aber ein deutlich geringeres Sicherheitsniveau erreicht wird. Der Anwender wähnt sich in Sicherheit und verhält sich weniger sicherheitsbewußt, öffnet möglicherweise aus Neugier doch mal einen unaufgefordert zugesandten Dateianhang eines unbekannten E-Mail-Absenders oder surft auf fragwürdige Webseiten.

32.1 Firewalls für Windows

In allen aktuellen Windows-Versionen sind Firewalls (siehe Kapitel 24, »Windows einrichten«) enthalten.

Die Alternative oder die Ergänzung zu den Windows-Firewalls sind kostenlose oder kostenpflichtige Programme von Drittanbietern.

Wenn Sie bereits ein Security-Paket – Virenscanner, Firewall und Anti-Spyware – verwenden, ist es uninteressant, eine weitere Firewall zu installieren.

1 Personal Firewalls sind auf PCs laufende Zusatzprogramme, die die Aufgabe einer Firewall wahrnehmen.

Sollten Sie lediglich einen Virenscanner verwenden, ist es durchaus sinnvoll, eine Firewall einzusetzen, sie verhindert nicht nur den Zugriff auf ihr System, sondern auch, dass Schadsoftware von Ihrem System aus weiteren Schaden anrichtet.

Der Markt für Windows-Firewalls ist recht unübersichtlich, es gibt Hunderte von Produkten. Die Anzahl der kostenfreien Firewalls ist da schon geringer, ändert sich aber ständig. Es ist daher unmöglich, hier konkrete Empfehlungen für einzelne Produkte zu geben, da die Haltbarkeit der Information nur wenige Wochen beträgt.

Anstelle konkreter Vorschläge möchte ich Ihnen ein paar Tipps an die Hand geben, wie Sie eine für Sie geeignete Firewall finden können.

32.1.1 Firewall-Leistungen

Die Leistungen der einzelnen Firewalls sind recht unterschiedlich, auch wenn jeder Hersteller damit wirbt, ultimative Sicherheit zu bieten.

Ein Beispiel für weniger gute Firewalls ist die Möglichkeit, die Firewall – durch ein Schadprogramm – einfach zu beenden oder zu deaktivieren.

Merkt sich die Firewall nur den Programmnamen und den Pfad einer zugelassenen Datei, muss die Schadsoftware nur dieses Programm mit demselben Namen überschreiben und kann dann in das Internet kommunizieren. Abhilfe dagegen schafft nur, sich den Hash-Wert eines Programms zu merken und zu vergleichen, allerdings geht dies zulasten der Geschwindigkeit.

Die Möglichkeiten, eine Firewall auszuhebeln, sind vielfältig, und offenbar greifen die alten Angriffe von *http://www.firewallleaktester.com* auch im c't-Test von 2008: Von den elf getesten Angriffen erkannte die beste Firewall sechs.

Wirkungslos wird so manche Firewall, weil sie permanent kryptische Fragen stellt: »Programm xzy.dll will auf das Internet zugreifen. Erlauben/Verweigern«. Kaum jemand vermag zu entscheiden, ob xzy.dll auf das Internet zugreifen können soll. Die Folge ist, dass mit der Zunahme der Nachfragen auch die Anwendungen erlaubt werden ... Das bringt keine Sicherheit!

Eine Firewall, die also den Anwender permanent fragt, ist selbst eher fragwürdig. Kommerzielle Produkte bieten einen Modus, in dem anhand einer Liste bekannter Programme der Zugriff auf das Internet geregelt wird.

Bei den heutigen Datendurchsatzraten des Internetzugangs – beispielsweise 50 Mbit/s bei VDSL – ist eine Firewall oft ein Flaschenhals und bremst auf ein deutlich geringeres Tempo herunter.

32.1.2 Quellen im Web

Durch die Popularität der sogenannten *Personal Firewalls* wird in der Fachpresse regelmäßig geprüft, welche Firewall die beste ist.

Dabei kommen naturgemäß unterschiedliche Ergebnisse heraus, je nachdem worauf die Tester ihre Schwerpunkte legen.

Mit den Suchbegriffen »Windows Firewall Test« gelangen Sie zu entsprechenden Berichten. Dabei kann ich Forendiskussionen über Firewalls nur bedingt empfehlen, weil dort meist lediglich persönliche Erfahrungen wiedergegeben werden und nicht Erfahrungen, die auf strukturierten Tests verschiedener Firewalls basieren.

In der Vergangenheit haben solche Tests beispielsweise

- TecChannel (siehe *http://www.tecchannel.de*) und
- PC-Welt (siehe *http://www.pcwelt.de*)

im Internet veröffentlicht. Hinzu kommen zahlreiche Tests in den Printveröffentlichungen von Computerzeitschriften.

32.2 IPtables, Firewall für Linux

IPtables ist eine Schnittstelle zur Linux-Firewall, die bereits in den Kernel 2.6 integriert ist. Über Befehle auf der Kommando-Ebene werden einzelne Firewall-Regeln gesetzt, geändert oder gelöscht. Mit IPtables werden Tabellen gepflegt, die im Wesentlichen Filterregeln und Adressumsetzungen beinhalten.

Es gibt mehrere Möglichkeiten, die Iptables-Firewall auch grafisch zu konfigurieren. Ein Beispiel ist die Firewall von SUSE, die in Abschnitt 25.4, »SUSE-Firewall«, beschrieben wird.

32.3 Firewalls testen

Wenn Sie eine Firewall eingerichtet haben, dann sollten Sie unbedingt testen, ob die Firewall auch funktioniert. Firewalls werden üblicherweise durch simulierte Angriffe getestet. Es gibt die Möglichkeit, ein Unternehmen, das sich auf Sicherheitsüberprüfungen spezialisiert hat, mit der Überprüfung zu beauftragen. Da Experten auf dem Gebiet der Sicherheit hoch bezahlte Mitmenschen sind, wird ein solcher Test mit hohen Kosten verbunden sein. Diese Kosten sollten Sie als größeres Unternehmen nicht scheuen, denn es ist billiger, wenn die Sicherheitsfirma die Lücken aufdeckt, als wenn ein Cracker sie findet und Ihr Netzwerk zum Beweis seines Könnens stilllegt.

Als kleines Unternehmen oder als Privatperson können Sie auf Tests zurückgreifen, die im Internet angeboten werden. Die offizielle IP-Adresse, unter der Sie aus dem Internet heraus zu erreichen sind, steht in jedem Datenpaket, das aus Ihrem LAN zu einem Server im Internet gesendet wird. Es ist daher kein Problem für Dienste im Internet, direkt diese IP-Adresse anzusprechen. Die Webseiten, die einen Firewall-Test anbieten, greifen die IP-Adresse mit Programmen wie `nmap` an und stellen die Ergebnisse über die Webseiten dar. Einige kostenlose Anbieter sind:

- *http://www.hackerwhacker.com*
- *http://www.heise.de/security/dienste/portscan*
- *http://webscan.security-check.ch*

Ich empfehle, alle Angebote auszuprobieren, dann können Sie sicher sein, dass viele Angriffspunkte getestet wurden. Außer dem geringen Zeitaufwand müssen Sie nichts investieren.

Die Ergebnisse der Tests werden üblicherweise direkt auf der Webseite angezeigt. Wenn die Tests sehr intensiv sind, kann das mehrere Stunden dauern. Sie müssen den Fortgang nicht beobachten, sodass nur ein geringer Teil Ihrer Zeit für das Testen benötigt wird.

[!] Führen Sie die Firewall-Tests nur dann aus, wenn Sie der Administrator der Firewalls sind oder wenn Sie den Test mit dem zuständigen Administrator abgesprochen haben. Ansonsten wird der Administrator einen Hacker-Angriff vermuten und entsprechend reagieren.

Wenige Neuerungen bei den Netzwerken haben so viele Sicherheitsfragen aufgeworfen wie WLAN. Da Funkwellen nur schwer auf eine Wohnung oder ein Haus zu begrenzen sind, gab es viele potenzielle Mitleser.

33 WLAN und Sicherheit

Der erste Sicherheitsmechanismus von WLAN war *WEP* (*Wired Equivalent Privacy*), ein Verschlüsselungsverfahren. Der Inhalt der Datenpakete wird verschlüsselt übertragen, so kann zwar immer noch jeder die Daten abhören, jedoch nicht mehr auswerten. Es gibt zwei Stufen von WEP, meist mit WEP 64 und WEP 128 benannt.

Unabhängig von der WEP-Stufe ist WEP unsicher und sollte von Ihnen nicht mehr eingesetzt werden.

Das aktuelle Verschlüsselungsverfahren heißt *WPA* (*Wi-Fi Protected Access*). Es wurde von der Organisation Wi-Fi entwickelt und sollte die massiven Sicherheitsprobleme mit WEP bis zum hochsicheren Standard IEEE 802.11i überbrücken. Inzwischen gibt es weitverbreitet WPA2, dass dem vorgenannten Standard entspricht und bisher noch nicht geknackt wurde.

Der Administrator legt den Zugang zum Netz über die SSID/*ESSID* (*Electronic System ID*), einen Schlüssel, fest. Diese ID wird bei allen Clients und APs konfiguriert.

Eine Sicherheitshürde stellt die ESSID nicht dar. Sie kann erspäht werden, weil sie bei der Anmeldung von Clients am AP mitgesendet wird und die Übermittlung – wenn keine Verschlüsselung wie WEP oder WPA eingesetzt wird – im Klartext erfolgt.

Oftmals wird Verschlüsselung von den Endkunden nicht eingesetzt, weil es für sie zu kompliziert ist, sich durch die Konfiguration zu arbeiten. Auf diesen Mangel sind die Hersteller eingegangen und haben Techniken entwickelt, mit denen die Geräte selbstständig Verschlüsselung und Kennwort austauschen. Der Anwender klickt im entsprechenden Programm eine Schaltfläche an und drückt eine Taste am Access Point/Router.

33.1 Sicherheitsverfahren

33.1.1 WEP

Das oft erwähnte WEP ist optionaler Bestandteil des IEEE 802.11b-Standards. Dabei wird der Inhalt der Nachrichtenpakete mit einem 40-Bit-RC4-Algorithmus (WEP 64) verschlüsselt. Der Administrator legt maximal vier Passphrasen fest, die er auch bei jedem WLAN-Client hinterlegt und mit deren Hilfe die Verschlüsselung durchgeführt wird. Die 104-Bit-Variante von WEP (WEP 128) ist nicht viel sicherer als die 40-Bit-Variante, und sie ist nicht Teil des IEEE-Standards, es kann daher zu Inkompatibilitäten zwischen Produkten verschiedener Hersteller kommen. WEP ist leicht und schnell zu knacken, das ist inzwischen bewiesen.

Sie definieren – maximal vier – Schlüssel (engl. *keys*). Jeder Schlüssel ist fünf oder 13 Bytes groß, also fünf bzw. 13 Buchstaben lang.[1] Sollten Sie die Schlüssel als Hexadezimal-Wert eingeben, müssen Sie zehn oder 26 Zeichen eingeben (siehe Abbildung 33.1).

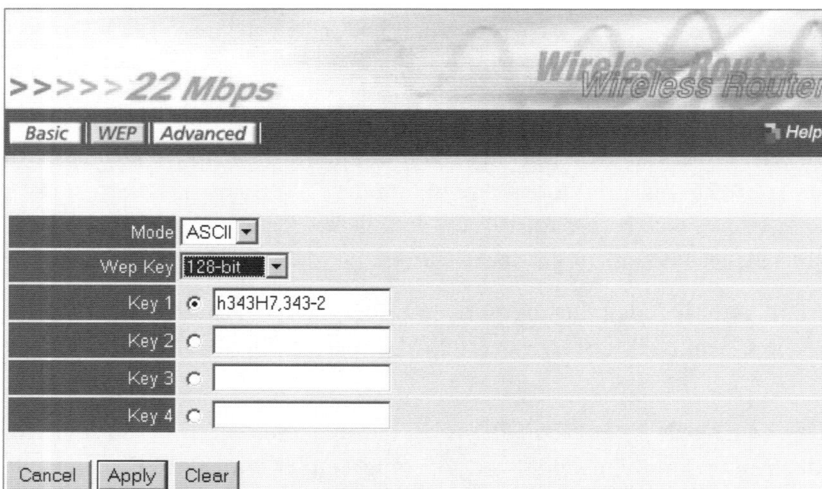

Abbildung 33.1 WEP-Schlüssel einrichten

Weil diese Schlüssel einmal definiert werden, relativ kurz sind und der eingesetzte RC4-Verschlüsselungsalgorithmus ein sogenannter Stromchiffrierungsalgorithmus und daher nicht besonders sicher ist, ist WEP knackbar. Man kann WEP entweder durch aktives Hacken oder durch passives Mitschneiden von

1 Die Länge ist davon abhängig, ob Sie eine 40-(64-)Bit- oder eine 104-(128-)Bit-WEP-Verschlüsselung einsetzen.

Daten knacken. Das Kernproblem ist, dass aus dem Schlüssel ein sogenannter Initialisierungsvektor (IV) generiert wird. Weil es sich um statische Schlüssel handelt, wiederholt sich der IV spätestens nach 2^{24} Paketen. Durch statistische Verfahren kann man deutlich schneller den WEP-Key entschlüsseln, sodass teilweise wenige Minuten ausreichen.

Selbst für weniger interessante private WLANs ist WEP kein ausreichender Schutz, da völlig unverschlüsselte Zugänge selten sind. WEP stellt also die unterste Stufe der Sicherheitshürden dar. [!]

Wie Sie ein WLAN insbesondere hinsichtlich der WEP-Sicherheit selbst überprüfen können, erfahren Sie in Abschnitt 33.4, »WLAN-Sicherheit analysieren«.

33.1.2 WPA

Nach der massenweisen Verbreitung von WLAN und dem schnellen Bekanntwerden der vielen Sicherheitsprobleme der WEP-Verschlüsselung war die Wi-Fi Alliance zum Handeln gezwungen. Es war nicht möglich, auf die gute Sicherheitslösung IEEE 802.11i zu warten, und daher musste eine Lösung geschaffen werden, die auf den bereits verkauften WLAN-Komponenten lauffähig war.

Das verbesserte WEP heißt WPA und ist weniger leicht zu knacken, wenn Passwörter verwendet werden, die zufällig sind und mehr als 20 Zeichen haben. Das wichtigste Kriterium bei der Entwicklung von WPA war der Grundsatz, dass man WPA über ein Software-Update auf den bisherigen Geräten einsetzen kann. Daher basiert die Verschlüsselung weiterhin auf dem Algorithmus RC4, wurde aber um eine EAP- (*Extensive Authentication Protocol*) und eine TKIP-gestützte (*Temporal Key Integrity Protocol*) Authentifizierung erweitert. Diese beiden Verfahren umgehen die größten Schwächen von WEP, nämlich den konstanten Schlüssel und die fehlerhafte Integritätssicherung, und machen damit WPA sicherer als WEP. EAP prüft die Authentizität des WLAN-Headers, sodass es nicht mehr möglich ist, einfach aufgezeichnete Pakete erneut zu senden (engl. *replay attack*).

Doch auch WPA ist zu knacken, insbesondere dann, wenn die Länge der Passphrase lediglich wenige Zeichen lang ist und nicht die mögliche Länge von 63 Zeichen ausschöpft.

33.1.3 WPA2

Inzwischen ist *WPA2* üblich, dieser Sicherheitsstandard unterstützt neben dem Verschlüsselungsverfahren TKIP (RC4) auch AES. Die Wi-Fi unterscheidet zwischen *WPA2 Personal* und *WPA2 Enterprise*, wobei die Personal-Version mit einem sogenannten *Pre-Shared-Key*, also einem gemeinsamen Passwort, arbeitet und die Enterprise-Version die Regelungen von IEEE 802.11i zur Integration eines RADIUS-Servers zur Authentifizierung von WLAN-Clients nutzt. Wenn Sie prüfen möchten, ob Geräte WPA2 unterstützen, schauen Sie dazu unter *http://www.wi-fi.org* nach.

Das sogenannte WPA2 nutzt als Verschlüsselungsverfahren AES mit 128 Bit, genauer gesagt AES-CCMP, es wird unter Linux manchmal auch CCMP genannt. AES ist rechenintensiver, sodass 40 Berechnungen pro Byte für die Verschlüsselung durchgeführt werden können.

WPA2 unter Einsatz von AES-Verschlüsselung mit hinreichend langen Passphrasen ist bis heute nicht zu knacken und daher sicher.

33.1.4 Access List

Die meisten APs bieten die Möglichkeit, sogenannte Access Listen zu führen. Dabei handelt es sich um eine Liste, in der die zulässigen MAC-Adressen aufgeführt werden. Andere als die dort aufgeführten Adressen werden ausgesperrt.

Die MAC-Adressen der meisten WLAN-Karten sind veränderbar, sodass eine mitgelesene MAC-Adresse auch mit einer anderen Karte benutzt werden kann; auf diese Weise können Angreifer Zutritt erhalten. Alle üblichen Programme, die geeignet sind, ein WLAN zu hacken, bieten die Möglichkeit, die MAC-Adresse beliebig zu fälschen.

Dieser Mechanismus bringt meiner Meinung nach mehr Nach- als Vorteile. So ist möglicherweise unklar, warum das neue Notebook nicht ins Internet kommt, wenn man vergessen hat, die neue MAC-Adresse im Access Point einzutragen. Einen Hacker hält man mit diesem Mittel nicht auf.

33.1.5 VPN

Eine von allen Experten als sicher angesehene Lösung ist der Aufbau einer VPN-Infrastruktur. Der Aufbau wird in Abschnitt 34.9, »Virtual Private Network«, geschildert. Die Daten werden z. B. durch PPTP oder IPSec verschlüsselt. Damit ist ausgeschlossen, dass Ihre Daten entschlüsselt werden, nicht jedoch, dass der AP nicht von Hackern/Crackern benutzt wird und Ihre verschlüsselten Daten empfangen werden.

IEEE 802.1x, Portbased-User-Authentification, arbeitet mit umfangreichen Sicherheitsmechanismen, insbesondere werden Benutzer über einen sogenannten RADIUS-Server authentifiziert. Der Netzzugang wird hinsichtlich der übertragbaren Daten zunächst auf Authentifizierungsdaten beschränkt. Sie können also zunächst nur IEEE 802.1x-Authentifizierungen senden oder empfangen. Erst wenn die Authentifizierung erfolgreich war, können auch normale Daten empfangen werden.

In großen Unternehmensnetzwerken ist der Einsatz einer solchen Technologie sicherlich denkbar, für kleinere Unternehmen oder Privatleute kommt weder ein VPN noch IEEE 802.1x als Lösung in die engere Wahl, weil der Aufwand, um diese Techniken einzusetzen, viel zu hoch ist. Sie benötigen für die Nutzung von IEEE 802.1x ein Betriebssystem, das IEEE 802.1x beherrscht.

IEEE 802.11i, der neue Sicherheitsstandard für WLAN, wurde im Juni 2007 verabschiedet und könnte somit zur Verfügung stehen. Fachartikel zu dem Thema zeigen, dass es sehr komplex ist, eine entsprechende Sicherheitsstruktur aufzubauen, weil eine IEEE 802.1x-Authentifizierungstruktur benötigt wird. Der Aufwand ist etwa mit dem Aufbau eines VPN vergleichbar, sodass sich die Frage stellt, ob man überhaupt IEEE 802.11i einsetzen wird. Ein VPN kann für einen Zugang aus dem Internet und für WLAN genutzt werden, während IEEE 802.11i sich lediglich für WLAN verwenden lässt.

33.1.6 WLAN-Fachchinesisch

Das *Beacon Interval* ist der Zeitabstand, in dem der WLAN-AP ein Beacon (dt. *Signalfeuer*) verschickt. Ein Beacon-Paket enthält unter anderem SSID, MAC-Adresse, maximale Datentransferrate und Zeitinformationen. Ein Beacon-Paket ist immer unverschlüsselt, und es verrät einen Access Point.

Ein *TIM* (*Traffic Indication Map*) ist in einem Beacon enthalten. Das TIM ist ein Paket, das WLAN-Clients aus dem Engergiespar-Modus aufweckt. Aus Energiespargründen können WLAN-Clients – z. B. ein Notebook mit WLAN-Karte – im *PAM*-Modus (*Polled Access Mode*) betrieben werden. Wenn Daten für diese Clients am AP vorhanden sind, werden die Clients angesprochen und mit einem TIM aufgeweckt.

Das *DTIM Interval* (*Delivery Traffic Indication Map*) gibt an, in welchen Zeitabständen eine TIM in Beacons erwartet wird. Wenn der Wert auf 3 gesetzt wird, dann bedeutet es, dass bei jedem dritten Beacon der WLAN-Client eine TIM erwartet und erwacht. Wenn der Wert höher eingestellt wird, verbleiben die Clients länger im Energiespar-Modus, und es laufen möglicherweise mehr Daten am AP auf, bevor diese vom Client abgeholt werden.

Wenn Sie sehr viele WLAN-Clients an einem AP betreiben, kann das CSMA/CA-Verfahren (siehe Kapitel 7, »Wireless LAN«) nicht mehr ordentlich durchgeführt werden. In diesem Fall wird *RTS* (*Request To Send*) angewendet. Ein WLAN-Client muss sich das Senderecht vom AP erteilen lassen, ansonsten darf er nicht senden.

Beim *RTS Threshold* wird die Anzahl der Bytes angegeben, die erforderlich ist, damit das RTS/CTS-Verfahren angewendet wird.

Eine Möglichkeit des WLANs ist es, Pakete zu fragmentieren, also zu zerteilen. Der Wert des *Fragmentation Threshold* gibt an, wie viele Bytes ein Datenpaket groß sein muss, damit es fragmentiert wird. Die Fragmentierung von Paketen führt zu überflüssigen Kontrollinformationen und verschlechtert die Performance des WLAN-Zugangs. Sie sollten den Wert möglichst hoch setzen und nur dann nach unten verändern, wenn es zu defekten Datenpaketen oder Kommunikationsstörungen kommt.

Die Einstellung *Preamble Type* bietet die Möglichkeit einer langen (128 Bits) oder einer kurzen (56 Bits) Präambel. Die lange Präambel ist im Standard IEEE 802.11b vorgeschrieben, die kurze Präambel wird nur von einigen Komponenten unterstützt. Mit der kurzen Präambel soll es möglich sein, eine bessere Performance zu erreichen. Tests zeigten lediglich eine Verbesserung von 2 %, die Performanceverbesserung ist also vernachlässigbar gering. Sie sollten daher den Wert auf *Long* belassen, um Probleme mit den WLAN-Komponenten zu vermeiden.

33.1.7 Aspekte

Wie findet man APs? Es gibt einige Programme, die beim Finden helfen. Unter Windows ist das Programm `inSSIDer` (siehe Abschnitt 28.2.2, »inSSIDer«) sehr nützlich.

Manche verbringen ihre Freizeit damit, durch größere Städte und Büro-/Industriegebiete zu fahren und dort nach WLAN-Zugängen zu suchen. Diese Tätigkeit wird als *WarDriving* bezeichnet. Im harmlosesten Fall werden ungesicherte Zugänge einfach für den – meist schnellen – Internetzugang genutzt und über ein GPS-System fein säuberlich in eine Karte eingetragen, zusammen mit den notwendigen Parametern, die man einstellen muss, um Zutritt zum WLAN zu bekommen.

Landstreicher (engl. *hobo*) haben früher mit Kreide Zeichen an Hauswände gemalt, die Auskunft darüber gaben, wie nett die Bewohner zu ihnen waren. Dadurch wussten die anderen Landstreicher, ob es sich lohnte, dort z. B. nach Essen zu fragen. Heute werden Zeichen gemalt, wo sich WLAN-Zugänge befinden: Man spricht von *WarChalking*. Die Leute, die diese Zeichen anbringen, nennen sich dann *Wibo*. Spätestens, wenn Sie solche Zeichen an Ihrer Hauswand finden, sollten Sie nachdenklich werden.

Sicherlich kommt Ihnen an dieser Stelle die Frage in den Sinn, ob das, was durch diese Hacker gemacht wird, denn nicht rechtswidrig ist. Wird Ihr WLAN lediglich geortet, ist kein Gesetzesverstoß zu erkennen. Das Knacken des WEP- oder WPA-Keys ist inzwischen durch den §202c BGB strafbar.

Sollte in Ihr LAN über das WLAN eingedrungen worden sein, ist es für Sie nicht einfach, nachzuweisen, wer das war. Da müsste es schon ein Zufall sein, wenn Sie den Eindringling dabei erwischen.

33.2 WPA in der Praxis

WPA ist bei fast allen Access Points integriert, die auch höhere Datenraten von 54 Mbit/s oder mehr bieten. Das Leben wäre zu einfach, wenn WPA einfach WPA wäre. Es gibt die folgenden Varianten.

WPA	Verschlüsselung	Bemerkung
WPA	TKIP	
WPA	AES	
WPA2-PSK	TKIP	
WPA2-PSK	AES	WPA-Version 2

Tabelle 33.1 WPA im Überblick

WPA gibt es in zwei Ausprägungen, die Variante WPA-PSK wendet sich mehr an Privatleute und kleine Unternehmen. Sie arbeitet mit festgelegten Schlüsseln (PSK = Pre Shared Keys; dt. *zuvor ausgetauschter Schlüssel*), die genau wie bei WEP sowohl im AP als auch im PC eingetragen werden. Diese Variante gibt es unabhängig vom Verschlüsselungsalgorithmus (TKIP oder AES).

In großen Installation ist es wichtig, nicht allen Mitarbeitern einen Schlüssel mitzuteilen, den diese dann auch noch eingeben müssen. Erstens ist der Schlüssel dann nicht mehr geheim, weil er allgemein bekannt gemacht wurde, und es läßt sich auch nicht mehr herausfinden, wer diesen Schlüssel an die WarDriver vom Wochenende verraten hat. Zweitens sollte es möglich sein, sich als Benutzer z. B. über die Windows-Domäne und das dort vergebene Passwort auch am WLAN anzumelden. Schließlich hat jeder von uns genug Passwörter und PINs. Die Verwaltung und Bereitstellung der Passwörter übernimmt ein RADIUS-Server in Zusammenarbeit mit EAP und IEEE 802.1x. Auch bei diesem WPA-Verfahren kommen TKIP und AES zum Einsatz.

Nicht nur ich, sondern auch die Zeitschrift c't (25/2003, Seite 166 ff.) kommt zu dem interessanten Ergebnis, dass AES schneller ist als TKIP, und empfiehlt daher, AES zu verwenden. Die Mehrleistung beträgt nach meinen Messungen[2] ungefähr neun Prozent bei größerer Sicherheit.

2 Keine Laborbedingungen, daher sind Ungenauigkeiten möglich.

Für Windows XP ist die WPA-Unterstützung im SP2 enthalten, in Vista und Windows 7 ist WPA von Anfang an integriert.

Sie können Windows XP zum Konfigurieren von WLAN-Adaptern verwenden, wenn der Dienst KONFIGURATIONSFREIE DRAHTLOSE VERBINDUNG gestartet ist. Sie können, wenn die WLAN-Karte die Funktion bietet, bei den *Eigenschaften* zu einer ESSID, Reiter ZUORDNUNG die *Netzwerkauthentifizierung* von OFFEN auf z. B. WPA-PSK umstellen (siehe Abbildung 33.2).

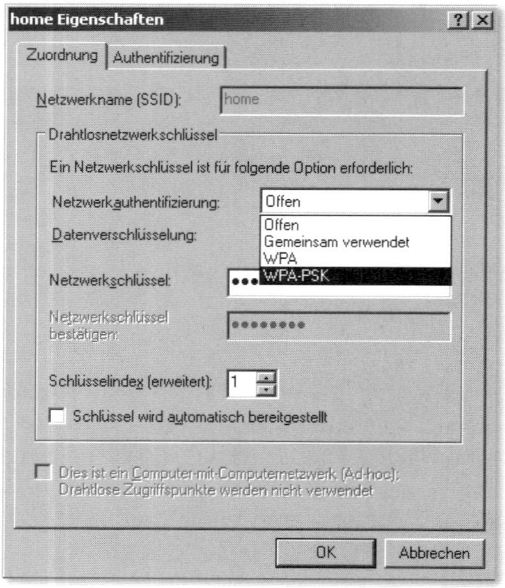

Abbildung 33.2 WPA mit Windows XP

Vista und Windows 7 wurden hinsichtlich WLAN deutlich weiterentwickelt und bieten eine überarbeitete Konfigurationsoberfläche (siehe Abbildung 33.3). Ein Assistent begleitet Sie durch die WLAN-Einstellungen, das *Network Discovery Framework* hilft Ihnen bei Verbindungsproblemen.

Die meisten Hersteller von WLAN-Hardware liefern zusätzlich zu der gelungenen Oberfläche von Vista oder Windows 7 eigene Programme mit, die weiteren Komfort bieten.

Bei WPA müssen Sie im PSK-Verfahren einen Schlüssel festlegen – man könnte auch Passwort sagen. Wichtig ist, dass Sie diesen Schlüssel nicht zu kurz wählen, weil er sonst sehr unsicher ist und leicht passiv erraten werden kann. Der Schlüssel sollte länger als 20 Zeichen sein. Die Unterscheidung in ASCII und HEX wird bei WPA nicht mehr vorgenommen, möglich sind auch alphanumerische Schlüssel.

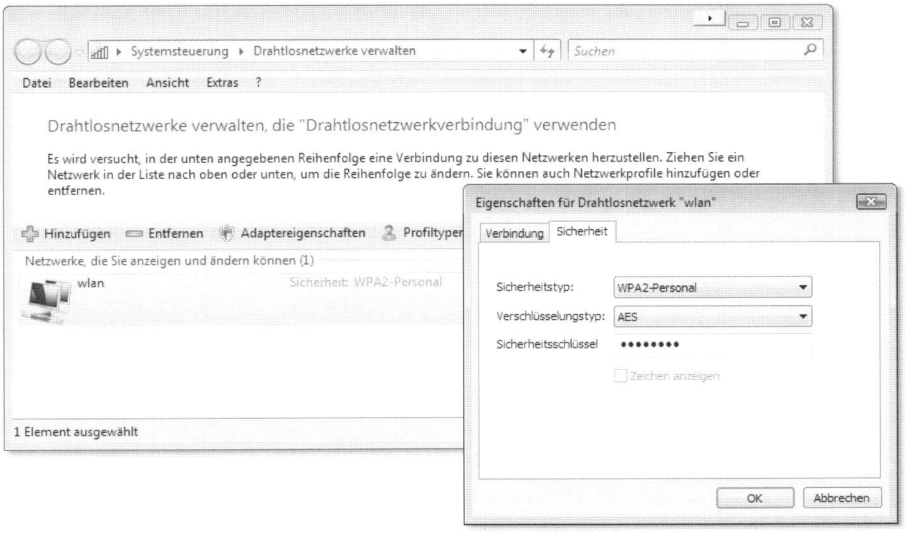

Abbildung 33.3 WLAN-Konfiguration unter Vista

WPA müssen Sie ganz oder gar nicht einsetzen, zumindest sieht das die Wi-Fi-Organisation so. Einen Mixed-Mode mit WEP und WPA hält sie für völlig unsinnig, weil man damit das gesamte Netzwerk auf die Sicherheitsstufe von WEP herabsetzt.

33.3 Wi-Fi Protected Setup

Die korrekte und sichere Konfiguration von WLAN ist kein einfaches Unterfangen. Ein einfacher WPA-Schlüssel wie `passwort123` ist in Sekunden geknackt, schwierige Schlüssel werden von den Anwendern nicht freiwillig eingestellt.

Dieser Mangel wurde von der Wi-Fi Alliance aufgegriffen, und es wurde *Wi-Fi Protected Setup* (kurz: WPS) als Quasistandard geschaffen. Viele neue WLAN-Komponenten beherrschen WPS. Es gibt zwei übliche Methoden, wie WPS ablaufen kann. Dabei müssen Access Point und WLAN-Client beide dieselben Methoden unterstützen:

- **PIN**: Eine PIN steht auf dem Access Point oder wird in einem Display angezeigt. Diese PIN müssen Sie bei der Einrichtung des WLAN-Clients eintragen. Dieses Verfahren muss von allen zertifizierten Lösungen unterstützt werden.
- **PBC**: Ein Knopf muss gedrückt werden (auch ein virtueller in einer Software). Anschließend wird unverschlüsselt die Konfiguration ausgetauscht und nach

wenigen Sekunden wieder in die sichere Konfiguration zurückgeschaltet. (üblich)

- **NFC**: Das Gerät muss in die absolute Nähe, weniger als 10 Zentimeter, des Access Points gebracht werden. Dort erfolgt die Aushandlung. (optional, zukünftige Nutzung)
- **USB**: Die Konfiguration wird auf einem USB-Stick abgespeichert und kann eingelesen werden. (optional)

Auch Vista unterstützt WPS, dort heißt es *Windows Connect Now* (kurz: WCN). WLAN-Geräte werden dabei über UPnP im Netzwerk erkannt. Das funktioniert nicht, wenn Sie meinem Rat gefolgt sind und am Router UPnP deaktiviert haben, damit nicht x-beliebige Programme Firewall-Regeln anpassen können.

33.4 WLAN-Sicherheit analysieren

Die Sicherheit von Wireless LANs ist ein ständiges Thema in den Fachmedien. Wenn Sie ein WLAN betreiben, ist es für Sie interessant und wichtig, Ihr eigenes WLAN in puncto Sicherheit zu prüfen.

Ich möchte Ihnen in diesem Abschnitt einige Programme vorstellen, die zur Sicherheitsanalyse von WLANs eingesetzt werden können. Viele Programme funktionieren ausschließlich unter Linux.

[!] An dieser Stelle möchte ich noch einmal auf den Hacker-Paragrafen in Deutschland hinweisen: §202c BGB stellt das Mitschneiden von Netzwerkverkehr unter Strafe. Das gilt nicht, wenn man sein eigenes WLAN prüft. Das WLAN des Nachbarn ist aber tabu!

Für das Prüfen von WLANs gibt es eine spezielle Linux-Distribution, die als Live-DVD verwendet werden kann: *Backtrack* (siehe *http://www.remote-exploit.org/backtrack.html*). Diese Distribution unterstützt auch eine Vielzahl von WLAN-Karten. Brennen Sie die ISO-Datei auf eine DVD, und booten Sie von dieser DVD. Einloggen können Sie sich als Benutzer *root* mit dem Passwort *toor*.

33.4.1 Aircrack

Bei der Software *Aircrack-NG* (siehe *http://www.aircrack-ng.org*) geht es um das Knacken von WEP- oder WPA-Keys.

Aircrack besteht aus mehreren Programmen, die jeweils eine eigene Funktion haben. So ist es nicht möglich, parallel zum eigentlichen Schnüffeln der WLAN-

Daten (engl. *to sniff*) diese direkt zu dekodieren, dies erfolgt vielmehr in zwei Schritten:

- `airmon` – ersetzt die WLAN-Karte in den Monitor-Modus, damit überhaupt Pakete aufgezeichnet werden.
- `airodump` – zeichnet WLAN-Pakete auf, damit Aircrack sie analysieren kann.
- `aircrack` – Crack-Programm, das entsprechende Mitschnitte benötigt und den Schlüssel knackt.
- `aireplay` – ein Programm, um modifizierte WLAN-Pakete zu senden.
- `airdecap` – entschlüsselt Mitschnitte, die mit WEP- oder WPA-verschlüsselt sind.

Damit Sie die Analyse Ihres WLANs beginnen können, müssen Sie unter Linux einen WLAN-Anschluss haben. Das Kommando `ifconfig` listet alle Netzwerk-Interfaces auf. WLAN-Karten verbergen sich üblicherweise hinter `wlan0`.

Im nächsten Schritt versetzen Sie Ihre WLAN-Karte mit dem Programm `airmon` in den Monitormdus:

```
airmon-ng start wlan0
```

Weiter geht es zur Aufzeichnung mit dem Programm `airodump`:

```
airodump-ng -w <Dateiname> wlan0 --bssid <MAC AP>
```

Aus rechtlicher Sicht ist es wichtig, dass Sie die Daten auf die MAC-Adresse Ihres Access Points beschränken. Sie verhindern damit, versehentlich Daten eines anderen WLANs mitzuschneiden. Melden Sie nun einen WLAN-Client in Ihrem Netzwerk an, Sie können bei `airodump` sehen, dass es eine Station gibt. Warten Sie die WLAN-Anmeldung (siehe Abbildung 33.4) ab, und drücken Sie anschließend [Strg] + [C].

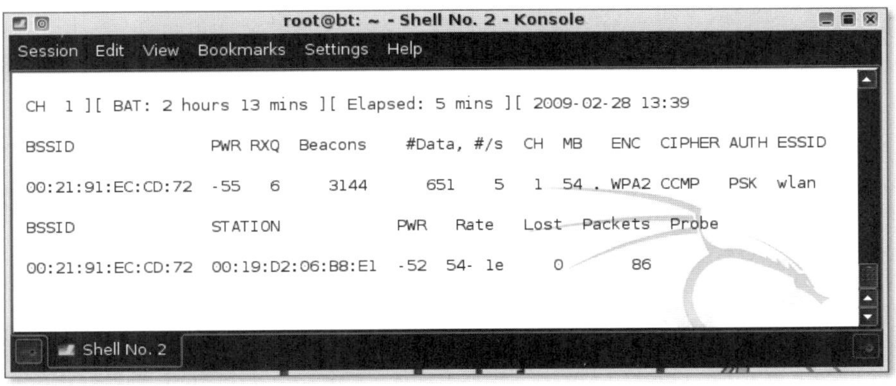

Abbildung 33.4 »airodump« zeichnet WLAN auf.

Gesetzt den Fall, Sie haben als Dateiname *dump* gewählt, so werden eine Anzahl von Dateien nach dem Muster *dump<Nummer>.cap* angelegt.

Diese Dateien sind die Ausgangsbasis für den nächsten Schritt. Sie benötigen nun noch eine Passwortliste. Der Einfachheit legen Sie sich diese einfach selbst an:

```
echo <WPA-Passwort> > wordlist.txt
```

Wenn Sie Ihr WPA-Passwort hier eintragen, können Sie nicht herausfinden, ob es in Passwortlisten im Internet enthalten ist, doch wenn nicht, ergäbe sich doch die Frage: Wie lange bleibt es noch unerkannt? Wenn also unter Kenntnis Ihres Passworts mit nur einer einzigen Anmeldung Ihr WLAN zu hacken wäre, ist eine grundsätzliche Schwäche gegeben.

Der Aufruf von `aircrack` lautet nun wie folgt:

```
aircrack-ng -w wordlist.txt dump*.cap
```

Nach der Auswahl Ihres WLANs dauert es voraussichtlich nur wenige Sekunden, und schon sehen Sie Ihren WLAN-Key (siehe Abbildung 33.5).

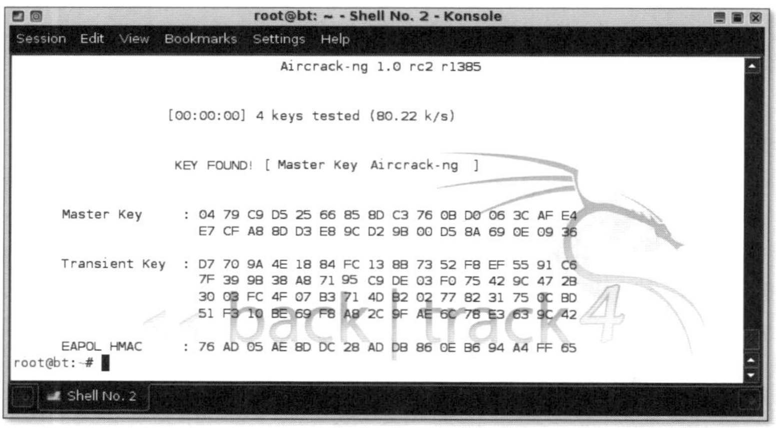

Abbildung 33.5 Aircrack zeigt den WPA2-Key: Master Key »Aircrack-ng«

33.4.2 Weitere Tools

Auf der Backtrack-DVD finden Sie im Startmenü im Ordner BACKTRACK weitere Programme, mit denen man WLANs analysieren kann. Ein bekanntes Programm ist `coWPAtty`, das wie auch `aircrack-ng` in der Lage ist, WPA-Key zu knacken.

Von weiteren Programmen, die beispielsweise einen Access Point vortäuschen und somit Benutzer zur Eingabe der Zugangsdaten verleiten, kann ich – ohne konkreten Auftrag des WLAN-Besitzers – nur abraten. Sie machen sich mit dem Einsatz zu Recht strafbar.

Sie haben es beim Thema Sicherheit im WLAN bemerkt: An Verschlüsselungstechniken führt kein Weg vorbei. Aber wie genau funktioniert eigentlich eine verschlüsselte Verbindung?

34 Verschlüsselung

Ein Datenpaket durchläuft auf seinem Weg vom Sender zum Empfänger zumeist mehrere Stationen und durchwandert mehrere Übertragungsmedien. Das gilt sowohl für Ihr lokales Netzwerk (z. B. Router, Ethernet, WLAN), erst recht aber für das Internet. Stellen Sie sich bitte einmal die Route einer E-Mail von Ihrem PC über die beteiligten Mailprovider vor, bis sie schließlich auf dem PC des Empfängers angekommen ist!

Auf diesem Weg wird diese E-Mail gewöhnlich im Klartext übertragen. Sie kann gelesen und im schlimmsten Fall sogar verändert werden, bevor sie ihr Ziel erreicht. Die Werkzeuge, die dazu nötig sind, wurden sogar von Netzwerkadministratoren für die tägliche Arbeit entwickelt (siehe Kapitel 28, »Zusatzprogramme«).

Dabei ist eine Überwachung nicht unbedingt automatisch auch eine rechtswidrige Handlung. Zum einen sind die gesetzlichen Grundlagen nicht immer auf dem aktuellen Stand der Technik. Zum anderen ist es manchmal eine offizielle Regierungsorganisation, die Interesse am Inhalt des Datenstroms im Internet hegt. Beispielsweise müssen E-Mail-Provider die Verbindungsdaten aller E-Mails einige Monate verwahren und auf Verlangen der Behörden mit richterlicher Genehmigung Einsicht gewähren. So verwundern mich die anfänglichen Bestrebungen der US-Regierung nicht, die Verschlüsselung zu reglementieren und einzuschränken.

Wie der Begriff Verschlüsselung nahelegt, benötigt man für diesen Vorgang einen oder sogar mehrere Schlüssel.

34.1 Symmetrische Verschlüsselung

Beim symmetrischen Verschlüsselungsverfahren sind beide Kommunikationspartner im Besitz des gleichen Schlüssels. Dieser Schlüssel kann sowohl für die Verschlüsselung als auch für die Entschlüsselung verwendet werden.

Da der Schlüssel im Vorhinein an beide Partner verteilt werden muss, spricht man auch von einem *preshared key* (PSK).

[zB]

- A verschlüsselt mit dem Schlüssel PSK.
- B entschlüsselt mit dem Schlüssel PSK.

Dieser Schlüssel muss natürlich unter allen Umständen geheim gehalten werden.

34.2 Asymmetrische Verschlüsselung

Beim asymmetrischen Verfahren wird für jeden Teilnehmer ein Schlüsselpaar generiert. Der öffentliche Schlüssel wird mit geeigneten Mitteln verbreitet, der private verbleibt beim Eigentümer. Mit dem öffentlichen Schlüssel können die Daten nun verschlüsselt, nicht aber entschlüsselt werden. Die Entschlüsselung ist nur mit dem privaten Schlüssel möglich.

[zB]

- A verschlüsselt mit öffentlichem Schlüssel von B.
- B entschlüsselt mit seinem privaten Schlüssel.

Manchmal findet man statt der Bezeichnung symmetrische bzw. asymmetrische Verschlüsselung auch die Begriffe *Secret-Key-Verschlüsselung* und *Public-Key-Verschlüsselung*.

[zB] Ein bekanntes Beispiel für eine symmetrische Verschlüsselung ist DES, ein Beispiel für asymmetrische Verschlüsselung ist RSA. RSA erfreut sich zunehmender Beliebtheit und findet z. B. bei X509, IPSec, Secure Shell (SSH) oder Pretty Good Privacy (PGP) Anwendung. Ich möchte Sie mit Abschnitt 34.6, »Der GNU Privacy Guard (GnuPG)«, gerne schrittweise an die Anwendung eines beliebigen asymmetrischen Verschlüsselungsverfahrens anhand eines Beispiels heranführen.

34.3 Hybride Verschlüsselung

Die Vorteile der asymmetrischen Verschlüsselung gehen stark zulasten der Geschwindigkeit, da längere Schlüssel benötigt werden und die Verschlüsselung aufwendiger ist. Deshalb wird heute bei den meisten Anwendungen ein hybrides Verfahren aus symmetrischer und asymmetrischer Verschlüsselung verwendet.

Die asymmetrische Verschlüsselung wird dabei nur verwendet, um einen gemeinsamen Sitzungsschlüssel (*session key*) auszutauschen. Dieser für alle Kommunikationspartner gleiche Schlüssel wird danach regelmäßig erneuert.

[zB]

- A generiert einen Sitzungsschlüssel.
- A verschlüsselt den Sitzungsschlüssel mit seinem privaten Schlüssel.
- B entschlüsselt den Sitzungsschlüssel mit öffentlichem Schlüssel von A.
- A und B kommunizieren über den Sitzungsschlüssel.

34.4 Signaturen

Der private Schlüssel kann auch noch für eine andere Aufgabe als zum Entschlüsseln verwendet werden: für eine digitale Unterschrift (Signatur).

Die eigentliche Botschaft wird dabei nicht verschlüsselt. Aber es wird zusätzlich eine mit dem privaten Schlüssel erstellte Prüfsumme angehängt. Dieser verschlüsselte Anhang kann dann mit dem öffentlichen Schlüssel des Signierenden entschlüsselt werden. Damit kann sichergestellt werden, dass die Botschaft nicht verfälscht wurde.

[zB]

- A signiert mit seinem privaten Schlüssel.
- B überprüft die Signatur mit öffentlichem Schlüssel von A.

34.5 (Un-)Sicherheitsfaktoren der Verschlüsselung

Theoretisch ist mit genügend Zeit jeder Schlüssel knackbar. Ein Angreifer könnte schlicht alle möglichen Schlüssel ausprobieren.

Dabei spricht man von einer *Brute Force Attack* (engl. *Angriff mit roher Gewalt*). Dabei stehen dem Angreifer diverse Hilfsmittel zur Verfügung: Er kann z. B. Begriffe aus Wörterbüchern ausprobieren (sog. *Dictionary Attack*).

Diese Angriffsarten müssen Sie insbesondere bei *preshared keys* berücksichtigen. Wenn Sie z. B. einen Schlüssel für Ihr WLAN festlegen, verwenden Sie bitte [!]

- keine Begriffe aus dem Wörterbuch! Im Idealfall zufällig generierte Zeichenketten.
- keine kleinen Schlüssellängen! Ein Schlüssel mit mindestens 40 Zeichen Länge gilt momentan als relativ sicher gegenüber Brute Force Attacken.

34.6 Der GNU Privacy Guard (GnuPG)

GnuPG (siehe *http://www.gnupg.org*) ist kompatibel mit Pretty Good Provacy (PGP). Beide orientieren sich am Standard OpenPGP. GnuPG wurde von Werner Koch entwickelt. Die Version 1.0 wurde 1999 fertiggestellt. Zurzeit ist die Version 2.0 aktuell.

[!] Seit GnuPG Version 2 ist ein laufender `gpg-agent` Voraussetzung für die Arbeit mit GnuPG. In der Regel wird dieser Dienst automatisch gestartet, sobald er benötigt wird. Manchmal funktioniert das nicht zuverlässig, und der `gpg-agent` muss mit dem Kommando

```
eval `gpg-agent --daemon`
```

von Hand gestartet werden. Achten Sie aber darauf, dass jeder Benutzer nur einen `gpg-agent` startet!

Ich möchte Ihnen die Funktionsweise von GnuPG zunächst an einem Beispiel veranschaulichen.

[zB] Klaus und Marie kochen leidenschaftlich gerne. Seit einiger Zeit versucht die Oma von Klaus verzweifelt herauszubekommen, wie Marie ihren berühmten Borschtsch zubereitet. Marie möchte das Rezept jedoch gerne vor der Oma von Klaus geheim halten. Klaus hingegen soll ausnahmsweise eine Kopie des Rezepts erhalten. Da Sie vermutet, dass die Oma in Klaus' LAN geeignete Abhörmechanismen installiert hat, möchte sie ihr Rezept verschlüsselt an Klaus verschicken.

34.6.1 Schlüsselgenerierung

Dazu erstellt der Empfänger Klaus mit GnuPG zunächst ein Schlüsselpaar:

```
klaus@siegfried:~> gpg --gen-key
gpg (GnuPG) 2.0.9; Copyright (C) 2008 Free Software Foundation, Inc.
This is free software: you are free to change and redistribute it.
There is NO WARRANTY, to the extent permitted by law.
Bitte wählen Sie, welche Art von Schlüssel Sie möchten:
   (1) DSA und ELGamal (voreingestellt)
   (2) DSA (nur unterschreiben/beglaubigen)
   (5) RSA (nur signieren/beglaubigen)
Ihre Auswahl?
```

Klaus wählt das voreingestellte DSA und ELGamal. Der sogenannte DSA-(Haupt-) Schlüssel kann so für Signierungen verwendet werden, der ELGamal-(Unter-) Schlüssel zur eigentlichen Verschlüsselung von Daten.

Danach wird Klaus aufgefordert, die *Schlüssellänge* seines ELGamal-Schlüssels zu bestimmen. Je länger der Schlüssel, desto höher die später benötigte Rechenleistung. Je kürzer der Schlüssel, desto leichter ist er zu knacken:

```
Das DSA-Schlüsselpaar wird 1024 Bit haben.
ELG-Schlüssel können zwischen 1024 und 4096 Bit lang sein.
Welche Schlüssellänge wünschen Sie? (2048)
```

Sie sollten die Schlüssellänge mit Bedacht wählen, da sie für einen existierenden Schlüssel nicht im Nachhinein verändert werden kann! [!]

Jetzt ist noch zu bestimmen, wie lange der Schlüssel *gültig* sein soll:

```
Bitte wählen Sie, wie lange der Schlüssel gültig bleiben soll.
         0 = Schlüssel verfällt nie
      <n>  = Schlüssel verfällt nach n Tagen
      <n>w = Schlüssel verfällt nach n Wochen
      <n>m = Schlüssel verfällt nach n Monaten
      <n>y = Schlüssel verfällt nach n Jahren
Wie lange bleibt der Schlüssel gültig? (0)
```

Jetzt muss Klaus noch persönliche Informationen eingeben, die es anderen ermöglichen werden, ihn eindeutig zu identifizieren. Unter anderem gibt Klaus seine E-Mail-Adresse `klaus@pcnetzwerke.de` ein.

Zum Abschluss wird Klaus gebeten, eine *Passphrase* (dt. *Kennwortsatz*) einzugeben (siehe Abbildung 34.1). Da die Passphrase unter dem Sicherheitsaspekt als kritisch betrachtet werden muss, sollte es an dieser Stelle weder an Kreativität noch an Sorgfalt mangeln. Es sollte ein möglichst langer und sinnfreier Satz mit vielen Sonderzeichen sein. Er sollte nicht in Büchern oder Lexika vorkommen oder in irgendeiner Form zu erraten sein.

Abbildung 34.1 Jeder private Schlüssel sollte gut gesichert werden.

Die Passphrase hält Klaus genauso unter Verschluss wie seinen privaten Schlüssel. Dieser befindet sich im Ordner *~/.gnupg*. Von seinen Schlüsselbunden *secring.gpg* und *pubring.gpg* legt er gleich eine Kopie auf einer Diskette an und verwahrt diese sicher.

34.6.2 Export

Klaus muss seinen öffentlichen Schlüssel nun an Marie weitergeben. Dazu kann er ihn zunächst in ein lesbares Format bringen:

```
klaus@siegfried:~$ gpg --armor --output pubkey.gpg
--export klaus@pcnetzwerke.de
```

Den Inhalt der so erzeugten Datei *pubkey.gpg* kann sich Klaus mit dem Kommando `cat pubkey.gpg` ansehen und ihn Marie zukommen lassen.

34.6.3 Import

Marie hat eine E-Mail erhalten, in der sie den öffentlichen Schlüssel von Klaus vermutet. Sie kann den Schlüssel nun zu ihrem Schlüsselbund hinzufügen:

```
marie@suse:~> gpg --import pubkey.gpg
```

34.6.4 Überprüfung

Klaus hat seinen öffentlichen Schlüssel an Marie versendet. Im besten Fall hat er den Schlüssel auf einer Diskette persönlich übergeben. Aber wie kann Marie sich sicher sein, dass der Schlüssel unterwegs in der E-Mail nicht verfälscht wurde, wenn er als E-Mail-Anhang verschickt wurde? In diesem Fall können Sie auf den *Fingerprint* (dt. *Fingerabdruck*) des Schlüssels vertrauen.

Den 16 Byte langen Fingerprint des öffentlichen Schlüssels von Klaus können sich sowohl Klaus als auch Marie anzeigen lassen:

```
gpg --fingerprint klaus@pcnetzwerke.de
pub   1024D/3E6B1C1C 2005-12-20
  Schl.-Fingerabdruck = F0EB CF27 2A21 CA9C 3E38  CB0D 8975
2903 3E6B 1C1C
uid Klaus Loddenkötter <klaus@pcnetzwerke.de>
sub 2048g/626D4998 2005-12-20
```

Telefonisch vergleichen Klaus und Marie nun den Fingerprint. Damit haben die beiden sichergestellt, dass die Oma den Schlüssel auf dem Datenweg nicht heimlich vertauscht hat.

34.6.5 Signierung

Wenn Marie den importierten Schlüssel anwenden möchte, wird sie in der Regel gefragt werden, ob sie dem öffentlichen Schlüssel von Klaus wirklich vertrauen möchte. Da Marie Klaus persönlich kennt und sie den Fingerprint seines öffentlichen Schlüssels genau überprüft hat, möchte sie den Schlüssel nun für sich und auch andere beglaubigen. Dafür benötigt Marie einen eigenen privaten Schlüssel, den sie mit den gleichen Kommandos, wie es zuvor Klaus getan hat, erzeugt. Mit der Signierung beglaubigt Marie, dass der Schlüssel wirklich zu Klaus gehört. Sie gelangt über das Kommando `gpg --edit-key klaus@pcnetzwerke.de` in den Schlüsseleditor. Mit dem Wort `sign` signiert sie den öffentlichen Schlüssel von Klaus:

```
Befehl> sign
pub 1024D/3E6B1C1C erzeugt: 2005-12-
20 verfällt: niemals     Aufruf: CS
        Vertrauen: unbekannt     Gültigkeit: unbekannt
Haupt-Fingerabdruck  = F0EB CF27 2A21 CA9C 3E38  CB0D 8975 2903
3E6B 1C1C
     Klaus Loddenkötter <klaus@pcnetzwerke.de>
Sind Sie wirklich sicher, dass Sie vorstehenden Schlüssel mit Ihrem
Schlüssel "Marie Mayer <marie@pcnetzwerke.de>" (CC95FB0E) beglaubigen
wollen?
Wirklich unterschreiben? (j/N)
```

Den signierten öffentlichen Schlüssel von Klaus kann Marie nun zusammen mit ihrem eigenen öffentlichen Schlüssel wieder an Klaus zurückgeben. Dieser importiert seinen von Marie signierten öffentlichen Schlüssel dann in sein Schlüsselbund. Für jeden, der in Zukunft in den Besitz von Klaus' öffentlichen Schlüssel kommt, ist auf Anhieb ersichtlich, dass Marie für die Echtheit des Schlüssels von Klaus garantiert. Mit dem Wort `check` überprüft Marie den Erfolg:

```
Befehl> check
uid  Klaus Loddenkötter <klaus@pcnetzwerke.de>
sig!3  3E6B1C1C 2005-12-20  [Eigenbeglaubigung]
sig!   CC95FB0E 2006-01-03  Marie Mayer <marie@pcnetzwerke.de>
```

34.6.6 Verschlüsselung

Marie ist nun in der Lage, ihr Kochrezept *Kochrezept.doc* mit dem öffentlichen Schlüssel von Klaus zu verschlüsseln. Da sie mehrere Schlüssel an ihrem Schlüsselbund haben könnte, bestimmt sie genau den Empfänger und damit den öffentlichen Schlüssel, der zur Verschlüsselung dienen soll:

```
marie@suse:~> gpg --encrypt --recipient klaus@pcnetzwerke.de
--output Kochrezept.gpg Kochrezept.doc
```

Die auf diese Weise erzeugte verschlüsselte Datei *Kochrezept.gpg* verschickt Marie nun an Klaus.

34.6.7 Entschlüsselung

Klaus kann das Kochrezept leicht wieder in lesbare Form bringen. Er ist im Besitz des privaten Schlüssels zur Entschlüsselung der Datei. Zusätzlich benötigt er die Passphrase, die er bei der Erzeugung seines Schlüsselpaares eingegeben hat:

```
klaus@siegfried:~> gpg Kochrezept.gpg
```

Ich habe Ihnen den Weg gezeigt, wie Marie ihre Daten sicher an Klaus versenden kann. Im richtigen Leben würde Marie ihren öffentlichen Schlüssel wahrscheinlich an Klaus weitergeben, um damit eine zweiseitige verschlüsselte Kommunikation zu ermöglichen.

34.6.8 Vertrauen

Marie hat sich persönlich von der Echtheit des Schlüssels von Klaus überzeugt. Doch ein Bekannter von Klaus möchte nun ebenfalls eine Kopie des Kochrezepts haben. Marie sieht, dass sein öffentlicher Schlüssel von Klaus unterschrieben ist. Sie hat nun zwei Möglichkeiten: entweder Klaus zu vertrauen oder nicht.

Dabei spielt es eine Rolle, inwieweit Marie Klaus dahingehend vertraut, dass auch er einen Schlüssel erst nach eingehender Prüfung signiert. Es gibt fünf Vertrauensstufen:

- 1 = Unbekannt: Sie können oder wollen nicht sagen, ob Sie dem Schlüsseleigentümer vertrauen.
- 2 = Kein Vertrauen: Der Schlüsseleigentümer signiert nicht so, wie Sie es tun und von anderen erwarten.
- 3 = Teilweises Vertrauen: Der Eigentümer überprüft Schlüssel immer, bevor er sie unterschreibt.
- 4 = Volles Vertrauen: Der Eigentümer genießt in Bezug auf den richtigen Umgang mit Schlüsseln Ihr volles Vertrauen.
- 5 = Ultimatives Vertrauen: Dieses Vertrauen genießt z. B. der eigene Schlüssel.

Mit dem Wort `trust` legen Sie die Stufe des Vertrauens fest:

```
Befehl> trust
pub 1024D/3E6B1C1C erzeugt: 2005-12-20 verfällt: niemals     Aufruf: CS
                   Vertrauen: unbekannt     Gültigkeit: vollständig
sub 2048g/626D4998 erzeugt: 2005-12-20 verfällt: niemals     Aufruf: E
```

```
[  vollst.  ] (1). Klaus Loddenkötter <klaus@pcnetzwerke.de>
Bitte entscheiden Sie, inwieweit Sie diesem User zutrauen, Schlüssel
anderer User korrekt zu prüfen (durch Vergleich mit Lichtbildausweisen,
Vergleich der Fingerabdrücke aus unterschiedlichen Quellen ...)?
 1 = Weiß nicht so recht
 2 = Nein, ihm traue ich NICHT
 3 = Ich vertraue ihm marginal
 4 = Ich vertraue ihm vollständig
 5 = Ich vertraue ihm absolut
 m = Zurück zum Menü
Ihre Auswahl?
```

Die Informationen über Ihr Vertrauen in den Eigentümer eines Schlüssels werden in der Datei *trustdb.gpg* gespeichert.

Exkurs

Marie kann nun festlegen, inwieweit ein von ihr selbst nicht unterschriebener Schlüssel trotzdem als gültig anerkannt werden soll, indem sie Bedingungen vorgibt, unter denen sie bereit ist, einen solchen Schlüssel zu akzeptieren. Marie verändert z. B. mit den Optionen `--marginals-needed` und `--completes-needed` die Anzahl der aus ihrer Perspektive teilweise vertrauenswürdigen oder voll vertrauenswürdigen Schlüsselsignaturen des fremden Schlüssels, die dazu nötig sind. Das so entstehende Netz von Vertrauensbeziehungen nennt man *web of trust* (dt. *Vertrauensnetz*).

Es würde an dieser Stelle zu weit führen, Ihnen die genaue Funktionsweise des *web of trust* zu erläutern. Bei Interesse empfehle ich Ihnen die Lektüre der Man-Pages und die Suche im Internet.

34.6.9 Keyserver

Klaus und Marie haben verschiedene Möglichkeiten, ihre öffentlichen Schlüssel bekannt zu machen. Ein sehr populärer Weg ist das Hochladen des Schlüssels auf einen *Keyserver* (dt. *Schlüsseldienst*). Marie bestimmt einen Server in der Datei *gpg.conf* und kopiert ihren öffentlichen Schlüssel auf den Server:

```
gpg --send-keys <Schlüssel-ID>
```

Die Schlüssel-ID des Unterschlüssels erfährt Marie aus der Ausgabe des Kommandos `gpg -list-keys`. Es ist der Wert hinter dem »/«.

Weltweit kann Maries öffentlicher Schlüssel ab sofort mit dem Kommando `gpg --recv-keys <Schlüssel-ID>` heruntergeladen werden.

Keyserver dienen also der Verbreitung und Veröffentlichung von Schlüsseln. Dieses gilt auch, wenn nachträglich Veränderungen an einem Schlüssel vorgenommen wurden.

Marie könnte den von ihr unterschriebenen Schlüssel von Klaus auf dessen Wunsch hin auch direkt auf einen Keyserver kopieren.

34.6.10 Keysigning parties

Keysigning parties sind eine Möglichkeit, Schlüssel zu prüfen und zu signieren. Mehr dazu erfahren Sie im Internet unter *http://alfie.ist.org/projects/gpg-party/gpg-party.de.html*.

34.6.11 Verschlüsselte Kommunikation mit Servern

Ähnlich der verschlüsselten Kommunikation von Klaus und Marie funktioniert auch die Verschlüsselung von Webservern und anderen Servern im Internet. Wenn Sie z. B. eine Verbindung zu Ihrem Online-Banking-Server aufmachen, dann werden Sie von Ihrem Browser gefragt, ob Sie den öffentlichen Schlüssel Ihrer Bank akzeptieren möchten. Dabei werden Sie darauf aufmerksam gemacht, dass eine vertrauenswürdige Instanz diesen Schlüssel bereits signiert, also zertifiziert hat. Diese Serverzertifikate werden von vielen Organisationen im Internet angeboten. Eine der bekanntesten ist VeriSign (siehe *http://www.verisign.de/*). Das Kapital dieser Firmen beruht auf dem Geheimhalten Ihrer root-Zertifikate, mit denen Sie durch die Signatur bestätigen, dass es sich bei dem Schlüssel eines Internetdiensts tatsächlich um den versprochenen Anbieter handelt.

Diese Zertifikate sind in der Regel recht teuer und müssen regelmäßig erneuert werden. Für Privatpersonen ist dieser Weg daher uninteressant. Eine freie, aber fast genauso sichere Alternative ist CAcert (siehe *http://www.cacert.org/*). Hier entscheidet nicht ein einzelnes Unternehmen über Ihre Glaubwürdigkeit. Vielmehr benötigen Sie mehrere Personen, die höchstselbst Ihre Person bestätigen. Je mehr Personen für Sie bürgen, desto mehr steigt auch das Ansehen Ihrer Schlüssel!

[»] Sie finden bei CAcert auch Anleitungen, wie Sie mit Ihrem Browser Serverzertifikaten von CAcert vertrauen können.

34.6.12 KGpg

In der KDE-Umgebung gibt es ein grafisches Programm, das Ihnen die Arbeit mit GnuPG vereinfachen kann. KGpg dient als grafisches Frontend für GnuPG (siehe Abbildung 34.2). Wenn Sie also die Funktionsweise von GnuPG verstanden haben, wird Ihnen die Arbeit mit KGpg sehr leicht fallen.

Abbildung 34.2 Grafische Schlüsselverwaltung mit KGpg

Wenn Sie mehr über GnuPG lesen möchten, empfehle ich Ihnen die Anleitung auf der Internetseite *http://www.gnupg.org/gph/de/manual.*

Der vorliegende Abschnitt ist noch lange keine abschließende Beschreibung der Möglichkeiten von GnuPG. Es geht mir nur darum, Ihnen die Funktionsweise zu veranschaulichen. GnuPG hat noch viele andere praktische Anwendungsmöglichkeiten. Eine davon möchte ich Ihnen im folgenden Abschnitt zeigen.

34.7 E-Mails mit GnuPG und Enigmail verschlüsseln

Jedes gute Mailprogramm unterstützt Verschlüsselung. Meistens muss dafür aber nachträglich Software installiert werden. siegfried und SUSE liefern jeweils die GnuPG-Software schon mit. Auf mit GnuPG kombinierte grafische Oberflächen wie WinTP gehe ich hier nicht ein, da Sie die Schlüsselverwaltung später mit dem E-Mail-Programm erledigen können.

34.7.1 Installation

Für Windows müssen Sie zunächst GnuPG installieren. Sie finden die Installationsdatei auf der DVD im Verzeichnis */software/sicherheit*.

Aufgrund der vielen verschiedenen Mailprogramme und der Dokumentation im Internet macht es keinen Sinn, an dieser Stelle verschiedene GnuPG-Implementierungen zu beschreiben. Ich werde mich daher auf das Beispiel der Verwendung von GnuPG mit dem Mozilla Thunderbird (*http://www.mozilla.org/thunderbird*) beschränken. Wenn Sie ein anderes Mailprogramm aufrüsten möchten, dann finden Sie im Internet z. B. auf der Seite *http://www.uni-koeln.de/rrzk/sicherheit/pgp* mehrere Anleitungen unter den Menüpunkten WINDOWS und LINUX.

Die *Installation* von GnuPG unter Windows ist sehr einfach. Merken Sie sich stets den Pfad der Installation (siehe Abbildung 34.3)!

Abbildung 34.3 Die Installation des GnuPG unter Windows

Neben GnuPG benötigen Sie außerdem die Enigmail-Erweiterung für den Thunderbird (siehe *http://www.erweiterungen.de*). Auf der DVD finden Sie Enigmail 0.95.7 für den Thunderbird 2 im Verzeichnis */software/sicherheit/*.

Starten Sie den Thunderbird, und wählen Sie EXTRAS • ERWEITERUNGEN • INSTALLIEREN. Jetzt wählen Sie die XPI-Datei aus.

34.7.2 Konfiguration

Nach der erfolgreichen Installation von Enigmail sehen Sie nach einem Neustart des Thunderbird das zusätzliche Menü OPENPGP (siehe Abbildung 34.4). Sie klicken auf EINSTELLUNGEN... und weisen zunächst den Pfad der GnuPG-Anwendung zu, falls er noch nicht korrekt von Enigmail erkannt wurde. Unter Windows ist das die Datei *gpg.exe* im bei der Installation von GnuPG festgelegten Verzeichnis. Die anderen Einstellungen können Sie zunächst so belassen.

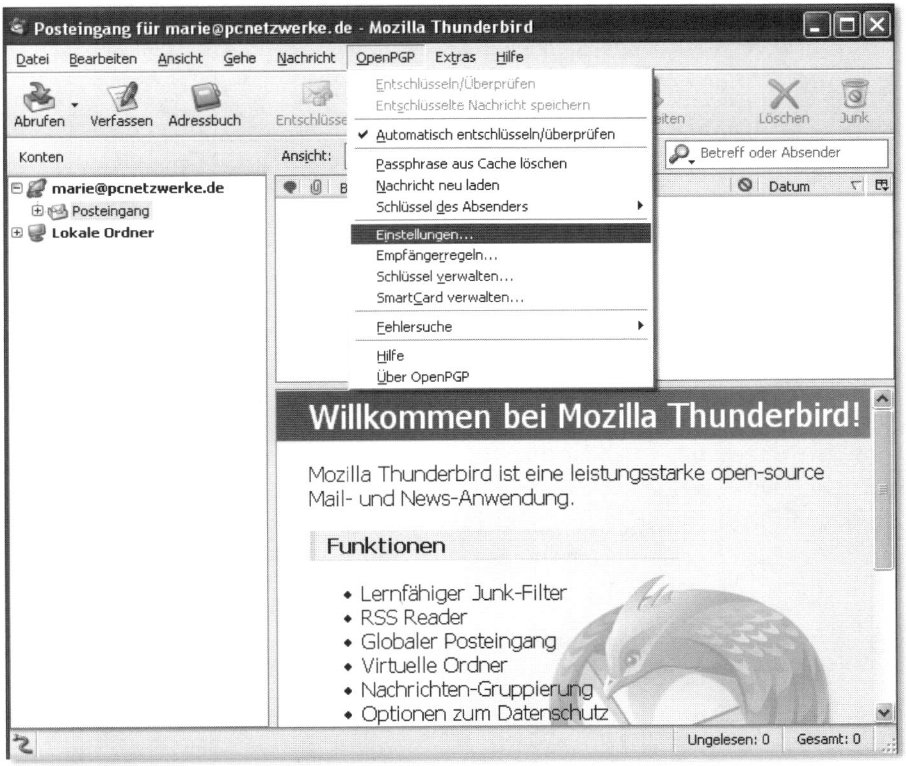

Abbildung 34.4 Der Thunderbird nach der Installation von OpenPGP

Wenn Sie bereits in Besitz eines privaten oder öffentlichen Schlüsselbunds sind, dann können Sie diese Datei nun importieren. Nach einem Klick auf GNUPG • SCHLÜSSEL VERWALTEN... öffnet sich die Schlüsselverwaltung in einem neuen Fenster. Wenn Sie noch keinen pivaten Schlüssel besitzen, erzeugen Sie diesen mit einem Klick auf ERZEUGEN • NEUES SCHLÜSSELPAAR. Die von Ihnen verlangten Angaben können Sie bei Bedarf noch einmal in Abschnitt 34.6.1, »Schlüsselgenerierung«, nachlesen.

Bereits bestehende Schlüsselbunde können Sie über Datei • Importieren weiterverwenden. Das trifft natürlich auch auf die unter Linux erstellten Dateien *secring.pgp* und *pubring.pgp* aus dem Verzeichnis *.gnupg* zu. Mit der Enigmail-Schlüsselverwaltung haben Sie gleichzeitig ein mächtiges Werkzeug zur Verwaltung Ihrer Schlüssel zur Verfügung. Fast alles, was Sie auf der Kommandozeile machen können, können Sie nun auch komfortabel mit der Schlüsselverwaltung erledigen.

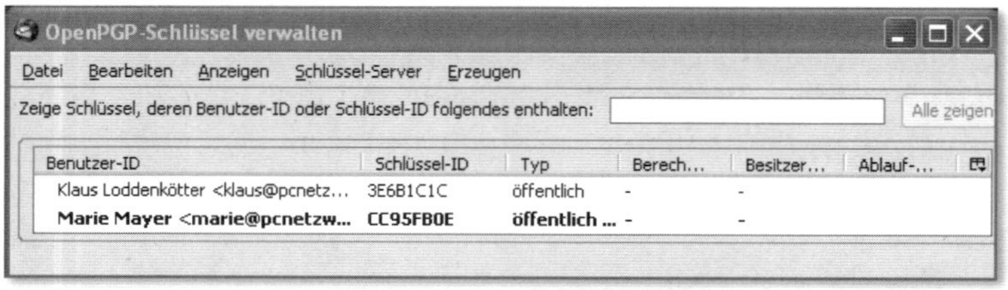

Abbildung 34.5 Die Schlüsselverwaltung von Enigmail

Unter Extras • Konten • OpenPGP-Sicherheit aktivieren Sie für jedes gewünschte E-Mail-Konto die Verschlüsselung mit der Option OpenPGP-Unterstützung für diese Identität aktivieren. Danach können Sie auswählen, ob Sie Nachrichten standardmässig verschlüsseln möchten oder nicht.

Falls Sie sich gegen die standardmäßige Verschlüsselung entscheiden, können Sie trotzdem jede einzelne neue E-Mail mit einem Klick auf OpenPGP verschlüsseln lassen (siehe Abbildung 34.6). Ein kleiner Schlüssel unten rechts im Fenster zeigt Ihnen an, dass der Thunderbird die E-Mail vor dem Absenden noch verschlüsseln wird.

Abbildung 34.6 Eine verschlüsselte Nachricht wird erzeugt.

Erschrecken Sie nicht, wenn Sie nach dem Klick auf SENDEN Ihre Passphrase eingeben sollen! Dies dient lediglich dazu, eine eventuell gewünschte Signatur der Nachricht zu authentifizieren.

Denn genau so, wie Sie andere Schlüssel signieren, können Sie auch eine Nachricht mit Ihrem privaten Schlüssel unterschreiben. [«]

34.7.3 PGP/Mime

Wenn Sie PGP/MIME verwenden, dann haben Sie Vorteile und auch Nachteile. Die E-Mail-Anhänge werden automatisch zusammen mit dem Text der E-Mail verschlüsselt. Aber einige E-Mail-Programme unterstützen PGP/MIME noch nicht. Für diesen Fall bietet Ihnen Enigmail an, jeden Anhang einzeln (PGP/inline) zu verschlüsseln.

Der Empfänger kann die Nachricht mit seinem privaten Schlüssel nach Eingabe seiner Passphrase wieder entschlüsseln. Er kann die E-Mail mit dem Thunderbird wie eine nicht verschlüsselte Nachricht bearbeiten (siehe Abbildung 34.7).

Abbildung 34.7 Die Nachricht ist angekommen.

34.8 GnuPG und Mac OS X

Für die Installation und Konfiguration unter Mac OS X müssen Sie etwas mehr Arbeit investieren, werden aber am Ende mit einer funktionierenden Integration in Mail belohnt. Zur Drucklegung des Buches waren die notwendigen Programme und Bestandteile noch nicht in einer unter Mac OS X 10.6 lauffähigen Version verfügbar. Insofern bezieht sich dieser Abschnitt zunächst nur auf Mac OS X 10.5.

Um GnuPG mit Apple Mail zu verwenden, müssen Sie zwei Programme und eine Erweiterung für Mail installieren. Zunächst benötigen Sie das GnuPG-Basissystem, das Sie unter *http://macgpg.sourceforge.net* herunterladen können. Zur Drucklegung war die Version 1.4.9 aktuell. Auf dieser Webseite finden Sie auch das Programm `GPG Keychain Access`, das Ihnen bei der Verwaltung der Schlüssel gute Dienste leisten wird. Zur Integration von GPG in Mail können Sie unter *http://www.sente.ch* die Erweiterung `GPGMail` herunterladen.

Zunächst müssen Sie das Grundsystem installieren. In der von der Seite *http://macgpg.sourceforge.net* heruntergeladenen Festplattenabbildung finden Sie ein Installationspaket, das Sie mit einem Doppelklick im Installationsprogramm von Mac OS X öffnen und mit dem Sie die Installation durchführen können.

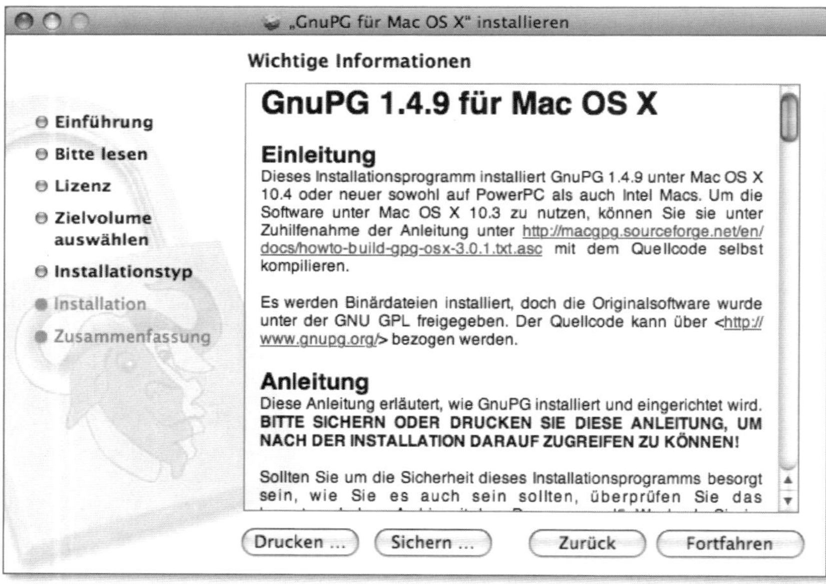

Abbildung 34.8 Das Grundsystem kann mit einem Installationspaket eingerichtet werden.

Der zweite Schritt besteht in der Erzeugung Ihres Schlüsselpaars. Am Terminal können Sie mit dem Befehl

```
gpg --gen-key
```

ein neues Schlüsselpaar erzeugen. Gespeichert wird dies in dem Verzeichnis *~/.gnupg*, das im Finder unsichtbar ist.

Abbildung 34.9 Am Terminal kann das Schlüsselpaar erzeugt werden.

Wenn Sie Ihr privates Schlüsselpaar erzeugt haben, können Sie öffentliche Schlüssel anderer importieren. Dies könnten Sie zwar auch am Terminal mit dem Befehl `gpg` vornehmen, aber das Programm `GPG Schlüsselbund` bietet Ihnen eine grafische Oberfläche, mit der Sie bequem Schlüssel importieren und verwalten können.

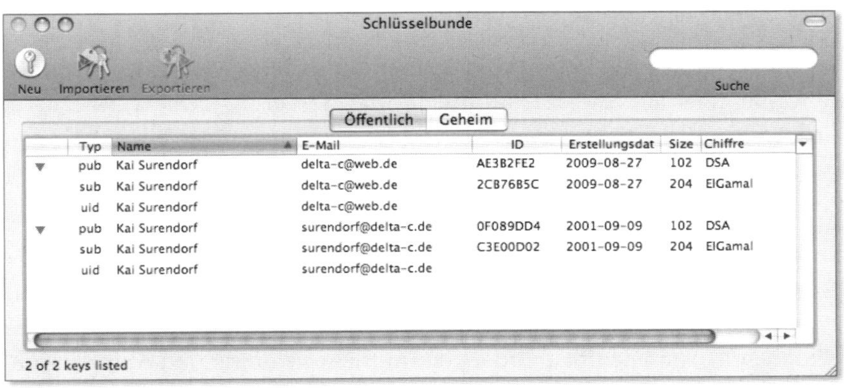

Abbildung 34.10 Mit dem Programm »GPG Schlüsselbund« können Schlüssel importiert, verwaltet und exportiert werden.

Für eine vollständige Integration von `GPG` in Apple Mail können Sie unter *http://www.sente.ch* die Erweiterung `GPGMail` herunterladen. In der Festplattenabbildung finden Sie (siehe Abbildung 34.11) ein AppleScript Install GPG-Mail. Wenn Sie dies mit einem Doppelklick starten, dann wird die Erweiterung im Verzeichnis *~/Library/Mail/Bundles* installiert und Apple Mail entsprechend vorkonfiguriert. Wenn Sie nun in Mail eine neue Nachricht erstellen, dann finden Sie dort unterhalb der Adressfelder auch die Möglichkeit, die Nachricht zu signieren und zu verschlüsseln. Erhalten Sie eine verschlüsselte Nachricht, dann erscheint die Schaltfläche ENTSCHLÜSSELN.

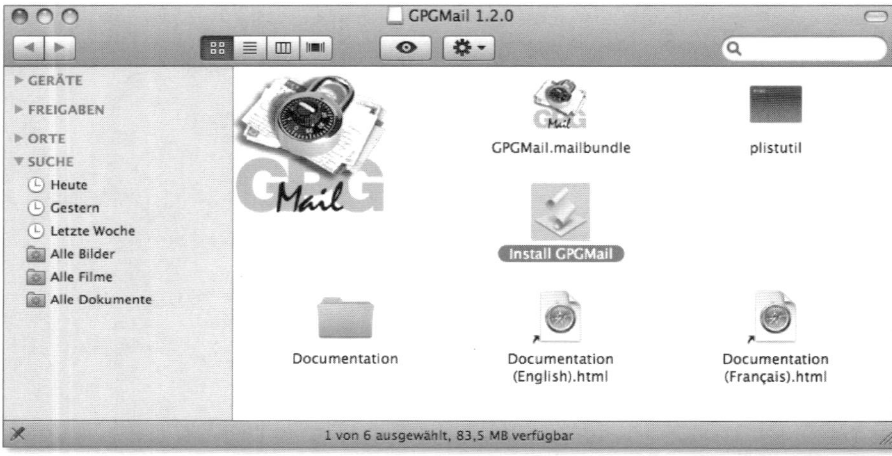

Abbildung 34.11 Über das AppleScript Install GPGMail kann die Erweiterung für Mail bequem installiert werden.

34.9 Virtual Private Network

Sie möchten sicherheitskritische Daten über ein unsicheres Medium transportieren: Sie wollen über das Internet auf Ihren E-Mail-Server im Firmen-LAN zugreifen. Vielleicht beabsichtigen Sie aber auch, das Netzwerk einer Filiale mit dem Netzwerk der Hauptverwaltung zu verbinden oder ein grundstücksübergreifendes WLAN aufzubauen?

Damit diese Kommunikation sicher stattfinden kann, geht ein *Virtual Private Network* (VPN) den folgenden Weg: Es wird ein Tunnel zwischen den Kommunikationspartnern aufgebaut, so als ob der eine bei dem anderen Teilnehmer angerufen hätte. Bei diesem Tunnelaufbau findet eine Authentifizierung und Autorisierung statt. Nach dem Tunnelaufbau werden die eigentlichen Daten übertragen.

Da Internetzugänge häufig anzutreffen sind und die Bandbreiten der Internetzugänge sich in den letzten Jahren deutlich erhöht haben, besteht immer häufiger Bedarf an VPNs, die das Internet als Transportnetz verwenden. Selbst ein permanenter Internetzugang mit 2-Mbit/s-SDSL ist kostengünstiger als eine Standleitung über eine größere Entfernung mit 128 Kbit/s.

Ein VPN kann zwischen (mindestens) zwei Rechnern oder zwischen (mindestens) zwei Netzen aufgebaut werden. Im Zusammenhang mit VPNs begegnen Ihnen mindestens drei Abkürzungen: PPTP, L2TP und IPSec. Hinter diesen Abkürzungen verbergen sich verschiedene VPN-Verfahren. Es gibt noch weitere Möglichkeiten, die in diesem Buch nicht weiter vertieft werden.

34.9.1 PPTP

PPTP (*Tunneling Protocol*) ist eine ISO-/OSI-Schicht-2-Technologie. Dieses Protokoll verpackt Datenpakete in PPP-Rahmen. Alle Möglichkeiten des PPPs wie Authentifizierung, Adressvergabe, Datenkompression und Datenverschlüsselung stehen zur Verfügung. Die Authentifizierung findet meist mittels CHAP oder MS-CHAP statt. PPTP übermittelt die PPP-Rahmen, in IP-Paketen verpackt, über das IP-Netz zum Kommunikationspartner. PPTP hat den Nachteil, dass es nur über IP-Netzwerke arbeiten kann. Der Vorteil von PPTP ist seine große Verbreitung. So ist es ab Windows 95 in Microsoft Windows enthalten.

34.9.2 L2TP

L2TP konkurriert mit PPTP, ist ebenfalls eine ISO-/OSI-Schicht-2-Technologie und kann auch über andere als IP-Netzwerke übertragen. Dabei ist es das modernere Protokoll und bietet deutlich mehr Möglichkeiten als PPTP. Die Windows-Unterstützung besteht ab Windows 2000. Entgegen den Beschränkungen von PPTP besteht bei L2TP die Möglichkeit, eine Multi-Tunnel-Verbindung aufzubauen.

34.9.3 IPSec

IPSec (*IP Secure*) ist eine ISO-/OSI-Schicht-3-Technologie, also auf der Ebene von IP angesiedelt. IPSec umfasst dabei drei Funktionen:

- AH = Authentication Header
- ESP = Encapsulation Security Payload
- IKE = Internet Key Exchange

IPSec dient zur Verschlüsselung von Daten und kann mit und ohne Tunnel eingesetzt werden. Es ist möglich, das gesamte IP-Paket inklusive IP-Header zu verschlüsseln: Dies geschieht im Tunnel-Modus. Man nimmt Firewalls und Virenscannern bei der vollständigen Verschlüsselung die Möglichkeit, die IP-Pakete zu analysieren. Deshalb gibt es auch noch den Modus, der lediglich die Nutzdaten eines IP-Pakets verschlüsselt, den IP-Header aber unverschlüsselt lässt: Das ist der Transport-Modus. Allerdings hilft dieser Modus nur einer Packet-Filtering-Firewall (siehe Abschnitt 31.4, »Sicherheitslösungen im Überblick«), schließlich können weder die Firewall noch der Virenscanner die verschlüsselten Nutzdaten analysieren.

Häufig werden vorher verteilte Schlüssel (engl. *preshared keys*) verwendet. Dazu installieren Sie auf beiden Rechnern je ein Schlüsselpaar. Von diesen Schlüsseln wird zur Authentifizierung ein Hash-Wert gebildet, den der jeweilige Partner überprüft.

Bei IPSec kann man auch die automatische Schlüsselverwaltung *Internet Key Exchange* (*IKE*) einsetzen. Dabei handelt es sich um einen Standard, der in IPSec integriert ist, jedoch auf der Applikationsebene (ISO-/OSI-Schicht 7) angesiedelt ist. Bei dem Verbindungsaufbau zwischen den VPN-Teilnehmern müssen einige Parameter ausgehandelt werden (»Wie oft wird der Schlüssel neu generiert?«, »Welches Verschlüsselungsverfahren kommt zum Einsatz?« und Ähnliches). Diese Parameter werden in SAs[1] abgelegt und verwaltet.

Es gibt mehrere Möglichkeiten, eine VPN-Lösung aufzubauen. Die Architektur sollte sich immer zuerst an den Anforderungen orientieren.

34.9.4 End-to-Site-VPN

Wenn Sie Außendienstmitarbeiter und Heimarbeiter mit ihren Homeoffices[2] an Ihr Unternehmens-LAN anbinden möchten, spricht man von einem End-to-Site-VPN (siehe Abbildung 34.12). Ein Endgerät – das Notebook des Außendienstmitarbeiters, der PC des Heimarbeiters – verfügt über eine Software, den VPN-Client, und greift über das Internet auf den VPN-Punkt in Ihrem Netzwerk zu.

Beim in Abbildung 34.12 dargestellten Beispiel ist der Datenverkehr vom Laptop aus bis zum VPN-Server im LAN verschlüsselt.

[zB] Ich habe einen Draytec-Router getestet, mit dem ich PPTP aus dem Internet ermöglicht habe. Von einem Windows-Client wird ein PPP-Tunnel über das Internet mit dem PPTP-Server aufgebaut (siehe Abbildung 34.13).

---

1 SA = Security Association

2 Die Sprache der Netzwerke ist »Denglisch«, teilweise auch »Germisch«.

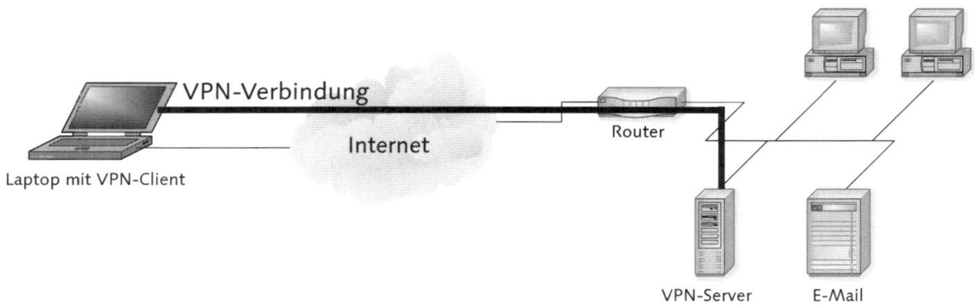

Abbildung 34.12 End-to-Site-VPN

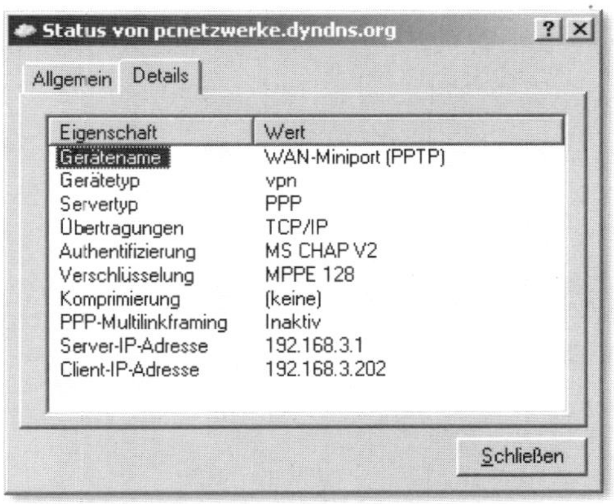

Abbildung 34.13 Der PPTP-Client im Internet

Der Server vergibt eine IP-Adresse, und der Client kann arbeiten, als würde er sich in meinem LAN befinden. Die Verbindung ist in der Statusübersicht des Routers mit einer öffentlichen IP-Addresse und einer virtuellen privaten IP-Addresse verzeichnet (siehe Abbildung 34.14).

Je nach eingesetzter Verschlüsselung könnte eine im Router implementierte Firewall die Datenpakete nicht kontrollieren. Daher wird im Idealfall zwischen dem VPN-Endpunkt und dem LAN noch eine weitere Firewall installiert, sodass eine demilitarisierte Zone (DMZ) entsteht (siehe Abbildung 34.15).

Der größte Vorteil einer End-to-Site-VPN-Lösung gegenüber einer Lösung mit direkter Einwahl über ISDN oder Modem ist einerseits, dass sie sehr kostengünstig angeboten wird. Andererseits ist sie sehr flexibel, da ein beliebiger Internetzugang ausreicht, um weltweit auf das Unternehmensnetz zuzugreifen.

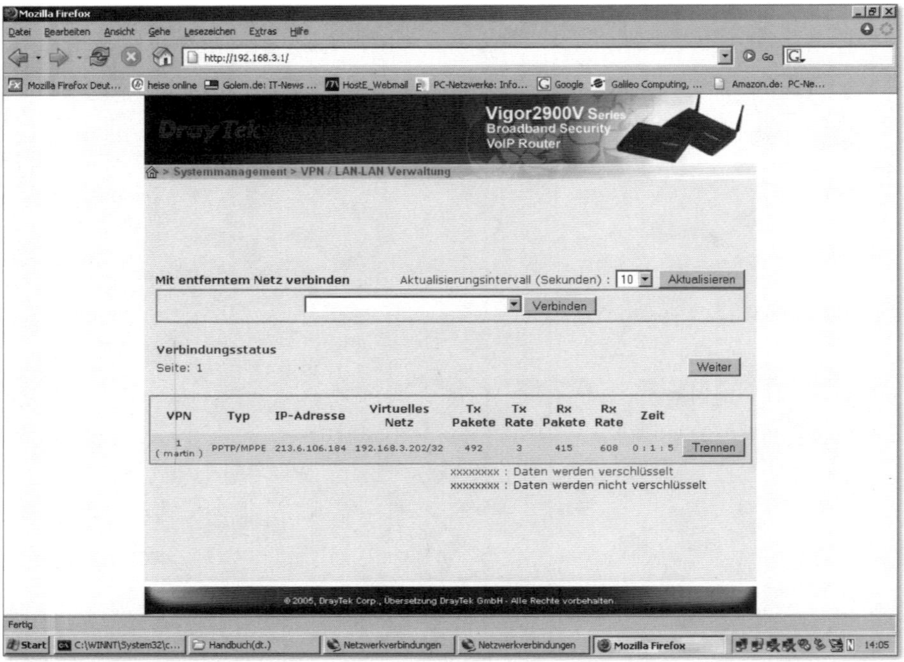

Abbildung 34.14 Die Verbindung wird vom Router verwaltet.

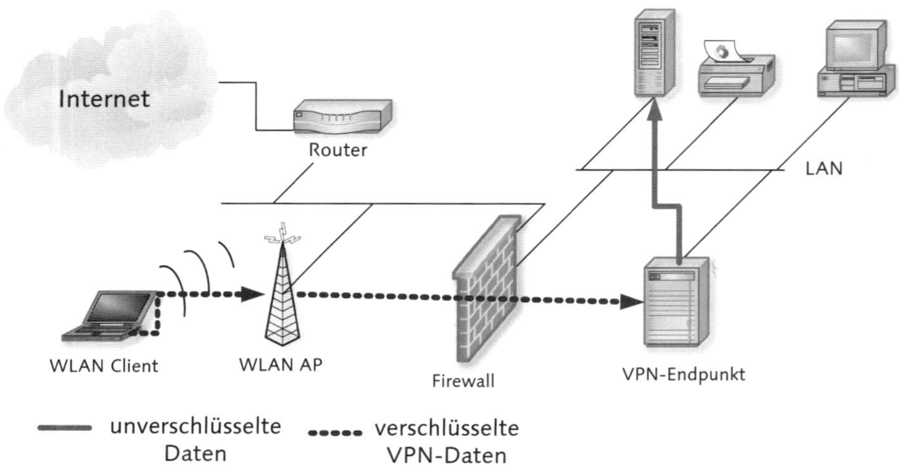

Abbildung 34.15 VPN-gesicherter WLAN-Zugriff

[zB] Die Firma Cisco Systems, der größte Netzwerkausrüster weltweit, bietet seinen Mitarbeitern die Möglichkeit, über das Internet und einen VPN-Client auf dem

Notebook auf das Firmennetzwerk zuzugreifen. Dabei ist es unerheblich, wie der Internetzugang ausgestaltet ist. Genutzt werden können Internetzugänge von Hotels, Flughäfen (z. B. Hot Spots) oder von zu Hause. Die VPN-Software stellt sicher, dass es unmöglich ist, die Daten zu entschlüsseln.

Sie können mit dem Software-Router FLI4L und OpenVPN selbst ein End-to-Site-VPN aus dem Internet zu Ihrem LAN aufbauen (siehe Abschnitt 35.3, »FLI4L und OpenVPN«). [«]

34.9.5 Site-to-Site-VPN

Die Kopplung von zwei LANs über ein VPN nennt man Site-to-Site- VPN. Dabei findet die Verschlüsselung zwischen zwei VPN-Gateways statt; innerhalb des LANs werden die Daten unverschlüsselt übertragen.

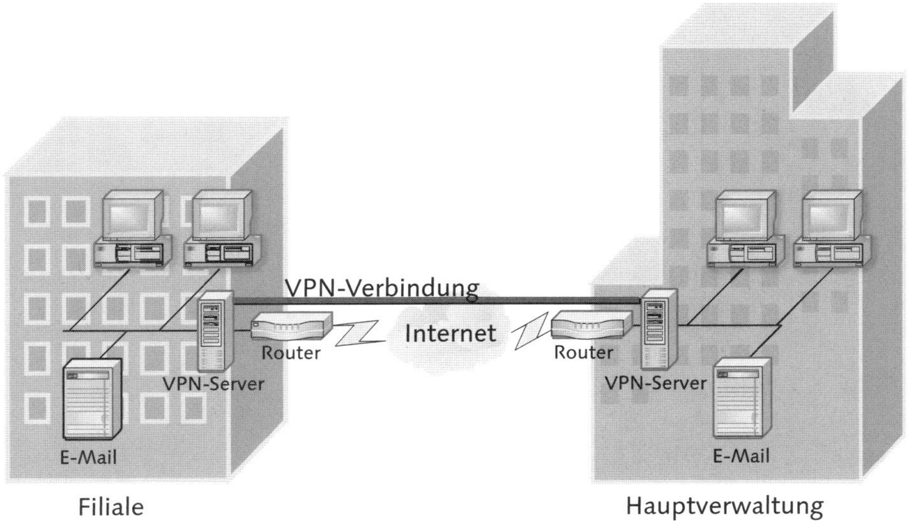

Abbildung 34.16 Site-to-Site VPN

Das in Abbildung 34.16 dargestellte VPN hat den Vorteil, dass lediglich die VPN-Server über die notwendigen Schlüssel verfügen müssen. Die einzelnen PCs adressieren ihre Daten über das VPN-Gateway an das andere Netz. Die Verschlüsselung ist Aufgabe des VPN-Servers. Dabei sind üblicherweise der Router und das VPN-Gateway ein Gerät mit zwei Aufgaben.

34.9.6 VPN zwischen Netzwerken

VPNs werden nicht nur über das Internet eingesetzt, sie kommen auch zur Kopplung von Unternehmensnetzen zum Einsatz. Unterhält man viele Site-to-Site-VPNs, kann dies in einer sternförmigen Struktur oder voll vermascht geschehen. In der sternförmigen Struktur muss es einen Mittelpunkt geben. Diese Situation ist insbesondere dann nicht gegeben, wenn kooperierende Unternehmen sich gegenseitig LAN-Zugänge einrichten. Möglich wäre der Aufbau eines voll vermaschten VPNs, wie in Abbildung 34.17 dargestellt.

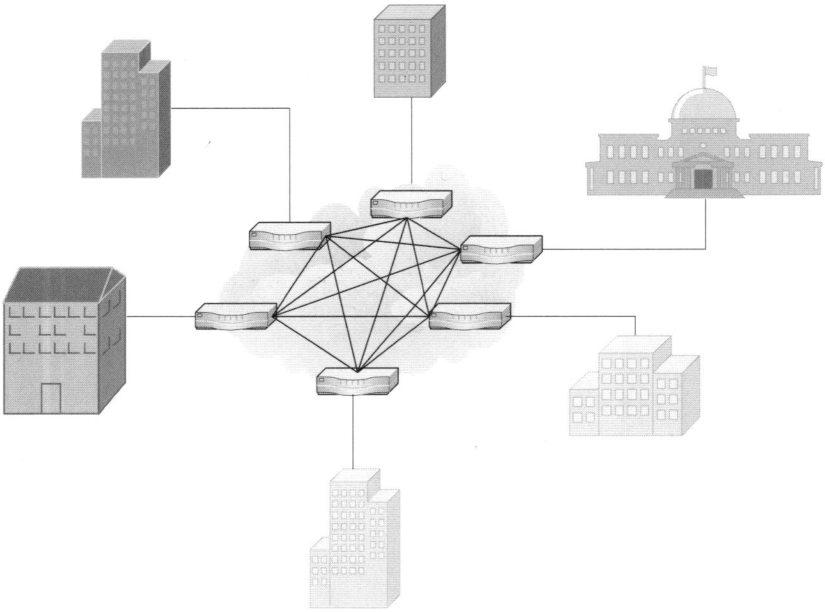

Abbildung 34.17 Voll vermaschtes VPN

Jeder Teilnehmer dieses VPN-Verbunds hat einen VPN-Tunnel zu jedem anderen Teilnehmer. Wie Sie sehen, entstehen auch bei wenigen Teilnehmern schon recht komplexe Strukturen. Es handelt sich bei n Teilnehmern um $(n^2\text{-}n)/2$-Verbindungen und um $n^2\text{-}n$-Tunnelenden, die verwaltet werden müssen.

[zB] Entsprechend gibt es im Beispiel von Abbildung 34.17 sechs Teilnehmer, 15 Verbindungen und 30 Tunnelenden. Bei nur drei weiteren Teilnehmern, in Summe also neun Teilnehmern, steigt der Administrationsaufwand auf 36 Verbindungen und 72 Tunnelenden, hat sich also mehr als verdoppelt. Stellen Sie sich einen großen Verbund von 50 Teilnehmern vor. Sie müssten sich um 1.225 Verbindungen und 2.450 Tunnelenden kümmern. Mit dem Wort unübersichtlich kann man eine solche Struktur sehr gut beschreiben.

Alternativ zur eigenen Verwaltung können Sie auch bei einem Provider VPNs mieten. Auf diese Weise ersparen Sie sich die aufwendige Konfiguration und Administration.

34.9.7 Hamachi – one click VPN

Hamachi ist eine einfache VPN-Lösung für Windows, Linux und Mac OS X. Dabei ist Hamachi für den nicht kommerziellen Einsatz kostenlos.

Installation

Unter *www.hamachi.cc* können Sie den jeweiligen aktuellen VPN-Client für Ihren PC herunterladen. In den Linux- und Mac OS X-Paketen befinden sich jeweils README-Dateien, die die Installation exakt beschreiben. Ich konzentriere mich an dieser Stelle auf die Windows-Installation. Durch diese wird der Anwender gut dokumentiert beraten und geführt. Nach Abschluss der Einstellungen wird die Installation zusammengefasst (siehe Abbildung 34.18).

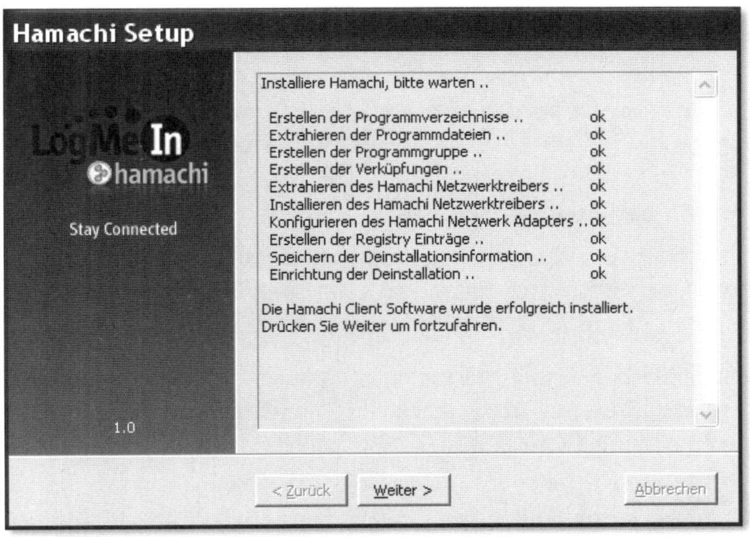

Abbildung 34.18 Die Installation des Hamachi-VPNs unter Windows

Nach dem Start von Hamachi können Sie Hamachi durch einen Klick auf Einschalten aktivieren. Sie erhalten daraufhin von Hamachi eine IP-Adresse zugewiesen, die Ihnen auch direkt mitgeteilt wird. Die IP-Adresse legt Hamachi auf ein virtuelles Netzwerk-Interface, das Sie ähnlich einer physikalischen Netzwerkkarte mit Betriebssystemmitteln konfigurieren können.

Ein Hamachi-VPN erstellen

Ein neues VPN erstellen Sie über NETZWERK BEITRETEN ODER ERSTELLEN • NEUES NETZWERK. Sie wählen einen Netzwerknamen, mit dem Sie später von anderen Teilnehmern gefunden und eindeutig zugeordnet werden können. Außerdem bestimmen Sie ein Passwort, das verhindert, dass Fremde Ihrem Netzwerk beitreten und dort Schaden anrichten (siehe Abbildung 34.19).

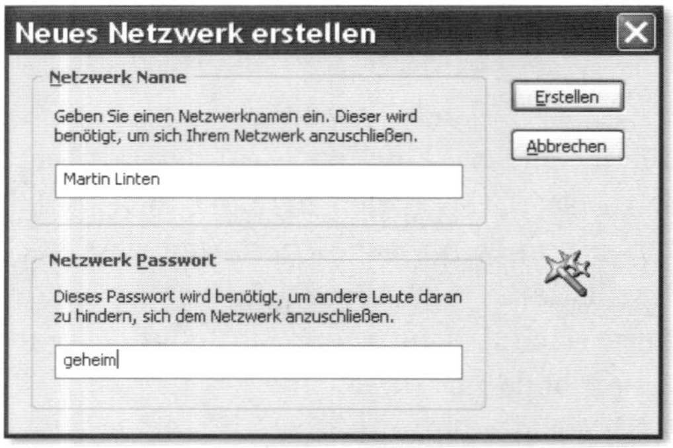

Abbildung 34.19 Ein neues VPN entsteht.

[!] Ein allzu einfaches Passwort wird schnell erraten. Ist ein technisch versierter Fremder erst einmal in Ihrem Netzwerk, kann es schon zu spät sein.

Einem Hamachi-VPN beitreten

Einem so erstellten Netzwerk können nun andere Benutzer beitreten. Dazu klicken diese auf NETZWERK BEITRETEN ODER ERSTELLEN • NETZWERK BEITRETEN und geben die ihnen mitgeteilten Daten NETZWERK NAME und NETZWERK PASSWORT ein.

Danach überprüfen sie den Erfolg mit einem ping auf die IP-Adresse der Teilnehmer. Dazu reicht schon ein Doppelklick des Teilnehmers in der Hamachi-Übersicht (siehe Abbildung 34.20).

Abbildung 34.20 Ein VPN mit zwei Teilnehmern

Ein LAN sollte über einen einzigen Internetzugang verfügen. Mit einfachen Technologien können Sie einen solchen Internetzugang realisieren.

35 Internetzugang

Ich möchte Ihnen in diesem Kapitel verschiedene Möglichkeiten vorstellen, mit deren Hilfe Sie einen Internetzugang für Ihr LAN realisieren können. Bei der Beschreibung ist es mir wichtig, die Vor- und Nachteile der jeweiligen Lösung für Sie transparent zu machen, sodass Sie in die Lage versetzt werden, die für Sie beste Lösung auszuwählen.

Die einfachste Lösung ist meiner Meinung nach der Einsatz eines Hardware-Routers, gefolgt von einem Software-Router – also einem PC, den man zum Router macht – und einem Proxy-Server.

Wie gesagt haben alle Verfahren ihre Vorteile, keines ist überflüssig. Ich werde mich bei der Darstellung des Internetzugangs auf die DSL-Technologie konzentrieren.

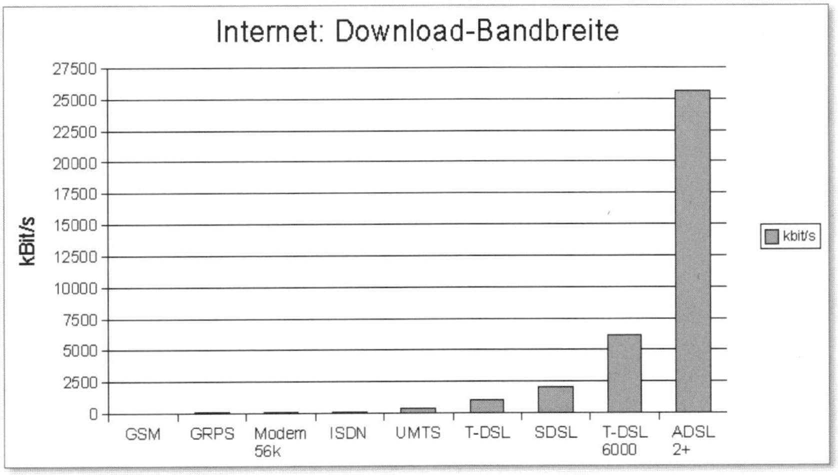

Abbildung 35.1 Bandbreiten für Internetzugänge (Download) im Vergleich

Ich erinnere mich noch gut an die Zeiten von Modems mit einer Übertragungsgeschwindigkeit von 19.200 Bit/s. Auf den damaligen Kartons war zusätzlich eine Geschwindigkeit angegeben, die das Modem unter Einsatz von Kompressionsmechanismen wie V.42bis erreichen konnte: 57.600 Bit/s. Ich habe mir damals ein 14.400-Bit/s-Modem gekauft, weil mir die 19,2-Kbit/s-Modems zu teuer waren. Es kursierte die Meinung, dass mit 19.200 Bit/s die Grenze des physikalisch Machbaren erreicht und eine weitere Steigerung nur noch über Kompressionsmechanismen realisierbar sei. Einen ISDN-Anschluss hatten damals nur wenige Leute, und mit Worten wie E-Mail löste man bei anderen Leuten nur Unverständnis aus.

Seit Jahren sind Internetzugänge mit mehr als 6.000 Kbit/s nichts Ungewöhnliches mehr, ja ein Internetzugang mit weniger als 10 Mbit/s wird von vielen schon als langsam empfunden.

Die Internetverbindungsfreigabe werde ich hier nicht mehr vorstellen, weil die Hardware-Router dominieren. Mit der Verbreitung von VDSL nimmt die Anzahl von Software-Routern wieder zu, weil die heutigen Hardware-Router nicht in der Lage sind, 50 Mbit/s Datendurchsatz zu routen. Das wird sich in Zukunft jedoch schnell ändern.

35.1 Hardware-Router

Wenn Sie einen Hardware-Router kaufen, erwerben Sie ein Gerät, das etwa so groß ist wie ein externes Modem. Das Gerät nimmt also sehr wenig Platz in Anspruch, verbraucht wenig Strom, ist normalerweise lüfter- und daher lautlos.

Üblicherweise bieten die DSL-Router zusätzlich zu ihrer Grundfunktion noch weitere Funktionen wie eine Firewall, einen DHCP-Server und einen WLAN-Access-Point.

Die Wahrscheinlichkeit, hinsichtlich der Anschlusstechnologie ins technologische Abseits zu geraten, ist mittlerweile gering. Die üblichen DSL-Router werden an das DSL-Modem angeschlossen und bieten dafür eine Ethernet-Schnittstelle mit 10/100 Mbit/s. Dadurch ist es möglich, das T-DSL-Modem auszutauschen, z. B. gegen eines für ADSL2+ oder VDSL, und den DSL-Router an dieses Modem anzuschließen.

Sollten Sie einen DSL-Router mit integriertem DSL-Modem haben, informieren Sie die Herstellerangaben darüber, bis zu welcher DSL-Geschwindigkeit das Gerät verwendbar ist. Einige ältere Routermodelle schaffen nicht mehr als 6 Mbit/s (ADSL), sie sind für die neuen schnelleren Zugänge mit bis zu 16 Mbit/s (ADSL2+) nicht und erst recht nicht für VDSL mit bis zu 50 Mbit/s geeignet.

35.1.1 Router für die Internetanbindung

Das Internet ist das bekannteste öffentliche IP-Netz. Eine Anbindung eines Netzwerks an dieses Netz kann über einen Router erfolgen.

Der einzusetzende Router unterstützt dabei mit einem Anschluss Ethernet (LAN-Interface) und mit dem anderen Anschluss xDSL (WAN-Interface).

Das technische Niveau des Internetrouters orientiert sich dabei an den Anforderungen, die Sie an dieses Gerät stellen. Die einfachen DSL-Router kosten ca. 50 € und bieten nicht viel mehr als den reinen Internetzugang für Ihr Netzwerk. Noch günstiger sind die Linux-Router, bei denen ein ausgedienter PC mittels Linux-Boot-Diskette und spezieller Konfiguration zum Router wird (siehe Abschnitt 35.2, »Der Software-Router FLI4L«).

Abbildung 35.2 DSL-Router von D-Link; Quelle: D-Link

Die Geräte, die als Router konzipiert sind, unterscheiden sich optisch wenig von Switches. Üblicherweise wird zur Konfiguration – diese ist im Gegensatz zu einem Switch immer erforderlich – meist eine Webkonsole durch diese Geräte bereitgestellt.

Informieren Sie sich vor einem Kauf auf den Webseiten des Herstellers, welche Informationen und Hilfen er dort anbietet. Viele – auch kleine – Hersteller bieten dort viele Informationen. Dadurch können Sie einen guten Eindruck davon gewinnen, ob das Gerät Ihren Bedürfnissen entspricht. Ein Blick in das Benutzerhandbuch z. B. zeigt oft, welche Funktionen der Router tatsächlich bietet oder ob eine solche Funktion Einschränkungen unterworfen ist.

Die Router, die neben xDSL-Routerdiensten auch einen WLAN-Zugang ermöglichen, haben zwar eine Firewall implementiert, jedoch kann über diese üblicherweise nicht der WLAN-Zugang gesondert abgesichert werden. Wenn also jemand den WLAN-Zugang geknackt hat, ist er ein Teilnehmer, als wenn er mit einem Netzwerkkabel angeschlossen wäre. Sollten Sie das WLAN nicht nutzen wollen, dann deaktivieren Sie es.

35.1.2 Kriterien für den Routerkauf

Die wesentlichste Entscheidung, die Sie treffen müssen, ist, welche Anschlusstechnologie der Router abdecken muss. Soll er ein intergriertes DSL-Modem haben, oder wird er an ein Modem angeschlossen (meist als *WAN-Interface* bezeichnet)?

Insbesondere für kleine Netzwerke sind die möglichen Zusatzfunktionen der Router interessant. Zu den Funktionen, die auf allen gängigen DSL-Routern vorhanden sind, gehören NAT, Firewall, Web-Interface zur Konfiguration, ein DHCP-Server, WLAN, USB-Anschluss oder DynDNS-Updater.

Für unabdingbar halte ich die Firewall-Funktion. Der Einsatz einer Firewall auf einzelnen PCs im LAN kann die Handhabung z. B. von Laufwerksfreigaben erheblich erschweren. Daten aus dem Internet sollten dort gefiltert werden, wo sie in das LAN gelangen, und das ist am Router. Alle Router verfügen inzwischen über eine Firewall, die Qualität ist durchaus unterschiedlich.

Wenn Sie viel Wert auf Sicherheit legen, dann kommt für Sie womöglich ein Router mit einer *Stateful-Inspection-Firewall* (kurz: SPI-Firewall) in Betracht, die wesentlich mehr Sicherheit bieten kann.

Praktisch ist die Funktion eines Drucker-Spoolers. Sie können an den Router einen Drucker anschließen, der über das Netzwerk erreichbar ist und somit von allen Netzwerkteilnehmern im LAN genutzt werden kann. Das lohnt aber nur, wenn der Aufstellort am Router auch für einen gemeinsamen Drucker sinnvoll ist.

Router, die nicht mittels LAN und RJ-45-Stecker angeschlossen werden, sondern über USB, bergen einige Nachteile:

Der erste Nachteil ist, dass Ihnen niemand sagen kann, wieso die Verbindung zum Router über USB nicht funktioniert. Über Windows-Treiber wird eine Netzwerkschnittstelle emuliert, und man kann die Probleme nur nachvollziehen, wenn man exakt diesen Router hat. Ein zweiter Nachteil ist der geringe Datendurchsatz, weil USB nicht für Datenübertragung im Sinne von LAN konzipiert ist. Hinzu kommt eine große Abhängigkeit vom Hersteller hinsichtlich der Treiber, sie funktionieren meist nur unter Windows.

Wie im Forum dieses Buches zu lesen war, kann es passieren, dass die Treiber nicht wieder sauber deinstalliert werden, und die verbliebenen Reste sich dann auf das Netzwerkverhalten negativ auswirken. Daher lautet mein Rat: Finger weg! Lieber ein paar Euro mehr ausgeben und einen Router mit LAN-Anschluss verwenden. Die ersparte Zeit wiegt das Geld leicht wieder auf.

Ähnliches gilt für die USB-DSL-Modems, die von einigen Providern vergünstigt angeboten werden. Leider können Sie keinen Router per USB an dieses Modem anschließen, sondern immer nur einen PC. Bei ebay sind gebrauchte DSL-Modems mit RJ-45-Anschluss für wenige Euros zu bekommen, die Investition lohnt sich wirklich.

35.1.3 Stand der Dinge

Was können Sie erwarten, wenn Sie einen Router kaufen? Ein ordentlicher Router bietet heute folgende Anschlussmöglichkeiten:

- Switchports mit Gigabit-Geschwindigkeit
- WLAN nach IEEE 802.11n mit 300 Mbit/s (brutto)
- USB 2.0-Anschluss
- DSL-Modem oder WAN-Interface

Möglicherweise staunen Sie über Gigabit-Switchports, aber diese sind angesichts der heute verbreiteten Gigabit-LAN-Anschlüsse und auch angesichts von 11n als WLAN-Technik eine sinnvolle Ausstattung. Der Datendurchsatz ist deutlich höher als bei Fast-Ethernet, aktuelle PC-Hardware lastet 100 Mbit/s leicht aus, wenn beispielsweise Filmdateien kopiert werden.

Da heute der Internetzugang für sehr viele unterschiedliche Dienste genutzt wird, ist es sinnvoll, dass der Router *Quality of Service* (kurz: QoS) unterstützt. Damit können Sie – manche Router können es automatisch – die Internettelefonie gegenüber Downloads priorisieren, sodass die Gesprächsqualität nicht unter dem Download leidet.

Wenn Sie Kinder haben, kennen Sie die leidigen Diskussionen zur Computernutzung. Nützlich ist daher ein Router, der es ermöglicht, die Zugriffe bestimmter PCs zu regeln, und so den Kindern das Surfen nur zu bestimmten Zeiten ermöglicht (siehe Abbildung 35.3).

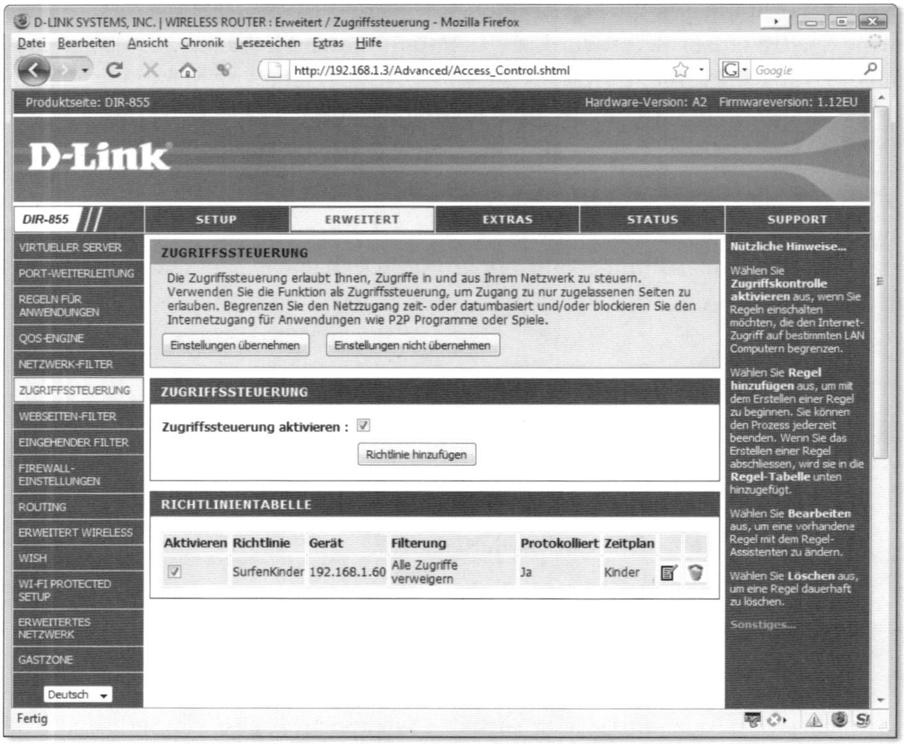

Abbildung 35.3 Zugriffssteuerung bei D-Link

Ebenfalls für Haushalte mit Nachwuchs interessant ist die Möglichkeit, Webinhalte zu filtern. Allerdings beschränkt sich das bei Routern auf recht rudimentäre Funktionen, bestimmte Webseiten zu sperren. Mehr Möglichkeiten bietet in solchen Fällen ein Proxy, wie er in Abschnitt 35.4, »ProXY«, vorgestellt wird.

Der USB-Anschluss am Router arbeitet meist mit USB 2.0, sodass der Datendurchsatz für eine USB-Platte oder einen großen Speicherstick ausreicht. Damit kann man dann ein gemeinsames Netzlaufwerk bereitstellen. Das kann eine Alternative zum NAS (siehe Abschnitt 37.4, »Hardware-NAS«) sein, wenn die Ansprüche nicht allzu hoch sind.

35.1.4 Ersatzzugang

Wir haben uns alle an das ständig verfügbare Internet inzwischen so gewöhnt, dass es mir schwerfällt, auf den Internetzugang für einige Tage zu verzichten.

Es war ein Freitagnachmittag, an dem ich feststellte, dass Elektroarbeiten mit einer Spannungsspitze offenbar dazu geführt hatten, dass mein DSL-Modem durchgebrannt war. Die Folge: kein Internet!

Gar nicht so einfach, schnell ein Ersatzmodem zu besorgen ... klar ebay, aber ohne Internet?

Nach diesem Wochenende habe ich mir einen kleinen Ersatzvorrat angelegt:

- DSL-Splitter
- DSL-Modem
- Router

Somit kann nun ruhig ein Hardware-Defekt auftreten, ich komme trotzdem noch ins Internet.

Sollte Ihnen ein funktionierender Internetzugang ebenfalls wichtig sein, kann ich Ihnen nur empfehlen, dass Sie sich rechtzeitig um Hardware-Ersatz kümmern. Da Splitter, DSL-Modems und Router immer noch von Providern subventioniert werden, sind Router oft schon für 1 € zu bekommen.

35.1.5 Alternative Firmware

Es ist kein Geheimnis, dass viele Router intern Linux als Betriebssystem verwenden. Allerdings haben die Hersteller die Linux-Versionen nicht im Quellcode offengelegt, wie dies in der GPL (*GNU Public License*) von Linux verlangt wird.

Nachdem ein wenig Druck ausgeübt wurde, haben einige Hersteller – bekannt wurde insbesondere Linksys – die Quellen offengelegt und so die Entwicklung von freien Firmware-Versionen für einige Router möglich gemacht.

Bekanntester Vertreter mit alternativer Firmware war der Linksys WRT-54G Router. Für ihn gab es die erste alternative Firmware: Open-WRT.

Von dem OpenWRT-Projekt wird inzwischen eine Vielzahl von Routern auch anderer Hersteller unterstützt.

Was ist der Vorteil? Leider ist es so, dass die Entwicklungszyklen immer kürzer werden und viele Firmware-Versionen über 1.0.1 nicht mehr hinauswachsen. Einige Funktionen sind nur unzureichend gelöst, andere mögliche Funktionen fehlen. Eine alternative Firmware bietet die Möglichkeit, eine Firmware zu bekommen, die aktueller ist als die letzte – Jahre alte – Firmware des Herstellers. Ob Sie diese Möglichkeit nutzen möchten, müssen Sie im Einzelfall selbst entscheiden. Die Verwendung einer entsprechenden Firmware geschieht übrigens in der Regel ohne Herstellerunterstützung.

Hier einige Seite im Internet, die sich mit alternativer Firmware für Router beschäftigen:

- *http://www.openwrt.org*
- *http://www.dd-wrt.com*
- *http://www.freewrt.org*
- *http://www.wl500g.info*
- *http://www.freetz.org*

35.1.6 Apple AirPort

Apple hat mit der AirPort-Basisstation auch einen Router im Angebot. Dabei ist das Produkt mittlerweile deutlich gereift und zur Drucklegung dieses Buches war die Firmware bei Version 7.4.2 angekommen. Verwaltet und konfiguriert wird die Basisstation über das AIRPORT-DIENSTPROGRAMM. Dieses steht Ihnen mit einigen Assistenten zur Seite, um Ihre Basisstation für den ersten Einsatz zu konfigurieren. Ferner können Sie mit dem Dienstprogramm in der manuellen Konfiguration auch die Port-Umleitung konfigurieren. In den Ansichten DRUCKER und LAUFWERKE ist es möglich, über USB angeschlossene Geräte im Netzwerk freizugeben. Bei Laufwerken können Sie sowohl das Apple-eigene AFP-Protokoll als auch SMB für Windows und in diesem Fall auch Linux verwenden. Das Dienstprogramm steht auch für Windows zur Verfügung.

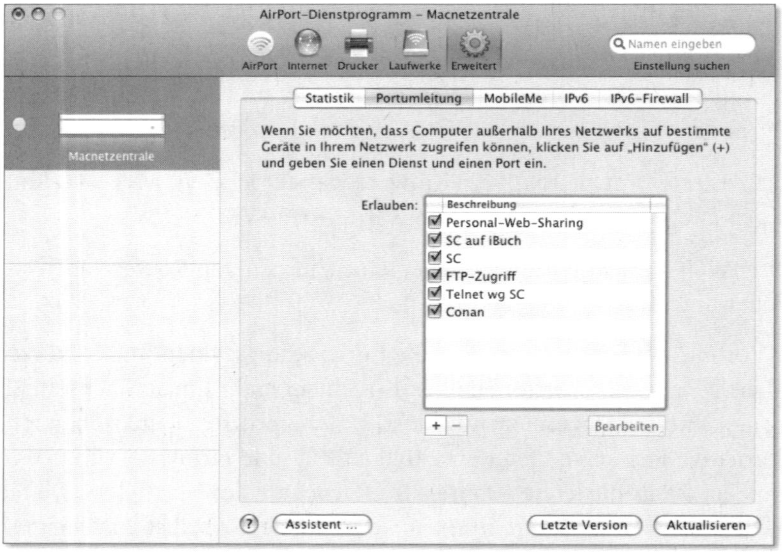

Abbildung 35.4 Das AirPort-Dienstprogramm bietet eine komfortable Oberfläche zur Konfiguration des Routers.

35.1.7 Router aufbauen

Das Aufbauen eines Routers ist sehr einfach. Schematisch wird der Aufbau in Abbildung 35.5 dargestellt.

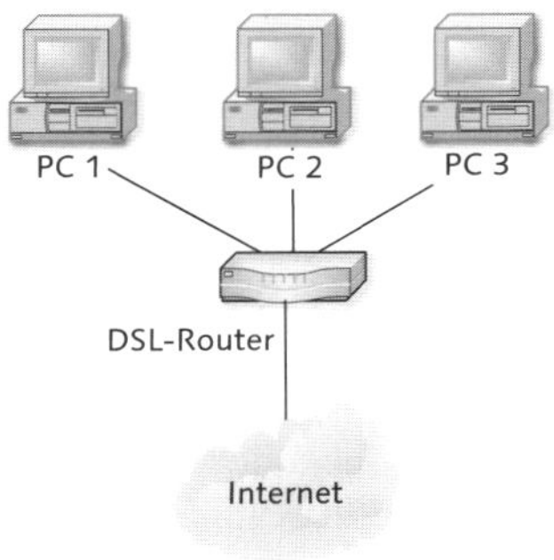

Abbildung 35.5 Schematischer Aufbau eines DSL-Routers

Beim konkreten Aufbau des Routers müssen Sie ihn an das DSL-Modem anschließen – falls kein Modem integriert ist –, ähnlich wie in Abbildung 35.6 dargestellt. Sie schließen lediglich anstelle des PCs den Router an. Das Modem wird üblicherweise vom Provider vertrieben. Beim Anschließen des Routers besteht kein Unterschied zu einem einzelnen PC, den Sie bisher an das DSL-Modem angeschlossen und mit einem Treiber (RASPPPoE oder Ähnliche) DSL-fähig gemacht haben. Die Treiber-Installation entfällt bei der Verwendung eines DSL-Routers.

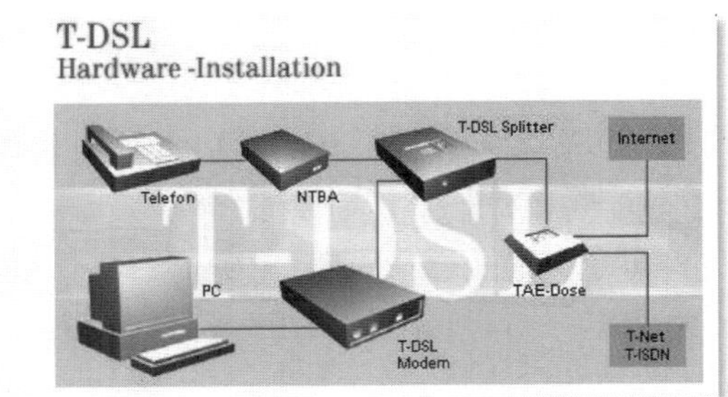

Abbildung 35.6 DSL-Verschaltung; Quelle: telekom.de

Ein Router ersetzt nicht automatisch das DSL-Modem! Es gibt aber viele DSL-Router, die auch das DSL-Modem beinhalten – ein aus meiner Sicht konsequenter Schritt.

Achten Sie beim Stromanschluss des DSL-Modems darauf, dass Sie keine schaltbaren Stromleisten/Mehrfachsteckdosen verwenden, die zu einem einzelnen PC gehören. Wenn der Strom für diesen PC ausgeschaltet wird, können die anderen

PCs nicht mehr über den Router auf das Internet zugreifen, weil dem Router der Strom abgeschaltet wurde.

35.2 Der Software-Router FLI4L

Ich möchte Ihnen an dieser Stelle die Disketten-Linux-Distribution FLI4L (siehe *http://www.fli4l.de*) vorstellen, die einen Router auf einer einzigen Diskette unterbringt.

Sie können eine solche Diskette ohne Linux-Kenntnisse erstellen.

FLI4L bedeutet: **FL**oppy **I**SDN **4** for **L**inux. Ursprünglich war FLI4L ein ISDN-Router; selbstverständlich wird DSL auch heute noch unterstützt.

Ein FLI4L-Router bietet Ihnen unter anderem folgende Möglichkeiten:

- Erstellung der Boot-Diskette unter Linux und Windows
- Least-Cost-Routing: automatische Auswahl des Providers nach Uhrzeit und Wochentag
- Windows-/Linux-Programm zur Steuerung von FLI4L (Imonc)
- Anzeige, Berechnung und Protokollierung von Verbindungszeiten und -kosten am Router oder am Client über Imonc
- Upload von neuen Konfigurationsdateien über den Windows-Client imonc
- Boot-Diskette mit FAT-Dateisystem zum dauerhaften Speichern von Daten
- Unterstützung von 1.680-kByte-Disketten
- Unterstützung von IP-Masquerading (NAT) und Port-Forwarding
- Firewall: Logging bei Zugriff von außen auf gesperrte Ports
- einheitliche Abbildung von WAN-Schnittstellen auf sogenannten Circuits, daher Internetzugang über ISDN- und DSL-Provider parallel möglich
- Namensauflösung (DNS-Server) für das LAN
- Aufbau eines VPNs mit OpenVPN

Mir gefällt dieses Software-Projekt deshalb so gut, weil es sehr gut gepflegt wird, ein umfangreiches Hilfsangebot existiert, die Lösung flexibel erweiterbar ist und die gesamte Software kostenlos angeboten wird. Das wären schon genug Gründe, FLI4L einzusetzen, doch es gibt zumindest noch einen weiteren: Es ist die Disketten-Distribution. Sie erzeugen eine Diskette, booten von dieser Diskette und können somit gefahrlos FLI4L ausprobieren. Die Daten auf der Festplatte werden nicht modifiziert, und eine Festplatteninstallation ist zwar möglich, aber nicht unbedingt nötig. Auch wenn Sie jetzt vielleicht skeptisch sind: Das Betriebssystem Linux und alle genannten Funktionen passen auf eine 1,44-MByte-Diskette.

35.2.1 Kostenvergleich

Wenn Sie im Geschäft einen Router kaufen möchten, der den gleichen möglichen Funktionsumfang von FLI4L bietet, können Sie schnell einige Hundert Euro loswerden. Eine Hardware-Lösung würde jeder Netzwerkadministrator einer großen Firma natürlich vorziehen. Wenn Sie für Ihr LAN zu Hause einen Router anschaffen, gibt der Kostenfaktor vielleicht dann doch den Ausschlag. Und wenn Sie nach dem Test von FLI4L auf einer alten Hardware dann nicht zufrieden sind, können Sie immer noch Geld in einen Hardware-Router investieren.

35.2.2 Hardware

Sie benötigen einen ausgedienten PC mit mindestens einer Netzwerkkarte, möglichst einer zusätzlichen Netzwerkkarte für DSL oder einer ISDN-Karte und einem Diskettenlaufwerk. Der PC sollte mindestens 8 MByte RAM haben und ein 486er (oder besser) sein. Einen solch alten PC haben einige von Ihnen vielleicht noch im Keller stehen, wenn nicht, dann gibt es diese alten Geräte für wenige Euros zu kaufen.

Noch einmal im Überblick. Sie benötigen an Hardware:

- Einen 486er-PC (oder besser) mit 8 MB RAM und Floppy,
- eine Netzwerkkarte für den LAN-Anschluss,
- möglicherweise eine Netzwerkkarte für DSL,
- möglicherweise eine ISDN-Karte für ISDN und
- eine Diskette.

Ich setze voraus, dass Sie in der Lage sind, die notwendigen Komponenten einzubauen und dass diese funktionstüchtig sind. In Kapitel 22, »Netzwerkkarten«, habe ich beschrieben, wie man Netzwerkkarten einbaut. Entsprechendes gilt für ISDN-Karten.

35.2.3 FLI4L beschaffen

Um den Router mit FLI4L-Software erstellen zu können, benötigen Sie immer das Basispaket: *fli4l-<Version>.tar.gz*. Ich möchte zunächst den minimalen Funktionsumfang anhand eines einfachen Beispiels beschreiben. Erweiterungen können Sie dann selbstständig und Ihren Bedürfnissen entsprechend vornehmen.

[o] Sie sollten zunächst im Internet nachsehen, welche Version von FLI4L im Moment aktuell ist (siehe *http://www.fli4l.de/download/stabile-version/pakete.html*). Sie finden dort auch eine Kurzbeschreibung zu Sinn und Zweck eines einzelnen Pakets. Alle Pakete der Version 3.2.3 finden Sie auf der DVD im Verzeichnis */software/ internet/fli4l*. Im Unterordner *doc* habe ich die komplette Dokumentation entpackt. Einen Einstieg in die Dokumentation erhalten Sie, wenn Sie die Datei */software/internet/fli4l/readme.html* in einem Browser öffnen.

Welche Pakete brauchen Sie nun wirklich? Sie benötigen in jedem Fall das Basispaket (engl. *base*) und einen Kernel. Ich rate Ihnen, klein anzufangen. Dann verlieren Sie nicht so schnell die Übersicht. Wenn der Internetzugang – z. B. mit den Paketen *base*, *kernel* und *dsl* – funktioniert, können Sie immer noch sehr leicht andere Pakete und damit Funktionen zu Ihrem FLI4L hinzufügen.

35.2.4 FLI4L entpacken

Eine erste Hürde stellt das Entpacken der Software dar. Typisch für UNIX/Linux ist die Verwendung der Programme `gzip` und `tar`, um Archive zu erstellen. Beide Programme sind den meisten Windows-Anwendern oft völlig unbekannt. Sie können *tar.gz-* oder *tgz*-Archive auch mit WinZip – dem wohl verbreitetsten (Ent-)Packer für Windows – entpacken.

[!] Damit die Dateien fehlerfrei entpackt werden, muss eine üblicherweise aktivierte Option abgeschaltet werden. Dies können Sie unter WinZip • Optionen • Konfiguration • Verschiedenes • Weitere Optionen • Umwandlung LF zu CR/LF bei TAR-Archiven durchführen. Mit einem an diesem Punkt veränderten WinZip können Sie die genannten Archive in ein Verzeichnis Ihrer Wahl entpacken.

Beginnen Sie mit dem Basispaket *fli4l-<Version>.tar.gz*. Beim Entpacken wird ein Verzeichnis *fli4l-<Version>* angelegt.

Alle weiteren Archive entpacken Sie in dieses Verzeichnis.

Falls Sie beim Entpacken den Hinweis erhalten, dass bereits existierende Einträge überschrieben werden könnten, können Sie diesen bedenkenlos ignorieren.

Es entsteht eine Verzeichnisstruktur:

```
fli4l-<Version>
               \changes  # Liste aller Änderungen
               \check    # FLI4L Syntax - Check
               \config   # Die gesamte Konfiguration
               \doc      # Die Dokumentation
               \img      # Wichtige Linux-Dateien
```

```
\opt       # Die einzelnen Pakete
\unix      # FLI4L Linux-Tools
\windows   # FLI4L Windows-Tools
```

Das wichtigste Verzeichnis ist das Verzeichnis *config*. Hier finden Sie für jedes FLI4L-Paket eine eigene Konfigurationsdatei.

35.2.5 FLI4L konfigurieren

Zur Konfiguration benötigen Sie einen Texteditor. Es bieten sich der Windows-Texteditor oder ein anderer geeigneter Editor an. Wenn Sie den vi von UNIX oder Linux schon gut kennen, dann werden Sie auf dessen Leistungen unter Windows nicht verzichten wollen. Auf der DVD im Verzeichnis */software/sonstiges* finden Sie den Vim *(siehe http://www.vim.org)*, einen grafischen vi, der auch für Windows erhältlich ist. [O]

Mit dem Editor haben sie nun das wichtigste Werkzeug zur Erstellung Ihres FLI4L-Routers an der Hand. Das typische Vorgehen möchte ich Ihnen anhand eines Beispiels näher erläutern.

Klaus ist im Besitz eines alten PCs, den er zum FLI4L-Router ausbauen möchte. Er benutzt bisher seinen DSL-Zugang über ein DSL-Modem, das noch über ein Netzwerkkabel an seinem Windows-PC angeschlossen ist. Ein Diskettenlaufwerk und eine Netzwerkkarte sind bereits in den FLI4L-Router eingebaut. Klaus möchte mehreren an einem Switch angeschlossenen PCs in seinem Netzwerk den Internetzugang über den FLI4L-Router ermöglichen. Im Beispiel wird Klaus außerdem drei verschiedene Fernadministrationsmöglichkeiten für seinen Router einrichten: Webserver, SSH-Server und Imonc. [zB]

Er besorgt sich zunächst die folgenden Pakete, die er auf einen Windows-PC kopiert:

- *dsl*: Klaus möchte seinen DSL-Zugang weiter benutzen. Falls Klaus eine Fritz!-Card besitzen würde, müsste er noch zusätzlich Software über die Internetseiten von FLI4L herunterladen.
- *httpd*: Klaus möchte den FLI4L-Router in einem Browserfenster später grafisch administrieren.
- *ssh*: Das Paket ssh enthält einen Secure-Shell-Server zur Fernwartung (siehe Abschnitt 30.2, »Secure Shell SSH«)
- *dhcp*: Klaus muss dieses Paket eigentlich nicht installieren, da das Basispaket bereits einen DHCP-Server beinhaltet. Das Paket dhcp enthält zusätzlich zwei verschiedene DHCP-Clients. Klaus möchte, dass der DHCP-Server seine PCs im

LAN automatisch mit vernünftigen Netzwerkeinstellungen versorgt (siehe Kapitel 16, »DHCP«).

- *chrony*: Das Paket enthält einen NTP-Server (siehe Abschnitt 40.11, »Time-Server«)
- *dyndns*: Klaus möchte seine IP-Adresse bei seinem DynDNS-Provider regelmäßig updaten lassen (siehe Kapitel 36, »DynDNS-Dienste«). Sein Webserver im LAN soll aus dem Internet sichtbar sein.
- *qos*: Da Klaus Voice over IP mit Asterisk* betreibt, möchte er Sprachpakete mittels qos (quality of service) gezielt bevorzugen. (siehe Abschnitt 43.1.4, »Voraussetzungen für VoIP im Netzwerk«).
- *hd*: Klaus hat noch eine alte Festplatte in seinem PC. Mit dem Paket hd ist die Installation von FLI4L auf einer Festplatte oder einem anderen Nicht-Disketten-Medium möglich.
- *openvpn*: Klaus möchte Marie eine sichere Verbindung über das Internet in sein LAN ermöglichen: ein VPN.

Klaus entpackt zunächst das Paket base in ein Verzeichnis auf seinem Windows-PC. Danach entpackt er den Kernel und alle anderen Pakete in das neu entstandene Verzeichnis *fli4l-<Version>*.

kernel

Der Kernel für FLI4L befindet sich in einem Extrapaket. Von FLI4L wird aktuell der Kernel 2.6 empfohlen, also entpackt Klaus die Datei *kernel_26.tar.gz*.

base

Klaus beginnt mit dem Basispaket und editiert zunächst die Datei */config/base.txt*. Er modifiziert die folgenden Einträge unter `General settings`:

```
HOSTNAME='fli4l'                # Name des fl4l Routers
PASSWORD='fli4l'                # Password für root
```

Zumindest das Passwort sollte Klaus unbedingt ändern! Er tauft außerdem seinen FLI4L-Router auf einen neuen Hostnamen.

Jetzt beginnt unter `Ethernet card drivers` die Konfiguration der Netzwerkkarte:

```
NET_DRV_N='1'                   # Anzahl nötiger Treiber
NET_DRV_1='ne2k-pci'            # Name des ersten Treibers
NET_DRV_1_OPTION=''             # Optionen für den Treiber
```

Da Klaus eine AMD PCI PCnet32-Netzwerkkarte in seinen Router eingebaut hat, ändert er den Wert von `NET_DRV_1` auf `pcnet32`.

Unter der Rubrik `Ether networks used with IP protocol` bestimmt Klaus nun die Parameter seines internen Netzwerks:

```
IP_NET_N='1'                    # Anzahl der LANs
IP_NET_1='192.168.6.1/24'       # IP-Adresse/Netzwerk
IP_NET_1_DEV='eth0'             # Linux-Name ethX
```

Klaus würde in diesem Beispiel einen Router für sein lokales Netzwerk 192.168.6.0, Netzwerkmaske 255.255.255.0 einrichten. Die IP-Adresse des Routers ist 192.168.6.1.

Unter `Domain configuration` trägt Klaus nun noch den Namen seiner Domäne und die IP-Adresse eines DNS-Servers im Internet ein. Diese Adresse erhält er, indem er auf den Internetseiten seines Providers nachsieht oder einfach die Daten einer bestehenden Verbindung übernimmt:

```
DOMAIN_NAME='lan.fli4l'               # FQDN
DNS_FORWARDERS='194.8.57.8'           # DNS Provider
```

Jetzt richtet Klaus den DHCP-Server für sein LAN ein. Es sollen IP-Adressen von 192.168.6.100 bis 192.168.6.150 an Netzwerkteilnehmer vergeben werden:

```
OPT_DNSDHCP='yes'                     # DHCPD starten?
DNSDHCP_RANGE_1_START='192.168.6.100' # Bereich Anfang
DNSDHCP_RANGE_1_END='192.168.6.150'   # Bereich Ende
```

Da Klaus den Router später über den Imonc steuern möchte, muss er den Bereich `imond configuration` noch anpassen:

```
START_IMOND='yes'               # imond starten?
```

Jetzt muss Klaus die Datei *base.txt* nur noch abspeichern.

dsl

In Deutschland wird PPPoE verwendet. Da Klaus keine Fritz!-Card, sondern ein DSL-Modem besitzt, ist für ihn nur der Abschnitt `PPPoE` in der Datei *dsl.txt* interessant:

```
OPT_PPPOE='yes'                 # PPPoE verwenden?
PPPOE_NAME='DSL'                # Circuit Name
PPPOE_ETH='eth0'                # Wo hängt das Modem?
PPPOE_USER='anonymer'           # Benutzername
PPPOE_PASS='surfer'             # Passwort
```

[»] Es wäre viel besser, wenn Klaus zwei Netzwerkkarten in seinem FLI4L-Router hätte. Dann könnte er einen Netzwerkanschluss für sein LAN bereitstellen und einen anderen für das DSL-Modem reservieren. Mit nur einer Netzwerkkarte sind das Modem und die restlichen Netzwerkteilnehmer gezwungen, sich über einen Hub oder Switch einen Anschluss am Router zu teilen. Das kann zu Problemen führen! Lesen Sie daher bitte die FLI4L-Dokumentation zum dsl-Paket sehr sorgfältig!

Die wichtigsten Einstellungen sind Ihr Benutzername und das Passwort bei Ihrem Provider. T-Online-Kunden finden in der FLI4L-Dokumentation zusätzliche Hinweise zur Zusammensetzung des Benutzernamens.

httpd

Die Datei *httpd.txt* ist sehr kurz. Dementsprechend müssen auch nur wenige Werte verändert werden:

```
OPT_HTTPD='yes'                  # Webserver verwenden?
HTTPD_USER_N='1'                 # Anzahl der Benutzer
HTTPD_USER_1_USERNAME='klaus'    # Erster Benutzer
HTTPD_USER_1_PASSWORD='fli4l'    # Sein Passwort
HTTPD_USER_1_RIGHTS='all'        # Seine Rechte
```

Natürlich verändert Klaus noch das Passwort des Webservers.

sshd

Ein Teil der Konfiguration des Secure-Shell-Servers für FLI4L in der Datei *sshd.txt* könnte so aussehen:

```
OPT_SSHD='yes'                   # SSH Server starten?
SSHD_ALLOWPASSWORDLOGIN='yes'    # Passwort-Login?
SSHD_CREATEHOSTKEYS='no'         # Schlüssel erzeugen?
OPT_SCP='yes'                    # Secure Copy erlauben?
```

FLI4L liefert natürlich einen SSH-Host-Key mit. Da dieser allerdings immer gleich ist, empfehle ich Ihnen aus Gründen der Sicherheit, FLI4L so bald wie möglich ein neues Schlüsselpaar erzeugen zu lassen. Wie Sie das machen, finden Sie in der FLI4L-Dokumentation des Pakets sshd detailliert erklärt.

[»] Eine weiterführende Anleitung zu FLI4L und SSH finden Sie unter *http://www.eisfair.org/hilfe/howtos/allgemein/ssh-key-login-fuer-eisfair-mit-putty-und-winscp/* im Internet.

chrony

Das Paket chrony verwendet Klaus, um die Zeit aller Clients in seinem LAN zu synchronisieren. Der Time-Server bedient sich automatisch einer Liste von NTP-Servern aus dem Bestand von *http://www.ntp.org*. In der Datei *chrony.txt* verändert Klaus nur eine Zeile:

```
OPT_CHRONY='yes'                # NTP Server starten?
```

dyndns

Klaus hat einen dyndns-Account bei *http://dyndns.org*. Den Eintrag für seine Domain *klaus.dyndns.org* möchte er automatisch aktualisieren, sobald die DSL-Verbindung aktiviert wird:

```
OPT_DYNDNS='yes'                      # DynDNS verwenden?
DYNDNS_SAVE_OUTPUT='yes'              # Status im Webserver?
DYNDNS_N='1'                          # Anzahl Domains
DYNDNS_1_PROVIDER='DYNDNS'            # http://dyndns.org
DYNDNS_1_USER='test'                  # Benutzername
DYNDNS_1_PASSWORD='test'              # Passwort
DYNDNS_1_HOSTNAME='klaus.dyndns.org'  # DynDNS-Domain
DYNDNS_1_CIRCUIT='pppoe'              # Circuit Name
```

Es gibt viele verschiedene Provider. Für welchen Provider Sie bei `DYNDNS_1_PROVIDER` welchen Wert eintragen müssen, erfahren Sie in der paketeigenen FLI4L-Dokumentation. Den Benutzernamen und das Passwort muss Klaus genau wie den Namen seiner Domain richtig eintragen. Den Circuit Name `DYNDNS_1_CIRCUIT` hat Klaus in der Datei *dsl.txt* definiert. Leider akzeptiert FLI4L nicht den Namen `DSL` selbst, sondern nur die Art des Circuits `pppoe`.

Im nächsten Schritt richtet Klaus eine Weiterleitung für alle http-Zugriffe (Port 80) auf seinen Webserver im LAN (IP 192.168.6.15) ein. Er editiert in der Datei *base.txt* den Abschnitt `PORTFW`, um den virtuellen Server einzurichten:

```
PORTFW_N='1'                          # Anzahl der Regeln
PORTFW_1_TARGET='80'                  # Externer Port
PORTFW_1_NEW_TARGET='192.168.6.15:80' # Ziel im LAN
PORTFW_1_PROTOCOL='tcp'               # tcp/udp/gre
```

qos

Wenn man einen Flaschenhals zu durchwandern hat, wie hier eine nicht unendliche Internetbandbreite, muss der mangelnde Platz in diesem Flaschenhals verwaltet werden. Im Fall der Internetbandbreite übernimmt dies das Paket qos.

Klaus besitzt die Standard-T-DSL-Internetanbindung mit 1.024 Kbit/s Download- und 128 Kbit/s Upload-Geschwindigkeit. Ein einziges Gespräch in ISDN-Qualität [zB]

(Codec G.711, siehe Abschnitt 43.1.3, »Audio-Codecs«) belegt gut 80 Kbit/s der Upload-Bandbreite. Dieses bezieht sich nur auf die Richtung in das Internet, also auf das, was Klaus Marie erzählt. Die Sprachpakete, die von Marie zu Klaus kommen, belegen weitere 80 Kbit/s, allerdings der Download-Bandbreite.

Anders ausgedrückt: Durch ein VoIP-Gespräch werden 63 % der Upload- und 7,8 % der Download-Bandbreite belegt. Daher ist es wichtig, den Upload mittels QoS zu priorisieren. Dann kann neben dem Telefonat auch noch gesurft werden, ohne dass es zu massiven Einbußen in der Gesprächsqualität kommt.

Klaus hat ein IP-Telefon in seinem LAN, das er für Internettelefonie verwendet, es hat die IP-Adresse 192.168.6.70, und sämtlicher Datenverkehr von dieser IP-Adresse wird nun priorisiert:

```
OPT_QOS='yes'                            # qos installieren?
QOS_INTERNET_DEV_N='1'                   # Anzahl Schnittstellen
QOS_INTERNET_DEV_1='ppp0'                # DSL Interface
QOS_INTERNET_BAND_DOWN='1024Kibit/s'     # max. Download
QOS_INTERNET_BAND_UP='128Kibit/s'        # max. Upload
QOS_INTERNET_DEFAULT_DOWN='0'            # Standardklasse Download
QOS_INTERNET_DEFAULT_UP='2'              # Standardklasse Upload
```

Die Konfiguration bis hierher legt fest, dass es ein Netzwerk-Interface gibt, auf das die Priorisierung angewendet werden soll, nämlich `ppp0`, das ist gleichbedeutend mit dem DSL-Interface. Die Bandbreitenangaben haben Sie bestimmt wiedererkannt. Die Angaben zu `DEFAULT` geben an, wie Datenverkehr priorisiert werden soll, der keiner Priorisierungsklasse zugeordnet werden kann. Für den Upload wird der Datenverkehr der Klasse 2 zugeordnet:

```
QOS_CLASS_N='2'
QOS_CLASS_1_PARENT='0'                   # Übergeordnete Klasse
QOS_CLASS_1_MINBANDWIDTH='80Kibit/s'     # Minimum
QOS_CLASS_1_MAXBANDWIDTH='128Kibit/s'    # Maximum
QOS_CLASS_1_DIRECTION='up'               # Richtung
QOS_CLASS_1_PRIO=''                      # 0-7
```

Es gibt zwei Prioritätsklassen, die sechs zuvor zitierten Zeilen definieren diese. Da Klaus für den Anfang keine Prioritätsklassen ineinander verschachteln möchte, steht `PARENT` auf `0`. Die Minimalbandbreite sind 80 Kbit/s. Maximal darf die gesamte Upload-Bandbreite von 128 Kbit/s belegt werden. Die Richtung wird mit `DIRECTION='up'` angegeben. Nun zu den Angaben für den übrigen Datenverkehr:

```
QOS_CLASS_2_PARENT='0'                   # Parentclass
QOS_CLASS_2_MINBANDWIDTH='1Kibit/s'      # Minimum
QOS_CLASS_2_MAXBANDWIDTH='192Kibit/s'    # Maximum
```

```
QOS_CLASS_2_DIRECTION='up'             # Direction
QOS_CLASS_2_PRIO=''                    # 0-7
```

Wie Sie sehen, ist die Konfiguration ähnlich zur ersten Klasse. Die Minimalbandbreite steht hier aber auf 1 Kbit/s.

Jetzt muss der Datenverkehr noch den beiden Klassen zugeordnet werden. Dazu reicht ein einziger sogenannter *Filter*:

```
QOS_FILTER_N='1'                       # Number of filters
QOS_FILTER_1_CLASS='1'                 # Destinationclass(es)
QOS_FILTER_1_IP_INTERN='192.168.6.70' # IP address
```

Anhand der IP-Adresse aus dem internen LAN von Klaus (192.168.6.70) wird der Datenverkehr der ersten Klasse zugeordnet. Ein zweiter Filter für die zweite Klasse ist überflüssig, es greift die Konfiguration zu `QOS_INTERNET_DEFAULT_UP`.

Das war's. Jetzt werden bei vorhandenem Datentransfer vom IP-Telefon 80 Kbit/s im Upload reserviert, und die Sprachdaten können in der erforderlichen Zeit ihr Ziel erreichen.

Bei meinen Versuchen hat die Priorisierung funktioniert. Trotzdem kam es zu Zeitverzögerungen, die man gut wahrnehmen kann, wenn man mit sich selbst telefoniert. Die Verzögerung war sehr gleichmäßig (Fachbegriff: *geringer Jitter*), sodass außer der Verzögerung an sich keine weitere negative Auswirkung auf das Gespräch festzustellen war. Ohne Priorisierung war ich von einem Gesprächspartner nicht mehr zu verstehen, wenn parallel ein FTP-Upload stattfand. [«]

Klaus könnte seine Konfiguration sogar noch verbessern, indem er beispielsweise von seinem Telefon in Datenpaketen das TOS-Bit setzen lassen würde und dieses bei der Auswertung für die Priorisierung berücksichtigte. Für normale Anforderungen ist die hier vorgestellte Lösung aber völlig ausreichend.

35.2.6 Diskette bauen

Auch die anderen FLI4L-Pakete beinhalten jeweils eine eigene Dokumentation der Textdateien. Sie finden diese nach dem Entpacken im Unterverzeichnis *doc*. Mit dem Beispiel und der Paketdokumentation können Sie mit der Zeit neue Pakete ausprobieren.

Jetzt möchte Klaus aber seine Konfiguration testen. Er klickt auf die Datei *mkfli4l.bat*, legt eine Diskette ein und bestätigt mit STARTE BUILD-PROZESS. In einem Fenster erscheint das Logging des Vorgangs (siehe Abbildung 35.7).

Mit dem Kommando `mkfli4l.sh` starten Sie die gleiche Prozedur unter Linux. [«]

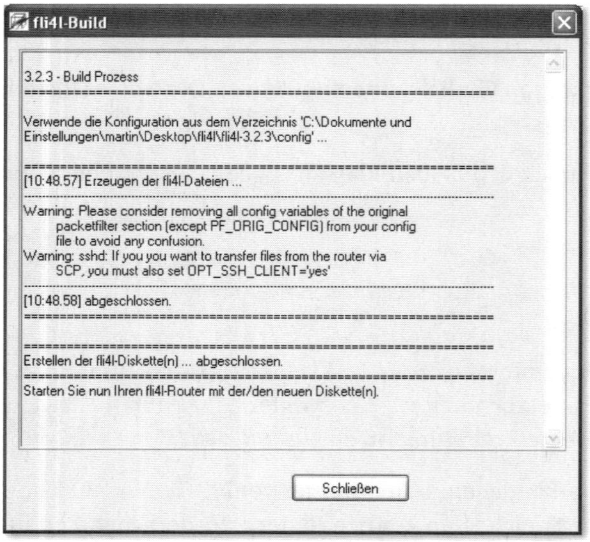

Abbildung 35.7 Die FLI4L-Diskette wird erstellt.

[zB] In diesem einfachen Beispiel genügt es, wenn der FLI4L-Router einen Netzwerkanschluss über den Switch oder Hub erhält. Das DSL-Modem wird ebenfalls mit diesem Switch bzw. Hub verbunden.

Klaus bootet seinen FLI4L-Router nun von der Diskette. Es ist sinnvoll, die Ausgaben auf dem Bildschirm anzusehen. Es ist besonders von Interesse, ob die richtigen Treiber für die Netzwerkkarten geladen werden.

Mit dem Tool `mkfli4l` können Sie später auch direkte Updates des FLI4L-Routers über das Netzwerk durchführen.

35.2.7 PCs im Netzwerk mit FLI4L einrichten

Da Klaus sich dafür entschieden hat, den FLI4L-Router als DHCP-Server einzusetzen, ist die Konfiguration der Clients in seinem LAN ein Kinderspiel. Wie Sie Windows-, Linux- und Mac OS X-PCs in Ihrem Netzwerk als DHCP-Clients einrichten, erfahren Sie in den Kapiteln 24, »Windows einrichten«, Kapitel 25, »Linux einrichten«, und Kapitel 26, »Mac OS X einrichten«.

35.2.8 Administration des Routers

Es gibt mehr Möglichkeiten, den Router zu administrieren, als ich Ihnen an dieser Stelle vorstellen kann. Ich beschränke mich auf die Kommandozeile (ssh), ein grafisches Tool (Imonc) und den Browserzugriff.

ssh

Wenn Sie sich per Secure Shell auf den Router schalten, dann werden Sie das Menü sehen, das FLI4L Ihnen auch nach dem Einloggen an der Konsole bietet. Die einzelnen Punkte des Menüs sprechen für sich. Besonders hilfreich finde ich die Möglichkeit, den Server *fli4l.de* anzupingen. Mit diesem Test kann unabhängig von der Anbindung der Clients im LAN überprüft werden, ob zumindest vom Router aus ein Zugriff auf das Internet möglich ist.

Imonc

Imonc ist der Windows-Client für den Router FLI4L (siehe *http://www.imonc.de*). Mit Imonc können Sie den Status der Circuits einsehen und aktiv beeinflussen.

Sie legen mit dem Windows-Explorer eine neue Verknüpfung an und tragen bei Ziel `<Pfad>\imonc.exe /s:<FLI4L-Router-IP>` ein. Nach einem Doppelklick sollte die Verbindung zum Router hergestellt werden.

Um die volle Bandbreite an Möglichkeiten zu haben, müssen Sie auf Admin klicken und das Passwort eingeben. Sobald Sie online sind, geht ein zusätzliches Fenster auf, das den Datendurchsatz anzeigt (siehe Abbildung 35.8).

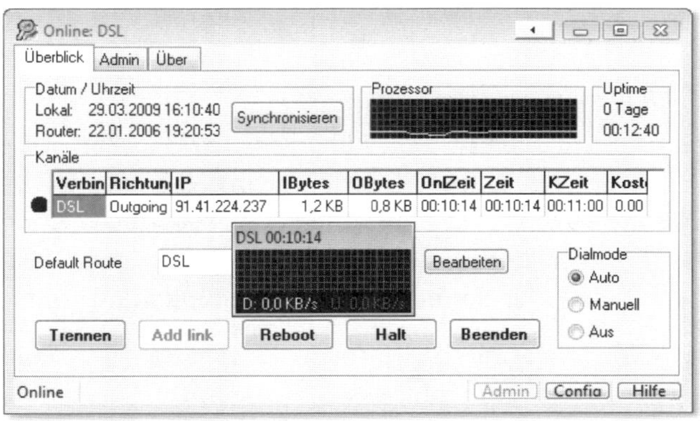

Abbildung 35.8 Der Imonc dient zur Administration des Routers.

http

Sehr gut gefällt mir die FLI4L-Übersicht des Webservers (siehe Abbildung 35.9). Er reicht völlig aus, um sich einen kurzen Überblick über den Router zu verschaffen. Schön ist die mögliche Integration des DynDNS-Status. Sie können damit leicht überprüfen, ob das Update der IP-Adresse beim DynDNS-Provider geklappt hat. Wenn nicht, hilft die an dieser Stelle einsehbare Antwort des Providers vielleicht bei der Fehleranalyse.

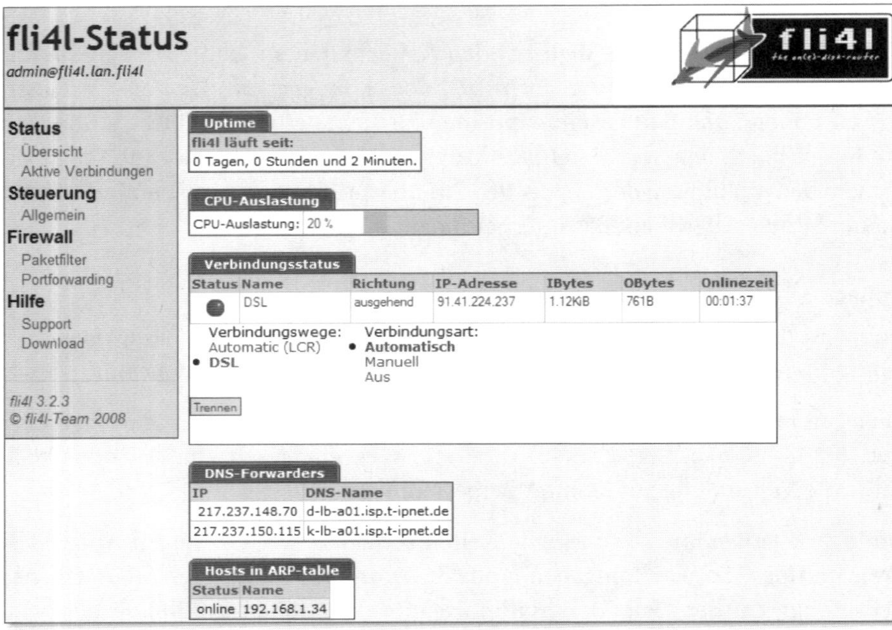

Abbildung 35.9 Die FLI4L-Administration per Browser

35.2.9 FLI4L auf der Festplatte

Da Klaus nach einer längeren Testphase von FLI4L überzeugt ist, möchte er die Software gerne auf die im Router eingebaute IDE-Festplatte installieren. Dies geschieht in zwei Schritten. Zunächst kopiert er seine komplette FLI4L-Distribution in ein anderes Verzeichnis. Er deaktiviert in den Konfigurationsdateien alle Pakete außer den Paketen base, dsl (da der Imonc sonst nicht läuft), hd und sshd.

Er verändert nun die Datei *hd.txt*, um seine IDE-Festplatte für den Router zu konfigurieren:

```
OPT_HDDRV='yes'                 # Treiber installieren?
OPT_HDINSTALL='yes'             # Paket hd verwenden?
```

Da es die Lebensdauer seiner IDE-Festplatte dadurch wahrscheinlich verlängert, entscheidet sich Klaus außerdem, die Fesplatte bei Inaktivität in den Ruhezustand zu versetzen:

```
OPT_HDSLEEP='yes'               # Spindown hd?
```

Nachdem Klaus von der neu erstellten Diskette gebootet hat, loggt er sich lokal oder per Secure Shell auf dem Router ein. Im Menü wählt er INSTALLATION AUF

FESTPLATTE STARTEN aus. Auf diesem Weg wird die Festplatte für FLI4L eingerichtet. Sämtliche darauf befindlichen Daten gehen dabei allerdings verloren!

Der Router würde an dieser Stelle noch nicht funktionieren, da sämtliche für den Boot-Vorgang benötigten Dateien noch auf den Router übertragen werden müssen.

Klaus arbeitet nun wieder mit seiner getesteten Original-Konfiguration weiter. Er muss im nächsten Schritt die Datei *base.txt* anpassen:

```
BOOT_TYPE='hd'                    # Wo ist FLI4L?
```

Im Folgenden tut Klaus zunächst so, als wolle er wieder eine Diskette bauen und klickt auf *mkfli4l.bat*. Dadurch werden die FLI4L-Dateien erzeugt. Sie werden anschließend aber nicht mehr auf eine Diskette kopiert, sondern harren im Verzeichnis */build* der Dinge, die da kommen.

Klaus hat jetzt zwei Möglichkeiten. Entweder er startet im ADMIN-Bereich des Imonc bzw. mit dem `mkfli4l` ein FERNUPDATE, oder er überträgt die Dateien *syslinux.cfg*, *kernel*, *rootfs.img*, *rc.cfg* und *opt_tar.bz2* aus dem Verzeichnis *fli4l-<Version>/build* mit Secure Copy von Hand auf den Router in das Verzeichnis */boot*. Egal wie er sich entscheidet: Nach diesem Vorgang kann Klaus den Router von der Festplatte starten.

Wenn Sie nicht so vertraut mit dem Secure Copy auf der Kommandozeile sind, verwenden Sie einfach den WinSCP. Zum Aufbau der Secure-Shell-Verbindung kann das Programm PuTTY dienen, das ebenfalls in diesem Kapitel beschrieben wird. [o]

Wenn Sie FLI4L auf Ihrer Festplatte installieren wollen, lesen Sie unbedingt vorher die Dokumentation zum Paket hd, und achten Sie genau auf die Hinweise von FLI4L bei der Installation auf der Festplatte! [!]

35.3 FLI4L und OpenVPN

Ein VPN (siehe Abschnitt 34.9, »Virtual Private Network«) zu realisieren ist keine einfache Aufgabe. Insbesondere dann nicht, wenn Sie dieses wirklich sicher gestalten wollen. Da FLI4L kaum in sicherheitskritischen Umgebungen eingesetzt werden dürfte, sondern eher in Privathaushalten, kann man bei der Sicherheit meiner Meinung nach ein paar Abstriche machen, wenn die Realisierung dadurch einfacher wird.

FLI4L unterstützt ab der Version 3.0 offiziell nur noch *OpenVPN* (siehe *http://www.openvpn.net*), das nicht das sehr sichere IPSec verwendet, sondern sich zur

Verschlüsselung OpenSSL bedient. Bei FLI4L wird auch nicht mit privatem und öffentlichem Schlüssel gearbeitet, sondern mit einem gemeinsamen Schlüssel (engl. *shared key*).

[»] Selbstverständlich ist ein gemeinsamer Schlüssel nur so lange sicher, wie dieser nicht z. B. beim Austausch schon abgefangen werden kann. Wenn Klaus und Marie den Schlüssel beispielsweise per E-Mail austauschen, ist die Sicherheit wegen der unverschlüsselten Übertragung von E-Mails nicht gewährleistet. Besser wäre der Austausch per Diskette oder USB-Stick.

35.3.1 FLI4L als OpenVPN-Server

Die Konfigurationsdatei *openvpn.txt* passt Klaus wie folgt an:

```
OPT_OPENVPN='yes'                          # OpenVpn verwenden?
OPENVPN_FEATURES='std'                     # Befehlsumfang
OPENVPN_WEBGUI='yes'                       # Status im Webserver?
OPENVPN_DEFAULT_ALLOW_ICMPPING='yes'       # ping erlauben?
OPENVPN_DEFAULT_PING='60'                  # regelmäßige Last
```

Zunächst muss das OpenVPN-Paket aktiviert werden, indem `OPT_OPENVP='yes'` gesetzt wird. Den Parameter `OPENVPN_FEATURE` belässt Klaus bei `std`, genauere Informationen sind in der FLI4L-Dokumentation zu finden. Die Administration von OpenVPN will Klaus über das Web-Interface des FLI4L-Routers vornehmen, daher setzt er den Parameter `OPENVPN_WEBGUI='yes'`. Damit Klaus für den Test auf jedenfall das Kommando ping benutzen kann, setzt er `OPENVPN_DEFAULT_ALLOW_ICMPPING='yes'`. Der letzte Parameter dient dazu, die OpenVPN-Verbindung aufrechtzuerhalten, wenn dort keine Daten fließen.

Nun kommen wir zu den konkreten Einstellungen für den Zugriff eines entfernten Rechners, in diesem Fall dem von Marie:

```
OPENVPN_N='1'                          # Anzahl der VPNs
OPENVPN_1_NAME='marie'                 # Name erstes VPN
OPENVPN_1_LOCAL_PORT='10001'           # Lokaler Port
OPENVPN_1_SECRET='key.secret'          # Schlüssel-Datei
OPENVPN_1_TYPE='tunnel'                # Art des VPN
OPENVPN_1_REMOTE_VPN_IP='10.0.0.2'     # IP des Partners
OPENVPN_1_LOCAL_VPN_IP='10.0.0.1'      # eigene IP
OPENVPN_1_FORWARD_POLICY='ACCEPT'      # Firewall Regel
OPENVPN_1_INPUT_POLICY='ACCEPT'        # Firewall Regel
```

Es soll nur eine OpenVPN-Verbindung mit dem Namen `marie` geben. Jede OpenVPN-Verbindung benötigt einen eigenen TCP/UDP-Port, der Port sollte weit oberhalb von 1024 liegt, damit keine anderen Anwendungen gestört werden, `10001` ist so einer.

Der Schlüssel, den Klaus und Marie für ihr VPN verwenden, ist in der Datei *key.secret* gespeichert. Wie dieser Schlüssel erzeugt wird, beschreibe ich etwas später. Den Schlüssel wird Klaus in das Verzeichnis *etc/openvpn/config* legen.

OpenVPN unterstützt neben einer IP-Verbindung auch eine Verbindung auf Ethernet-Ebene. Weitere Informationen entnehmen Sie der Dokumentation für FLI4L. Klaus will eine IP-Verbindung, daher verwendet er den Tunnel-Modus.

VPN präsentiert sich auf dem FLI4L, wie auch auf dem Internet-PC von Marie, als virtuelle Netzwerkkarte. Diese Netzwerkkarte benötigt eine eigene IP-Adresse, und genau diese IP-Adresse darf sich weder mit einer IP-Adresse bei Marie noch mit einer bei Klaus stören, damit das IP-Routing (siehe Abschnitt 11.1, »Routing«) klappt. Klaus muss hier also zwei IP-Adressen verwenden, die zu keinem bisher verwendeten IP-Netz gehören, die aber dem Bereich der privaten IP-Adressen entstammen. Als Subnetzmaske wird übrigens automatisch 255.255.255.252 gewählt. Die IP-Adresse `OPENVPN_1_REMOTE_VPN_IP` ist die, die Maries PC bekommt, und `OPENVPN_1_LOCAL_VPN_IP` ist die, die der FLI4L-Router für das Routing der VPN-Verbindung nutzt.

Die hier vorgestellte Konfiguration funktioniert nur für VPN-Clients, die sich aus dem Internet – oder einem anderen IP-Netz – mit dem FLI4L verbinden. Sie können das hier konfigurierte VPN nicht mit lokalen Clients testen, weil das Routing nicht stimmt. [!]

Die `FORWARD_POLICY` und `INPUT_POLICY` reißen zwei Löcher in die Firewall-Regeln des FLI4L: Über diese VPN-Verbindung darf alles gesendet und alles empfangen werden.

Nun sind noch zwei weitere Schritte zu erledigen:

- Die Installation des OpenVPN-Clients muss erfolgen.
- Ein *shared key* muss erzeugt werden.

35.3.2 OpenVPN-Client

Auf der DVD finden Sie im Verzeichnis */software/internet* das Windows-Programm *openvpn-2.0.9-install.exe*. Diese Datei enthält alle notwendigen Komponenten für die Installation von OpenVPN unter Windows. Bei der Installation beschwert sich Windows, dass der Treiber der virtuellen Netzwerkkarte (TUN/TAP-Adapter) nicht signiert sei, bestätigen Sie einfach mit INSTALLATION FORTSET- [o]

ZEN. Ich gehe im Folgenden davon aus, dass Sie OpenVPN unter Windows in das Verzeichnis *C:\Programme\OpenVPN* installiert haben.

Klaus hat OpenVPN auf dem Internet-PC von Marie installiert. Das Erste, was er nun tut, ist, im Verzeichnis *C:\Programme\OpenVPN\config* eine Datei *klaus.ovpn* mit dem Texteditor anzulegen. OpenVPN-GUI ist gestartet und zeigt in der Taskleiste neben der Uhr ein Symbol zweier Bildschirme mit einer Weltkugel. Klaus klickt mit der rechten Maustaste auf das Symbol und wählt EDIT CONFIG. In die leere Datei *klaus.ovpn* trägt er nun Folgendes ein:

```
remote klaus.dyndns.org           # VPN-Server DNS Name
rport 10001                       # VPN Server Port
dev tun                           # Art des VPN
proto udp                         # Protokollfamilie
ifconfig 10.0.0.2 10.0.0.1        # lokale und remote IP
route 192.168.6.0 255.255.255.0 # Route Server-LAN
comp-lzo                          # Komprimierung
secret key.secret                 # Schlüsseldatei
persist-tun                       # Verhalten bei Abbruch
persist-key                       # Verhalten bei Abbruch
ping-timer-rem                    # Verhalten bei Abbruch
ping-restart 60                   # Verhalten bei Abbruch
tun-mtu 1500                      # Die MTU
fragment 1300                     # Fragmentgröße
mssfix                            # Windows BugFix
verb 3                            # Output Verbosity
```

Anschließend schließt er das Fenster und speichert dabei die Änderungen. Die Konfiguration beinhaltet, dass sich Maries PC zu *klaus.dyndns.org* verbinden will. Die IP-Adressen für den Tunnel sind 10.0.0.2 und 10.0.0.1. Zusätzlich wird das LAN von Klaus, also das IP-Subnetz 192.168.6.0/24, über diesen Tunnel geroutet. Zur Verschlüsselung wird der Schlüssel aus der Datei *key.secret* verwendet, diese Datei muss ebenfalls im Verzeichnis *C:\Programme\OpenVPN\config* liegen.

Bisher hat Klaus die Datei nicht erzeugt. Er führt dazu auf Maries Windows-PC das Programm START • PROGRAMME • OPENVPN • GENERATE A STATIC OPENVPN KEY aus. Jetzt liegt im besagten Verzeichnis *config* eine Datei *key.txt*. Diese benennt Klaus in *key.secret* um, kopiert sie auf seinen USB-Stick, fährt nach Hause und kopiert sie für seine FLI4L-Konfiguration in das Verzeichnis *etc/openvpn/config*.

35.3.3 Kontrolle der OpenVPN-Verbindung

Nun ist das VPN komplett konfiguriert. Werfen Sie zunächst einen Blick auf das Web-Interface des FLI4L, dort gibt es einen Eintrag für OpenVPN (siehe Abbildung 35.10).

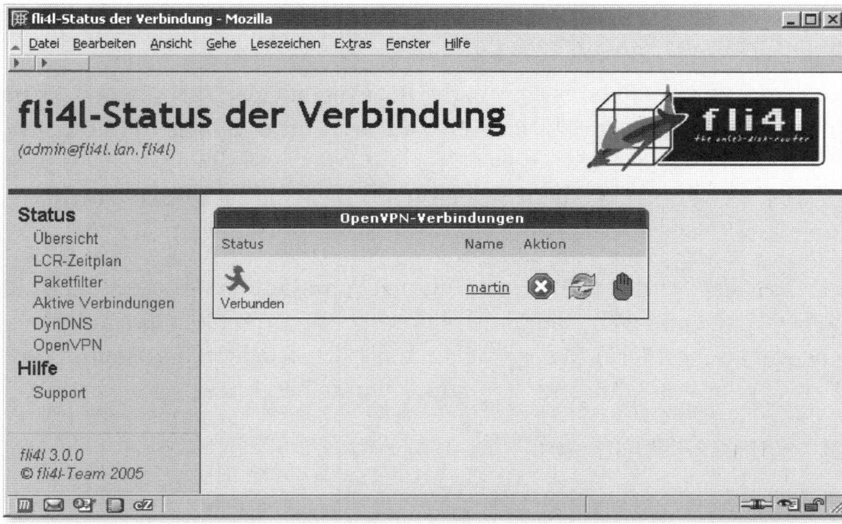

Abbildung 35.10 Die OpenVPN-Verbindung ist aktiv.

Über die Schaltflächen neben der Verbindung können Sie das VPN beispielsweise neu initialisieren. Mit einem Klick auf den Namen der VPN-Verbindung können Sie weitere Details einsehen (siehe Abbildung 35.11).

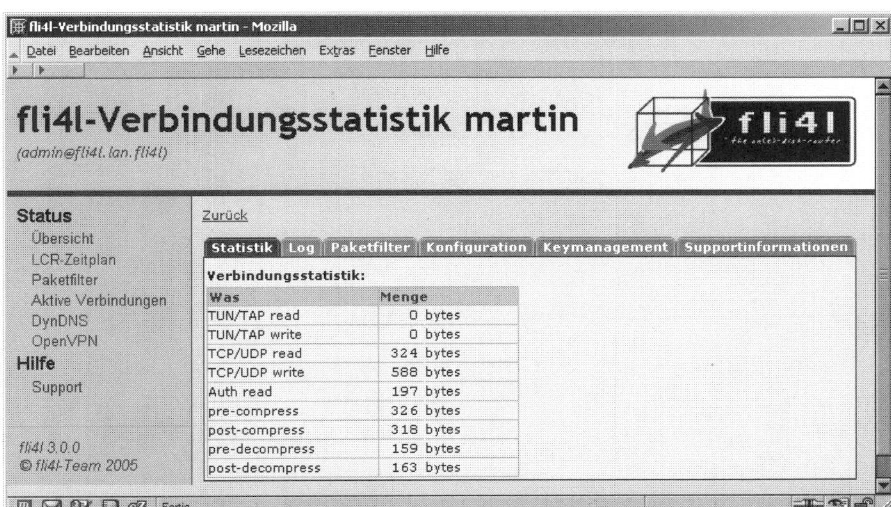

Abbildung 35.11 OpenVPN-Statistik einer Verbindung

Insbesondere ist der Reiter Log interessant, weil Sie dort verschiedene Fehler erkennen und analysieren können.

Mehr Fallstricke als bei FLI4L lauern in der Regel beim OpenVPN-Client. So sind Firewalls eine beliebte, teilweise unüberwindbare Hürde. Genauere Informationen finden Sie auf *http://www.openvpn.net* und *http://www.openvpn.eu*. Weitere Hürden sind NAT-Router, auf denen OpenVPN-Pakete (meistens UDP-Port 1194) zum OpenVPN-Client weitergeleitet werden müssen.

[zB] Nach der Einwahl mit ihrem PC in das Internet ruft Marie das Kontextmenü zur OpenVPN-GUI auf und wählt den Eintrag Connect. Es öffnet sich das Statusfenster (siehe Abbildung 35.12). Wenige Sekunden später leuchten die Monitore des OpenVPN-Symbols in Grün. Die Verbindung wurde hergestellt.

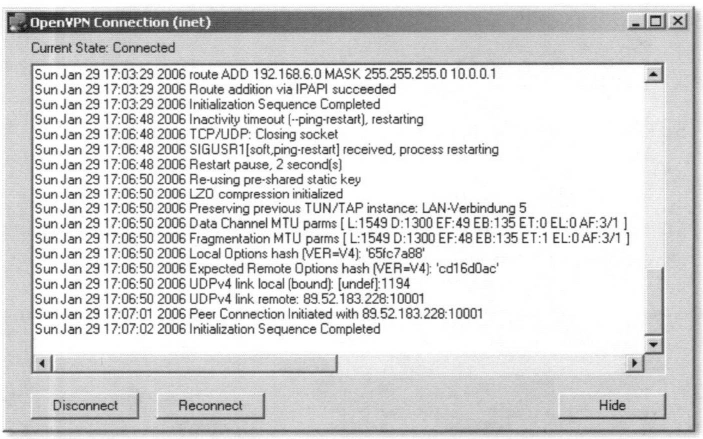

Abbildung 35.12 Status von OpenVPN-GUI bei Erfolg

Wie Sie in der ersten Zeile des Statusfensters, aber auch bei einem `route print` unter Windows erkennen können, wird das IP-Netz von Klaus 192.168.6.0/24 über das VPN, nämlich über 10.0.0.1 geroutet (siehe Abbildung 35.13).

Marie kann jetzt mit einem ping überprüfen, ob sie den PC von Klaus erreichen kann. Ihr PC verhält sich jetzt wie ein lokaler PC im LAN von Klaus. Marie kann Drucker- und Laufwerksfreigaben nutzen oder auch auf den siegfried-Server von Klaus zugreifen.

```
C:\WINNT\System32\cmd.exe
===========================================================================
===========================================================================
Aktive Routen:
     Netzwerkziel    Netzwerkmaske          Gateway    Schnittstelle  Anzahl
          0.0.0.0          0.0.0.0    89.50.168.166    89.50.168.166       1
         10.0.0.0  255.255.255.252         10.0.0.2         10.0.0.2      30
         10.0.0.2  255.255.255.255        127.0.0.1        127.0.0.1      30
   10.255.255.255  255.255.255.255         10.0.0.2         10.0.0.2      30
    62.104.213.33  255.255.255.255    89.50.168.166    89.50.168.166       1
    89.50.168.166  255.255.255.255        127.0.0.1        127.0.0.1      50
   89.255.255.255  255.255.255.255    89.50.168.166    89.50.168.166      50
        127.0.0.0        255.0.0.0        127.0.0.1        127.0.0.1       1
  →   192.168.6.0    255.255.255.0         10.0.0.1         10.0.0.2       1
        224.0.0.0        240.0.0.0         10.0.0.2         10.0.0.2      30
        224.0.0.0        240.0.0.0    89.50.168.166    89.50.168.166       1
  255.255.255.255  255.255.255.255         10.0.0.2         10.0.0.2       1
  255.255.255.255  255.255.255.255    89.50.168.166            20005       1
  255.255.255.255  255.255.255.255    89.50.168.166            10004       1
Standardgateway:     89.50.168.166
===========================================================================
Ständige Routen:
  Keine
```

Abbildung 35.13 Hinter dem Router 10.0.0.1 liegt das VPN.

35.4 ProXY

Während NAT auf Schicht 3 des ISO-/OSI-Modells arbeitet und lediglich IP-Adressen austauscht, arbeitet ein Proxy auf Schicht 7. Das ermöglicht dem Proxy, Benutzer auf der Applikationsebene zu authentifizieren, sodass sich steuern lässt, wer auf das Internet zugreifen darf und wer nicht.

ProXY bedeutet Stellvertreter (Pro = für, XY = alles). Der PC, auf dem der Proxy-Dienst läuft, wird Proxy-Server genannt. Ihm kommen zumindest zwei Aufgaben zu:

- Anfordern und Weiterleiten der Internetseiten
- Zwischenspeichern von Internetseiten (sogenanntes Cache)

Ein PC im lokalen Netz fordert eine Internetseite (unter anderem HTTP, FTP) beim Proxy-Server an, behandelt den Proxy also wie einen Webserver. Der Proxy-Server fordert die Seite, falls erforderlich, bei dem entsprechenden Webserver im Internet an, und der Webserver antwortet dem Proxy, behandelt ihn also wie einen Client.

Die Seiten, die der Proxy angefordert und bekommen hat, speichert er in seinem *ProXY-Cache* zwischen. Wird die Seite vom Client erneut angefordert, fordert der Proxy die Seite vom Webserver mit der Bedingung an, dass sie nur dann übertragen werden soll, wenn sie sich seit der letzten Anforderung verändert hat. Damit wird verhindert, dass häufig gleiche Seiten aus dem Internet übertragen werden müssen und so wertvolle Bandbreite belegen.

Da der ProXY alle Anfragen ins Internet stellt, wird ähnlich wie bei NAT nur eine offizielle IP-Adresse benötigt. Das gesamte Netzwerk versteckt sich hinter dem Proxy-Server, sodass es für Hacker/Cracker unsichtbar ist.

Der ProXY-Dienst muss alle Protokolle beherrschen, für die er Proxy ist. Das führt insbesondere bei Audio- und Videosoftware, die über das Netzwerk arbeitet, zu Problemen, weil diese Software teilweise nicht ProXY-fähig ist.

Eine vorkonfigurierte virtuelle ProXY-Appliance finden Sie auf der Buch-DVD. Der ProXY selbst wird in Abschnitt 39.3, »Squid ProXY Appliance«, beschrieben.

Sie wissen nun, wie Sie Verbindungen aus Ihrem LAN ins Internet aufbauen können. Wie aber findet man PCs in Ihrem LAN aus dem Internet?

36 DynDNS-Dienste

Der Begriff DynDNS steht für *dynamisches DNS* und soll darauf hindeuten, dass Sie als Kunde die zu einem Namen gehörige IP-Adresse selbst im DNS-Server eintragen können.

Jetzt fragen Sie sich vielleicht, welchen Vorteil Sie davon haben, eine IP-Adresse zu einem Namen einzutragen.

Stellen Sie sich vor, Sie möchten im Internet eine Homepage anbieten. Auf dieser Homepage soll neben dem üblichen HTML auch die Scriptsprache PHP zum Einsatz kommen, Sie benötigen außerdem eine Datenbank und einen SSH-Zugriff. Schauen Sie spaßeshalber mal, was ein Angebot kostet, das diese Forderungen abdeckt. Üblicherweise liegt der Preis um 10 € monatlich. **[zB]**

Wenn Sie eine DSL-Flatrate haben und im Keller noch ein alter PC herumsteht, dann können Sie die Lösung zum Nulltarif bekommen.

Sie melden sich bei einem der kostenlosen DynDNS-Dienste im Internet an und können sich einen Namen aussuchen, z.B. *http://meinehp.dyndns.org*. Dieser Name muss in die täglich wechselnde IP-Adresse umgesetzt werden, die Ihnen Ihr Provider zuweist. Dazu müssen Sie jedes Mal, wenn Ihre IP-Adresse wechselt, diese bei *dyndns.org* aktualisieren. Da dies zu aufwendig ist, um es manuell zu tun, erledigen heutige DSL-Router das für Sie.

36.1 Anbieter

Es gibt eine unübersichtliche Anzahl von DynDNS-Anbietern. Die meisten bieten ein kostenloses Einsteigerpaket und verlangen für weitere Dienstleistungen Geld.

Der bekannteste Anbieter ist *DynDNS*, den Sie unter der gleichnamigen Webadresse finden (siehe *http://www.dyndns.org*). Sie können die IP-Adresse manuell oder automatisch mit einer ganzen Reihe von Programmen aktualisieren.

Ein weiterer sehr gut funktionierender Dienst ist *nerdcamp*. Sie finden ihn unter *http://www.nerdcamp.net*. Im Gegensatz zu DynDNS werden Webadressen nicht nach drei Monaten ohne IP-Aktualisierung gelöscht, sondern bestehen unbegrenzt weiter.

36.2 Aktualisierung

Sie können Aktualisierungen natürlich manuell vornehmen. Die Webseiten der Anbieter haben diese Möglichkeit. Loggen Sie sich z. B. bei *nerdcamp* auf der Webseite ein (siehe Abbildung 36.1). Es erscheint die Seite OPTIONEN, in der Sie im Eingabefeld Ihre aktuelle, offizielle IP-Adresse eintragen können.

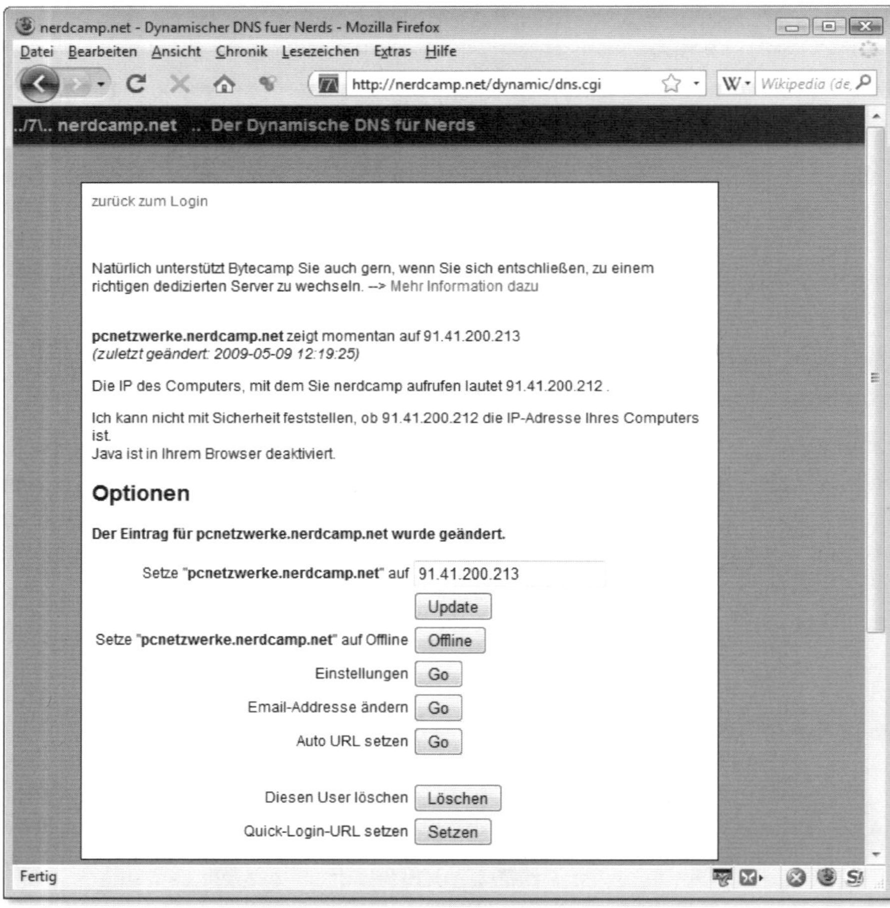

Abbildung 36.1 Aktualisierung per Web bei nerdcamp.net

Ein Klick auf UPDATE aktualisiert die Zuordnung, und Sie sind wieder unter Ihrem Namen *pcnetzwerke.nerdcamp.net* erreichbar.

36.2.1 Router

Viele Router bieten die Möglichkeit, Updates bei DynDNS-Anbietern vorzunehmen. Allerdings ist die Auswahl der möglichen Anbieter meist eingeschränkt.

Der bekannteste Anbieter ist DynDNS.org und wird von allen Routern unterstützt.

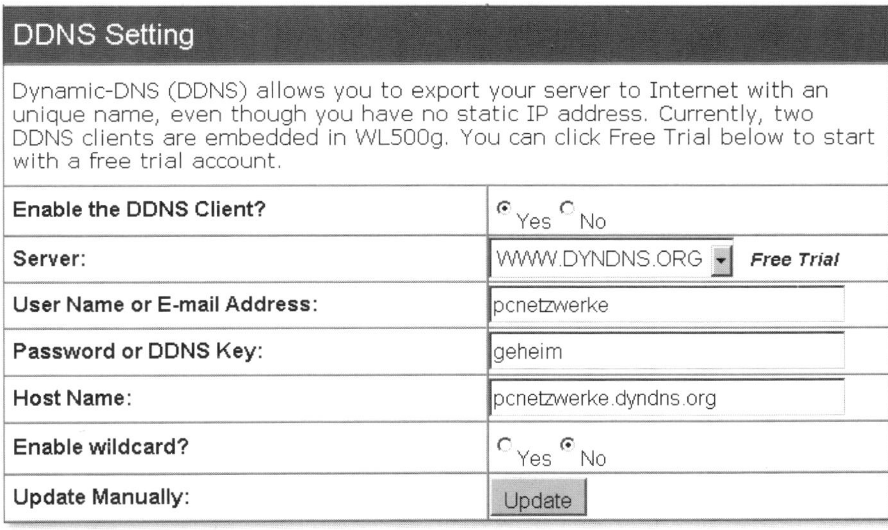

Abbildung 36.2 WL-500g kann auch DynDNS, wie viele DSL-Router.

Der Vorteil, den Router zu verwenden, liegt darin, dass dieser die offizielle IP-Adresse, die Sie von Ihrem Provider bekommen haben, kennt. Es sind also keine weiteren Tricks notwendig, die korrekte Adresse zu ermitteln.

36.2.2 Software

Wenn Ihr Router keine Möglichkeit bietet, den von Ihnen favorisierten DynDNS-Dienst zu aktualisieren, bleibt noch die Möglichkeit, die Aktualisierung über ein Programm vorzunehmen.

Der Dienst DynDNS bietet ein Programm für Windows, Linux und Mac OS X, den *DynDNS Updater*.

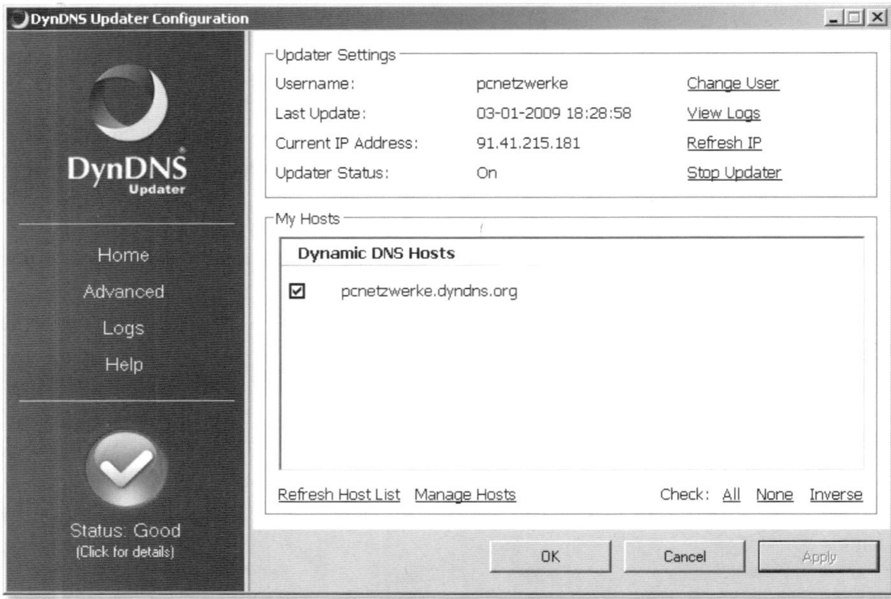

Abbildung 36.3 DynDNS Updater aktualisiert IP.

Natürlich funktioniert dieses Programm auch nur mit DynDNS.org. Der Nachteil einer jeden Software ist allerdings, dass die IP-Änderung immer erst nachträglich festgestellt wird, entsprechend hinkt die Aktualisierung immer etwas hinterher.

36.2.3 DynDNS Updater für Mac OS X

Auf der Webseite *http://www.dyndns.com* finden Sie in der Rubrik UPDATE CLIENTS auch einen DynDNS Updater für Mac OS X. Wenn Sie dieses Programm herunterladen und zum ersten Mal starten, werden Sie nach dem Passwort eines Administrators gefragt. Haben Sie dieses eingegeben, dann wird in Ihrem System ein sogenannter *LaunchDaemon* installiert. Dieses Programm arbeitet im Hintergrund und gibt Ihre aktuelle IP-Adresse an den DynDNS-Dienst weiter. Innerhalb der grafischen Oberfläche des DynDNS Updaters können Sie Ihre Domains eingeben und dort auch einstellen, wie das Programm Ihre IP-Adresse ermitteln soll.

Mit der Verbreitung von Netzwerken, dem sinkenden Preis von Festplattenvolumen und dem Speicherverbrauch durch Fotos, Videos und Musik im Netzwerk stieg der Bedarf an netzwerkfähigen Speicherlösungen: NAS.

37 Netzwerkspeicher

Zunächst gab es *Network Attached Storage* (kurz: NAS) nur für das professionelle Umfeld. Lösungen für den Heimanwender oder kleinere geschäftliche Netzwerke wurden meist auf PC-Basis und mit Windows oder Linux-Betriebssystemen erstellt: ein alter PC, Windows/Linux drauf, eine SMB-Freigabe erstellt, fertig.

Heute gibt es im Wesentlichen vier unterschiedliche Möglichkeiten, ein NAS zu haben:

- Windows Home Server auf PC-Hardware
- spezielle Linux-Distribution auf PC-Hardware
- spezielle Hardware-Lösung
- Router mit externer USB-Platte

Alle Varianten werden im Nachfolgenden behandelt. Da der Markt in einem ständigen Umbruch ist, verzichte ich auf die Nennung von einzelnen Produkten sowie auf Performancetests.

Wenn Sie sich mit dem Thema NAS beschäftigen und Testberichte dazu lesen, werden Sie feststellen, dass üblicherweise die Frage des Datendurchsatzes im Fokus steht. Oftmals ist das schnellste NAS im Test auch der Testsieger. Die Argumentation ist auch grundsätzlich richtig, schließlich will man beim Speichern oder Abrufen der Daten nicht auf das NAS warten. Andererseits ist in vielen Fällen fraglich, ob mit den typischen Anwendungen eines Privatanwenders auch nur annährend messbarer Datendurchsatz erzeugt werden kann.

Ein gutes Beispiel für den Bedarf an einem NAS ist die digitale Bildersammlung. Jeder soll auf die Fotos zugreifen können. Ein drei MByte großes Foto bedeutet aber lediglich 24 Mbit, entsprechend dauert es weniger als eine Sekunde, dieses Foto zu laden, selbst bei einem lahmen NAS. Ob es nun aber letztendlich 0,3 oder 0,001 Sekunden dauert, ist bei einem Bild irrelevant.

Der zweite Einsatzzweck ist das Backup von Dateien. Hier ist Datendurchsatz gefordert, schließlich will man nicht auf die Fertigstellung des Backups warten. Nach meinen Beobachtungen lasten Backup-Tools eine 100-Mbit/s-Verbindung nur zu ca. 30 % aus. Der Flaschenhals ist also die Anwendung. Sie prüft, ob die Datei gesichert werden muss, und verbraucht dabei die Zeit, nicht das lahme NAS.

[»] Möglichkeiten, wie Sie Ihren PC am besten sichern, finden Sie in Kapitel 41, »Netzwerk-Backup«, beschrieben. Dort stellen wir verschiedene Möglichkeiten vor.

Es verbleiben einige wenige Beispiele wie das Kopieren von Filmen, die wirklich gute Datendurchsatzraten brauchen. Wenn Sie mit Ihrem NAS solche Anwendungsfälle haben, sollten Sie über ein PC-basiertes NAS nachdenken. Billig wird das nicht, aber der Datendurchsatz stimmt.

Bei meinen Recherchen habe ich mich ausführlich mit verfügbaren Hardware-NAS-Lösungen beschäftigt. Es ist größtenteils erschreckend, welche geringe Datendurchsätze tatsächlich erreicht werden. Ein Wert von 5 Mbyte/s, also 40 Mbit/s, trotz Gigabit-Interface und RAID 1 ist nicht unüblich.

37.1 Windows Home Server

Im Jahr 2007 hat Microsoft begonnen, den *Windows Home Server* (kurz: WHS) zu verkaufen. Es handelt sich um eine spezielle Version von Windows, die explizit auf Privatanwender ausgerichtet ist: *Er organisiert Ihre lieb gewordenen Inhalte wie z. B. persönliche Briefe, Fotos, Videos und Musikstücke an einer zentralen Stelle und stellt sie den Familienmitgliedern so, wie Sie es wünschen, zur Verfügung.* (Quelle: Microsoft).

Als Anwender haben Sie dabei die Wahl, einen PC mit WHS zu bespielen oder eine spezielle Hardware mit fertig installiertem WHS zu kaufen. Technisch betrachtet, basiert WHS auf Windows 2003 Small Business Server.

Bevor Sie sich für den WHS entscheiden, sollten Sie genau prüfen, ob er Ihre Anforderungen erfüllt. Microsoft bietet an, den WHS 30 Tage ohne Lizenzeingabe oder Registrierung kostenfrei zu testen. Insbesondere ist der WHS kein Domänencontroller!

37.1.1 WHS Connector

Anders als die meisten anderen Lösungen nutzt WHS nicht den Webzugriff mit SMB-Freigaben, sondern es muss auf den PCs im Netzwerk der *Windows Home Server Connector*[1] installiert werden.

Die Software ist dann in der Taskbar zu finden und bietet unter anderem eine *Console* (siehe Abbildung 37.1).

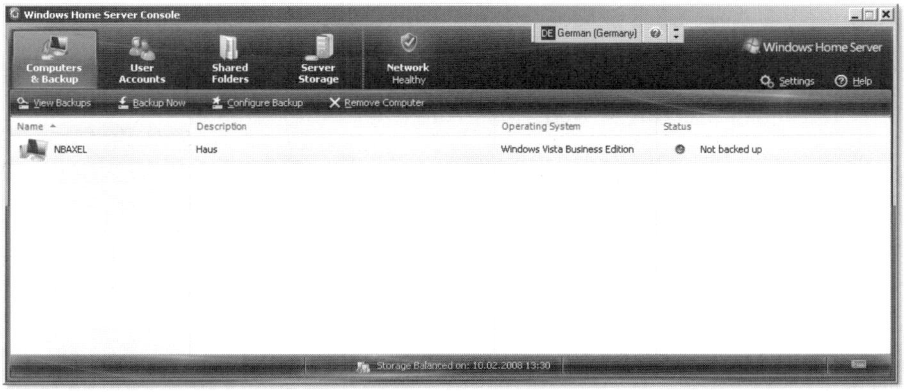

Abbildung 37.1 Die WHS Console listet PCs auf.

Mittels dieser Console können die Einstellungen des WHS selbst geändert werden, aber auch Backup-Einstellungen für PC und Benutzer angelegt werden sowie einiges mehr.

37.1.2 WHS Client Backup

WHS bringt als einziges Produkt in diesem Segment eine Funktion mit, um die Windows-PCs im LAN zu sichern, auch wenn diese ausgeschaltet sind. WHS nutzt dazu Wake-on-LAN (siehe Abschnitt 22.6.5, »Wake-on-LAN«), sodass die Sicherung automatisiert auch nachts ablaufen kann.

Der WHS weckt dazu die PCs auf und startet dann das konfigurierte Backup. Natürlich nur, wenn WoL in Ihrem Netzwerk funktioniert und die PCs nicht stromlos geschaltet sind. Trotz dieser Einschränkung halte ich die Lösung für einen guten Ansatz, damit regelmäßig Backups gemacht werden. In einem privaten LAN ist es schwierig, einen regelmäßigen Termin zu planen, weil die PCs nicht regelmäßig eingeschaltet sind. Wird der PC dann eingeschaltet – um kurz im Internet mal eben ... –, kann ein anlaufendes Backup unpassend sein.

1 Sie finden die Software auf der WHS-DVD im Ordner WHS (dort die SETUP.EXE aufrufen).

37.1.3 Licht und Schatten von WHS

Nachfolgend möchte ich kurz meine Einschätzung wiedergeben. Selbstverständlich sind meine Argumente subjektiv, und Sie können zu einer anderen Einschätzung kommen.

Die Installation des WHS geht sehr einfach, die Hardware-Erkennung sollte unproblematisch sein. Für die Konfiguration gibt es am Ende der Installation ein Menü, in dem man einige wenige Dinge festlegen kann, z. B. ob Updates automatisch eingespielt werden sollen.

Vom PC aus kann man die gut strukturierte Oberfläche der WHS Console nutzen und ziemlich einfach die gewünschten Aufgaben konfigurieren.

Es ist einfach, die Grundfunktionen, die der WHS mitbringt, per Add-Ins zu erweitern, diese gibt es im Internet, und viele von ihnen sind kostenlos.

Werden PCs auf dem WHS gesichert, werden identische Dateien nur einmal gesichert. So spart das System Platz, weil gerade bei der Sicherung von PCs viele Programmdateien doppelt vorkommen.

Wenn der WHS mit PC-Hardware betrieben wird, besteht der allgemeine Nachteil des hohen Stromverbrauchs und der üblicherweise hohen Kosten für hinreichend funktionstüchtige Hardware. Leider kann der WHS ausschließlich von Windows-PCs richtig genutzt werden, weil sich nur auf ihnen der Connector/die Console installieren lässt.

Software-RAID, wie es alle Linux-basierten NAS unterstützen, gibt es beim WHS nicht. Es gibt die Technik des *Drive Extender*, der beim WHS Daten auf mehrere Festplatten verteilen kann. Da die Daten erst nach dem Kopieren auf die weiteren Platten verteilt werden, kann der WHS mit vielen großen Dateien ausgelastet werden. Diese wichtige Funktion, die der sicheren Datenhaltung dienen soll, führt in der Praxis zu den meisten Problemen.

Nur durch die Installation einiger Add-Ins kann man das Niveau anderer NAS-Lösungen erreichen.

Die Verbreitung von WHS scheint mir gering. Das liegt sicher auch an einem Preis von etwa 80 € für die Software. Eine PC-Hardware kommt noch hinzu. Auch die Hardware-Lösungen rangieren im oberen NAS-Preissegment von über 400 €. Diese Meinung wird auch unter WHS-Freunden so vertreten, schließlich konkurriert Microsoft in diesem Segment mit dem kostenlosen Linux.

37.2 FreeNAS, Openfiler & Co.

Wenn Sie ausschließlich Speicherplatz im Netzwerk möchten und weitere Funktionen der heutigen NAS-Systeme für Sie uninteressant sind, kann eine spezielle Linux-Distribution wie FreeNAS (siehe *http://www.freenas.org*) oder Openfiler für Sie interessant sein.

> Von der Verwendung alter PC-Hardware für Zwecke eines NAS muss ich aus mehreren Gründen abraten.
>
> Entweder ist der Stromverbrauch moderat, dann wird die Leistung nicht stimmen, oder der Stromverbrauch ist exorbitant verglichen mit modernen Systemen. Der zweite Grund betrifft die Ausfallsicherheit: Alte Komponenten, insbesondere alte Festplatten, gehören meiner Meinung nach nicht in ein NAS, denn dort möchten Sie Ihre Daten sicher ablegen.
>
> Beide Gründe lassen nur den Schluss zu, dass für ein Selbstbau-NAS nur aktuelle Hardware infrage kommt. Der Kostenpunkt liegt zwischen 400 und 600 €.

Bitte berücksichtigen Sie die gerade angeführten Überlegungen, wenn Sie über ein Selbstbau-NAS nachdenken. Die Lösung mag grundsätzlich reizvoll sein, der Weg zu einer komfortablen Lösung ist allerdings recht steinig. Die Stromkosten einer 80-Watt-Lösung belaufen sich im Jahr auf stolze 140 €, sodass die Lösung innerhalb von drei Jahren bei den Betriebskosten in etwa dieselben Kosten verursacht wie für die Anschaffung.

Leider bleiben die Spezialdistributionen hinsichtlich ihrer Performance deutlich hinter aktuellen Linux-Distributionen und insbesondere hinter OpenSolaris zurück.

Wenn Sie sich Openfiler einmal anschauen wollen, dann finden Sie eine Beschreibung in Abschnitt 39.2, »Openfiler Appliance als Datenspeicher«, und die Appliance auf der Buch-DVD. [O]

Eine solche Virtualisierungslösung ist dann sinnvoll, wenn Sie mehrere Appliances auf einem System laufen lassen, insbesondere wenn Sie sehr spezielle Lösungen in Ihrem LAN einsetzen möchten, wie beispielsweise einen Asterisk*-Server (siehe Abschnitt 39.5, »Trixbox Asterisk Appliance«).

37.3 Router mit externer USB-Platte

Beliebte Minimallösung ist es, einen Router, der eine USB 2.0-Schnittstelle bietet, mit einer externen USB-Festplatte zu erweitern und über diese Lösung Netzlaufwerke im LAN bereitzustellen.

Bevor Sie diese Lösung in Betracht ziehen, bedenken Sie bitte, dass eine einzelne USB-Platte auch ausfallen kann. Diese Platten sind nicht für den Dauerbetrieb ausgelegt, das erhöht das Ausfallrisiko, wenn sich die Platte nicht in den Schlaf schicken lässt.

Eine weitergehende Sicherung der Daten kann üblicherweise nicht erfolgen, daher sollten auf dieser Lösung nur Daten abgelegt werden, die entweder auf anderen PCs noch vorhanden sind oder deren Verlust Sie leicht verschmerzen können.

37.3.1 DSL-Router

Was bietet nun der DSL-Router als Fileserver? Das hängt natürlich vom Router selbst ab. Die bekannten und beliebten Fritz!Boxen können die USB-Platte per SMB oder FTP im Netzwerk zur Verfügung stellen. Es ist möglich, einen Kennwortschutz zu vergeben. Es gibt jedoch keine Benutzerverwaltung, jeder Benutzer hat also – abgesehen vom einheitlichen Kennwortschutz – Zugriff auf alle Dateien.

Ein häufiges Problem sind kleine USB-Platten, die ihren Strom vom USB-Port beziehen, doch der Strom an der Fritz!Box reicht in einigen Fällen nicht aus, sodass Sie für eine externe Stromzufuhr[2] sorgen müssen.

Hinsichtlich des Datendurchsatzes sollten Sie nicht mehr als 16 Mbit/s erwarten. Bei älteren Modellen wird nur USB 1.1 angeboten, sodass die Datenrate bei etwa 2 Mbit/s liegt. Das ist für heute übliche Dateigrößen zu langsam. Ein simples Foto braucht dabei schon ca. 15 Sekunden, bis es geladen ist und angezeigt wird.

Sinnvoll ist die Nutzung nur mit USB 2.0 am Router. Die Fritz!Box bietet zusätzlich noch die Möglichkeit, Multimediadateien mit einem Streaming-Server im Netzwerk bereitzustellen.

Der große Vorteil dieser Lösung ist ganz klar der Preis:

- keine zusätzliche Hardware
- kein zusätzlicher Stromverbrauch
- kein zusätzlicher Netzwerkanschluss
- kein Lärm

Beim Stromverbrauch meine ich natürlich den zusätzlichen Stromverbrauch durch ein NAS. Die USB-Platte verbraucht natürlich Strom. Insgesamt eine absolute Basislösung, die weit entfernt ist von den Möglichkeiten, die selbst einfache NAS-Systeme bieten.

2 In diesem Fall kann das nur ein USB-Hub mit eigener Stromversorgung sein.

37.3.2 File-Sharing mit Apples AirPort

Die AirPort-Basisstation von Apple verfügt über eine USB-Schnittstelle, an der Sie eine Festplatte anschließen können. Die Schnittstelle ist dabei in der Lage, mithilfe eines USB-Hubs auch mehrere Festplatten im Netzwerk verfügbar zu machen. Im AIRPORT-DIENSTPROGRAMM finden Sie unter LAUFWERKE zunächst eine Übersicht über die angeschlossenen Festplatten. In der Ansicht FILE-SHARING können Sie dann die Freigabe der Festplatten im Netzwerk aktivieren. AirPort stellt die Festplatten im Netzwerk sowohl mit dem Apple-eigenen AFP-Protokoll als auch über SMB zur Verfügung. In dieser Ansicht legen Sie auch fest, wie die Laufwerke geschützt werden sollen und ob ein Gastzugriff möglich ist. Die Option LAUFWERKE ÜBER WAN FREIGEBEN ermöglicht es, dass auf die Festplatten nicht nur vom internen Netzwerk, sondern auch vom Internet aus zugegriffen werden kann. Sofern Sie diese Funktion nicht unbedingt benötigen, sollten Sie sie deaktiviert lassen.

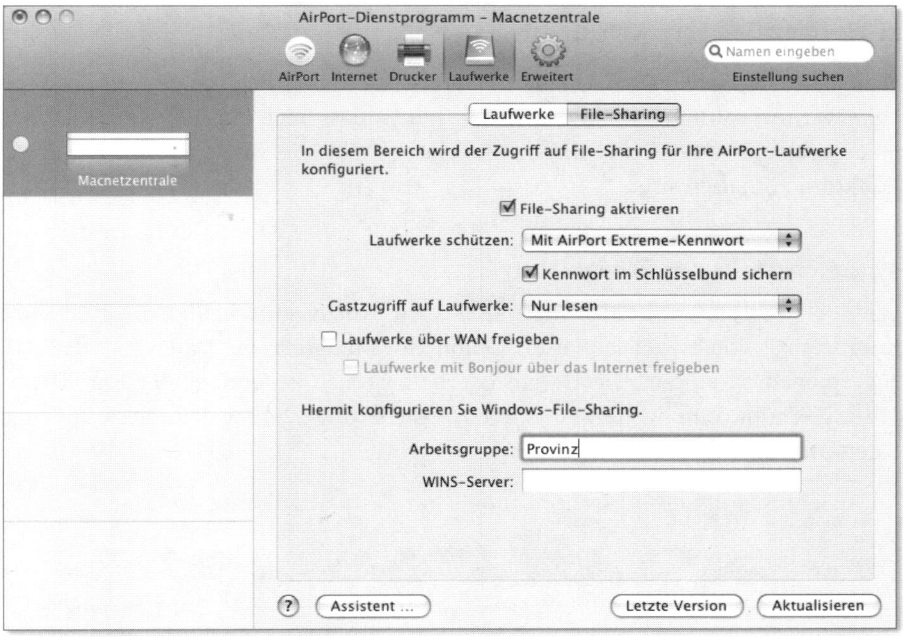

Abbildung 37.2 Über das AirPort-Dienstprogramm kann eine an der Basisstation angeschlossene USB-Festplatte freigegeben werden.

Apples AirPort ist nicht in der Lage, mit Festplatten zu arbeiten, die mit dem Dateisystem NTFS formatiert wurden. Wenn Ihre Festplatte mit NTFS vorformatiert wurde, dann sollten Sie diese an einem Windows-PC mit dem Dateisystem FAT

32 oder an einem Macintosh mit dem Dateisystem MAC OS X EXTENDED formatieren, bevor Sie sie an die Basisstation anschließen und im Netzwerk freigeben.

Wenn in Ihrem Netzwerk auf die freigegebene Festplatte mit den Systemen Linux, Windows und Mac OS X zugegriffen wird, dann kann es sein, dass Sie auf der obersten Ebene des Dateisystems verschiedene Ordner finden, deren Name mit einem Punkt beginnt. Diese Ordner sind unter Mac OS X und oft auch Linux unsichtbar und werden von Mac OS X für einige Systemdienste genutzt. Sie sollten sich mit der Existenz dieser Ordner anfreunden und sie nicht willkürlich löschen.

37.4 Hardware-NAS

Für viele Anwendungen ist die Anschaffung eines Hardware-NAS die vernünftigste Lösung. Sie ist zumindest die günstigste eigenständige Lösung, wenn man die Stromkosten berücksichtigt.

Was bietet ein solches NAS heute üblicherweise? Natürlich hängt das vom Preis ab. Erwarten kann man neben SMB-Freigaben, dass auch ein FTP-Server, Download-Server, eMule-Client, BitTorrent-Client, UPnP-Server und Webserver als Funktion enthalten sind.

37.4.1 Anzahl der Festplatten

Wie viele Festplatten braucht das NAS? Viele Nutzer entscheiden sich für einen Kompromiss von zwei Festplatten. Damit ist es möglich, die Daten mittels RAID 1 gespiegelt zu halten. Die Datensicherheit ist also gegenüber der Ein-Platten-Lösung erhöht. Eine weitergehende Datensicherung ist aber dennoch unbedingt zu empfehlen.

Im Anschluss folgt ein Ausschnitt möglicher Festplattenkonfigurationen.

Anzahl Platten	Konfiguration	Wirkung
>= 2	RAID 0	Daten werden immer auf beiden Platten verteilt. Totaler Datenverlust beim Defekt einer Platte.
= 2	RAID 1	Spiegelung aller Daten auf der zweiten Platte, daher nur halbe Kapazität (wie eine Platte). Beim Defekt einer Platte sind die Daten vollständig auf der anderen Platte vorhanden.

Tabelle 37.1 Konfiguration von Festplatten

Anzahl Platten	Konfiguration	Wirkung
>= 2	JBOD	Die Platten wirken wie eine große Festplatte. Daten werden entweder auf der einen oder auf der anderen Platte gespeichert. Beim Defekt sind »nur« die Daten der defekten Platte verloren.
=3	RAID 5	Daten werden auf alle Platten verteilt, zusätzlich werden Paritätsinformationen geschrieben (rechenintensiv!). Beim Ausfall einer Platte stehen alle Informationen zur Verfügung. Kapazität ist 2/3 der Kapazitäten der drei Platten.

Tabelle 37.1 Konfiguration von Festplatten (Forts.)

Wir können uns hinsichtlich der Festplattenkonfiguration voll und ganz auf den Aspekt der Datensicherheit konzentrieren. Weitere Aspekte wie Zuwachs des Datentransfers kommt bei den Einsteiger-NAS-Systemen nicht zum Tragen.

Ich habe in einigen Fachpublikationen gelesen, dass die Spiegelung des RAID 1 keinen erheblichen Vorteil bringe, da sie lediglich den Ausfall einer Platte abdecke. Genau das wird aber doch der häufigste Fall eines Ausfalls sein. Die Wahrscheinlichkeit, dass beide Platte zusammen ausfallen, ist doch eher gering.

Ich gehe davon aus, dass die Daten auf Ihrem NAS für Sie wichtig sind, und kann Ihnen nur wärmstens empfehlen, den Schwerpunkt auf Sicherheit zu legen. Entsprechend ist ein RAID 1 mein Favorit, auch gegenüber JBOD. RAID 0, bei dem alle Daten verloren sind, wenn eine Platte defekt ist, verbietet sich von selbst.

Größere NAS-Systeme, mit vier oder mehr Platten bestückt, erreichen, was den Stromverbrauch angeht, schon fast eine PC-Lösung und sind von den Anschaffungskosten eher uninteressant.

Für eine Ein-Platten-Lösung spricht, dass sie deutlich günstiger in der Anschaffung ist und etwa 10 Watt weniger an Strom verbraucht. 10 Watt klingt wenig, bei einem 24-Stunden-Betrieb kommt man aber auf jährliche Kosten von zurzeit etwa 20 €.

37.4.2 Fallstricke bei der Auswahl

Nachdem Sie sich nun für eine Anzahl Platten entschieden haben, geht es jetzt um die konkreten Produkte.

Zurzeit scheinen einige Geräte noch unausgereift, und ich kann Ihnen nur wärmstens empfehlen, sich ausführlich über Testberichte zu informieren. Eine englischsprachige Seite, die Performancevergleiche bietet, ist zu finden unter *http://www.smallnetbuilder.com*.

Es werden auch regelmäßig neue NAS-Produkte getestet und bewertet. Im deutschsprachigen Internet werden unter *http://www.tomshardware.de* öfter Tests veröffentlicht.

Mögliche Probleme bei Hardware-NAS sind:

- laute Lüftergeräusche
- inkompatible Festplatten (Herstellervorgaben beachten!)
- niedriger Datendurchsatz
- nicht funktionierender Schlaf-Modus für Platten (Hibernation)
- keine Weiterentwicklung der NAS-Firmware
- funktionale Einschränkungen, Funtionen nicht nutzbar

Ergebnis meiner Recherche war, dass üblicherweise die NAS-Systeme lauter sind, als erhofft. Nicht selten sind es die Lüftergeräusche, die den unangenehmsten Lärm verursachen. Wohnzimmer- oder gar schlafzimmertauglich sind diese Systeme nicht.

Ebenso gibt es nur wenige NAS-Systeme, bei denen ein Gigabit-LAN überhaupt sinnvoll genutzt wird, weil die meisten noch nicht einmal 100 Mbit/s an Datenlast in der Spitze erreichen.

Die Performance des NAS hängt insbesondere mit der CPU und dem RAM zusammen. Kleinere oder billigere NAS sind tendenziell auch langsamer. Dabei sind die Festplatten nicht die Ursache für Performanceengpässe, sie leisten 400 Mbit/s oder mehr. Das ist ein Wert, von dem die meisten NAS-Systeme um den Faktor zehn beim Datendurchsatz entfernt sind. Entsprechend sollten Sie bei der Festplattenauswahl eher Wert auf geringen Stromverbrauch und geringe Lärmentwicklung legen.

In Abbildung 37.3 sehen Sie ein Web-Interface eines Hardware-NAS der Firma Synology, die einen guten Ruf am Markt hat. Produkte dieser Firma zeichnen sich durch einen großen Funktionsumfang, wie z. B. eine Überwachungsstation für IP-Kameras, iTunes-Server, Webserver mit MySQL-Datenbank, und vieles mehr aus.

Sie zahlen bei der eierlegenden Wollmilchsau auch für den großen Funktionsumfang, und das ist nur sinnvoll, wenn zumindest einige dieser Funktionen auch genutzt werden.

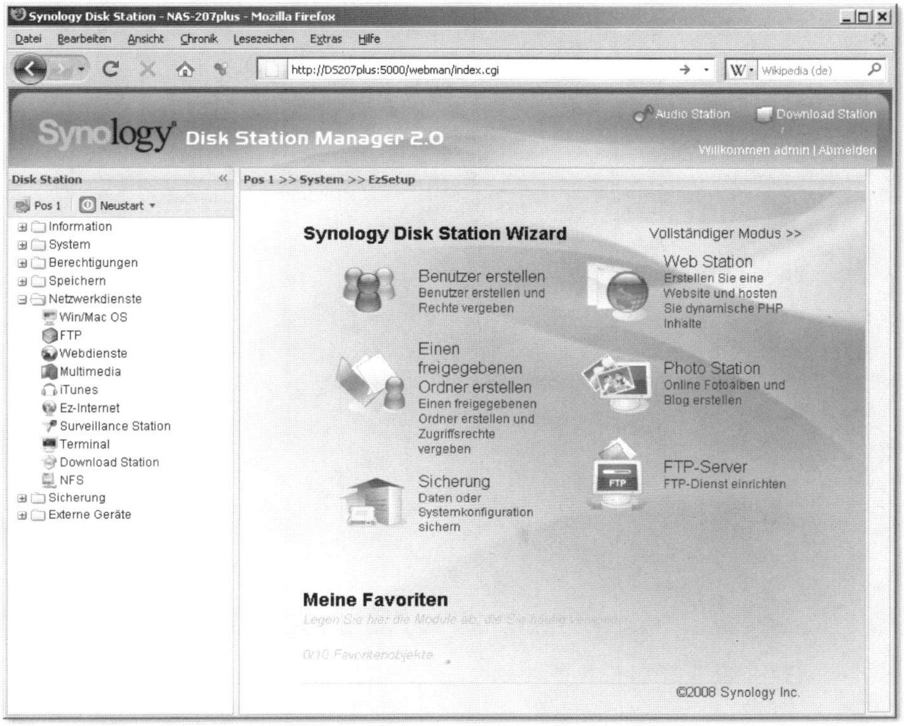

Abbildung 37.3 Web-Interface eines Hardware-NAS

37.4.3 Einbindung ins Netzwerk

Die erste Hürde, die Sie bei der Einrichtung des NAS nehmen müssen, ist das NAS im LAN zu finden. Alle NAS sind bei der Auslieferung auf DHCP gestellt, sodass sie eine IP-Konfiguration vom Router bekommen, wenn dieser als DHCP-Server aktiv ist.

In vielen Routern kann man über das Web-Interface nachschauen, welche IP-Adressen vergeben wurden. Entweder steht dies direkt beim Punkt DHCP oder im Bereich STATUS & LOG.

Viele Hersteller von NAS-Lösungen haben auf der beiliegenden CD ein Programm, das das NAS im Netzwerk sucht. Ob das NAS gefunden wird, ist nicht immer sicher. Im Fall von Synlogogy Assistant hat es in meinem LAN geklappt (siehe Abbildung 37.4). Es wird ein herstellerspezifischer Mechanismus verwendet, der auf UDP-Broadcasts basiert. Das ist eigentlich unnötig, man könnte auch UPnP nutzen.

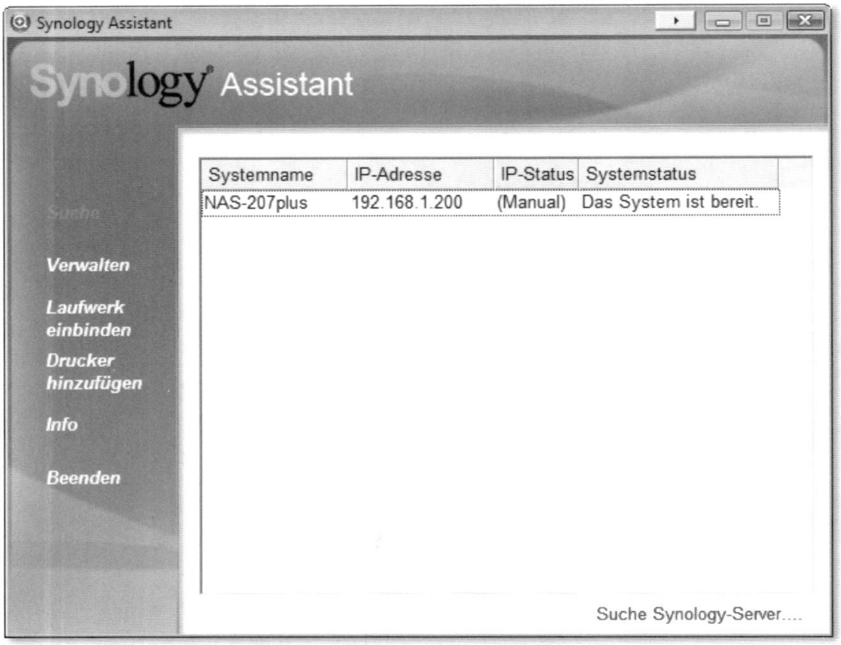

Abbildung 37.4 Gefunden: mein NAS

Sollten Sie das NAS weder im DHCP-Server noch mit dem Assistenten finden, bleiben noch einige wenige Möglichkeiten. Sie können versuchen, das Gerät per ping anzusprechen, dazu tippen Sie Folgendes in eine Windows-Konsole:

```
for /L %i in (1,1,254) do @(ping -n 1 -w 20 192.168.1.%i|find ".%i: B")
```

Es dauert ein wenig, weil von 192.168.1.1 bis 192.168.1.254 alle IP-Adressen angepingt werden. Angezeigt werden nur die Stationen, die erreicht werden. Eine weitere Möglichkeit ist der Einsatz eines Portscanners wie beispielsweise *nmap* (siehe *http://nmap.org*). Am sichersten ist das Scannen nach Port 80, dem Port des Webservers. Auf der Kommandozeile wäre dies der folgende Befehl:

```
nmap -p 80 192.168.1.0/24
```

Das Ergebnis dauert nur wenige Sekunden, Sie bekommen sogar den Hersteller anhand der MAC-Adresse aufgelistet, sodass Sie üblicherweise direkt entscheiden können, welche IP-Adresse zu Ihrem NAS gehört.

Ich empfehle Ihnen, über das Web-Interface des NAS eine feste IP-Konfiguration einzustellen. Ansonsten könnte es passieren, dass die IP-Adresse des NAS wechselt und Sie die Konfiguration für die Netzlaufwerke anpassen müssen.

In größeren Unternehmen wird Hardware zunehmend virtualisiert. Können ganze Server oder Netzwerke virtualisiert werden? Die Antwort lautet: »Ja!« Aber kann das nicht auch eine Lösung für Ihr Netzwerk im Büro oder zu Hause sein?

38 Virtualisierung

Zu den drei vorigen Auflagen des Buches »PC-Netzwerke« gehörte eine eigene Linux-Distribution mit dem Namen siegfried. Es handelte sich um einen kleinen, aber feinen Linux Home Server auf der Basis von Knoppix. Mit diesem Server konnten Sie mit einfachen Mitteln einen vorkonfigurierten Netzwerkserver für Ihr LAN installieren und Ihren Benutzern etliche Dienste bereitstellen.

Der Nachteil bei der Installation eines solchen Servers ist, dass das Betriebssystem zunächst auf der von Ihnen ausgewählten Hardware installiert werden muss. Dafür müsste das Betriebssystem sehr alte und gleichzeitig sehr neue Komponenten unterstützen. Obwohl Knoppix eine große Menge an Hardware unterstützt, gab es trotzdem immer wieder Probleme mit der Installation.

Eine Virtualisierungssoftware hingegen gaukelt dem Betriebssystem des virtuellen Gastes eine Standardumgebung vor, egal aus welchen Hardware-Komponenten Ihr PC in Wirklichkeit zusammengesetzt ist.

Damit können Sie theoretisch noch in einigen Jahren die auf der Buch-DVD mitgelieferten Server in Ihrem LAN einsetzen. Und das ohne die Angst, dass Ihre Hardware-Komponenten zur Entstehungszeit dieses Buches noch gar nicht existiert haben könnten.

Ein weiterer Vorteil der Virtualisierung ist die gewonnene Flexibilität. Ein Umzug der virtuellen Maschine auf einen anderen PC ist problemlos möglich. Außerdem können Sie mehrere virtuelle Maschinen gleichzeitig und unabhängig voneinander auf einem PC laufen lassen. Und das auch mit völlig verschiedenen Betriebssystemen. Das spart Platz, Strom und damit Geld. Außerdem ist die Virtualisierungssoftware, die ich Ihnen vorstellen möchte, absolut kostenlos.

Die dritte Version von siegfried kommt also nicht mehr als installierbares Linux daher, sondern als vorinstalliertes Image einer virtuellen Maschine mit allen damit verbundenen Vorteilen. In diesem Kapitel möchte ich Ihnen also zeigen, wie Sie siegfried3 als virtuellen Homeserver aufsetzen können.

38.1 Hardware-Voraussetzungen

Noch bevor Sie sich mit den virtuellen Maschinen (im Folgenden als *Gast* bezeichnet) befassen, sollten Sie sich noch ein paar Gedanken über die Hardware und das Betriebssystem des PCs machen, der die virtuellen Maschinen beheimaten soll (im Folgenden als *Wirt* bezeichnet).

Ihr Wirt benötigt ein Betriebssystem. Dieses kann ein Windows- oder ein Linux-Betriebssystem Ihrer Wahl sein. Mir ist natürlich völlig klar, dass Sie sich nicht unbedingt einen zusätzlichen Computer für den Netzwerkserver anschaffen werden. Für den Anfang und zu Testzwecken empfehle ich Ihnen, einfach Ihren PC als Wirt zu verwenden.

Es muss genügend freier Festplattenplatz vorhanden sein. Ob sich die Festplatte im PC selbst befindet oder in einem externen Gehäuse, ist unwichtig. Wie viel Festplattenplatz von Ihrem System benötigt wird, hängt stark von der vorgesehenen Verwendung ab.

Es ist nicht unwichtig, welchen Bustyp Sie verwenden. Keine Angst: Um die virtuellen Maschinen von der Buch-DVD zu verwenden oder auszuprobieren, reichen die einfachen Festplatten völlig aus. Doch IDE- und SATA-Festplatten sind zwar kostengünstig, aber für den Dauerbetrieb ungeeignet. Bei einem Einsatz des Wirtes von deutlich mehr als acht Stunden am Tag sollten Sie auf SCSI-Festplatten setzen. Diese sind allerdings teurer, und Sie benötigen außerdem einen SCSI-Controller, der im Gegensatz zu einem IDE-Controller gewöhnlich nicht auf dem Motherboard vorhanden ist.

Es macht selbstverständlich einen Unterschied, ob Sie nur Ihre mp3-Musikdateien Ihrer Familie oder aber sensible Daten vieler Kollegen aus Ihrem Büro auf dem Server ablegen wollen.

Sehr wichtige private Daten und Unternehmensdaten sollte man nicht auf eine einzelne Festplatte legen. Dafür gibt es RAID[1]-Controller oder auch die Möglichkeit des Software-RAID.

Mit einem RAID halten Sie alle Daten gespiegelt auf zwei oder mehreren Festplatten vor und haben so eine höhere Datensicherheit und eventuell auch eine bessere Performance. Ein Hardware-RAID-Controller übernimmt genau diese Aufgabe. Falls Sie einen solchen nicht besitzen, können Sie diese Vorteile ebenso gut auch mit einem Software-RAID nutzen. Sie binden dazu Partitionen zu Mirror De-

1 Die Abkürzung RAID stand ursprünglich für *redundant array of inexpensive disks*, heute steht sie aber eher für *redundant array of independent disks*.

vices. Es existieren verschiedene RAID-Techniken. Am gebräuchlichsten sind RAID 0, RAID 1 und RAID 5.

- RAID 0 (Striping) verteilt die Datenblöcke (chunks) auf zwei Festplatten. Dadurch hat man keinerlei Fehlertoleranz.
- RAID 1 (Mirroring) bedeutet, dass alle Datenblöcke gespiegelt in mindestens zwei Partitionen vorgehalten werden.
- RAID 5 ist vereinfacht dargestellt der Versuch, die Geschwindigkeitsvorteile von RAID 0 und die Sicherheit von RAID 1 zu vereinen. RAID 5 benötigt mindestens drei Partitionen auf verschiedenen Festplatten und ist schwerer zu administrieren.

Ein RAID ist erst ab mindestens zwei Festplatten sinnvoll. Spiegeln Sie zwei Partitionen auf einer Festplatte, haben Sie nicht nur keinen Gewinn, Sie verlieren sogar Performance, und wegen doppelter Schreibzugriffe verkürzt sich zudem die Lebensdauer Ihrer Festplatte. [!]

Es ist nicht einfach, ein RAID komplett selbst zu administrieren und zu überwachen. Deshalb möchte Sie noch auf eine andere Möglichkeit aufmerksam machen. Sie können auch einen Netzwerkspeicherplatz als Ablageort für die virtuellen Maschinen verwenden. In Abschnitt 39.2, »Openfiler Appliance als Datenspeicher«, erfahren Sie anhand eines Beispiels, wie Sie Openfiler als universellen Netzwerk-Fileserver einsetzen können.

Abhängig von Aufgaben des Servers und Ihren persönlichen Ansprüchen an die Verfügbarkeit, Leistungsfähigkeit und Sicherheit müssen Sie sich außerdem mehr oder weniger Gedanken über die folgenden Fragen machen:

- Wie hoch sind meine Ansprüche und die Ansprüche der anderen Nutzer an die Performance und Kapazität eines Fileservers? Wo könnte ein Engpass entstehen? Lohnt sich eventuell eine Investition in SCSI-Festplatten und eine schnellere Netzwerkinfrastruktur, oder reicht meine alte Hardware?
- Was passiert und wie gehe ich vor, wenn der Server aufgrund eines Hardware-Defekts ausfällt?
- Wie hoch darf die Ausfallzeit maximal sein, und wer kümmert sich, wenn ich nicht da bin, um die Behebung eines Fehlers?
- Reicht mir bei einem Plattenausfall eine Wiederherstellung der Daten aus einem Backup, oder lohnt es sich, die Daten mittels teurem Hardware-RAID oder günstigerem Software-RAID auf zwei Festplatten gespiegelt vorzuhalten?
- Ist der physikalische Standort des Servers gut gewählt?

38.2 VMware Server

Gleich eines vorab: Falls Sie einen VMware Player installiert haben: Dieser genügt für das Ausprobieren der virtuellen Maschinen, die in diesem Buch behandelt werden. Ich konzentriere mich allerdings auf den VMware Server, da dieser ebenso wie der Player kostenlos ist, aber deutlich mehr Funktionalität bereitstellt. Aus diesem Grund lege ich Ihnen ein Update auf den VMware Server nahe. Danach können Sie leicht Änderungen an der Konfiguration der Maschinen vornehmen, z. B. eine neue virtuelle Festplatte hinzufügen.

[»] Unter Vista können sich Installation und Betrieb von VMware Server schwierig gestalten. In diesem Fall empfehle ich den unkomplizierten VMware Player.

38.2.1 Download und Lizenzerwerb

Um kostenlose Lizenzen für den VMware Server zu bekommen, müssen Sie sich zuerst bei VMware registrieren. Sie bekommen dafür automatisch die Gelegenheit, wenn Sie versuchen, die VMware Server-Installationsdateien herunterzuladen. Sobald Sie registriert sind, können Sie aktuelle Versionen des VMware Servers herunterladen. Dabei erhalten Sie auch den benötigten Lizenzschlüssel für die Installation.

Installationsdateien für andere Linux-Derivate und aktuelle Versionen von Vmware Server finden Sie im Internet bei VMware unter *http://www.vmware.com/de/products/server*.

Hier finden Sie zusätzlich 64-Bit-Versionen von VMware Server für Linux.

38.2.2 Installation

Sie können den VMware Server sowohl unter Linux als auch unter Windows installieren. Es gibt viele Meinungen darüber, ob das eine oder das andere Betriebssystem besser dafür geeignet ist.

Um die Vorteile z. B. von Linux jedoch spürbar nutzen zu können, müssen Sie das System dementsprechend konfigurieren können und wollen. Da diese Mühe nur bedingt lohnt, empfehle ich Ihnen, einfach die Plattform für VMware Server auszuwählen, auf der Sie sich am wohlsten fühlen und am sichersten bewegen können.

Ich beschreibe im Folgenden die Installation von VMware Server für Windows. Die Installation unter Linux ist ähnlich einfach, jedoch abhängig von der jeweiligen Linux-Distribution. Für SUSE oder RedHat finden Sie bei VMware RPM-Installationspakete, für Debian und andere Linuxe TAR-Archive.

Bevor Sie den aktuellen VMware Server herunterladen können, müssen Sie sich bei VMware unter *http://www.vmware.com/de* registrieren.

Tipps und Tricks für die schwierige Installation von VMware Server 2.0 unter Vista entnehmen Sie bitte dem Forum zu diesem Buch bei Galileo Computing (siehe *http://www.galileocomputing.de*).

Im Laufe der Installation müssen Sie zwei Verzeichnisse bestimmen. Das erste Verzeichnis ist das Verzeichnis, in das die VMware-Programmdateien kopiert werden.

Das zweite Verzeichnis ist ein Speicherort für Ihre virtuellen Maschinen. Hier werden später die virtuellen Festplatten und die Konfigurationsdateien der virtuellen Maschinen abgelegt.

Zum Paket von VMware Server 2.0 gehört auch ein Webserver für die spätere Administration. Die Daten für den Webzugriff können Sie an dieser Stelle ändern (siehe Abbildung 38.1).

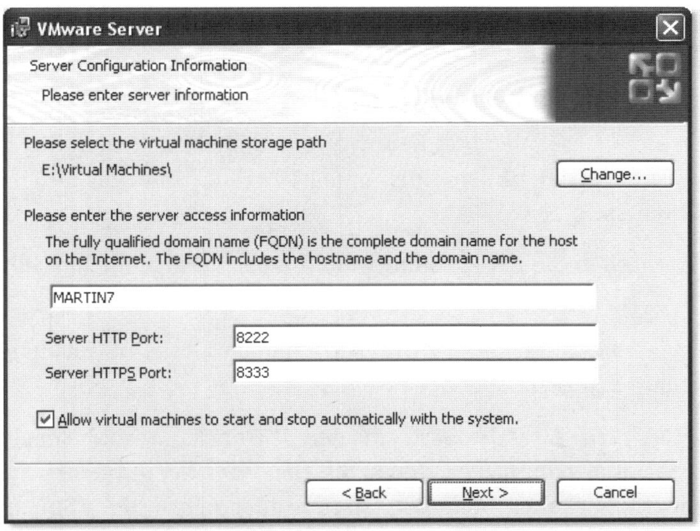

Abbildung 38.1 Die Installation von VMware Server

Der Server ist nach der Installation mit einem Browser über *https://<Wirt>:8333* verschlüsselt bzw. *http://<Wirt>:8222* unverschlüsselt administrierbar. Nach der Installation finden Sie auf dem Windows-Desktop die Verknüpfung mit der VMware Server Home Page.

Zum Schluss werden Sie noch nach der Seriennummer für die Registrierung Ihrer VMware Server-Installation gefragt. Ohne diese können Sie nicht mit VMware Server arbeiten.

Nach einem Neustart ist die Installation von VMware Server abgeschlossen.

38.2.3 Tuning

Virtuelle Maschinen sind in der Regel langsamer als physikalische Hardware, da die Virtualisierungsschicht zusätzlich Performance verbraucht.

Diesen Effekt können Sie durch das Beachten einfacher Regeln jedoch sehr gering halten:

- Hauptspeicher: Während der Arbeit mit VMware überflüssige Anwendungen beenden, die Speicher verbrauchen. Unbedingt sollten Sie auf dynamische Bildschirmschoner verzichten.
- Festplatten: Den Wirt und die Gäste auf mehrere verschiedene Festplatten verteilen, falls diese vorhanden sind. Das erhöht die Leistungsfähigkeit deutlich.

38.2.4 Erste Schritte mit dem VMware Server

Mit Ihrem Windows-Benutzernamen und Kennwort melden Sie sich an der VMWARE SERVER HOME PAGE an, die Ihnen einen guten Überblick über Ihr System liefert (siehe Abbildung 38.2).

Mit ADD DATASTORE machen Sie dem System weitere Speicherorte für virtuelle Maschinen bekannt, z. B. auf zusätzlichen Festplatten.

Über EDIT VIRTUAL MACHINE STARTUP/SHUTDOWN können Sie Gäste in Abhängigkeit vom Wirt automatisch anschalten oder beenden.

Im INVENTORY findet sich eine Liste der Gäste, die dem Wirt bekannt sind. Sobald Sie einen dieser Gäste ausgewählt haben, finden Sie vier Symbole, mit denen Sie die virtuelle Maschine ausschalten, anhalten, starten oder neustarten können. Den aktuellen Zustand der Maschine können Sie auch am Symbol im INVENTORY erkennen (siehe Abbildung 38.3).

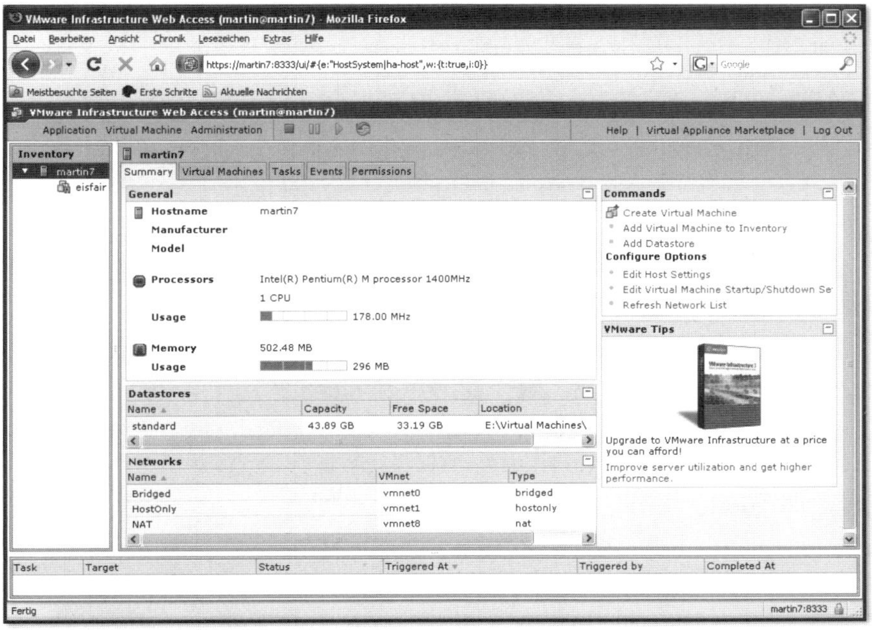

Abbildung 38.2 Die VMware Server Home Page

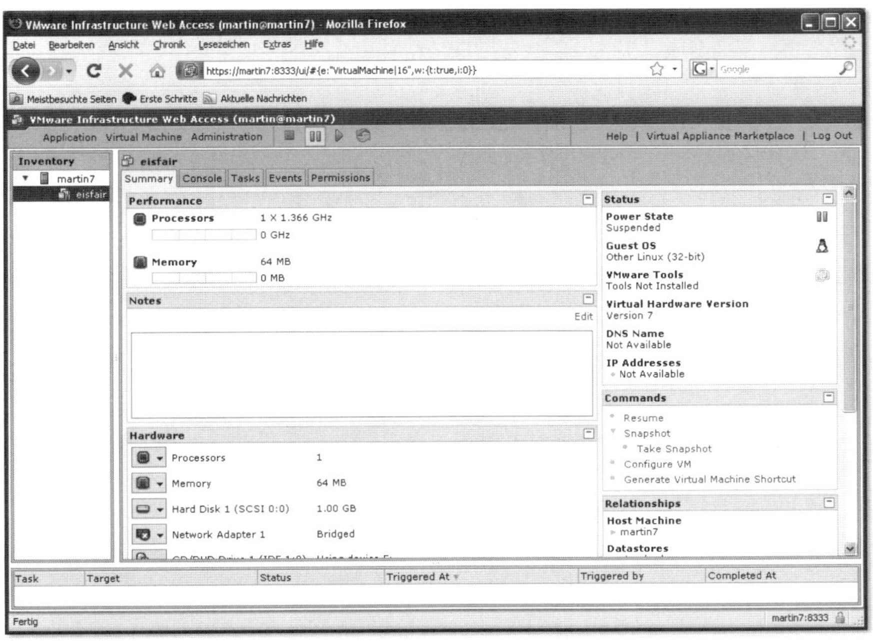

Abbildung 38.3 Der Gast »eisfair« pausiert.

Im ausgeschalteten Zustand kann ein Gast am einfachsten und effektivsten verändert werden.

Über Add Hardware können dem Gast virtuelle Ressourcen eingebaut werden.

Take Snapshot macht ein exaktes Abbild der virtuellen Maschine zu diesem Zeitpunkt. Später kann die Maschine in exakt diesen Zustand zurückgesetzt werden.

[!] Verwenden Sie diese Funktion nur vorübergehend, z. B. vor Software-Installationen, und lösen Sie den Snapshot danach auf! Der Speicherplatzbedarf steigt ansonsten sprunghaft, außerdem sinkt die Performance merklich.

Hinter dem Reiter Console verbirgt sich neben der grafischen Konsole des Rechners auch die Möglichkeit, Medien und USB-Geräte des Wirtes zum Gast durchzureichen.

38.2.5 Virtuelle Netzwerke

Genau wie die restliche Hardware sind auch die Netzwerkkomponenten durch VMware virtualisiert. Über Start • Programme • VMware • VMware Server • Manage Virtual Networks können Sie die Netzwerke administrieren.

VMware stellt den Gastsystemen drei vorkonfigurierte Netzwerkanbindungen zur Verfügung:

- VMnet0 (Bridged): Die Netzwerkkarte wird in das Netzwerk des Wirtssystems überbrückt.
- VMnet1 (Host-only): Dies ist ein kleines Netzwerk ausschließlich zwischen dem Wirt und seinen Gästen.
- VMnet8 (NAT): Der Gast verwendet für die Kommunikation außerhalb von VMware Server die IP des Wirtes.

Das Netzwerk Ihrer virtuellen Netzwerkkarten können Sie jederzeit in der VMware Server Home Page nach Auswahl der virtuellen Maschine durch einen Klick auf die Karte und auf die Schaltfläche Edit... ändern.

[!] Für die Netzwerke Host-only und NAT startet VMware jeweils einen DHCP-Server. Für das Netzwerke VMnet0 ist dieses nicht vorgesehen, da ein DHCP-Server im VMnet0 DHCP-Clients im gesamten LAN versorgen könnte und damit mit einem anderen DHCP-Server konkurrieren könnte. Das gilt es unbedingt zu vermeiden, damit IP-Adressen nicht doppelt vergeben werden.

Warum sollte man das Rad zweimal erfinden? Denn eines kann ich mit Sicherheit sagen: Man ist nur äußerst selten der Erste, der auf ein bestimmtes Problem stößt.

39 Virtuelle Appliances

Appliances sind vorinstallierte Software-Lösungen. Sie finden fertige Appliances für verschiedene Virtualisierungslösungen und sehr viele Anwendungen im Internet.

Eine von mehreren Quellen für virtuelle Appliances ist das VMware-Technologienetzwerk VMTN (siehe *http://www.vmware.com/vmtn*).

Ein Vorteil dieser vorgefertigten virtuellen Maschinen ist der Zeitgewinn. Die gewünschte Lösung muss nur aus dem Internet heruntergeladen werden und kann in der Regel sofort ausprobiert werden. Auch die VMware-Tools, die regelmäßig in den Gast installiert werden müssen, bringen die meisten Appliances bereits mit.

In den folgenden Abschnitten möchte ich Ihnen einige Beispiele für den sinnvollen Einsatz von vorgefertigten virtuellen Maschinen geben.

39.1 IP-Adressen der virtuellen Maschinen

Die Virtual Appliances auf der Buch-DVD sind als Server für Ihr LAN gedacht. Ich empfehle Ihnen, die Netzwerkkarte der virtuellen Maschine zum Ausprobieren zunächst in das VMnet1 (Host-only) zu hängen.

Sollten Sie später die Dienste dieser Maschine im gesamten LAN nutzen wollen, müssen Sie die Maschine nur noch in das VMnet0 (Bridged) umhängen.

Sie werden bemerken, dass alle Virtual Appliances als DHCP-Client konfiguriert sind. Das ist äußerst sinnvoll, da die virtuelle Maschine so in jedem LAN ohne viel Konfigurationsaufwand genutzt werden kann.

Ich empfehle Ihnen dringend, bei der Arbeit mit Virtual Appliances einen DHCP-Server für Ihr LAN einzurichten. Dafür bietet sich z. B. ein Hardware-DSL-Router an, der diese Funktionalität in der Regel mitbringt.

Die der virtuellen Maschine vom DHCP-Server zugewiesene IP-Adresse können Sie, falls die VMware-Tools im Gast installiert sind, auch unter dem Punkt STATUS der VMware-Webadministration finden.

Ist die virtuelle Maschine dann erst einmal im Netzwerk erreichbar, können Sie bei Bedarf eine statische IP-Adresse konfigurieren.

39.2 Openfiler Appliance als Datenspeicher

Es wäre möglich, alle wichtigen Daten an jedem PC im Netzwerk einzeln zu spiegeln und so die Datensicherheit zu erhöhen. Viel sinnvoller kann es unter Umständen aber sein, diese Aufgabe an einen zentralen Netzwerkspeicher zu delegieren.

Openfiler (siehe *http://www.openfiler.com/*) bietet als voll funktionsfähiges NAS sehr viele Möglichkeiten, einen Datenspeicher und entsprechende Dienste zur Verfügung zu stellen. NAS steht für *Network Attached Storage* (dt. *netzwerkbasierter Speicher*). Sie können auf einem Server gleichzeitig verschiedenste Dienste in Ihrem Netzwerk anbieten. Der Nutzen wird durch die Dateiserver-Dienste erreicht, so z. B. CIFS/Samba (Windows-Dateifreigabe), FTP (File Transfer Protocol), NFS (Network File Service) oder iSCSI (internet Small Computer System Interface, ein über IP getunneltes Storage-Protokoll).

Am besten lernt man Openfiler anhand eines Beispiels kennen. Auf den folgenden Seiten beschreibe ich die Installation von Openfiler und die Verwendung eines Samba-Shares als sicheres Storage für eine virtuelle Maschine. Wenn Sie dieses Beispiel nachvollziehen, wird es Ihnen auch leichtfallen, FreeNAS mithilfe der Web-GUI für Ihre eigenen Zwecke zu konfigurieren.

[zB] Ich möchte in diesem Beispiel Openfiler als virtuelle Maschine auf einem VMware Server installieren. Das Wirtssystem verfügt über drei zusätzliche Festplatten, die als Datenspeicher genutzt werden sollen.

In der virtuellen Maschine möchte ich virtuelle Festplatten einrichten, die jeweils auf eine physikalische Festplatte verteilt sind. Danach möchte ich den Speicherplatz für eine gespiegelte Datenhaltung einrichten und im Netzwerk freigeben.

Im letzten Schritt sollen andere virtuelle Maschinen in diese Netzwerkfreigabe auf den Openfiler gelegt werden.

39.2.1 Einbinden der virtuellen Maschine

[o] Auf der Buch-DVD finden Sie die Datei *openfiler-2.3-x86.pcnetzwerke.7z* (im Verzeichnis *appliances*). Sie entpacken dieses Archiv in einen VMware Datastore, also z. B. in das Verzeichnis *C:\my virtual machines*. Die gesamte virtuelle Maschine liegt danach im Unterverzeichnis *openfiler-2.3-x86*.

Zum Download bei Openfiler finden Sie Appliances für andere Virtualisierungslösungen sowie eine 64-Bit-Version.

Im nächsten Schritt gehen Sie auf Ihre VMware Server Home Page und klicken auf Add Virtual Machine to Inventory. Sie wählen den Datastore und das Verzeichnis aus, in dem Sie schließlich die Datei *openfiler-2.3-x86.vmx* finden und auswählen (siehe Abbildung 39.1). Nach einem Klick auf OK ist die Maschine bereits Teil Ihres virtuellen Inventars und könnte gestartet werden.

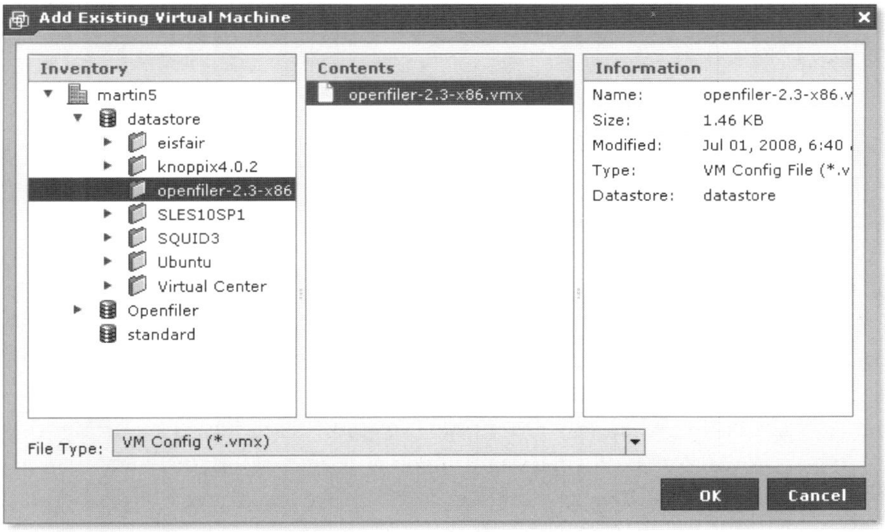

Abbildung 39.1 Openfiler wird in VMware registriert.

Vorher müssen noch die drei virtuellen Festplatten als Speicherplatz für den Openfiler eingerichtet werden. Dazu wird zunächst auf jedem der Laufwerke des Wirtssystems ein Verzeichnis erstellt, in dem VMware die Daten ablegen soll. Dann kann über Add Datastore jeweils ein Local Datastore auf jeder physikalischen Festplatte im Wirtssystem hinzugefügt werden (siehe Abbildung 39.2).

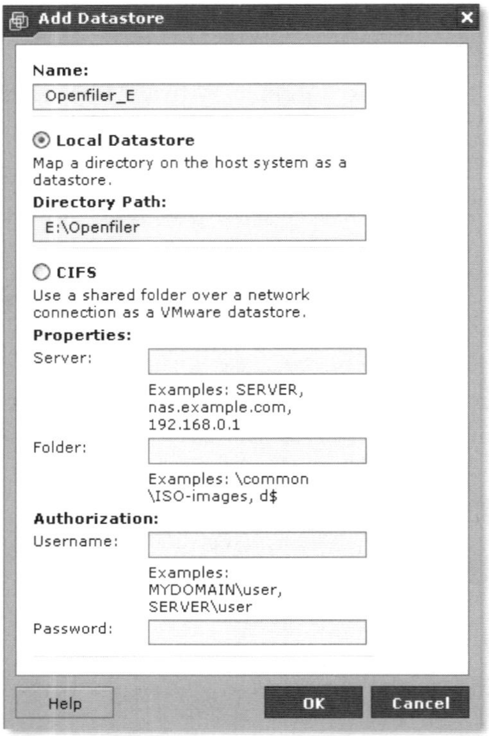

Abbildung 39.2 Im Datastore liegt der virtuelle Festplattenspeicher.

Danach können nach Auswahl der virtuellen Maschine OPENFILER NAS/SAN APPLIANCE über ADD HARDWARE • HARDDISK • CREATE A NEW VIRTUAL DISK drei neue Festplatten hinzugefügt werden. Als LOCATION dient jeweils einer der drei neuen Datastores. Aus Performancegründen kann die Option FILE OPTIONS • ALLOCATE ALL DISK SPACE NOW gewählt werden. Dadurch wird der Festplattenplatz im Vorhinein reserviert. Anderenfalls wächst die virtuelle Festplatte je nach Auslastung mit der Zeit an. Nach Klicks auf NEXT und FINISH steht der virtuellen Maschine nun ausreichend Speicherplatz für die Verwendung als NAS zur Verfügung.

39.2.2 Konfiguration

Nach dem Start der virtuellen Maschine meldet sich Openfiler auf der Konsole (siehe Abbildung 39.3).

[!] Ich empfehle Ihnen, sich zunächst einmal mit dem Benutzernamen `root` an der Konsole anzumelden und mit dem Kommando `passwd` ein Passwort für den Administrator zu vergeben!

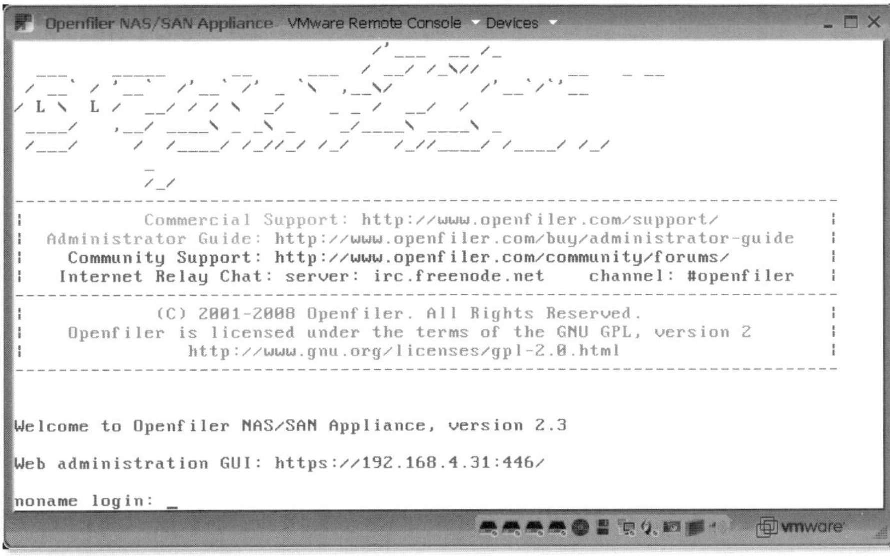

Abbildung 39.3 Openfiler hat per DHCP eine IP bekommen.

Über DHCP hat sich Openfiler beim Start mit einer gültigen IP-Adresse versorgt, die er Ihnen nun auf der Konsole mitteilt. Der Openfiler ist mit einem Browser über *https://<IP>:446* erreichbar.

Sie können sich nun mit dem Benutzernamen `openfiler` und dem Passwort `password` anmelden.

39.2.3 Netzwerk-Setup

Um für Openfiler eine statische IP-Adresse zu konfigurieren, wählen Sie den Menüpfad SYSTEM • NETWORK SETUP. Hier wählen Sie die zu konfigurierende Schnittstelle, z. B. ETH0, und klicken auf CONFIGURE. Als BOOT PROTOCOL bestimmen Sie STATIC. Im nächsten Schritt geben Sie eine IP-Konfiguration ein und klicken anschließend auf CONTINUE. Schließen Sie aus, dass die IP-Adresse gleichzeitig per DHCP an einen anderen PC vergeben werden könnte!

Anschließend bietet es sich an, einen HOSTNAMEN zu bestimmen. Außerdem tragen Sie bitte einen DNS-Server und ein Gateway ein, in der Regel in beiden Fällen die IP-Adresse Ihres Internet-Routers. Zum Schluss bestätigen Sie den neuen Hostnamen durch einen Klick auf UPDATE (siehe Abbildung 39.4).

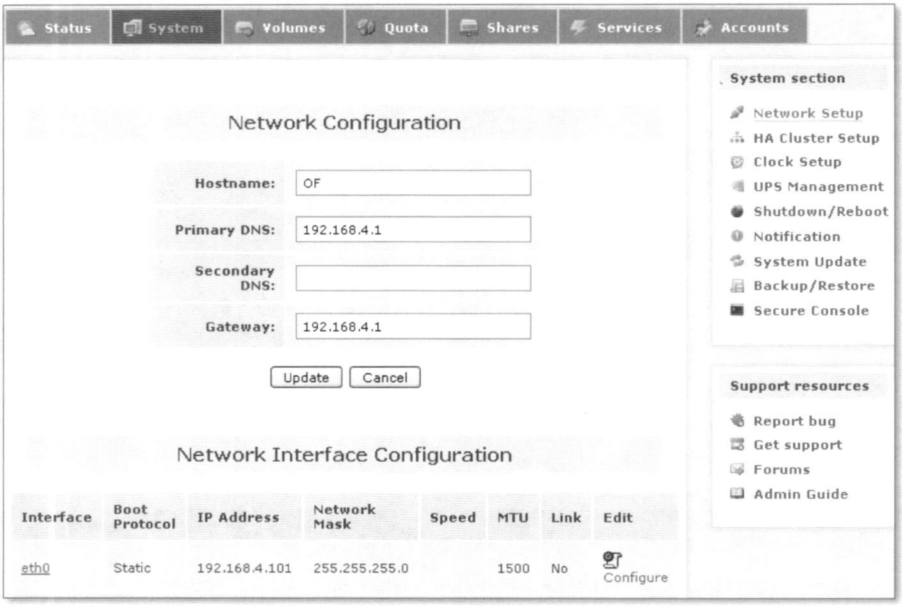

Abbildung 39.4 Die Netzwerkkonfiguration von Openfiler

39.2.4 System-Update

Der nächste Schritt sollte ein Update auf den aktuellen Software-Stand von Openfiler sein. Dazu wählen Sie SYSTEM • SYSTEM UPDATE. Mit LAUCH SYSTEM UPDATE starten Sie die Aktualisierung. Ich empfehle, mit der Option UPDATE ALL PACKAGES alle Pakete zu aktualisieren, die Openfiler vorschlägt. Mit einem Klick auf INSTALL UPDATES beginnt der Vorgang, der einige Zeit dauern kann.

[»] Im Update-Log können Sie den aktuellen Stand der Aktualisierung verfolgen. Dazu müssen Sie den Inhalt der Seite allerdings neu laden.

39.2.5 LDAP-Benutzerverwaltung

Vor dem Zugriff auf die Dateien des Openfilers muss sich jeder Benutzer mit Namen und Kennwort authentifizieren. Dafür verwendet Openfiler den Verzeichnisdienst LDAP (*Lightweight Directory Access Protocol*).

Um nicht einen externen Dienst nutzen zu müssen, bringt Openfiler selbst einen rudimentären LDAP-Service mit. Um diesen zu nutzen, müssen unter ACCOUNTS • AUTHENTICATION die Optionen USE LDAP und USE LOCAL LDAP SERVER aktiviert werden. Wechseln Sie mit dem Reiter EXPERT VIEW in eine erweiterte Ansicht!

Geben Sie anschließend die ROOT BIND DN passend zur BASE DN ein, z. B. `cn=manager,dc=example,dc=com`. Schließlich vergeben Sie noch ein Passwort im Feld ROOT BIND PASSWORD.

Ganz unten auf dieser Seite wird Openfiler mit der Option USE LDAP AUTHENTICATION angewiesen, LDAP für die Benutzerauthentifizierung zu verwenden. Die Einstellungen werden mit einem Klick auf SUBMIT gespeichert.

Der LDAP-Server wird nun automatisch gestartet, was Sie mit einem Klick auf SERVICES überprüfen können (siehe Abbildung 39.5).

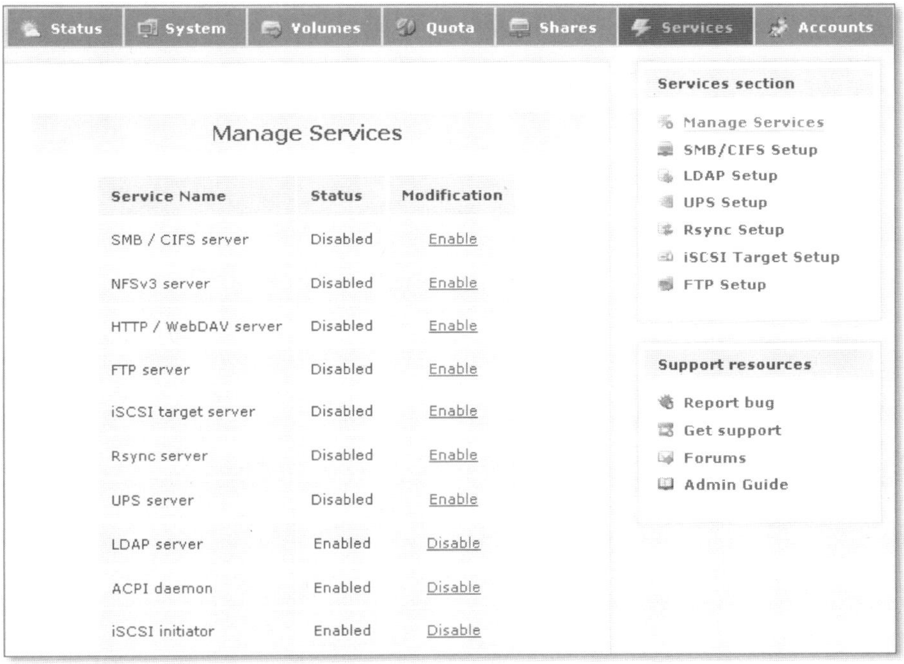

Abbildung 39.5 Der LDAP-Server des Openfilers läuft.

Unter ACCOUNTS • ADMINISTRATION können Sie unter GROUP ADMINISTRATION zunächst Gruppen und dann unter USER ADMINISTRATION Benutzer anlegen.

39.2.6 Speicherplatzverwaltung

In diesem Beispiel möchte ich demonstrieren, wie ein RAID-Verbund aus drei virtuellen Festplatten für Openfiler eingerichtet werden kann. [zB]

Unter VOLUMES teilt Openfiler zunächst mit, dass noch keine Festplatten für die Benutzung mit Openfiler initialisiert wurden.

Nach einem Klick auf CREATE NEW PHYSICAL VOLUMES erhalten Sie einen Überblick über die im System bekannten Festplatten. Ein Klick auf die noch nicht partitionierten Festplatten ermöglicht nun nacheinander die Formatierung der Festplatten für einen Datenspiegel. Da der Plattenplatz vor der Verwendung noch gespiegelt werden soll, muss der PARTITION TYPE auf RAID ARRAY MEMBER geändert werden. Ein Klick auf CREATE vollendet die Partitionierung (siehe Abbildung 39.6).

Abbildung 39.6 Partitionierung für ein RAID

Im nächsten Schritt kann unter VOLUMES • SOFTWARE RAID der gewünschte RAID-Level ausgewählt werden. Die zu verwendenden Mitglieder des RAID werden markiert. Openfiler unterscheidet zwischen richtigen Mitgliedern des RAID

(MEMBER) und solchen, die ersatzweise einspringen, falls ein anderes Mitglied ausfällt (SPARE). Ein Klick auf ADD ARRAY bindet die einzelnen Festplatten zu einem logischen Verbund (siehe Abbildung 39.7).

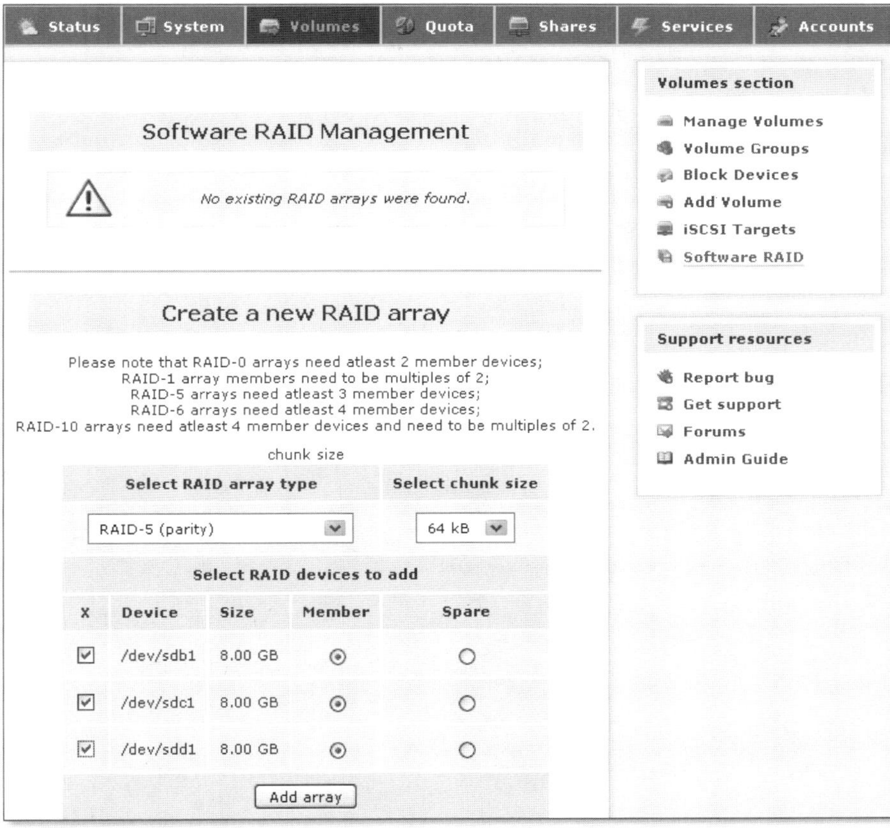

Abbildung 39.7 Ein Software-RAID für Openfiler

Das RAID-Volume wird nun unter VOLUMES • VOLUME GROUPS seiner weiteren Verwendung zugeführt. Es muss sowohl ein Name für die Gruppe als auch für die Mitglieder der Gruppe bestimmt werden. Dann wird die Gruppe durch einen Klick auf ADD VOLUME GROUP erstellt (siehe Abbildung 39.8).

Die Gruppe muss noch logisch unterteilt werden. Dies geschieht unter VOLUMES • ADD VOLUME. Sie müssen lediglich einen Namen für das Logical Volume bestimmen und die Größe festlegen. Bei den Filesystemen kann die Wahl zwischen XFS und EXT3 getroffen werden. Wieder stößt ein Klick auf CREATE den Vorgang an (siehe Abbildung 39.9).

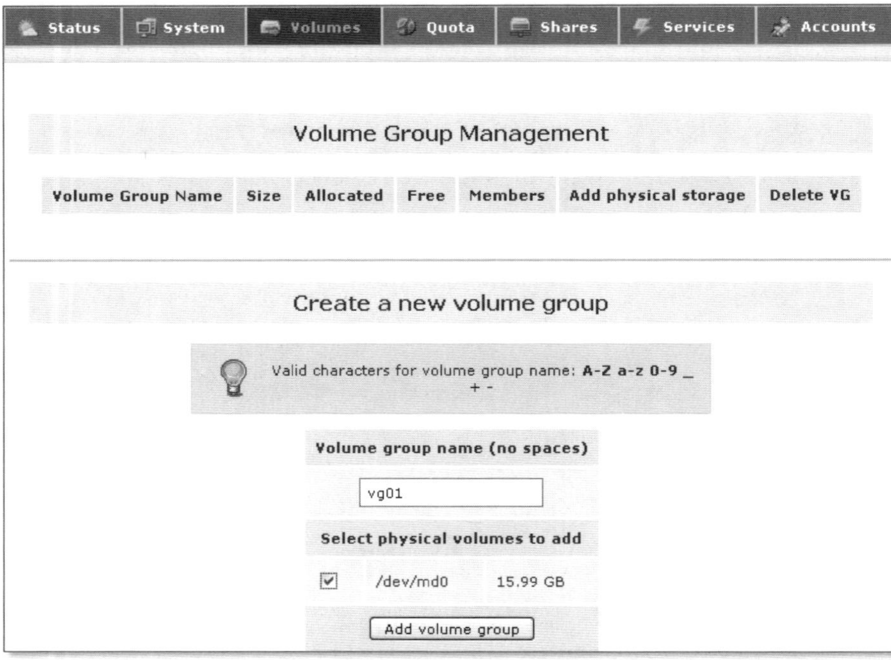

Abbildung 39.8 Die neue Volume Group »vg01«

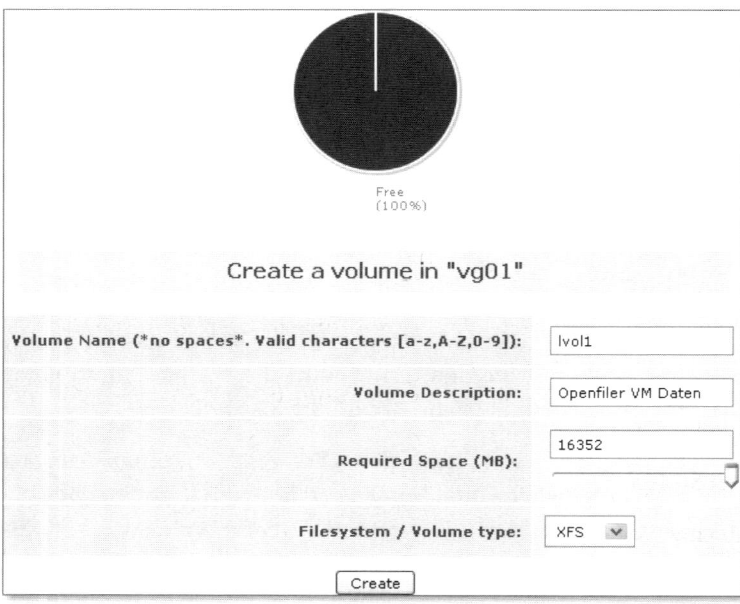

Abbildung 39.9 Das neue Logical Volume »lvol1«

39.2.7 Netzwerkfreigaben

Sie können den Plattenplatz mit Openfiler im Netzwerk freigeben. Dazu müssen Sie zuerst einen IP-Adresskreis definieren, der auf den Share zugreifen darf. Dazu bieten sich z. B. die IP Adressen Ihres privaten LANs an.

In der Rubrik SYSTEM finden Sie unter NETWORK ACCESS CONFIGURATION mehrere Felder, in denen Sie die Daten Ihres LANs eingeben (siehe Abbildung 39.10).

Abbildung 39.10 Ein privates LAN wird autorisiert.

Danach klicken Sie auf UPDATE und haben somit einen Adresskreis definiert.

In der Rubrik SHARES klicken Sie nun auf Ihr Volume und erstellen ein Unterverzeichnis, dessen Namen Sie eingeben müssen. Nach dem Klick auf CREATE SUBFOLDER wird das Unterverzeichnis automatisch angelegt.

Mit einem weiteren Klick auf das neue Unterverzeichnis erscheint ein neues Kontextmenü, in dem Sie MAKE SHARE auswählen.

Anhand dieses Beispiels werde ich eine Samba-Freigabe einrichten. Andere [zB]
Dienste (NFS, WebDAV, FTP, Rsync) können entsprechend eingerichtet werden.

Auf der folgenden Seite können Sie nun den neuen Share einrichten. Im FELD OVERRIDE SMB/RSYNC SHARE NAME tragen Sie den Freigabenamen ein, wie Sie ihn später z. B. am Windows-Client benutzen möchten, und klicken anschließend auf CHANGE.

Eine zuvor von Ihnen eingerichtete Benutzergruppe muss noch zur primären Gruppe der Freigabe gemacht werden. Dazu wählen Sie für eine der Gruppen die Option PG. Außerdem bestimmen Sie, welcher Gruppe für den Share jeweils welches Recht eingeräumt wird.

Es existieren drei Stufen:

- NO: keine Rechte
- RO: Leserechte
- RW: Lese- und Schreibrechte

Diese Rechte können Sie zusätzlich für den zuvor eingerichteten IP-Adresskreis vergeben. Im Bereich SMB/CIFS sollten mindestens die gleichen Rechte vergeben werden wie für die Freigabe.

Ihre Änderungen müssen Sie mit einem Klick auf UPDATE bestätigen.

Abschließend müssen Sie noch den Dienst SMB / CIFS SERVER starten. Dazu klicken Sie in der Rubrik SERVICES auf ENABLE.

Hier finden Sie auch die Rechte für die anderen Netzwerkdienste, die Openfiler zur Verfügung stellt.

Sie können die Netzwerkfreigabe nun testen, indem Sie im Windows-Explorer unter EXTRAS • NETZLAUFWERK VERBINDEN die Daten Ihrer Openfiler-Freigabe eintragen. Das Feld ORDNER erwartet die Syntax `\\<Openfiler-IP\<Freigabename>`.

Da der OpenFiler leider keine Unterstützung für das AFP-Protokoll bietet, sollten Sie von Mac OS X aus über SMB auf den Datenspeicher zugreifen. Eine Verbindung können Sie herstellen, indem Sie im FINDER den Menüpunkt GEHE ZU • MIT SERVER VERBINDEN auswählen und dann die IP-Adresse des Datenspeichers und den Namen der Freigabe angeben. Voranstellen müssen Sie das Präfix SMB://, damit Mac OS X das SMB-Protokoll nutzt.

Abbildung 39.11 Die Verbindung kann durch die direkte Eingabe der IP-Adresse und des Namens der Freigabe erfolgen.

Wenn die Namensauflösung in Ihrem Netzwerk funktioniert, dann ist es möglich, dass der Datenspeicher in der Ansicht NETZWERK im Finder erscheint. Sie können hier mit einem Doppelklick auf den Datenspeicher, in Abbildung 39.12 ist dies der Server DOSE, eine Verbindung herstellen und bekommen dann als Unterordner die verfügbaren Freigaben angezeigt. Mit einem Doppelklick auf eine der Freigaben wird diese eingebunden. Sie können die Verbindung zu dem Server beenden, indem Sie den kleinen Auswurf-Knopf rechts neben dem Namen des Servers nutzen.

Abbildung 39.12 SMB-Freigaben werden in der Ansicht »Netzwerk« angezeigt.

39.2.8 NFS-Freigaben für Linux

Auf eine auf vergleichbare Art und Weise eingerichtete NFS-Freigabe können Sie nun von Linux- oder Mac OS X-Clients aus zugreifen.

Linux als Client

Ich möchte Ihnen zeigen, wie ein NFS-Client über den Webmin so konfiguriert wird, dass er auf die NFS-Freigabe des Openfilers zugreifen kann.

Dazu wählen Sie den Menüpfad SYSTEM • LOKALE UND NETZWERK-DATEISYSTEME und wählen dort das NETWORK FILESYSTEM (NFS) aus. Nach einem Klick auf FÜGE MOUNT HINZU öffnet sich eine Maske (siehe Abbildung 39.13).

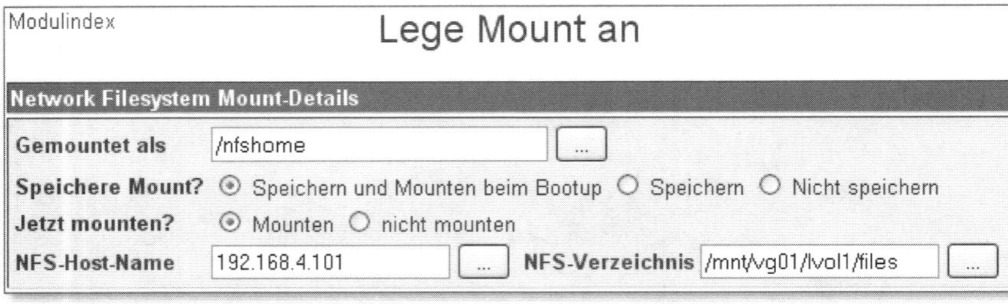

Abbildung 39.13 Linux holt sich die NFS-Freigabe des Openfilers.

In das Feld GEMOUNTET ALS tragen Sie ein bestehendes Verzeichnis ein, an das die NFS-Freigabe angehängt werden soll. Danach tragen Sie noch den Hostnamen oder die IP-Adresse des Openfilers und den Namen der Freigabe ein. Lassen Sie sich dabei vom Webmin helfen! Ein Klick auf die drei Punkte zeigt Ihnen jeweils Vorschläge des NFS-Clients zu NFS-HOST-NAME und NFS-VERZEICHNIS.

39.2.9 Der Netzwerk-Datastore für VMware

Sie sind nun im Besitz eines gespiegelten Plattenspeichers, auf den über das Netzwerk zugegriffen werden kann. Es bietet sich an, diesen Speicherplatz auch als VMware Datastore und damit als Ablageort für andere virtuelle Maschinen zu verwenden.

Dieser Speicherplatz eignet sich auch deswegen, da das Überleben der virtuellen Maschine nicht mehr vom Überleben einer einzigen Festplatte abhängig ist. Obwohl das Betriebssystem des Gastes diese Fähigkeit selbst vielleicht nicht beherrscht, sind die Daten trotzdem sicher in einer gespiegelten Gruppe von Festplatten beherbergt.

In der Webadministrationsoberfläche von VMware wählen Sie ADD DATASTORE und bestimmen einen Namen. Dann wählen Sie die Option CIFS und geben die Daten der virtuellen Maschine Openfiler ein.

[»] Der Freigabename wird im Feld FOLDER, beginnend mit einem \, eingetragen. Dem Benutzernamen im Feld USERNAME muss immer eine Domäne oder eine Arbeitsgruppe vorangestellt werden (siehe Abbildung 39.14).

Andere virtuelle Maschinen sind nun anhängig von Openfiler. Sie müssen daher Openfiler immer vor Gästen starten, deren Festplatten im Openfiler Datastore liegen. Dieses können Sie elegant automatisieren, indem Sie unter EDIT VIRTUAL MACHINE STARTUP/SHUTDOWN das automatische Starten des Openfilers aktivieren.

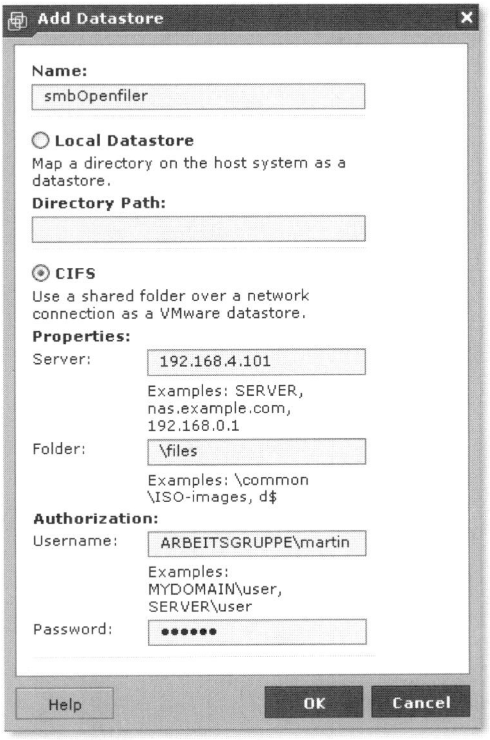

Abbildung 39.14 Openfiler als Datastore für VMware

39.3 Squid ProXY Appliance

Ein ProXY dient als Stellvertreter für das Surfen im Netz (siehe Abschnitt 35.4, »ProXY«). Dabei bietet er einige Zusatzleistungen, die sowohl für den professionellen als genauso auch für den privaten Bereich sehr wertvoll sind.

Eine wichtige Anwendung ist das Filtern von Daten. So beschränken viele Unternehmen z. B. den Zugriff auf die Video-Tauschbörse YouTube, um die Netzlast nicht unnötig zu strapazieren. [zB]

Genauso interessant ist das Filtern von Inhalten. Verschiedene Inhalte können dabei geblockt werden, z. B. auf der Basis von Internetadressen oder Schlagwörtern. Gerade Familien können ihre Kinder so wirksam vor jugendgefährdenden Seiten schützen.

Zu den unerwünschten Inhalten des Internets gehören natürlich auch Viren und andere Schadsoftware. Diese kann vom ProXY ebenfalls erkannt und unschädlich gemacht werden.

[!] Ein zu großzügiger Umgang mit zu blockierenden Wörtern kann jedoch Nebenwirkungen haben. Es wäre naheliegend, das Wort »Sex« in die Blocklist aufzunehmen. Eine harmlose Seite, auf der z. B. das gängige Wort *MSExplorer* für Microsoft Explorer auftaucht, würde dann aber ebenfalls vom ProXY herausgefiltert.

Die Firma Dalmatech (siehe *http://www.dalmatech.com/squid.html*) bietet eine vorkonfigurierte Appliance an. Diese Appliance habe ich für dieses Buch modifiziert. Die wesentlichsten Bestandteile werden von Dalmatech so beschrieben:

- JeOS, eine Serveredition von Ubuntu
- Squid, die ProXY-Software (siehe *http://www.squid-cache.org*)
- DansGuardian, ein Webfilter (siehe *http://dansguardian.org*)
- Frox, ein FTP-Proxy (siehe *http://frox.sourceforge.net*)
- Clam AntiVirus (siehe *http://www.clamav.net*)
- Webmin 1.430 (siehe *http://webmin.com*)

39.3.1 Einbinden der virtuellen Maschine

[O] Extrahieren Sie die Datei *Squid3.pcnetzwerke.7z* aus dem Verzeichnis *appliances* der Buch-DVD in den VMware Datastore! Danach kann die Squid Appliance über die VMware-Webadministration mit einem Klick auf ADD VIRTUAL MACHINE TO INVENTORY registriert werden.

Nach dem Start der virtuellen Maschine meldet sich der ProXY an der Konsole und teilt die IP-Adresse mit, die er vom DHCP-Server erhalten hat (siehe Abbildung 39.15).

Sie können sich mit dem Browser über *https://<IP-Adresse>:10000* an der Webmin-Administrationsoberfläche der Squid Appliance anmelden. Verwenden Sie den Benutzernamen `user` und das Passwort `pass2cng`.

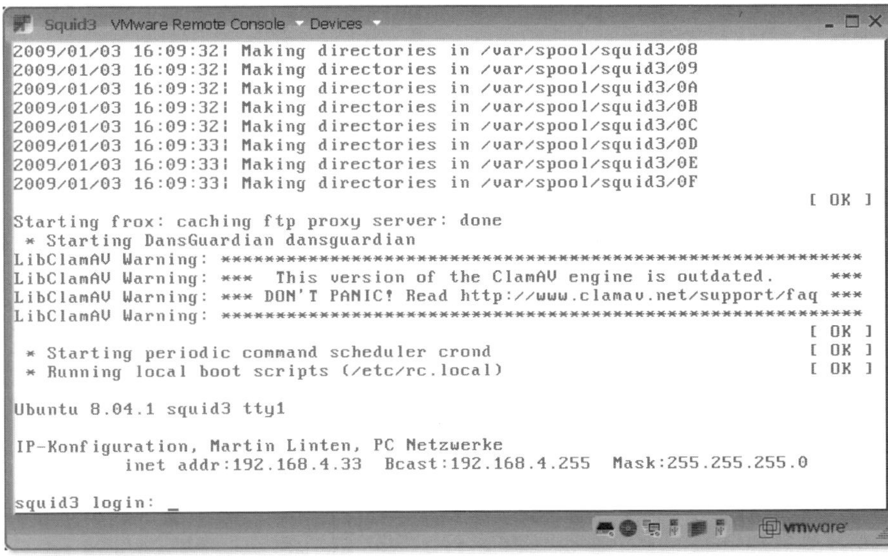

Abbildung 39.15 Die Squid Appliance hat eine IP-Adresse bekommen.

39.3.2 Netzwerk-Setup

Eine statische IP-Adresse kann unter NETZWERK • NETZWERKKONFIGURATION • NETZWERKSCHNITTSTELLEN • SCHNITTSTELLEN, DIE BEIM BOOTEN AKTIVIERT WERDEN vergeben werden. Sie klicken auf das Netzwerk-Interface ETH0 und aktivieren die Option STATIC. Dann tragen Sie eine neue IP-Adresse außerhalb des vom DHCP-Server verwalteten Bereichs ein. Nun fügen Sie noch die Netzwerkmaske und die Broadcast-Adresse hinzu und klicken auf SPEICHERN (siehe Abbildung 39.16). Danach tragen Sie die IP-Adresse Ihres Internet-Routers noch unter NETZWERKKONFIGURATION • ROUTING UND GATEWAYS ein. Vergewissern Sie sich außerdem, dass Ihr DNS-Server im Bereich NETZWERK • DNS-CLIENT richtig konfiguriert ist! Die Änderungen werden erst nach einem Klick auf NETZWERKKONFIGURATION • KONFIGURATION ANWENDEN aktiv. Damit haben Sie die Netzwerkkonfiguration geändert und müssen sich mit der neuen IP-Adresse erneut am Webmin anmelden.

Anschließend starten Sie das System neu, damit alle Dienste der virtuellen Maschine die neue IP-Adresse verwenden können. Das können Sie am einfachsten unter SYSTEM • SYSTEM-START UND -STOP • SYSTEM NEU STARTEN erledigen.

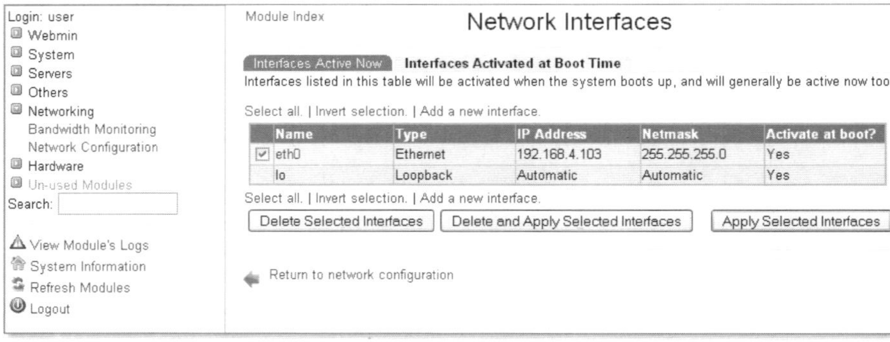

Abbildung 39.16 Eine statische IP-Adresse für den Squid

39.3.3 Den Squid ProXY verwenden

Die Konfiguration des ProXY-Servers ist abhängig vom verwendeten Browser.

[zB] Im Microsoft Internet Explorer wird der ProXY über Extras • Internetoptionen • Verbindungen • Einstellungen konfiguriert. Sie aktivieren die Option Proxyserver für LAN verwenden und tragen als Adresse die IP-Adresse der Squid Appliance ein. Ihr LAN selbst sollten Sie als ProXY-Ausnahme berücksichtigen (siehe Abbildung 39.17).

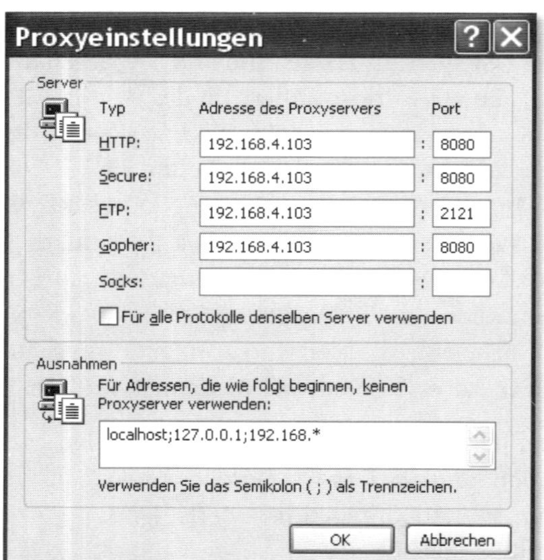

Abbildung 39.17 Der Internet Explorer surft jetzt mit ProXY.

Im Firefox wird der ProXY über EXTRAS • EINSTELLUNGEN • ERWEITERT • NETZWERK • EINSTELLUNGEN konfiguriert. Sie aktivieren die Option MANUELLE PROXY-KONFIGURATION und tragen die IP-Adresse der virtuellen Maschine ein. Ihr LAN selbst sollten Sie ähnlich wie beim Internet Explorer vom ProXY ausnehmen (siehe Abbildung 39.18). [zB]

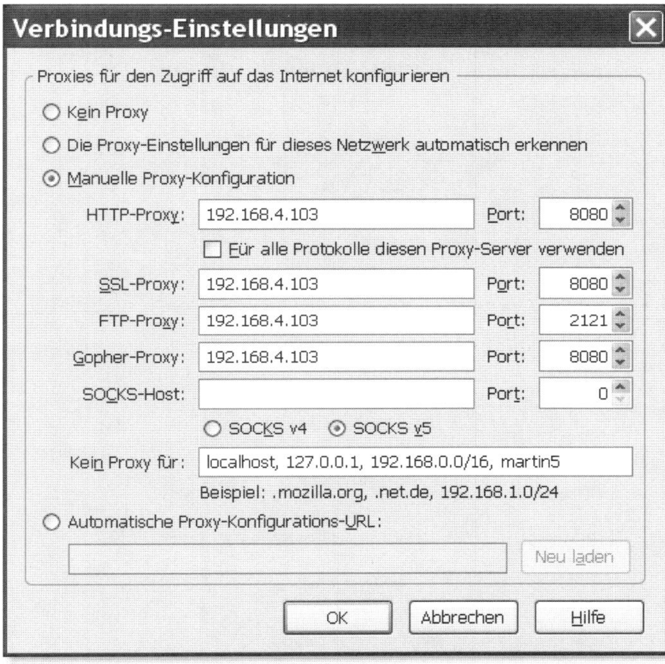

Abbildung 39.18 Die ProXY-Einstellungen des Firefox

Grundsätzlich könnten Sie als ProXY-Port auch den Port 3128 eintragen, den eigentlichen Port des Squid. Dansguardian horcht auf Port 8080 und überprüft die Inhalte, die er vom Squid bezieht.

Der Port 2121 gehört zu Frox, der wiederum seine Anfragen an den Squid weiterleitet und auf diese Weise dessen Cache mit nutzen kann.

Es wäre möglich, an Dansguardian vorbei direkt mit dem Squid zu kommunizieren. Um dieses zu verhindern, können Sie unter SERVER • SQUID PROXY SERVER • ANSCHLÜSSE UND NETZWERK die Funktion HOST-NAME/IP-ADRESSE umstellen von ALL auf `127.0.0.1`. Nach einem Neustart von Squid horcht dieser nur noch auf Verbindungen von Frox und Dansguardian. [!]

39.3.4 ProXY unter Mac OS X konfigurieren

Die Konfiguration eines Proxy-Servers unter Mac OS X wird für jede Netzwerkschnittstelle einzeln vorgenommen. In der Ansicht NETZWERK der SYSTEMEINSTELLUNGEN rufen Sie hierzu das Panel für die erweiterten Einstellungen auf und wechseln dort in die Ansicht PROXIES. Dort können Sie für jedes Protokoll die Nutzung eines Proxy-Servers aktivieren und dessen IP-Adresse, den Netzwerk-Port und, sofern benötigt, die Daten für die Authentifizierung eingeben. Beachten Sie, dass Sie diese Änderungen nach einem Klick auf die Schaltfläche OK auch anwenden müssen.

Abbildung 39.19 Die Nutzung von Proxy-Servern wird in den erweiterten Einstellungen einer Netzwerkschnittstelle festgelegt.

Diese Proxy-Einstellungen gelten für die meisten Programme, die unter Mac OS X laufen. Eine Ausnahme ist z. B. der Browser Firefox, bei dem Sie die Nutzung eines Proxy-Servers in dessen Einstellungen vorgeben müssen.

39.3.5 Blacklists

Mit Dansguardian können Sie die Kommunikation mit bestimmten Domänen komplett verbieten. Da niemand allein die Vielzahl der schädlichen Rechner im Internet abschließend aufzählen könnte, gibt es diesbezüglich vorgefertigte Listen, die Sie im Internet finden. Eine sehr gute, frei verfügbare Liste ist die URL-Blacklist (siehe *http://URLBlacklist.com*).

Sie können die Datei `bigblacklist.tar.gz` auf Ihren PC herunterladen und dann mit dem Webmin über SONSTIGES • UPLOAD UND DOWNLOAD auf die Squid Appliance ins Verzeichnis */etc/dansguardian* kopieren. Dabei sollten Sie die Option ZIP- ODER TAR-DATEIEN AUSPACKEN? aktivieren.

Im Webmin können nun einzelne Bereiche der Blacklist aktiviert werden. Dazu müssen Sie nur unter SERVER • DANSGUARDIAN • VIEW/EDIT GROUPS die Dateien */etc/dansguardian/bannedsitelist* und */etc/dansguardian/bannedurllist* auswählen und die einzelnen Kommentarzeichen *#* entfernen.

Um z. B. den Zugriff auf Chat-Seiten aus dem LAN zu unterbinden, wird in den beiden Dateien das Kommentarzeichen vor den Einträgen [zB]

```
.Include</etc/dansguardian/blacklists/chat/domains>
```

und

```
.Include</etc/dansguardian/blacklists/chat/urls>
```

entfernt. Nach einem Neustart von Dansguardian sind die Änderungen aktiv.

39.3.6 Der Virenscanner ClamAV

Ein Virenscanner auf dem Squid ProXY funktioniert im Prinzip wie ein Virenscanner auf einem PC. Auf einem PC wird ein Virus aus dem Internet festgestellt und bestenfalls in Quarantäne geschickt oder gelöscht. Dafür müssen Sie allerdings jeden einzelnen PC immer auf dem aktuellen Stand halten, um Ihr LAN zu schützen. Der große Vorteil des ProXY ist, dass er zentral an einer Stelle den Schutz gegen Viren aus dem Internet übernimmt und dafür sorgt, dass ein Virus den PC erst gar nicht erreicht (siehe Abbildung 39.20).

Dafür müssen Sie allerdings sicherstellen, dass sowohl der Virusscanner als auch die Virusdatenbank immer auf dem aktuellen Stand bleiben.

Die Virusdatenbank wird immer beim Start des Systems aktualisiert. Ein zusätzliches Update im laufenden Betrieb wird mit Webmin über SONSTIGES • KOMMANDOZEILE mit dem Kommando `fleshclam` angestoßen.

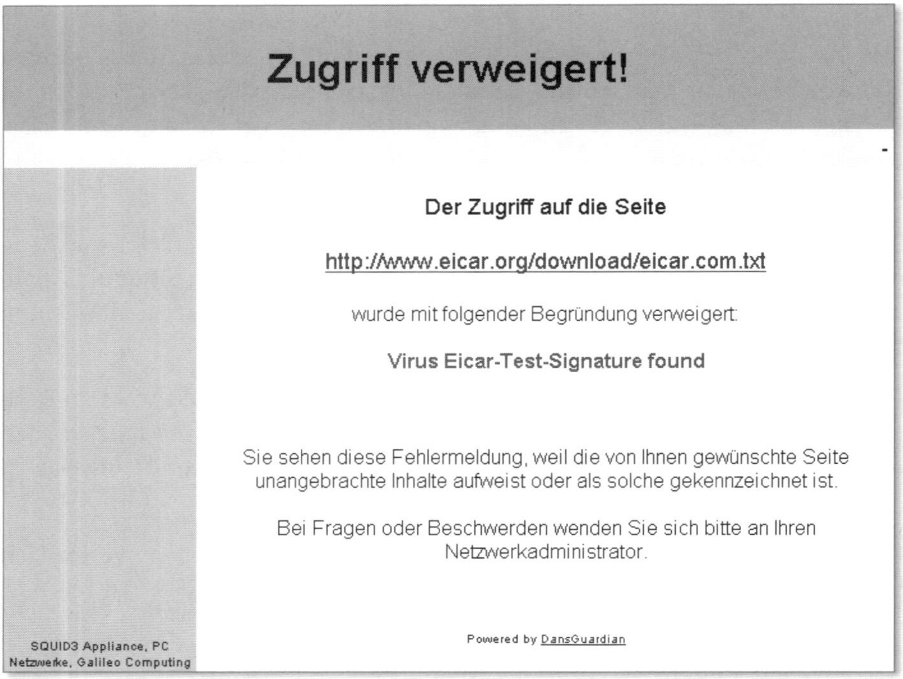

Abbildung 39.20 ClamAV hat einen Virus gefiltert.

Beim Update der Software ClamAV müssen unter Umständen Benutzereingaben gemacht werden. Dieses Update sollte daher z. B. mit dem PuTTY oder an der Konsole und nicht mit dem Webmin durchgeführt werden. Die beiden Kommandos `aptitude update` und `aptitude install clamav clamav-base clamav-freshclam` bringen ClamAV auf einen neueren Stand.

39.4 Personal Backup Appliance

Die Personal Backup Appliance bietet Ihnen die Möglichkeit, auf einfache Art und Weise Backups und Restores von ganzen Festplatten über das Netzwerk durchzuführen. Dabei spielt es keine Rolle, ob es sich bei dem zu sichernden PC um einen physikalischen oder virtuellen Rechner handelt.

[»] Dieses Backup-Verfahren sichert ganze Fesplatten. Ein Backup, das die Sicherung und Wiederherstellung einzelner Dateien ermöglicht, stelle ich noch an anderer Stelle vor (siehe Kapitel 41, »Netzwerk-Backup«). Mit dem Backup einzelner Dateien können Sie ebenfalls Image-Sicherungen der virtuellen Festplatten durchführen. Diese Sicherungen kompletter virtueller Festplatten werden aber nicht im Gast durchgeführt, sondern z. B. mit dem Areca-Backup-Programm (siehe Abschnitt 41.5, »Areca Backup«) vom Wirt aus.

Die Nutzung dieser Appliance für ein Backup eines Mac OS X-Systems ist nicht zu empfehlen. Der Grund besteht darin, dass Mac OS X trotz der Tatsache, dass es sich um ein standardkonformes UNIX-System handelt, in Bezug auf das Dateisystem viele Dinge auf eine eigene Art und Weise löst, die am besten und zuverlässigsten mit Lösungen von Apple selbst oder auch von spezialisierten Drittanbietern gesichert werden.

39.4.1 Einbinden der virtuellen Maschine

[o] Extrahieren Sie die Datei *Personal-Backup-Appliance-1.1.0-vm.7z* aus dem Verzeichnis *appliances* der Buch-DVD in einen VMware Datastore! Danach kann die Squid Appliance aus dem Unterverzeichnis *pba-1.1.0* über die VMware-Webadministration mit einem Klick auf ADD VIRTUAL MACHINE TO INVENTORY registriert werden.

Überlegen Sie gut, wohin Sie das Archiv mit der Appliance entpacken! Wenn Sie den Datastore von Openfiler benutzen (siehe Abschnitt 39.2.9, »Der Netzwerk-Datastore für VMware«), können Sie die Openfiler Appliance selbst nicht mehr auf diese Personal Backup Appliance sichern. Wenn Sie darauf nicht verzichten möchten, empfehle ich ein unabhängiges Backup-Medium als Datastore für die Personal Backup Appliance, z. B. eine USB-Festplatte.

Nach dem Start der virtuellen Maschine meldet sich die Appliance an der Konsole und teilt Ihnen die IP-Adresse mit, die vom DHCP-Server zugewiesen wurde (siehe Abbildung 39.21).

In einem Browser können Sie nun den Link *http://<IP-Adresse>* eingeben und von dort den nötigen Backup-Client *pba-client.iso* als ISO-File herunterladen und in einem Datastore einer zu sichernden virtuellen Maschine abspeichern.

[«] Wenn Sie eine physikalische Maschine sichern wollen, müssen Sie das ISO-File zuvor als Image auf eine CD brennen.

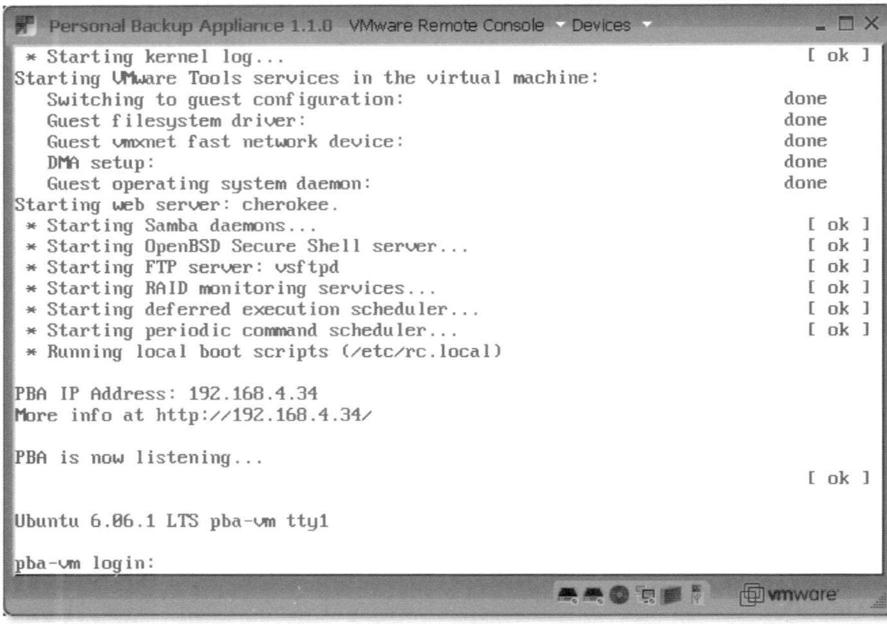

Abbildung 39.21 Die Appliance lauscht im Netzwerk.

39.4.2 Backup

Um ein Backup durchzuführen, muss der Backup-Client gebootet werden. Das passiert bei physikalischer Hardware und virtuellen Systemen sehr ähnlich.

Sie erstellen ein Backup einer kompletten virtuellen Maschine, indem Sie in der VMware-Console der zu sichernden virtuellen Maschine auf DEVICES • CD/DVD DRIVE 1 • CONNECT TO DISK IMAGE FILE (ISO) klicken. Jetzt müssen Sie nur noch den zuvor gespeicherten Backup-Client *pba-client.iso* auswählen.

Im Anschluss booten Sie die virtuelle Maschine, die nun automatisch den Backup-Client lädt, wenn die Boot-Reihenfolge im Bios der virtuellen Maschine dementsprechend eingestellt ist. Ist dies nicht der Fall, können Sie die Maschine im ausgeschalteten Zustand über CONFIGURE VM • POWER • ENTER THE BIOS SETUP SCREEN THE NEXT TIME THIS VIRTUAL MACHINE BOOTS nach dem nächsten Start das BIOS konfigurieren. Unter BOOT bewegen Sie den Eintrag für das CD-Laufwerk mit [+] weiter nach oben.

Zunächst werden Sie aufgefordert, die IP-Adresse der Personal Backup Appliance einzugeben. Danach wählen Sie BACKUP HARD DISK und einen möglichst sprechenden Dateinamen für Ihre Datensicherung. Sollten mehrere Festplatten im

System vorhanden sein, werden Sie aufgefordert, eine zu sichernde Festplatte auszuwählen. Danach startet die Sicherung (siehe Abbildung 39.22).

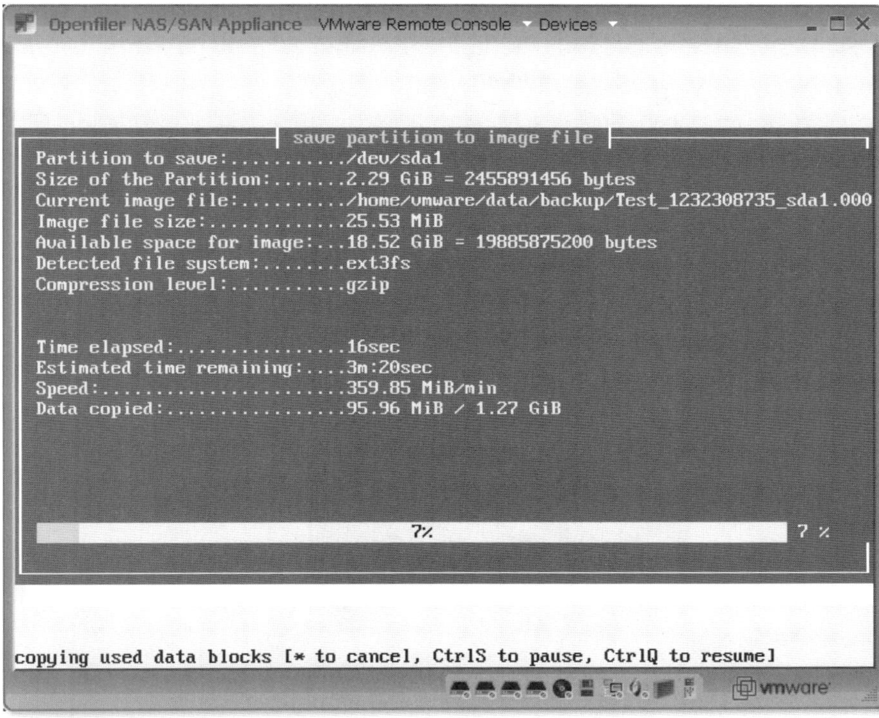

Abbildung 39.22 Backup der ersten Festplatte der Openfiler Appliance

39.4.3 Restore

Ein Wiederherstellen der Daten funktioniert ähnlich wie die Datensicherung: Zunächst muss der Backup-Client gebootet werden. Im Anschluss wählen Sie RESTORE HARD DISK und wählen danach das Archiv, dessen Daten zurückgespielt werden sollen, sowie die Festplatte.

Die hier ausgewählte Festplatte wird mit den Daten der Sicherung überschrieben. Die darauf vorhandenen Daten sind allerdings verloren. [!]

39.4.4 Verwalten der Backups

Sie können sich mit dem Benutzer `vmware` und dem Passwort `vmware` auf der Konsole der Personal Backup Appliance anmelden. Danach starten Sie mit dem Kommando `pba-server-console` ein Programm (siehe Abbildung 39.23), mit dem Sie die vorhandenen Backups verwalten können:

- LIST BACKUPS listet alle Dateinamen der Sicherungsarchive auf,
- DELETE BACKUPS löscht von Ihnen auszuwählende einzelne Sicherungsarchive,
- CREATE RESCUE ISO FILE erstellt aus einem Sicherungsarchiv eine bootfähige ISO-Datei. Diese Datei können Sie brennen und z.B. zusammen mit Ihrem Laptop auf eine Dienstreise mitnehmen,
- DELETE RESCUE ISO FILE löscht einzelne von Ihnen auszuwählende ISO-Dateien,
- LIST RESCUE ISO FILES listet alle vorhandenen ISO-Dateien auf.

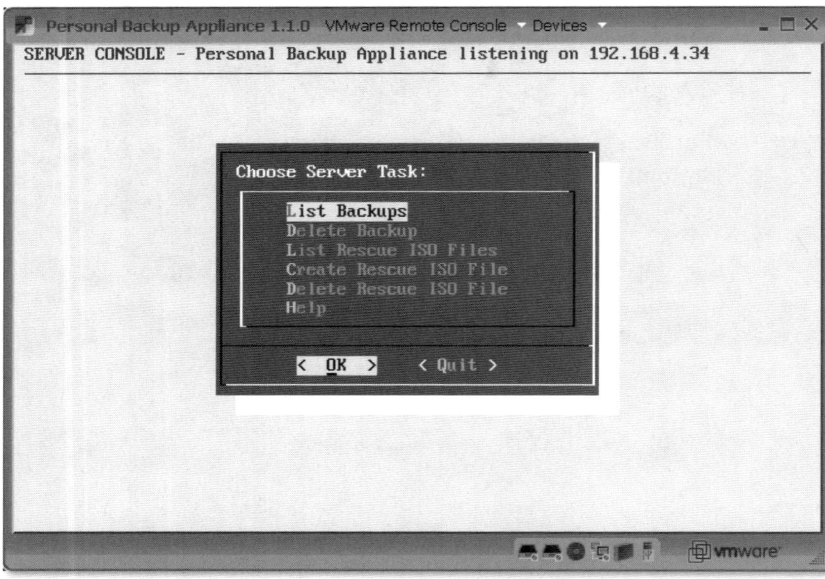

Abbildung 39.23 Die Personal Backup Appliance Server Console

Die ISO-Dateien liegen in einer Samba-Freigabe auf der Personal Backup Appliance. Sie können mit dem Windows-Explorer über EXTRAS • NETZLAUFWERK VERBINDEN mit dem Benutzernamen `vmware` und dem Passwort `vmware` auf den Share `\\<IP-Adresse\data` zugreifen und von dort aus ein ISO-Image auf CD oder DVD brennen.

39.5 Trixbox Asterisk Appliance

Beim Wort *Asterisk* denken viele zunächst an ein kleines gallisches Dorf und seinen Bewohner Asterix. Tatsächlich steht das Wort Asterisk im Englischen für das Sternchen *. Dieses ist in der IT ein Platzhalter für beliebige und beliebig viele

Zeichen. Genau das spiegelt die Philosophie von Asterisk wieder, es kann beliebige und beliebig viele Aufgaben einer TK-Anlage übernehmen.

Die Trixbox Appliance (siehe *http://www.trixbox.org*) ermöglicht Ihnen den einfachen und bequemen Einstieg in das Thema *Asterisk PBX*. Sie können ohne Texteditor alle nötigen Konfigurationen in der Weboberfläche vornehmen (siehe *http://www.freepbx.org*).

39.5.1 FreePBX nutzen

Verbinden Sie sich mit der Weboberfläche der Appliance, dazu nutzen Sie die IP-Adresse, die auf der Kommandozeile angezeigt wird:

http://<IP-Adresse>/maint

Geben Sie als Benutzernamen `maint` und als Passwort `trixbox` ein. Die Ansicht wechselt daraufhin, und Sie sehen die Oberfläche für die Verwaltung von Asterisk (siehe Abbildung 39.24).

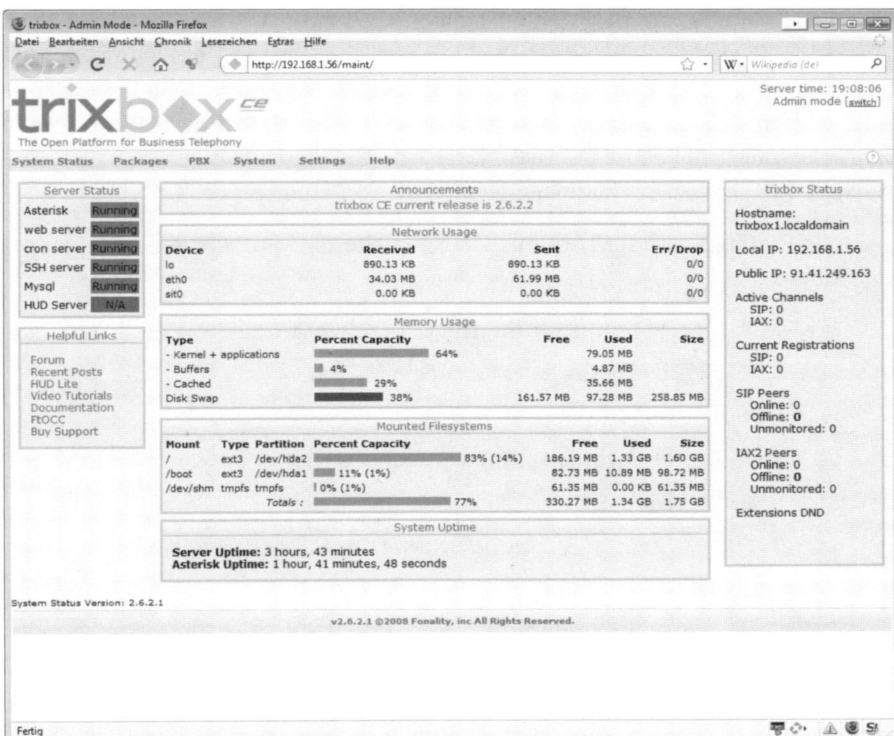

Abbildung 39.24 Trixbox-Administratoroberfläche

Auf der Hauptseite ist zunächst der Status des Systems übersichtlich dargestellt. Im Bereich SERVER STATUS sollten alle Dienste bis auf den HUD SERVER laufen. Letzterer ist eine nicht installierte Erweiterung.

Damit ist Trixbox bereits für die Konfiguration von Telefonen und ausgehenden Verbindungen zu einem SIP-Provider gerüstet.

Die Übersetzung ins Deutsche, die die freePBX-Oberfläche bietet, ist lückenhaft und teilweise sinnentstellend. Daher werde ich die englischen Bezeichnungen benutzen.

39.5.2 Telefone konfigurieren

Ich möchte Ihnen in diesem Abschnitt zeigen, wie Sie zwei SIP-Clients für Trixbox einrichten können, die dann direkt und auch über einen SIP-Provider miteinander telefonieren können.

Klicken Sie auf der Trixbox-Startseite auf PBX, PBX SETTINGS. Sie sehen nun auf der linken Seite ein Menü. Klicken Sie auf den Punkt EXTENSIONS, der sich im Bereich BASIC befindet. Im nächsten Dialog können Sie die Art des Clients festlegen: GENERIC SIP DEVICE ist richtig, klicken Sie nun auf SUBMIT. Der Dialog ADD SIP EXTENSION folgt, in diesem können Sie die eigentlichen Einstellungen für die Durchwahl festlegen. Die wichtigste Festlegung ist zunächst einmal die Durchwahl selbst. Geben Sie im Feld USER EXTENSION die Durchwahl ein, z. B. `100`. Tragen Sie im Feld DISPLAY NAME den Namen des Teilnehmers ein.

Folgende Eintragungen sind optional, belassen Sie zunächst alle Einstellungen so, wie sie sind:

- CID NUM ALIAS – eine nur für intern verwendete Anzeige
- SIP ALIAS – SIP-Adresse für direkte Anrufe
- OUTBOUND CID – externe Rufnummernanzeige
- RING TIME – Zeit in Sekunden bis zu Sprachbox
- CALL WAITING – Anklopfen
- CALL SCREENING – zwingt Anruferidentifizierung
- EMERGENCY CID – Rufnummernanzeige bei Notrufen
- DID DESCRIPTION – Beschreibung
- ADD INBOUND DID – eingehend erreichbare Durchwahl
- ADD INBOUND CID – eingehende Rufnummer
- DTMFMODE – Verfahren für die Tastentöne
- LANGUAGE CODE – Spracheinstellung de für Deutsch

- Record Incoming – Aufzeichnung eingehender Gespräche
- Record Outgoing – Aufzeichnung ausgehender Gespräche

Bleibt der Menüpunkt secret. Hier sollten Sie ein Passwort für den Client angeben, mit dem dieser sich authentifiziert. Klicken Sie abschließend auf die Schaltfläche Submit am Ende der Seite, und wiederholen Sie den Vorgang für die Durchwahl 200. In der Menüleiste erscheint nun eine orange Schaltfläche Apply Configruation Changes, mit einem Klick hierauf werden die Einstellungen wirksam.

Konfigurieren Sie nun einen SIP-Client, beispielsweise die Software PhoneLite (siehe Abschnitt 43.4, »Softphone: PhonerLite«). Tragen Sie hier folgende Werte ein:

- Proxy/Registrar: <IP-Adresse Trixbox>
- Benutzername: 100 oder 200
- Kennwort: <Passwort>

Wenn Sie diese Werte eingetragen und gespeichert haben, sollte sich der SIP-Client registrieren. Das können Sie überprüfen, indem Sie im Menü PBX auf den Menüpunkt PBX Status klicken. Sie sehen in Abbildung 39.25, dass Sie die SIP-Clients – sie heißen *SIP Peers* – registriert haben.

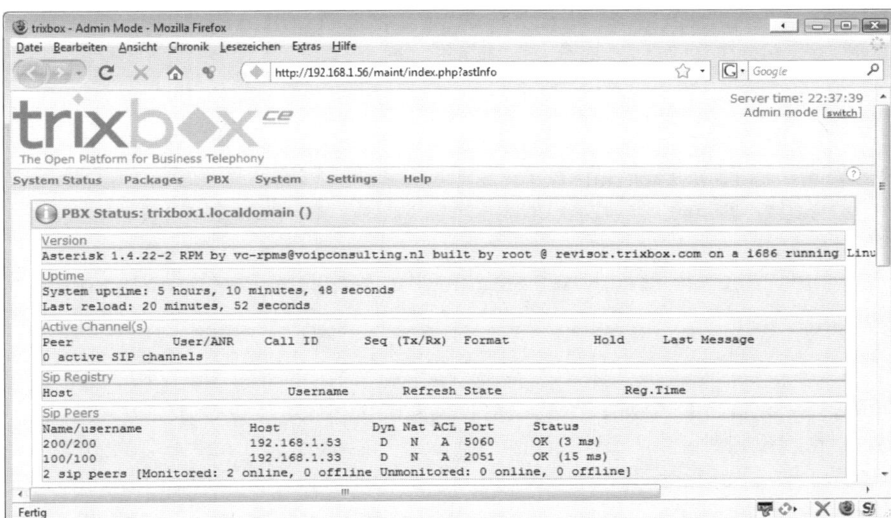

Abbildung 39.25 Trixbox mit zwei registrierten SIP-Clients

Wenn Sie zwei SIP-Clients an der Trixbox angemeldet haben, können Sie jetzt bereits intern telefonieren. Wenn Sie nur einen Client haben, können Sie über die Rufnummer *97 die Mailboxansage erreichen.

39.5.3 SIP-Provider konfigurieren

Eine Telefonanlage ohne Verbindung zur Außenwelt ist nur in wenigen Fällen interessant. Ohne weitere Investitionen ist die Anbindung eines SIP-Providers möglich.

Trixbox kann auch ISDN nutzen, dazu werden ISDN-Karten mit HFC-Chipsatz benötigt. Der Einsatz von PCI-Karten ist im Rahmen einer VMware Applicance nicht möglich, daher verzichte ich auf die weitere Darstellung.

Im Nachfolgenden werde ich die Vorgehensweise für den Provider `Sipgate` (siehe *http://www.sipgate.de*) aufzeigen. Selbstverständlich können andere Provider ebenfalls genutzt werden, auch mehrere gleichzeitig.

Klicken Sie im Trixbox-Menü auf PBX, PBX-Settings, Setup, Trunks; wählen Sie nun den Punkt Add SIP Trunk. Benennen Sie den Trunk Name mit `Sipgate` und tragen Sie folgende PEER Details im Bereich Outgoing Settings ein:

```
host=sipgate.de
username=<Sipgate-ID>
fromuser=<Sipgate-ID>
secret=<SIP-Passwort>
fromdomain=sipgate.de
qualify=yes
canreinvite=yes
insecure=invite
type=friend
```

Alle weitere Einstellungen lassen Sie zunächst leer. Beim Register String tragen Sie Folgendes ein:

```
<Sipgate-ID>:<SIP-Passwort>@sipgate.de/<Sipgate-ID>
```

Klicken Sie nun auf Submit Changes. Der Schlüssel `qualify` bedeutet, dass Trixbox/Asterisk regelmäßig die Verbindung zu `Sipgate` prüft und bei Unerreichbarkeit diese Verbindung deaktiviert. Mittels `canreinvite=yes` wird festgelegt, ob `Sipgate` den Kommunikationspartner bestimmen darf. Schließlich besagt `insecure=invite`, dass sich `Sipgate` gegenüber der Trixbox bei einem eingehenden Anruf nicht authentifizieren muss.

Mit dem Trunk haben Sie nun die Verbindung zu `Sipgate` geschaffen, es fehlt noch eine Regelung, was mit aus- und eingehenden Anrufen geschehen soll.

Ausgehende Anrufe werden über den Punkt OUTBOUND ROUTES, direkt oberhalb von Trunks, konfiguriert. Zunächst konfigurieren Sie eine Route zur Testrufnummer 10000. Wählen Sie als ROUTE NAME `SipgateTest`, tragen Sie im Feld DIAL PATTERNS `10000` ein, und legen Sie unter TRUNK SEQUENCE SIP/SIPGATE fest. Klicken Sie jetzt auf SUBMIT CHANGES. Wenn Sie ein Guthaben für externe Gespräche haben, könnten folgende *Dial Patterns* sinnvoll sein.

Name	Pattern	Bedeutung
Sprachbox	`50000`	Anrufbeantworter
Lokal	`ZXXX.`	Ortsnetz (mind. 4-stellig)
National	`0ZX.`	Ohne Länderkennung
Europa	`00[34]X.`	Nur europ. Länder
International	`00XX.`	Alle Länder
Alles	`.`	Keine Beschränkung

Tabelle 39.1 Wählmuster – Dial Patterns

Jetzt fehlt noch die Konfiguration für die eingehenden Anrufe, klicken Sie auf INBOUND ROUTES in der linken Leiste. Geben Sie unter DESCRIPTION `SipgateEingehend` ein, und wählen Sie ganz unten beim Punkt EXTENSIONS die Nebenstelle <100> aus. Bestätigen Sie diese sehr allgemeine Regel mit der Schaltfläche SUBMIT. Leider fehlt noch ein Schritt. Wählen Sie GENERAL SETTINGS aus, und gehen Sie zum vorletzten Punkt auf der Seite SECURITY SETTINGS. Ändern Sie die Einstellung von ALLOW ANONYMOUS INBOUND SIP CALLS? auf YES. Abschließend klicken Sie auf APPLY CONFIGURATION CHANGES oben rechts auf der Seite (orange Schaltfläche), damit alle Änderungen wirksam werden.

Wie in Abbildung 39.26 sollten Sie unter PBX, PBX STATUS jetzt im Bereich SIP REGISTRY und SIP PEERS sehen, dass `Sipgate` registriert ist – Status muss REGISTERED sein.

Wenn Sie diese Lösung begeistert und Sie noch mehr Möglichkeiten dieser Lösung nutzen wollen, dann könnten folgende Punkte für Sie interessant sein:

- Ring Groups – Mehrere Durchwahlen bilden eine Gruppe und klingeln gleichzeitig, nacheinander usw.
- Voicemail – Sprachnachrichten als E-Mail mit Dateianhang
- Music on Hold – Wartemusik

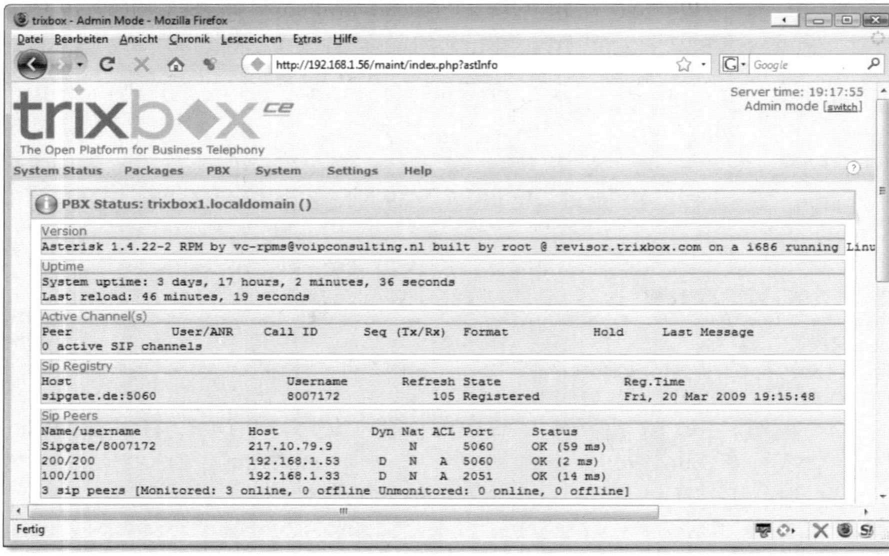

Abbildung 39.26 »Sipgate« ist registriert.

Ihr LAN funktioniert, doch Sie wollen mehr Komfort für sich und die Benutzer? Sie werden in diesem Kapitel erfahren, wie leicht Sie einen Server einrichten können, der Ihnen das Leben sehr viel angenehmer macht.

40 siegfried3 – ein vielseitiger Server

Der Begriff *Server* ist nicht eindeutig definiert. Server kommt von »dienen« (engl. *to serve*). Ein Server ist also ein Diener, ein PC, der seine Dienste anbietet. Die deutsche Übersetzung von Server, die unter anderem Microsoft verwendet, ist *Dienst*. Ein DHCP-Dienst eines Windows-Betriebssystems entspricht ziemlich genau einem DHCP-Server unter Linux. In beiden Fällen ist nicht die Hardware gemeint, sondern die dort installierte Software DHCP. Wenn also jemand einen DHCP-Server, DNS-Server, DSL-Server, Telnet-Server, FTP-Server, Webserver und einen Fileserver zu Hause betreibt, bedeutet das nicht, dass derjenige in seiner Wohnung insgesamt mindestens sieben PCs untergebracht haben muss. Vermutlich handelt es sich sogar um nur einen einzigen PC, der all diese Aufgaben zugleich wahrnimmt.

Andererseits kann man mit dem Wort Server auch eine Hardware-Einheit beschreiben, z. B. einen Computer als Server für Ihr LAN. Diese Hardware kann – wie im Fall von siegfried3 – auch virtualisiert sein.

40.1 Motivation – oder: Warum ausgerechnet Linux?

Administratoren – ob zu Hause oder im Beruf – richten ihren Benutzern im Netzwerk Dienste ein, die von diesen dann bei Bedarf genutzt werden können. Diese Dienste werden zentral auf einem oder mehreren Rechnern installiert. Für den Serverbetrieb gibt es viele Betriebssysteme. Seit Jahren macht dabei ein Betriebssystem durch hohe Zuwachsraten auf sich aufmerksam, da es stabil und gleichzeitig sehr kostengünstig ist: Linux.

Linux ist ein freies Betriebssystem. Frei bedeutet hier in erster Linie quelloffen. Das heißt, neben den lauffähigen Programmen werden immer auch die dazugehörigen Quellcodes veröffentlicht. Eine große Anzahl von Programmierern auf der ganzen Welt arbeitet unentgeltlich an der Weiterentwicklung. Deshalb entwickelt sich Linux so rasant und ist gleichzeitig eines der sichersten Betriebssysteme: Der Quellcode der Programme wird von vielen Entwicklern geschrieben und von unzähligen Augen Korrektur gelesen.

Der Kern des Betriebssystems (*Kernel*) und die meisten Anwendungen stehen unter der GPL (*GNU Public License*). Das bedeutet, die Software darf frei verwendet und für beliebige Zwecke angepasst werden.

Keine Innovation der letzten Zeit hat die IT-Branche annähernd so durcheinandergewirbelt wie das Betriebssystem mit dem kleinen Pinguin als Logo (siehe Abbildung 40.1).

Abbildung 40.1 Tux, der Linux-Pinguin

Ich habe mich dafür entschieden, die Distribution openSUSE 11.1 (siehe *http://www.opensuse.org*) als Grundlage für siegfried3 zu verwenden, da die Distribution aus Nürnberg im deutschsprachigen Raum weit verbreitet ist.

Wenn Sie nicht bereits ein gestandener UNIXer – oder Linuxer – sind, möchten Sie vielleicht jetzt oder später einmal wissen, was im Hintergrund passiert und wie Sie etwas tiefer in das System hinabsteigen. Dafür müssen Sie zwangsläufig auf der Kommandozeile und mit einem geeigneten Editor arbeiten. Das ist am Anfang sehr gewöhnungsbedürftig, lohnt sich aber. Ich kenne niemanden, der die Kommandozeile als Administrationswerkzeug gegen seine Maus zurücktauschen möchte. Eine Hilfe für den Anfang finden Sie in Anhang A »Linux-Werkzeuge«. Für siegfried3 sind diese vertieften Kenntnisse der Kommandozeile jedoch keine zwingende Voraussetzung, da siegfried mit dem Webmin (siehe *http://www.webmin.com*) zusätzlich eine übersichtliche und leicht zu bedienende grafische Oberfläche aufweist.

Wenn Sie den Linux-Server einmal eingerichtet haben, werden Sie nur noch minimalen Administrationsaufwand haben. Sie sollten allerdings regelmäßige Sicherungen (Backups) der Daten durchführen.

40.2 Aufgaben Ihres Netzwerkservers

Sie wissen besser als ich, welche Aufgaben ein Netzwerkserver in Ihrem LAN erfüllen muss. Ich könnte mir z. B. folgende nutzbringende Anwendungen vorstellen:

- *DHCP-Server*: Der DHCP-Server (ISC) verteilt dynamische und möglicherweise auch statische IP-Adressen.
- *Fileserver*: Er stellt Netzlaufwerke bereit, auf denen Daten abgelegt und dann zentral gesichert werden.
- *Drucker-Spooler*: Jeder Benutzer im LAN sollte auf jedem Drucker drucken können. Möglicherweise gibt es auch zentrale Drucker, z. B. Etagendrucker. Das schließt auch das Erzeugen von PDF-Dokumenten ein.
- *Mail-Server*: Die E-Mail-Konten der Mitarbeiter im LAN liegen auf dem Netzwerkserver. Bei Bedarf holt dieser Mails ab und verschickt sie in das Internet. Der Zugriff auf die Konten erfolgt mittels IMAP.
- *Groupware Server*: Termine und Besprechungen planen und verwalten Sie mit EDV-Unterstützung.
- *Download-Server*: Mit einem Dienst auf dem Netzwerkserver verwenden Sie Ihn als Download-Manager im Internet.
- *Time-Service*: Ihr Server synchronisiert die Zeit im LAN. Sie brauchen sich nicht mehr um die Umstellung von Sommer- auf Winterzeit und umgekehrt zu kümmern, und alle Uhren laufen synchron.

Das ist sicherlich keine in sich abgeschlossene Liste; sie könnte beliebig verlängert und erweitert werden. Natürlich lohnt ein zentraler Netzwerkserver umso mehr, wenn Sie mit ihm mehrere PCs versorgen können. Erst dann kann durch die Zentralisierung von Aufgaben effektiv Zeit und Sicherheit (z. B. Backup) gewonnen werden.

[!]

Ausdrücklich möchte ich davor warnen, diesen Server gleichzeitig zum Router für das Internet zu machen. Denn auf ihm sind viele wichtige Daten gespeichert, deshalb sollte er nicht direkt aus dem Internet erreichbar sein. Ein solcher Server ist angreifbar. Ausgerechnet auf diesen Server auch Ihre Daten zu legen, wäre aus diesem Grund äußerst mutig.

40.3 Einbinden der virtuellen Maschine

[o] Sie finden siegfried als komprimierte virtuelle Maschine auf der Buch-DVD im Verzeichnis */appliances*. Sie benötigen dazu das Packprogramm `7-Zip` aus dem Verzeichnis */software/sonstiges*. Damit entpacken Sie die Maschine in einen VMware Datastore.

Nach dem Start der virtuellen Maschine können Sie sich an der grafischen Konsole mit dem Benutzernamen `siegfried` und dem Passwort `pcnetzwerke` anmelden. Es startet die KDE von siegfried (siehe Abbildung 40.2).

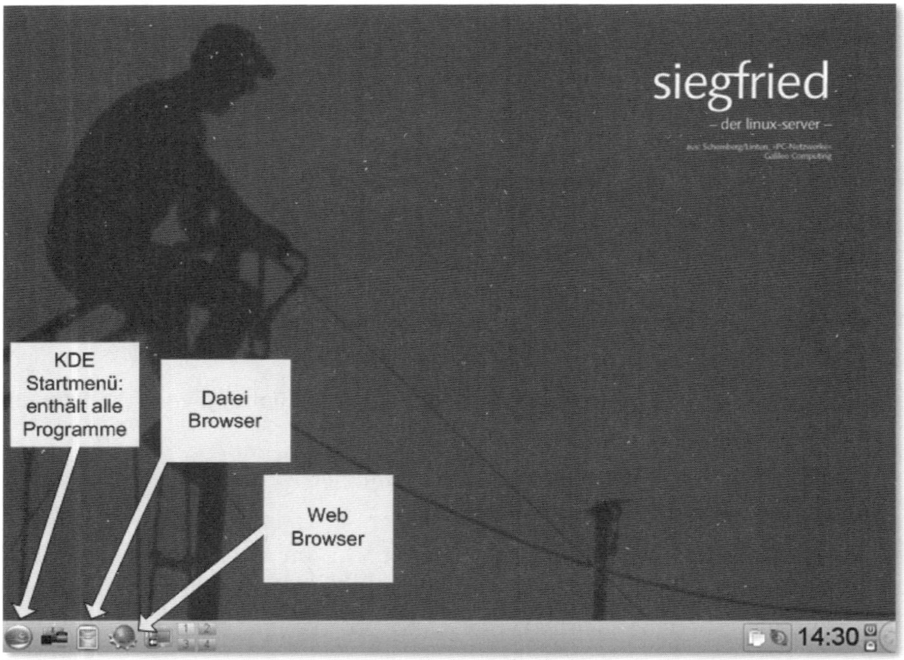

Abbildung 40.2 Die KDE unter siegfried3

40.4 Webmin

Der Webmin ist installiert und von mir so konfiguriert, dass Sie nach der Installation von jedem PC im LAN darauf zugreifen können. Sie müssen dem Server wie in Kapitel 25, »Linux einrichten«, beschrieben eine Netzwerkkonfiguration verpassen, dann können Sie mit der URL *https://<Netzwerk-Server>:10000* direkt loslegen und sich mit dem Benutzer `siegfried` und dem Passwort `pcnetzwerke` anmelden. Wichtig ist, dass die Namensauflösung für den Netzwerkserver funktioniert. Wenn nicht, müssen Sie die IP-Adresse der virtuellen Maschine anstelle des Namens verwenden.

Der Webmin ist unterteilt in verschiedene Kategorien. Innerhalb der Kategorien WEBMIN, SYSTEM, SERVER, NETZWERK, HARDWARE, CLUSTER und SONSTIGES finden Sie Module oder Modulgruppen, die Sie durch Anklicken aufrufen.

Der Webmin kennt und verwendet verschiedene Eingabehilfen. Am häufigsten sind Felder, deren Inhalt man sehr einfach mit der Tastatur verändern kann. Für Sprünge zwischen den Feldern können wahlweise die Maus oder [⇆] verwendet werden. Links zu anderen Seiten sind wie von Webseiten gewohnt unterstrichen. Diese Links können genauso wie die Webmin-Symbole angeklickt werden. Manchmal sind auch die Feldbeschreibungen als Link gekennzeichnet. Das bedeutet, dass sich mit einem Klick ein Hilfefenster für dieses Feld öffnet. Auf dieser Seite finden sich auch Beispiele für verschiedene Auswahlmöglichkeiten.

40.5 DHCP-Server

Sie möchten flexibel und schnell unterschiedlichste Netzwerkteilnehmer von einer Stelle aus in Ihr LAN integrieren? Mit einem DHCP-Server werden Netzwerkkonfigurationen an zentraler Stelle verwaltet. Ein Client im Netzwerk stellt eine Broadcast-Anfrage an alle anderen Teilnehmer im LAN und erhält als Antwort z. B. eine IP-Adresse, Netzwerkmaske, einen Routing-Eintrag und einen Hostnamen. Dabei können die Einträge entweder fest anhand der MAC-Adresse des Clients oder aber dynamisch aus einem Pool vergeben werden. Die theoretischen Grundlagen zum DHCP-Server können Sie in Kapitel 16, »DHCP«, nachlesen.

SUSE glänzt mit einer Beispielkonfiguration des ISC-DHCP-Servers. Stören Sie sich nicht an den bereits vorhandenen Subnets und Hosts! Solange sich die definierten Subnets nicht mit Ihrem LAN überschneiden, sind sie nicht hinderlich. Sie können Sie auch ganz einfach löschen.

Die Webseite des Moduls SERVER • DHCP-SERVER ist in vier Bereiche unterteilt (siehe Abbildung 40.3). Im oberen Teil werden die Subnetze definiert, für die der DHCP-Server zuständig sein soll. Im zweiten Bereich werden dann die einzelnen Rechner den im oberen Teil festgelegten Netzen zugeordnet oder ihnen werden direkt IP-Adressen zugewiesen. Der dritte Bereich ist dazu da, DNS-Zonen zu definieren. Die Schaltflächen im unteren Abschnitt sind von besonderem Interesse. Mit der Schaltfläche LISTE AKTIVE VERGABEN AUF erhalten Sie einen Überblick über die aktuell vergebenen Adressen, soweit es sich nicht um mittels Hosteintrag statisch vergebene Adressen handelt. Mit einem Klick auf SERVER STARTEN bzw. ÄNDERUNGEN ANWENDEN starten Sie den DHCP-Server. Die Schaltfläche wechselt in Abhängigkeit davon, ob der DHCP-Dienst gerade läuft oder nicht. Ein Klick auf diese Schaltfläche ist unbedingt erforderlich, wenn Änderungen in der Konfiguration gemacht wurden.

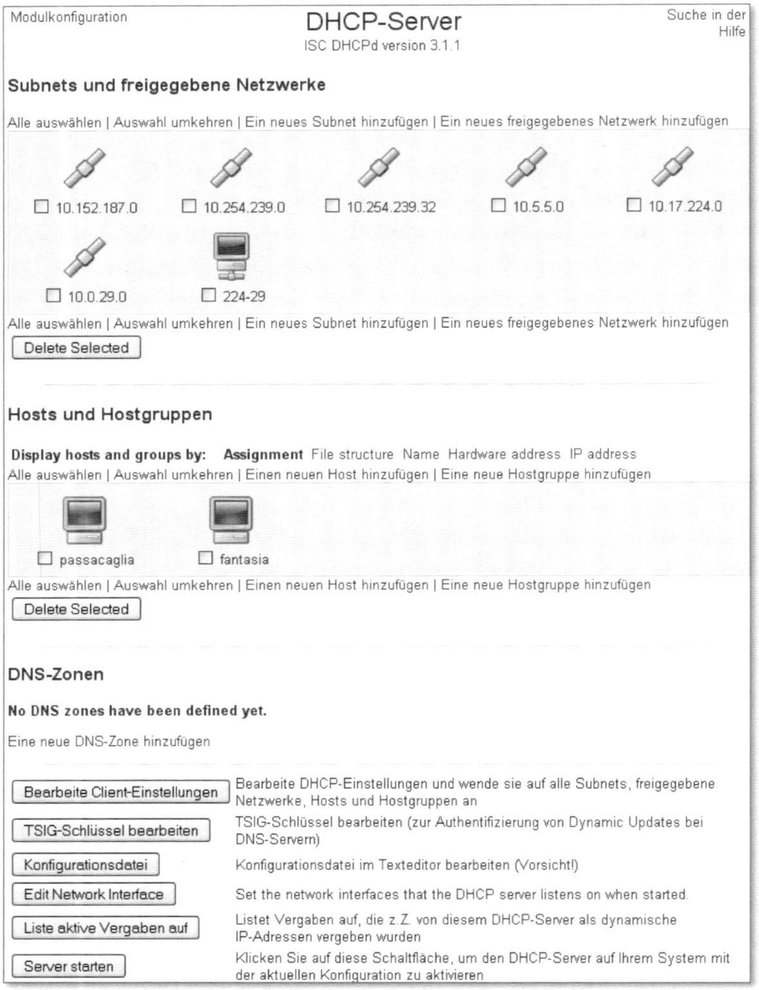

Abbildung 40.3 Der DHCP-Server im Überblick

In der Maske, die sich hinter BEARBEITE CLIENT-EINSTELLUNGEN verbirgt, werden globale Vereinbarungen getroffen, die dann an alle Subnetze vererbt werden. Einige Einstellungen (z. B. den Routing-Eintrag) könnten Sie auch hier vornehmen, allerdings bevorzuge ich wegen der besseren Übersichtlichkeit die Konfiguration des einzelnen Subnetzes an einer einzigen Stelle. Um Fehler zu vermeiden, sollten Sie trotzdem zumindest sinnlose und falsche Einträge löschen (siehe Abbildung 40.4).

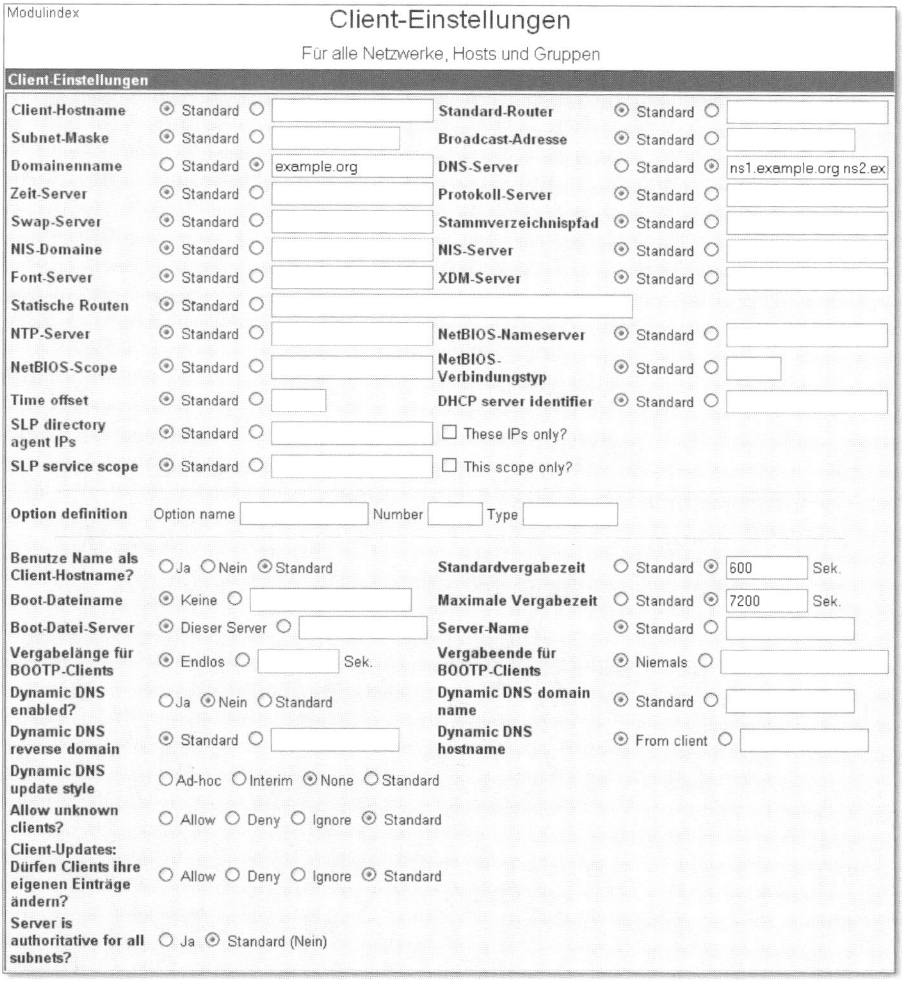

Abbildung 40.4 Globale DHCP-Optionen

Sie möchten einen kleinen DHCP-Server für Ihr Büro zu Hause aufsetzen. In Ihrem Büro stehen drei Computer und der DHCP-Server. Zusätzlich bringen Sie manchmal Laptops aus der Firma mit nach Hause. Die Laptops sind von den Administratoren in Ihrer Firma so konfiguriert, dass sie ihre Netzwerkkonfiguration per DHCP aus dem Netz beziehen. Zwecks Datenaustausch möchten Sie die Laptops schnell in Ihr LAN integrieren, ohne die Konfiguration ändern zu müssen. [zB]

Außerdem sollen im Moment noch nicht genau bestimmbare DHCP-Clients in Zukunft per DHCP als Teilnehmer in Ihr LAN integriert werden.

Die wichtigsten Informationen für die Kommunikation in Ihrem LAN sind natürlich die IP-Adresse und die Netzwerkmaske. Dieses Beispiel behandelt das Netz 192.168.1.0/255.255.255.0. Den Computern Rechner1, Rechner2 und Rechner3 soll anhand der MAC-Adresse eine feste IP-Adresse (192.168.1.1, 192.168.1.2, 192.168.1.3) zugeordnet werden. Die noch unbekannten Laptops aus der Firma und andere Netzwerkkomponenten sollen mit einer IP-Adresse ab 192.168.1.201 versorgt werden.

Mit einem Klick auf Ein neues Subnet hinzufügen legen Sie ein Subnet für Ihr LAN an. Sie können eine Beschreibung für das Netz eintragen. Dann tragen sie die Netzwerkadresse und die Netzwerkmaske Ihres Netzwerks zu Hause ein. Im nächsten Schritt wird ein Adressbereich für die Clients bestimmt, die eine freie IP-Adresse vom DHCP-Server bekommen sollen. Ich vergebe in diesem Beispiel absichtlich nur Adressen von 192.168.1.201 bis 192.168.1.250, da ich die Adressen bis 192.168.1.254 für zukünftige administrative Aufgaben freihalten möchte. Mit einem Klick auf Erstellen schreiben Sie die Konfiguration des DHCP-Servers (siehe Abbildung 40.5).

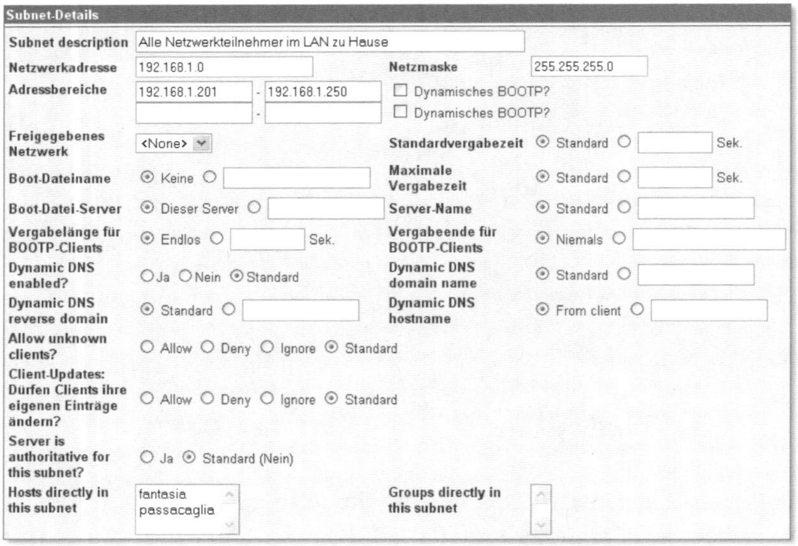

Abbildung 40.5 Ein DHCP-Subnet für das LAN zu Hause

Die Konfiguration für das DHCP-Subnet ist nun fertig. Mit einem Klick auf das Subnet 192.168.1.0 kommen Sie in eine der bereits bekannten Maske für ein neues

Subnet ähnlichen Maske, in der Sie nun die Konfiguration überprüfen und Änderungen vornehmen können.

Im nächsten Schritt werden ausgehend von dieser Maske die Einträge für die PCs Rechner1, Rechner2 und Rechner3 festgeschrieben. Sollten diese DHCP-Clients nun eine Anfrage an den aktivierten DHCP-Server stellen, würden sie aktuell eine dynamische Adresse aus dem Bereich 192.168.1.201 bis 192.168.1.250 bekommen. Um einzelnen PCs eine bestimmte IP-Adresse aus diesem Pool fest zu vergeben, legen Sie mit einem Klick auf EINEN NEUEN HOST HINZUFÜGEN jeweils einen Eintrag für jeden der drei Rechner an (siehe Abbildung 40.6). Wichtige Felder sind insbesondere der Rechnername, die IP-Adresse und die Ethernet-Adresse. Die Hosteinträge können Sie aus der allgemeinen Übersicht mit einem Klick auf den Hostnamen ändern oder löschen.

Der DHCP-Server darf selbst kein DHCP-Client sein. Wenn dieser Server gebootet oder das Netzwerk neu gestartet wird, dann fragt der DHCP-Client nach einer Konfiguration auf IP-Ebene. Eine Antwort kann es nicht geben, da der DHCP-Server noch nicht gestartet ist. Dieser wird auch nicht starten, da der Netzwerkadapter (eth0) noch nicht aktiv ist. Ein Teufelskreis! [!]

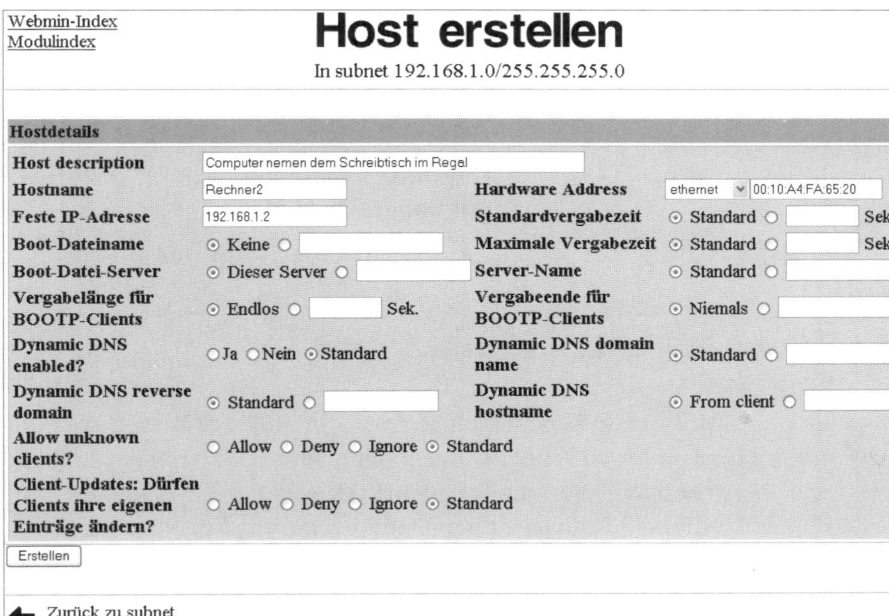

Abbildung 40.6 DHCP-Hosteintrag erstellen

Einige wichtige Funktionen des DHCP-Servers fehlen allerdings noch. So haben die Clients im LAN beispielsweise noch keinen Routing-Eintrag.

Mit einem erneuten Klick auf das Subnet 192.168.1.0 kommen Sie in eine Maske, in der Sie die Schaltfläche BEARBEITE CLIENT-EINSTELLUNGEN betätigen. Sie erhalten die Gelegenheit, abweichend von den globalen Einstellungen nur für das Subnet Vereinbarungen zu treffen. Hier sollten Sie – soweit vorhanden – den Standardrouter, den Domänennamen, den DNS-Server oder einen anderen Server eintragen, der den DHCP-Clients bekannt gemacht werden soll (siehe Abbildung 40.7). Für Sie interessant ist vielleicht auch der Eintrag für einen Zeit-Server oder NTP[1]-Server. Diese Dienste werden ausführlicher in Abschnitt 40.11, »Time-Server«, beschrieben.

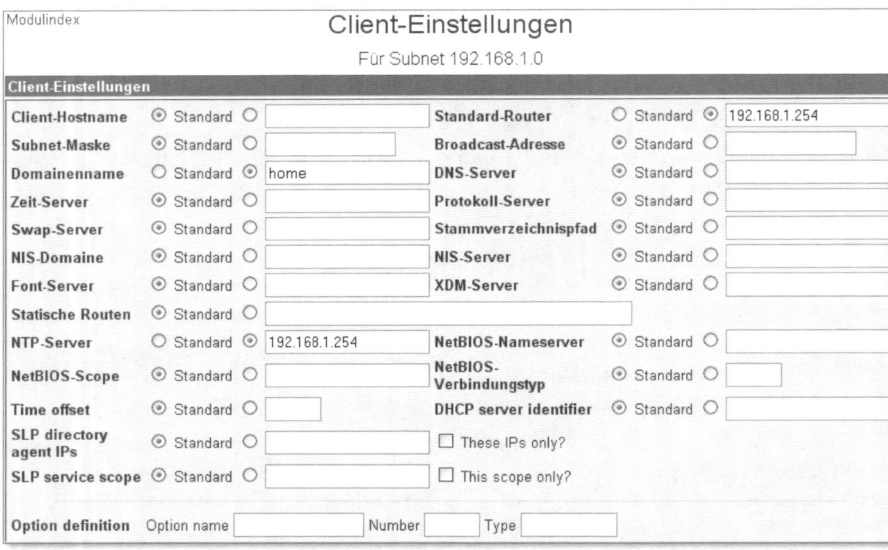

Abbildung 40.7 DHCP-Optionen für das Subnet

[!] Ein Eintrag im DHCP-Server bedeutet nicht, dass der DHCP-Client auch etwas mit dieser Information anfangen kann. Eventuell nimmt er sich nur einige für ihn interessante Informationen und ignoriert den Rest. Der DHCP-Server überprüft nicht, ob der Client die ihm anvertrauten Optionen auch richtig verwertet.

Das Subnet und die Hosts sind nun vollständig beschrieben. Bevor Sie den DHCP-Server testen, vergessen Sie bitte nicht, Ihre Konfiguration mit einem Klick auf ÄNDERUNGEN ANWENDEN bzw. SERVER STARTEN zu aktivieren.

1 Das Network Time Protocol (NTP) sorgt für eine synchrone Zeit im LAN.

Der Dienst DHCP kann auch direkt beim Booten automatisch gestartet werden. Dazu markieren Sie den Dienst DHCPD im Modul SYSTEM • SYSTEM-START UND -STOP und klicken auf AKTIVIERE AUSGEWÄHLTE ZUR BOOTZEIT.

40.6 Samba als Fileserver

Samba ist ein sehr mächtiger Dienst, die Möglichkeiten damit sind sehr vielfältig. Sie können den Client über Samba-Netzwerkfreigaben anbieten oder eine ganze Windows-Domäne mit Samba abbilden. Ich konzentriere mich in diesem Abschnitt auf die Eigenschaft von Samba als Dateiserver. In fast allen Fällen müssen sich die Benutzer gegenüber Samba authentifizieren. Das bedeutet, dass Sie dem Samba-Server mittels Benutzernamen und Kennwort glaubhaft machen, eine bestimmte Leistung des Servers in Anspruch nehmen zu dürfen. Dieses kann der Server selbst übernehmen oder aber an eine vertraute Instanz delegieren.[2]

Erste Wahl zur Administration des Samba-Servers wäre eigentlich das *Samba Web Administration Tool* (SWAT). Aus Gründen der Einheitlichkeit beschränke ich mich aber auf den Webmin.

Sie finden auf den folgenden Seiten eine Anleitung, mit der es Ihnen gelingen wird, Ihren Netzwerkserver mit Samba zum Fileserver zu machen und die freigegebenen Verzeichnisse von Clients nutzbar zu machen.

40.6.1 Linux als Server

Im Modul SERVER • SAMBA – SMB/CIFS-FILESERVER erhalten Sie zunächst eine Übersicht über den Samba-Dienst. Vielleicht sind Sie überrascht, dass per Default die Heimatverzeichnisse aller Benutzer freigegeben sind. Das bedeutet allerdings nicht, dass die Benutzer sich mit dieser Freigabe bereits verbinden können. Es scheitert noch an der Benutzerauthentifizierung. Für einen Benutzer auf Betriebssystemebene existiert nicht automatisch auch ein entsprechender Zugriff auf dessen Heimatverzeichnis über Samba.

Eventuell betreiben Sie in Ihrem LAN bereits eine Arbeitsgruppe oder Domäne? In diesem Fall empfiehlt es sich, den Namen im Feld ARBEITSGRUPPE unter SERVER • SAMBA – SMB/CIFS-FILESERVER • WINDOWS EINSTELLUNGEN einzutragen.

Die Seite der Samba-Freigabeverwaltung ist unterteilt in mehrere Bereiche (siehe Abbildung 40.8). Im ersten Teil befinden sich sämtliche Samba-Freigaben. Der

2 Samba selbst kann einem Domain-Controller oder einem anderen Verzeichnisdienst (z. B. LDAP) vertrauen.

zweite Abschnitt beinhaltet die globale Konfiguration von Samba. Im dritten Bereich werden die Samba-Benutzer verwaltet. Ganz unten auf der Seite befinden sich die Schaltflächen SAMBA SERVER NEU STARTEN und STOPPE SAMBA SERVER, mit denen der Dienst gestartet und angehalten werden kann. Änderungen der globalen Konfiguration von Samba müssen immer durch einen Neustart des Servers aktiviert werden.

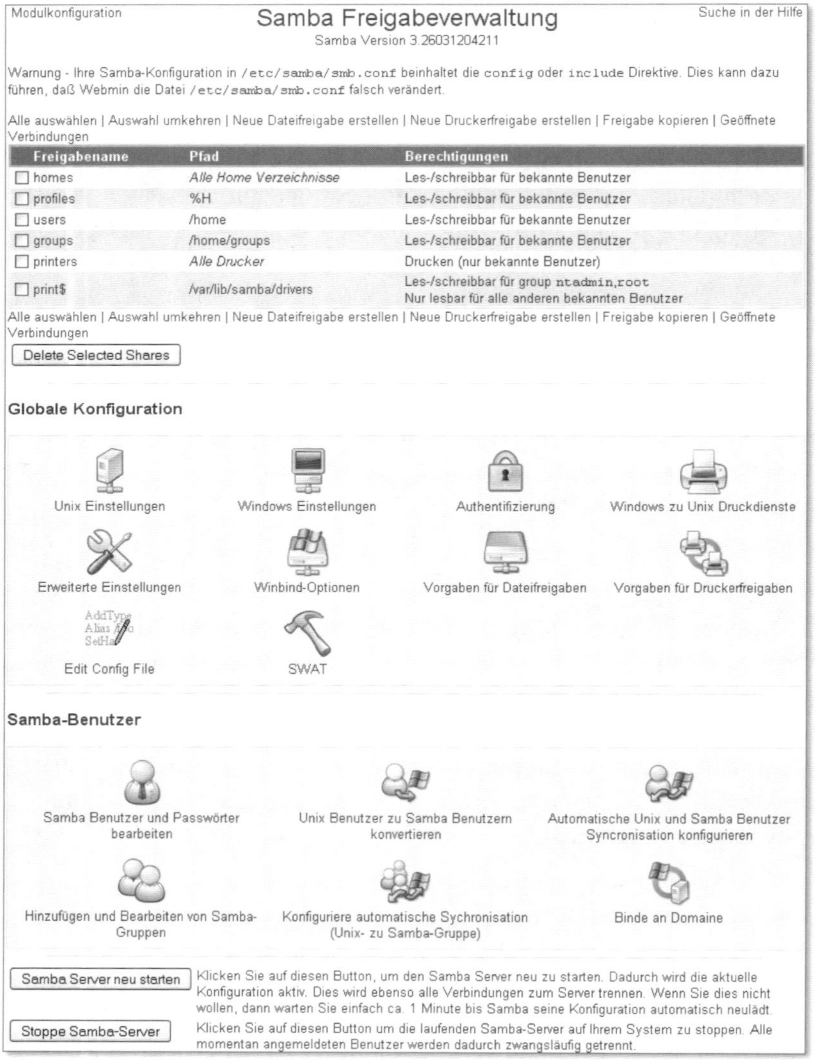

Abbildung 40.8 Ihr Samba-Server im Überblick

Samba-Benutzer

Die Benutzer des Netzwerkservers können, müssen aber nicht zwangsläufig einen Samba-Zugriff haben. Sie richten zunächst Systembenutzer mit dem Modul System • Benutzer und Gruppen ein. Sollen sich diese Benutzer nicht per Telnet oder Secure Shell (SSH) anmelden dürfen (also ein reiner Samba-Benutzer), kann die Systemanmeldung mit der Einstellung Keine Anmeldung erlaubt verhindert werden. Mit Samba-Mitteln wird auf Wunsch nachträglich zu einem Systembenutzer ein entsprechender Samba-Benutzer geschaffen. Der Samba-Benutzer erhält durch die Funktionalität Server • Samba – SMB/CIFS-Fileserver • Samba Benutzer und Passwörter bearbeiten außerdem ein Samba-Passwort.

Mit einem Klick auf Authentifizierung gelangen Sie zu den Passworteinstellungen (siehe Abbildung 40.9). Hier müssen Sie entscheiden, ob Samba ein verschlüsseltes Passwortverfahren verwenden soll. Ich empfehle Ihnen, diese Option aktiviert zu lassen, und beschreibe das weitere Vorgehen ausführlich. Der Nachteil dieses Sicherheitszugewinns besteht im Wesentlichen darin, dass Sie die Passwörter nach einer Konvertierung der Systembenutzer zu Samba-Benutzern einmal neu vergeben müssen. Windows verwendet die Verschlüsselung der Passwörter ab den Versionen Windows 95b, Windows 98 und Windows NT 4 Service Pack 3.

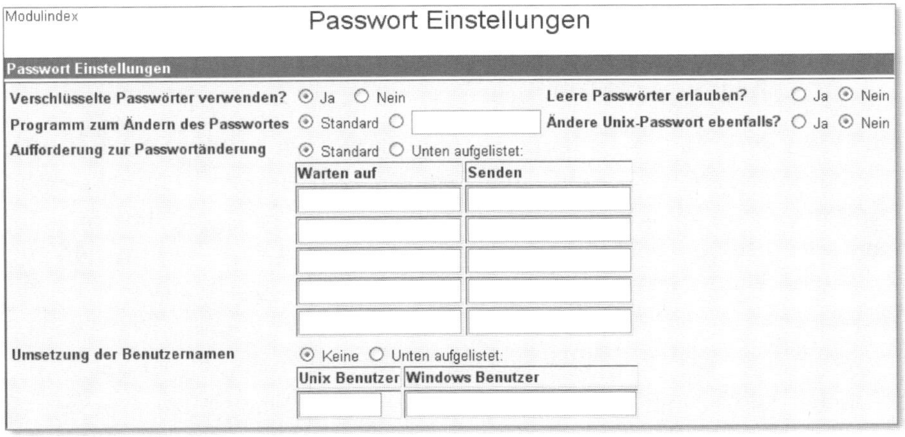

Abbildung 40.9 Verschlüsselte Passwörter sind Standard.

Sie sollten die Systembenutzer und die Samba-Benutzer möglichst synchron halten. Der Vorteil einer besseren Übersichtlichkeit liegt auf der Hand. Mit einem Klick auf Unix Benutzer zu Samba Benutzern konvertieren werden alle aktuellen Systembenutzer auch als Samba-Benutzer eingerichtet (siehe Abbildung

40.10). Dabei wird jedoch wegen der gewählten Verschlüsselung das Systempasswort nicht automatisch übernommen.

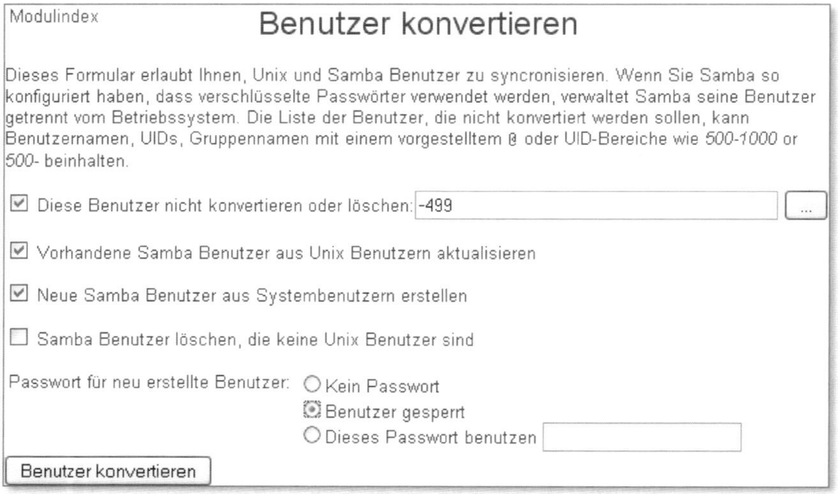

Abbildung 40.10 UNIX-Benutzer zu Samba-Benutzern konvertieren

[!] Sie sollten sich natürlich auch Gedanken über die Sicherheit machen und deshalb beim Passwort für neu erstellte Benutzer die Auswahl BENUTZER GESPERRT treffen. Anderenfalls kann sich ein Fremder mit einem ihm bekannten Benutzernamen ohne Passwortabfrage über Samba am System anmelden.

Mit einem Klick auf SAMBA BENUTZER UND PASSWÖRTER BEARBEITEN könnten Sie einen auf diese Weise konvertierten Benutzer aktivieren und Ihm ein Samba-Passwort geben. Wenn Sie ein gemeinsames Passwort für den System- und den Samba-Benutzer vergeben möchten, sollten Sie zunächst die im Folgenden beschriebene Benutzersynchronisation einstellen und danach mit dem Modul SYSTEM • BENUTZER UND GRUPPEN ein einheitliches Passwort für beide vergeben. Der Samba-Benutzer wird durch diesen Schritt aktiviert.

Sie sollten den Webmin jetzt so einstellen, dass eine Aktion bei einem Systembenutzer mit dem Modul SYSTEM • BENUTZER UND GRUPPEN automatisch auch eine Änderung des entsprechenden Samba-Benutzers mit sich bringt. Hierzu bedienen Sie sich des Links AUTOMATISCHE UNIX UND SAMBA BENUTZER SYNCHRONISATION KONFIGURIEREN (siehe Abbildung 40.11). Sollten Sie einen Systembenutzer mit dem Webmin anlegen oder vom System entfernen, dann passiert Entsprechendes automatisch mit dem Samba-Benutzer. Falls Sie andere Tools für die Benutzerverwaltung verwenden (z. B. den YaST2 von SUSE), greift dieser Mechanismus nicht.

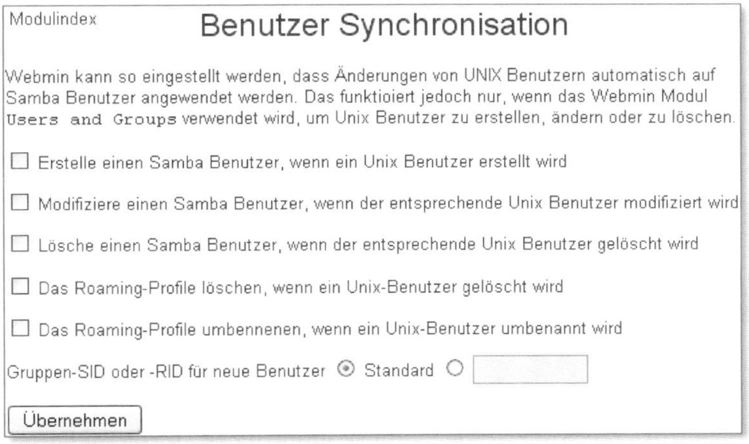

Abbildung 40.11 Automatischer Abgleich der Benutzer

Freigaben

Jeder Benutzer kann nun bereits sein Heimatverzeichnis als Freigabe des Netzwerkservers an seinen PC anbinden. Er kann dort Dateien anlegen, modifizieren und löschen. Ich vermute, diese Freigabe wird Ihnen noch nicht genügen. Denn momentan kann ein Benutzer zwar sein Heimatverzeichnis nutzen, wirklich reizvoll wird Samba aber erst bei einer gemeinsamen Zugriffsmöglichkeit von zwei und mehr Benutzern auf eine Freigabe. Wie eine solche Freigabe den Benutzern bereitgestellt wird, möchte ich mit einem kleinen Beispiel veranschaulichen.

Die Benutzer klaus und marie sind bereits Samba-Benutzer und nutzen von Ihren **[zB]**
Windows-PCs aus alle Vorzüge der Freigabe ihrer Heimatverzeichnisse. Da die beiden beim Arbeiten gerne Musik hören, möchten sie nun zusätzlich eine Freigabe mit dem Namen `mp3` erstellen. Auf diese soll von allen Benutzern im Netzwerk aus lesend zugegriffen werden können. Klaus soll außerdem neue Musikdateien hinzufügen und alte löschen können.

Die Freigabe wird durch einen Klick auf NEUE DATEIFREIGABE ERSTELLEN möglich (siehe Abbildung 40.12). Sie bestimmen den Freigabenamen und legen das Verzeichnis */daten/musik* für die Freigabe fest. Mit der Auswahl VERZEICHNIS AUTOMATISCH ERZEUGEN wird das freizugebende Verzeichnis vom Webmin erstellt, falls es noch nicht vorhanden ist. Das funktioniert allerdings nur, wenn das übergeordnete Verzeichnis, also in diesem Fall das Verzeichnis */daten*, bereits existiert. Dieses Verzeichnis erstellen Sie bei Bedarf z. B. mit dem Webmin über SONSTIGES • DATEIMANAGER. Im Dateimanager des Webmin öffnet ein Klick auf das von Windows bekannte Ordnersymbol mit der Unterschrift NEU einen Dialog, mit dessen Hilfe Sie ein neues Verzeichnis anlegen können.

Abbildung 40.12 Verzeichnisse mit Samba freigeben

Die Berechtigungen bei Samba-Freigaben sind eine mögliche Fehlerquelle. An zwei unabhängigen Stellen wird überprüft, ob der Nutzer einer Dateifreigabe Zugriff auf die Daten nehmen darf. Zunächst entscheidet Samba, welche Rechte ein Benutzer besitzt. Hinzu kommen die Mechanismen des Betriebssystems, die zusätzlich jeden Schreib- und Lesezugriff überwachen. Ich habe mich in meinem Beispiel für eine sehr einfache Konfiguration der Rechte entschieden. Zur Demonstration der Funktionalität ist das ausreichend; für einen professionellen Einsatz würden Sie sich um die Sicherheit sicherlich mehr Gedanken machen müssen.

Linux-Rechte

Klaus möchte nicht, dass andere Benutzer der Freigabe seine Musikstücke löschen können oder neue dort ablegen können. Deshalb wählt er sich selbst als Erzeuger und damit auch als Besitzer des neu anzulegenden Verzeichnisses aus. Danach wählt er als UNIX-Gruppe für die Freigabe die Standardgruppe für alle Systembenutzer, `users`, aus. Über den Eintrag in das Feld Create with Permissions wird festgelegt, wer welche UNIX-Rechte in dem Verzeichnis besitzt. Dabei bestimmen die drei Zahlen von links nach rechts gelesen die Berechtigungen für den Benutzer selbst, die Gruppe und schließlich alle anderen.

Jede dieser drei Zahlen ist eine Summe, die sich so zusammensetzt:

- 4 = Leserechte
- 2 = Schreibrechte
- 1 = Ausführungsrechte für Dateien. Bei Verzeichnissen darf in das Verzeichnis gewechselt werden.

Durch die Auswahl `750` bestimmt Klaus den Vollzugriff für sich selbst und den Lesezugriff für die Gruppe. Alle anderen haben keinerlei UNIX-Zugriffsrechte.

Wenn der Benutzer klaus neue Verzeichnisse für Musikdateien unterhalb von */daten/musik* anlegt, sollten auch diese den Zugriff der anderen Benutzer erlauben. Ein Klick auf die neue Freigabe MP3 lässt sie zunächst die Freigabedetails einsehen. Die Standardvorgaben für über Samba neu angelegte Dateien und Verzeichnisse sind über den Link DATEIBERECHTIGUNGEN einsehbar (siehe Abbildung 40.13). Die Auswahl `640` für den UNIX DATEIMODUS und `750` für den UNIX VERZEICHNISMODUS gewährt den entsprechenden Zugriff für Klaus und seine Gruppe.

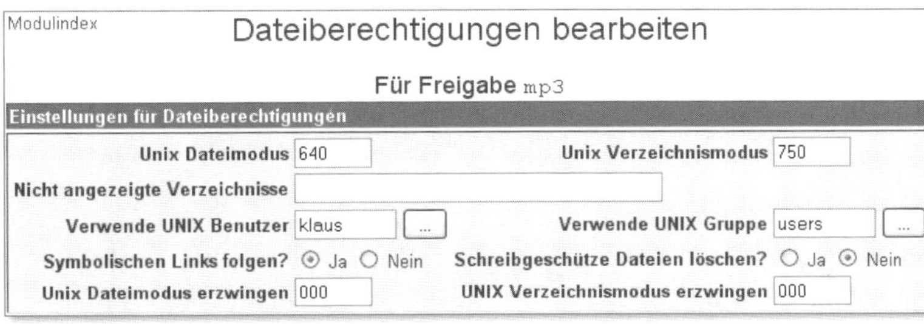

Abbildung 40.13 Vorgaben für neue Dateien und Verzeichnisse

Samba-Berechtigungen

Mit dem Link SICHERHEIT UND ZUGRIFFSKONTROLLE richten Sie die gewünschten Zugriffsmöglichkeiten auf die Samba-Freigabe ein (siehe Abbildung 40.14).

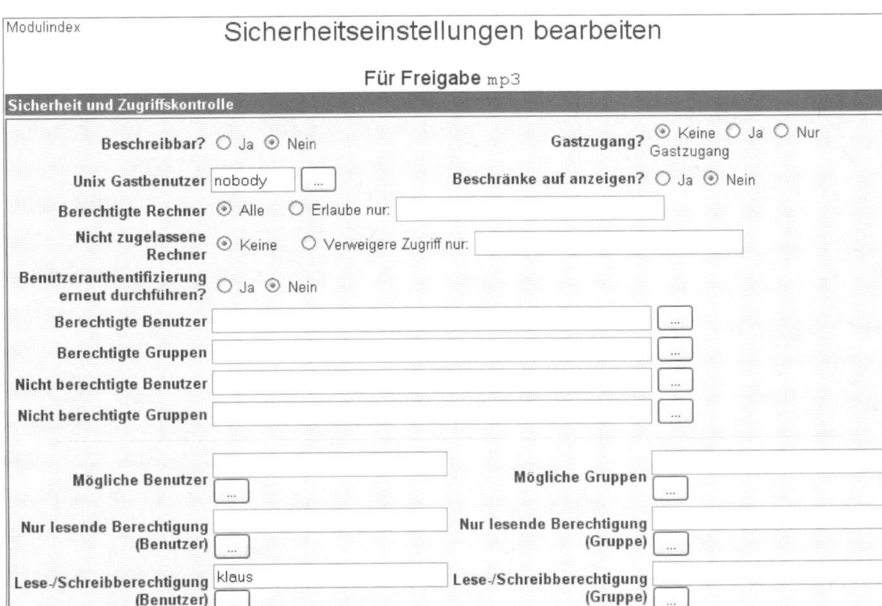

Abbildung 40.14 Sicherheitseinstellungen für die Samba-Freigabe

Standardmäßig haben alle Benutzer nur Leseberechtigung. Der Benutzer klaus bekommt nun zusätzlich das Schreibrecht. Aus der Auswahl, die bei einem Klick auf die drei Punkte bei LESE-/SCHREIBBERECHTIGUNG (BENUTZER) erscheint, könnten neben `klaus` natürlich auch noch andere Benutzer ausgewählt werden. Alternativ können Sie mit der Option BESCHREIBBAR allen Samba-Benutzern einen Schreibzugriff gewähren.

40.6.2 Windows als Client

Was nutzt Ihnen schon die schönste Samba-Freigabe auf Ihrem Netzwerkserver, wenn sie keiner in Anspruch nimmt? In diesem Abschnitt möchte ich beschreiben, wie Sie Windows-PCs als Samba-Client an den Netzwerkserver anhängen.

[!] Es ist möglich, dass Ihr Server eine neuere Samba-Version hat als der Client und andersherum. Das ist grundsätzlich kein Problem. Der Mechanismus funktioniert so: Server und Client verständigen sich auf den größten gemeinsamen Nenner. Meiner Erfahrung nach funktioniert das reibungslos, solange die Anforderungen rudimentärer Natur sind. Sollten Sie einmal mehr Samba-Funktionalität als die einfache Dateifreigabe nutzen, dann rate ich Ihnen, immer eine entsprechend aktuelle Samba-Version einzusetzen. Ein Windows XP-Rechner wird im Zusammenspiel mit einem Samba 2.2 Fehler erzeugen, die mit einem Samba 3.0 nicht auftreten.

Einfacher Zugriff

Wenn Sie nur kurz auf die Freigabe zugreifen möchten, geben Sie unter START • AUSFÜHREN... den Freigabenamen in dieser Form `\\<Server-Name>\<Freigabe>` an. Sie werden gegebenenfalls nach einem gültigen Samba-Benutzernamen und dem dazugehörigen Passwort gefragt. Bei erfolgreicher Authentifizierung öffnet sich ein Fenster, das Sie wie unter Windows gewohnt für den Datenaustausch nutzen können.

Netzlaufwerke

Sie möchten vermutlich häufiger auf die Freigabe des Netzwerkservers zugreifen, aber nicht jedes Mal einen so großen Aufwand treiben. Sie sollten daher ein Netzlaufwerk einrichten. Beim Einbinden des Netzlaufwerks können Sie bestimmen, ob beim nächsten Start die Verbindung wiederhergestellt werden soll. Windows bietet Ihnen diese Funktionalität gleich an drei verschiedenen Stellen an. Sie erhalten die Möglichkeit im Kontextmenü durch einen Klick mit der rechten Maustaste auf den WINDOWS-ARBEITSPLATZ oder auf die NETZWERKUMGEBUNG. Wenn Ihnen das noch nicht reicht, können Sie auch im Windows-Explorer unter EXTRAS • NETZLAUFWERK VERBINDEN... zum gleichen Ziel gelangen. Ein Netzlaufwerk bekommt genauso wie ein lokales Laufwerk einen Laufwerksbuchstaben, z. B. z:\. Sie können bequem Ihre Dokumente auf das Laufwerk z:\ und damit letztlich auf dem Netzwerkserver speichern.

40.6.3 Linux als Client

Immer häufiger kommt auch zu Hause auf dem Desktop ein Linux-Betriebssystem zum Einsatz. Leistungsstarke Office-Produkte wie OpenOffice sind für viele Anwender Anreiz genug, diese Lösung dem lizenzpflichtigen Microsoft Office vorzuziehen. Und wenn schon OpenOffice als Anwendung, warum dann nicht auch Linux als Betriebssystem? Natürlich sollen alle Textdateien sowohl bei der Arbeit mit Microsoft als auch bei der Arbeit mit einem Linux-PC zur Verfügung stehen. In diesem Fall verwenden Sie Linux als Samba-Client.

Konqueror

Ein sehr mächtiges Linux-Werkzeug kann aus der KDE heraus mit einem Klick auf die Weltkugel gestartet werden: der Konqueror. Er dient sowohl als Webbrowser als auch als Dateisystembrowser. Es hängt lediglich davon ab, was in der Adresszeile des Konquerors eingetragen wird. Mit `file:/` erhalten Sie Zugriff auf das Dateisystem, mit *http://<URL>* können Sie im LAN oder im Internet surfen und mit `smb://<Server>/<Freigabe>` nutzen Sie den eingebauten Samba-Client (siehe Abbildung 40.15).

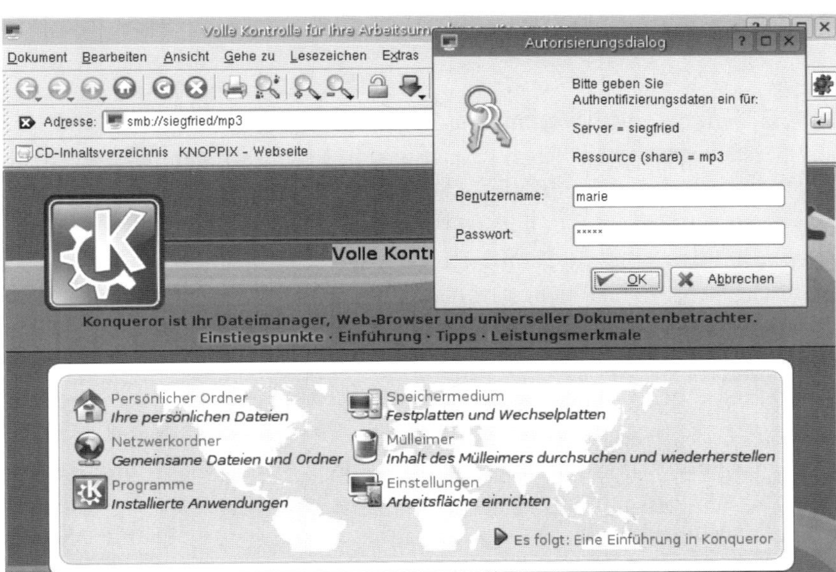

Abbildung 40.15 Konqueror als Samba-Client

Der einzige Nachteil besteht darin, dass die Freigabe nicht als Filesystem eingehängt ist, sondern nur über den Konqueror einsehbar ist. Das Ablegen von OpenOffice-Dokumenten ist also nur über Umwege möglich. Für viele kleinere Anwendungen sollte das allerdings völlig ausreichen.

Samba-Filesystem

Filesysteme einzuhängen – egal ob lokal oder über das Netzwerk – ist unter Linux grundsätzlich Sache des Benutzers root. Falls Sie nicht mit dem vi arbeiten möchten, empfehle ich Ihnen, zuerst den Webmin auf dem Linux-PC zu installieren. Danach können Sie den benötigten Mountpoint auf der Kommandozeile mit `mkdir -p <Verzeichnis-Name>` oder mit dem Webmin-Modul SONSTIGES • DATEI-MANAGER leicht erstellen.

[zB] Im folgenden Beispiel möchte Marie an ihrem Linux-PC auf die Samba-Freigabe mp3 des Netzwerkservers zugreifen. Dazu hat sie sich auf ihrem Linux-PC als Benutzer root angemeldet und legt zunächst einen Mountpoint an:

```
mkdir -p /mnt/musik
```

Im nächsten Schritt hängt sie die Netzwerkfreigabe in ihr lokales Dateisystem ein:

```
mount -t smbfs -o username=marie,password=<Samba-Passwort>
//<Server-Name>/mp3 /mnt/musik
```

Nachdem Marie nun die Daten aus der Freigabe nicht mehr benötigt, hängt sie die Freigabe wieder aus:

```
umount /mnt/musik
```

Dieses Verfahren hat zwei wesentliche Nachteile. Es ist kompliziert und die Linux-Benutzerin marie[3] benötigt regelmäßig root-Rechte. Es geht aber auch anders. Der Benutzer root gibt mithilfe des Webmin-Moduls SYSTEM • LOKALE UND NETZWERK-DATEISYSTEME der Benutzerin marie die Möglichkeit, ohne weitere Hilfe eines Administrators die Samba-Freigabe selbstständig einzuhängen. Dazu wählen Sie COMMON INTERNET FILESYSTEM (CIFS) und klicken auf FÜGE MOUNT HINZU. Im nun folgenden Dialog wählen Sie zunächst einen Mountpoint im Heimatverzeichnis der Benutzerin marie, z. B. */home/marie/jazz*. Sie wählen SPEICHERN, um einen Eintrag in der Datei */etc/fstab* zu erzeugen. Treffen Sie die Auswahl NICHT MOUNTEN, denn der Zugriff auf die Freigabe soll später von der Benutzerin marie initiiert werden. Die Informationen SERVER-NAME und FREIGABENAME werden selbstverständlich benötigt. Entscheidend ist die Auswahl der Option ERLAUBE BENUTZERN DAS MOUNTEN DES DATEISYSTEMS. Damit gewährt

3 Den Linux-Benutzer habe ich kleingeschrieben, die Person jedoch groß.

root auch anderen Benutzern, genau diesen Mount in seinem Namen auszuführen (siehe Abbildung 40.16).

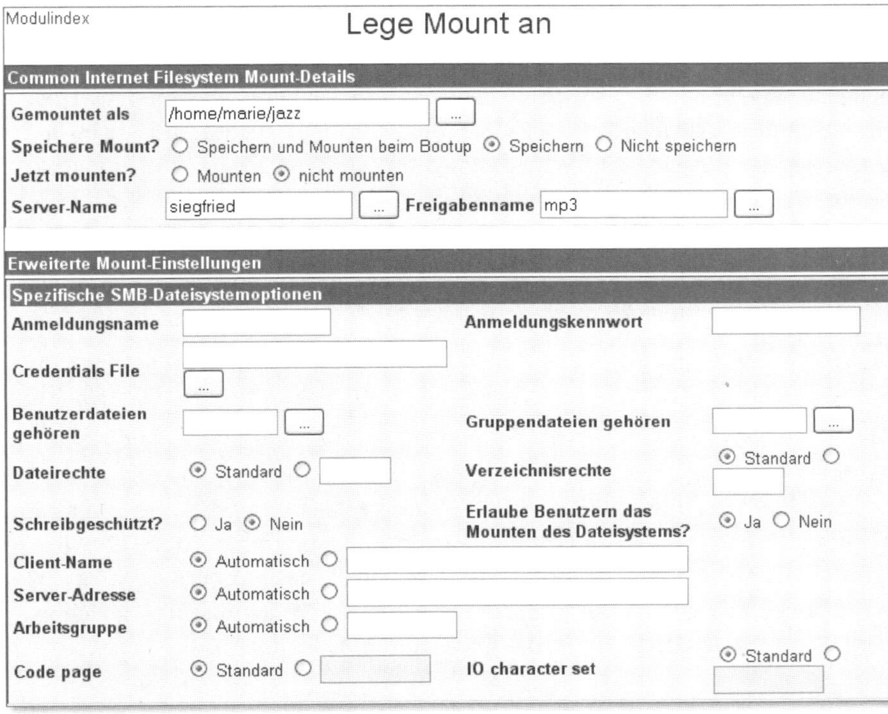

Abbildung 40.16 Linux-Client-Einstellungen für Samba

Den automatisch vom Webmin angelegten Mountpoint kann die Benutzerin marie so einfach nicht nutzen. Das Verzeichnis gehört noch dem Benutzer root. Um das Verzeichnis an marie zu verschenken, führt root folgendes Kommando aus:

```
chown marie:users /home/marie/jazz
```

Befindet sich die Benutzerin marie nun in ihrem Heimatverzeichnis */home/marie*, dann kann sie auf die Netzwerkfreigabe mp3 mit dem Kommando `mount jazz` zugreifen. Mit dem Samba-Passwort der Samba-Benutzerin marie authentifiziert sie sich gegenüber dem Netzwerkserver.

Jetzt haben Sie mit dem Webmin einem Nicht-root-Benutzer die Möglichkeit geschaffen, auf Samba-Freigaben zuzugreifen. Wenn Sie mit einem UNIX-Editor vertraut sind, können Sie aber auch einfach eine einzelne Zeile an die Datei */etc/fstab* anhängen, um dasselbe Ergebnis zu erzielen:

```
//siegfried/mp3  /home/marie/jazz  smbfs  user,noauto  0  0
```

Den Editor müssen Sie wegen eines Fehlers im Webmin auch immer dann verwenden, wenn Sie auf dem gleichen Linux-PC dieselbe Samba-Freigabe für zwei unterschiedliche Benutzer in der Datei */etc/fstab* einrichten möchten.

[!] Vielleicht fragen Sie sich, warum ich den Mount für die Freigabe mp3 nicht gleich mit der Option SPEICHERN UND MOUNTEN BEIM BOOTUP ausführen lasse? Um das zu tun, müsste ich einen ANMELDUNGSNAMEN und ein ANMELDUNGSKENNWORT speichern. Dieses möchte ich möglichst umgehen. Das Kennwort würde wie der Name in Klarschrift in der Datei */etc/fstab* stehen. Aus diesem Grund sollten Sie genau abwägen, ob Sie auf den Komfort des Mountens von Samba-Freigaben beim Boot verzichten und dafür lieber einmal häufiger das Samba-Passwort eintippen oder ob Sie dies nicht tun.

[»] Natürlich können Sie mit einem Linux-Client über Samba auch auf eine Dateifreigabe eines Windows-PCs zugreifen.

Wenn Sie von Mac OS X auf die Freigabe zugreifen möchten, dann können Sie zunächst über die Funktion GEHE ZU • MIT SERVER VERBINDEN die Verbindung aufbauen. Für die automatische Einbindung von Freigaben unter Mac OS X gibt es mehrere Möglichkeiten. Die einfachste Möglichkeit besteht darin, das Passwort im Schlüsselbund zu sichern und die Freigabe den STARTOBJEKTEN beziehungsweise ANMELDEOBJEKTEN unter Mac OS X 10.6 hinzuzufügen.

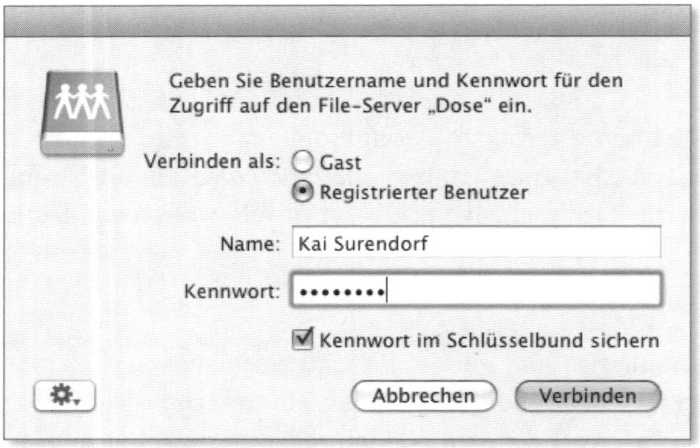

Abbildung 40.17 Das Kennwort kann im Schlüsselbund gesichert werden.

Wenn Sie die Verbindung aufnehmen und nach dem Namen und Passwort gefragt werden, können Sie die Option KENNWORT IM SCHLÜSSELBUND SICHERN aktivieren. Anschließend werden Sie nicht mehr nach dem Passwort für diesen Server gefragt.

Der zweite Schritt besteht darin, die eingebundene Freigabe den Anmelde-/Startobjekten des Benutzerkontos hinzuzufügen. In den SYSTEMEINSTELLUNGEN in der Ansicht BENUTZER können Sie Ihr Benutzerkonto auswählen und dann in die Ansicht STARTOBJEKTE bzw. ANMELDEOBJEKTE wechseln. Dort können Sie über das Pluszeichen ein weiteres Objekt, das sofort nach der Anmeldung mit diesem Benutzerkonto geöffnet wird, hinzufügen. Die eingebundenen Freigaben finden Sie auf der obersten Ebene in dem Panel zur Auswahl einer Datei, die Ihrem Computer entspricht. In Abbildung 40.18 ist dies die Freigabe DOSENDATEIEN. Wenn Sie diese Freigabe den Startobjekten Ihres Benutzerkontos hinzufügen, dann wird die Freigabe nach jeder Anmeldung automatisch eingebunden und dabei auf das im Schlüsselbund gesicherte Passwort zurückgegriffen.

Abbildung 40.18 Die Freigabe wird den Startobjekten des Benutzerkontos hinzugefügt.

40.6.4 Windows und Mac OS X als Server

Eine Beschreibung von Freigaben unter Windows-Betriebssystemen befindet sich in Abschnitt 24.5, »Drucker- und Dateifreigaben«, und die Konfiguration des in Mac OS X enthaltenen Samba-Servers wird in Abschnitt 26.7, »Samba unter Mac OS X konfigurieren«, besprochen. Da diese thematisch mit dem Netzwerkserver nur indirekt zu tun hat, soll an dieser Stelle auch dieser kurze Verweis auf den entsprechenden Abschnitt genügen.

40.7 Drucken im Netzwerk

Ziel dieses Abschnitts ist es, den Benutzern einen zentralen Druckserver im Netzwerk anzubieten. Nicht an jedem Computer gibt es einen Drucker, von besonderen Modellen wie einem Farbdrucker ganz zu schweigen. Jeder Benutzer kann mit dem Druckserver bequem von seinem Arbeitsplatz aus auf einem entfernten Drucker seine Dokumente aufs Papier bringen. Sollte der Drucker kurzzeitig nicht verfügbar sein, weil er z. B. gar nicht eingeschaltet ist, dann speichert der Netzwerkserver die Daten so lange, bis der Drucker den Auftrag annehmen kann.

Hier setzen Drucksysteme an. Sie stellen im Netzwerk Druckerwarteschlangen (engl. *queues*) zur Verfügung, in die Clients Druckaufträge einreihen können. Aufträge werden zunächst gespeichert und nacheinander zum Drucker gesendet. Dieses Verfahren bezeichnet man auch als Drucker-Spooling.

Für die UNIX-Welt allgemein existieren mehrere Drucksysteme. Es gibt z. B. den Berkeley Line Printer Daemon (lpd) sowie das AT&T Line Printer System. Aktuell wird häufig das *Common UNIX Printing System* (CUPS) installiert. Dieses Printing System unterstützt das moderne IPP und bietet gleichzeitig bei Bedarf die gewohnten Kommandozeilentools älterer Drucksysteme.[4] CUPS wurde von Easy Software Products entwickelt und mittlerweile von Apple aufgekauft. Das Projekt steht weiterhin unter der GPL.

[»] Samba bietet eine Schnittstelle für Druckaufträge zu einem Printing System. Damit baut man eine unnötige Schicht in das ohnehin komplizierte netzwerkbasierende Drucken ein. Das Drucken funktioniert, allerdings ist die Einrichtung der richtigen PostScript-Treiber nicht gerade einfach. Die automatische Treiber-Installation über eine Samba-Freigabe ist möglich, allerdings für kleinere Netzwerke wenig lohnend. Ich empfehle daher ein moderneres Verfahren, das sich bereits vielerorts durchgesetzt hat.

Das *Internet Printing Protocol* (IPP) basiert auf dem Hyper Text Transfer Protocol (HTTP). Die Protokolle sind eng verwandt, nur werden mit dem IPP anstelle des Inhalts von Internetseiten Druckdaten transportiert. CUPS nutzt damit ein Protokoll, das sich als Standard für alle Betriebssysteme durchsetzen könnte. Samba wird nicht benötigt, da auch Windows 2000, XP und Vista das Internet Printing Protocol kennen.

---

4 System V und BSD Printing haben hier bereits früh Standards gesetzt.

40.7.1 Drucker am Server einrichten

Der Webmin liefert mit dem Modul HARDWARE • DRUCKERVERWALTUNG eine Administrationsoberfläche für CUPS und andere Drucksysteme.

Um CUPS einen Drucker bekannt zu machen, klicken Sie auf EINEN NEUEN DRUCKER HINZUFÜGEN. Sie geben dem Drucker einen Namen, der nicht zu kompliziert sein sollte. Verzichten Sie außerdem auf Leerzeichen und Sonderzeichen! Diese können Sie bei der Beschreibung allerdings verwenden, denn sie sind nur zur Information der Benutzer gedacht.

Im nächsten Schritt wählen Sie die Anschlussart des Druckers aus. Es gibt theoretisch die Möglichkeit, einen Drucker lokal an einem lokalen Port anzuschließen. Da siegfried3 eine virtuelle Maschine ist, verzichte ich auf diese Beschreibung. Doch das Drucken auf einem anderen Netzwerkdrucker kann hier eingestellt werden. Hier wird z. B. das HP JetDirect Format unterstützt. Dieses Format liefert Druckaufträge unmittelbar an einen Netzwerkdrucker, der selbst eine IP-Adresse besitzt und am Port 9100 nach Aufträgen lauscht. Außerdem könnten Sie hier einen anderen IPP-Drucker auswählen. Eine weitere nützliche Option ist das Drucken auf einen freigegebenen Drucker an einem Windows-PC. Natürlich wäre auch ein direktes Drucken ohne Umweg über den Netzwerkserver möglich, Sie müssen sich dann aber immer darum kümmern, ob der PC und der Drucker auch eingeschaltet sind. Aus der Druckerwarteschlange auf dem Netzwerkserver wird gedruckt, wenn der Drucker wieder verfügbar ist. Im nächsten Schritt fragt CUPS Sie nach der genauen Konfiguration des Anschlusses. Hier kommt es nun darauf an, welchen Geräteanschluss Sie gewählt haben.

In diesem Beispiel ist Ihr Drucker an einem Windows-PC angeschlossen und über Samba mit dem Namen `Farbdrucker` freigegeben. **[zB]**

Für diesen Netzwerkdrucker muss der Webmin für Sie zunächst eine Geräte-URI zusammenbauen. Hier muss er – je nachdem, wie der PC eingerichtet ist – die allgemeine Form für den Zugriff auf Samba-Freigaben einhalten:

- smb://<PC>/<Name>
- smb://<Arbeitsgruppe>/<PC>/<Name>
- smb://<Benutzer>:<Passwort>@<PC>/<Name>
- smb://<Benutzer>:<Passwort>@<Arbeitsgruppe>/<PC>/<Name>

Da diese Form recht gewöhnungsbedürftig ist, fragt der Webmin die möglichen Eingaben einzeln ab. Der Drucker ist anschließend fertig eingerichtet (siehe Abbildung 40.19).

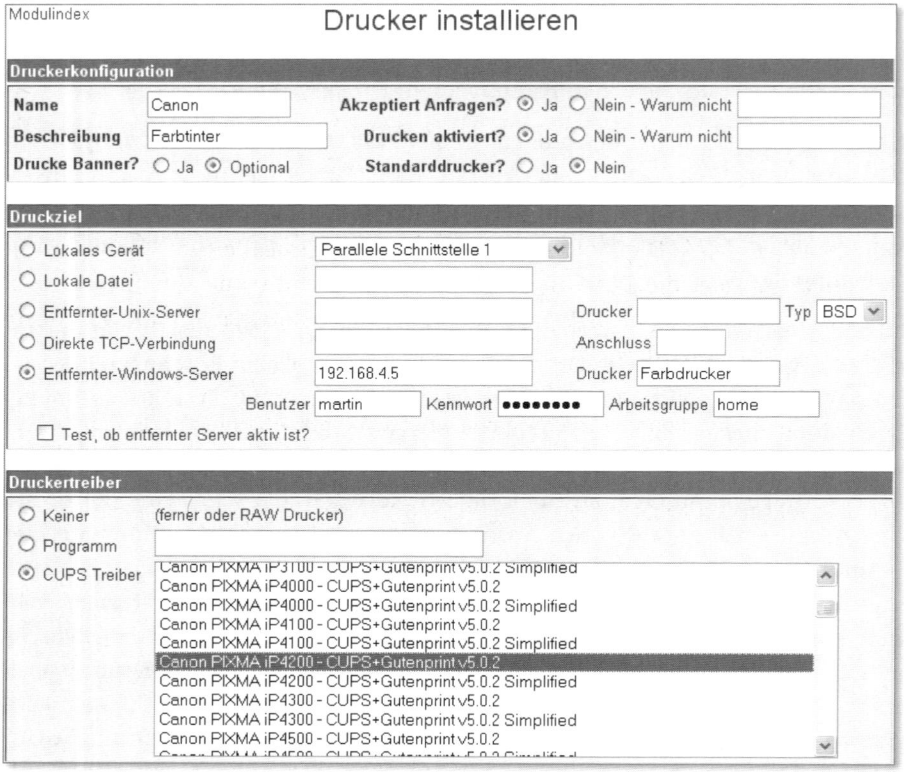

Abbildung 40.19 Ein neuer Netzwerkdrucker entsteht.

[!] Das eingegebene Passwort wird in Klarschrift in einer Datei der Druckerkonfiguration hinterlegt.

Sie können den eingerichteten Drucker direkt mit dem Browser testen und über *http://siegfried:631/printers/Canon* auf den CUPS-Druckdialog zugreifen. Mit einem Klick auf TESTSEITE DRUCKEN erfahren Sie zuverlässig, ob der Drucker korrekt eingerichtet wurde.

40.7.2 PDF-Drucker

[o] PDF ist ein Format, mit dem man Dokumente plattformunabhängig austauschen kann. Sie können unter Windows mit der kostenlosen Software FreePDF arbeiten. Diese Lösung ist allerdings nicht netzwerkfähig. Mit einem PDF-Netzwerkdrucker legen Sie die Dokumente auf dem Netzwerkserver ab und können dann z. B. über eine Samba-Freigabe darauf zugreifen.

Ich habe mich für ein Projekt namens cups-pdf entschieden. Die aktuellen Quellen der unter der GPL stehenden Software sind im Internet auf der Seite *http://cip.physik.uni-wuerzburg.de/~vrbehr/cups-pdf* zu finden.

Auf dem Server siegfried ist cups-pdf bereits installiert. Die Installationsdatei finden Sie auf der DVD im Verzeichnis */software/sonstiges*. **[o]**

Ausdrucke über diesen Drucker landen als Datei in einem Unterverzeichnis von */var/spool/cups-pdf/*. Die Software versucht, den Druck einem Benutzer zuzuordnen und legt die Datei in einem Unterverzeichnis mit diesem Benutzernamen ab. Gelingt dies nicht, landen die PDF-Dateien automatisch im Verzeichnis */var/spool/cups-pdf/ANONYMOUS*.

Diese Verzeichnisse können Sie per Samba freigeben (siehe Abschnitt 40.6, »Samba als Fileserver«). Oder Sie nutzen einfach die von mir eingerichtete Freigabe pdf. Damit kann jeder Benutzer schnell und leicht auf seine frisch erzeugten PDF-Dokumente zugreifen. Für das Verzeichnis ANONYMOUS müssen Sie bei Bedarf eine zusätzliche Freigabe einrichten.

Zusätzlich werden alle PDF-Dateien als Anhang per E-Mail an den Linux-Benutzer auf dem siegfried-Server gemailt. Nicht zugeordnete Dateien landen im Postfach des Benutzers siegfried. Auf diese E-Mails können Sie mit Ihrem gewohnten E-Mail-Programm zugreifen (siehe Abschnitt 40.8, »Mailserver«). **[«]**

40.7.3 Netzwerkdrucker am Client einrichten

Die Drucker sind am Server so konfiguriert, dass die Clients den Datenstrom ohne Aufbereitung (RAW) direkt an den Netzwerkserver senden könnten. Der Client kann sich dann schnell wieder um seine eigentlichen Aufgaben anstelle der Druckaufbereitung kümmern. Es schadet allerdings auch nicht, wenn der Druck vom Client aufbereitet an den Server gesendet wird. CUPS erkennt in diesem Fall, dass ihm diese Arbeit bereits abgenommen wurde.

Windows

Auf einem Windows-Client können Sie nun über SYSTEMSTEUERUNG • DRUCKER • DRUCKER HINZUFÜGEN einen oder mehrere Netzwerkdrucker einrichten. Über die URL *http://<Netzwerk-Server>:631/printers/<Drucker>* erhalten Sie Anschluss an die Netzwerkdrucker.

Linux

Bei einem Linux-Client können Sie über dieselbe URL wie bei einem Windows-PC auf den Netzwerkdrucker zugreifen. Sie müssen lediglich am Client für den neuen Drucker im CUPS das Internet Printing Protocol (http) auswählen.

Mac OS X

Zunächst können Sie sich unter Mac OS X auch im Browser über den URL *http://lcoalhost:631* der gleichen Oberfläche bedienen, die Ihnen auch unter Linux zur Verfügung steht. Alternativ können Sie auch in den Systemeinstellungen in der Ansicht Drucken & Faxen über das Pluszeichen einen neuen Drucker hinzufügen. In dem sich öffnenden Fenster können Sie in der Ansicht IP zunächst unter Protokoll das Internet Printing Protocol – IPP auswählen, als Adresse geben Sie die IP-Adresse oder den Namen des Servers ein und die Warteliste setzt sich analog zur Angabe unter Linux aus printers/<Drucker> zusammen. Unter Drucken mit können Sie die vom System vorgeschlagene Funktion Allgemeiner PostScript-Drucker auswählen.

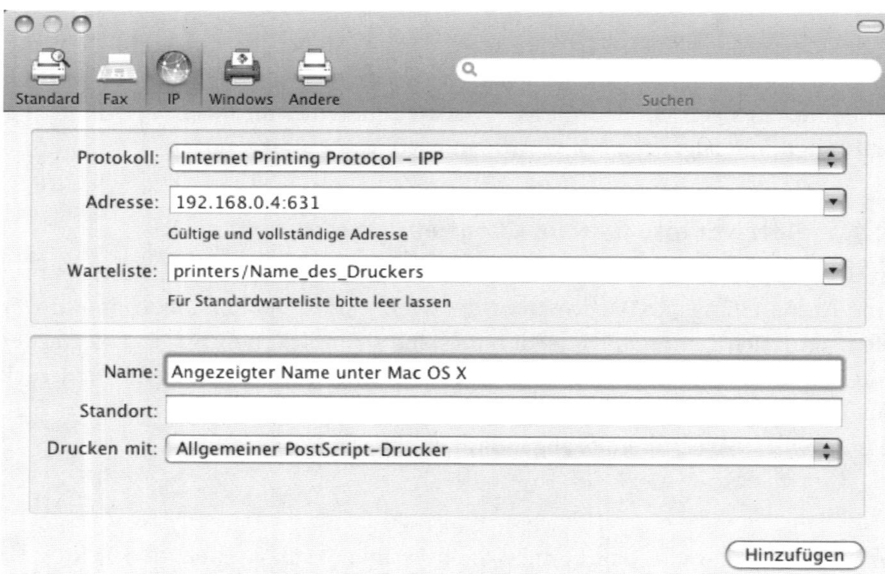

Abbildung 40.20 Der Drucker kann auch über die Systemeinstellungen hinzugefügt werden.

Druckertreiber für den PDF-Drucker

Beim Anbinden des cups-pdf-Druckers werden Sie nach einem passenden Druckertreiber gefragt. Prinzipiell können Sie hier jeden PostScript-Druckertreiber nehmen. Ich habe gute Erfahrungen mit dem HP Color Laserjet PostScript-Druckertreiber gemacht.

40.8 Mailserver

Sie möchten Mails direkt an Empfänger im Internet senden? Mails sollen zentral über den Netzwerserver im LAN versendet werden? Die Teilnehmer in Ihrem LAN sollen ihre Mails in Postfächern auf dem Netzwerkserver finden? In diesem Abschnitt werde ich Ihnen das Handwerkszeug näherbringen, das Sie dafür benötigen.

Sie brauchen dazu zunächst einen *Mail Transfer Agent* (MTA), von denen verschiedene existieren. Ich habe mich für den *Postfix* (siehe *http://www.postfix.org*) entschieden. Dieser Mailserver sieht sich selbst als modernen Ersatz für den *Sendmail*, der lange einen Standard bildete. Das Thema Mailserver ist komplex und teilweise abstrakt. Ich beschränke mich darauf, Ihnen alle Funktionen des Servers grundlegend vorzustellen und zu erläutern. Sie werden jedoch schnell erkennen, dass der Postfix noch unzählig mehr Möglichkeiten bietet. Welche Sie davon nutzen, bleibt Ihnen überlassen.

Führen Sie die folgenden Aktionen zunächst mit einem E-Mail-Konto durch, das zum Testen geeignet ist und bei dem der Verlust von E-Mails keine schlimmen Folgen hat! Erst wenn Sie sicher sind, dass die Konfiguration funktioniert, sollten Sie echte E-Mail-Konten verwenden! [!]

40.8.1 Mails mit Postfix verschicken

Ich gehe davon aus, dass für den Netzwerkserver eine Internetanbindung konfiguriert ist. Alles Weitere erledigen Sie mit dem Webmin-Modul SERVER • POSTFIX-KONFIGURATION • ALLGEMEINE EINSTELLUNGEN. Sie müssen nur wenige Einstellungen vornehmen, und schon können Sie bereits erste Mails verschicken.

Treffen Sie zunächst bei dem Menüpunkt SENDE AUSGEHENDE MAIL DURCH HOST die Auswahl DIREKT LIEFERN.

Dann tragen Sie im Feld LOKALER INTERNET-DOMÄNENNAME Ihre LAN-Domäne (z. B. `home`) ein.

Diese wenigen Einstellungen sind bereits ausreichend (siehe Abbildung 40.21). Nach einem Klick auf SPEICHERN UND ANWENDEN können Sie die erste Mail verschicken. Öffnen Sie eine Shell, und führen Sie das folgende Kommando aus:

```
echo "HALLO WELT" | mail <email-adresse>
```

Der Empfänger erhält eine Mail von `<benutzername>@siegfried`. Eine Antwort an diese Adresse würde natürlich (noch) nicht ankommen. Suchen Sie die Mail nicht nur im Posteingang! Es ist nicht unwahrscheinlich, dass die Mail im Spam-Ordner gelandet ist.

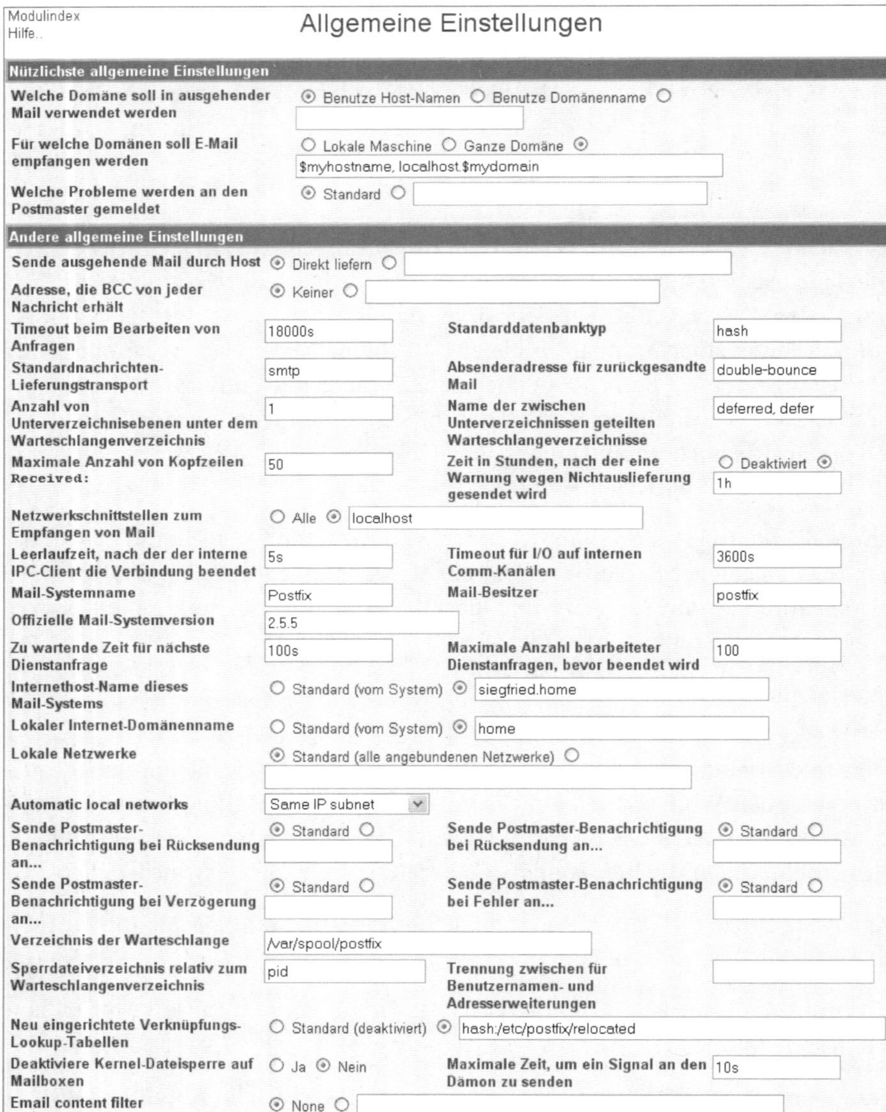

Abbildung 40.21 Allgemeine Einstellungen des Postfix

Leider ist es neuerdings noch wahrscheinlicher, dass die E-Mail von Ihrem Provider gar nicht akzeptiert wird. Die große Zahl der Spam-Mails zwingt die Mailprovider zu drastischen Schritten. Die Folgen erkennen Sie an solchen oder ähnlichen Einträgen in der Datei */var/log/mail.info*: [!]

```
Dec  3 10:26:02 siegfried postfix/
smtp[5185]: connect to mx0.gmx.de[213.165.64.100]: server refused to
talk to me: 554-{mx070} Your address is listed as dynamic on SORBS
(dul.dnsbl.sorbs.net)  554 We are currently not accepting
connections from such hosts.   (port 25)
```

Wie Sie trotzdem E-Mails an diesen und andere Mailserver im Internet verschicken können, erfahren Sie in Abschnitt 40.8.3, »Mails mit Postfix über einen Provider verschicken«.

Der Hostanteil, den ein Empfänger in Ihrer E-Mail-Adresse sieht, wird in der Datei */etc/mailname* bestimmt. [«]

40.8.2 Mails mit Postfix empfangen

Sie haben zwei Möglichkeiten, Mails aus dem Internet zu empfangen:

- Sie haben eine mittels dynamischem DNS ständig aktualisierte Adresse im Internet und richten den Server als selbstständige Maildomain ein.
- Sie machen sich davon unabhängig und nutzen ein bestehendes Mailkonto im Internet, z. B. bei einem Freemailer.

Wenn Sie die IP-Adresse Ihres Routers per dynamischem DNS im Internet ständig aktualisieren, dann können Sie den Netzwerkserver so konfigurieren, dass er eine E-Mail, die direkt an seine Internetadresse gerichtet ist, annimmt. Mails würden so verschickt, dass eine Antwort automatisch an die dynamische Adresse gesendet wird. Wie Sie dynamisches DNS nutzen, erfahren Sie in Kapitel 36, »DynDNS-Dienste«. [«]

Tragen Sie in der */etc/mailname* den voll qualifizierten DNS-Hostnamen ein (z. B. <hostname>.dyndns.org), unter dem Ihr Router aus dem Internet gesehen wird.

Diesen Namen fügen Sie außerdem der Liste Für welche Domänen soll email empfangen werden im Modul Server • Postfix-Konfiguration • Allgemeine Einstellungen hinzu. Hier sollten andere lokale Internet-Domänennamen (z. B. siegfried.home oder siegfried.meinedomain) zusätzlich eingetragen werden. Jetzt tragen Sie den DNS-Hostnamen noch als Internethost-Name dieses Mailsystems ein.

Überprüfen Sie außerdem, dass der Wert des Eintrags Lokale Netzwerke auf Standard (alle angebundenen Netzwerke) und der Wert des Eintrags Netz-

WERKSCHNITTSTELLEN ZUM EMPFANGEN VON MAIL auf ALLE steht! Von diesen Netzwerken wird der Postfix Mails zur Weiterleitung akzeptieren. Sie können aus Sicherheitsgründen hier später noch Einschränkungen machen.

Die Anpassungen werden mit einem Klick auf SPEICHERN UND ANWENDEN aktiv.

Schließlich richten Sie noch ein Port-Forwarding auf Ihrem DSL-Router ein. Sie müssen den Router so konfigurieren, dass er Pakete für den Port 25 (smtp) direkt an den Netzwerkserver weiterleitet.

Test

Die grundlegende Funktion des Postfix-SMTP-Servers können Sie nun überprüfen, indem Sie über eine Telnet-Verbindung aus Ihrem LAN heraus ins Internet und von dort zurück über Port 25 Ihres Routers auf den Netzwerkserver gehen (siehe Abbildung 40.22). Einige Router verkraften es allerdings nicht, eine Verbindung zu sich selbst zu verwalten. In diesem Fall können Sie nur einen Freund bitten, Ihren Mailserver über das Internet zu testen.

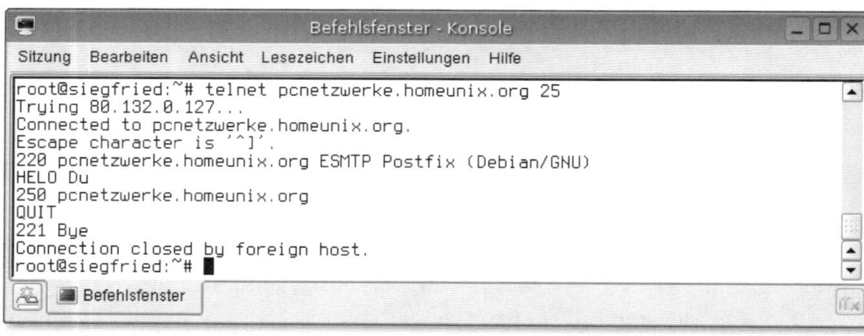

Abbildung 40.22 Postfix über das Internet testen

Der Nachteil dieses Verfahrens liegt klar auf der Hand: Wenn der Netzwerkserver oder der Router nicht eingeschaltet sind, können Sie keine E-Mails empfangen!

[!] Beachten Sie, dass der Netzwerkserver jetzt aus dem Internet sichtbar und damit theoretisch angreifbar ist! Ich rate daher von dieser Konfiguration ab. Besser geeignet ist der *Fetchmail*, den ich in Abschnitt 40.8.4, »Postfächer aus dem Internet holen«, genauer beschreibe.

Maildir-Format

Die E-Mails werden in der Standardkonfiguration vom Postfix im Verzeichnis */var/mail/<Benutzername>* oder im Verzeichnis */var/spool/mail/<Benutzername>* zwischengespeichert. In diesem Format können die Mails zwar lokal auf dem

Netzwerkserver gelesen werden, aber für die Anbindung eines E-Mail-Clients im LAN an den Courier IMAP Server[5] (siehe Abschnitt 40.8.7, »IMAP-Clients im LAN an den Server anbinden«) müssen die Mails im Maildir-Format vorliegen. Postfix kann dieses Format erzeugen. Dazu tragen Sie im Modul SERVER • POSTFIX-KONFIGURATION • LOKALE LIEFERUNG im Feld PFADNAME DER MAILBOX-DATEI RELATIV ZUM HOME-VERZEICHNIS den Wert `Maildir/` ein. Gegebenenfalls ist der Inhalt des Feldes EXTERNE BEFEHL, DER ANSTELLE LIEFERUNG AN MAILBOX BENUTZT WIRD zu löschen (siehe Abbildung 40.23). Mit dieser Einstellung landen eingehende Mails automatisch im Heimatverzeichnis des Benutzers im Unterordner *Maildir/new*. Dieses Verzeichnis wird nicht automatisch erstellt. Jeder Benutzer muss zunächst auf Shell-Ebene in seinem Heimatverzeichnis mit dem Kommando

```
maildirmake Maildir
```

ein entsprechendes Verzeichnis erstellen.

Dieses können Sie neu einzurichtenden Benutzern allerdings auch ersparen, indem Sie die Vorlage für Heimatverzeichnisse entsprechend erweitern. Dazu müssen Sie lediglich als Benutzer root das Kommando im Verzeichnis */etc/skel* ausführen. Der Inhalt dieses Verzeichnisses wird dann beim Anlegen neuer Benutzer kopiert. Bei siegfried ist dieses bereits geschehen.

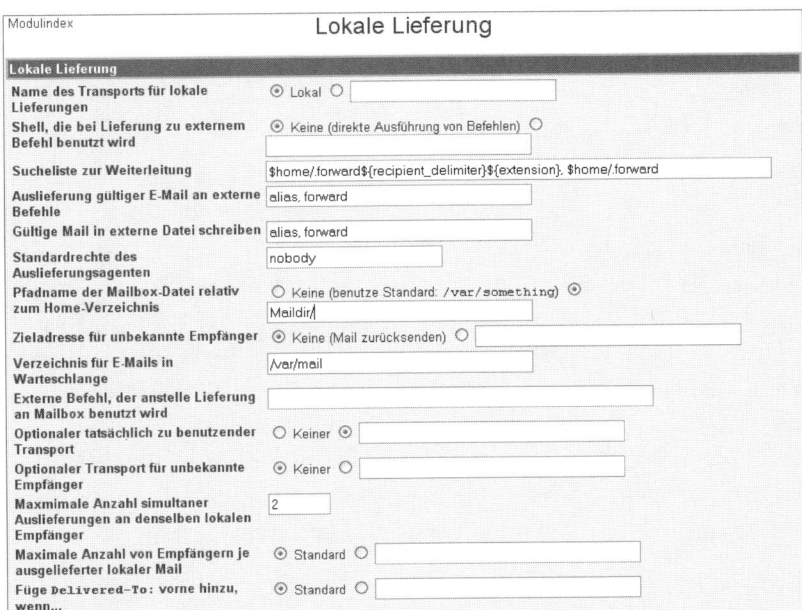

Abbildung 40.23 Eingehende E-Mails im Maildir-Format speichern

5 IMAP steht für Internet Message Access Protocol.

40.8.3 Mails mit Postfix über einen Provider verschicken

Der Postfix verschickt bereits Mails ins Internet. Deshalb werden Sie sich vielleicht fragen, welchen Sinn es hat, seine Mails über einen Mailprovider zu versenden. Zum einen ist der Mailprovider rund um die Uhr erreichbar. Zum anderen sortieren viele Mailprovider die Post in »gute« und in »schlechte« Post (Spam). Die Chance, in einem Spam-Ordner zu landen, ist beim Versenden über einen vertrauenswürdigen Provider viel geringer. Gegenüber dem Server im Internet müssen Sie sich mit Benutzernamen und Kennwort authentifizieren.

Authentifizierung

In meinem Beispiel verwende ich die SMTP-AUTH-Authentifizierung. Um herauszubekommen, ob ein Provider diesen Mechanismus unterstützt, bietet sich ein `telnet` auf den Port `25` (smtp) des entsprechenden Providers an (siehe Abbildung 40.24). Das Schlüsselwort `EHLO` in Verbindung mit meinem Mailserver-Namen `pcnetzwerke.homeunix.org` fordert die Liste an. Die Auskunft besagt, dass mein Mailprovider `SMTP-AUTH` mit den Verfahren `LOGIN` und `PLAIN` unterstützt.

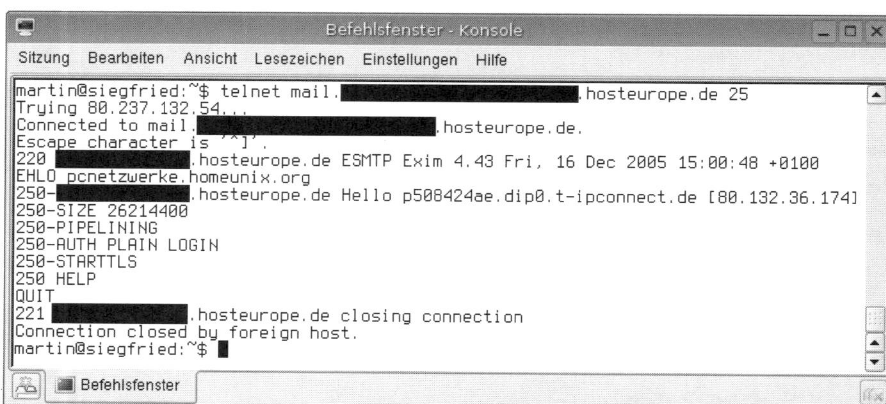

Abbildung 40.24 Der Provider unterstützt SMTP-AUTH.

Also können Sie den Postfix jetzt einrichten. Stellen Sie mit dem Webmin über Server • Postfix-Konfiguration • Edit Config Files sicher, dass in der Datei */etc/postfix/main.cf* die folgenden drei Zeilen enthalten sind:

```
smtp_sasl_auth_enable = yes
smtp_sasl_security_options = noanonymous
smtp_sasl_password_maps = hash:/etc/postfix/smtp_auth
```

Die untere Zeile enthält einen Verweis auf eine Datei, die alle für die Authentifizierung nötigen Informationen enthält. Die Datei */etc/postfix/smtp_auth* müssen Sie mit den Zugangsdaten Ihres Mailproviders füllen:

```
<mailprovider.host.de><benutzername>:<passwort>
```

Entsprechend sieht meine Datei */etc/postfx/smtp_auth* wie folgt aus:

```
mail.hosteurope.detest:geheim
```

Der Postfix erwartet ein bestimmtes Datenbankformat, in das die Datei noch umgewandelt werden muss. So entsteht die Datei */etc/postfix/smtp_auth.db*:

```
postmap /etc/postfix/smtp_auth
```

Zum Abschluss richten Sie den Mailserver, über den Sie versenden möchten, mit dem Webmin-Modul SERVER • POSTFIX-KONFIGURATION • ALLGEMEINE EINSTELLUNGEN noch als Relay-Host ein. Damit weisen Sie Postfix an, alle Mails außerhalb des LANs über diesen Host zu versenden (siehe Abbildung 40.25).

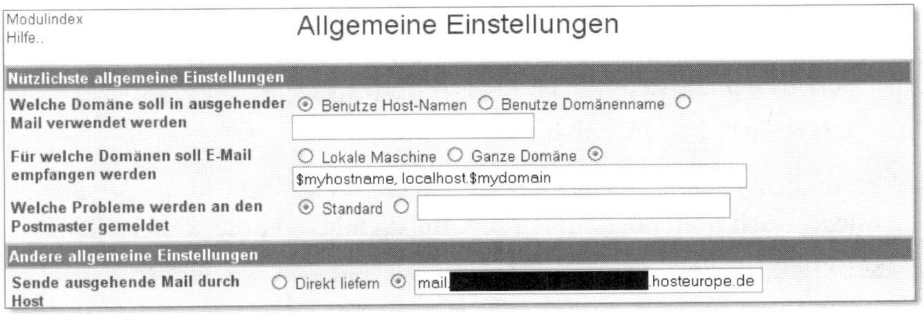

Abbildung 40.25 Der Relay-Mailserver des Postfix

Den Erfolg oder Misserfolg Ihrer Bemühungen können Sie nach dem Versenden von Testmails in der Logdatei */var/log/mail* begutachten.

40.8.4 Postfächer aus dem Internet holen

Fast jeder besitzt heute eine oder mehrere E-Mail-Adressen bei einem oder mehreren Mailprovidern. Jeder Benutzer auf dem Netzwerkserver soll die Möglichkeit haben, seine Mails bei diesen Providern abzurufen und zentral zu sammeln. Dazu dient Ihnen das Programm Fetchmail. Fetchmail holt die Mails vom Provider ab und gibt sie dann an den Postfix weiter. Der Postfix ist bereits so konfiguriert, dass er die Mails im Maildir-Format abspeichert (siehe Abschnitt 40.8.2, »Mails mit Postfix empfangen«). Der Benutzer im LAN kann also über IMAP mit seinem gewohnten Programm auf seine Mails zugreifen (siehe Abschnitt 40.8.7, »IMAP-Clients im LAN an den Server anbinden«).

.fetchmailrc

Die Konfigurationsdatei des Fetchmail liegt im Heimatverzeichnis jedes einzelnen Benutzers. Sie kann mit dem vi editiert werden, das Webmin-Modul SERVER • FETCHMAIL-KONFIGURATION bietet jedoch einen komfortablen Weg, eine solche Datei zu erzeugen. Sie wählen zuerst den Benutzer aus, für den der Fetchmail eingerichtet werden soll, und klicken dann auf HINZUFÜGEN EINES FETCHMAIL-SERVERS FÜR DEN BENUTZER.

Exkurs

Der Punkt vor dem Dateinamen gibt an, dass es sich um eine versteckte Datei handelt. Das Kommando `ls` wird diese Datei nur mit der Option `-a` auflisten.

Die weitere Konfiguration möchte ich mit einem Beispiel erläutern. Für meine Tests habe ich ein E-Mail-Konto eingerichtet.

- E-Mail-Adresse: test@pcnetzwerke.de
- Benutzername: test
- Passwort: geheim
- SMTP-Server: mail.hosteurope.de
- POP3-Server: mail.hosteurope.de

Selbstverständlich habe ich dieses Konto vor der Veröffentlichung des Buches wieder gelöscht. Ich hoffe, dass Ihnen die Angaben helfen, die weitere Konfiguration nachzuvollziehen.

[!] Ich empfehle Ihnen, soweit es möglich ist, die Mails über eine verschlüsselte Verbindung vom Server abzuholen. Wie Sie diese einrichten, erfahren Sie im ausführlichen Manual über das Kommando `man fetchmailrc`. Im Webmin wählen Sie dann die entsprechende AUTHENTISIERUNGSMETHODE.

[zB] Klaus möchte gerne seine Mails vom Mailprovider abholen und auf dem Netzwerkserver im LAN speichern. Zunächst erstellen Sie mit dem Webmin die Datei */home/klaus/.fetchmailrc* für den Systembenutzer klaus (siehe Abbildung 40.26). Hier tragen Sie den Mailserver und das Protokoll ein, das verwendet werden soll. Die möglichen Protokolle und genauere Zugangsdaten erfahren Sie bei Ihrem E-Mail-Provider. Jetzt fehlen nur noch der BENUTZERNAME, das PASSWORT, der LOKALE BENUTZER und ein Klick auf SPEICHERN, dann kann Klaus seine Mails abrufen. Dieses können Sie für ihn mit einem Klick auf ÜBERPRÜFE ALLE SERVER erledigen. Sie sehen auf diese Weise ein ausführliches smtp-Verbindungsprotokoll.

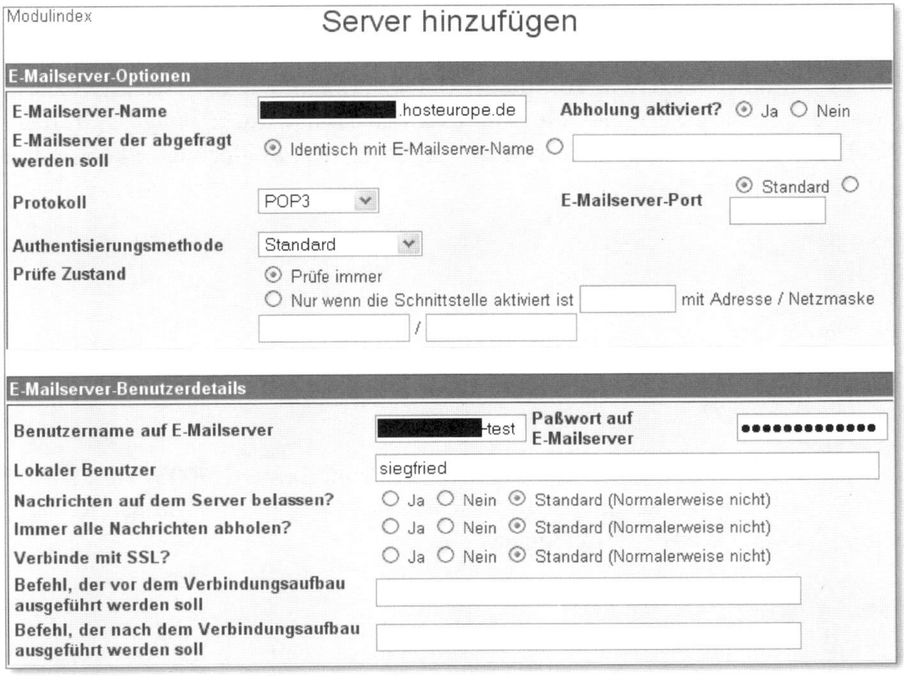

Abbildung 40.26 Ein E-Mail-Konto aus dem Internet

Test

Der erste Test des Fetchmail kann vom Systembenutzer klaus auf der Kommandozeile erfolgen. Er hat Post:

```
klaus@siegfried:~$ fetchmail
1 Nachricht für test bei mail.hosteurope.de (1359 Oktetts).
Nachricht test@mail.hosteurope.de:1 von 1 wird gelesen
(1359 Oktetts) . geflusht
```

40.8.5 Regelmäßiges Abholen der Post

Klaus selbst kann seine Mailbox regelmäßig überprüfen lassen. Wenn Sie keine zeitbasierte Abrechnung für das Internet haben, ist das auch völlig in Ordnung. Klaus muss die Sekunden angeben, in denen Fetchmail nach neuen Mails schauen soll. Das Kommando `fetchmail -d 300` startet einen Dienst, der alle fünf Minuten die in der Datei */home/klaus/.fetchmailrc* gelisteten Mailprovider nach neuen Mails absucht.

Automatisches Abholen

Sie können als Benutzer root auch das automatische Abholen der Mails einrichten. Sie schreiben nach dem Vorbild der Datei *.fetchmailrc* in den Heimatverzeichnissen der lokalen Benutzer mit dem Editor die Datei */etc/fetchmailrc*. In diese Datei tragen Sie zunächst die Daten für ein E-Mail-Konto ein, später können Sie noch weitere hinzufügen:

```
set daemon 600
poll mail.hosteurope.de
   proto pop3
   user "test"
   pass "geheim"
   is klaus
   fetchall
```

Die erste Zeile bewirkt, dass der Fetchmail alle zehn Minuten (600 Sekunden) das Konto überprüft. Die Rechte der Datei schränken Sie mit dem Kommando `chmod 600 /etc/fetchmailrc` weitmöglichst ein.

Automatischer Start von Fetchmail

Der Dienst fetchmailrc soll nun noch automatisch während des Boot-Vorgangs des Systems gestartet werden? Bitte lesen Sie zuerst sorgfältig den nächsten Abschnitt, bevor Sie diesen Dienst einrichten! Im Modul SYSTEM • SYSTEM-START UND -STOP markieren Sie den Fetchmail und klicken auf AKTIVIERE AUSGEWÄHLTE ZUR BOOTZEIT.

cron-job

Der Nachteil des geschilderten Verfahrens liegt auf der Hand: Es wird ein Dienst benötigt, der auch noch mit den Rechten des Benutzers root abläuft. Deshalb nutzen Sie bitte die elegante Lösung des Webmin, um dieses zu vermeiden! Nach einem Klick auf REGELMÄSSIGE ÜBERPRÜFUNG können Sie in gängiger Cron-Syntax festlegen, wann der Cron den Fetchmail aktivieren soll (siehe Abbildung 40.27). Dabei können Sie die Minuten, Stunden, Wochentage, Kalendertage und Monate bestimmen, zu denen der Cron Ihren Auftrag ausführt. Wenn einer dieser Punkte für Sie unwichtig ist, dann belassen Sie es einfach bei ALLE. Es ist wichtig, dass Sie bei REGELMÄSSIGE ÜBERPRÜFUNG AKTIVIERT die Auswahl JA treffen. Den fertigen cron-job können Sie zusätzlich im Webmin-Modul SYSTEM • GEPLANTE AUFTRÄGE (CRON) einsehen.

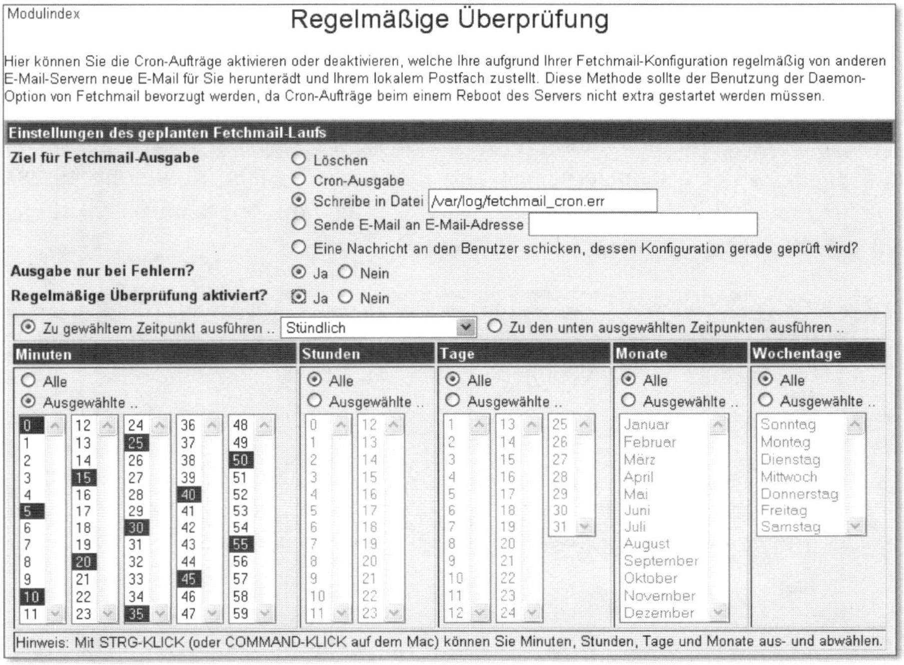

Abbildung 40.27 Fetchmail wird per cron-job alle fünf Minuten gestartet.

40.8.6 IMAP-Server für Clients im LAN vorbereiten

Damit die Clients an die Postfächer auf dem Netzwerkserver herankommen können, muss auf dem Netzwerkserver ein entsprechender Dienst angeboten werden. Es gibt verschiedene Standards. Sie kennen bestimmt die althergebrachten POP3-Server von Freemail-Providern aus dem Internet. Diesen Dienst möchte ich Ihnen nicht vorstellen, da er im Vergleich zum moderneren IMAP einen sehr geringen Funktionsumfang bietet. Ich habe mich in puncto siegfried für den Courier IMAP Server entschieden, da es ein leicht zu konfigurierender und leistungsstarker IMAP-Server ist.

Courier unterstützt unzählige Authentifizierungsmechanismen. Für siegfried habe ich die Methode USERDB ausgewählt. Diese konfigurierte Methode authentifiziert alle Benutzer gegen einen Export der gewöhnlichen Systemdateien */etc/passwd* und */etc/shadow*. Diesen Export erzeugen Sie auf der Kommandozeile als Benutzer root oder mit dem entsprechenden Webmin-Modul und dem Kommando `pw2userdb > /etc/userdb`.

Eine leere Datei */etc/userdb* mit aus Sicherheitsgründen eingeschränkten Rechten habe ich auf siegfried bereits angelegt.

Der erste Test des IMAP-Servers sollte mit dem Telnet direkt auf den IMAP-Port 143 erfolgen. Dieses Vorgehen schließt Fehlerquellen beim IMAP-Server aus:

```
telnet <Netzwerk-Server> 143
```

Jeder Befehl beginnt mit einem [.] und einem [Space]. Sie melden sich am Server mit einem gültigen Benutzernamen und Passwort an (siehe Abbildung 40.28). Courier meldet mit dem Ausdruck `* 4 EXISTS`, dass für den Benutzer klaus vier E-Mails im Posteingang liegen.

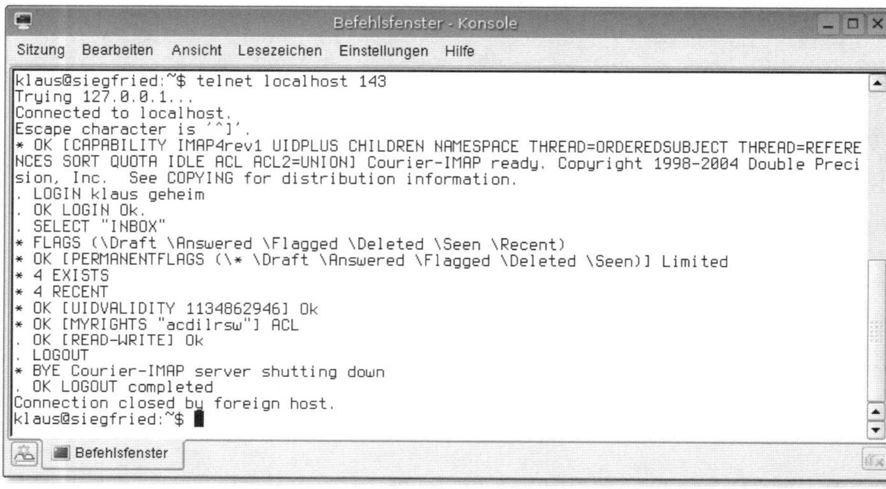

Abbildung 40.28 Test des IMAP-Servers

[!] Erst nach erneutem Ausführen des Kommandos `pw2userdb > /etc/userdb` werden spätere Veränderungen von Benutzern oder deren Passwörtern dem Courier bekannt gegeben.

40.8.7 IMAP-Clients im LAN an den Server anbinden

Nun kann die Anbindung von Clients erfolgen. Dabei bleibt es natürlich Ihnen überlassen, welchem Programm Sie den Vorzug geben. Ich habe die Anbindung der gängigsten Clients beschrieben. Jedes aktuelle Mailprogramm unterstützt das Protokoll IMAP.

> Mit Ihren gewohnten E-Mail-Programmen können Sie den Netzwerkserver siegfried als vollwertigen Mailserver nutzen!

Sie haben außerdem die Möglichkeit, mit dem jeweiligen E-Mail-Client eine persönliche Ordnerstruktur auf dem Netzwerkserver aufzubauen.

Outlook Express

Um z. B. mit Outlook Express auf den Netzwerkserver zuzugreifen, wählen Sie EXTRAS • KONTEN... • HINZUFÜGEN • EMAIL... und tragen als E-Mail-Adresse die Adresse ein, unter der Sie Ihre Mails gewöhnlich erhalten. Diese Adresse wird dann in ausgehenden Mails als Return-Path (Antwortadresse) eingetragen. Wählen Sie unbedingt IMAP als Serverprotokoll aus! Als POSTEINGANGSSERVER (IMAP) und POSTAUSGANGSSERVER (SMTP) tragen Sie den Namen des Netzwerkservers ein. Achten Sie darauf, dass der Client den Namen des Servers in eine IP-Adresse auflösen kann! Im letzten Schritt müssen Sie noch den Benutzernamen und das Kennwort des Benutzers auf dem Netzwerkserver eintragen. Auf die Darstellung von Verschlüsselungsmechanismen verzichte ich hier, da es sich um Ihr privates LAN handelt.

Mozilla

Ein sehr guter IMAP-Client ist der Mozilla (siehe *http://www.mozilla.org*). Er ist zu empfehlen, da er nicht nur als E-Mail-Client verwendet werden kann, sondern auch ein ausgezeichneter Browser ist.

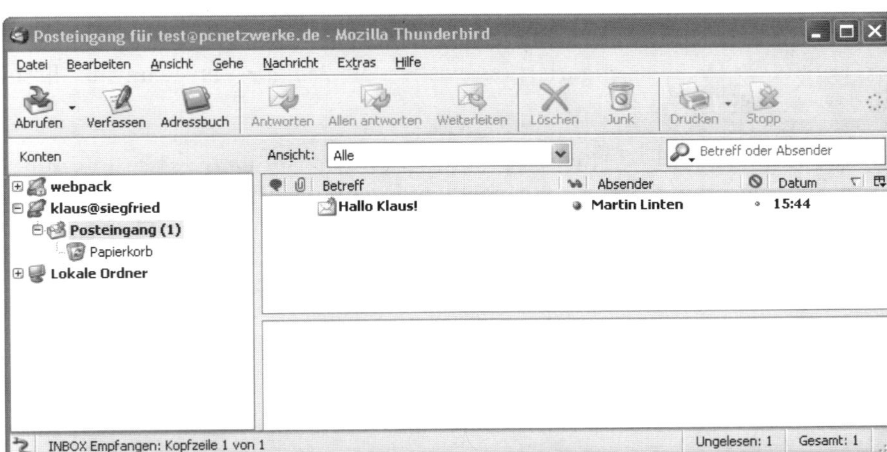

Abbildung 40.29 Der Mozilla Thunderbird als IMAP-Client

Thunderbird

Andere E-Mail-Clients als der Mozilla funktionieren selbstverständlich auch im Zusammenspiel mit dem Netzwerkserver. Ich persönlich nutze gerne den Thunderbird (siehe Abbildung 40.29). Der Thunderbird ist wie der Internetbrowser Firefox aus dem Mozilla-Projekt hervorgegangen (siehe *http://www.mozilla.org/thunderbird*).

Apple Mail

Das unter Mac OS X standardmäßig vorhandene Programm Mail bringt ebenfalls eine vollständige Unterstützung für IMAP mit. Wenn Sie das Programm zum ersten Mal starten, können Sie in dem sich selbsterklärenden Assistenten IMAP als zu verwendendes Protokoll auswählen. Der Assistent beinhaltet auch die Einrichtung der Verbindung zu einem SMTP-Server. Haben Sie bereits ein E-Mail-Konto angelegt, können Sie ein zweites Konto über den Menüpunkt MAIL • EINSTELLUNGEN in der Ansicht ACCOUNTS erstellen. Über den Menüpunkt POSTFACH • DIESES POSTFACH VERWENDEN FÜR können Sie festlegen, ob das gerade ausgewählte Postfach für ENTWÜRFE, GESENDETE MAIL oder als PAPIERKORB genutzt werden soll.

40.8.8 Shared Folders

Ein nettes Bonbon des Courier IMAP Servers ist die Option, gemeinsam genutzte Ordner einzubinden. Diese Ordner werden von einem Benutzer angelegt und können dann von anderen Benutzern als Verweis dem eigenen Postfach hinzugefügt werden. Gemeinsam genutzte Ordner müssen Sie auf der Kommandozeile des Netzwerkservers erstellen. Ich möchte Ihnen ein einfaches Beispiel vorstellen.

[zB] Klaus und Marie sind beide Benutzer auf dem Netzwerkserver (nicht root) und sind bereits für IMAP konfiguriert (es existiert ein *Maildir*-Verzeichnis in Ihrem Heimatverzeichnis).

Klaus und Marie sind leidenschaftliche Kochrezeptesammler. Klaus und Marie lassen sich von Ihren Freunden Rezepte von leckeren Gerichten zusenden. Klaus möchte diese Gerichte in zwei Verzeichnisse ablegen, sortiert nach Fleischgerichten und vegetarischen Gerichten. Marie soll als militante Vegetarierin natürlich E-Mails in dem vegetarischen Ordner ablegen dürfen (Schreibrecht). Für die Fleischrezepte reicht Marie ein lesender Zugriff.

Zuerst richtet Klaus in seinem Heimatverzeichnis für die gemeinsam genutzten Ordner ein Verzeichnis im Maildir-Format ein (Achtung: großes [S]):

```
maildirmake -S Maildir-shared
```

Jetzt legt Klaus die zwei Ordner an. Einen mit Schreibrecht für alle und einen, in dem nur er Mails ablegen darf (Achtung: kleines [s]):

```
maildirmake -s read -f Fleisch Maildir-shared
maildirmake -s write -f Beilagen Maildir-shared
```

Er selbst muss nun aus seinem eigenen *Maildir*-Verzeichnis eine Verknüpfung mit den gemeinsam genutzten Verzeichnissen erstellen. Dabei ist »`meine`« ein Name, der später in der Ordnerhierarchie des E-Mail-Clients wieder auftaucht.

```
maildirmake --add meine=/home/klaus/Maildir-shared
```

Marie möchte nun die Rezepte von Klaus lesen. Sie muss dazu lediglich den letzten Befehl in ihrem Heimatverzeichnis ausführen. Dabei wählt Sie dann wahrscheinlich einen anderen Namen:

```
maildirmake --add klaus=/home/klaus/Maildir-shared
```

Die Anzeige der Ordnerstruktur am Client sollten Sie nun aktualisieren.

Dieses ist ein sehr einfaches Beispiel. Möchten Sie tiefer gehenden Einblick in diesen oder in einen anderen IMAP-Server nehmen, dann empfehle ich Ihnen die Lektüre der Man-Pages sowie die Suche im Internet.

40.9 PHProjekt Groupware Server

Was ist Groupware, und welchen Vorteil bringt eine Groupware-Lösung? Groupware ist eine Software, die die Zusammenarbeit von Gruppen, also Arbeitsteams erleichtern soll, indem z. B. ein gemeinsamer Kalender angeboten wird oder das Zuweisen von Aufgaben möglich ist. Ein gemeinsamer Kalender kann auch außerhalb des Arbeitslebens sinnvoll sein. Mit einer Groupware können Sie Termine direkt in den Kalender der Gruppe eintragen, Aufgaben verteilen oder gemeinsame Dokumente verwalten.

Für den Bereich der Firmen bietet Groupware noch mehr: Projektmanagement (Zeit- und Ressourcenplanung), Trouble-Ticket-System, Forum, Chat und vieles mehr.

Es war mir wichtig, eine Groupware-Lösung zu wählen, die schon einige Versionen und Verbesserungen durchgemacht hat und daher stabil funktioniert. Die Bedienung sollte vollständig über ein Web-Interface möglich sein, damit keine zusätzliche Software auf den PCs notwendig ist und Sie unabhängig von Betriebssystemen die Lösung nutzen können.

Nicht zuletzt musste die Lösung kostenfrei sein, damit Sie die Lösung auch in Unternehmen ohne Investitionskosten nutzen können.

Diese Anforderungen erfüllen vermutlich mehr als 50 Groupware-Lösungen. Ich habe mir nicht alle Lösungen angesehen, aber immerhin einige, und habe mich schließlich für PHProjekt (siehe *http://www.phprojekt.com*) entschieden. Die Lösung wird regelmäßig aktualisiert und bietet eine gute deutschsprachige Oberfläche. Die Menüführung kommt ohne grafischen Schnickschnack aus und ist funktionell. Die Konfiguration erfolgt über den Browser und somit grafisch und ohne Eingriff in Konfigurationsdateien, auch wenn das selbstverständlich möglich ist.

40.9.1 Installation

Es existieren einige Systemvoraussetzungen für ein lauffähiges PHProjekt. Sie benötigen insbesondere

- einen Webserver (z. B. Apache 2),
- das PHP4-Modul für den Webserver und
- eine MySQL-Datenbank.

Auf siegfried ist PHProjekt schon vorinstalliert; alle nötigen Programme sind bereits installiert. Sie können also direkt mit der Konfiguration beginnen. Zusätzlich finden Sie die Installationsdateien auf der Buch-DVD im Verzeichnis */software/sonstiges*.

40.9.2 Konfiguration

PHProjekt benötigt eine MySQL-Datenbank, die darin benötigten Tabellen werden später automatisch von PHProjekt angelegt.

Sie können sehr einfach eine neue Datenbank mit dem *Webmin* anlegen. Dafür verwenden Sie das Modul Server • MySQL Datenbank-Server. Wählen Sie den Link Erstelle eine neue Datenbank. Tragen Sie unter Datenbankname den Namen `phprojekt` ein (siehe Abbildung 40.30), und klicken Sie auf Erstellen.

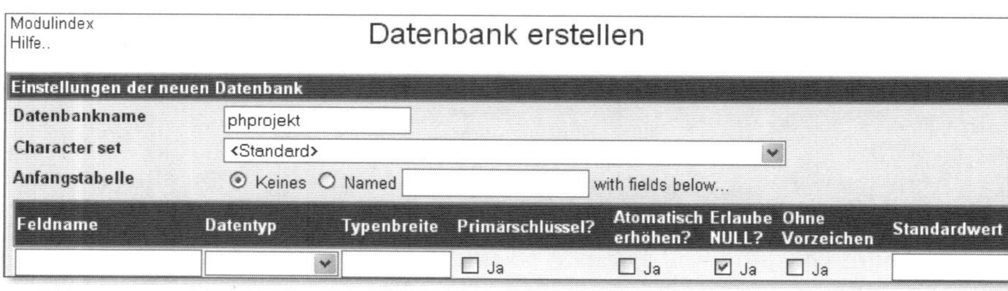

Abbildung 40.30 Die PHProjekt-Datenbank wird angelegt.

Der zweite Schritt ist das Anlegen eines Benutzers, der auf diese Tabelle in geeigneter Weise zugreifen kann. Klicken Sie dazu auf das Icon Benutzerberechtigungen, und wählen Sie Erstelle neuen Benutzer. Im nachfolgenden Dialog legen Sie den neuen MySQL-Benutzer an. Merken Sie sich den Benutzernamen und vor allem das Passwort gut, Sie werden es später noch brauchen! Bei Hosts tragen Sie `localhost` ein. Wählen Sie bei Berechtigungen alles aus, was mit `Tabelle*` beginnt, und klicken Sie abschließend auf Speichern.

Rufen Sie jetzt in Ihrem Webbrowser die Adresse *http://<Netzwerk-Server-IP>/phprojekt/setup.php* auf.

Sie werden aufgefordert, die Zugriffsdaten zur bereits eingerichteten Datenbank einzutragen. An Benutzernamen und Passwort müssen Sie sich erinnern. Als HOSTNAMEN tragen Sie `localhost` und bei NAME DER EXISTIERENDEN DATENBANK `phprojekt` ein.

Sie bestimmen an dieser Stelle auch das Passwort des Administrators root. Wenn Sie später den Link *http://<Netzwerk-Server-IP>/groupware/setup.php* erneut aufrufen, werden Sie sich zunächst als Administrator ausweisen. Sie müssen den Benutzernamen root und das hier vergebene Passwort eintragen. Merken Sie sich das Passwort also gut!

Auf Wunsch können Sie noch einen Benutzer test einrichten lassen, dem Sie in diesem Fall auch ein Passwort geben müssen.

Nach einem Klick auf CHECK testet PHProjekt den Datenbankzugriff mit den von Ihnen eingegebenen Daten. Ich empfehle Ihnen, den Vorgang mit einem Klick auf STANDARDINSTALLATION abzuschließen (siehe Abbildung 40.31).

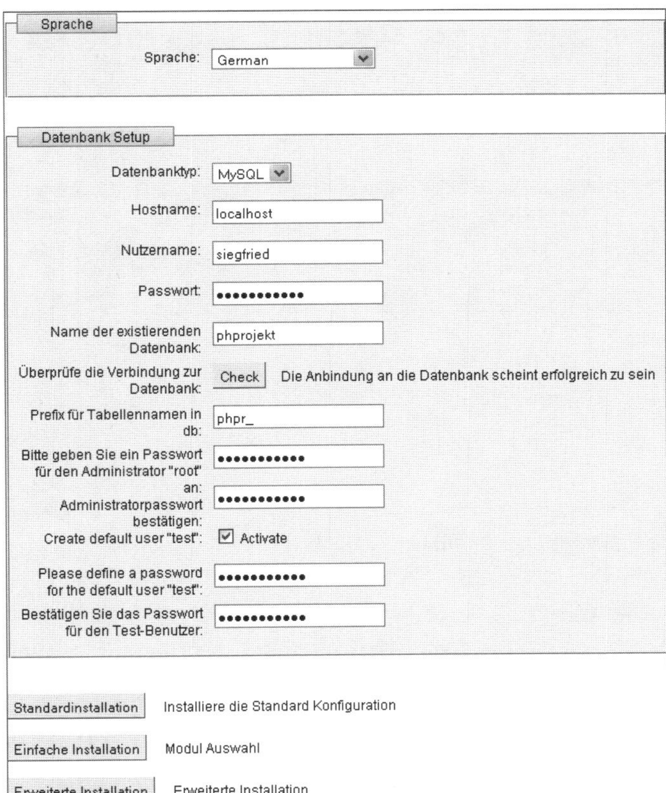

Abbildung 40.31 Das komplette Setup von PHProjekt

Ihre Konfiguration wurde in die Datei *config.inc.php* geschrieben. Dort können Sie zwar die Konfiguration auch ohne Webzugang editieren, jedoch ist es erforderlich, erneut *setup.php* im Browser aufzurufen, damit die Einstellungen wirksam werden.

40.9.3 PHProjekt benutzen

Der Link zum Aufruf von PHProjekt *http://<Netzwerk-Server-IP>/phprojekt/index.php* wird Ihnen am Ende der Installation angezeigt.

Es erscheint der Login-Bildschirm. Der Benutzer root ist Administrator und kann Gruppen und Benutzer anlegen, während der Benutzer test Benutzer in der Gruppe default ist. Nach dem Login werden Ihnen alle Funktionen im Menü auf der linken Seite angeboten. Sie können z. B. Ihre E-Mails auf dem siegfried-IMAP-Server bearbeiten (siehe Abbildung 40.32).

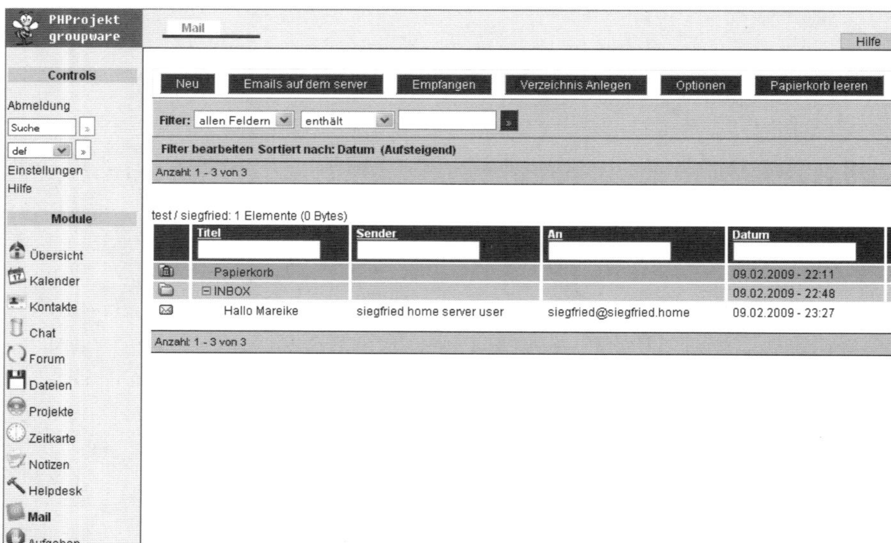

Abbildung 40.32 Zugriff auf E-Mails über PHProjekt

Der Benutzer *root* hat über das Element ADMIN einen zusätzlichen administrativen Zugriff. Hier können Sie Benutzer, Gruppen, Rollen und vieles mehr anlegen und einrichten oder das Passwort für einen Benutzer ändern.

Ich könnte Ihnen jetzt noch viele weitere Funktionen von PHProjekt vorstellen, aber das ist nicht Ziel dieses Buches. Sie sollten sich nach der Benutzung aus dem System ausloggen. Dazu klicken Sie auf ABMELDUNG.

40.10 MLDonkey: Tauschbörsentalente

Tauschbörsen seien der Sargnagel der Musikindustrie und schädigen die Filmindustrie. Solche Ansichten sowie deren Gegendarstellungen werden von mir in diesem Buch nicht behandelt.

Im Jahr 2003 wurde die rechtliche Grundlage, auf deren Basis jeder Privatmann ungestraft Filme und Musik tauschen konnte, geändert. Sowohl der Handel mit Raubkopien als auch das unentgeltliche Austauschen von geschützten Inhalten für die private Verwendung wird seitdem geahndet.

Es gibt aber nicht nur illegale Dateien in Tauschbörsen, sondern auch völlig legale. Beispielsweise wird in den Tauschbörsen die Auskopplung zu FLI4L aus diesem Buch angeboten.

Wesentlich interessanter als die juristischen sind die technischen Fragen. Wie funktionieren diese Peer-to-Peer-Netzwerke?

Das übliche Prinzip ist, dass jeder Teilnehmer etwas in diesem Netzwerk zur Verfügung stellt und im gleichen Maße, wie er das tut, auch Daten aus diesem Netzwerk herunterladen darf.

Es gibt üblicherweise in diesen Netzwerken keine übergeordnete Instanz, sondern – das drückt Peer-to-Peer aus – nur gleichberechtigte Teilnehmer. Anders als im normalen Internet, laden Sie die Daten nicht von einem Server herunter, sondern direkt von einem anderen Teilnehmer. Damit Sie überhaupt eine Datei bei einem anderen Teilnehmer finden, gibt es Verzeichnisserver, die Inhaltsverzeichnisse mit Dateien der einzelnen Teilnehmer führen. An diese Verzeichnisserver stellen Sie eine Suchanfrage, klicken auf das gewünschte File, und das Tauschprogramm fragt bei allen Besitzern dieser Datei gleichzeitig an, ob es bei ihnen herunterladen darf. Sie werden daraufhin in eine Warteliste eingetragen.

Größere Dateien werden in kleinere Stücke geteilt, und jeder Teil kann von einem anderen Teilnehmer heruntergeladen werden. Manche Tauschbörsenprogramme bieten zwangsweise fertig heruntergeladene Teile wieder anderen Teilnehmern zum Download an. Hinsichtlich der Datenmenge gilt bei solchen Tauschbörsen, dass Sie in etwa die gleiche Menge Daten in das Internet hochladen müssen, wie Sie sie herunterladen. Je mehr Daten Sie in das Netzwerk hochgeladen haben, desto besser wird Ihr Listenplatz auf den Wartelisten.

40.10.1 MLDonkey einrichten

MLDonkey ist ein Tauschbörsenprogramm. Es beherrscht nicht nur ein einzelnes Peer-to-Peer-Netzwerk, sondern gleich mehrere. Unter *http://www.mldonkey.org*

finden Sie nähere Informationen, welche Tauschbörsen insgesamt unterstützt werden.

Die wichtigsten Netzwerke sind eDonkey, gnutella und BitTorrent. Sie können also mit MLDonkey alles herunterladen, was auch mit eMule – dem bekanntesten Client für das eDonkey-Netzwerk – herunterladbar ist.

MLDonkey besteht aus dem sogenannten MLDonkey-Server, dieser lädt Dateien aus dem Internet herunter, und einem MLDonkey-Client. Der MLDonkey-Client dient ledigt der Bedienung, wenn diese nicht über Telnet oder einen Webbrowser stattfinden soll.

Starten Sie MLDonkey als Benutzer siegfried im Verzeichnis */home/siegfried/mldonkey* mit dem Befehl `./mlnet`. Danach können Sie sich lokal auf dem siegfried-Server mit dem Browser über *http://localhost:4080* mit MLDonkey verbinden.

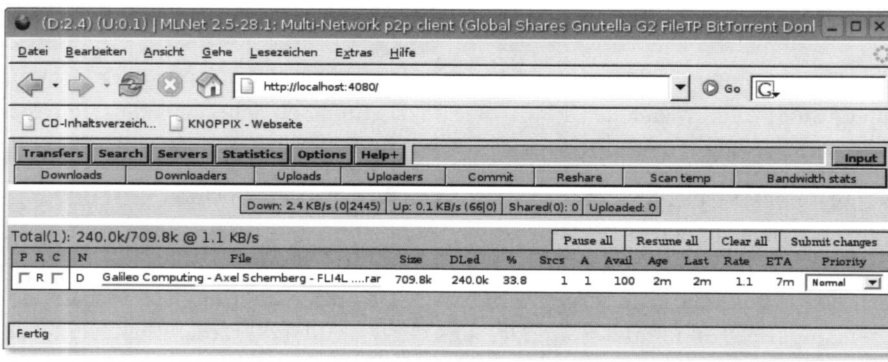

Abbildung 40.33 Download-Anzeige von MLDonkey

Die Oberfläche ist weitestgehend selbsterklärend (siehe Abbildung 40.33). Zunächst sollten Sie unter dem Menüpunkt SERVERS sicherstellen, dass Sie mit einem Server verbunden sind.

Damit im eDonkey-Netzwerk auf Daten unter Ihrer IP-Adresse zugegriffen werden kann, müssen Sie folgende Einstellungen an Ihrem Router/Ihrer Firewall freischalten. Leiten Sie die entsprechenden Ports jeweils an den PC weiter, auf dem der MLDonkey läuft. Üblicherweise wird die Funktion in DSL-Routern *Virtual Server* genannt. Diese Weiterleitungen sind unabhängig vom verwendeten Client und sind spezifisch für jedes Peer-to-Peer-Netzwerk einzurichten. An je mehr Netzwerken Sie teilnehmen, desto mehr Lücken hat Ihre Router-Firewall.

Netzwerk	Protokoll	MLDonkey-Port	Konfigurationsfile
eDonkey	TCP	4662	donkey.ini
eDonkey	UDP	4666	donkey.ini
Gnutella	TCP+UDP	6346	gnutella.ini
Gnutella2	TCP+UDP	6347	gnutella2.ini
BitTorrent	TCP	6882	bittorrent.ini

Tabelle 40.1 TCP- und UDP-Ports für MLDonkey

Wenn Sie die richtigen TCP- und UDP-Ports weiterleiten, dann müssten Sie eine gute Verbindung bekommen, das wird im eDonkey-Netzwerk durch eine hohe ID gekennzeichnet. Bei MLDonkey (siehe Abbildung 40.34) steht neben dem Server der Hinweis `HI` oder – wenn es nicht funktioniert hat – `LO` für eine Low-ID.

Der MLDonkey verwendet eine Datei *server.ini*, in der die Verzeichnisserver aufgelistet sind. Diese Datei entspricht der Datei *server.met* bei eMule. Sie finden aktuelle Versionen dieser Dateien mit einem entsprechenden Suchwort über eine Suchmaschine.

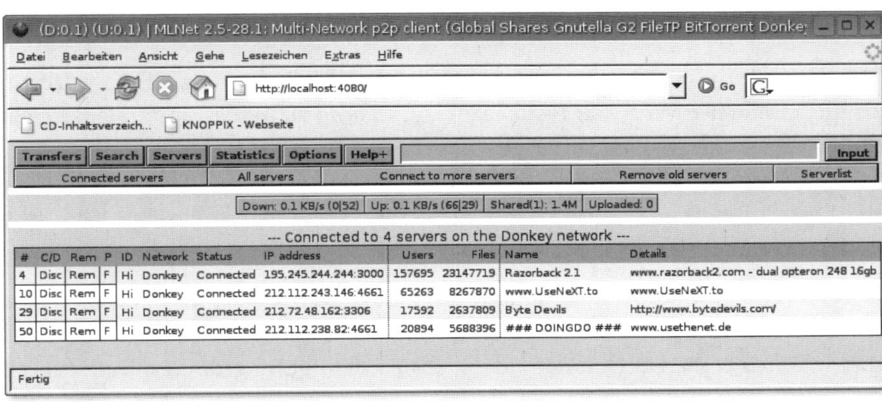

Abbildung 40.34 Serveranzeige bei MLDonkey

[«] Wenn Sie mit den Funktionen der Weboberfläche nicht zurechtkommen, können Sie auf die spartanische Telnet-Oberfläche von MLDonkey zurückgreifen. Verbinden Sie sich mit dem Kommando `telnet localhost 4000` mit dem lokalen TCP-Port 4000 des Netzwerkservers.

Die komplett heruntergeladenen Files befinden sich unterhalb des Heimatverzeichnisses im Ordner *.mldonkey/incoming*. Der Punkt vor dem Verzeichnisnamen bedeutet, dass es sich um ein verstecktes Verzeichnis handelt, das der Befehl `ls` nur in Verbindung mit der Option `-i` anzeigt.

40.11 Time-Server

Ein entscheidender Faktor in einem gut funktionierenden LAN ist die Zeit. Auch im privaten LAN ist eine synchrone und möglichst genaue Zeit sinnvoll. E-Mails werden z. B. mit einem Zeitstempel versehen und werden beim Empfänger nach diesem Kriterium sortiert. Ihre Nachrichten werden bei einer falsch gehenden Uhr unter Umständen gar nicht bemerkt, weil sie sich im Posteingang in der Vergangenheit einreihen.

Jeder PC verfügt über einen eingebauten Zeitgeber, die *Real Time Clock* (RTC). Diese Uhr hängt an einer kleinen Batterie, ist aber trotzdem meistens sehr ungenau. Sollte keine bessere Quelle zur Verfügung stehen, dann macht sich jeder Teilnehmer im LAN mit seiner RTC sein eigenes Bild von der richtigen Zeit.

Neben dieser Hardware-Zeit kennt das Betriebssystem noch die Systemzeit. Die Systemzeit kann beim Booten mit der RTC abgeglichen werden. Die Systemzeit ist dann genauso ungenau wie die Hardware-Zeit. Die Logik der Sommer- und Winterzeit wird übrigens in der Regel nicht von der RTC übernommen. Das übernimmt das Betriebssystem.

Die Systemzeit und die Hardware-Zeit können Sie mit dem Webmin einsehen und auch verändern. Dazu verwenden Sie das Modul HARDWARE • SYSTEMZEIT.

Wie bekommen nun alle Teilnehmer im LAN die gleiche Systemzeit? Es wäre ein sehr umständlicher Weg, die Hardware-Uhr ständig zu aktualisieren. Deswegen wurden verschiedene Protokolle entwickelt, die einen mehr oder weniger aufwendigen Zeitabgleich zulassen. Ich stelle Ihnen zunächst den Dienst NTP (*Network Time Protocol*) vor, der vom Netzwerkserver angeboten werden kann und von den meisten Clients im LAN ohne weitere Software verstanden wird.

Das NTP-Protokoll führt über einen ausgeklügelten Mechanismus dazu, dass selbst Rechner über große Entfernungen die Zeit sehr genau aushandeln können. Dabei wird sogar die Laufzeit der Pakete berücksichtigt. In größeren Netzwerken können dann mehrere Zeit-Server die Referenzzeit vereinbaren. Ein Server, der stark von den anderen abweicht, wird dann nach einer Art Abstimmung entmachtet, der Rest bleibt weiter in Kontakt und bestimmt die Zeit im LAN. Die Server sind je nach Genauigkeit in Schichten gegliedert (*Stratum*). Je niedriger das Stratum, desto höher die Genauigkeit und Wertigkeit des Servers. Das NTP-Protokoll kommuniziert über den Port 123.

40.11.1 Zeit-Service aufsetzen

Um den Zeit-Server einzurichten, muss die Datei */etc/ntp.conf* editiert werden. Ich stelle Ihnen zunächst die Einträge vor, die zu machen sind. Unter siegfried sind diese Konfigurationen bereits vorgenommen.

Falls kein Server zum Abgleich im Internet vorhanden ist, muss die *local clock* (dt. *lokale Uhr*) verwendet werden, die von einer Pseudo-IP-Adresse vertreten wird:

```
server 127.127.1.0
fudge 127.127.1.0 stratum 10
```

Zunächst tragen Sie einen oder besser mehrere Zeit-Server aus dem Internet ein. Im Internet finden sich auf der Seite *http://www.ntp.org* Listen mit Zeit-Servern. Nahe gelegene Zeit-Server sind aufgrund niedrigerer Paketlaufzeiten genauer. Deshalb empfehle ich Ihnen, einen lokalen Zeit-Server-Pool zu nutzen. Für Deutschland ist das der Pool *de.pool.ntp.org*:

```
server 0.de.ntp.pool.org
server 1.de.ntp.pool.org
server 2.de.ntp.pool.org
server 3.de.ntp.pool.org
```

Das Driftfile speichert die Information, wie stark die Systemzeit von der Referenzzeit im Internet abweicht:

```
driftfile /var/lib/ntp/ntp.drift
```

Die Funktion des Servers testen Sie mit dem Kommando `ntpq`. Das `q` im Namen steht für *query* (dt. *abfragen*, *erkundigen*). Mit dem Kommando `peers` erhalten Sie einen Überblick über die Verbindungen des NTP zu seinen Servern. Nach einigen Minuten sucht sich der lokale NTP-Client einen Server zur Synchronisation aus der Liste, den er mit einem * markiert (siehe Abbildung 40.35). Ein Server, der für diesen als Ersatz dienen könnte, wird mit einem + gekennzeichnet, vorerst nicht verwendete Server werden mit einem – versehen.

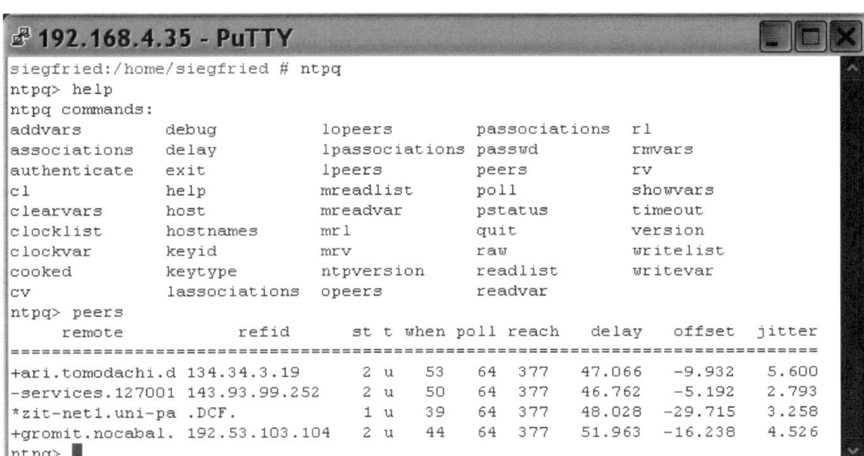

Abbildung 40.35 »ntpq« zeigt den Status der Zeit-Server.

[»] Auch der FLI4L-Software-Router hält eine Zeit-Server-Funktion bereit (siehe Abschnitt 35.2.5, »FLI4L konfigurieren«).

40.11.2 Clients an den Zeit-Server anbinden

Die Anbindung der Clients an den Server ist einfach. In den meisten Fällen ist es auch für Windows-Betriebssysteme nicht nötig, zusätzliche Software aufzuspielen.

Linux

Entsprechend der Einrichtung des Servers sieht die Anbindung eines Linux-PCs im LAN aus. Ein Eintrag in der Datei */etc/ntp.conf* genügt:

```
server siegfried.home
```

Überprüfen Sie anschließend, dass der ntp-Dienst gestartet ist!

[»] Mit YAST2 • NETWORK SERVICES • NTP CONFIGURATION ist es zusätzlich und ohne Kommandozeile möglich, den NTP zu konfigurieren.

Windows

Unter Windows 2000 und Windows XP können Sie über die Kommandozeile einen SNTP-Client (*Simple Network Time Protocol*) einrichten. Ein SNTP-Client kann seine Zeit mit einem NTP-Server abgleichen, umgekehrt funktioniert es nicht.

Klicken Sie auf START • AUSFÜHREN..., und starten Sie den Kommando-Interpreter `cmd`. Mit einem Kommando legen Sie den NTP-Server für Windows 7, Vista, XP und 2000 fest:

```
net time /setsntp:<Hostname>
```

Mit dem Kommando `net time /querysntp` sehen Sie die aktuelle Konfiguration. Die Einstellungen werden permanent in der Registry-Datenbank gespeichert.

Zum Schluss stellen Sie noch sicher, dass der Windows-Zeitgeber *Dienst* gestartet wird. Klicken Sie auf SYSTEMSTEUERUNG • VERWALTUNG • DIENSTE, und stellen Sie sicher, dass der Starttyp des Dienstes WINDOWS-ZEITGEBER auf AUTOMATISCH steht.

[o] Für Windows 95/98/NT gibt es eine große Anzahl an Freeware-(S-)NTP-Clients. Als ein Beispiel sei an dieser Stelle nur das Programm Automachron genannt, das Sie auf der Buch-DVD im Verzeichnis */software/management* finden.

Mac OS X

In der Ansicht Datum & Uhrzeit der Systemeinstellungen können Sie im Textfeld nach Datum & Uhrzeit automatisch einstellen auch direkt die Adresse eines NTP-Servers eingeben, wenn Sie die von Apple bereitgestellten zugunsten Ihres eigenen nicht mehr verwenden möchten.

40.11.3 Andere Zeitdienste als NTP

Es gibt Netzwerkteilnehmer, die können mit dem NTP-Protokoll nichts anfangen. Dabei handelt es sich meistens um Hardware wie z. B. Router.

Diese LAN-Teilnehmer benötigen andere Dienste wie den time-Dienst (Port 37) oder den daytime-Dienst (Port 13). Diese Dienste benötigen den Superdämon xinetd, um laufen zu können. Der Superdämon wird mit dem Webmin-Modul Netzwerk • Erweiterte Internet-Dienste (xinetd) konfiguriert.

Sie wählen zunächst einen der Zeitdienste daytime *und* time aus und machen ihn mit einem Klick auf Ausgewählte aktivieren verfügbar.

Ein Klick auf Starte Xinetd startet den Dienst und macht time und daytime verfügbar. Mit dem Webmin-Modul System • System-Start und -Stop können Sie den xinetd beim Systemstart immer automatisch starten.

Die Funktion testen Sie mit einem Telnet auf den entsprechenden Port des Protokolls, also `telnet <Netzwerk-Server> 13` bzw. `telnet <Netzwerk-Server> 37`. Die Rückgabe der Zeit erfolgt über Port 13 (daytime) in Klartext, bei Port 37 (time) sehen Sie einen Binärcode (siehe Abbildung 40.36).

Abbildung 40.36 Die TCP-Ports 13 (daytime) und 37 (time) sind aktiv.

40.11.4 Systemzeit virtueller Maschinen

Sie können die Zeit eines VMware Server-Gastes automatisch mit der – hoffentlich korrekten – Zeit des Host-Betriebssystems synchronisieren lassen. Dazu aktivieren Sie im VMware Infrastructure Web Access die Option CONFIGURE VM • POWER • SYNCHRONIZE GUEST TIME WITH HOST. Das hat den Vorteil, dass nicht in jeder virtuellen Maschine ein eigener Zeitdienst laufen muss, der die Latenzen der Infrastruktur ausgleichen muss. Diese Art des Abgleichs wirkt sich positiv auf die Performance aus.

Sie sollten sich unbedingt Zeit nehmen, um über ein Backup-Konzept für Ihren Netzwerkserver nachzudenken. Betrachten Sie dieses Kapitel als Vorbereitung für Ihre Entscheidung.

41 Netzwerk-Backup

Es geht mir nicht darum, Ihnen ein fertiges Backup vorzusetzen. Das wäre Unsinn, denn ich kenne Ihre Infrastruktur nicht. Es geht mir vielmehr darum, Ihnen die Grundbegriffe zu erläutern. Außerdem möchte ich Ihnen eine Lösungsmöglichkeit für ein Backup vorstellen. Die Entscheidung, welches Programm und welche Strategie Sie wählen, müssen Sie letztlich aber allein treffen.

41.1 Wozu Backup?

Ihre Daten lagen vor dem Netzwerkserver verstreut auf mehreren Clients. Eine Sicherung aller Clients ist sehr zeitaufwendig und technisch anspruchsvoll. Deshalb macht es auch kaum jemand. Sie haben auf dem Netzwerkserver oder auf dem Openfiler nun viele Aufgaben zentralisiert. Im Idealfall liegen keine unersetzlichen Daten mehr auf den anderen PCs in Ihrem Netzwerk. Auf den Festplatten des Netzwerkservers liegen persönliche Daten und E-Mails, Nachrichten Ihres Anrufbeantworters oder heruntergeladene Dateien. Was passiert, wenn die (nicht gespiegelte) Festplatte dieses Servers ausfällt? Wenn Sie beim Gedanken daran Zahnschmerzen bekommen, sind Sie hier richtig: beim Backup.

Es sind nicht nur defekte Festplatten, die zum Datenverlust führen. In vielen Fehlerstatistiken liegt der Faktor Mensch noch vor der Hardware. Ein falsches Kommando und wichtige Daten können verloren sein. Wer aus Gewohnheit immer als root arbeitet, macht früher oder später leidvoll diese Erfahrung.

Ein weiterer Grund dafür, dass Sie ein Backup haben sollten, ist, dass Daten auch manipuliert werden können. In einem wichtigen Brief wird ein Absatz gelöscht und der Brief so gespeichert. Wochen später fällt Ihnen ein, dass der Absatz doch wichtiger sein könnte als ursprünglich angenommen. Glücklich der Mensch, der ein Backup hat.

Ein sehr unangenehmes Thema ist auch die mögliche Manipulation Ihrer Daten von außerhalb des LANs. Ein Teilnehmer im Netzwerk könnte beim Surfen im Internet einen Virus eingeschleppt haben. Infizierte Dateien würden Sie einfach mit nicht infizierten aus einer Sicherung überschreiben. Falls Sie einen Einbruch in Ihr System entdeckt haben, ist es außerdem ratsam, die Dateien auf der Festplatte mit den vor dem Einbruch gesicherten Daten zu vergleichen.

Im Internet finden sich eine Fülle von Free- und Shareware-Programmen. Welches davon das richtige für Sie ist, müssen Sie selbst entscheiden.

Stellen Sie sich beim Lesen dieses Kapitels bitte folgende Fragen:

- Welche Datenmenge muss gesichert werden?
- Wie häufig (z. B. wöchentlich) sollten die Daten gesichert werden?
- Welche Laufwerke und Sicherungsmedien stehen zur Verfügung?

41.2 Backup

Eine hundertprozentige Sicherheit gibt es nicht. Im Wesentlichen entscheiden Sie selbst, wie ausfallsicher Ihr Server sein soll. Das bedeutet: Je mehr Gedanken Sie sich jetzt machen, desto schneller ist das System im Fehlerfall wieder aufgebaut.

Es gibt grundsätzlich zwei Arten der Sicherung: lokale Sicherungen und Sicherungen über das Netzwerk. Bei der lokalen Sicherung werden die Daten auf ein Laufwerk oder Medium am Netzwerkserver gesichert. Dabei kann es sich um ein Bandlaufwerk (z. B. DDS oder DLT), einen CD- oder DVD-Brenner oder auch eine andere Festplatte handeln. Die Sicherung von Daten in eine Datei auf der gleichen Festplatte ist natürlich nicht zu empfehlen, da bei einem Ausfall der Platte mit den Daten auch das Backup verschwunden wäre.

Netzwerksicherungen liefern die Dateien über einen anderen Netzwerkteilnehmer an ein dort angeschlossenes Gerät. Einige Freeware-Programme bieten die Sicherung in eine Netzwerkfreigabe eines anderen PCs an (z. B. mit FTP, NFS, Samba).

Nicht nur auf Sicherungslaufwerke können Sie über einen anderen PC im LAN zugreifen. Auch die Steuerung der Sicherung muss nicht lokal bleiben. Die Sicherungsdaten (*Wann* wurde *was wohin* gesichert?) können auf diese Weise vom zu sichernden System ferngehalten werden. Sollte der Netzwerkserver also Daten verlieren, wären die Informationen über die Sicherungen unversehrt.

Wenn Sie größere Mengen relativ statischer Daten sichern möchten, sollten bei der Wahl Ihres Backup-Tools darauf achten, dass inkrementelle Sicherungen unterstützt werden. In einer inkrementellen Sicherung werden nur die Dateien in die Sicherung einbezogen, die sich seit der letzten Vollsicherung oder der letzten inkrementellen Sicherung verändert haben.

41.3 Restore

Im Falle eines *Restore* (Zurückspielen der Daten vom Sicherungsmedium auf die Festplatte) sollten Sie sorgfältig und mit Bedacht arbeiten. Die meisten Backup-Programme bieten Ihnen die Möglichkeit, die betroffenen Dateien und Verzeichnisse einzeln auszuwählen. Andere Optionen können im Ernstfall sehr hilfreich sein. Mit der Option NO OVERWRITE werden nur Dateien zurückgespielt, die nicht mehr vorhanden – weil z. B. versehentlich gelöscht – sind. Alle anderen Dateien bleiben unberührt. Ob und welche anderen Hilfsmittel das Backup-Programm Ihnen bietet, erfahren Sie aus der Dokumentation.

41.4 Disaster Recovery

Wenn gar nichts mehr geht, hilft nur ein Disaster Recovery. Es ist denkbar, dass das Betriebssystem nicht mehr zu retten ist. Die Basis selbst ist so in Mitleidenschaft gezogen, dass nur noch ein kompletter Restore der Partitionen hilft. Die möglichen Ursachen dafür sind vielfältig:

- Administrationsfehler
- Fehler im Filesystem
- Hardware-Ausfall
- Virenbefall

Ich empfehle Ihnen zur Vorsorge für diesen Notfall eine Image-Sicherung (siehe Abschnitt 39.4, »Personal Backup Appliance«).

41.5 Areca Backup

Areca (siehe *http://areca.sourceforge.net*) ist eine in Java geschriebene Applikation. Sie ist für Windows und Linux verfügbar. Sie finden die Installationsdateien für Windows auf der Buch-DVD im Verzeichnis */software/administration*. Aufgrund der Spezifika von Mac OS X kann der Einsatz von Areca Backup hier nicht empfohlen werden. Wenn Sie ein Backup im Netzwerk vornehmen möchten, dann bietet die Apple-eigene Lösung mit der *Time Machine* eine gute Alternative zu kostenpflichtigen Zusatzprogrammen von Drittherstellern. [o]

41.5.1 Sicherungsdefinitionen

Areca bietet die Möglichkeit, verschiedene Sicherungen parallel auszuführen. Sie müssen immer zuerst eine Gruppe anlegen, auch wenn Sie nur eine einzelne Datei sichern möchten. Eine neue Gruppe legen Sie über BEARBEITEN • NEUE GRUPPE an. Sie sollten einen möglichst sprechenden TITEL wählen, damit Sie die einzelnen Sicherungsdefinitionen später nicht verwechseln. Die neue Gruppe erscheint in der Baumstruktur von Areca. Mit einem Rechtsklick auf die neue Gruppe erscheint ein Kontextmenü, in dem Sie NEUES ZIEL auswählen (siehe Abbildung 41.1).

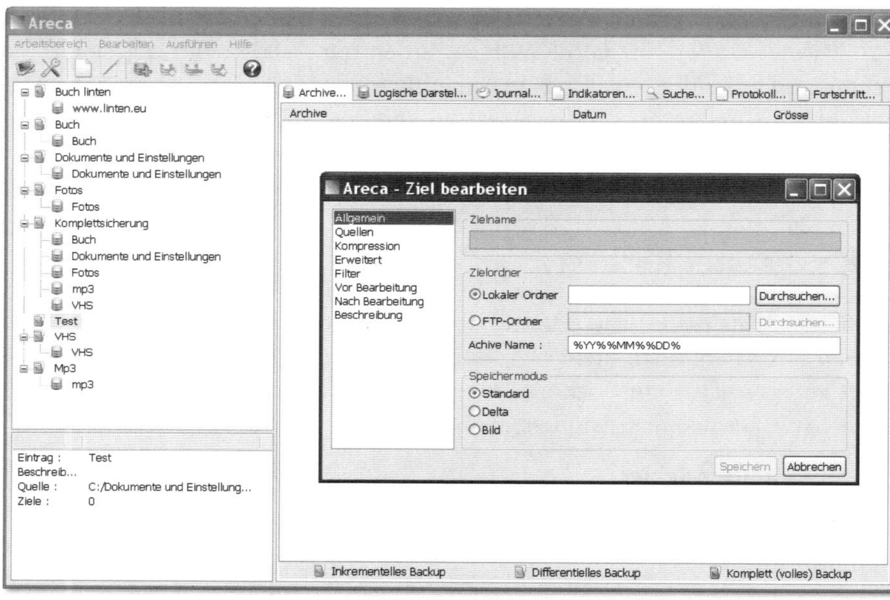

Abbildung 41.1 Die neue Gruppe »Test« erhält ein Ziel.

Ein Areca Backup-Ziel beschreibt:

- was gesichert werden soll (Quelle),
- wohin gesichert werden soll (Sicherungsmedium) und
- wie die Sicherung abgelegt werden soll (z. B. komprimiert).

Als Ziel wählen Sie wieder einen möglichst sprechenden Namen. Sie bestimmen außerdem, ob in einen LOKALEN ORDNER oder über das Netzwerk in einen FTP-ORDNER gesichert werden soll.

[!] Falls Sie sich für einen lokalen Ordner als Sicherungsmedium entscheiden, achten Sie darauf, dass die Quelle und das Sicherungsmedium nicht identisch sind. Optimal ist eine separate USB-Festplatte, die Sie nur für Sicherungszwecke verwenden und ansonsten vom PC trennen.

Über den Reiter QUELLEN fügen Sie der Sicherungsdefinition nun lokale Ordner und Dateien hinzu. Als KOMPRESSION empfehle ich ZIP 64, da die Archivgröße anderenfalls begrenzt ist.

Auf diese Art und Weise können Sie der Gruppe nun bei Bedarf weitere Ziele hinzufügen.

Beachten Sie, dass die Sicherungen in einer Gruppe zeitgleich durchgeführt werden. Sollten in einer Gruppe Quellen von der gleichen Festplatte oder gleiche Sicherungsmedien definiert sein, dann wirkt sich das negativ auf die Gesamtperformance aus. Der Schreib- und Lesekopf der Festplatte müsste immer zwischen den Sicherungen hin- und herspringen. Das verkürzt zudem die Lebensdauer einer Festplatte. [!]

Nach einem Rechtsklick auf die Gruppe klicken Sie auf BACKUP STARTEN, um ein Vollbackup aller Ziele in der Gruppe durchzuführen.

41.5.2 Inkrementelle Sicherung

Wenn Sie jede Sicherung als Vollbackup durchführen, ist das bei relativ statischen Daten eine unnötige Zeit- und Platzverschwendung.

Deshalb empfiehlt es sich, nur die veränderten Dateien in eine Sicherung einzubeziehen. Dazu wählen Sie nach eienem Rechtsklick auf das Ziel (nicht wie bei der Vollsicherung auf die Gruppe) den Punkt BACKUP STARTEN. Dieses mal erscheint eine neue Maske, in der Sie die Option INKREMENTELLES BACKUP wählen.

Diese Backup-Methode wird standardmäßig auch ausgeführt, wenn bereits ein Vollbackup des Zieles gemacht wurde. An dieser Stelle müssten Sie also auch ein erneutes Vollbackup explizit auswählen. [«]

41.5.3 Differenzielle Sicherung

Eine differenzielle Sicherung funktioniert wie eine inkrementelle Sicherung. Der Bezugspunkt der differenziellen Sicherung ist jedoch immer das letzte Vollbackup, während eine inkrementelle Sicherung sich auch auf eine andere inkrementelle Sicherung beziehen kann.

Die DIFFERENZIELLE SICHERUNG wählen Sie wie die INKREMENTELLE SICHERUNG nach einem Rechtsklick auf das Ziel und auf BACKUP STARTEN.

41.5.4 Backup-Verknüpfungen

Nicht jeder Benutzer kann auf Anhieb ein Backup-Programm bedienen. Gerade ein Zurückspielen von Dateien sollte man vorher schon einmal geübt haben.

Aber auch die Dateisicherung ist nicht für jeden PC-Benutzer so einfach, dass er von sich aus regelmäßig eine Sicherung seiner Dateien durchführen würde.

Aus diesem Grund sollten Sie für diese Benutzer eine Backup-Verknüpfung auf dem jeweiligen Desktop anlegen. Das geschieht durch einen Rechtsklick auf die Gruppe und die Auswahl EINE BACKUP-VERKNÜPFUNG ERSTELLEN. Damit erleichtern Sie gerade unerfahrenen Benutzern das Durchführen eines Backups erheblich.

41.5.5 Restore

Ich empfehle, das Zurückspielen von Dateien zu testen und damit gleichzeitig zu üben! Beim Zurückspielen von Dateien ist zwar etwas Erfahrung hilfreich, aber wirklich schwierig ist es trotzdem nicht.

Es kann vorkommen, dass Sie nicht genau wissen, in welchem Archiv die wiederherzustellende Datei gespeichert sein könnte. In diesem Fall können Sie über den Reiter SUCHE die Archive nach einzelnen Dateinamen durchstöbern.

Ansonsten erhalten Sie mit einem Klick auf das Archiv und danach auf den Reiter LOGISCHE DARSTELLUNG eine verzeichnisartige Übersicht über den Inhalt. In der Baumstruktur wählen Sie die Objekte, die Sie wiederherstellen möchten. Nach einem Klick mit der rechten Maustaste öffnet sich ein Kontextmenü, in dem Sie den Punkt DATEIEN WIEDERHERSTELLEN auswählen. Sie bestimmen danach den ORT, an dem Areca die Dateien wiederherstellen soll. Areca fügt automatisch das Verzeichnis *rcv* (Abkürzung für *recovery*, dt. *Wiederherstellung*) hinzu. Von dort können Sie die Dateien nach dem Restore an ihren ursprünglichen Ort verschieben.

41.5.6 Archive löschen und zusammenfügen

Mit der Zeit entstehen viele Sicherungen in chronologischer Reihenfolge, die Sie sich über den Reiter ARCHIVE ansehen können. Die Vielzahl der Archive kann mit der Zeit sehr unübersichtlich werden und wirkt sich außerdem negativ auf die Sicherungszeiten bei rein inkrementeller Sicherung aus. Mit einem Rechtsklick auf ein Archiv können Sie mit der Auswahl von ARCHIVE LÖSCHEN ein nicht mehr benötigtes altes Archiv entsorgen.

Auf ähnliche Art können Sie aus mehreren Archiven ein einziges machen, indem Sie ARCHIVE ZUSAMMENFÜHREN wählen. Areca kombiniert dann alle Archive zwischen dem ältesten und jüngsten markierten Archiv.

41.6 Windows-Bordmittel

Die Sicherung von Daten ist ein wichtiger Schritt, um Sicherheit für Ihr Netzwerk zu erreichen. Windows bringt, wie Mac OS X oder Linux auch eigene Bordmittel mit, mit denen Sicherungen durchgeführt werden können.

41.6.1 Robocopy

In Vista und Windows 7 ist das Kommandozeilentool `robocopy.exe` bereits enthalten, für Windows XP können Sie es von den Seiten von Microsoft herunterladen (siehe *http://www.microsoft.de*), es ist Bestandteil des *Windows Server 2003 Resource-Kit*.

Wie der Name schon andeutet, ist es eigentlich kein klassisches Sicherungstool, sondern ein Kopierprogramm. Es eignet sich insbesondere dazu, ein Verzeichnis, z. B. *Eigene Dateien*, auf das NAS zu spiegeln. Mit den entsprechenden Parametern kopiert Robocopy nur Dateien, die sich geändert haben oder neu sind und löscht – sofern gewünscht – im Quellordner gelöschte Dateien.

Das Programm bietet etliche Kommandooptionen, daher sollten Sie überlegen, ob Sie nicht eine kostenfrei verfügbare Programmoberfläche nutzen. Ich habe mich für *RoboGUI* (siehe *http://steppenmaus.homeserver.com/SpoonSOFT/RoboGUI*) entschieden. Über die bequeme und mit Hilfstexten versehene Oberfläche von RoboGUI (siehe Abbildung 41.2) können Sie verschiedene Kopierjobs anlegen, umfangreich konfigurieren und auch direkt einen Zeitplan für die Ausführung festlegen.

Im Gegensatz zu einigen anderen Sicherungstools arbeitet Robocopy mit maximaler Datenrate, ohne das Quellsystem dabei zu sehr zu belasten. Allerdings werden die Daten auch nicht komprimiert, sodass genug Platz auf den Zielverzeichnissen zur Verfügung stehen muss.

Ein Nachteil kann je nach Konfiguration von Robocopy sein, dass gelöschte Dateien auch in der Kopie gelöscht werden. Versehentlich gelöschte Dateien können dann in der Sicherung nicht mehr wiedergefunden werden. Außerdem können Sie nicht mehrere Versionen einer Sicherung anlegen.

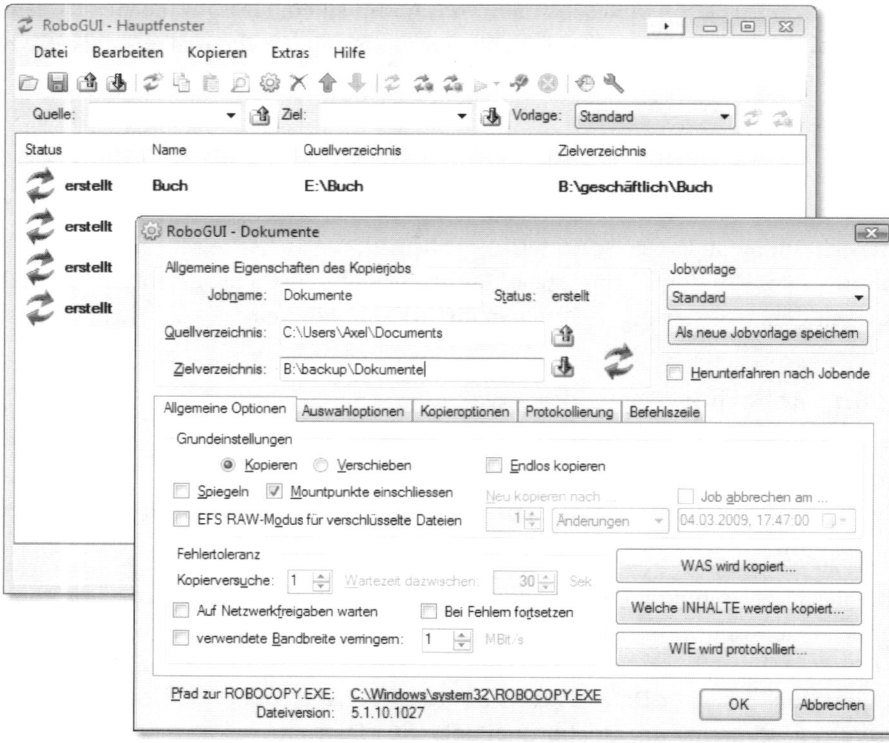

Abbildung 41.2 RoboGUI hilft beim Einrichten von Robocopy.

41.6.2 SyncToy 2.0

Microsoft bietet mit dem SyncToy ein Programm, das speziell für die Synchronisierung von Verzeichnissen ausgelegt ist.

Die Optionsvielfalt von Robocopy bietet SyncToy nicht, doch wenn Sie nur zwei Ordner synchron halten wollen, ist es eine nette, wenn auch englischsprachige Alternative.

Zur Einrichtung wählen Sie einen Quellordner (*Left Folder*) und einen Zielordner (*Right Folder*) aus. Die beiden bilden ein Paar und werden, wenn Sie als *Action* den Punkt SYNCHRONIZE wählen, synchronisiert. Entsprechend werden im Quellverzeichnis gelöschte Dateien auch im Zielverzeichnis gelöscht. Möchten Sie das nicht, müssen Sie CONTRIBUTE wählen. Es gibt weitere Optionen, um Verzeichnisse oder Dateien auszuschließen.

Auch bei diesem Programm handelt es sich nicht um ein klassisches Backup-Programm, das Ihnen ein komprimiertes Archiv zur Verfügung stellt, sondern auf dem NAS liegen die Dateien 1:1 wie auf dem Quell-PC. Dafür sind die Dateien nutzbar, was beispielsweise bei Musik oder Fotos oft wünschenswert sein dürfte.

Abbildung 41.3 SyncToy kopiert von links nach rechts.

Im Vergleich zu Robocopy ist SyncToy deutlich langsamer, kann beim Kopieren einer geänderten Datei aber auch deren Inhalt berücksichtigen.

41.6.3 Offlinedateien

Ein Bordmittel von Windows sind die *Offlinedateien*. Bei Vista und Windows 7 wird die Funktion durch das *Synchronisierungscenter* unterstützt.

Eine Offlinedatei ist eine Datei auf einem Netzlaufwerk, die in einen lokalen Ordner synchronisiert wird. Das soll nach Aussage von Microsoft genutzt werden, wenn eine schlechte Netzwerkanbindung vorliegt oder die Dateien auch ohne Netzwerkanbindung bearbeitet werden sollen.

Wenn Sie eine Datei oder einen Ordner auf dem Netzlaufwerk haben, können Sie dort mittels rechter Maustaste über EIGENSCHAFTEN • OFFLINEDATEIEN • IMMER OFFLINE VERFÜGBAR die Synchronisierung aktivieren. Um einen Zeitplan brauchen Sie sich keine Gedanken machen, die Synchronisierung wird im Hintergrund automatisch durchgeführt. Dabei kann es sein, dass es zu einem Konflikt kommt, wenn Original und Kopie bearbeitet wurden. In diesen Fällen fragt Windows nach – wie vom normalen Kopieren her bekannt –, was nun zu tun ist. Im Ordner oder in der Datei erscheint ein kleines Symbol, das die Synchronisierung anzeigt.

Im SYNCHRONISIERUNGSCENTER, das Sie in der SYSTEMSTEUERUNG finden, haben Sie den Überblick, welche Dateien synchronisiert werden und wie der Status der Synchronisierung ist.

Bei den Offlinedateien gilt, wie schon bei Robocopy und SyncToy, dass es kein Backup-Werkzeug im eigentlichen Sinn ist, da kein Backup-Archiv erzeugt wird.

41.7 Mac OS X mit Time Machine im Netzwerk sichern

Wenn Sie unter Mac OS X ein Backup über das Netzwerk erstellen möchten, dann gibt es hierbei einige Faktoren zu berücksichtigen. Zwar handelt es sich bei Mac OS X um ein vollwertiges und sogar offiziell zertifiziertes UNIX-System, aber in vielen Punkten verhält sich Mac OS X doch etwas anders. Dies betrifft insbesondere die Arbeit mit Dateien. Mac OS X verwendet standardmäßig das Dateisystem HFS. Das System ist zwar in der Lage, auch auf Festplatten mit dem FAT-Dateisystem zuzugreifen und das Dateisystem NTFS zu lesen, aber ein vollständiges und wirklich funktionsfähiges Backup können Sie in der Regel nur mit einer Apple-eigenen Lösung wie der Time Machine oder kostenpflichtigen Zusatzprogrammen erreichen, die die besonderen Anforderungen der Plattform berücksichtigen. Eine der wesentlichen Anforderungen an ein Backup-System besteht in der korrekten Handhabung der erweiterten Dateiattribute, die unter Mac OS X viele Aufgaben wahrnehmen und manchmal nicht nur zusätzliche Informationen einer Datei speichern, sondern in Ausnahmefällen auch den eigentlichen Inhalt. Auch wenn es sich beim letzten Fall eher um eine Altlast aus der Zeit des klassischen Mac OS handelt, sollten Sie dies bei den Überlegungen bezüglich Ihrer Backup-Strategie im Hinterkopf behalten.

Eine recht einfach zu konfigurierende Variante besteht im Einsatz der Time Machine als der hauseigenen Lösung des Systems. Sowohl die Servervariante von Mac OS X als auch die AirPort-Basisstation sind in der Lage, Ordner und Festplatten im Netzwerk freizugeben, die als Ziel für eine Sicherung mit der Time Machine genutzt werden können. Ferner bietet Apple mit der Time Capsule eine modifizierte AirPort-Basisstation an, die zusätzlich eine Festplatte enthält.

Wenn Sie die freigegebenen Ordner oder die über die AirPort-Basisstation im Netzwerk bereitgestellten Festplatten unter Mac OS X im Finder eingebunden haben, können Sie diese als Ziel für ein Backup im Netzwerk nutzen. Wenn Sie bereits die Time Machine nutzen, können Sie in der Ansicht TIME MACHINE der SYSTEMEINSTELLUNGEN über die Schaltfläche BACKUP-VOLUME AUSWÄHLEN bzw. VOLUME WECHSELN ein Panel aufrufen. In diesem Panel werden alle Festplatten und eingebundenen Ordner aufgeführt, die als Zielmedium für ein Time-Machine-Backup geeignet sind. In Abbildung 41.4 wird der im Netzwerk vom Server LEOSERV freigegebene Ordner TM106 als Zielmedium für das Backup ausgewählt. Über die Schaltfläche TIME CAPSULE KONFIGURIEREN starten Sie das AIRPORT-DIENSTPROGRAMM und können dort analog zu einer normalen Basisstation die Time Capsule konfigurieren.

Abbildung 41.4 Als Zielmedium für das Backup wird ein freigegebener Ordner verwendet.

Wenn Sie auf diese Weise eine Freigabe im Netzwerk konfiguriert haben, beginnt das System mit der Erstellung des ersten Backups. Dieser Vorgang kann insbesondere unter Mac OS X 10.5 mehrere Stunden dauern. Gesichert wird hierbei neben Ihren Daten im persönlichen Benutzerordner auch das gesamte Betriebssystem. Wenn Sie auf diese Sicherung verzichten möchten und somit Speicherplatz auf dem Zielmedium sowie Zeit sparen möchten, können Sie die zum Betriebssystem gehörenden Verzeichnisse von der Sicherung ausschließen. Hierzu können Sie über die Schaltfläche OPTIONEN das Panel aufrufen, in dem die Ordner aufgeführt werden, die vom Backup ausgeschlossen sind. Über das Pluszeichen können Sie jetzt einen Ordner hinzufügen, und wenn Sie den Ordner SYSTEM auf Ihrem Startvolume auswählen, erhalten Sie die Rückfrage, ob Sie ALLE SYSTEMDATEIEN AUSSCHLIESSEN möchten. Wenn Sie diese Option auswählen, dann werden nur die Dateien und Ordner im Backup gesichert, die nicht zum System gehören.

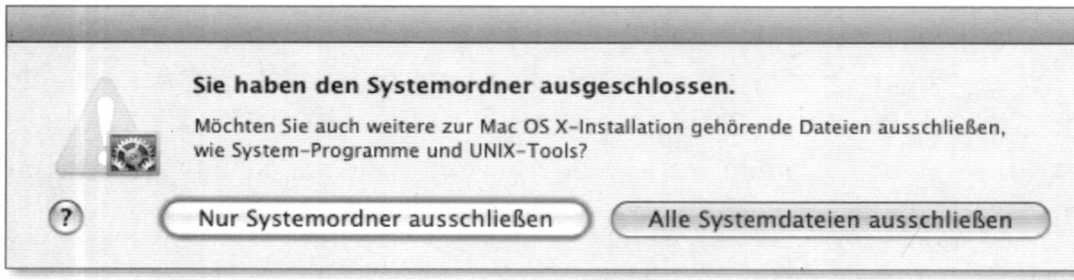

Abbildung 41.5 Es ist möglich, alle Systemdateien vom Backup auszuschließen.

Das Backup wird auf dem Zielmedium nicht in Form einzelner Dateien und Ordner gesichert. Vielmehr wird eine Festplattenabbildung erstellt, deren Bezeichnung dem Namen Ihres Systems entspricht. Innerhalb dieser Festplattenabbildung mit der Dateiendung .SPARSEBUNDLE befindet sich dann die Dateistruktur des Backups.

Ein wirklich zuverlässiges Backup können Sie mit der Time Machine im Netzwerk eigentlich nur dann erzielen, wenn Sie die Geräte von Apple nutzen. Zur Drucklegung des Buches kursierten im Internet einige Hacks und Beschreibungen, wie sich ein Backup auch auf einem NAS wie dem Openfiler anlegen ließe. An dieser Stelle sei von einem solchen Einsatz abgeraten. Lediglich die derzeit von Apple bereitgestellten Lösungen (Mac OS X-Server, AirPort-Basisstation und Time Capsule) unterstützen alle Funktionen, die die Time Machine benötigt. So bieten zwar einige im Netzwerk erhältliche NAS-Festplatten eine Unterstützung für das AFP-Protokoll, das Apple von Haus aus für die Dateiübertragung nutzt, aber diese Unterstützung ist fast ausnahmslos unvollständig. Im schlimmsten Fall verfügen Sie über ein Backup, das zwar vollständig und funktionsfähig wirkt, müssen aber bei der Rekonstrukion von Daten feststellen, dass die Sicherheitskopie korrupt ist.

LAN und WLAN eignen sich hervorragend, um Musik, Video und Fotos überall im Haus verfügbar zu machen. Spezielle Clients können auf bereitgestellte Streams zugreifen.

42 Streaming Media

Ein *Video-Stream* (deutsch: *Video-Strom*) sind direkt empfangbare Bild- und Toninformationen. Demgegenüber ist beispielsweise die Übertragung einer MPEG-4-Datei über das LAN lediglich ein Datenstrom.

Der Vorteil des Streamings ist also, dass die empfangenen Daten von verschiedenen Geräten (PCs, Mediacenter, Internetradio usw.) empfangen und wiedergegeben werden können.

Stellen Sie sich vor, dass Sie Ihre Videosammlung auf dem NAS für alle im LAN verfügbar machen möchten. **[zB]**

Sie können diese vom NAS auf verschiedene PCs streamen oder aber auch ein Mediacenter nutzen, eine Set-Top-Box, die an den Fernseher angeschlossen wird. Geräte die problemlos zusammenarbeiten, werden oft mit dem DLNA-Siegel beworben. Die DLNA ist eine Organisation ähnlich der Wi-Fi beim Thema WLAN. Sie hat einen Katalog von Prüfkriterien aufgestellt, die Geräte erfüllen müssen, wenn Sie DLNA-kompatibel sein wollen.

Die nachfolgende Tabelle gibt die Datenraten für digitalen Satellitenempfang, DVD und HDTV an.

	DVB-S	DVD	Full-HD
Video-Codec	MPEG-2	MPEG-2	MPEG-4
Videoverfahren	VBR	VBR	CBR
Audio-Codec		diverse	AAC
max. Videorate	5 Mbit/s	9,8 Mbit/s	27 Mbit/s
max. Audiorate	k.A.	912 Kbit/s	640 Kbit/s
typische Videorate	--	3,5 bis 5 Mbit/s	25 Mbit/s

Tabelle 42.1 Video-Datenraten

	DVB-S	DVD	Full-HD
typische Audiorate Stereo	--	64 Kbit/s	224 Kbit/s
typische Audiorate AC3	--	448 Kbit/s	448 Kbit/s

Tabelle 42.1 Video-Datenraten (Forts.)

Dabei handelt es sich um die reinen Video- oder Audiodaten. Wie Sie ja sicher wissen, müssen diese noch in weitere Paketformate eingepackt werden (IP, UDP usw.), und dadurch entsteht zusätzlicher Bandbreitenbedarf.

Bei einer normalen DVD in Stereoqualität habe ich im LAN eine Übertragungsrate von 7 bis 10 Mbit/s festgestellt. Da eine DVD mit variabler Bitrate (VBR = *Variant Bit Rate*, CBR = *Constant Bit Rate*) arbeitet, schwankt die zu übertragende Menge je nach der Häufigkeit von Bildwechseln.

Das in Europa eingesetzte *PAL*-Verfahren für die Übertragung von Fernsehen benötigt insgesamt 4 bis 6 Mbit/s für Video- und Audiodaten. Wenn Sie gute Qualität möchten und *HDTV* schauen wollen, steigt die Bandbreite auf 25 Mbit/s.

42.1 Protokolle und Codecs

Es gibt eine Fülle von Streaming-Protokollen und Codecs. Alle haben Vor- und Nachteile. Allerdings kann man nicht vom Codec auf die tatsächliche Qualität schließen, weil beim Streaming weitere Faktoren wie eine konstante Übertragung – insbesondere bei Internet-Streams ein Thema – sowie Vorverarbeitung wichtig sind: Eine alte TKKG-Kassette klingt auch dann schlecht, wenn man sie mit OGG bei 256 Kbit/s streamt.

42.1.1 Audio-Codecs

Der Vergleichsstandard von Audio-Codecs ist die CD. Es gibt eine Reihe von sogenannten Hörtests, bei denen verschiedene Codecs bei unterschiedlichen Musikrichtungen miteinander vergleichbar gemacht werden. Ziel aller verlustbehafteter Codecs ist es, *Transparenz* zu erreichen. Gemeint ist, dass ein Hörer keinen Unterschied zur CD hört.

Beim Streaming sind zurzeit folgende Codecs am Markt weit verbreitet:

- MP3
- WMA

- AAC+
- OGG

Das bekannte und sehr weit verbreitete MP3-Format ist von sehr vielen Playern abspielbar. Bei Internetradios ist dieses Format ebenso beliebt wie bei der Umwandlung der privaten CD-Sammlung.

Von Microsoft gibt es *Windows Media Audio* (kurz: WMA). Im Gegensatz zu MP3 können bei WMA auch digitale Rechte (*Digital Rights Management*, kurz: DRM) vergeben werden, was eine zeitlang populär war. Insbesondere, wenn sehr niedrige Bandbreiten von weniger als 96 Kbit/s gestreamt werden sollen, kann WMA eine gute Alternative sein, denn in diesem Bereich sinkt die Qualität von MP3 stark ab.

Man darf ihn durchaus den Nachfolger von MP3 nennen, denn *Advanced Audio Coding* (kurz: AAC). Er wurde, wie schon MP3, auch maßgeblich vom Fraunhofer Institut entwickelt. Das Kodierungsverfahren wurde deutlich verbessert und erzeugt nun bei gleicher Datenrate wesentlich natürlicheren Klang. Eine weitere Verbesserung gegenüber MP3 ist die Möglichkeit, mehr als zwei Kanäle – also mehr als Stereo – zu verarbeiten; konkret 5.1- oder 7.1-Sound. Die Variante *AAC+* kommt insbesondere bei niedrigen Datenraten von weniger als 96 Kbit/s zum Einsatz und bietet dann verbesserten Klang.

Im Gegensatz zu AAC ist *OGG* ein Open-Source-Format und somit lizenzfrei nutzbar. Es erreicht ähnliche Qualität wie AAC und bietet auch die Möglichkeit, 5.1- oder 7.1-Sound zu verarbeiten.

Dabei hängt die Qualität von der Musikart ab, die gehört wird, von den eigenen Präferenzen – üblicherweise wird die durchschnittliche Meinung von »Otto Normalhörer« geprüft – und der Version des eingesetzten En-/Decodierers.

42.1.2 Video-Codecs

Im LAN werden für das Streaming üblicherweise folgende Codecs verwendet:

- MPEG-2
- MPEG-4/H.264/AVC
- DivX/Xvid

Dagegen wird im Internet *Windows Media Video* (kurz: WMV) bei Video-on-Demand und Flash-Video[1] bei kostenfreien Clips genutzt.

1 Der Codec heißt VP6, gebräuchlich ist aber die Bezeichnung Flash-Video.

Der bekannte Standard *MPEG-2* wird insbesondere beim digitalen TV-Rundfunk genutzt: DVB-T und DVB-S. Auch die DVD nutzt diesen Codec.

Standardisiert ist der Nachfolger *MPEG-4*, der unter vielen Namen und in vielen Varianten vorkommt. So nutzt das bekannte DivX ebenso MPEG-4, wie Xvid oder Nero Digital. Die Datenrate ist bei gleicher Qualität deutlich geringer als bei MPEG-2.

Für den Einsatz im Bereich der Online-Videotheken eignet sich wegen der DRM-Integration WMV und wird dort häufig genutzt.

42.1.3 Streaming-Dienste

Damit ein Video im LAN vom Sender zum Empfänger kommt, müssen die beiden sich kennen. Der Streaming-Server muss den Streaming-Clients im Netzwerk mitteilen, dass er seine Dienste anbietet. Ein Streaming-Client kann sich dann verbinden und auf die Medien zugreifen, die der Streaming-Server bereithält.

Unter Windows ermöglichen diese Dienste *UPnP AV* (siehe Kapitel 20, »Universal Plug and Play«). Es gibt drei Funktionen:

- *Media Server*: stellt Medien bereit.
- *Control Point*: zeigt und sortiert Medien, sorgt für die Wiedergabe an einem Renderer.
- *Media Renderer*: gibt Medien wieder.

Wenn man die Funktionen übersetzt, ist der Media Server der Streaming-Server, während Control Point und Media Renderer Funktionen des Streaming-Clients sind.

Erstaunlicherweise gibt es für UPnP AV kaum Software-Clients. Während jedes Internetradio UPnP AV (Streaming-Client) und auch eine große Anzahl NAS-Geräte als Streaming-Server über UPnP agieren, kann derzeit weder VLC noch der Windows Media Player als UPnP Control Point agieren.

Der *Windows Media Player* (kurz: WMP) kann ab Version 11 unter Vista oder Windows 7 auch UPnP Control Point sein, stellt allerdings gewisse Anforderungen an den Media Server, sodass die Auswahl und Wiedergabe von Mediainhalten nicht zuverlässig funktioniert. Mit anderen Worten: Nicht in jedem Fall sind die per UPnP zur Verfügung gestellten Medien mit dem WMP 11 abrufbar. Seinerseits bietet der WMP 11 selbst auf Wunsch Medien per UPnP im LAN an.

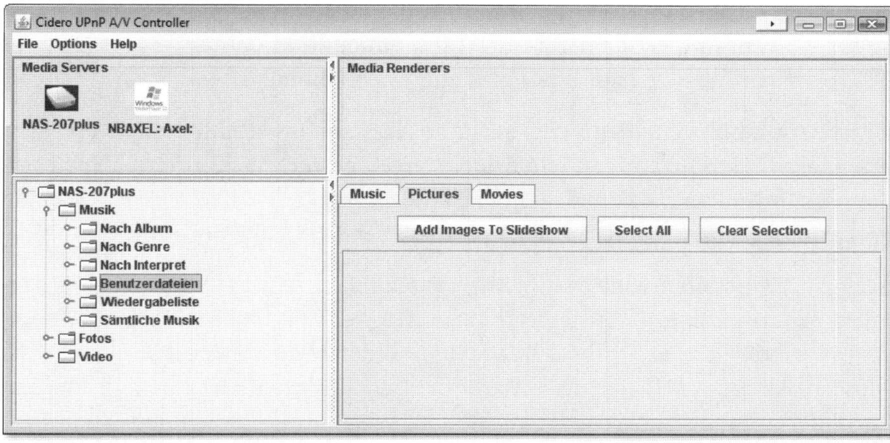

Abbildung 42.1 Cidero UPnP A/V Controller

Wenn Sie prüfen möchten, ob die Daten per UPnP korrekt im LAN bereitgestellt werden, können Sie bei der Firma Cidero (siehe *http://www.cidero.com*) eine kostenfreie Software herunterladen (siehe Abbildung 42.1), die auch einen Control Point, also einen UPnP Client mitbringt.

Eine Alternative zu einer gesonderten Software ist ein Netzwerkmitschnitt mit Wireshark (siehe Abschnitt 28.1, »Wireshark«). Filtern Sie auf die IP-Adresse 239.255.255.250, über diese Multicast-Adresse werden die Informationen bei UPnP ausgetauscht. Der Inhalt eines UPnP-Pakets ist ein HTML-Header.

Viele Streaming-Server bieten die Möglichkeit, Medien auch via Bonjour anzubieten.

42.2 Streaming-Hardware

Immer den PC für die Wiedergabe von Musik oder Fotos laufen zu lassen ist eher unbequem. Schöner ist es, wenn ein Radio oder die Musikanlage sich um die Wiedergabe kümmert. Nebenbei bemerkt: Es klingt auch besser.

42.2.1 Foto

Dank digitaler Fotokameras wachsen heute Fotoordner schneller und nicht selten sind einige Tausend Fotos enthalten. Wie bei den Papierbildern schaut man sich die Fotos eigentlich viel zu selten an.

Abhilfe versprechen digitale Bilderrahmen, die Fotos der Fotosammlung als Diashow anzeigen. Immer mehr Bilderrahmen unterstützen WLAN, sodass Sie per UPnP oder per RSS-Feed auf Ihre Fotos zugreifen können.

Der Bilderrahmen kann dann eine zufällige Auswahl aus all Ihren digitalen Fotos zeigen, es werden garantiert viele Erinnerungen geweckt. Ich halte die Speicherkartenlösung nicht für optimal, denn die Lust, permanent neue Fotos auf die Speicherkarte zu bannen, sinkt mit der Zeit, die Übersichtlichkeit ebenfalls.

Spezielle Dienstseiten wie *http://www.framechannel.com* bieten zusätzlich zur eigenen Bildersammlung auf dem NAS die Möglichkeit, auch Nachrichten eines RSS-Feeds oder den Wetterbericht auf dem Bilderrahmen zwischen die eigenen Fotos einzustreuen. Über eine E-Mail-Adresse kann man leicht neue Bilder auf den Bilderrahmen schicken oder auf diesem Weg von Freunden neue Bilder bekommen.

42.2.2 Musik

Verschiedene Lösungen ringen um die Gunst der Kunden. Ich konzentriere mich bei meiner Betrachtung auf die weit verbreiteten Internetradios. Technisch gibt es zu den teureren Hi-Fi-Komponenten aus der Sicht eines Netzwerkers keinen großen Unterschied.

Internetradios greifen per LAN oder WLAN auf eine stetig wachsende Anzahl von Internetradiostationen zu. Zusätzlich wird die eigene Musiksammlung per UPnP im Netzwerk gefunden und wiedergegeben. Die Unterstützung von Codecs ist breit gestreut: MP3, WMA, AAC oder OGG gehören auch bei günstigen Geräten zum Standardumfang. Das ist auch notwendig, denn die Streaming-Formate im Internet sind vielfältig. Bei privaten Musiksammlungen dominiert MP3, mit guten Encodern gibt es auch keinen Grund, ein anderes Format zu nutzen. Ebenso ist es Geschmacksache, ob LAN oder WLAN genutzt wird. Bei den vergleichsweise geringen Bandbreiten von meist weniger als 256 Kbit/s sollte kein WLAN überfordert sein.

Was bieten die Einsteigergeräte? Über ein mehrzeiliges Display, einige wenige Funktionstasten und eine kleine Fernbedienung steuert man das Gerät.

Am Display können Sie sich für die Wiedergabe von UPnP-Mediendaten oder Internetradio entscheiden. Bei UPnP wird Musik nach Kategorieren wie Album, Künstler, Genre oder Wiedergabelisten angeboten. Das funktioniert nur, wenn entsprechende Metadaten hinterlegt sind oder ermittelt werden können; eine Leistung des UPnP Media Servers. Er hat eine entsprechende Datenbank anhand der vorhandenen Musik aufgebaut.

Entscheiden Sie sich für Internetradio, können Sie nach Ländern, Musikgeschmack oder nach einem konkreten Namen suchen. Je nach Gerät können Radios mit geringer Bandbreite ausgefiltert werden. Auf jeden Fall haben Sie die Qual der Wahl, und Sie werden schnell feststellen, dass es mühselig ist, diese Arbeit mit einer Fernbedienung und einem zweizeiligen Display zu erledigen. Diese Erkenntnis ist auch den meisten Herstellern gekommen, und sie kooperieren mit speziellen Webseiten, an denen das Radio angemeldet wird. Auf den Webseiten können Sie Ihre Lieblingsradiostationen mit dem PC suchen, Probe hören und dann zu den Favoriten hinzufügen. Auf diese greifen Sie dann über das Radio zu.

Viele Hersteller setzen auf die Seite von *http://www.reciva.com*. Andere favorisieren *http://www.lastfm.de*. Während Reciva das Verwalten von Radiostationen vereinfacht, erzeugt Last.FM ein am Musikgeschmack des einzelnen Nutzers ausgerichtetes »Radio«. Der Nutzer kann stundenlang seine Musik hören, ohne dass ein Radiomoderator eine Staumeldung zwischendurch preisgibt.

42.2.3 Video

Video-Streaming-Clients werden üblicherweise von den DSL-Providern im Rahmen eines TV-Angebots vergünstigt an die Kunden verkauft und oft als Media Player bezeichnet. Unabhängig von den technischen Möglichkeiten sind diese Geräte meist auf das Anbieterportal festgelegt, auch wenn neben Video- auch Audio-Streaming oder die Wiedergabe von Fotos beherrscht wird, wird es von der Software meist nicht unterstützt. Daher hat sich eine ganze Reihe von Umbauprojekten etabliert, die die vorhandene Software ersetzen oder zumindest ergänzen.

Die Geräte werden wie ein Receiver über SCART, AV oder HDMI an den Fernseher angeschlossen und über eine gesonderte Fernbedienung bedient. Ein gesonderter Anschluss für die Hi-Fi-Anlage sorgt für ordentlichen Klang.

Aus der Netzwerksicht betrachtet, handelt es sich bei den Geräten um UPnP AV-Clients, sofern UPnP unterstützt wird.

> In einem reinen Mac-Umfeld ist interessant, sich Produkte wie Apple TV anzuschauen, weil dieses sich mittels Bonjour-Protokoll sehr gut in die Mac-Umgebung integriert. Für Windows-Benutzer ist dies meiner Meinung nach eher uninteressant. Das Gerät ist eng in iTunes integriert, so können recht einfach im iTunesStore gekaufte Filme oder Musik über Apple TV wiedergegeben werden.

Beim Kauf eines Gerätes sollten Sie auf breite Formatunterstützung achten, sodass hoffentlich auch Filme der nächsten Jahre noch über das Gerät wiedergegeben werden können.

Bei Full-HD in Kombination mit WLAN sollten Sie Skepsis walten lassen. Wenn WLAN nach 11n zum Einsatz kommt, ist immer noch fraglich, ob am gewünschten Abspielort eine permanente Datenrate von 25 Mbit/s zur Verfügung steht. Achten Sie auf Rückgabemöglichkeiten, wenn es in Ihrer Umgebung nicht funktionieren sollte.

Der Vorteil der Lösung ist, dass sie neben Audio auch Video und Fotos umfasst. Dabei sollte das Bildmaterial über HDMI an den Fernseher übermittelt werden, um eine möglichst hohe Qualität zu erreichen und nicht auf minderwertige Analog-/Digital-Wandler angewiesen zu sein. Das Erlebnis ist nur vollkommen, wenn auch Ihr Fernseher HDMI bietet.

42.3 Video-Streaming mit dem Video-LAN-Client

Manche von Ihnen kennen den *Video-LAN-Client* (kurz: VLC) vermutlich, weil die Software viele Videoformate unterstützt. Im Internet finden Sie VLC unter *http://www.videolan.org*.

42.3.1 Funktionen

Sie können mit dem VLC lokale Dateien, lokale DVDs, lokale Video-CDs (VCD) oder Bilder von an diesem PC angeschlossenen anderen Videoquellen ansehen.

VLC unterstützt eine Palette von Videoformaten sowie eine große Bandbreite von Audioformaten.

Von vielen andern Videoplayern unterscheidet sich VLC aber durch seine Streaming-Funktion.

Jede Datei, DVD oder Videoquelle, die Sie lokal ansehen, können Sie auch über das LAN streamen. Dabei steht es Ihnen frei, in Echtzeit die Datenrate zu reduzieren oder das Format konvertieren zu lassen.

42.3.2 Voraussetzungen

Damit Sie erfolgreich Video streamen können, müssen Sie einige Hardware-Anforderungen erfüllen.

Ihr LAN sollte in der Lage sein, einen Datendurchsatz von 10 Mbit/s zu leisten. Diese Bandbreite reicht für eine DVD im Allgemeinen aus. Das bedeutet, WLAN nach IEEE 802.11b (11 Mbit/s) ist ungeeignet, auch ein Ethernet mit 10 Mbit/s wird zu langsam sein.

Wenn die Daten zwingend über langsames WLAN, Powerline oder andere langsame Datenverbindungen gesendet werden sollen, müssen Sie die Datenrate begrenzen.

Der Empfänger-PC sollte hinreichend schnell sein. Wenn der PC zu langsam ist, um dort mit VLC lokal eine DVD zu schauen, dann ist er auch zu langsam, um den Video-Stream einer DVD zu empfangen und anzuzeigen. PCs, die in den letzten drei Jahren gekauft wurden, sind allesamt geeignet.

Bei einem Core2Duo erzeugt die Wiedergabe einer DVD etwa 10 bis 20 % CPU-Last. Allerdings habe ich festgestellt, dass ohne weitere Einstellungen ein lediglich gestarteter VLC schon 50 % CPU-Last unter Vista erzeugte. Grund war die fehlerhafte Videoausgabe STANDARD. Nachdem ich die Einstellungen zurückgesetzt habe und danach die Videoausgabe auf WINDOWS GDI-VIDEOAUSGABE änderte (siehe Abbildung 42.2), sank die CPU-Last nach dem Neustart von VLC auf 0 %. [!]

Abbildung 42.2 VLC-Videoeinstellungen auf »GDI-Videoausgabe« ändern

Der VLC ist freie Software und steht für alle gängigen Betriebssysteme (Windows, Linux, Mac OS) zur Verfügung.

42.3.3 Bedienung

Auf dem VLC-Empfänger starten Sie den VLC und wählen beim Menüpunkt MEDIEN den Punkt NETZWERK ÖFFNEN. Wählen Sie bei PROTOKOLL *UDP* aus, und klicken Sie auf WIEDERGABE. Dieser VLC horcht nun auf den UDP-Port 1234 (siehe Abbildung 42.3). Sobald ihm ein anderer VLC Daten auf diesem Port sendet, beginnt er mit der Wiedergabe.

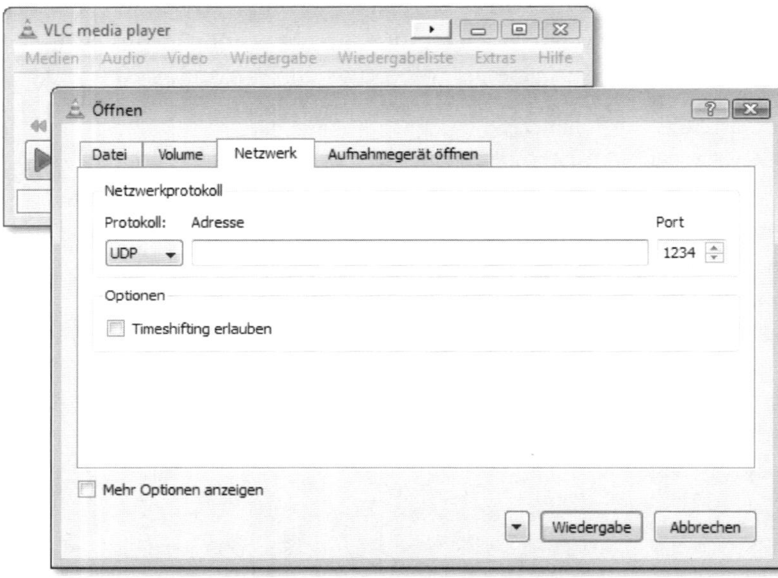

Abbildung 42.3 VLC-Empfänger horcht auf UDP-Port 1234.

Um eine lokal vorhandene Mediendatei an den Empfänger zu streamen, starten Sie auf dem Sende-PC ebenfalls den VLC und wählen im Menü MEDIEN den Punkt STREAMING... Nachdem Sie die Datei gewählt haben, klicken Sie auf das Dreieck neben der Schaltfläche STREAM und wählen dort STREAM ALT+S.

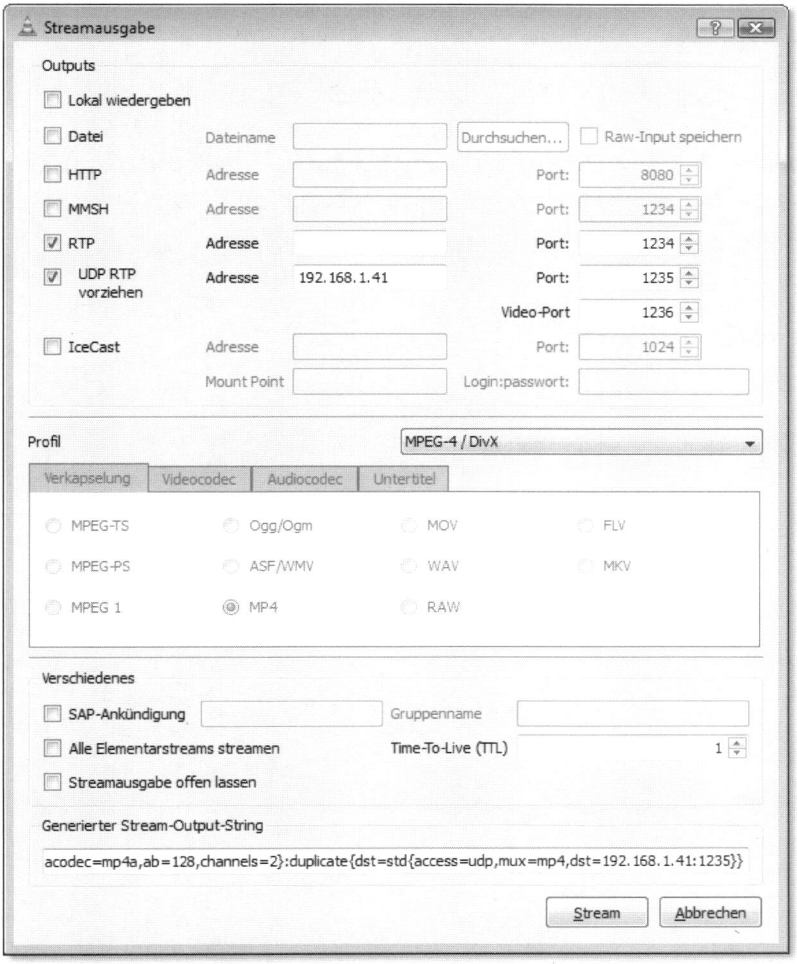

Abbildung 42.4 VLC-Streamausgabe

Im Fenster STREAMAUSGABE (siehe Abbildung 42.4) können Sie nun die Wiedergabe steuern. Im Bereich OUTPUTS können Sie wählen zwischen:

- Lokal wiedergeben öffnet (auch) ein Fenster auf dem Sender-PC
- Datei speichert in eine Datei
- HTTP streamt per HTTP
- MMSH Microsoft Media Server Protocol

- RTP[2] Ziel-IP-Adresse eingeben, fertig
- UDP Ziel-IP-Adresse eingeben, fertig

Für einen ersten Test wählen Sie *UDP aus*. Tragen Sie bei ADRESSE die IP-Adresse des VLC-Empfängers ein, und wählen Sie im Bereich PROFIL je nach Mediendatei beispielsweise *MPEG-4/DivX* für Video oder *MP3* für eine Audiodatei. Nach dem Klick auf die Schaltfläche STREAM startet die Wiedergabe beim Empfänger.

2 RTP = Real Time Protocol, basiert ebenfalls auf UDP.

Vor wenigen Jahren war es noch die Ausnahme, wenn VoIP oder Internettelefonie genutzt wurde, inzwischen ist es weit verbreitet. Nicht immer erzielen Kunden die versprochene Sprachqualität, dabei kann mit VoIP eine bessere Sprachqualität erreicht werden als mit ISDN.

43 Voice over IP

Schon sehr früh wurde das Internet als Medium für das Telefonieren entdeckt. Die ersten Schritte wurden schon kurz nach den ersten Boom-Jahren des Internets seit 1998 unternommen.

Microsoft erweiterte zu Zeiten des sogenannten Browserkriegs – Netscape versus Internet Explorer – seine Internet-Suite aus Internet Explorer und Outlook Express um ein weiteres Programm: *Netmeeting*.

Bei Netmeeting konnte man einen Account mit einem kreativen Benutzernamen auf einem Microsoft-Verzeichnisserver erstellen und war dann aus dem gesamten Internet heraus erreichbar. Dabei konnte man sowohl chatten als auch über ein Whiteboard Skizzen austauschen, Anwendungen freigeben oder eben auch telefonieren. Der damals gängige Telefonstandard war H.323, heute würde man die Funktionen als Collaboration bezeichnen (siehe Abschnitt 30.5, »Zusammenarbeit im Internet – Collaboration«).

Ein typischer Internetanschluss bestand zu der Zeit von Netmeeting aus einem PC mit Pentium II 200 MHz, 64 MB RAM, einer 16-Bit-Soundkarte und einem 33,6-Kbit/s- oder 56,7-Kbit/s-Modem für die Verbindung ins Internet. Als Betriebssystem kam Windows 95 oder Windows 98 zum Einsatz. Vielleicht erinnern Sie sich auch noch an diese Zeit.

VoIP: Voice over IP (dt. *Sprache über IP*) bedeutet, dass Sprache über ein Datennetzwerk mit dem Internetprotokoll übertragen wird. VoIP ist der Oberbegriff.

IP-Telefonie: Marketingbegriff, der die VoIP-Fähigkeit von TK-Anlagen und die Fähigkeiten von Software-TK-Anlagen (engl. *Soft-PBX*) deutlich voneinander trennen soll. Beim Einsatz einer Soft-PBX spricht man von IP-Telefonie.

Internettelefonie: Aus Kostengründen telefoniert man über das Internet. Nachdem lange Zeit mangelnde Gesprächsqualität regierte, gibt es nun den Schritt zu HD-Telefonie.

Unified Communication: Unter diesem Begriff versammeln sich verschiedene Kommunikationslösungen wie Sprache, Video und Erreichbarkeitsinformationen (Presence).

Dieses – aus heutiger Sicht – nicht sehr leistungsstarke Hardware-Gespann erweiterte man um ein billiges Headset für ca. 5 € (damals ca. 10 DM) und probierte Internettelefonie.

Ich habe es damals exakt ein Mal probiert. Technisch war das schon interessant, doch die Sprachqualität war unglaublich schlecht, ich konnte ca. ein Viertel des Gesprächs nicht verstehen. Schuld daran war vor allem meine langsame 33,6 Kbit/s-Modemverbindung. Zu lange Paketlaufzeiten führten dazu, dass Sprachpakete ignoriert wurden und dann im Sprachstrom Lücken entstanden: die Sprache klang abgehackt und war selbst mit viel Fantasie nicht mehr zu verstehen.

Damals wurden Voice over IP (VoIP) sowohl für Privatanwender als auch vor allem auch für Firmen riesige Wachstumsprognosen bescheinigt. Es waren die Zeiten des Börsen-Hypes, in der jede Aktie am Neuen Markt am ersten Tag ihren Emissionspreis verdoppelte. Große Firmen wie Cisco Systems stiegen in das Geschäft mit VoIP ein.

Die Liberalisierung des Telekommunikationsmarkts brachte stark sinkende Gebühren für nationale und internationale Gespräche. Die Wirtschaflichkeitsberechnungen für VoIP basierten aber auf hohen Gesprächsgebühren. Heute liegen die Gesprächsgebühren von Deutschland in andere Wirtschaftsmetropolen der Welt auf dem Niveau von einem Cent pro Minute. Eine Gebühreneinheit kostete bei der Telekom damals sechs Cent, ein Gespräch in die USA bis zu 72 Cent/Minute. Heute ist ein solches Gespräch für einen Cent zu bekommen, ein Preisverfall von über 98 %. Es lohnt sich also nicht mehr, ausschließlich wegen der Gesprächsgebühren VoIP zu benutzen, wenn sich nicht noch weitere Vorteile ergeben.

Die Anbindung an das Internet war teuer. Flatrates gab es in Deutschland erst mit der großflächigen Einführung von DSL. Minutenpreise für den Internetzugang von einigen Cent ließen VoIP ebenfalls schnell unwirtschaftlich werden.

All diejenigen, die eine feste Datenanbindung hatten, also beispielsweise die Anbindung von Firmenfilialen an die Hauptgeschäftsstelle, hatten entsprechend schmalbandige Datenleitungen (9,6 bis 64 Kbit/s), die zusätzliche Daten nicht bewältigen konnten.

Ein Gespäch in ISDN-Qualität benötigt für reine Audiodaten 64 Kbit/s (8 Bit/s bei 8 kHz), hinzu kommt der sogenannte Protokoll-Overhead von UDP, IP und beispielsweise Ethernet. So werden leicht 80 Kbit/s pro Gesprächsrichtung erreicht, die sich auf einer einzelnen ISDN-Verbindung nicht transportieren lassen.

Da die Datenmenge für UDP-, IP- und Ethernet-Protokolle nicht verringert werden kann, müssen – um Datenbandbreite zu sparen – die Audiodaten komprimiert werden. Dazu wurden relativ schnell einige Coder/Decoder (kurz: *Codec*) erfunden, die diese Arbeit leisten. Allerdings ging die Komprimierung deutlich zulasten der Sprachqualität. Heutige hochwertige Komprimierungen konnten nicht eingesetzt werden, weil diese zu rechenintensiv waren. Weitere Informationen zu Audio-Codecs finden Sie in Abschnitt 43.1.3, »Audio-Codecs«.

Die in Europa gewohnte Leistungsvielfalt von modernen TK-Anlagen mit mehreren Tausend verschiedenen Funktionen konnte von VoIP nicht geboten werden. Das Kommunikationsprotokoll H.323 umfasste hinsichtlich der Telefonie Grundfunktionen, wie sie auch bei einem privaten analogen Telefon zur Verfügung stehen. Besondere Leistungen, die in Unternehmen notwendig sind, wurden nicht abgedeckt.

Wenn keine speziellen Endgeräte (IP-Telefone) verwendet werden, ist es einigermaßen aufwendig, über das Internet zu telefonieren: Der Gesprächspartner muss ebenfalls im Internet sein und sein Telefonprogramm gestartet haben, daher entsteht Abstimmungsbedarf. Es ist viel leichter, mit dem normalen Telefon anzurufen.

Nach über zehn Jahren VoIP kann man sagen, dass es sich heute durchgesetzt hat. Sowohl in Unternehmen als auch bei Privatanwendern ist VoIP längst nichts Besonderes mehr. Telefongebühren sind weitestgehend durch Flatrates ersetzt.

Allmählich steigt der Trend zu Unified Communication, auch wenn es nur bei großen Unternehmen so genannt wird. Neben dem Telefonieren ist es auch möglich, auf einfache Weise eine Konferenzschaltung zu machen oder Video zu nutzen. Welche Freunde oder Kollegen erreichbar sind, geht aus der Statusinformation hervor.

43.1 Grundlagen zu VoIP

Dieser Abschnitt bringt Ihnen die Grundlagen für VoIP näher, sodass Sie Auswirkungen der einen oder anderen Technik besser verstehen und einschätzen können.

43.1.1 Protokolle

Damit zwei Kommunikationspartner miteinander telefonieren können, ist es erforderlich, dass beide Telefonanwendungen die gleiche »Sprache« sprechen.

Bei VoIP unterscheidet man zwischen zwei notwendigen Schritten der Kommunikation:

- Gesprächsaufbau
- Sprachübertragung

Der *Gesprächsaufbau* beinhaltet neben dem Austausch der IP-Adressen und UDP-Ports auch die Aushandlung von Fähigkeiten beider Partner, beispielsweise der Frage, welche Audio-Codecs von beiden Partnern unterstützt werden. Typische Vertreter sind H.323 und SIP.

Die *Sprachübertragung* findet mittels RTP (*Real Time Protocol*) statt, das in UDP-Paketen transportiert wird. Wie die Sprache verpackt ist, bestimmt der Codec.

Das Protokoll *H.323* ist der Klassiker der Datentelefonie. Dabei handelt es sich bei H.323 nicht um einen einzelnen Standard, der »Telefonieren« standardisiert, sondern um eine Sammlung von vielen Standards, die sich mit dem Verbindungsaufbau von Sprache- und Videokommunikation über Datennetze beschäftigen, und zusätzlichen Audio-Codecs für die Kodierung der Sprache in Datenpaketen. H.323 orientiert sich sehr stark an der ISDN-Telefonie und bildet sie auf die Datenwelt ab.

Einer der Nachteile von H.323 ist, dass der Standard an einigen Punkten nicht genau genug definiert war und somit verschiedene, inkompatible Umsetzungen existierten. Heute spielt H.323 nur noch bei Unternehmenslösungen eine nennenswerte Rolle.

Der aktuelle Erfolg vieler Internettelefonie-Angebote basiert auf dem *Session Initiation Protocol* (kurz: SIP). SIP ist für den Verbindungsaufbau im Internet entwickelt worden und im Gegensatz zu H.323 einfach aufgebaut. Alle Steuerungsinformationen werden als ASCII-Text ausgetauscht.

Im Folgenden sehen Sie eine SIP-Nachricht aus dem SIP-Log eines Softphones:

```
SEND >> 192.168.1.222:5060
REGISTER sip:192.168.1.222 SIP/2.0
Via: SIP/2.0/
UDP 192.168.1.10:5060;rport;branch=z9hG4bKA43D3F92CF39445BA5B519A6AA
70D369
From: asterisk <sip:10@192.168.1.222>
To: asterisk <sip:10@192.168.1.222>
Contact: "asterisk" <sip:10@192.168.1.10:5060>
Call-ID: FE79D6AF9A0C4D688AB1184EAE5BBE80@192.168.1.222
CSeq: 41430 REGISTER
Expires: 1800
```

```
Max-Forwards: 70
User-Agent: X-Lite build 1101
Content-Length: 0
```

Sie sehen eine SIP-Anfrage zur IP-Adresse 192.168.1.222, der Client will sich am Asterisk-Server registrieren: `REGISTER`.

Dass SIP aus der Entwicklungszeit des Internets stammt, erkennen Sie auch daran, dass die SIP-Adressen, also die SIP-Telefonnummern, vom Aufbau her den E-Mail-Adressen sehr ähnlich sind:

```
SIP:axel.schemberg@pcnetzwerke.de
```

SIP definiert verschiedene Funktionen, wie dies auch H.323 tut:

- User Agent
- Registrar Server
- Proxy-Server
- Redirect Server

Der *User Agent* entspricht dem Telefon und ist in der Praxis beispielsweise ein Softphone, die Fritz!Box Fon oder ein IP-Telefon.

Zwei User Agents können über IP-Adressen direkt eine Verbindung zueinander aufnehmen. Allerdings ist dies ein ziemlich aufwendiges Verfahren, schließlich müssten Sie zunächst die – dynamisch wechselnde – IP-Adresse Ihres Kommunikationspartners ermitteln. Daher melden sich die User Agents üblicherweise bei einem *Registrar Server* an, wie Sie es in der gerade dargestellten SIP-Meldung sehen können. Der Asterisk-Server (192.168.1.222) ist der Registrar Server für die SIP-Domäne 192.168.1.222.

Bekommt der Registrar Server eine Verbindungsanfrage für seine SIP-Domäne, ermittelt er aus seinem sogenannten *Location Service* – einer Datenbank – die IP-Adresse des entsprechenden User Agents und leitet die Anfrage an den angerufenen User Agent weiter. Die Funktion ist mit der Namensauflösung des DNS vergleichbar.

Der *SIP-Proxy* greift auf die Informationen des Location Service zurück, wenn er eine Verbindungsanfrage für seine Domäne bekommt. Er ermittelt so die IP-Adresse eines angemeldeten User Agents. Anders als der Registrar Server begleitet er den Verbindungsaufbau bis zum Schluss und kann daher bestimmte Teile der Nachrichten umschreiben, falls dies erforderlich ist. Wenn der gewünschte User Agent beispielsweise nicht zu der Domäne des Proxys gehört, kann er die Anfrage an den zuständigen Proxy weiterreichen.

Zur Entlastung der SIP-Proxys gibt es den *Redirect Server*. Anfragen von SIP- zu IP-Adresse kann er auflösen, liefert also einem anfragenden User Agent die IP-Adresse zurück.

SIP kann ebenso für den Verbindungsaufbau von Multimedia, E-Learning oder Computerspielen verwendet werden. Die Aushandlung von Audio-Codecs und den verwendeten Transportprotokollen (UDP, TCP, SCTP) geschieht über das *Session Description Protocol* (SDP).

43.1.2 ENUM

[zB] Angenommen, Klaus Loddenkötter hat einen SIP-Account und für diesen hat er auch eine Rufnummer im deutschen Ortsnetz: 0049 (211) 456789.

Wenn ich Klaus nun von meinem IP-Telefon anrufe, werde ich 0211-456789 tippen, und somit werden wir ein kostenpflichtiges Gespräch über das Festnetz führen. Das ist sinnwidrig, denn mein IP-Telefon könnte Klaus' IP-Telefon auch direkt über das Internet erreichen, dazu müsste es nur wissen, an welchen SIP-Provider/SIP-Account es sich wenden muss.

Um diese Aufgabe zu erfüllen, wurde ENUM erfunden. ENUM ist eine Erweiterung des DNS und arbeitet ähnlich wie das dortige Reverse-Lookup (siehe Kapitel 17, »Namensauflösung«). Die gerade genannte Rufnummer 0049 (211) 456789 wird zu `9.8.7.6.5.4.1.1.2.9.4.e164.arpa`. Es wurden aus der internationalen Schreibweise der Rufnummer alle Zeichen entfernt, die keine Ziffer waren, jede Ziffer durch einen Punkt von den anderen Ziffern getrennt, die Kennzeichnung für International (»00«) weggelassen, die Reihenfolge umgedreht und am Ende das *.e164.arpa* angehängt.[1]

Mit der Adresse `9.8.7.6.5.4.1.1.2.9.4.e164.arpa` wird ein sogenannter ENUM-Lookup durchgeführt. Sofern die Adresse/Rufnummer ENUM registriert ist kommt als Ergebnis zurück, wie die gewünschte Rufnummer erreichbar ist. So wäre es möglich, dass in folgender Reihenfolge versucht werden soll, Klaus zu erreichen:

1. SIP: klaus.loddenkoetter@sipprovider.de
2. Festnetz: 0049211456789
3. Mobil: 0049177456789
4. E-Mail: klaus.loddenkoetter@gmx.de

---

1 E.164 ist die international gültige Normierung für Telefonnummern durch die ITU.

Mein IP-Telefon wird nach dieser Rückmeldung zunächst versuchen, Klaus per SIP zu erreichen. Sollte das nicht funtionieren, per Festnetz usw. Die anfallenden Gebühren muss ich jeweils zahlen, auch wenn statt der gewählten Festnetzrufnummer das Handy angerufen wird.

Leider gibt es aber zurzeit in Deutschland die noch sehr verbreitete Unsitte, zwischen SIP-Provider private *Peerings* (dt. *Zusammenschlüsse*) zu machen. So erreicht man von Sipgate über die normalen Rufnummern zwar Freenet über SIP, nicht jedoch GMX und viele andere.

Die einzige Gefahr, die von einem ENUM-Eintrag ausgeht, ist SPIT (*Spam over IP Telephony*). Die Kontaktdaten von Klaus Loddenkötter sind über ENUM-Abfragen verfügbar. Spammer und/oder Spitter könnten diese Daten sammeln, und dann klingelt das IP-Telefon und die Nigeria-Connection fragt, ob er eine Million Dollar verdienen möchte. Tatsächlich habe ich bisher noch nie einen SPIT-Anruf erhalten, obwohl meine Daten seit Jahren registriert sind.

Mutmaßlich habe ich aber auch noch nie einen Anruf bekommen, der über ENUM zustande kam, die Technik wird aus wirtschaftlichen Gründen von den Anbietern blockiert. Jeder SIP-Provider berechnet seinem Kunden einen Preis für Gespräche in das Telefonnetz – auch wenn dieser Preis oft in den Kosten für eine Flatrate steckt. Bei eingehenden Gesprächen berechnet der SIP-Provider des Angerufenen dem Anrufer-SIP-Provider eine Gebühr für die Durchleitung des Gesprächs. Würden die Gespräche direkt über das Internet abgewickelt, würde der Kunde erwarten, dass diese Gespräche per se kostenlos sind.

43.1.3 Audio-Codecs

Ein Kodierer setzt Audio in Datenpakete um. Der Dekodierer empfängt die Datenpakete und wandelt sie zurück in Audio. Beim Kodieren können die Audiodaten komprimiert und/oder verschlüsselt werden, müssen es aber nicht. Wichtig ist nur, dass der Dekodierer korrespondierende Fähigkeiten hat.

Die Qualität, die ein Audio-Codec erreicht, wird in einem *MOS-Wert* (*Mean Opinion Score*, dt. *durchschnittlicher Meinungswert*) ausgedrückt. Es wurde anhand von repräsentativen Gruppen ermittelt, wie nahe der eingesetzte Codec an die menschliche Sprache im Original kommt. Dabei bedeutet ein Wert von eins schlechte, ein Wert von fünf eine exzellente Qualität.

Die nachfolgende Tabelle enthält eine Übersicht über gängige Audio-Codecs und deren Eigenschaften.

Name	Kbit/s (netto)	MOS	Math. Verzögerung	Qualität
G.728	16	3,61	0,625 ms	ausreichend
G.723	5,3/6,3	3,8/3,9	30 ms	befriedigend
G.726	24/32	–/3,85	0,125	befriedigend
GSM	4 bis 21	3,8	20 ms	befriedigend
G.729	8	3,92	10 ms	gut
G.711	64	4,4	0,125 ms	gut
iLBC	14,4	4	30 ms	gut
G. 722	64	4,5	0,125 ms	sehr gut
iSAC	30-60	> 4	33 bis 63 ms	sehr gut
Speex	2,15 bis 44,2	> 4	30 bis 34 ms	sehr gut
SVOPC	20	> 4	25 ms	sehr gut
SILK	6 bis 40	> 4	25 ms	sehr gut

Tabelle 43.1 Audio-Codecs im Vergleich

Der Codec *G.711* entspricht der ISDN-Kodierung und arbeitet ohne Komprimierung. Der reine Sprachdatenanteil beträgt:

8 kHz * 8 Bit = 64 Kbit/s

Zu diesen 64 Kbit/s kommen Protokollinformationen für RTP, UDP, IP, Ethernet, sodass das Datenvolumen auf etwa 80 bis 90 Kbit/s anwächst. Offensichtlich ist damit eine saubere Übertragung von Sprachdaten über eine ISDN-Einwahl (64 Kbit/s) oder gar über ein Modem (Upload = 33,6 Kbit/s) nicht möglich. Für diesen Fall muss auf einen komprimierenden Audio-Codec zurückgegriffen werden. Viele kommerzielle Lösungen verwenden den *G.729*-Audio-Codec, der ordentliche Sprachqualität bei guter Komprimierung ermöglicht. Leider ist dieser Audio-Codec kostenpflichtig, sodass er bei der Internettelefonie seltener zum Einsatz kommt. Dort wird *iLBC* oder *Speex* genutzt, Letzterer ist kostenfrei und bietet trotz Komprimierung gute Sprachqualität, er hat eine variable Bitrate und kann somit der verfügbaren Bandbreite angepasst werden.

Moderne Entwicklungen sind neben Speex der *iLBC*- und der *iSAC*-Audio-Codec. Beide bieten gute bis sehr gute Sprachqualität. Skype hat zwei eigene Codecs entwickelt: *SVOPC* und *SILK*. Letzterer wird von Skype kostenfrei zur Nutzung angeboten. Seine Stärken liegen insbesondere darin, Wideband-Qualität – denken Sie in Kategorien von CD-Qualität – über Internetverbindungen zu übertragen. Dabei kann er gut Paketverluste ausgleichen, auch wenn die Verbindung während des Gesprächs schlechter wird.

43.1.4 Voraussetzungen für VoIP im Netzwerk

Wenn Sie VoIP im Netzwerk betreiben wollen, handelt es sich um eine anspruchsvolle Anwendung. Da Telefonie eine Echtzeitanwendung ist, die auf Fullduplex, also gleichzeitiges Sprechen und Hören ausgelegt ist, sind die folgenden Voraussetzungen im Netzwerk zu beachten.

VoIP funktioniert nur, wenn Sie einen Switch statt eines Hubs verwenden. Ein Hub bietet nur Halfduplex – CSMA/CD-Verfahren –, und daher können Sie entweder etwas hören oder etwas sprechen, wie bei einem Walkie-Talkie. Da Switches für den Heimbereich inzwischen günstiger sind als Hubs, empfehle ich den ausschließlichen Einsatz von Switches.

Hinsichtlich der Verzögerung (engl. *Delay*), der Laufzeitschwankung (engl. *Jitter*) und des Paketverlusts (engl. *Packet loss*) gibt es Empfehlungen:

- Delay < 150 ms für einen Weg (nicht Round-Trip-Time [RTT]!)
- Jitter < 30 ms
- Packet loss < 1 %

Üblicherweise werden diese Werte im LAN erfüllt, daher sollte es kein Problem sein, innerhalb des LANs zu telefonieren.

Wenn Sie über das Internet telefonieren, haben Sie nur wenig Einfluss auf die geforderten Werte. Die durchschnittliche *Verzögerung* einer DSL-Verbindung beträgt auf einem Weg – halbe ping-Zeit – etwa 30 ms, wenn kein Fastpath aktiviert ist. Allerdings kommen noch weitere Verzögerungen, z. B. das Erzeugen eines Datenpakets im richtigen Audio-Codec, Verschlüsselung oder Komprimierung, dazu.

Die Beratungsfirma ComConsult verwendet folgendes Schema mit geschätzten Werten.

Komponenten	Delay in ms	z. B. T-DSL
Kodierung (Audio-Codec)	10	10
Paketierung	15	15
Verschlüsselung (VPN, IPSec)	15	--
LAN	10	10
Reserver für externe Netze	**max. 55**	30
Entschlüsselung	15	--
Empfangspuffer	20	20
Dekodierung	10	10
Summe	**150 ms**	**95 ms**

Tabelle 43.2 Delay-Budget für VoIP von 150 ms

[zB] Wenn Sie diese Tabelle mit den Werten für eine DSL-Verbindung ohne Verschlüsselung durchrechnen, kommen Sie auf eine Verzögerung von 95 ms.

Echtzeitkommunikation macht es erforderlich, dass Sprachpakete sehr regelmäßig ankommen. Damit nicht ein einzelnes verlorenes Paket schon Probleme verursacht, wird ein kleiner Teil der Sprachpakete zwischengespeichert (engl. *Buffer*).

Dieser Puffer gleicht *Laufzeitschwankungen* (engl. *Jitter)* aus und heißt daher *Jitter-Buffer*. Je größer man den Jitter-Buffer einstellt, desto größer wird die Verzögerung. Ein großer Jitter-Buffer wirkt, weil er Pakete ja zwischenspeichert und damit verzögert, einer kurzen Laufzeit entgegen. Üblich ist ein Jitter-Buffer von 8 bis 16 ms.

Pakete, die außerhalb der für den Audio-Codec erforderlichen Zeitspanne eintreffen, werden verworfen.

Es bleibt als drittes Kriterium die *Paketverlustrate*. Die Forderung nach einer Paketverlustrate von weniger als 1 % ist meiner Meinung nach nicht ganz korrekt. Es kommt auf den verwendeten Audio-Codec an. Diese sind unterschiedlich robust. Speziell auf verlustbehaftete Netzwerke optimierte Codecs wie iLBC, Speex oder SILK kommen sehr gut mit Paketverlusten von 10 % zurecht.

Quality of Service

Ethernet, IP und TCP/UDP sehen keine Dienstgüte vor – anders als beispielsweise ATM –, und daher kann eine konstante Bandbreite nicht garantiert werden.

Dieser Nachteil der Technologien Ethernet, IP und TCP/UDP soll durch Quality of Service (kurz: *QoS*) ausgeglichen werden.

QoS ist Mangelverwaltung! Sie haben keine ausreichende Bandbreite zur Verfügung, daher können hinsichtlich der Laufzeiten nicht alle Anwendungen zufriedenstellend arbeiten. Die Lösung ist, dass man die vorhandene Bandbreite aufteilt und feste Teile davon bestimmten Anwendungen zuweist.

[zB] Ein relativ einfacher Mechanismus sind Prioritätsklassen mit Warteschlangen. Sie definieren zwei Klassen von Daten: *Sprache* und *Anderes*. Immer wenn ein Paket der *Sprache*-Klasse in der Warteschlange ist, wird es sofort transportiert. Nur wenn die Bandbreite nicht durch Pakete der *Sprache*-Klasse belegt ist, werden Daten der *Anderes*-Klasse übertragen.

Wie werden Prioritätsklassen definiert?

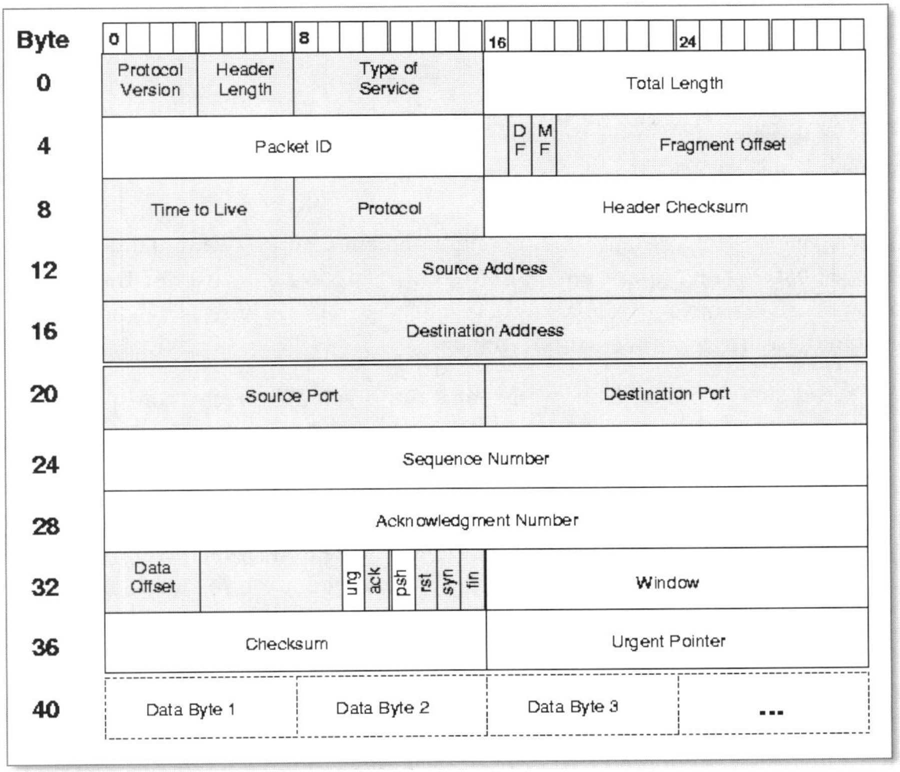

Abbildung 43.1 IP-Protokollkopf; Quelle: LINUX Magazin

Im Protokollkopf, also den Steuerungsinformationen des IP-Pakets, gibt es einen *Type of Service* (kurz: *TOS*). Das TOS-Byte (siehe Abbildung 43.1, erste Zeile, Bit 8 bis 15, und Abbildung 43.2) kann mit unterschiedlichen Informationen gefüllt werden, die acht[2] unterschiedliche Qualitätsstufen erzeugen können.

Inzwischen wird das Byte in professionellen Netzwerken zusammenhängend genutzt und bietet 64 Möglichkeiten, per *Differentiated Services Codepoint* (kurz: *DSCP*, RFC 2474 + 2475) differenziertere Möglichkeiten einer Priorisierung vorzunehmen.

Eine genaue Beschreibung des TOS-Byte finden Sie im RFC-1349 (siehe *ftp://ftp.rfc-editor.org/in-notes/rfc1349.txt*).

Wichtig ist, dass das TOS-Byte von Netzwerkkomponenten ausgewertet werden und berücksichtigt werden kann.

2 Acht Klassen über Precedence und fünf Klassen über TOS, eigentlich also 13.

```
   0     1     2     3     4     5     6     7
+-----+-----+-----+-----+-----+-----+-----+-----+
|                 |                       |     |
|   PRECEDENCE    |          TOS          | MBZ |
|                 |                       |     |
+-----+-----+-----+-----+-----+-----+-----+-----+
```

Abbildung 43.2 Einzelne Teile des TOS-Bytes (8 Bit)

Üblicherweise priorisieren sich Anwendungen auf dem PC oder auf einem IP-Telefon selbst. Wenn Sie mit einem SIP-Client telefonieren, wird der Datenstrom automatisch als bevorzugt markiert. Fraglich ist nur, ob Ihre Netzwerkkomponenten diese Markierungen auswerten.

Wie wirkt sich QoS aus? Nun, wenn Ihr Router QoS beherrscht, transportiert er bevorzugt priorisierten Datenverkehr ins/aus dem Internet.

Wichtig ist QoS beim Upload, dieser ist beim ADSL das Nadelöhr, er beträgt etwa 10 % der Download-Bandbreite. Wenn ein größerer Upload ins Internet stattfindet, wird die Sprachqualität – G.711-kodiert, belegt ein Gespräch ca. 80 Kbit/s im Upload – erheblich darunter leiden. Die QoS-Konfiguration für FLI4L finden Sie in Abschnitt 35.2.5, »FLI4L konfigurieren«.

Erreichbarkeit

Die Kommunikation zwischen zwei Telefonen im gleichen LAN ist relativ einfach, Sie können sich auf den Problemkreis IP-Telefonie konzentrieren.

Schwieriger wird es, aus dem Internet erreichbar zu sein und in das Internet telefonieren zu können. Der Grund dafür liegt in zwei Techniken, ohne die kaum jemand im Internet surft: *NAT* und *Firewall*.

NAT steht für *Network Address Translation*. NAT macht es möglich, obwohl Sie lediglich eine offizielle IP-Adresse von Ihrem Provider geliehen bekommen, mit mehreren PCs gleichzeitig im Internet zu surfen. Erläuterungen zu NAT finden Sie in Abschnitt 11.3, »NAT, Network Address Translation«.

Eine *Firewall* filtert Datenpakete anhand bestimmter Kriterien und lässt die Pakete in das LAN/das Internet oder blockiert sie. Es gibt verschiedene Arten von Firewalls, die diese Aufgabe unterschiedlich aufwendig erledigen. Weitere Informationen finden Sie in Abschnitt 31.4.1, »Firewall«.

Im Gegensatz zu vielen anderen Anwendungen möchten Sie bei der Internettelefonie immer erreichbar sein, und zwar auch für Kommunikationspartner, deren IP-Adresse Sie noch gar nicht kennen. Aufgrund von NAT ist ein PC in Ihrem LAN jedoch nicht eindeutig adressierbar, ein spezieller NAT-Eintrag existiert ebenfalls nicht, sodass man Sie nicht anrufen kann. Hinzu kommt, dass ein SIP-Client beim Informationsaustausch mit einem anderen Client oder beispielsweise einem Registrar Server die lokale IP-Adresse und den Standard SIP-Port 5060 verwendet. Diese Adresse ist jedoch – das ist der Sinn von privaten IP-Adressen – aus dem Internet nicht erreichbar. Der SIP-Client kennt aber auch nicht die offizielle IP-Adresse Ihres Routers, sodass er diese offzielle IP-Adresse nicht in seiner Kommunikation verwenden kann.

Sie haben ein IP-Telefon in Ihrem lokalen LAN mit der privaten IP-Adresse 192.168.0.50. Im Internet haben Sie bei einem SIP-Provider einen Account: *hugo@sipgate.de*. Wenn Sie bei Ihrem IP-Telefon den SIP-Registrar Server *regtrar.sipgate.de* konfigurieren, registriert[3] das Telefon sich mit seiner privaten, nicht aus dem Internet erreichbaren IP-Adresse (192.168.0.50). Die Folge: Niemand kann Sie anrufen, wenn er diese Verbindungsinformation von diesem Registrar Server bekommt. **[zB]**

Es gibt einige Lösungen für das NAT-Problem:

- STUN
- TURN
- ICE
- Application Level SIP Gateway
- UPnP
- manuelle NAT-Einträge

Die einfachste Lösung ist *STUN*, *Simple Traversal of UDP through NAT*. Bei STUN handelt es sich um Verfahren, bei dem der STUN-Client – Ihr SIP-Telefon – vor seiner Registrierung beim Registrar Server Kontakt zu dem angegebenen STUN-Server im Internet aufnimmt, indem er zum STUN-Server Datenpakete sendet. Der STUN-Server empfängt Datenpakete mit einer offiziellen Absender-IP-Adresse und mit einem bestimmten Quell-UDP-Port. Er schickt Anworten an diese Adresse und den Port. Über weitere Pakete, in denen der STUN-Client den STUN-Server veranlasst, dessen Absender-IP-Adresse und/oder dessen Absender-UDP-Port zu wechseln, wird geprüft, ob überhaupt und wenn ja welches NAT eingesetzt wird.

Haben der STUN-Server und der STUN-Client endgültig herausgefunden, welches NAT zum Einsatz kommt und wie der STUN-Client aus dem Internet erreichbar ist (siehe Abbildung 43.3), kommt die SIP-Registrierung. Der SIP-Client – er ist

3 Die Registrierung ist nicht erfolgreich, weil bereits die Antworten des Servers Sie nicht erreichen.

identisch mit dem STUN-Client – verwendet die beim STUN-Verfahren gewonnenen Informationen und registriert sich mit diesen (offizielle IP-Adresse, UDP-Port) beim SIP-Registrar.

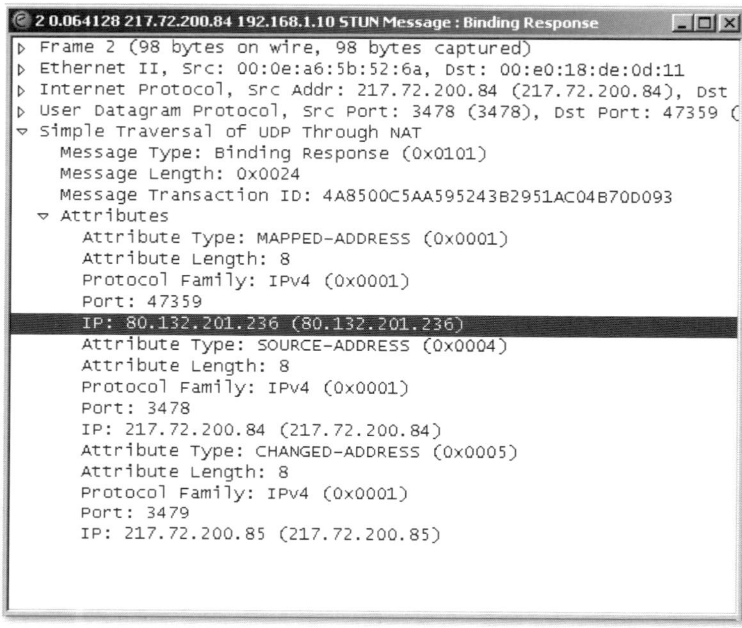

Abbildung 43.3 Die STUN-Antwort enthält unter anderem die offizielle IP-Adresse.

Durch den Datenverkehr mit dem STUN-Server hat der Router dynamische NAT-Einträge, und das SIP-Telefon ist erreichbar. Weil die dynamischen NAT-Einträge nach einer bestimmten Zeit verfallen würden, tauscht der STUN-Client in bestimmten Zeitabständen Daten mit STUN-Servern aus, um den Eintrag gültig zu halten. Mit der SIP-Kommunikation hat der STUN-Server nichts zu tun.

Offizieller UDP-Port	Offizielle IP-Adresse	Privater UDP-Port	Private IP-Adresse
47359	80.132.201.236	47359	192.168.1.10

Tabelle 43.3 Einfacher NAT-Eintrag zur Abbildung 43.3

[»] STUN funktioniert nur, wenn der NAT-Eintrag nicht an der Quell-IP-Adresse und dem Quell-UDP-Port aus dem Internet festgemacht wird, wie beim symmetrischen NAT.

Server-IP	Server-UDP-Port	Offizieller Client-UDP-Port	Offizielle Client-IP	Privater UDP-Port	Priv. IP-Adresse
217.72.200.85	3478	47359	80.132.201.236	47359	192.168.1.10

Tabelle 43.4 Symmetrischer NAT-Eintrag zur Abbildung 43.3

Bei DSL-Routern wird üblicherweise ein einfaches NAT eingesetzt, das weniger Sicherheit bietet als das symmetrische NAT. Das sicherere symmetrische NAT wird häufiger bei Unternehmen eingesetzt.

Wenn Sie eine komplexere Netzwerkumgebung haben, wird es z. B. aufgrund von Firewall-Regeln oder symmetrischem NAT nicht möglich sein, mithilfe eines STUN-Servers einen SIP-Client im Internet erreichbar zu machen. Dann kommen als mögliche Lösungen zum Einsatz:

- TURN (Traversal Using Relay NAT)
- ICE (Interactive Connectivity Establishment)
- ALG (Application Layer Gateway)

UPnP, Universal Plug and Play, wird in diesem Buch in Kapitel 20, »Universal Plug and Play«, beschrieben. Der SIP-Client und der NAT-Router müssen UPnP unterstützen, damit der SIP-Client entsprechende Modifikationen am Router vornehmen kann. Grundsätzlich empfehle ich die UPnP-Funktion des Routers aus Sicherheitsgründen zu deaktivieren.

Bei fast jedem Router können Sie *manuelle NAT-Einträge* einfügen. Bei den DSL-Routern heißt der Einstiegspunkt für die Konfiguration meist *Virtual Server*.

Ohne den Einsatz einer der gerade genannten Techniken zur Umgehung von NAT werden Sie es nicht schaffen, aus dem Internet über Ihr SIP-Telefon[4] erreichbar zu sein. Wenn Sie SIP in einer privaten Umgebung oder in einer kleineren Büroumgebung einsetzen wollen, achten Sie darauf, dass STUN unterstützt wird. Es ist die einfachste Möglichkeit, erreichbar zu sein. [«]

43.2 Skype: Einfacher geht es nicht

Sie wollen einfache und kostenlose Internettelefonie mit guter Sprachqualität? Einfacher als mit Skype (siehe *http://www.skype.com*) können Sie es nicht treffen.

4 Es gilt allgemein für SIP-Clients, also auch für SIP-Software auf dem PC.

Die Generation 50plus hat Skype für sich entdeckt, seitdem man Enkelkinder im Video sehen kann.

Abbildung 43.4 Skype-Kontaktliste mit Klaus Loddenkötter

43.2.1 Installation und Konfiguration

Eine Installationsanleitung für Skype ist völlig überflüssig, weil nach einem Doppelklick auf die Installationsdatei *Setup.exe* alles automatisch abläuft. Beim erstmaligen Start werden Sie aufgefordert, sich zu registrieren, ähnlich wie bei anderen Onlinediensten auch. Dazu müssen Sie einen eindeutigen Benutzernamen wählen.

Andere Skype-Benutzer können Sie über diesen Benutzernamen finden und kontaktieren, Ihren aktuellen Status (online, offline usw.) sehen sie auch.

43.2.2 Skype benutzen

Skype können Sie nicht ohne Internetverbindung verwenden, und seine Verwendung ist nur sinnvoll, wenn Sie mindestens einen Gespächspartner haben, der ebenfalls Skype benutzt.[5]

5 Mittels Skype-Out können Sie gegen Gebühr auch mit normalen Telefonen telefonieren.

Damit Sie Ihren Gesprächspartner kontaktieren können, müssen Sie in der Symbolleiste auf die Lupe klicken. Es öffnet sich ein gesondertes Fenster, in dem Sie nach Skype-Benutzern suchen können. Hilfreich ist es, wenn Sie den Skype-Namen kennen.

Abbildung 43.5 Videoanruf bei Klaus

In der SUCHE können Sie neben der Suche nach einem Skype-Namen auch noch nach anderen Kriterien suchen. Klicken Sie mit der rechten Maustaste auf einen Benutzer, und wählen Sie PROFIL ANZEIGEN aus dem Kontextmenü, um alle Informationen über diesen Benutzer zu sehen. Sie können aus dem Kontextmenü den Benutzer direkt anrufen sowie ihn zu Ihrer Kontaktliste hinzufügen.

Neben der reinen Kommunikation können Sie auch Dateien versenden/empfangen oder chatten sowie Kontaktinformationen austauschen.

Seit der Version 2.0 ist auch Video (siehe Abbildung 43.5) möglich, dazu benötigt mindestens ein Teilnehmer des Gesprächs eine Webcam.

Sie müssen üblicherweise keine Firewall-Regeln anpassen, alles sollte direkt funktionieren, auch NAT ist kein Problem. Die Bedingung ist, dass ausgehende Verbindungen auf den UDP-Ports größer 1024 erlaubt sind. Der für eingehende Verbindungen verwendete Port ist einstellbar (siehe Abbildung 43.6), Datenpakete für diesen Port müssen die Firewall passieren dürfen.

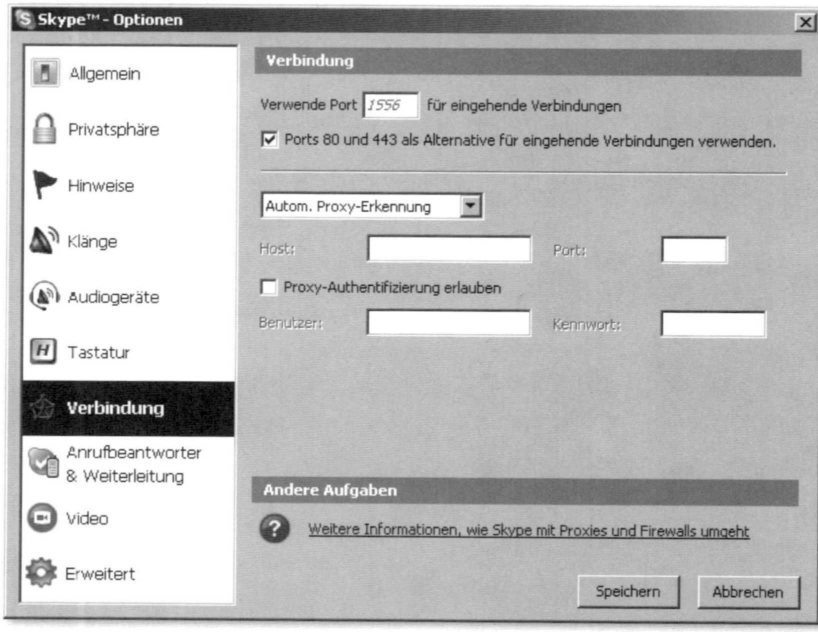

Abbildung 43.6 UDP-Port für eingehende Verbindungen

Skype funktioniert durch dynamische Portwahl auch, wenn mehrere Skype-Nutzer hinter einem NAT-Router arbeiten.

43.2.3 Technik

Im Gegensatz zu allen weiteren hier vorgestellten Lösungen verwendet Skype ausschließlich ein eigenes properitäres Protokoll, das nicht offengelegt ist und daher ausschließlich bei Skype zum Einsatz kommt. Als Audio-Codec wird seit Version 4.0 SILK verwendet, das bietet sehr gute Qualität bei weniger intensiver CPU-Nutzung und verhältnismäßig geringer Bandbreitennutzung.

Skype ist sicher. Ein unschönes Gefühl käme sicherlich bei Ihnen auf, wenn Sie wüssten, dass Ihr Telefonat über das Internet belauscht werden kann. Skype verschlüsselt deshalb die Verbindungen mit AES 256 Bit. Mitschnitte des Datenverkehrs von Skype mit Wireshark zeigen im Datenteil der Pakete nur Unleserliches, weil der Datenteil verschlüsselt ist und nicht durch Wireshark entschlüsselt werden kann. Die Authentisierung von Skype-Nutzern wird über eine Public-Key-Infrastruktur sichergestellt, auch wenn die Nutzer nichts davon merken. Man kann sich also nicht als ein anderer ausgeben.

Skype, gegründet von den Erfindern der Tauschbörse Kazaa, verwendet ein Peer-to-Peer[6]-Netzwerk. Die Technik von Kazaa, FastTrack, wurde verfeinert und wird nun für Skype verwendet. Im Gegensatz zu allen anderen hier vorgestellten Lösungen gibt es keinen zentralen Verzeichnisdienst, der die Benutzerdatenbank verwaltet. Stattdessen gibt es sogenannte *Supernodes*, die einen Teil dieser Datenbank verwalten. Der Vorteil für Skype ist, dass zusätzliche Benutzer nicht eine Belastung für eine Serverinfrastruktur darstellen, sondern CPU-Zeit für das P2P-Netzwerk selbst bereitstellen.

Die Firma Skype muss somit nicht in eine große Serverlandschaft investieren: ein unschätzbarer Vorteil!

Ein neuer Client wird zu einem Supernode geleitet, dieser fragt etwa alle zwei Minuten den aktuellen Status des Skype-Clients ab. Zu einem Supernode wird ein Skype-PC, wenn er ausreichend Speicher (RAM) und Upload-Bandbreite zur Verfügung stellt sowie eine bestimmte Zeit online ist. Ein Supernode ist für ein paar Hundert Nodes – Skype-Clients – zuständig. Selbstständig übergibt dieser Supernode an andere Supernodes, wenn die Last zu groß wird.

43.3 SIP-Provider im Internet

Die Anzahl der SIP-Provider ist seit einigen Jahre recht konstant. Was ist überhaupt ein SIP-Provider?

Ein SIP-Client registriert sich üblicherweise bei einem SIP-Registrar Server und ist dann über eine SIP-Adresse erreichbar. Ein SIP-Provider bietet einen kostenlosen SIP Registrar Server, über den ein SIP-Client unter einer SIP-Adresse erreichbar ist.

Zusätzlich bieten die SIP-Provider eine echte Rufnummer, unter der Ihr SIP-Client – also Ihr IP-Telefon oder Softphone – erreichbar ist.

Die Rufnummernvergabe muss in Deutschland für die normalen Rufnummern ortsgebunden stattfinden. Das bedeutet, das jemand der in Hamburg wohnt, nicht eine Rufnummer aus dem Ortsnetz von München bekommen darf. Das gilt auch für die Vergabe von Rufnummern durch SIP-Provider, auch wenn für diese

6 Peer-to-Peer bedeutet, dass es keine Server gibt, sondern jeder Teilnehmer sowohl Client, als auch – zumindest potenziell – Server ist.

technisch kein Problem darin bestünde, einem in Hamburg ansässigen mit einer Rufnummer im Ortsnetz von München zu versorgen. Das wäre für SIP-Provider attraktiv, denn sie müssten dann nur in wenigen Ortsnetzen – es gibt in Deutschland etwa 5.200 Ortsnetze – Gateways zum öffentlichen Telefonnetz betreiben. Die Bundesnetzagentur hat jedoch die sogenannte *nomadische Nutzung* ausdrücklich verboten.

Um die Auflagen der Bundesnetzagentur zu erfüllen, aber nicht in jedem Ortsnetz Rufnummern[7] bereithalten zu müssen, sind viele Provider auf 0180-Service-Rufnummern umgestiegen. Für den Angerufenen ist es eigentlich egal, unter welcher Rufnummer er ereichbar ist. Für den Anrufer hingegen ist es ein preislicher Unterschied. Kostet ein Anruf zur Hauptzeit im deutschlandweiten per Call-by-Call etwa zwei Cent/Min., so kostet ein Anruf zum 01801-Service fünf Cent/Min., also das 2,3-fache. Noch dramatischer ist die Gebührenspanne vom Handy aus. Kostet beispielsweise bei E-Plus ein Gespräch ins normale Ortsnetz 12 Cent/Min., so kostet 0180 teure 50 Cent/Min.: gut das 4-fache! Wundern Sie sich also nicht, wenn Sie niemand mehr unter Ihrer neuen VoIP-Rufnummer anruft ...

Die Telefontechnik hat ihre eigenen Begrifflichkeiten. Der Begriff *Gasse* bezeichnet einen Vorwahlbereich, z. B. 0180, 0900 oder eben 032. Aus der Rufnummerngasse 032 wurden im Jahr 2005 von der Bundesnetzagentur Rufnummern an SIP-Provider zur nomadischen Nutzung verteilt. Die Tarife entsprechen bei der T-Com denen für normale Fernverbindungen, also bis zu 12 Cent/Min. Neben dem stattlichen Preis für Anrufer kommt noch ein weiterer Nachteil hinzu, die 032-Rufnummern sind z. B. aus dem Ausland oder von bestimmten Providern aus nicht erreichbar. Entsprechend gering ist bisher der Erfolg der neuen Rufnummerngasse.

Sinnloserweise telefonieren zurzeit viele IP-Telefone untereinander über das Festnetz statt über das Internet. Eine Lösung dieses Problems hätte ENUM bringen können (siehe Abschnitt 43.1.1, »Protokolle«). Kaum ein Anbieter unterstützt dieses Verfahren noch, weil eingehende Gespräche in sein Telefonnetz dem Provider eine Vergütung bringt.

Die Firma Indigo Networks aus Düsseldorf betreibt unter dem Namen Sipgate einen SIP Registrar Server (siehe Abbildung 43.7) und ist weitreichend bekannt: *http://www.sipgate.de*.

7 Pro 1.000er-Block müssen 200 € als Kaution hinterlegt werden. Bei 5.200 Ortsnetzen à 200 € macht das für die flächendeckende Präsenz 1.040.000 €!

Allen Nutzern bietet Sipgate eine kostenfreie Rufnummer, die eingehenden Anrufe sind ebenfalls kostenlos. Ausgehende Telefonate sind gebührenpflichtig, zudem sind verschiedene Abrechnungsmodelle von Prepaid über Flatrate buchbar.

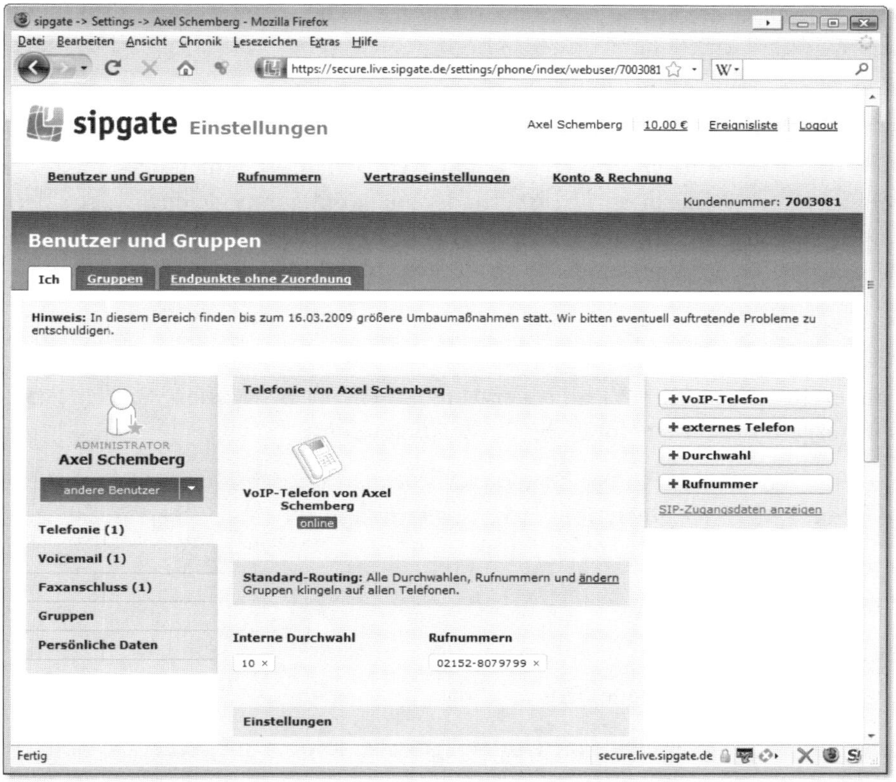

Abbildung 43.7 Web-Interface von Sipgate

Neben der Möglichkeit, eine Rufnummer zu bekommen, hat Sipgate einen kostenlosen Anrufbeantworter geschaltet, der Nachrichten entgegennimmt und beispielsweise per Mail mit WAV-Dateianhang weiterleitet. Abhören kann man die Nachrichten aber auch per Telefon, doch wer macht das noch, wenn es aus der E-Mail heraus so bequem ist?

43.4 Softphone: PhonerLite

Bis zur massiven Verbreitung der AVM Fritz!Box Fon durch die DSL-Provider begann fast jeder seine ersten Schritte der Internettelefonie mit einem Softphone. Das lag daran, dass dies keine Investitionen – höchstens ein Headset – erforderte, und man ja noch nicht wusste, ob Internettelefonie wirklich gut ist. Heute kommt ein Softphone insbesondere auf Notebooks zum Einsatz oder am PC, wenn dort kein Telefon installiert werden soll.

Wenn Sie ausschließlich an der SIP-Funktion von Phoner interessiert sind, ist die abgespeckte Variante PhonerLite (siehe *http://www.phonerlite.de*) genau das Richtige.

[»] Bewusst beschreibe ich an dieser Stelle nicht das bekannte x-Lite (siehe *http://www.counterpath.net/x-lite.html*). Die Bedienung von x-Lite ist sehr unorthodox und somit sehr erklärungsintensiv. Insbesondere die Konfiguration von SIP-Providern finde ich persönlich misslungen, weil die Konfiguration sich nicht an die Standards hält, die in Programmen für Windows üblich sind.

43.4.1 Konfiguration

PhonerLite kann mehrere Profile verwalten. Nach der Installation wird ein Assistent ausgeführt, der Sie durch die Einstellungen führt.

Tragen Sie unter dem Reiter KONFIGURATION die üblichen Informationen (siehe Abbildung 43.8) für eine erfolgreiche Registrierung ein:

- SIP-Username
- SIP-Passwort
- SIP-Servername (Registrar/Proxy)
- STUN-Server (gegebenenfalls mit Port)

Anschließend aktivieren Sie die Option REGISTER. Klicken Sie jetzt auf SPEICHERN. In der Statuszeile sollte nun *sip: <Ihr SIP-Account> registered* stehen.

Sollte die Registrierung nicht geklappt haben, finden Sie im Menü HILFE den Punkt DEBUG. Dort sind alle SIP-Meldungen enthalten, oft ergibt sich daraus der Fehler.

43.4.2 Einsatz

Nach der erfolgreichen Registrierung steht der Benutzung nichts mehr im Weg.

Im Eingabfeld RUFNUMMER können Sie sowohl Rufnummern als auch SIP-Adressen im Format `<sippaccount>@<sipprovider>.<Domain>` eingeben.

Eingehende und ausgehende Gespräche werden im LOGBUCH aufgelistet. Von dort aus können Sie Rufnummern/Gesprächsziele direkt in das Telefonbuch übernehmen (Kontextmenü).

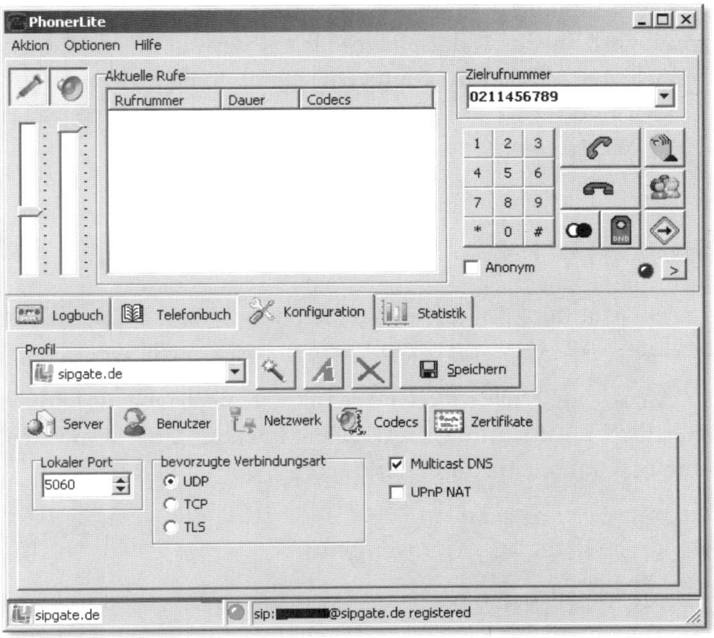

Abbildung 43.8 PhonerLite-Konfiguration für Sipgate

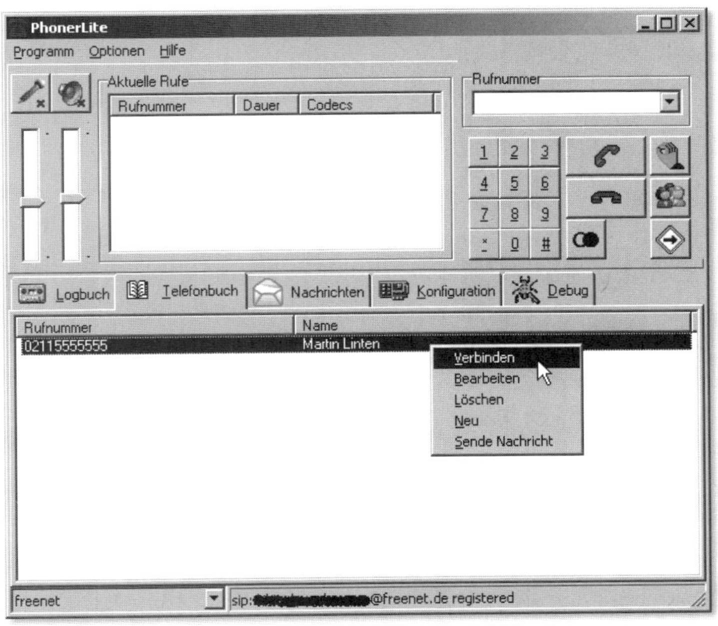

Abbildung 43.9 PhonerLite-Telefonbuch

Das TELEFONBUCH (siehe Abbildung 43.9) ermöglicht die Verwaltung von Rufnummern. Der Inhalt wird in der Datei *phonebook.cvs* verwaltet, die Sie mit jedem Texteditor verarbeiten können. So können Sie aus anderen Anwendungen Adressbuchdaten exportieren und im vorgegebenen Format `<Rufnummer>;` `<Name>` als csv-Datei PhonerLite-verfügbar machen.

43.5 Fritz!Box Fon

Die Fritz!Box Fon ist ein Multifunktionsgerät, das die Funktionen Router, Switch, TK-Anlage, SIP-Client und WLAN-Access-Point in einem Gerät vereint.

Es gibt eine große Anzahl unterschiedlicher Fritz!Box Fone (siehe Abbildung 43.10) mit unterschiedlichen Ausstattungsmerkmalen. Ich konzentriere mich bei meiner Beschreibung rein auf die Telefonfunktionen.

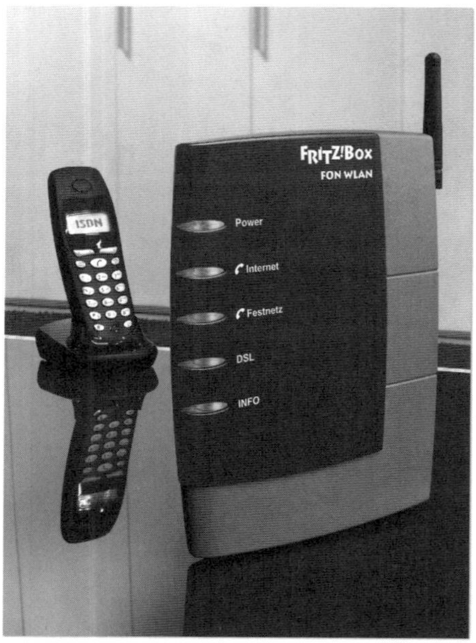

Abbildung 43.10 Fritz!Box Fon; Quelle: avm.de

Die Fritz!Box Fon wird von vielen DSL-Providern subventioniert vertrieben. Der Listenpreis des Spitzenmodells liegt bei mehr als 200 € und ist damit relativ hoch. Entsprechend dem hohen Preis kann man viel Leistung für sein Geld erwarten.

Was bietet die Fritz!Box Fon an Telefonfunktionen? Die Fritz!Box Fon bietet:

- einen ISDN-Anschluss für den Anschluss an das öffentliche Telefonnetz/NTBA
- einen ISDN-Anschluss für eine ISDN-TK-Anlage oder ein ISDN-Telefon (S0-Bus inklusive Stromversorgung)
- zwei RJ-11-Buchsen für analoge Telefone (inklusive TAE-Adapter)
- einen analogen Anschluss über eine Klemmleiste für zwei Drähte

Damit dürften die Anschlussmöglichkeiten für die klassischen Telefone relativ klar sein. Alle genannten Anschlussmöglichkeiten zeigen sich in der Administrationsoberfläche als eigener Anschluss und lassen sich unterschiedlich konfigurieren.

Das Besondere der Fritz!Box Fon ist, dass sie jetzt zusätzlich zur klassischen Festnetztelefonie auch noch Internettelefonie unterstützt.

Es ist mit der Fritz!Box Fon möglich:

- SIP-Provider einzutragen und sich dort anzumelden
- Festnetz- oder Internetrufnummern pro Nebenstelle für eingehende Anrufe aufzuschalten
- über einfache Wahlregeln bestimmte Gesprächsziele, beispielsweise mit einer bestimmten Vorwahl für ausgehende Gespräche, über einen der SIP-Provider oder das Festnetz zu führen
- Rufumleitungen für die analogen Anschlüsse zu definieren (Ziele können intern oder extern sein)
- Callthrough, also einen eingehenden Anruf über die Fritz!Box nach extern weiterzuvermitteln
- eine Nachschaltung zu aktivieren, bei der zu einem definierbaren Zeitraum eine Nebenstelle nicht klingelt
- über Internet fehlgeschlagene Anrufe über das Festnetz laufen zu lassen
- einen Weckdienst per Telefon zu einer konfigurierbaren Uhrzeit zu aktivieren
- nicht angenommene Gespräche aufzuzeichnen und als Voicemail zu verschicken

Sicherlich habe ich die eine oder andere Telefonfunktion nicht genannt, ich beschränke mich hier auf die Wesentlichen.

Die Einrichtung der Fritz!Box Fon ist von AVM übersichtlich gestaltet, es gibt entsprechende Einrichtungsassistenten.

Außerhalb der Einrichtungsassistenten ist es schon schwieriger, den Überblick über die Konfiguration zu behalten. Der eine oder andere Blick in das Handbuch hilft aber weiter.

Seit 2006 gibt es von D-Link die *HorstBox*. Sie bietet ähnliche Funktionen wie die Fritz!Box zu einem ähnlichen Preis. Auch andere Geräte wie die von T-Com vertriebenen Speedport Router bieten Telefonfunktionen.

Die Fritz!Box ist einfach einzurichten und orientiert sich an dem durchschnittlich technisch Begabten. So bleiben die Funktionen auf dem Niveau einer einfachen ISDN-Anlage für den Hausgebrauch, mit dem Zusatz, dass man auch über das Internet telefonieren kann. Insbesondere die Möglichkeit, vorhandenen Telefone anzubinden, erleichtert es den nicht technischen Mitbewohnern die Internettelefonie nahezubringen.

Da die Fritz!Box eigentlich ein kleiner Linux-Rechner ist, gibt es selbstverständlich entsprechende Entwickler, die weitere Funktionen auf die Fritz!Box bringen (siehe *http://www.wehavemorefun.de/fritzbox* und *http://www.freetz.org*). Ob der Aufwand lohnt, müssen Sie für sich entscheiden.

43.6 VoIP-Hardware

Es gibt verschiedene Gerätearten, die als Hardware meist für Internettelefonie verkauft werden.

Analoge Terminal Adapter, kurz *ATA*, bieten Anschlussmöglichkeiten für analoge Endgeräte (Telefon, Funktelefon, Fax, Anrufbeantworter) sowie für einen LAN-Anschluss. Die ATAs verwenden also analoge Endgeräte für die Internettelefonie. Die Konfiguration erfolgt – wie auch bei allen anderen Geräten üblich – über ein Web-Interface, alternativ über das Telefon selbst.

Es gibt selbstverständlich die Geräteart des *IP-Telefons*. Ein Telefon also, in einer klassischen Bauweise, nur dass man es eben nicht an die TAE-Dose anschließt, sondern an das LAN. Dazu haben diese Telefone meist zwei LAN-Anschlüsse. Mit dem einen Anschluss wird das Telefon an das LAN angeschlossen, mit dem anderen Anschluss – einem Switchport des Telefons – kann man dann den PC über das Telefon am LAN anschließen. Die bisher verfügbaren WLAN-IP-Telefone verbrauchen derzeit noch so viel Strom, dass ihr Einsatz nicht mit dem von DECT-Telefonen ernsthaft konkurieren kann.

Die dritte Art von Geräten sind die sogenannten *Phoneboards*. Meist handelt es sich um einen DSL-Router mit oder ohne WLAN, an den Sie auch analoge Telefone anschließen können. Neben der reinen Anschlussmöglichkeit sind diese Phoneboards auch SIP-Clients und unterscheiden sich bis zu diesem Punkt nicht von den ATAs. Wenn zusätzliche Funktionen einer TK-Anlage wie das Sperren von Rufnummern angeboten würden, könnte man auch von einer TK-Anlage sprechen. Allerdings bieten selbst kleine TK-Anlagen meist eine größere Fülle von Funktionen.

43.6.1 IP-Telefon

Intern verwenden viele Telefone ein embedded-Linux, dessen Quellen als Source Code zur Verfügung stehen. Alternative Firmwareprojekte sind bisher aber selten.

Typische IP-Telefone bieten diese Funktionen:

- mehrzeiliges Display
- dynamische Soft Keys
- programmierbare Funktionstasten
- interner Switch für den Anschluss des PCs hinter dem Telefon
- Headset-Anschluss
- STUN, UPnP, ICE
- SIP, H.323/H.450 und ENUM
- Unterstützung für verschiedene Sprachen (National Language Support)
- Unterstützung für eine Vielzahl von Codecs
- Sicherheit (SIPS, SRTP)

Auf die Unterstützung von SIPS und SRTP sollten Sie achten, damit zukünftig auch verschlüsselte Verbindungen genutzt werden können.

Abbildung 43.11 Elmeg IP290; Quelle: Elmeg

Sie können mehrere SIP-Provider gleichzeitig einrichten und parallel mehrere Gespräche führen.

43.6.2 TK-Anlagen

Voice over IP ist auch an den meisten TK-Anlagen nicht vorbeigegangen, sondern bei allen modernen TK-Anlagen möglich. Bei TK-Anlagen für Privatanwender hat sich dieser Trend bisher noch nicht durchgesetzt.

Die Firma AVM bietet mit der Fritz!Box Fon eine kleine TK-Anlage, wie sie bei einigen Privathaushalten zur Verwaltung von einigen Telefonen, oftmals auch zum Anschluss von mehreren analogen Telefonen an ISDN,[8] zum Einsatz kommt.

Eine ausführlichere Darstellung der Fritz!Box finden Sie in Abschnitt 43.5, »Fritz!Box Fon«. Für umfangreichere Lösungen kann Asterisk infrage kommen. In Abschnitt 39.5, »Trixbox Asterisk Appliance«, finden Sie ein Beispiel.

43.6.3 Headsets

Wenn Sie in das Thema VoIP einsteigen, dann starten Sie üblicherweise mit der Internettelefonie. Damit keine unnötigen Kosten während der Testphase entstehen, verwenden viele ein Softphone (siehe Abschnitt 43.4, »Softphone: PhonerLite«), also eine Software, die mithilfe einer Soundkarte den PC zum SIP-Telefon werden lässt.

Damit Sie telefonieren können, ohne einen Hall zu erzeugen, benötigen Sie ein Headset. Der Preis entscheidet bei einem Headset oftmals über die Qualität.

Billig-Version

Ein einfaches Headset kostet ca. 4 € und hat zwei Klingenstecker (Microphone/Speaker), die in die Soundkarte des PCs gesteckt werden. Schon zeigt sich der erste Nachteil, denn üblicherweise können Sie Ihre Aktivboxen und das Headset nicht parallel betreiben.

Ein wesentlicher Nachteil dieser sehr preisgünstigen Ausstattung ist es, dass üblicherweise Onboard-Soundkarten mit sehr wenig Hardware auskommen müssen. Die eigentliche Leistung erbringt eine Software auf dem PC unter dem Betriebssystem, eben der Treiber.

[!] Es kommt vor, dass die Soundkarte eine Verzögerung von bis zu einer Sekunde in der Sprachverbindung verursacht. Eine Optimierung des Netzwerks ist völlig unnötig, weil die Verzögerung durch den Treiber der billigen Soundkarte verursacht wird. Auch von anderen Störungen wird von Anwendern berichtet.

8 Also als a/b-Wandler

Wenn Sie das Headset angeschlossen haben, dann klingelt es üblicherweise auch nur noch im Headset, vermutlich ist das aber zu leise, um es zu hören. Ein Ausweg ist eine zweite Soundkarte oder ein USB-Headset.

USB

Die USB-Headsets, die über eine eigene Soundkarte mit DSP verfügen, tragen oft *DSP (Digital Signal Processor)* im Namen (siehe Abbildung 43.12).

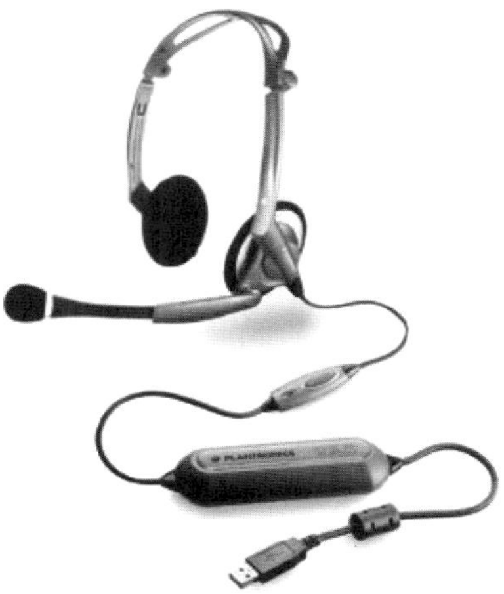

Abbildung 43.12 Plantronics DSP400 USB-Headset

Der Vorteil der USB-Headsets ist nicht nur die exzellente Sprachqualität, das Headset präsentiert sich zudem als weitere Soundkarte im PC. Viele Softphones bieten die Möglichkeit, das Klingeln über die eingebaute Soundkarte und damit über die Aktivboxen wiederzugeben. Die Aufnahme- und Wiedergabequelle ist aber das USB-Headset.

Insbesondere wenn Sie hohe Sprachqualität – HD-Telefonie, Wideband –nutzen möchten, lohnt es sich, ein USB-Headset zu kaufen.

Bluetooth

Es gibt viele Bluetooth-Headsets, insbesondere seitdem die Handys auch Bluetooth beherrschen. Ein solches Headset lässt sich nicht nur als Alternative zur Freisprecheinrichtung im Auto nutzen, sondern auch mit einem Softphone und einem Bluetooth-Dongle am PC, wenn das Headset-Profil unterstützt wird.

Die Sprachqualität, die per Bluetooth erzielt wird, ist geringer als die von USB-Headsets, dafür gewinnen Sie die Freiheit, sich kabellos um den PC zu bewegen. Die meisten Headsets sind von ihrer Soundqualität her auf GSM-Handys ausgerichtet, und das ist die schlechteste Gesprächsqualität, die man heutzutage erleben kann.

TEIL VI
ANHANG

Sie haben den Ehrgeiz, sich auf Linux selbst zu tummeln, doch Sie kennen die Kommandos nicht? Dieses Kapitel wird Ihnen grundlegende Befehle aufzeigen.

A Linux-Werkzeuge

A.1 Vorbemerkung

SUSE Linux stellt in der Werbung die Vorteile der grafischen Programme in den Vordergrund. Doch selbstverständlich basiert auch das neueste SUSE Linux auf einem Linux-Betriebssystem, und bei Linux ist die grafische Oberfläche nur eine Ergänzung. Die Kommandozeile unter Linux heißt Shell, dort können Sie uneingeschränkt arbeiten. Es gibt nicht nur eine Shell, sondern mehrere verschiedene Shells. Leider kann man die Shells optisch nicht unterscheiden, wenn man den Cursor blinken sieht. Die Unterschiede fallen mir immer erst dann auf, wenn bestimmte Funktionen nicht zur Verfügung stehen. Es gibt z. B. die Bash, die Korn-Shell, die C-Shell, die A-Shell oder die Z-Shell. Wenn Sie aus dem KDE-Desktop heraus eine Shell aufrufen, indem Sie auf den kleinen schwarzen Monitor bzw. die Muschel in der Taskleiste klicken, dann haben Sie eine Bash (**B**ourne **a**gain **sh**ell).

Linux ist ein UNIX-Derivat, also eine Variante von UNIX. Es gibt noch viele weitere UNIX-Derivate, z. B. HP-UX, SCO, Solaris, FreeBSD oder AIX. Alle diese UNIX-Systeme sind ähnlich, aber nicht gleich. Wenn Sie sich über den Bereich UNIX näher informieren möchten, finden Sie bei Galileo Computing unter *http://openbook.galileocomputing.de/unix_guru/* eine vollständige HTML-Version des Buches »Wie werde ich UNIX-Guru?« von Arnold Willemer. Ich verwende in diesem Kapitel den Begriff *Linux*, auch wenn die meisten Kommandos auch bei anderen UNIX-Systemen funktionieren. Ein anderes Buch zum Thema ist das Buch von Steffen Wendzel und Johannes Plötner. Es hat den Titel »Einstieg in Linux«. Noch viel interessanter klingt in meinen Ohren der Untertitel »Die distributionsunabhängige Einführung«. Das Buch ist bei Galileo Computing (siehe *http://www.galileocomputing.de/katalog/buecher/titel/gp/titelID-1578*) erschienen.

FLI4L ist eine abgespeckte Linux-Distribution. Viele Befehle, die Sie von Linux kennen, stehen dort nicht zur Verfügung. Das ist in aller Regel auch nicht not- [«]

wendig, denn grundsätzlich haben Sie an der Konsole des Routers nichts zu tun. Bei FLI4L wird die A-Shell (ash) verwendet, weil diese weniger Platz benötigt. Es gibt ein optionales Paket für FLI4L, das statt der A-Shell die Bash auf dem Linux-Router installiert. Solche Pakete dürften nur für die wenigsten von Ihnen sinnvoll sein.

Unter Linux wird zwischen Groß- und Kleinschreibung unterschieden. Die Dateien *Test.txt, test.txt, test.TXT und test.txT* unterscheiden sich. Es sind vier verschiedene Dateien, und *TeSt.TxT* wäre die fünfte.

Die Shell stellt verschiedene Mechanismen zur Verfügung, mit deren Hilfe Sie Datenströme (*streams*) umlenken können. Es gibt standardmäßig drei Datenströme. Die Standardausgabe (stdout) mit dem Dateidescriptor 1, die Standardeingabe (stdin) mit dem Dateidescriptor 0 und die Standard-Fehlerausgabe (stderr) mit dem Dateidescriptor 2. Wenn in einer Shell nichts anderes vereinbart wird, finden die Standardausgabe und die Standard-Fehlerausgabe auf dem Bildschirm statt. Die Standardeingabe ist die Tastatur.

- Eine | leitet die Ausgabe eines Befehls an einen anderen Befehl weiter. Das Zeichen heißt *Pipe* (dt. *Leitung*).
- > leitet die Ausgabe eines Befehls in eine Datei um. Sollte die Datei existieren, wird der Inhalt überschrieben.
- >> leitet die Ausgabe eines Befehls in eine Datei um. Die Ausgabe wird angehängt, gegebenenfalls wird die Datei angelegt.
- < liest den Inhalt einer Datei aus und verwendet ihn als Eingabe für ein Kommando.
- `2>` leitet die Fehlerausgabe des Kommandos in eine Datei um.
- `>/dev/null 2>&1` leitet zunächst die Standardausgabe ins Siliziumnirvana */dev/null*. Zusätzlich wird der Dateidescriptor 2 (stderr) auf den Dateidescriptor 1 (stdout) umgelenkt. Damit landen auch alle Fehlermeldungen im Datenmülleimer */dev/null*.

Es gibt darüber hinaus weitere unzählige interessante Grundlagen, ich kann Ihnen leider nur wenige vorstellen:

- [Strg] + [C] ist die Tastenkombination, mit der man die meisten Befehle beenden kann. Sollte das in Ihrer Shell nicht bereits so vereinbart sein, können Sie die Tastenkombination mit dem Kommando `stty intr` [Strg] + [C] + [↵] definieren.

- Wenn Sie einen Befehlsaufruf mit einem `&` (Ampersand) zum Abschluss ergänzen, wird der Befehl im Hintergrund ausgeführt, und Sie können auf der Shell weiterarbeiten. Das Kommando `jobs` zeigt den aktuellen Status der Hintergrundprozesse.

A.2 Grundbefehle

Kommandos unter Linux haben häufig Optionen, die mit einem Minuszeichen eingeleitet werden.

A.2.1 Bewegen im Dateisystem

ls

- `ls` Das Kommando `ls` listet – fast – alle Dateien und Verzeichnisse des aktuellen Verzeichnisses auf. Dabei kann man von der Anzeige her Dateien und Verzeichnisse nicht unterscheiden. Der Befehl ist vergleichbar mit dem dir-Befehl unter DOS.
- `ls -l` listet (fast) alle Dateien und Verzeichnisse auf und gibt weitere Informationen zu jeder Datei aus, z. B.:
  `drwxr-xr-x 7 root root 1024 Mar 29 2003 var`
  Verzeichnisse sind unter Linux nichts anderes als Dateien. Daher gelten die gleichen Regeln auch für sie. In der ersten Spalte stehen die Rechte; dabei gibt das `d` an, dass es sich um ein Verzeichnis handelt. `rwxr-xr-x` steht für Rechte lesen = `r`, schreiben = `w` und ausführen = `x`. Es gibt drei Klassen von Benutzern: den Eigentümer, eine Gruppe und alle anderen. Entsprechend bedeuten die Rechte in diesem Fall Folgendes: Der Besitzer root darf `rwx` (alles), die Mitglieder der Gruppe root dürfen `r-x` (lesen und ausführen, nicht ändern oder löschen!), ebenso wie alle anderen Benutzer.
- `ls -a` listet alle Dateien, auch die versteckten, auf. Versteckte Dateien sind solche, die mit einem Punkt im Dateinamen beginnen.
- `ls -al` listet alle Dateien in der Detailansicht auf, da Optionen kombiniert werden können.
- `ls -l c?` zeigt alle Dateien und den Inhalt aller Verzeichnisse an, deren Name aus zwei Zeichen besteht und mit dem Buchstaben c beginnt.
- `ls -l c*` zeigt den Inhalt aller Verzeichnisse und alle Dateien an, deren Dateiname mit c beginnt.

cd

- Der Befehl `cd` ist sicherlich einigen schon von DOS her bekannt. Man kann damit das Verzeichnis wechseln.
- `cc /boot` wechselt absolut in das Verzeichnis */boot*, das sich direkt unter dem Wurzelverzeichnis / – das Verzeichnis heißt root (dt. *Wurzel*) – befindet, unabhängig von Ihrem Standpunkt innerhalb der Dateistruktur. Solche Pfadangaben werden deshalb absolute Pfadangaben genannt.
- `cc boot` wechselt auch in das Verzeichnis *boot*, allerdings relativ zum aktuellen Standort. Wenn ich also ein Verzeichnis */tmp/boot* habe, unter */tmp* stehe und dort `cd boot` eingebe, dann lande ich in */tmp/boot* und nicht in */boot*. Diese Pfadangabe wird daher auch relative Pfadangabe genannt.
- `cc ..` wechselt in das nächsthöhere Verzeichnis. Dabei können die Punktangaben auch mit Verzeichnisangaben kombiniert werden: `cd ../test` wechselt relativ in das Verzeichnis *test*, das sich auf der gleichen Ebene wie das aktuelle Verzeichnis befindet.
- `cc ~` wechselt in das Heimatverzeichnis von Ihnen bzw. von dem Benutzer, als der Sie angemeldet sind: für den Benutzer root in */root* und für andere Benutzer in */home/<Benutzername>*.
  Das Kommando `cd` ohne Optionen hat in den meisten Shells den gleichen Effekt.

pwd

- `pwd` gibt den Standort im Verzeichnisbaum an, liefert also die Information, in welchem Verzeichnis Sie sich gerade befinden.

mkdir

Der Name lässt es erahnen: Mit diesem Befehl wird ein Verzeichnis erzeugt.

- `mkdir test` legt in dem Verzeichnis, in dem man sich befindet, ein neues Unterverzeichnis *test* an.
- `mkdir -p /test2/hallo` legt das Verzeichnis */test2/hallo* an. Sollte das Verzeichnis */test2* noch nicht existieren, wird es gleich mit angelegt.

cp

Kopieren von Dateien.

- `cp test.txt kiki.txt` kopiert die Datei *test.txt* in die Datei *kiki.txt.*
- `cp -r /tmp/* /bin` kopiert alle Dateien und Verzeichnisse unterhalb von */temp* nach */bin.*
- `cp /var/log/messages .` kopiert die Datei */var/log/messages* in das aktuelle Verzeichnis.
- `cp /var/log/messages ..` kopiert die Datei */var/log/messages* in das übergeordnete Verzeichnis.

mv

Move. Der `mv` verschiebt Dateien. Die Dateien werden also am alten Ablageort gelöscht. Es gilt die gleiche Syntax wie bei `cp`.

rm

Remove löscht Dateien und Verzeichnisse. Dabei bedeutet löschen, dass die Dateien nicht mehr vorhanden sind. *Sie werden nicht in einem Papierkorb aufbewahrt!*

- `rm test.txt` löscht die Datei *test.txt.*
- `rm -r /tmp` löscht das Verzeichnis */tmp* inklusive aller enthaltenen Dateien und Verzeichnisse ohne Nachfrage und unwiederbringlich.
- `rm -r *` löscht alle Dateien. Damit hätten Sie den Ast, auf dem Sie sitzen, abgesägt, zumindest, wenn Sie als Benutzer root diesen Befehl im falschen Verzeichnis absetzen, denn auch alle Programme werden gelöscht.

[«] Bei KNOPPIX/siegfried ist das Kommando `rm` durch einen Aliasnamen abgesichert. Jedesmal, wenn Sie den Befehl `rm` eintippen, ersetzt die Shell den Befehl automatisch durch den Befehl `rm -i`. Dieser interaktive rm fragt jedesmal nach, bevor er eine Datei löscht. Wenn Sie dieses Verhalten abstellen möchten, können Sie entweder die Option `-f` (force) verwenden oder den Aliasnamen mit dem Kommando `unalias rm` auflösen.

chmod

Change Modus ändert die Benutzerrechte an Verzeichnissen und Dateien. Dabei gehe ich bei meiner Beschreibung davon aus, dass Sie als root, also als Administrator, arbeiten. Als solcher dürfen Sie alles machen, wofür Sie sich nicht selbst die Rechte entzogen haben. Wären Sie als normaler Benutzer angemeldet, könnten Sie nur die Rechte derjenigen Dateien verändern, die Ihnen gehören. Die Rechte werden über Zahlenwerte ausgedrückt:

- 4 = lesen
- 2 = schreiben
- 1 = ausführen

Die Zahlen kann man addieren und dann in das Kommando mit einbauen. 6 bedeutet lesen + schreiben, 7 bedeutet lesen + schreiben + ausführen, und 5 bedeutet lesen + ausführen.

- `chmod 666 test.txt` ändert die Rechte der Datei *test.txt* so, dass alle Benutzerklassen (Besitzer, Gruppe und der Rest der Welt) lesen und schreiben dürfen.
- `chmod -R 666 /tmp` setzt für das Verzeichnis */tmp* und alle darin befindlichen Dateien und Unterverzeichnisse die Rechte auf Lesen und Schreiben für alle Benutzerklassen.
- `chmod 744 test.sh` macht die Datei *test.sh* für den Eigentümer ausführbar. Alle anderen Benutzer dürfen lesend zugreifen.

chown

Change Owner ändert den Besitzer einer Datei bzw. eines Verzeichnisses.

- `chown ens:ensusers test.txt` Die Datei *test.txt* wird Eigentum des Benutzers ens und der Gruppe ensusers.
- `chown -R ens:ensusers /bsp` ändert rekursiv den Besitz des Verzeichnisses */bsp* und aller darunter liegenden Dateien und Verzeichnisse. Alle Dateien und Verzeichnisse gehören von nun an dem Besitzer ens und der Gruppe ensusers.

find

Sucht Dateien. Das Kommando `find` hilft bei der Suche nach Dateien, die irgendwo im Verzeichnisbaum liegen. Dabei können verschiedenste Auswahlkriterien berücksichtigt werden.

- `find` ohne Optionen liefert eine Liste aller Dateien im aktuellen Verzeichnis und in allen Unterverzeichnissen.
- `find . -name mar\*` findet alle Dateien im aktuellen Verzeichnis und dessen Unterverzeichnissen, die mit mar beginnen. Das Joker-Zeichen (wildcard) `*` ist mit einem `\` maskiert.
- `find /home -group users` findet alle Dateien und Verzeichnisse, die unterhalb des Verzeichnisses */home* liegen und der Gruppe users gehören.

A.2.2 Datenströme

cat

Textdateien ausgeben.

- `cat test.txt` gibt die Datei *test.txt* auf dem Bildschirm aus.
- `cat test.txt | less` gibt die Datei *test.txt* bildschirmweise aus. Um die nächste Bildschirmseite sehen zu können, müssen Sie eine Taste drücken. Die Ausgabe von `cat` wird an das Programm `less` übergeben, der die Ausgabe seitenweise vornimmt.
- `cat /proc/interrupts` listet die IRQs auf. Das ist sehr hilfreich, wenn man nicht weiß, auf welchem IRQ die ISDN-Karte oder die Netzwerkkarte angesprochen wird.

echo

Gibt Texte oder Variablen aus.

- `echo $HOME` gibt den Inhalt der Variablen mit dem Namen HOME aus.
- `echo "Hallo Welt"` schreibt auf den Bildschirm: `Hallo Welt`.
- `echo "Hallo Welt" > test.txt` schreibt `Hallo Welt` in die Datei *test.txt*. Sie können das mit `cat test.txt` überprüfen und ausgeben lassen.

grep

Filtert Textausgaben.

- `cat /var/log/messages | grep ERROR > /var/log/error.log` gibt die Ausgabe der Datei */var/log/messages* an den Befehl grep weiter. Dieser Befehl filtert alle Zeilen heraus, die das Wort `ERROR` enthalten, und schreibt die Ausgabe in eine Datei */var/log/error.log*.
- `grep ERROR < /var/log/messages > /var/log/error.log` macht das Gleiche wie der obige Befehl.
- `grep -v ERROR </var/log/messages > /var/log/error.log` schreibt alle Zeichen in die Datei, die das Wort `ERROR` nicht enthält.

date

Gibt das aktuelle Datum mit Uhrzeit aus.

- `date + %Y- %m- %d` gibt z. B. `2003-02-10` aus, also im Format: jjjj-mm-tt.

A.2.3 Prozesse und Dateisystem

ps

Gibt die Prozessliste aus.

- `ps` führt zu einer Tabelle. In der ersten Spalte steht die Prozessnummer. Diese ist wichtig, wenn man den Prozess beenden möchte.
- `ps -ef` gibt die Prozesstabelle mit Prozessen aller Benutzer (*everybody*) in einer vollständigen Liste (*full*) aus.

top

Table of Process ist ähnlich wie beim Windows-Taskmanager eine Prozessliste mit den Prozessen und ihrer jeweiligen CPU-Nutzung. Diese Liste wird in einem definierbaren Intervall aktualisiert.

- `top` gibt die Liste aus.

kill

Beendet Prozesse anhand ihrer Prozessnummer.

- `kill 243` versucht, den Prozess 243 sauber (mit dem Signal 15) zu beenden.
- `kill -9 243` beendet den Prozess 243 unabhängig davon, ob der Prozess möchte oder nicht.
- `kill -l` liefert eine Liste aller möglichen Signale.
- `killall netscape` beendet alle Prozesse mit dem Namen `netscape`.

df und du

- `df` Diskfree gibt an, wie viel Platz noch auf den Laufwerken frei ist. Die Option `-H` sorgt für mehr Übersichtlichkeit.
- `du` Diskusage listet auf, welches Verzeichnis wie viel Platz belegt.

mount / umount

Einbinden von Laufwerken in das Dateisystem.

- `mount` listet alle gemounteten Laufwerke auf. Das sind alle Laufwerke, auf die man zugreifen kann.

- `mount -t fat /dev/fd0 /mnt` macht den Inhalt der eingelegten Diskette (Laufwerk *a:*) unter */mnt* verfügbar.
- `mount -t vfat /dev/hda4 /mnt` bindet eine FAT32-Partition ein und macht deren Inhalt unter */mnt* verfügbar.
- `umount /mnt` löst die Verbindung, die man mit */mnt* hergestellt hatte. Das ist wichtig, um z. B. das CD-Laufwerk wieder öffnen zu können oder damit Daten auf den gemounteten Datenträger zurückgeschrieben werden.

hdparm

Dieses Kommando ist sehr mächtig. Verwenden Sie es nur, wenn Sie verstehen, was Sie tun. Sie können mit diesem Kommando Festplatteneinstellungen (DMA-Modus und Ähnliches) vornehmen. Im Fall von FLI4L wird mit `hdparm` die Festplatte nach einem Zeitraum der Inaktivität heruntergefahren.

- `hdparm /dev/hda` gibt die Einstellungen für die Festplatte aus.
- `hdparm -help` gibt weitere Informationen aus.

halt, reboot, shutdown

- `halt` Dieser Befehl fährt den PC herunter.
- `reboot` Mit reboot können Sie den PC neu starten.
- `shutdown -h now` fährt den PC herunter. Wenn Sie die Option now weglassen, fährt Ihr PC zeitverzögert herunter. Das geschieht dann möglicherweise für Sie unerwartet.

A.2.4 Netzwerkbefehle

ping

Überprüft die Erreichbarkeit von Rechnern auf der IP-Ebene. Weitere Ausführungen zum ping unter Linux finden Sie in Abschnitt 27.5, »Bordmittel von Linux«.

- `ping 192.168.4.2` sendet unablässig ICMP-Pakete an die IP-Adresse 192.168.4.2 und zeigt, falls erfolgreich, die Antwortzeiten an.
- `ping Eins` löst zunächst den PC-Namen Eins in die IP-Adresse 192.168.4.2 auf, sodass Sie bei Erfolg wissen, dass die Namensauflösung in Ihrem Netz funktioniert.
- `ping -c 5 192.168.4.2` sendet fünf ICMP-Pakete zum Rechner 192.168.4.2.

ifconfig

Ein wichtiges Kommando, wenn der Router FLI4L nicht wie gewünscht funktioniert. Man kann sich damit die Konfiguration der Netzwerkschnittstellen anzeigen lassen.

- `ifconfig` gibt die Konfiguration aller Schnittstellen aus.
- `ifconfig eth0` gibt die Konfiguration von eth0, unserer ersten Netzwerkkarte, aus.
- `ifconfig eth0 192.168.1.1 up` aktiviert die Netzwerkschnittstelle eth0 mit der IP-Adresse 192.168.1.1.

route

Man kann mit diesem Kommando Routing-Einträge sehen und setzen.

- `route` gibt die aktuelle Routing-Tabelle aus.
- `route add -net 0.0.0.0 gw 192.168.1.1` konfiguriert das Default-Routing auf das Gateway 192.168.1.1.

arp

ARP ist das Address Resolution Protocol. Es löst IP-Adressen in MAC-Adressen auf. Die Tabelle der aktuell bekannten Beziehungen MAC zu IP kann man ausgeben lassen:

- `arp -a` listet die ARP-Tabelle auf.

netstat

Der Befehl `netstat` zeigt die TCP/UDP-Verbindungen an. Sie können so feststellen, welcher Prozess auf welchem TCP/UDP-Port arbeitet und in welchem Zustand dieser Prozess ist.

- `netstat -s` gibt Statistiken des Netzwerk-Interfaces (eth0) aus.
- `netstat -an` gibt alle Verbindungen aus und zeigt die Ports numerisch an.
- `netstat -p` gibt die Prozessnummer an, sodass Sie einen Prozess zu einer Verbindung identifizieren können.

A.3 Der Editor vi

Wenn Sie regelmäßig unter Linux Dateien verändern, dann benötigen Sie einen Editor. Selbstverständlich können Sie dazu kedit verwenden, doch der steht Ihnen nur zur Verfügung, wenn Sie KDE gestartet haben. Sie können zwischen sechs reinen Textkonsolen mit `Alt` + `F1`-`F6` wählen, mit `Alt` + `F7` gelangen Sie zurück zu KDE. Wenn Sie auf einer Textkonsole arbeiten, steht Ihnen kedit nicht zur Verfügung.

Es gibt Leute, die den vi verwenden, und es gibt andere, die emacs bevorzugen. Ich benutze den vi, weil ich seine Befehle halbwegs beherrsche.

Wenn Sie den vi fleißig verwenden, werden Sie ihn irgendwann lieben. Wenn es so weit ist, können Sie ihn auch unter Windows verwenden. Sie können GVIM auf der Internetseite *http://www.vim.org* herunterladen. **[«]**

Ich und auch jeder andere, den ich kenne und der den *vi* zum ersten Mal verwendet hat, hält ihn anfangs für ein sehr schlechtes Programm. Die Bedienung ist alles andere als intuitiv, man muss sich alle Befehle merken und ständig zwischen dem Eingabe- und dem Kommando-Modus hin- und herwechseln.

Was ich anfänglich als schlecht empfunden habe, halte ich inzwischen für ein geniales Programm, das dank 10-Finger-System sehr bequem und äußerst schnell bedient werden kann.

A.3.1 Arbeiten mit dem vi

Entweder Sie arbeiten am Text, dann erfolgt das im Eingabe-Modus, in dem Ihnen Befehle nur eingeschränkt zur Verfügung stehen. Oder Sie arbeiten im Kommando-Modus, dann können Sie keinen Text eingeben.

Sie rufen mit `vi /tmp/test.txt` den *vi* auf und wollen im Verzeichnis */tmp* eine Datei *test.txt* erzeugen. Sie sehen zunächst einen leeren Bildschirm. Wenn Sie ein `i` eingeben, wechseln Sie in den Eingabe-Modus. Geben Sie nun ein paar Buchstaben ein, z. B. »mein erster Text mit dem vi«. Um wieder in den Kommando-Modus zu wechseln, drücken Sie `Esc`. Nur im Kommando-Modus können Sie den Text abspeichern. Dazu geben Sie `:w` + `↵`, ein. Wenn Sie den vi wieder verlassen wollen, müssen Sie `:q` + `↵` eingeben. Da Sie ja noch im Kommando-Modus sind, entfällt das vorherige Drücken von `Esc`. **[zB]**

Befehle im Kommando-Modus

Diese Befehle werden immer im Kommando-Modus eingegeben:

`A` An das Ende der Zeile springen und dort in den Eingabe-Modus wechseln.

`a` Hinter der aktuellen Cursor-Position in den Eingabe-Modus wechseln.

`i` An der Stelle in den Eingabe-Modus wechseln, an der sich der Cursor befindet.

`o` Unterhalb der aktuellen Zeile in den Eingabe-Modus wechseln.

`O` Oberhalb der aktuellen Zeile in den Eingabe-Modus wechseln.

`r` Das Zeichen, auf das der Cursor zeigt, wird verändert. Für dieses eine Zeichen wechselt der vi in den Eingabe-Modus.

`R` Das aktuelle Wort wird von der Cursor-Position bis zum Wortende editierbar. Der vi wechselt dazu in den Eingabe-Modus.

`cw` Das aktuelle Word wird ab der Cursor-Position ausgetauscht. Der vi wechselt in den Eingabe-Modus.

Dateien können gelesen und geschrieben werden. Im Kommando-Modus beginnen diese Operationen mit einen Doppelpunkt:

`:w` Unter dem vorgegebenen Namen abspeichern. Geben Sie `:w <Dateiname>` ein, um den Text unter einem anderen Dateinamen abzuspeichern.

`:q` Den vi verlassen.

`:wq` Speichern und verlassen.

`:x` Entspricht `:wq`.

`:q!` Den vi verlassen, auch wenn noch nicht abgespeichert wurde.

`:w!` Eine schreibgeschützte Datei überschreiben.

`:r` Eine Datei einfügen. Geben Sie `:r <Dateiname>` ein, um den Inhalt der Datei einzulesen.

Der vi bietet Ihnen eine Suchfunktion:

`/` Wenn Sie sich im Kommando-Modus befinden, können Sie mit dem Slash in den Such-Modus wechseln.

[zB] Sie haben die Datei */var/log/messages* geöffnet. Diese enthält 10.000 Zeilen, und Sie suchen eine Zeile, in der das Wort `2003-02-23` vorkommt. Dazu geben Sie

/2003-02-23 ein. Wenn Sie zum nächsten Treffer möchten, geben Sie n ein; mit N kommen Sie zum vorherigen Treffer.

Sie können sich mit den Cursor-Tasten bewegen. Wenn Sie die Finger auf der Buchstabentastatur liegen lassen möchten, können Sie sich unter anderem mit den Buchstaben h,j,k,l im Text bewegen.

h Sie bewegen sich ein Zeichen nach links.

j Sie bewegen sich eine Zeile nach oben. Alternativ können Sie auch eine Zahl vor dem j eingeben. Zum Beispiel bewegt 40j Sie 40 Zeilen nach oben.

k Sie bewegen den Cursor eine Zeile im Text nach unten.

l Sie bewegen den Cursor ein Zeichen nach rechts.

0 Der Cursor wird am Anfang der Zeile positioniert.

$ Den Cursor am Ende der Zeile positionieren.

G Der Cursor wird in der letzten Zeile des Textes positioniert. Sie geben 6G ein, und der Cursor wird in Zeile sechs positioniert.

Im Kommando-Modus können Sie kopieren und löschen.

yy Die aktuelle Zeile wird in den Puffer gelesen. Sie geben 4yy ein, und vier Zeilen, einschließlich der aktuellen Zeile, werden in den Puffer gelesen.

p Der Inhalt des Puffers wird eingefügt.

dd Die aktuelle Zeile wird gelöscht und in den Puffer gelegt. Sie geben 4dd ein, und vier Zeilen, einschließlich der aktuellen Zeile, werden gelöscht und in den Puffer gelesen.

dG Von der aktuellen Zeile bis zum Ende des Dokuments wird alles gelöscht und in den Puffer gelegt.

x Das Zeichen, auf das der Cursor zeigt, wird gelöscht.

u Die letzte manipulierende Aktion wird rückgängig gemacht.

Bei Linux wird der VIM eingesetzt, ein frei verfügbarer Editor. Dieser hat zusätzlichen Komfort, z. B. können Sie auch die Cursor-Tasten verwenden.

Suchen–Ersetzen

Sie möchten ein umfangreiches Suchen–Ersetzen durchführen? Mit dem vi können Sie anhand von regulären Ausdrücken ersetzen. Damit haben Sie fast unendlich viele Möglichkeiten, maschinell Ersetzungen vornehmen zu lassen. Leider gibt es solch intelligente Möglichkeiten z. B. nicht unter Word.

Im Kommando-Modus wechseln Sie mit dem Doppelpunkt in die untere Zeile. Sie können den Zeilenbereich angeben, in dem das Suchen–Ersetzen vorgenommen werden soll: `0,8` ersetzt nur bis zur achten Zeile. Wenn Sie das Suchen–Ersetzen auf den ganzen Text anwenden möchten, geben Sie `%` ein.

[zB] Sie möchten in einem Dokument das Wort `Netzwerk` gegen `LAN` austauschen:

```
:%s/Netzwerk/LAN/g [↵]
```

Im ganzen Dokument (%) wird `Netzwerk` gegen `LAN` ausgetauscht, auch wenn es mehrfach pro Zeile existiert (`g`).

[zB] Sie möchten in allen Zeilen, die mit einer Zahl beginnen und ein # enthalten, den Teil einschließlich des # löschen:

```
:%s/^[0-9]*.#//
```

Natürlich bietet der vi noch viel mehr Möglichkeiten, die ich an dieser Stelle nicht vermitteln möchte. Wenn Sie Interesse am vi haben, können Sie im Internet weiterführende Literatur finden.

A.4 Shell-Scripte

Es ist sehr einfach, Programme selbst zu schreiben. Man kann Linux-Befehle miteinander kombiniert in eine Datei schreiben, und schon ist das eigene Programm fertig. Es handelt sich um eine Textdatei, die dann mittels `chmod 700 <DATEI>` ausführbar gemacht wird. Weil Sie diesen Quellcode nicht in Maschinensprache übersetzen (kompilieren), heißt das Ganze Script.

Ein einfaches Beispiel:

```
!#/bin/sh
echo "Hallo Welt"
```

Das ist das alte Hallo-Welt-Programmier-Beispiel als Shell-Script. Damit Sie dieses Beispiel ausprobieren können, müssen Sie zunächst einen Texteditor aufrufen:

```
vi test.sh
```

Sie können jetzt die drei Zeilen abtippen und dann mit der Tastenkombination [Esc] + `:qw` die Datei speichern und den Editor verlassen.

Als zweiten Schritt müssen Sie die Datei ausführbar machen:

`chmod 700 ./test.sh.`

Der Aufruf von `./test.sh` sollte ein `Hallo Welt` auf den Bildschirm zaubern.

Das Beispiel ist natürlich unsinnig. Man kann in Shell-Scripten `if`-Abfragen durchführen, `for`- und `while`-Schleifen einsetzen und vieles mehr. Variablen werden durch `VAR=unsinn` belegt und mit `echo $VAR` ausgegeben.

Mein Ziel ist es an dieser Stelle nicht, einen Kurs über Shell-Programmierung abzuhalten. Ich wollte Sie nur kurz auf die Möglichkeiten hinweisen. Weitere Informationen finden Sie sehr leicht im Internet. Achten Sie darauf, dass die meisten Beschreibungen zum Thema Bash, also zur Standard-Linux-Shell, erscheinen. FLI4L verwendet die A-Shell.

Es ist immer wieder nützlich, z. B. für WEP-Key eine ASCII-Tabelle zu haben, die auch HEX-Werte enthält.

B ASCII-Tabelle

Dec	Hx	Oct	Char		Dec	Hx	Oct	Html	Chr	Dec	Hx	Oct	Html	Chr	Dec	Hx	Oct	Html	Chr
0	0	000	NUL	(null)	32	20	040		Space	64	40	100	@	@	96	60	140	`	`
1	1	001	SOH	(start of heading)	33	21	041	!	!	65	41	101	A	A	97	61	141	a	a
2	2	002	STX	(start of text)	34	22	042	"	"	66	42	102	B	B	98	62	142	b	b
3	3	003	ETX	(end of text)	35	23	043	#	#	67	43	103	C	C	99	63	143	c	c
4	4	004	EOT	(end of transmission)	36	24	044	$	$	68	44	104	D	D	100	64	144	d	d
5	5	005	ENQ	(enquiry)	37	25	045	%	%	69	45	105	E	E	101	65	145	e	e
6	6	006	ACK	(acknowledge)	38	26	046	&	&	70	46	106	F	F	102	66	146	f	f
7	7	007	BEL	(bell)	39	27	047	'	'	71	47	107	G	G	103	67	147	g	g
8	8	010	BS	(backspace)	40	28	050	(	(	72	48	110	H	H	104	68	150	h	h
9	9	011	TAB	(horizontal tab)	41	29	051	)	)	73	49	111	I	I	105	69	151	i	i
10	A	012	LF	(NL line feed, new line)	42	2A	052	*	*	74	4A	112	J	J	106	6A	152	j	j
11	B	013	VT	(vertical tab)	43	2B	053	+	+	75	4B	113	K	K	107	6B	153	k	k
12	C	014	FF	(NP form feed, new page)	44	2C	054	,	,	76	4C	114	L	L	108	6C	154	l	l
13	D	015	CR	(carriage return)	45	2D	055	-	-	77	4D	115	M	M	109	6D	155	m	m
14	E	016	SO	(shift out)	46	2E	056	.	.	78	4E	116	N	N	110	6E	156	n	n
15	F	017	SI	(shift in)	47	2F	057	/	/	79	4F	117	O	O	111	6F	157	o	o
16	10	020	DLE	(data link escape)	48	30	060	0	0	80	50	120	P	P	112	70	160	p	p
17	11	021	DC1	(device control 1)	49	31	061	1	1	81	51	121	Q	Q	113	71	161	q	q
18	12	022	DC2	(device control 2)	50	32	062	2	2	82	52	122	R	R	114	72	162	r	r
19	13	023	DC3	(device control 3)	51	33	063	3	3	83	53	123	S	S	115	73	163	s	s
20	14	024	DC4	(device control 4)	52	34	064	4	4	84	54	124	T	T	116	74	164	t	t
21	15	025	NAK	(negative acknowledge)	53	35	065	5	5	85	55	125	U	U	117	75	165	u	u
22	16	026	SYN	(synchronous idle)	54	36	066	6	6	86	56	126	V	V	118	76	166	v	v
23	17	027	ETB	(end of trans. block)	55	37	067	7	7	87	57	127	W	W	119	77	167	w	w
24	18	030	CAN	(cancel)	56	38	070	8	8	88	58	130	X	X	120	78	170	x	x
25	19	031	EM	(end of medium)	57	39	071	9	9	89	59	131	Y	Y	121	79	171	y	y
26	1A	032	SUB	(substitute)	58	3A	072	:	:	90	5A	132	Z	Z	122	7A	172	z	z
27	1B	033	ESC	(escape)	59	3B	073	;	;	91	5B	133	[	[	123	7B	173	{	{
28	1C	034	FS	(file separator)	60	3C	074	<	<	92	5C	134	\	\	124	7C	174			|
29	1D	035	GS	(group separator)	61	3D	075	=	=	93	5D	135	]	]	125	7D	175	}	}
30	1E	036	RS	(record separator)	62	3E	076	>	>	94	5E	136	^	^	126	7E	176	~	~
31	1F	037	US	(unit separator)	63	3F	077	?	?	95	5F	137	_	_	127	7F	177	&#127;	DEL

Source: www.LookupTables.com

Abbildung B.1 Dezimal-Hex-Oktal-HTML-ASCII-Zeichen; Quelle: LookupTables.com

C Glossar

Sollten Sie im Glossar nicht fündig werden, helfen Ihnen diese Webseiten bei der Suche nach Begriffen und Abkürzungen weiter:

http://de.wikipedia.org und *http://www.webopedia.com*

1TR6 Siehe DSS1.

ACL (Access Control List) Zugriffskontrollliste. Sie regelt welche MAC-/IP-Adresse Zugriff erhält. Eine ACL wird unter anderem bei Routern eingerichtet, Sie können so z. B. bestimmte PCs vom Zugriff auf das Internet anhand ihrer IP-Adresse ausschließen.

Active Directory Das AD ist die Weiterentwicklung der Windows-Domäne. Insbesondere ist der Vorteil eines einheitlichen AD, dass dort mehr Informationen zu einem Benutzer abgelegt werden können und so eine zentrale Benutzerdatenbank entsteht, auf die viele Anwendungen zugreifen können (Exchange, Rechnungswesen usw.).

AD Siehe Active Directory.

ADSL (Asymmetric DSL) Das verbreitetste DSL-Verfahren. Die Datenraten für den Up- und Download sind nicht gleich, sondern unterschiedlich (somit asymmetrisch).

AES (Advanced Encryption Standard) Nachfolgestand von DES und 3DES (Triple-DES). Wird zur Verschlüsselung unter anderem bei WPA eingesetzt.

AGI (Asterisk Gateway Interface) AGI ist die Möglichkeit, die weitere Verarbeitung des Gesprächs über ein Script/Programm durchführen zu lassen.

ALG (Application Layer Gateway) Erweiterung einer Firewall um die Fähigkeit, Datenpakete der Anwendungsschicht zu verstehen und zu modifizieren.

AMR (Adaptive Multi-Rate) Verfahren zur Kodierung von Sprache, das sich den Übertragungsbedingungen anpassen kann. Wird unter anderem bei UMTS verwendet.

ANSI (American National Standard Institute) Normungsausschuss in den USA, vergleichbar mit DIN.

AOL (America OnLine) Sehr großer Internetprovider, der international agiert. In Deutschland ist AOL durch die Werbung mit Boris Becker bekannt geworden. Sie haben sicherlich auch schon mal eine CD von AOL erhalten, oder?

AOSS (AirStation One-Touch Secure Systems) Die Firma Buffalo bietet ein vereinfachtes Verfahren, die Verschlüsselung für WLAN zwischen Buffalo-Geräten einzurichten.

APIPA (Automatic Private IP Adressing) Eine IP-Adressen-Konfiguration ohne DHCP. Der von der Behörde IANA normierte Adressbereich für diese Funktion ist 169.254.0.1 bis 169.254.255.254/16. Die Funktion wird ab Windows 98 automatisch ausgeführt, wenn kein DHCP-Server gefunden wird und keine manuelle IP-Konfiguration existiert.

AppleTalk LAN-Vermittlungsprotokoll von der Firma Apple. Das Protokoll arbeitet auf ISO-/OSI-Schicht 3 und wurde von den älteren Versionen von Mac OS benutzt.

Appliance Der englische Begriff Appliance bedeutet so viel wie Gerät. Gemeint ist mit dem Begriff ein Server, der mit Software (z. B. Firewall) geliefert wird und sofort einsatzbereit ist.

APT (Advanced Package Tool) Die Software-Paketverwaltung von Debian.

ASCII (American Standard Code of Information Interchange) Buchstaben müssen für PCs in Zahlen umgesetzt werden. Diese Aufgabe erfüllt ASCII, indem es 128 Zeichen auf 128 Zahlen kodiert (0 bis 127, sieben Bit). Der erweiterte ASCII-Standard mit acht Bit bietet 256 Zeichen Platz und enthält außer englischen z. B. auch deutsche Zeichen wie Umlaute.

ASIC (Application Specific Integrated Circuit) Ein Chip, der speziell für eine Funktion gefertigt wird. Er ist eine in Hardware gegossene Funktion. ASICs kommen bei hochwertigen Switches und Layer-3-Switches zum Einsatz.

ATM (Asynchronous Transfer Mode) Konkurrenztechnik zu Ethernet mit sehr guten QoS-Merkmalen. ATM hat den Nachteil, dass die Geräte sehr teuer sind. Daher wird ATM nur noch im WAN eingesetzt.

Authentication Überprüfung der Identität einer Person oder eines PCs. Die Überprüfung kann mit einem einfachen Benutzernamen, aber z. B. auch mittels Fingerabdruck durchgeführt werden.

Authentifizieren Siehe Authentication.

Autorisation Gewähren von Rechten (z. B. Zugriffsrechten). Wenn Sie eine Datei den anderen Benutzern per Dateifreigabe zur Verfügung stellen, autorisieren Sie diese, auf die Datei zuzugreifen. Möglicherweise haben Sie das Recht der anderen beschränkt, sodass diese die Datei z. B. nicht löschen können.

Autorisieren Siehe Autorisation.

Backbone Der Begriff wird nicht eindeutig verwendet. In einem LAN ist das Backbone die Verbindung der Hauptverteiler.

Ein Provider wird als sein Backbone die Datenverbindungen nennen, die seine wichtigen Zugangsknoten verbinden.

Backplane Die »Rückwand« eines Hubs, Switches oder Routers, auf der die Daten transportiert werden. Gemeint ist ein ähnliches Bauteil wie das Motherboard im PC.

Sie können sich ein Bussystem vorstellen, auf dem die Daten ausgetauscht werden.

Baud Anzahl der Symbole, die pro Sekunde über eine Schnittstelle ausgetauscht werden, also die Schrittgeschwindigkeit.

Die Angabe in Baud wurde für alte Modems verwendet und ist nicht mehr üblich. Heute verwendet man die Angabe von Bits pro Sekunde, Bit/s.

BBAE (BreitBandAnschlussEinheit) Der in Deutschland übliche (technische) Begriff für den DSL-Splitter.

BDC (Backup Domain Controller) Stellvertreter des PDC. Ein BDC ist nicht erforderlich, wird hauptsächlich zur Lastverteilung und zur Gewährleistung der Ausfallsicherheit eingesetzt.

BIOS (Basic Input Output System) Im ROM des Motherboards abgelegtes Programm, das die Hardware-Ansteuerung durchführt.

Bei PCs können Sie üblicherweise an die BIOS-Einstellungen gelangen, indem Sie beim Systemstart `F2` oder `Entf` drücken.

Bit (Binary Digit) Die kleinste Informationseinheit. Ziffer 0 oder 1, Strom an oder aus.

Bluetooth Bluetooth ist ein kabelloses Übertragungsverfahren, das mittlerweile mehrere Ziele verfolgt. Einerseits geht es um das PAN (Personal Area Network). Man möchte z. B. Headsets für Handys kabellos an das Handy anbinden, und zwar mittels Bluetooth.

Es gibt Bestrebungen, Bluetooth auch für den drahtlosen Internetzugang zu benutzen, z. B. AVM Blue Fritz!.

BootP (Boots Trap Protocol) Der Vorläufer von DHCP, dient auch zur Zuweisung einer IP-Konfiguration, aber nur mit der Zuordnung fester IP-Adressen zu MAC-Adressen.

BRI (Basic Rate Interface) Bezeichnung für einen ISDN-Anschluss. Beispielsweise werden Module, die es einem Router ermöglichen, per ISDN (S0) angebunden zu werden, als BRI-Module bezeichnet.

Bridge Eine Bridge (dt. *Brücke*) ist ein Gerät, das zwei Netzwerksegmente, zwei Ethernets, verbunden hat. Stellen Sie sich einen Switch mit nur zwei Anschlüssen vor. Die Switches sind die Nachfolger der Bridges.

BSS (Basic Service Set) Ein im Infrastruktur-Modus aufgebautes WLAN mit WLAN-Clients und einem oder mehreren Access Point(s).

Bundesnetzagentur Im Zuge der Liberalisierung des Telekom-Marktes wurde die RegTP geschaffen, die verschiedentlich auch im Netzwerkbereich (WLAN) Zuständigkeiten hat. Nach der Erweiterung der Aufgaben um den Strommarkt wurde die Behörde umbenannt.

Byte 8 Bit ergeben ein Byte. Cache Schneller Zwischenspeicher.

CAM (Constant Access Mode) Verfahren im WLAN, bei dem die Clients nicht in den Stromspar-Modus fallen (siehe PAM).

Cardbus-Card 32-Bit-PCMCIA-Karte, die ähnlich wie eine PCI-Karte aufgebaut ist. Die Datenrate ist wesentlich höher als bei einer PC-Card, allerdings werden die Karten zurzeit weniger gut unterstützt und sind relativ teuer.

CBR (Constant Bit Rate) Immer gleich bleibende Datenrate eines Audio-Codecs.

CCC (Chaos Computer Club e.V.) Ein Verein, der die Kommunikation der Hackerszene und der Öffentlichkeit fördert und für Informationsfreiheit eintritt.

CCMP (Counter mode with Cbc-Mac Protocol) AES-CCMP ist die Verschlüsselungsmethode bei WPA.

CELP (Code Excited Linear Predictive) Sprachkodierungsverfahren, das unter anderem. bei GSM verwendet wird..

CERN (Conseil Europeen pour la Recherche Nucleaire) Europäische Forschungsgemeinschaft für Teilchenphysik mit Sitz in Genf. Zunächst als Anwendung für das CERN selbst wurden Web-Technologien wie HTTP und Hyperlinks entwickelt.

CERT (Computer Emergency Response Team) Abteilung z. B. der Carnegie Mellon University, die vom US-amerikanischen Verteidigungsministerium (DoD) betrieben wird. Die Hauptaufgabe ist die Veröffentlichung von Sicherheitsproblemen bei Computern. Auch in Deutschland gibt es nationale CERTs, die Informationen z. B. über Viren oder Sicherheitslücken veröffentlichen.

CHAP (Challenge Handshake Authentication Protocol) Bei PPP kann eine Autorisierung durchgeführt werden. Eine Methode ist CHAP: Es übermittelt eine Benutzername-Passwort-Kombination, und zwar verschlüsselt. Ein anderes Verfahren ist PAP. Normiert ist CHAP im RFC 1994.

CIDR (Classless Inter Domain Routing) Eine Technik, auf IP-Klassen zu verzichten und das Routing anhand der Subnetzmaske durchzuführen.

CLI (Command Line Interface) Die Kommandozeile von Netzwerkgeräten wird CLI genannt. Dort können Sie ähnlich wie in einer DOS-Box Befehle eingeben. Üblicherweise ist diese Schnittstelle durch Passwörter geschützt und wird per Telnet erreicht.

CLID (Caller Line ID) Rufnummernübertragung im ISDN oder beim Handy. Technisch kann die Rufnummernübertragung auch bei analogen Telefonanschlüssen erfolgen.

CLIP (Caller Line ID Protocol) Verfahren zur Rufnummernübertragung im ISDN oder beim Handy.

CLIR (Caller Line ID Restriction) Verfahren zur Rufnummernunterdrückung. Der Angerufene sieht die Rufnummer nicht.

CoDec (Coder Decoder) Elektronische Verpackung eines Audiosignals bzw. einer Entschlüsselung.

CPU (Central Processing Unit) Der Prozessor.

Cracker Ein Hacker, der in Ihrem Netzwerk Schaden verursachen will.

Oftmals wird zwischen Hacker und Cracker unterschieden. Die erste Sorte sei angeblich nur technisch interessiert und will keinen Schaden anrichten, die zweite Sorte will nur Schaden anrichten.

Eine bekannte Hacker-Vereinigung ist der CCC (Chaos Computer Club).

CSMA/CA (Carrier Sense Multiple Access Collision Advoidance) WLAN-Verfahren zur Kollisionsvermeidung. Eine echte Kollisionserkennung kann nicht stattfinden, weil es nicht wie bei kabelgebundenen LANs zu einer Potenzialerhöhung kommt.

CSMA/CD (Carrier Sense Multiple Access Collision Detect) Das Zugriffsverfahren im Ethernet. Jeder Teilnehmer hört die Leitung ab. Wenn kein anderer sendet, darf jeder Teilnehmer senden (nicht deterministisch). Sollte es zu Kollisionen kommen, müssen diese erkannt werden.

In einem vollständig geswitchten Netzwerk findet CSMA/CD auch bei Verwendung von Ethernet faktisch keine Anwendung mehr.

CTS (Clear To Send) Gegenstück zu RTS.

Datex-P Der Name eines alten paketvermittelten Dienstes auf Basis von X.25.

DCF (Distributed Coordination Function) Funktion beim WLAN, um auf Basis von DIFS einen WLAN-Kanal nutzen zu können.

DDNS (Dynamisches DNS) Ein DNS-Verfahren, das ständig automatisch aktualisiert wird. Dabei können die Clients selbst oder der DHCP-Server die notwendigen Informationen liefern.

DECT (Digital Enhanced Cordless Telecommunications) Digitales Übertragungsverfahren für schnurlose Telefone, Funktelefone, das von der ETSI entwickelt wurde. Es arbeitet normalerweise in einem Frequenzbereich von 1,88 bis 1,9 GHz und ist daher in den USA nicht zugelassen. Die Datenrate beträgt 24 Kbit/s pro Zeitschlitz. Die Sendeleistung beträgt 250 mW, und daher beträgt die Reichweite innerhalb von Gebäuden ca. 40 Meter.

Es gibt aber DECT@ISM, das im 2,4-GHz-Bereich funkt und eine Datenrate von 1 Mbit/s erreicht.

DES (Data Encryption Standard) Ein symmetrischer Verschlüsselungsalgorithmus.

Wird manchmal auch als DEA (Data Encryption Algorithm) bezeichnet.

DFS (Dynamic Frequency Selection) In Abhängigkeit von dem Datenverkehr wird der Funkkanal bei IEEE 802.11a gewählt.

DHCP (Dynamic Host Configuration Protocol) Verfahren, mit dem insbesondere eine IP-Konfiguration (IP-Adresse, Subnetzmaske usw.) beim Booten und in zeitlichen Intervallen zugewiesen wird.

DIFS (Distributed IFS) Siehe IFS.

DIN (Deutsche Industrie Norm) DIN A4 normt die Größe (und bestimmt andere Eigenschaften) eines Blatt Papiers.

Diversity Die sogenannte Antennen-Diversity nutzt bei zwei Antennen z. B. eines WLAN-Access-Points die Antenne zum Senden, auf der das Signal des Kommunikationspartners stärker empfangen wird.

DMZ (DeMilitarized Zone) Vom Internet und dem LAN durch jeweils eine Firewall abgetrennter Bereich. Er ist nicht so unsicher wie das Internet, aber nicht so sicher wie das eigene LAN. Üblicherweise befinden sich z. B. Mailserver in der DMZ.

DNS (Domain Name Service) Namensauflösung im Internet und auch im LAN. Namen von PCs oder Webseiten werden mittels DNS in die zugehörigen IP-Adressen umgesetzt.

DoS (Denial of Service) Hackerangriff, um einen Server funktionsuntüchtig zu machen.

DOS (Disk Operating System) In Form von MS-DOS als altes Betriebssystem. Es gab/gibt aber auch andere DOS-Systeme, z. B. FreeDOS.

DPCM (Differential Pulse Code Modulation) Sprachkodierungsverfahren bei Audio-Codecs.

DSCP (Differentiated Services Codepoint) Priorisierungsverfahren, das zur Kennzeichnung der gewünschten Übertragungsqualität im IP-Protokollkopf ein Byte benutzt. Nachfolger des ungenaueren TOS.

DSL (Digital Subscriber Line) DSL ist eine Technologie, um einen Internetzugang bereitzustellen, der über eine hohe Bandbreite verfügt. Mit der Technik DSL wird dabei nur eine kurze Strecke zwischen der Vermittlungsstelle des Providers und der Telefondose des Kunden überbrückt.

DSLAM (Digital Subscriber Line Access Multiplexer) Das Gegenstück zum Splitter eines DSL-Kunden in einer Ortsvermittlungsstelle, an dem die DSL-Verbindungen der Kunden gebündelt werden.

DSP (Digital Signaling Processor) Mikroprozessoren, die auf Echtzeitanwendung optimiert sind und somit insbesondere für die Modulierung/Kodierung von Sprache geeignet sind.

DSS1 (Digital Signaling System 1) Ein im Euro-ISDN genormtes Verfahren für die Signalisierung im D-Kanal des ISDN. In Deutschland gibt es parallel bis 31.12.2006 noch 1TR6.

DSSS (Direct Sequence Spread Spectrum) Das Standard-Modulationsverfahren im WLAN nach IEEE 802.11b.

DTE (Data Terminal Entry Power via MDI) Stromversorgung für kleine Netzwerkgeräte über das Twisted-Pair-Kabel nach IEEE 802.3af.

DTIM (Delivery Traffic Indication Map) Wert, der angibt, wie häufig eine TIM in einer Reihe von Beacon-Paketen vorkommt.

DTMF (Dual Tone Multi-Frequency) Tastentöne eines Telefons, in Deutschland auch unter dem Begriff MFV (Mehr-Frequenzwahl-Verfahren) bekannt.

Duplex Gleichzeitiges Senden und Empfangen von Daten. Der unsinnige Begriff Halfduplex beschreibt das Gegenteil, nämlich entweder Senden oder Empfangen.

DVD (Digital Versatile Disc) Medium mit 4,7 bis 17 GByte Speicherkapazität. Als Video-DVD wird der MPEG2-Standard zur Komprimierung der Videodaten eingesetzt.

EAP (Extensible Authentication Protocol) Ein Authentifizierungsverfahren, das ursprünglich für PPP entwickelt wurde. Mittlerweile findet es z. B. bei IEEE 802.1x Verwendung und wird dort als EAPoL (EAP over LAN) bezeichnet. Es ist in RFC 2284 normiert.

EFM (Ethernet in the First Mile) Ein IEEE-Standardisierungsvorhaben, das Ethernet für den Internetzugang ermöglichen soll. Der Standard wird IEEE 802.3ah heißen.

EIA (Electronic Industries Alliance) Verband der elektronischen Industrie der USA. Der Verband erlässt einige Normierungen, z. B. für die Belegung von Twisted-Pair-Kabeln nach EIA/TIA 568.

EIFS (Extended IFS) Siehe IFS.

EIGRP (Enhanced IGRP) Verbesserte Version von IGRP.

EIRP (Effective isotropic radiated power) »Die EIRP ist ein Vergleichswert. Sie gibt an, mit welcher Leistung man einen idealen Rundstrahler (isotroper Strahler) speisen müsste, damit er dieselbe Feldstärke erzeugt wie die vorliegende Anlage aus Sender, Kabel und Antenne.«[1]

ENUM (tElephone NUmber Mapping) Telefonnummern sind über einen DNS-Server in IP-Adressen auflösbar, sodass eine Festnetzrufnummer für andere Internettelefonanwender kostensparend über das Internet angerufen werden kann.

ESSID (Electronic Service Set Identifier) Siehe SSID.

EtherTalk Netzwerkprotokoll der Firma Apple.

ETSI (European Telecommunications Standards Institute) Diese Behörde normiert Telekommunikationsstandards wie GSM, GRPS unter anderem für Europa.

ETTH (Ethernet To The Home) Ein Internetanschluss, der mittels Ethernet realisiert ist.

Euro-ISDN Vereinheitlichtes ISDN.

Extranet Zugangsbereich eines Intranets für Partner und Kunden. Aus Sicht der Sicherheit nimmt der Zugang für Partner oder Kunden eine Position zwischen internem LAN-Zugang und Internet ein. Das Extranet ist somit vertrauenswürdiger als das Internet, aber weniger vertrauenswürdig als ein LAN-Teilnehmer.

Fast-Ethernet IEEE 802.3u, 100Base-TX/FX, Ethernet mit einer Geschwindigkeit von 100 Mbit/s.

FDDI (Fiber Distributed Data Interface) Ein auf Glasfaserkabeln basierendes Konkurrenzverfahren zu Ethernet. Es handelt sich um ein Ring-Verfahren wie auch Token-Ring, das mit einer Geschwindigkeit von 100 Mbit/s arbeitet und große Entfernungen von mehreren Hundert Kilometern überbrücken kann.

FEC (Forward Error Correction) Bei dem FEC-Korrekturverfahren kodiert der Sender die Sendedaten redundant, sodass der Empfänger Übertragungsfehler korrigieren kann.

FHSS (Frequency Hopping Spread Spectrum) Ein Modulationsverfahren im WLAN. Dabei wird mehrfach pro Sekunde das Frequenzband gewechselt, um so Stö-

1 Quelle: heise.de

rungen auf einzelnen Frequenzen auszuweichen.

Fiber-Channel Übertragung von Daten z. B. zu Festplatten über große Entfernungen.

Firewall Filter, der Daten aus dem und in das Internet kontrolliert, bevor er sie passieren lässt.

Firewire Eine serielle Schnittstelle am PC, ähnlich wie USB. Der Standard IEEE 1394 zeichnet sich insbesondere durch hohe Datenraten aus (IEEE 1394a = 400 Mbit/s und IEEE 1394b = 800 Mbit/s). Ursprünglich wurde dieser Bus von der Firma Apple entwickelt, er ist jedoch inzwischen insbesondere für Videoanbindungen an PCs zahlreich verfügbar.

Firewire wird auch unter anderen Namen vertrieben. Die Firma Sony benutzt den Begriff *i.link* und die Firma Texas Instruments *Lynx*.

FQDN (Fully Qualified Domain Name) Der PC-Name mit Angabe des Domain-Namens und der Toplevel-Domain, z. B. *asterix.pcnetzwerke.de* oder *idefix.haus.hier*.

Frame Ein Ethernet-Paket.

FTP (File Transfer Protocol) Standardanwendung zur Dateiübertragung.

FTTC (Fiber To The Curb) Ein Glasfaseranschluss bis zum Bordstein, gemeint ist: Glasfaser bis in die Straße.

FTTH (Fiber To The Home) Ein Glasfaseranschluss für jedes Haus, um jeden Bandbreitenengpass für die nächsten zehn Jahre auszuschließen. Gibt es in Deutschland nur in den fünf neuen Bundesländern.

GAN (Global Area Network) WAN, das sich über die gesamte Welt verteilt. DaimlerChrysler betreibt ein GAN, weil die Standorte weltweit vernetzt sind.

Gateway Der Begriff wird nicht einheitlich benutzt. So ist mit Standardgateway unter Windows der Default-Router gemeint.

Meiner Meinung nach ist ein Gateway ein Verbindungsgerät bzw. eine Verbindungsgerät-Software zwischen inkompatiblen Netzwerken, z. B. ein Fax-to-Mail-Gateway.

GBIC (GigaBit Interface Connector) Ein kleines Einschub-Modul bei Switches, das entweder 1000Base-SX, LX oder T als Gigabit-Variante unterstützt.

Bei der Anschaffung des Switches ist man somit variabler.

GG45 Der Nachfolger des RJ-45-Steckers. Er wird bei Kategorie-7-Kabeln (noch nicht verabschiedet!) als Stecker zum Einsatz kommen und kann abwärtskompatibel mit dem RJ-45-Stecker sein.

GnuPG (Gnu Privacy Guard) Freie Software zum Verschlüsseln und Entschlüsseln von Daten, sowie zum Erzeugen und Signieren von Schlüsseln. Ist kompatibel mit PGP.

GPL (Gnu Public License) Eine Lizenz, die die Freiheit von Software gewährleisten soll.

GPRS (General Packet Radio Service) Schnellere Datenkommunikation am Handy. GRPS ist die Weiterentwicklung von HSCSD und arbeitet im Gegensatz zu diesem paketvermittelt. Daher wird dort immer das Datenvolumen, nicht die Online-Zeit berechnet.

GSM (Global System for Mobile Communication) Genormt durch die ETSI, ist es der europäische Standard für Funktelefonie, also Handys.

H.323 Eine Zusammenfassung verschiedener Protokolle für den Verbindungsaufbau und -abbau von Sprachverbindungen über IP.

HDLC (High-level Data Link Control) Ein Verfahren der ISO-/OSI-Schicht 2, das vor allem im ISDN eingesetzt wird.

HDTV (High Definition TeleVision) Neuer Fernsehstandard mit wesentlich besserer Auflösung (1.920x1.080), als PAL (720x576) oder NTSC. Basiert auf NTSC-Technik und arbeitet rein digital.

Hiperlan 2 (High Performance Radio Local Area Network Version 2)

Eine Funktechnologie als Konkurrenz zu WLAN nach IEEE. Hiperlan wurde von der ETSI entwickelt und bietet im 5-GHz-Band Datenraten von bis zu 20 Mbit/s.

Voraussichtlich wird Hiperlan aber sterben, weil sich WLAN international durchsetzt.

Homeplug Marketingbegriff für PLC-Technik innerhalb eines Hauses, beispielsweise dLAN von Devolo. In der Homeplug Alliance haben sich führende Hersteller dieses Bereiches zusammengeschlossen (siehe *http://www.homeplug.com*).

Host (dt. *Gastgeber*) ist die allgemeine Bezeichnung für Netzwerkteilnehmer. Es wird sich normalerweise um einen PC handeln, möglich wäre z. B. auch ein netzwerkfähiger Drucker oder ein DSL-Router.

HSCSD (High Speed Circuit Switched Data) Datenübertragungsverfahren für die schnellere Datenkommunikation mit Handys. Technisch werden mehrere Kanäle à 14,4 Kbit/s gebündelt.

HTML (Hyper Text Markup Language) Sprache, die das Layout von Webseiten beschreibt.

HTTP (Hyper Text Transfer Protocol) Paketformat zur Übertragung von Internetseiten.

Hub Die »Radnabe« ist auch unter dem Begriff »Sternkoppler« oder »Multiport-Repeater« bekannt.

Der Hub ist ein Gerät, das in einem Twisted-Pair-Netzwerk alle Teilnehmer miteinander verbindet. Er selbst ist dabei lediglich elektrischer Verstärker und trifft keinerlei Entscheidungen.

IANA (Internet Assigned Numbers Authority) Verwaltungsbehörde, legt unter anderem die TCP/UDP- Nummern (Ports) weltweit eindeutig fest.

IAPP (Inter Access Point Protocol) Kommunikationsstandard zwischen mehreren WLAN-Access-Points eines LANs, der z. B. das Roaming zwischen verschiedenen APs ermöglicht. Die Normung wird nach IEEE 802.11f erfolgen.

IBSS (Independent Basic Service Sets) Ein im Ad-hoc-Modus aufgebautes WLAN. Dabei funkt eine WLAN-Karte zu einer anderen, und es gibt keinen Access Point.

ICE (Interactive Connectivity Establishment) Probiert verschiedene Wege, um eine Kommunikation zu ermöglichen (STUN, TURN, IPv4, IPv6...).

ICMP (Internet Control Message Protocol) Kontrollprotokoll auf ISO-/OSI-Schicht 3, z. B. basiert der ping auf ICMP-Echo-Request und -Response.

ICQ (I seek you) Eine Chatplattform, die es ermöglicht, den Online-Status von Freunden (engl. *Buddies*) zu sehen.

ICS (Internet Connection Sharing) Die englische Bezeichnung für die Internetverbindungsfreigabe von Microsoft Windows. ICS gibt es seit Windows 98.

IDS (Intrusion Detection System) Siehe NIDS.

IEEE (Institute of Electrical and Electronics Engineers) US-amerikanischer Verband der Elektronik- und Elektrotechnik-Ingenieure, der Normungen wie IEEE 802.3 durchführt.

Der Verband entspricht dem deutschen Verband VDI (Verband Deutscher Ingenieure).

IETF (Internet Engineering Task Force) Gremium, das Internetstandards wie HTTP, PPP normiert. Standards werden als RFCs herausgegeben. Sie können unter *http://www.rfc-editor.org* nach solchen Standards suchen.

IFS (InterFrame Space) Wartezeit beim CSMA/CA-Verfahren von WLAN-Clients. Es gibt die DIFS, distributed IFS, als Wartezeit zwischen Datenpaketen, und die SIFS, short IFS, als Wartezeit zwischen einem Datenpaket und seinem ACKnowledge, sowie die PCF IFS, als Wartezeit eines Point Coordinators, der Zugriffsberechtigungen an WLAN-Clients verteilt. Die EIFS, extended IFS, als Wartezeit nach einem Frame-Fehler. Im neuen WLAN-Standard 11n wird zusätzlich noch die RIFS, reduced IFS, definiert, die kürzer als die SIFS-Wartezeit ist und im Burst-Mode zur Trennung von Daten unterschiedlicher Sendeleistung verwendet wird.

IGMP (Internet Group Management Protocol) Verfahren zur intelligenteren Behandlung von Multicasts. Diese werden nicht an allen Anschlüssen wie Broadcasts ausgegeben, sondern nur an Anschlüssen, die sich für einen speziellen Multicast angemeldet haben.

IGRP (Interior Gateway Routing Protocol) Ein proprietäres Routing-Verfahren von der Firma Cisco.

IMAP (Internet Message Access Protocol) Ein Protokoll zum Verwalten von E-Mails. Im Gegensatz zu POP3 verbleiben die Mails in der Regel auf dem Server.

Implementieren Einen Standard in Software umsetzen. Der RFC2132 wurde z. B. im MS DHCP-Server implementiert.

Infiniband Infiniband ist ein serielles Bussystem, dass sowohl zum Anschluss interner, als auch externer Geräte mit hoher Geschwindigkeit verwendet werden kann.

Internet Das allseits bekannte, weltweite Netzwerk. In einigen Dokumenten wird übrigens mit »internet« ein IP-basiertes LAN gemeint. Erst wenn dort »Internet« geschrieben wird, ist das eigentliche Internet gemeint.

Intranet Ein der Öffentlichkeit unzugängliches Netz (LAN). Viele Unternehmen und Behörden betreiben Intranets, in denen unter anderem Neuigkeiten des Unternehmens bzw. der Behörde verbreitet werden und auf die mittels Browser zugegriffen werden kann.

IP (Internet Protocol) Implementierung der ISO-/OSI-Schicht 3. Mittlerweile ist IP eines der bedeutendsten Protokolle in der Netzwerkwelt. Im Internet wird ausschließlich IP als Protokoll der ISO-/OSI-Schicht 3 verwendet.

IPP (Internet Printing Protocol) Ein Verfahren, mit dem man mit Internet-Techniken Druckdaten über das Internet schicken kann. Standardisiert ist RFC 2910/2911.

IPSec (IP Secure) Sichere Form von IP. IP-Daten werden verschlüsselt übertragen, und das Verschlüsselungsverfahren setzt auf Schlüsselaustausch.

IRC (Internet Relay Chat) Online Chat (dt. *Plauderei*) im Internet. Es gibt verschiedene themenbezogene Räume, in denen sich Interessierte austauschen.

ISC (Internet Software Consortium) Herstellerfirma des DNS-Servers Bind und des ISC-DHCP-Servers.

ISDN (Integrated Service Digital Network) In Europa stark verbreitetes Verfahren des digitalen, öffentlichen Telefonnetzes. Die Gesprächsdaten werden nicht analog, sondern in digitalisierter Form übertragen.

Es gibt zwei Anschlussarten, ISDN-BRI (Basic-Rate-Interface) mit zwei B-Kanälen und einem D-Kanal und ISDN-PRI (Primary-Rate-Interface) mit 30 B-Kanälen und einem 64-kByte-Datenkanal.

Auf dem D-Kanal erfolgt die Signalisierung, also z. B. die Rufnummernübertragung.

ISM (Industrial Scientific Medical) Der Frequenzbereich von 2,4 GHz ist für allgemeine, genehmigungsfreie Funkanwendungen reserviert.

WLAN, Bluetooth und einige andere Techniken (wie Ihre Mikrowelle) nutzen diese Frequenz.

ISO (International Organization for Standardization) Die Organisation ist aus über 140 nationalen Standardisierungsgremien zusammengesetzt und veröffentlicht international gültige Standards.

ITSP (IP Telephony Service Provider) Bezeichnung für SIP-Provider.

ITU-TS (International Telecommunications Union – Telecommunication Standards Section)

Die internationale Normungsbehörde für die Telekommunikation.

IVR (Interactive Voice Response) Sprachmenüs, die mittels DTMF-Tönen oder Sprache gesteuert werden können: »Drücken Sie die Eins für ...«.

IWV (ImpulsWahlVerfahren) Das alte Wahlverfahren bei analogen Telefonen, das verschieden lange Impulse für das Wählen verwendet. Das heutige Wahlverfahren ist MFV und arbeitet mit Tastentönen.

Jitter Die Schwankung der Laufzeit in Millisekunden.

Kollision Kollisionen treten auf, wenn zwei Stationen in einem Ethernet-Segment gleichzeitig Daten senden.

KVM (Keyboard Video Mouse Switch) Fernadministration eines PCs per KVM bedeutet, dass Tastatur-, Maus- und Monitoranschluss an eine spezielle Box angeschlossen sind. Die Informationen der Anschlüsse können bei manchen Geräten über das LAN übertragen werden.

L2TP (Layer 2 Tunneling Protocol) Ein Protokoll, das auf der ISO-/OSI-Schicht 2 VPN-Tunnel aufbauen kann.

LAN (Local Area Network) Ein Computernetzwerk innerhalb eines Grundstücks.

LCR (Least-Cost-Routing) Verwendung des günstigsten Telefon-/Internetanbieters je nach Uhrzeit.

LDAP (Lightweight Directory Access Protocol) Mit LDAP können Verzeichnisse abgefragt werden. Dazu haben diese Verzeichnis-Datenbanken einen sogenannten LDAP-Connector. LDAP ähnelt SQL, dient jedoch speziell zur Abfrage von Verzeichnisdatenbanken.

LEAP (Lightwight EAP) Vereinfachtes EAP, wird unter anderem von der Firma Cisco zur Absicherung von WLANs genutzt.

LRS (Limited Rate Support) Verfahren für IEEE 802.11g Komponenten, alte, nicht standardkonforme 11b-Clients einzubinden.

LVM (Logical Volume Manager) Verfahren, bei dem Festplatten und Partitionen als logische (nicht wirklich existierende) Laufwerke abgebildet werden. Eine Volume Group besteht aus mehreren Partitionen oder Festplatten und kann flexibel wieder in mehrere beliebig große viele Logical Volumes aufteteilt werden.

LWL (Lichtwellenleiter) Ein Glasfaserkabel (engl. *Fiber*).

MAC (Media Access Control) MAC ist ein Teil von Ethernet, insbesondere die MAC-Adresse ist bekannt. Sie ist sechs Bytes lang und wird als Hexadezimal-Wert geschrieben, z. B. 00:07:f3:ea:10:22. Die Doppelpunkte trennen die einzelnen Bytes voneinander ab, dienen aber nur der besseren Lesbarkeit.

MAN (Metropolitan Area Network) Ein Netzwerk innerhalb einer Stadt. Die Bezeichnung ist inzwischen unüblich geworden, meistens wird ein MAN als WAN bezeichnet.

Mb/s (Megabit pro Sekunde) Die übliche Angabe von Datenraten im Netzwerk.

MB/s (Megabyte pro Sekunde) Gängige Informationsmengen-Einheit, sie entspricht 1.024 * 1.024 Bytes.

MCU (Multipoint Control Unit) Begiff aus dem Verfahren H.323. Eine MCU ermöglicht gleichzeitige Datenströme zwischen mehr als zwei Teilnehmern (Konferenz).

MDI(-X) (Media Dependent Interface) Die Anschlussart von RJ-45 kann MDI oder MDI-X sein. Das erste ist z. B. eine typische Netzwerkkarte, das zweite ein typischer Switchport. Möchten Sie zwei gleichartige Anschlüsse (z. B. zwei Netzwerkkarten) direkt miteinander verbinden, ist ein Cross-Kabel erforderlich.

Heutige Switches beherrschen meist Auto-MDI(X). Sie erkennen automatisch, welcher Partner angeschlossen ist, und stellen ihren Anschluss entsprechend ein. Sie könnten also auch mit einem Cross-Kabel einen PC anschließen.

Mesh Mesh-Netze sind WLAN-Verbindungen verschiedener WLAN-Access-Points zu einem Gesamtnetz, sodass nur ein Access Point z. B. einen Zugang zum Internet benötigt. Dabei sollen sich die Netzwerke herstellerunabhängig weitestgehend selbstständig konfigurieren. Die Technik soll als IEEE 802.11s normiert werden.

MFV (Mehr-Frequenzwahl-Verfahren) Nachfolger des Impulswahlverfahrens (IVW), siehe DTMF.

MIB (Management Information Base) Die Ansammlung von OIDs, also SNMP-Variablen, wird MIB genannt. Es gibt offiziell normierte Standard-MIBs, z. B. MIB-II und den Bereich der Private MIB, die jeder Hersteller spezifisch füllt.

MIC (Message Integrity Code) Verfahren bei WPA-Verschlüsselung im WLAN, das die Integrität – also die Unverfälschtheit – der Daten sicherstellt. Es handelt sich im Wesentlichen um eine Hash-Funktion.

MIMO (Multiple In Multiple Out) Neues WLAN-Verfahren, das auf einem Kanal mehrere parallele Signale versendet. Findet bei IEEE 802.11n Verwendung.

MMS Protocol (Microsoft Media Server Protocol) Verfahren um .asf-Files über ein Netzwerk als Video-Stream zu senden.

Monomode Die 9 μm dicken LWL-Kabel leiten den Laserstrahl durch die Mitte und werden Monomode-Fasern genannt.

MP3 (MPEG-1, Audio Layer 3) Bekanntestes Format von komprimierten Audiodateien. Es wird aus dem MPEG-1-Standard die Komprimierungsfunktion für Audio (Layer 3) verwendet.

MPEG (Moving Pictures Experts Group) Eine Arbeitsgruppe der ISO, die Videoverfahren normiert. Der Standard MPEG-1 bietet VHS-Videoqualität, während MPEG-2 aufgrund höher Auflösung und besser Bildwiederholrate oberhalb von VHS liegt. MPEG-2 wird auch bei DVDs eingesetzt. MPEG-4 ist der letzte veröffentlichte Standard, der sehr gute Bildqualität bei geringer Bandbereite ermöglicht.

MRU (Maximum Receive Unit) Die maximale Größe von Datenpaketen, die an einem Stück (nicht fragmentiert) empfangen werden können.

Bei PPP kann der Client anhand seiner MRU Pakete mit einer bestimmten maximalen Größe anfordern.

MS-CHAP (MicroSoft-CHAP) Siehe CHAP.

MSN (Microsoft Network bzw. Multiple Subscriber Number)
a) Internetdienst von Microsoft, der bisher wenig erfolgreich ist.

b) Eine Telefonnummer, auf die ein ISDN-Endgerät reagiert.

MSS (Maximum Segment Size) Maximale Größe eines TCP-Pakets in Bytes.

MSTP (Multiple STP) Siehe RSTP.

MTA (Mail Transfer Agent) Ein Programm, das Mails von einem Server verschickt und dort empfängt, z. B. *sendmail* oder *postfix*.

MTBF (Mean Time Between Failure) Die angegebene Zahl sagt aus, wie viele Stunden das Gerät (z. B. Festplatte, Switch) arbeitet, bevor es zu einem Fehler bzw. Ausfall kommt. Allerdings sind diese Werte oft geschönt, weil nicht von Dauerbetrieb ausgegangen wird.

MTU (Maximum Transmission Unit) Maximale Größe eines Pakets, das in einem Stück gesendet wird. Die MTU bei IP kann maximal 1.492 Bytes betragen.

Multimode LWL-Fasern, die 50 µm oder 62,5 µm dick sind und den Laserstahl am Rand reflektieren.

NAPT (Network Address and Port Translation) Wenn NAT erwähnt wird, ist meist NAPT gemeint. Es kann mit einer IP-Adresse mehrere Clients ins Internet bringen.

NAT (Network Address Translation) Adressumsetzung zwischen privater und offizieller IP-Adresse.

NDF (Network Discovery Framework) Technik, um ab Windows Vista Fehler bei der Internetanbindung zu diagnostizieren.

NetBEUI (NetBIOS Extending User Interface) Ein nicht routingfähiges Transportprotokoll, das die ISO-/OSI-Schichten 2, 3 und 4 umfasst.

NetBIOS (Network Basic Input Output System) Programmierschnittstelle (API) zu NetBEUI. NetBIOS basiert auf einem Nachrichtenformat, das SMB (Server Message Block) heißt.

Newsgroup Diskussionsforen im Internet. Nach Themenbereichen geordnet, gibt es Gruppen, die sich über alle möglichen Themen austauschen.

Das Protokoll zum Austausch von News ist NNTP (Network News Transport Protocol).

NDIS (Network Driver Interface Specification) Eine logische Schicht, über die Netzwerkkarten mittels Treibern angesprochen werden können. NDIS gibt es nur bei Windows, es wurde von Microsoft und 3Com entwickelt. Es erlaubt die Koexistenz von mehreren Protokollen, die auf eine Netzwerkkarte zugreifen (z. B. TCP/IP und IPX).

NIDS (Network Intrusion Detection System) Eine Software, die Auffälligkeiten im Netzwerk unter Sicherheitsaspekten auswertet und mögliche Angriffe innerhalb des LANs meldet.

NNTP (Network News Transport Protocol) Siehe Newsgroup.

NTBA (Network Termination for Basic Access) Das Netzabschlussgerät auf der Seite des Kunden. Am NTBA entsteht der S0-Bus, an den Sie ISDN-Endgeräte anschließen können.

NTBBA (Network Termination Broad Band Access) Das DSL-Modem, oftmals in den DSL-Router integriert.

NTP (Network Time Protocol) Zeitsynchronisation über das Netzwerk. Damit können Sie erreichen, dass alle PCs im LAN die richtige oder zumindest die gleiche Uhrzeit haben. Sehr genau gehende NTP-Server gibt es auch im Internet.

NTSC (National Television System Committee) In den USA vorherrschendes Verfahren für den TV-Empfang mit 525 Zeilen und 60 Halbbildern pro Sekunde. Alternative: PAL.

OFDM (Orthogonal Frequency Division Multiplexing) Das Modulationsverfahren im schnellen WLAN (IEEE 802.11a/g).

OID (Object ID) Eine Variable, die vom SNMP-Agenten gefüllt wird.

OSI (Open Systems Interconnection) ISO-Standard für die Datenkommunikation. Seine Struktur ist im OSI-Referenz-Modell, dem ISO-/OSI-Schichten-Modell, abgefasst.

OSPF (Open Shortest Path First) Ein dynamisches Routing-Protokoll. Dieses Protokoll ist der technische Nachfolger von RIP und bietet viele Möglichkeiten, Routing durchzuführen. Insbesondere werden Kosteneinträge für einzelne Verbindungen unterstützt. Dadurch ist es möglich, eine Verbindung günstig oder teuer zu machen. Entsprechend wird diese Verbindung oft oder selten genutzt.

PA-RISC Ein RISC-Prozessor, auf dem bis heute die Server von Hewlett Packard basieren. In Zusammenarbeit von Intel und HP wurde der Itanium entwickelt. Diesen bietet HP alternativ für einige Server an.

PAL (Phase Alternating Line) Vorherrschendes Übertragungsverfahren beim Fernsehempfang in Europa. Es erzeugt ein Bild mit 625 Zeilen und 50 Halbbildern pro Sekunde. Alternative: NTSC.

PAM (Polled Access Mode) (Pluggable Authentication Modules)

a) WLAN-Clients schlafen ein und werden gezielt aufgeweckt.

b) Authentifizierungsverfahren unter Linux, das flexible Möglichkeiten eröffnet, um Benutzer zu authentifizieren.

PAN (Personal Area Network) Ein Netzwerk, das mittels Bluetooth um eine Person herum eingerichtet ist. Gemeint ist der Nahbereich von maximal zehn Metern um eine Person.

PAP (Password Authentication Protocol) Authentifizierungsverfahren z. B. bei HTTP oder PPP, bei dem der Benutzername und das Passwort im Klartext, also unverschlüsselt, übermittelt werden.

PBCC (Packet Binary Convolution Coding) Ein Kodierungsverfahren für WLAN von der Firma Texas Instruments. Es wird von einigen IEEE 802.11b-Komponenten beherrscht, die dann Datenraten von bis zu 44 Mbit/s (statt 11 Mbit/s) erreichen. Konkurrenz ist OFDM, das für IEEE 802.11g ausgewählt wurde.

PC-Card 16-Bit-PCMCIA-Karte. Eine Erweiterungskarte, die insbesondere für Notebooks benutzt wird. Sie ist deutlich langsamer als eine Cardbus-Karte.

PCI (Peripheral Component Interconnect) Die Schnittstelle bei PCs. Sie können PCs durch PCI-Karten erweitern. Üblicherweise ist der PCI-Bus 32 Bits breit und wird mit 33 MHz getaktet, daher können – theoretisch – bis zu 133 Mbit/s übertragen werden.

PCIe (PCI Express) Nachfolger von PCI mit wesentlich höheren Datenraten von 2 Gbit/s Fullduplex pro Kanal. Die Anzahl der Kanäle wird z. B. für einen Kanal mit PCIe-1X angegeben.

PCM (Pulse Code Modulation) Sprachkodierungsverfahren, das unter anderem beim Sprach-Codec G.711 eingesetzt wird. Erweiterungen sind DPCM (Differential PCM) und ADPCM (Adaptive Differential PCM).

PCMCIA (Personal Computer Memory Card International Association) Industriestandard für Notebook-Erweiterungskarten. Es gibt verschiedene Typen. Siehe PC-Card und Cardbus-Card.

PDC (Primary Domain Controller) Windows-Domänen-Anmeldungsserver. Er verwaltet die Benutzer-/Computerkonten der Domäne. Sein Stellvertreter ist der BDC.

PDF (Portable Document Format) Von Adobe Systems entwickeltes Dateiformat.

Peer-to-Peer Innerhalb des Peer-to-Peer-Netzwerks gibt es keine Client-Server-Hierarchie. Jeder PC ist nur Client.

PEG (PCI Express for Graphics) Gebündelter 8X-PCIe-Kanal, als Ablösung für AGP-Grafikkarten.

PGP (Pretty Good Privacy) Ein Programm für ein symmetrisches Verschlüsselungsverfahren. Nicht durchgehend quelloffen. Deshalb entstand das kompatible GnuPG.

PIFS (PCS IFS) siehe IFS.

PLC (Power Line Communication) Datenübertragung über die Stromkabel, entweder als Internetzugang, das ist vor allem in der Schweiz ansatzweise erfolgreich, oder als Vernetzungsmöglichkeit zu Hause (siehe Homeplug).

PLT (Power Line Telecommunication) siehe PLC.

PNRP (Peer Name Resolution Protocol) Von Microsoft genutztes Protokoll, um via Peer-to-Peer-Netzwerk und IPv6 Namensauflösung unabhängig von einem DNS-Server zu machen.

POP (Post Office Protocol) Verfahren zum Empfangen von E-Mails von einem E-Mail-Server. Aktuell ist die Version 3, daher heißen die Server POP3-Server.

POS (Personal Operating Space) Arbeitsbereich um uns herum, zielt auf PAN ab.

POTS (Plain Old Telephony Service) DSL hat einen für Telefonie reservierten Kanal, dieser wird als POTS bezeichnet.

PPP (Point-to-Point Protocol) IETF-Standard zur Übertragung von IP-Paketen über serielle Leitungen. Bekannt insbesondere beim Einsatz zur Interneteinwahl.

PPPoE (Point-to-Point Protocol over Ethernet) Das übliche Verfahren, um DSL-Daten zu übertragen.

PPTP (Point-to-Point Tunneling Protocol) Protokoll, um VPNs zu erzeugen.

PRI (Primary Rate Interface) Die große Variante von BRI. Eine Bezeichnung für die Anschlussmöglichkeit von S2M, also einem ISDN-Anschluss mit 30 Kanälen. Die Bandbreite beträgt 64 Kbit/s * 30 + 64 Kbit/s = 1.984 Kbit/s, also ungefähr 2 Mbit/s.

Proprietär Ein Verfahren oder eine Technik, die von einem Unternehmen kommt und nicht offengelegt wird und somit anderen Herstellern nicht frei zur Verfügung gestellt wird.

Das doc-Format von MS Word ist proprietär, weil es nicht offengelegt ist und es keinen anderen Anbieter außer Microsoft gibt.

Der Nachteil einer proprietären Lösung ist deren mangelnde Interoperabilität, also die Unfähigkeit, mit anderen Lösungen zusammenzuarbeiten.

Proxy (dt. *Stellvertreter*) leitet Anfragen in das Internet stellvertretend weiter. Dadurch ist es unter anderem möglich, Webseiten zu filtern oder mit einer offiziellen IP-Adresse ein ganzes Netzwerk mit einem Internetzugang zu versorgen.

PSK (PreShared Key) Manuelles Austauschverfahren für geheime elektronische Schlüssel. Die entsprechenden Passwörter werden bei beiden Geräten z. B. für WPA (= WPA-PSK) manuell eingetragen.

PTR (Pointer Record) IP-Adresse zum Nameneintrag bei DNS.

PUI (Phone User Interface) Hörbare Benutzeroberfläche eines Telefons. Siehe auch TUI (Telephone User Interface).

PVC (Permanent Virtual Circuit) Eine virtuelle Verbindung, die permanent verfügbar ist. Die Verbindung besteht bereits, wenn kommuniziert wird, und muss nicht erst aufgebaut werden. PVCs werden unter anderem bei ATM verwendet.

PXE (Preboot eXecution Environment) Ein von Intel und anderen Firmen entwickeltes Verfahren, das es ermöglicht, aus dem BIOS heraus Programme auszuführen. Damit ist es möglich, im Zusammenspiel mit DHCP PCs ohne Boot-Disketten oder Ähnlichem beim erstmaligen LAN-Anschluss automatisch über das LAN mit Software zu betanken (z. B. ein Betriebssystem zu installieren).

QoS (Quality of Service) Zugesicherte Verbindungsqualität (Paketlaufzeit, zur Verfügung stehende Bandbreite, Schwankung der Laufzeit) einer Übertragungsstrecke.

Queue (sprich: kju) Warteschlange. Priorisierungen für WAN-Verbindungen teilen Datenverkehr je nach Dringlichkeit in Warteschlangen ein. Erst wenn alle Pakete in der dringlichsten Queue transportiert worden sind, wird die zweite Queue abgearbeitet.

RADIUS (Remote Authenticaion Dial-In User Service) Das RADIUS-Verfahren wird von vielen Providern angewandt. Wenn Sie Ihren Internetzugang aktivieren, authentifizieren Sie sich mit einem Benutzernamen und einem Passwort. Das wird mittels RADIUS überprüft. Nur wenn es korrekt ist, können Sie ins Internet.

RADIUS findet auch bei IEEE 802.1x Anwendung.

RAID (Redundant Array of Independent Disks) Ein logischer Verbund von Festplatten mit dem Ziel, die Ausfallsicherheit und/oder die Performance des Gesamtsystems zu verbessern. Es gibt Hardware- und Software-Lösungen.

RAM (Random Access Memory) Flüchtiger Speicher, der in Form von Chips existiert. Der Hauptspeicher eines PCs ist sein RAM. Das RAM benötigt elektrische Spannung, um die Informationen zu halten, daher sind die Informationen nur so lange im RAM, wie der PC eingeschaltet ist.

RDP (Remote Data Protocol) Bei Windows werden in den Versionen Windows NT/2000 Server und XP Professional über RDP die Maus-, Tastatur- und Monitorinformationen zu einem Fernsteuerungs-PC weitergeleitet: Man spricht hier von einem Terminal Service.

RegTP (Regulierungsbehörde Telekommunikation und Post) Siehe Bundesnetzagentur.

RFC (Request for Common) Standard der IETF. Es gibt verschiedene Stufen eines Standards, vom Entwurf bis zum wirklich verabschiedeten Standard.

RIFS (Reduced Inter Frame Space) Siehe IFS.

RIP (Routing Information Protocol) Ein einfaches und weitverbreitetes dynamisches Routing-Verfahren. Es gibt RIP Version 1 und 2. Technisch ist RIP weitestgehend überholt und wird nach und nach durch OSPF abgelöst.

RIPE (Réseaux IP Européens) Europäische Verwaltungsbehörde für IP-Adressen, wurde 1989 gegründet.

RJ-45 (Registered Jack 45) Der Standard-Twisted-Pair-Stecker. Er bietet acht Kontakte und wird außer bei LAN-Verkabelungen auch bei ISDN eingesetzt.

RMON (Remote Monitoring) Eine Erweiterung zu SNMP, um mit weiteren MIBs und mehr Möglichkeiten, Kenndaten über das LAN zu erhalten. Standardisiert in RFC 1757 und 2021.

ROM (Read Only Memory) Ein Speicher, der mehrfach gelesen werden kann, aber nur einmal beschrieben wurde. Der Speicher ist aber dauerhaft und benötigt keine ständige Spannungsversorgung.

Router Verbindet unterschiedliche Netzwerke auf ISO-/OSI-Schicht 3, z. B. zwei IP-Netze.

Routing Wegewahl im IP, das Verbinden von IP-Netzen.

RPM (Red Hat Package Manager) Software-Paketverwaltungssystem von Red Hat und SUSE.

RSA Ein mathematisches Verfahren, auf dem die symmetrische Verschlüsselung zum Teil beruht.

RSS (Really Simple Syndication) Protokoll zur Verbreitung von Neuigkeiten, die Abonnenten automatisch sehen.

RSTP (Rapid Spanning Tree) Standardverfahren nach IEEE 802.1w, das schneller arbeitet als STP.

RTCP (Real Time Control Protocol) Überwachungsprotokoll für RTP, ermittelt Fehler, Jitter oder Delay (RFC 1890, 3551).

RTP (Real Time Protocol) Paketformat für UDP-Datenpakete, unter anderem für Audiodatenströme (RFC 1889, 3550).

RTS (To Send) Verfahren im WLAN, das Clients abfragt, anstatt CSMA/CA durchzuführen.

S_0 Siehe ISDN und BRI.

S_{2M} Siehe ISDN und PRI.

SASL (Simple Authentication and Security Layer) Eine Erweiterung von SMTP um eine Autorisierungsstufe laut RFC 2222. Das Verfahren ist auch als AUTH SMTP bekannt. Der Benutzer meldet sich mit Benutzernamen und Kennwort am SMTP an, erst dann kann eine E-Mail versendet werden.

SCTP (Stream Control Transmission Protocol) Wurde von der IETF als neues Transportprotokoll neben UDP und TCP vorgeschlagen und in RFC 2960 veröffentlicht. Es handelt sich somit um ein neues ISO-OSI-Layer 4 Protokoll.

SDP (Session Description Protocol) Das eigentliche Datenprotokoll von SIP.

SDSL (Symmetric DSL) Anders als bei ADSL sind die Up- und die Download-Rate gleich hoch.

Segmentierung Unterteilung eines Netzwerks durch Switches oder Router in kleinere Einheiten mit dem Ziel, die Bandbreite zu erhöhen.

SES (Secure Easy Setup) Einrichtungshilfe für WLAN-Sicherheit, unter anderem von Linksys, siehe auch AOSS.

S-HDSL (Single-Pair High Bit Rate Digital Subscriber Line) Der designierte Nachfolger von ADSL. Es ist eine symmetrische DSL-Variante, die neben höheren Datenraten auch eine fehlerärmere Übertragung bietet.

SIFS (Short IFS) Siehe IFS.

SIP (Session Initiation Protocol) Der Nachfolger des H.323-Kommunikationsstandards, der den Verbindungsaufbau und -abbau für Voice over IP regelt. Genormt nach RFC 3261.

SIPS (Secure SIP) Verschlüsseltes SIP, also die Verschlüsselung von Signalisierungsinformationen.

SLA (Service Level Agreement) Eine Vereinbarung über die Qualität einer Dienstleistung (QoS). So kann Teil eines SLA sein, wie oft ein Internetzugang verfügbar ist. Der Wert wird üblicherweise in Prozent festgelegt.

SMB (Server Message Block) Windows-Datei- und Druckerfreigaben verwenden unter anderem SMB. Unter UNIX werden solche Freigaben mittels Samba nutzbar.

SMTP (Simple Mail Transport Protocol) Verfahren zum Senden von E-Mails zum E-Mail-Server. Üblicherweise wird der TCP-Port 25 zur Kommunikation genutzt.

SNMP (Simple Network Management Protocol) Verfahren, um Informationen über den Zustand von Netzwerkkomponenten und PCs zu bekommen.

SNTP (Simple Network Time Protocol) Siehe NTP.

SOA (Start Of Authority) Eintrag in den Zonendateien des DNS-Servers.

SQL (Structured Query Language) SQL ist die Abfragesprache der meisten Datenbanksysteme. Eine typische Abfrage lautet: `SELECT * FROM xyz`.

SRTP (Secure RTP) Verschlüsseltes RTP, also Verschlüsselung der Audiodaten.

SSID (Service Set Identifier) Name des Access Points, der 32 Bytes lang ist und in jedem WLAN-Paket mitgesendet wird.

STP (Spanning Tree) Standardverfahren, um Ringe (engl. *Loops*) in Netzwerkkonfigurationen automatisch zu unterdrücken. Dadurch kann man Backup-Leitungen schalten, die durch dieses Verfahren von den Switches automatisch aktiv bzw. inaktiv geschaltet werden.

STUN (Simple Traversal of UDP through NATs) Verfahren, um einen Client hinter einem NAT-Router erreichbar zu machen.

Subnetz Synonym zu IP-Netz. PCs, die sich im selben Subnetz befinden, sind im selben IP-Netz und haben dieselbe Netz-ID in der IP-Adresse.

Subnetzmaske Gibt die Anzahl der Bits an, die bei einer IP-Adresse die Netz-ID ausmachen.

TCP (Transport Control Protocol) Implementierung der ISO-/OSI-Schicht 4. TCP ist verbindungsorientiert, es gibt einen Verbindungsaufbau/-abbau, und das Empfangen der Datenpakete wird durch Bestätigungen sichergestellt.

T-DSL Marketingvariante von ADSL, von der T-Com vertrieben.

TFTP (Trivial FTP) Vereinfachtes FTP, wird häufig von Netzwerkkomponenten zur Sicherung der Konfiguration/Software eingesetzt.

TIA (Telecommunication Industry Association) Verband der Telekommunikationsindustrie in den USA und Kanada.

TIM (Traffic Indication Map) Aufwecken der WLAN-Clients über ein spezielles Paket. Festgelegt in einem DTIM-Intervall.

TKIP (Temporal Key Integrity Protocol) Verschlüsselungsverfahren für WPA, alternativ kann AES angeboten werden.

TOS (Type Of Service) Ein Byte lange Information zur Priorisierung von IP-Paketen, die im IP-Protokollkopf eingetragen wird. Siehe auch DSCP.

TPC (Transmit Power Control) Regelfunktion für die Sendeleistung von IEEE-802.11a-WLAN-APs in Abhängigkeit von der Frequenz.

TTL (Time to live) Anzahl der Router, über die ein ICMP-Paket transportiert wird. Üblicherweise spricht man von Hops (dt. *Hüpfer*), die ein Paket überwindet.

TUI (Telephone User Interface) Sprachmenü für Voicemailboxen

Tunnel(n) Daten werden auf andere Pakete gepackt, damit sie durch ein Netz transportiert werden können, das das ursprüngliche Paketformat nicht beherrscht.

TURN (Traversal Using Relay NAT) Ähnliche Aufgabe wie STUN, jedoch ein Lösungsansatz, der auf größere Firmennetze zugeschnitten ist.

Twinaxkabel Ein Paar verdrillter Kupferadern (Innenleiter), die von einem Dielektrikum und einer Schirmung umgeben sind, ähnlich den Koaxialkabeln.

UDP (User Datagram Service Protocol) Implementierung der ISO-/OSI-Schicht 4. UDP ist verbindungslos. Eine Kontrolle wie bei TCP, ob Daten empfangen wurden oder ein Verbindungsaufbau/-abbau stattgefunden hat, bleibt aus.

UMTS (Universal Mobile Telecommunications System) Der Mobilfunkstandard der dritten Generation soll Bandbreiten von bis zu 2 Mbit/s bringen. Allerdings teilen sich alle Teilnehmer einer Funkzelle diese Bandbreite, sodass der Wert wohl eher theoretisch ist. Anders als bei GSM wird dieser Standard weltweit funktionieren, also in Europa, Asien und in Nordamerika.

UPnP (Universal Plug and Play) Kommunikationsverfahren für unterschiedliche Netzwerkteilnehmer, z. B. zwischen DSL-Router und Video-Streaming-Server.

USB (Universal Serial Bus) Anschluss am PC für Geräte (unter anderem Tastatur, Scanner, Maus, Kamera). In der Version 1.1 wird eine Übertragungsrate von 12 Mbit/s, in der Version 2.0 von bis zu 480 Mbit/s erreicht. Konkurrenz ist Firewire.

USV (Unterbrechungsfreie Stromversorgung) Batteriepufferung der Stromversorgung von PCs oder Netzwerkkomponenten. Damit werden Geräte gegen Stromausfall und Spannungsschwankungen abgesichert.

VBR (Variable Bit Rate) Nach Erfordernis angepasste Datenrate eines Audio-/Video-Codecs. Der Gegensatz ist CBR (Constant Bit Rate).

VCD (Video CD) MPEG-1 komprimierte Video-CD mit einer Auflösung von 352x288 Bildpunkten. Bessere Qualität bietet die SVCD (Super VCD) mit 576x480 Bildpunkten.

VCI (Virtual Channel Identifier) Virtueller Kanal bei ATM.

VDSL (Very High Data Rate Digital Subscriber Line) Eine bandbreitenstarke, asymmetrische DSL-Variante, die bis zu 52 Mbit/s im Download bietet. VDSL kann auch symmetrisch betrieben werden und erreicht dann bis zu 34 Mbit/s.

VLAN (Virtual LAN) Bei einem virtuellen LAN erzeugen Sie mehrere LANs, deren Daten auf einer einheitlichen Verkabelung transportiert werden. Die Unterscheidung der verschiedenen VLANs erfolgt über eine Kennzeichnung im Ethernet-Paket (engl. *Tagging*).

VoIP (Voice over IP) Übertragung von Sprachdaten über IP-basierte Netzwerke.

Qualitativ unterscheidet sich dabei die Internettelefonie von der IP-Telefonie. Erstere wird über Applikationen wie Netmeeting durchgeführt und dient dazu, Verbindungsgebühren zu sparen. Die Sprachqualität ist sehr schlecht. IP-Telefonie nutzt lediglich die LAN-Verkabelung zur Übertragung der Sprachdaten und erreicht damit eine gute Sprachqualität, die mit ISDN vergleichbar ist.

VPI (Virtual Path Identifier) Virtueller Kanal im ATM.

VPN (Virtual Private Network) Sichere, virtuelle Verbindungen über unsichere Netzwerke. Ein VPN wirkt wie ein Tunnel: Die Daten im Inneren sind gegen Außeneinflüsse (Hacker) geschützt. Bekannte Standards sind IPSec und PPTP.

Wake-on-LAN Bei ausgeschaltetem PC bleibt die LAN-Karte aktiv und kann den PC aus seinem Schlaf erwecken. Dazu sind allerdings spezielle Datenpakete erforderlich (Magic-Packets).

WAN (Wide Area Network) Ein städteübergreifendes Netzwerk, das von Ihnen kontrolliert wird.

WDS (Wireless Distribution System) Ein Verbund von mehreren über WLAN verbunden Access Points. So wird der Empfangsbereich eines WLANs vergrößert.

WEP (Wireless Equivalent Privacy) Verschlüsselungsstandard für WLAN. WEP ist nachweisbar unsicher, unabhängig davon, ob Sie WEP mit 40-(64-) oder 104-(128-) Bit-Verschlüsselung verwenden.

WiBro (Wireless Broadband) Konkurrenzverfahren zu WiMAX, das aus Korea stammt und lizenzfrei verwendbar ist.

WiMAX (Worldwide Interoperability for Microwave Access) Funktechnik nach IEEE 802.16, die insbesondere als Konkurrenz zu DSL vermarktet wird. Seit der Möglichkeit, auch sich bewegende Clients zu versorgen, ist WiMAX auch Konkurrenz für WLAN.

WINS (Windows Internet Name Service) NetBIOS-Namensauflösung. Der WINS-Server löst NetBIOS-Namen in IP-Adressen auf. Seit Windows 2000 nur noch aus Kompatibilitätsgründen in Windows enthalten. Ab Windows 2000 wird DNS verwendet.

WLAN (Wireless LAN) Standard der IEEE 802.11 für drahtlose LANs.

WoL (Wake on LAN) Siehe Wake-on-LAN.

WPA (Wi-Fi Alliance protected Access) Ersatz für WEP, mit neuer Verschlüsselungstechnik TKIP und/oder AES.

WPAN (Wireless PAN) Siehe PAN.

WPP (Wireless Performance Prediction) WPP ist der IEEE 802.11t-Standard, der Testverfahren festlegen will.

WWW (World Wide Web) HTML-Seiten im Internet.

x.509 Ein Zertifizierungsstandard z. B. für Webserver im Internet. Mit einer Signatur wird die Authentizität eines öffentlichen Schlüssels von der zertifizierenden Stelle bestätigt.

xDSL Siehe DSL.

Index

1000Base-LX 63
1000Base-SX 63
1000Base-T
  Info 63
1000Base-TX 64
100BaseT 156
100Base-TX
  Info 62
10BaseT 59
10GBase 64
10GBase-T 65

A

AAC 567
Abkürzung 627
Access Control List → ACL
ACL 378, 627
Active Directory → Windows
Address Resolution Protocol → ARP
Ad-hoc-Modus → WLAN
ADSL 627
ADSL → DSL
AES 378
Aircrack 384
American Standard Code of Information Interchange → ASCII
ANSI 627
Antennenkabel → Kabel
AntiVir 368
AppleTalk 628
Application Layer 125
Application Layer Gateway → Firewall
Application Specific Integrated Circuit → ASIC
ARP 119
  Cache 119, 278, 363
  Missbrauch 362
  Spoofing 363
ARPANET 355
ASCII 625, 628
ASIC 628
Asterisk 492
Asymmetric DSL → ADSL
ATM 46
  Begriff 628
  VCI 644
  VPI 645
Audiocodec 566
Authentication Header → VPN
Authentifizierung 357
Automatic Private IP Adressing → Windows, APIPA
Autorisierung 357, 628
AVM Fritz!Box Fon → SIP

B

Backbone → LAN
Backup 554, 555
  Areca 555
  Disaster Recovery 555
  Restore 555
  Robocopy 559
  SyncToy 560
Basic Input Output System → BIOS
Basic Service Set → WLAN
Baud 628
BBAE 628
Begriffserklärung 627
bing 292
BIOS 628
Bit 629
Bluetooth 71, 605, 629
Bonjour 140
BootP → DHCP
BRI → ISDN
Bridge 66, 111, 629
Broadcast → IP
Brute Force Attack 361
Buch-DVD 26
Buffer Overrun 361
Bundesnetzagentur 629
Burst-Modus 63

C

Cache 629
Cain&Abel 364

CAM 629
Cardbus 168, 629
CBR 566, 629
CCMP 378, 629
CDP 205
CERN 355, 629
CERT 629
CHAP 629
CIDR → Routing
CLID → ISDN
CLIP → ISDN
CLIR → ISDN
Codec 566
Collaboration 337
Common Unix Printing Service → CUPS
Constant Access Mode → CAM
Courier 537
Maildir 531
shared folders 540
Cracker 116, 630
Crimpzange 149
Crosskabel → Kabel
CSMA/CA → WLAN
CSMA/CD → Ethernet
CUPS 522
Drucker einrichten 523, 525
IPP 522
PDF-Drucker 524
Samba 522
CurrPorts 305

D

Data Link Layer 53
Dateifreigabe → Windows, Freigabe
Datendurchsatz → Netzwerk, Performance
Datenintegrität 357
Datex-P 630
DDNS → DNS
DECT 31, 166, 630
Defaultrouting → Routing
Denial of Service → DoS
Deutsche Industrie Norm → DIN
DFS 631
DHCP 127, 214
Begriff 631
BootP 127, 629
Digital Subscriber Line → DSL
DIN 631
Direct Sequence Spread Spectrum → WLAN , DSSS
Disaster Recovery → Backup
Distributed DoS 362
DivX 567
DLNA 565
DMZ 407
DMZ → Firewall
DNS 133
Begriff 631
DDNS 630
DynDNS 111, 426, 443, 529
FQDN 633
PTR 641
reverse lookup 136
SOA 643
TLD 134, 136
Zonen 134
DOCSIS 93
DoD-Modell 52
Domain Name Service → DNS
DoS Angriff 362, 631
DRM 567
DSA → Verschlüsselung
DSCP → IP
DSL 97
ADSL 99
Begriff 631
DSLAM 99, 631
Fastpath 101
Interleave-Modus 101
Modem 414, 421
NTBBA 98, 639
POTS 97, 640
PPPoE 640
Router 116
SDSL 102, 642
S-HDSL 643
Splitter 98
T-DSL 99
VDSL 102, 103, 644
DSP 605
DSS1 → ISDN
DTE 631
DTIM → WLAN
DTMF → VoIP
DVD 566

Dynamic Host Configuration Protocol → DHCP
DynDNS 443

E

E.164 → VoIP
EAP 377, 632
Easy Connect 193, 352
eDonkey 116, 360
EFM → Ethernet
EIA/TIA 154, 632
EIGRP 114, 632
EIRP → WLAN
ELGamal → Verschlüsselung
Empfänger 42
Encapsulation Security Payload → VPN
ENUM → VoIP
ESSID → WLAN, SSID
Ethereal → Wireshark
Ethernet 59
Backplane 69
CSMA/CD 59, 66, 630
EFM 69, 632
Fast-Ethernet 632
Frame 633
Gigabit-Ethernet 63
JAM-Signal 60
MAC 119, 637
Residential 69
Topologie 47
Überblick 43, 59
VLAN 180, 181
VLAN Begriff 644
EtherTalk 632
ETSI 632
EUI-64 203
EuroDOCSIS 93
ExpressCard 168
Extranet 632

F

Fastpath → DSL
FDDI 632
Fehlersuche → Troubleshooting
Fernadministration 321
Fetchmail → Webmin
FHSS → WLAN
Fiber-Channel 633
Firewall 366
ALG 627
Application-Level 368
Begriff 633
DMZ 631
Linux 373
Logdatei 359
Masquerading SuSE 244
Packet-Filtering 367
Router 416
Stateful-Inspektion 367
Test 373
VoIP 588
Windows 218
Firewire 633
FLI4L
Beispiel 425
Imonc 433
Info 422
Flow Control 184
FQDN → DNS
Fritz!Box Fon → SIP
FTP 307
Begriff 633
Performance-Messung 314
Server SlimFTPd 315
TFTP 643
FTTH 104, 633
Fullduplex 61, 62, 175

G

G.711 584
Gateway
Begriff 295, 633
GBIC → Switch
Gedrehtes Kabel → Kabel, Cross
Geräte-Manager 274
GG45 633
Gigabit-Ethernet 63
Gnu Public License → GPL
GnuPG 390
Linux KGpg 397
Mozilla Thunderbird 398
GPL 235
GPRS 633
Groupware → PHProjekt
GSM 633

H

H.323 → VoIP
Hacker 116
Hackerparagraph 361, 384
Halfduplex 61, 175
HDLC 634
HDMI 571
HDTV 88, 104, 178, 565, 572, 634
Headset → VoIP
Heimatverzeichnis 513
Heimnetzgruppe → Windows, Homegroup
Hijacking 362
HiperLAN 634
Homeplug 88, 634
Host 634
hosts 133
Hot Spot 85
hotplug 171
hrping 217
HSCSD 634
HTML 634
HTTP 634
Hub 47, 65, 634
Hyper Text Markup Language → HTML
Hyper Text Tranfer Protocol → HTTP

I

IANA 124, 634
IAPP 634
IBSS → WLAN
ICMP
  Begriff 634
  PING 121
  TTL 644
IEEE
  1394 633
  802.11 72, 76
  802.11a 76
  802.11a/h 76
  802.11b 76
  802.11b+ 76
  802.11e 81, 83
  802.11g 77
  802.11i 378, 379
  802.11n 80
  802.11r 75
IEEE (Forts.)
  802.15 71
  802.16 81
  802.1D 180
  802.1p 185
  802.1q 184
  802.1w 180
  802.1x RADIUS 378
  802.1x WLAN 378
  802.3ab 63
  802.3ad 175, 181
  802.3ae 64
  802.3ah 69, 632
  802.3an 65
  802.3ap 69
  802.3u 62
  802.3x 184
  802.3z 63
  Begriff 635
  Info 59
IETF 635
IFS → WLAN
IGMP 68, 180, 635
IGRP 114, 635
iLBC 584
IMAP 501
IMAP Client → Thunderbird
IMAP Server → Courier
Imonc → FLI4L
Internet
  Begriff 635
  Protokoll → IP
  Radio 570
  Router 415
  Verbindungsfreigabe 205
  Zugang 413
Internet Group Management Protocol → IGMP
Internet Key Exchange → VPN
Internet Printing Protocol → CUPS
Internet-Telefonie → VoIP
Intranet 635
Intrusion Detection → NIDS
IP
  Adresse 108, 110
  Adresse privat 114
  Begriff 635
  Broadcast 68, 109, 129
  DHCP 127

IP (Forts.)
  DSCP 587
  Info 107
  IPnG 116
  IPSec 117, 358, 635
  IPv6 Anycast 117
  IPv6 Autokonfiguration 117
  IPv6 Info 109, 116
  IPv6 Sicherheit 358
  IPv6 Vista 203
  Klasse 110, 111
  Konfiguration 127
  Multicast 68, 109
  Netz 110
  QoS DSCP 631
  QoS TOS 587
  Subnetz 111, 643
  Test 38
Iperf → Netzwerk, Performance
IPP 635
IPSec → VPN
IPtables 373
IP-Telefonie → VoIP
iptraf 308
IPTV 88
IRC 635
ISDN
  1TR6 627
  Begriff 636
  Belegung 159
  BRI 629
  CLID 630
  CLIP 630
  CLIR 630
  DSS1 631
  Euro ISDN 632
  NTBA 159, 639
  PRI 640
ISM → WLAN
ISO/OSI-Modell 51, 53
ITSP → VoIP
ITU 100, 636
IVR → VoIP
IWV → VoIP

J

JBOD 455
Jitter 121, 586, 636

K

Kabel
  Antennenkabel 87
  BNC 45
  Cross 160
  FTP 152
  Hirose 153
  Internet 93
  Kategorien 150
  Linkklasse 151
  Messgerät 156
  Patchkabel 152
  PiMf 151
  S/FTP 152
  Schirmung 151
  Steward 153
  STP 152
  Stromverkabelung 87
  Test 156
  Twisted-Pair 60, 151
  UTP 151, 152
  Verlegekabel 152, 158
  verlegen 37
KInternet 246
KNOPPIX 235
Kodierung 42
Kollision 60, 67, 636
Kommunikation 41, 51

L

L2TP → VPN
LAN
  Backbone 628
  Begriff 636
  Karte 161
  Karte PCMCIA 168
  Performance 311, 313
  VoIP Ready 585
Layer 53
LDAP 636
LEAP 636
Least-Cost-Routing → VoIP
Link Layer Topology Discovery → LLTP
Link-Aggregation 175, 181
Link-LED 178
Linux 235
  /etc/hosts 242

Linux (Forts.)
/etc/nsswitch.conf 242
ARP 293, 618
Befehl Dateisystem 611
Befehl Datenströme 615
Befehl ifconfig 618
Befehl Netzwerk 617
Befehl Prozesse 616
Befehl route 618
bing 292
DHCP SuSE 240
Dienst daytime 551
DNS SuSE 242
Dokumentation 236
Drucksystem → CUPS
ethtool 287
Firewall 373
Firewall SuSE 243
ifconfig 275, 288
IRQ 615
Kernel 235
Kommandozeile 609
Konqueror 517
LVM 637
Mailserver 527
Namensauflösung SuSE 242
netstat 296
Netzwerkkarte SuSE 239
Netzwerkperformancemonitor 308
nmap 297
PAM 639
PING 290
RAID 460
RAID Begriff 641
route 294
Shell 238, 609
Shell Bash 609
Shell streams 610
Shell-Skripte 622
tracepath 295
Traceroute 294
Troubleshooting Bordmittel 287
WLAN SuSE 246
WLAN-Karte 171, 245
X11 330
xinetd 551
LLDP 202, 205
LLTD 205
LLTP 202
lmhosts 234
Loadbalancing 175
LSA-Plus 149, 158
LWL 63, 637, 638

M

MAC → Ethernet
Magic-Packets 176
Mail Transfer Agent → Postfix
Mailserver → Linux
Man in the middle Attack 362, 363
Management Information Base → SNMP, MIB
Man-Page 236
Masquerading 116
Maximum Transmission Unit → MTU
MBit/s 637
MByte 637
MDI/X 183, 186, 637
MFV → VoIP
MIB → SNMP
MIC → WPA
Mikogo 338
MIMO → WLAN
MLDonkey 545
Monitoring 362
Monitormodus → WLAN
Motherboard 167
MP3 566, 637
MPEG 567
MRU 638
MTA → Postfix
MTBF 638
MTU 638
Multicast → IP

N

Namensauflösung 133
NAS 447
Auswahl 456
Hardware 454
Openfiler 468
Test 316
NAT
Begriff 638
Info 111, 115, 244, 588
Internet 116

NAT (Forts.)
- *STUN* 589
- *Tabelle* 115
- *Traversal* 146
- *Virtual Server* 116
- *VoIP* 588

nbtstat 283
NDIS → Windows
ndiswrapper 246
NetBIOS 134, 283, 638
NetIO → Netzwerk, Performance
netstat
- *Linux* 296
- *Windows* 305
- *Windows Vista* 199

netStumbler 306
Network Adress Translation → NAT
Network Attached Storage → NAS
Network Time Protocol → NTP
Netzwerk
- *Begriff* 43
- *Bustopologie* 45
- *Dose* 158
- *Kommunikation* 54
- *Komponenten kaufen* 34
- *Performance* 311
- *Performance Tools* 311, 313
- *Physik* 62
- *Planung* 29
- *Planung Kabel* 30
- *Planung PLC* 32
- *Planung WLAN* 31
- *Ringtopologie* 46
- *Sterntopologie* 47, 65
- *Topologie* 45, 210

Netzwerkkarte
- *Autonegotiation* 62, 175
- *Autosensing* 175
- *PCI* 36
- *PCMCIA* 36
- *WLAN* 36

NIDS 369, 639
nmap 297, 458
NTBBA → DSL
NTP 548, 639
- *Clients* 550
- *ntp.conf* 548
- *ntp.drift* 549
- *SNTP* 550

NTP (Forts.)
- *Stratum* 548

NWay 184

O

OFDM 78, 639
OGG 567
OpenPGP → GnuPG
OpenSSH → SSH
OpenSuSE → SuSE
Open-WRT 419
Ortsnetz → VoIP
Ortsvermittlung 99
OSPF 114, 639

P

Packet loss 121
Paketlaufzeit 121
PAM 379, 639
PAN 629, 639
PAP 639
Password Authentication Protocol
Patchday → Windows
Patchkabel 30, 152
Patchpanel 31, 151
PCI 163
- *Begriff* 640
- *Bus* 163
- *Slot* 167

PCIe 163
- *Begriff* 640
- *PEG* 164, 640

PCI-Express → PCIe
PCI-X 163
PCMCIA
- *Begriff* 640
- *LAN* 169
- *PC-Card* 639
- *WLAN* 170

PDC 134
Peer-to-Peer → MLDonkey
PEG → PCIe
persistent 282
Phishing 362
PhonerLite → SIP
PHProjekt 541
Physical Layer 53

PING 121, 270, 290
flood 291
Troubleshooting 271
PLC 88, 89, 640
PLT → PLC
PNRP 194, 352
Point to Point Protocol → PPP
Point to Point Tunneling Protocol → VPN
Polled Access Mode → PAM
POP3 534, 640
Port Scanning 362, 369
Portscanner 297
Postfix 527
Mails empfangen 529
Mails verschicken 527
MTA Begriff 638
Relay-Host 533
smtp 530
POTS → DSL
PPP 640
PPPoE → DSL
PPTP → VPN
Presentation Layer 53
PRI → ISDN
Promiscuous Mode 61
Proxy 115, 368, 441
Appliance 481
Begriff 641
Blacklists 487
Cache 441
ClamAV 487
Dansguardian 487
Virencanner 487
PuTTY 323
PXE 128, 641

Q

QoS 417
Begriff 641
TOS 644
VoIP 586
Queue 641

R

RADIUS 641
RAID 454, 460
RASPPPoE 421
RDP 347, 348
Begriff 641
Client Linux 350
Client Windows 348
Real Time Protocol → RTP
Remotedesktop → RDP
Remoteunterstützung 351
Restore → Backup
RFC 642
Richtfunkantenne 75
RIP → Routing
RIPE 111, 114, 355, 642
RJ45 152, 158, 642
Roaming 75
Router 111
Begriff 642
Druckeranschluss 416
DSL 414
DynDNS 445
Firewall 416
Firmware 419
Internet 415
NAT 115
USB Platte 451
Routing 109, 111
Begriff 642
CIDR 110, 630
Default 113
Eintrag 112, 113
Linux 294
OSPF 114
Protokolle 114
RIP 114, 642
Windows 281
RSS 570
RTP 125, 580, 642, 643
RTS 379
Rufnummerngasse → VoIP
RWIN 104, 200

S

Samba
Linux Client 517
Linux Server 509
Netzlaufwerk 516
Windows Client 516
SASL 642
SCTP 642

SDP → SIP
SDSL → DSL
Secure Shell → SSH
Segment 111
Sendmail → Postfix
Server 499
Service Level Agreement → SLA
Session Initiation Protocl → SIP
Session-Layer 53
S-HDSL → DSL
Sicherheit 355
Angriffsszenarien 361
Authentifizierung 357
Autorisierung 357
Datenintegrität 357
Dialer 358
Firewall 366
IP 357
Passwörter 370
Programme 371
Spyware 358
Trojanisches Pferd 367
UPnP 146
Viren 358
Virenscanner 368
WLAN 31, 38, 85, 375
Würmer 358
SILK Codec 584
Simple Network Time Protocol → NTP
SIP 494, 580
Begriff 643
Client ATA 602
Client Fritz!Box Fon 600
Client HorstBox 602
Client IP-Telefon 602
Client PhonerLite 598
Info 580
Provider 595
Proxy 581
SDP 642
Secure SIP (SIPS) 643
Skype 591
SLA 102, 643
SMTP 534, 643
Sniffer 308, 385
Sniffing 362
SNMP 137, 180, 184
Agenten 137
Begriff 643
SNMP (Forts.)
Community 137
MIB 137
MIB Begriff 637
OID 639
RMON 180, 642
Traps 138
SNTP 643
Social Engineering 362
Spanning Tree 180, 643
Speex 584
Splitter → DSL
Spoofing 362
Spyware 206
SQL 643
SRTP → RTP
SSH 324
Client Windows 323
Client-Schlüssel 325
Konfiguration Linux 324
Server-Schlüssel 324
Sicherheit 324
single sign on 326
WinSCP 323
X11-Tunnel 333
Standardgateway → Routing
Streaming
Client 571
Datenraten 565
Structured Query Language 643
STUN → VoIP
Subnetz → IP
SuSE 235
SVOPC 584
Switch 66, 177
Backplane 182
GBIC 633
Gigabit 178, 417
Layer 3 54, 185
Loop 180
Mini 178
NWay 184
RMON 184
Spanning Tree 180
Store&Forward 177, 184
STP 184
Switching-Tabelle 184
Trunking 180

Switch (Forts.)
VLAN 184
Workgroup 179

T

TAE-Dose 159
Tauschbörse → MLDonkey
TCP
Begriff 643
Client Port 123
Flusskontrolle 123
Info 123
MSS 638
Port 123
Receive Window Size 104
Server Port 54, 123
tcpdump 303
Teamviewer 335
Telekommunikation 41
Telnet 322
Client 322
Server 323
Sicherheit 322
TFTP 306
TFTP → FTP
Thunderbird 539
TIA 643
TKIP 377
TKIP → WPA
Token-Ring 46
Top Level Domain → DNS
tracepath 295
Traceroute 113, 280, 294
Transmission Control Protocol → TCP
Transport Control Protocol → TCP
Trixbox 493
Trojanisches Pferd 367
Troubleshooting 269
Allgemeines 269
Bordmittel Windows 277
Checkliste 275
Firewall 276
ipconfig 278
IP-Konfiguration 274
ISO/OSI 270
Kabel 273
Linux Bordmittel 287
NetBIOS 283

Troubleshooting (Forts.)
Paketanalyse 301
Tools Linux 297, 308
Treiber 274
Windows ARP 278
Windows PING 279
Windows Vista 285
Trunking 175, 181
Tunnel 644
TURN → VoIP

U

UAC 198
Übertragungsmedium 42
UDP 125, 644
UMTS 644
Unified Communication → VoIP
Universal Plug and Play → UPnP
UNIX 609
Unterbrechungsfreie Stromversorgung → USV
Uplink 185
UPnP 145, 224, 457, 568, 644
VoIP 591
Windows Vista 210
U-R2 101
USB 644
Adapter 171
LAN-Adapter 172
WLAN-Adapter 172
User Account Control → UAC
User Datagram Service → UDP
USV 644

V

VBR 566
VDSL → DSL
Verbindungsaufbau 123
Verdrillung 152
Verschlüsselung 387
AES 627
asymmetrisch 388
CAcert 396
DSA 391
ELGamal 391
e-Mail 397
Enigmail 398

Verschlüsselung (Forts.)
GnuPG 390
Keysigning parties 396
Passphrase 391
symmetrisch 387
Web of trust 395
vi 238, 619
Videocodec 567
Viren 208, 368
Virtual Network Computing → VNC
Virtual Private Network → VPN
Virtualisierung 459
Appliances 467
Netzwerke 466
Openfiler 451, 461, 468
Performance 464
Personal Backup Appliance 488
Squid 442, 481
VMware 462
VLAN → Ethernet
VLC 572
VNC 341
Sicherheit 343
siegfried 341
SuSE 344
VoIP 577
ATA Fritz!Box Fon 601
Begriff 645
Client PhonerLite 598
Client Skype 591
Codec 583
DTMF 631
E.164 582
ENUM 582, 632
Gasse 596
H.323 577, 580, 634
Headset 604
Internet-Telefonie 577, 585
IP-Telefonie 577
ITSP 636
IVR 636
IWV 636
LAN Voraussetzungen 585
Laufzeitschwankung 586
Least-Cost-Routing 636
MFV 637
MOS 583
Ortsnetz 596
QoS 586
VoIP (Forts.)
Rufnummerngasse 596
Sicherheit Skype 594
STUN 589, 643
TURN 591, 644
UC 578
UPnP 591
VPN
Begriff 645
Encapsulation 405
Hamachi 411
Info 404
Internet Key Exchange 405
IPSec 405
IPSec AH 405
L2TP 405
L2TP Begriff 636
OpenVPN 435
PPTP 405, 640
preshared keys 406
Site-to-Site 409
WLAN 378

W

Wake on LAN → WoL
WAN 645
Wardriving 380
Webmeeting 340
Webmin 237
DHCP-Server 503
Fetchmail 533
Samba 509
siegfried 502
WEP 375, 376, 645
Werkzeug 149
Crimpzange 153
Wide Area Network → WAN
WiMAX 81
Windows
Active Directory 627
APIPA 627
Benutzerauthentifizierung 233
Benutzerkontensteuerung 198
Dateisystemberechtigung 230
Defender 207
DNS 234
Easy Connect 188
Firewall 371

Windows (Forts.)
Firewall Vista 206
Firewall W7 190
Firewall XP 218
Freigabe 223
Freigabe Datei 230
Freigabe Probleme 233
Freigabe Vista 209
Freigabecenter Vista 208
FTP 307
Gast-Authentifizierung 229
Hardwareerkennung XP 213
Home Server 448
Homegroup 188, 192, 224, 227
Internetverbindungsfreigabe 634
IP-Adresse 216
ipconfig 275
IP-Konfiguration Vista 200
IP-Konfiguration W7 189
IP-Konfiguration XP 214
Jugendschutz Vista 211
Namensauflösung 234
nbtstat 283
NDF 286
NDIS 638
netstat 282
Netzlaufwerk 232
Netzwerkcenter Vista 208
Netzwerkeinstellung XP 214
Netzwerkprofile 222
Netzwerkumgebung 230
Patchday 358
Performance-Monitor 284
PING 217, 279
RDP 348
Remoteunterstützung 194, 351
Routing 281
Standardgateway 217
Subnetzmaske 216
Teredo 194
Tools 305
Traceroute 280
Troubleshooting Vista 285
Vista 197
Windows 7 187
XP 213
WinPcap 301
WINS 133, 645
Wireless Equivalent Privacy → WEP
Wireless Fidelity → WLAN
Wireless LAN → WLAN
Wireshark 301
WLAN
Accesspoint 73
Ad-hoc-Modus 73
Antenne 75, 79
Antenne Ausrichtung 83
Beacon 379
Begriff 645
BSS 73, 629
Channel bonding 83
Chipsätze 245
CSMA/CA 74, 630
DIFS 83
DSSS 76, 631
DTIM 379, 631
EIRP 79, 632
Empfang 166
FHSS 632
Fragmentation 380
Frame Aggregation 83
Frame bursting 83
Funkkanal 77
IBSS 73, 634
IEEE 802.11i 379
IEEE 802.1x 378
IFS 74, 635
Info 71
Infrastruktur-Modus 74
ISM 71, 636
Karte 36
MIMO 80, 84, 637
Monitormodus 246
Netzwerkkarte 165
PAM 379
PBCC 76, 639
Performance 311, 313
Planung 31
Preamble Type 380
Priorisierung 81
Repeater 79
Roaming 75
RTS 379
Sendeleistung 83
Sicherheit 84, 375, 384
SIFS 83
SSID 375, 643
TIM 379, 644

WLAN (Forts.)
Tools 306
TPC 644
Überlick 72
Verschlüsselung 376
VPN 378
Wardriving 380
WDS 645
WEP → WEP 75
WiFi Alliance 75
WiFi Finder 78
WiFi Info 82
WPA → WPA 645
WPS 383
Zertifizierung 82
WMA 566
WoL 176, 449, 645
WPA
Begriff 645
IEEE 802.1x 381
Info 375
MIC 637
Passphrase 382
PSK 381
WPA (Forts.)
TKIP 644
WPA2 377, 378
WPAN 645
WPS → WLAN
WWW 355

X

X11 330
Beispiel 332
Sicherheit 331, 333
SSH-Tunnel 334
XFree86 → X11
xhost 331
xterm 331
Xvid 567

Y

YaST 237

Z

Zeit-Server → NTP

Von der ersten Idee bis zur fertigen Website

Prinzipien und Grundlagen guten Designs

Kreativ mit Webstandards, (X)HTML und CSS

Manuela Hoffmann

Modernes Webdesign

Gestaltungsprinzipien, Webstandards, Praxis

Ein Wegweiser für modernes Webdesign, der gleichzeitig Praxis, Anleitung und Inspiration liefert. Die Grafikerin und Webdesignerin Manuela Hoffmann (pixelgraphix.de) führt Sie von der Idee über erste Entwürfe bis hin zur technischen Umsetzung mit HTML und CSS. Inkl. Vorlagen und Templates für Photoshop und WordPress.

397 S., 2. Auflage 2010, komplett in Farbe, mit DVD, 39,90 Euro
ISBN 978-3-8362-1502-2

>> www.galileodesign.de/2244